金融硕士考研精品教程

431金融硕士
真题汇编

主编 / 凯程教育金融硕士教研中心

北京理工大学出版社
BEIJING INSTITUTE OF TECHNOLOGY PRESS

版权专有　侵权必究

图书在版编目（CIP）数据

431金融硕士真题汇编/凯程教育金融硕士教研中心主编. —北京：北京理工大学出版社，2019.8
　ISBN 978-7-5682-7361-9

Ⅰ.①4…　Ⅱ.①凯…　Ⅲ.①金融学-硕士生入学考试-习题集　Ⅳ.①F830-44

中国版本图书馆CIP数据核字（2019）第169016号

出版发行	/ 北京理工大学出版社有限责任公司
社　　址	/ 北京市海淀区中关村南大街5号
邮　　编	/ 100081
电　　话	/ (010) 68914775（总编室）
	(010) 82562903（教材售后服务热线）
	(010) 68948351（其他图书服务热线）
网　　址	/ http://www.bitpress.com.cn
经　　销	/ 全国各地新华书店
印　　刷	/ 河北祥浩印刷有限公司
开　　本	/ 787毫米×1092毫米　1/16
印　　张	/ 33.5
字　　数	/ 836千字
版　　次	/ 2019年8月第1版　2019年8月第1次印刷
定　　价	/ 86.80元

责任编辑 / 多海鹏
文案编辑 / 多海鹏
责任校对 / 周瑞红
责任印制 / 李志强

图书出现印装质量问题，请拨打售后服务热线，本社负责调换

一、凯程真题汇编说明

（1）金融硕士真题的时效性明显。

金融硕士考研紧跟金融热点和金融前沿理论，整体考试风格、考查题型、难度以及侧重点每年都会有较大变化，所以只有选取最新年份的考试真题才能更好地把握考试脉络。本书网罗了八所中国顶尖级金融名校（清华大学、北京大学、中国人民大学、中央财经大学、对外经济贸易大学、复旦大学、上海财经大学、首都经济贸易大学）最近 4 年（2015—2018 年）及部分院校 2019 年的真题。

（2）金融硕士真题的代表性很强。

金融硕士的考研院校庞杂，真题质量参差不齐，唯有通过选取顶级 985 金融院校和出色的地方金融院校历年的金融硕士真题，才能在权威程度、重点程度、深入程度和院校风格等方面得到最好的诠释。

（3）金融硕士真题的严谨性很强。

目前，市面上真题完整度不够，有歧义的真题将直接导致学生思路跑偏，严重影响做题效果。

基于以上真题特点，凯程金融教研团队结合集训营教学成果，倾注大量心血编写了这本《431 金融硕士真题汇编》。

本书体例统一，解析精简、准确，在结合教材表述的同时融入了凯程自己的深度解读，不仅就题解题，还进行了专题性的归类总结，以期给广大考研学子带来最大的帮助。本书满满的干货，能一次性全方位满足考生对金融硕士真题的需求。

二、凯程真题汇编的价值

（1）防止考原题。

众所周知，每所院校的出题老师都会在一定程度上参考出题题库，这个题库一般来自本科期间授课的讲义、兄弟院校的测试题、职业资格考试的经典题等，这些题库相对固定加之好题又相对有限，故对于一些重要考点不可避免地会出现原题。结果也是符合实证检验的。当然近几年的真题最具参考价值，因为金融是一门理论偏应用性的学科。

（2）把握命题趋势，圈定常考点。

真题是严格按照考纲要求编订的统一考试试卷，虽然目前有些顶尖高校为了加大对学生的考查力度，会存在部分题目超纲，但是九成以上还在大纲要求范围之内。将来真题的考查点和历史真题的考查点存在大概率的正向相关性，尤其是重点考查章节。此外，也会存在考查难度的相关性预测，比如考查难度往往存周期性变化。这往往是考前学生希望做真题来感受考试风格的原因所在。

（3）防止考真题改编题。

前面提到考研真题会重复出现的问题，真题原题重复出现的可能性小于对真题进行加工改编的可能性，如此既考查了重点考点，又考查了学生对真题的灵活运用程度，很多高校会对前两年考过的题目通过改变题干已知条件、改变选项、改变题型、结合热点来作为全新真题进行考查。

（4）对知识有融会贯通的作用，加强知识体系的建立。

只有将真题的考查点和教材的知识点结合起来，才能知道每个知识点怎么考、考到什么程度。真题学习的过程中，可以以题带练，回归知识框架，强化知识体系并查漏补缺。

三、如何使用凯程真题汇编

3—6月，基础阶段：此时使用的目的在于了解考研风格，匡正复习计划方向。

7—8月，强化阶段：视基础情况而定，如果教材课后习题做着都没有问题，那么此阶段可以开始系统地训练真题。

9—11月，冲刺阶段：此时应该按专题将真题分门别类地深刻学习，并对真题进行改编，举一反三。

四、凯程真题汇编涵盖院校和年份

凯程金融硕士教研组致力于全中国最全面的金融硕士院校真题和资料的研发。

本书收录了八所中国顶级金融院校最近4年（2015－2018年）和部分院校2019年的真题和答案解析。

本书按照统考类金融和396联考类金融进行了区分，其中统考类金融硕士包含的院校有：清华大学五道口金融学院金融硕士（含清华大学经济管理学院金融硕士）、北京大学经济学院金融硕士、北京大学光华管理学院金融硕士、北京大学汇丰商学院金融硕士和经济学硕士、中央财经大学金融硕士、复旦大学金融硕士、上海财经大学金融硕士等。联考类金融硕士有中国人民大学金融硕士、对外经济贸易大学金融硕士、首都经济贸易大学金融硕士等。

五、凯程真题汇编增值部分说明

由于2019年真题所考查的知识点或出题思路价值很大，我们也把这部分题目摘选出来作为附录，并将部分录制精讲视频作为增值给予同学，望周知。

目录 Contents

清华大学五道口金融学院（含经济管理学院）431 金融硕士初试真题超精细解读

宏观数据速递 ·· 1
2018 年清华大学五道口金融学院（含经济管理学院）431 金融硕士初试真题 ········ 4
2017 年清华大学五道口金融学院（含经济管理学院）431 金融硕士初试真题 ········ 8
2016 年清华大学五道口金融学院（含经济管理学院）431 金融硕士初试真题 ········ 12
2015 年清华大学五道口金融学院（含经济管理学院）431 金融硕士初试真题 ········ 16
2018 年清华大学五道口金融学院（含经济管理学院）431 金融硕士初试真题解析 ··· 20
2017 年清华大学五道口金融学院（含经济管理学院）431 金融硕士初试真题解析 ··· 26
2016 年清华大学五道口金融学院（含经济管理学院）431 金融硕士初试真题解析 ··· 31
2015 年清华大学五道口金融学院（含经济管理学院）431 金融硕士初试真题解析 ··· 39

北京大学经济学院 431 金融硕士初试真题超精细解读

宏观数据速递 ·· 46
2018 年北京大学经济学院 431 金融硕士初试真题 ··· 48
2017 年北京大学经济学院 431 金融硕士初试真题 ··· 50
2016 年北京大学经济学院 431 金融硕士初试真题 ··· 52
2015 年北京大学经济学院 431 金融硕士初试真题 ··· 54
2018 年北京大学经济学院 431 金融硕士初试真题解析 ······································· 56
2017 年北京大学经济学院 431 金融硕士初试真题解析 ······································· 60
2016 年北京大学经济学院 431 金融硕士初试真题解析 ······································· 64
2015 年北京大学经济学院 431 金融硕士初试真题解析 ······································· 67

北京大学汇丰商学院 431 金融硕士初试真题超精细解读

宏观数据速递 ·· 71
2018 年北京大学汇丰商学院 431 金融硕士初试真题 ······················· 73
2017 年北京大学汇丰商学院 431 金融硕士初试真题 ······················· 78
2016 年北京大学汇丰商学院 431 金融硕士初试真题 ······················· 82
2015 年北京大学汇丰商学院 431 金融硕士初试真题 ······················· 86
2018 年北京大学汇丰商学院 431 金融硕士初试真题解析 ··············· 88
2017 年北京大学汇丰商学院 431 金融硕士初试真题解析 ··············· 98
2016 年北京大学汇丰商学院 431 金融硕士初试真题解析 ············· 105
2015 年北京大学汇丰商学院 431 金融硕士初试真题解析 ············· 112

北京大学光华管理学院 431 金融硕士初试真题超精细解读

宏观数据速递 ·· 115
2018 年北京大学光华管理学院 431 金融硕士初试真题（三选二之金融统计卷） ··· 118
2017 年北京大学光华管理学院 431 金融硕士初试真题（三选二之金融统计卷） ··· 121
2016 年北京大学光华管理学院 431 金融硕士初试真题（三选二之金融统计卷） ··· 124
2015 年北京大学光华管理学院 431 金融硕士初试真题（三选二之金融统计卷） ··· 127
2018 年北京大学光华管理学院 431 金融硕士初试真题解析（三选二之金融统计卷）
··· 130
2017 年北京大学光华管理学院 431 金融硕士初试真题解析（三选二之金融统计卷）
··· 136
2016 年北京大学光华管理学院 431 金融硕士初试真题解析（三选二之金融统计卷）
··· 143
2015 年北京大学光华管理学院 431 金融硕士初试真题解析（三选二之金融统计卷）
··· 151

复旦大学 431 金融硕士初试真题超精细解读

宏观数据速递 ·· 158
2018 年复旦大学 431 金融硕士初试真题 ·· 160
2017 年复旦大学 431 金融硕士初试真题 ·· 163
2016 年复旦大学 431 金融硕士初试真题 ·· 165
2015 年复旦大学 431 金融硕士初试真题 ·· 167
2018 年复旦大学 431 金融硕士初试真题解析 ································ 169

2017 年复旦大学 431 金融硕士初试真题解析 ………………………………… 176
2016 年复旦大学 431 金融硕士初试真题解析 ………………………………… 180
2015 年复旦大学 431 金融硕士初试真题解析 ………………………………… 187

上海财经大学 431 金融硕士初试真题超精细解读

宏观数据速递 ……………………………………………………………………… 193
2018 年上海财经大学 431 金融硕士初试真题 ………………………………… 195
2017 年上海财经大学 431 金融硕士初试真题 ………………………………… 199
2016 年上海财经大学 431 金融硕士初试真题 ………………………………… 204
2015 年上海财经大学 431 金融硕士初试真题 ………………………………… 209
2018 年上海财经大学 431 金融硕士初试真题解析 …………………………… 216
2017 年上海财经大学 431 金融硕士初试真题解析 …………………………… 221
2016 年上海财经大学 431 金融硕士初试真题解析 …………………………… 225
2015 年上海财经大学 431 金融硕士初试真题解析 …………………………… 232

中国人民大学 431 金融硕士初试真题超精细解读

宏观数据速递 ……………………………………………………………………… 237
2018 年中国人民大学 431 金融硕士初试真题 ………………………………… 239
2017 年中国人民大学 431 金融硕士初试真题 ………………………………… 245
2016 年中国人民大学 431 金融硕士初试真题 ………………………………… 251
2015 年中国人民大学 431 金融硕士初试真题 ………………………………… 254
2018 年中国人民大学 431 金融硕士初试真题解析 …………………………… 259
2017 年中国人民大学 431 金融硕士初试真题解析 …………………………… 269
2016 年中国人民大学 431 金融硕士初试真题解析 …………………………… 285
2015 年中国人民大学 431 金融硕士初试真题解析 …………………………… 292

中央财经大学 431 金融硕士初试真题超精细解读

宏观数据速递 ……………………………………………………………………… 304
2018 年中央财经大学 431 金融硕士初试真题 ………………………………… 306
2017 年中央财经大学 431 金融硕士初试真题 ………………………………… 312
2016 年中央财经大学 431 金融硕士初试真题 ………………………………… 318
2015 年中央财经大学 431 金融硕士初试真题 ………………………………… 322
2018 年中央财经大学 431 金融硕士初试真题解析 …………………………… 327

2017 年中央财经大学 431 金融硕士初试真题解析 …………………………… 338
2016 年中央财经大学 431 金融硕士初试真题解析 …………………………… 347
2015 年中央财经大学 431 金融硕士初试真题解析 …………………………… 353

对外经济贸易大学 431 金融硕士初试真题超精细解读

宏观数据速递 …………………………………………………………………… 363

2018 年对外经济贸易大学 431 金融硕士初试真题 …………………………… 366
2017 年对外经济贸易大学 431 金融硕士初试真题 …………………………… 369
2016 年对外经济贸易大学 431 金融硕士初试真题 …………………………… 372
2015 年对外经济贸易大学 431 金融硕士初试真题 …………………………… 375
2018 年对外经济贸易大学 431 金融硕士初试真题解析 ……………………… 379
2017 年对外经济贸易大学 431 金融硕士初试真题解析 ……………………… 389
2016 年对外经济贸易大学 431 金融硕士初试真题解析 ……………………… 399
2015 年对外经济贸易大学 431 金融硕士初试真题解析 ……………………… 409

首都经济贸易大学 431 金融硕士初试真题超精细解读

宏观数据速递 …………………………………………………………………… 418

2018 年首都经济贸易大学 431 金融硕士初试真题 …………………………… 420
2017 年首都经济贸易大学 431 金融硕士初试真题 …………………………… 422
2016 年首都经济贸易大学 431 金融硕士初试真题 …………………………… 423
2015 年首都经济贸易大学 431 金融硕士初试真题 …………………………… 424
2018 年首都经济贸易大学 431 金融硕士初试真题解析 ……………………… 425
2017 年首都经济贸易大学 431 金融硕士初试真题解析 ……………………… 436
2016 年首都经济贸易大学 431 金融硕士初试真题解析 ……………………… 443
2015 年首都经济贸易大学 431 金融硕士初试真题解析 ……………………… 450

附　录

2019 年清华大学 431 金融硕士初试真题 ……………………………………… 458
2019 年清华大学 431 金融硕士初试真题解析 ………………………………… 462
2019 年北京大学经济学院 431 金融硕士初试真题 …………………………… 470
2019 年北京大学经济学院 431 金融硕士初试真题解析 ……………………… 472
2019 年复旦大学 431 金融硕士初试真题 ……………………………………… 475
2019 年复旦大学 431 金融硕士初试真题解析 ………………………………… 478

目 录

2019年上海财经大学431金融硕士初试真题 …………………………………… 485
2019年上海财经大学431金融硕士初试真题解析 ……………………………… 490
2019年中国人民大学431金融硕士初试真题 …………………………………… 502
2019年中国人民大学431金融硕士初试真题解析 ……………………………… 507
2019年首都经济贸易大学431金融硕士初试真题 ……………………………… 518
2019年首都经济贸易大学431金融硕士初试真题解析 ………………………… 519

清华大学五道口金融学院（含经济管理学院）
431 金融硕士初试真题超精细解读

宏观数据速递

一、分值一览表

分布类型	题型/科目	2014 年	2015 年	2016 年	2017 年	2018 年
题型分值	选择题	（30×3=）90 分	（30×3=）90 分	（30×3=）90 分	（34×3=）102 分	（30×3=）90 分
	计算题	4 道，共 45 分	3 道，共 35 分	4 道，共 45 分	（2×15=）30 分	（3×15=）45 分
	论述题	1 道，15 分	分析、时事各 1 道，共 25 分	2 选 1，15 分	2 选 1，18 分	2 选 1，15 分
学科分值	货币银行国际金融	50 分	50 分	50 分	50 分	50 分
	公司理财	50 分	50 分	50 分	50 分	50 分
	投资学	50 分	50 分	50 分	50 分	50 分

二、难度点评和总体走势

2014 年初试难度较大。2015 年难度下降明显，处于中等略微偏下的难度。2016 年难度上升特别明显，达到近 3 年难度的峰值。2017 年，随着招生人数的上升，试卷的整体难度出现较为明显的下降趋势。2018 年，试题难度有较大幅度的上升，体现在计算题难度增加、论述题涉及的热点问题时效性极强或小众，反押题倾向严重，加上计算题和论述题批改较为严格，考生的得分率较低。

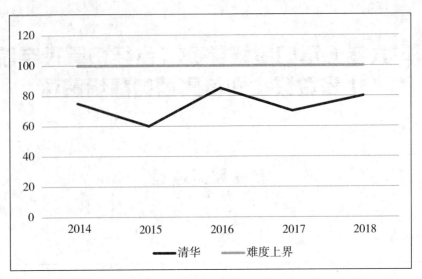

三、分数线及录取情况

（一）清华五道口

指标		2014 年	2015 年	2016 年	2017 年	2018 年
初试要求	单科要求	≥60 分（100 分）；≥100 分（150 分）	≥50 分（100 分）；≥90 分（150 分）	≥60 分（100 分）；≥100 分（150 分）	≥60 分（100 分）；≥90 分（150 分）	≥60 分（100 分）；≥90 分（150 分）
	总分要求	406 分	420 分	395 分	388 分	370 分
人数要求	进复试人数	80 人	46 人	36 人	101 人	164 人
	招生人数	50 人	30 人	23 人	73 人	114 人
录取信息	录取分数最高分	440 分	446 分	437 分	437 分	422 分
	录取分数最低分	406 分	420 分	395 分	388 分	371 分
	录取分数平均分	417.74 分	428.2 分	405 分	401 分	388 分

（二）清华经管

指标	2014 年	2015 年	2016 年	2017 年	2018 年
单科要求	≥50 分（100 分）；≥90 分（150 分）	≥50 分（100 分）；≥90 分（150 分）	≥50 分（100 分）；≥90 分（150 分）	≥50 分（100 分）；≥90 分（150 分）	≥50 分（100 分）；≥90 分（150 分）
总分要求	375 分	420 分	363 分	388 分	368 分
招生人数	北京：2 人；深圳：15 人	北京：2 人；深圳：17 人	北京：4 人；深圳：15 人	北京：6 人；深圳：13 人	北京：3 人；深圳：9 人
录取最高分	417 分	442 分	418 分	424 分	415 分

四、真题指导教材复习顺序及重点章节

（一）复习顺序

先金融学，后投资学。

先货币银行，后国际金融；先公司理财，后投资学。

（二）重点章节

易纲《货币银行学》：以第二、三、四篇和第六篇第 1 章为主；

姜波克《国际金融学》：以前 4 章（至"短期平衡"）为主；

罗斯《公司理财》：以前 18 章为主；

博迪《投资学》：以前 23 章为主。

其中投资学重点章节为第 3~4 章、第 5~11 章、第 13~16 章、第 18 章、第 20~24 章。

2018年清华大学五道口金融学院（含经济管理学院）431金融硕士初试真题

一、选择题

1. 如果存款准备金率增加，货币乘数将会（　　）。
   A. 增大　　　　B. 减小　　　　C. 不变　　　　D. 不确定

2. 货币主义者通常认为（　　）。
   A. 通货膨胀会导致货币超发
   B. 改变货币供应的增长率能影响通货膨胀
   C. 金融创新能够提升货币政策有效性
   D. 以上说法都不对

3. 真实利率是相对稳定的，是以下哪种理论的观点？（　　）
   A. 费雪效应　　　　　　　　　B. 货币中性理论
   C. 货币数量论　　　　　　　　D. 购买力平价理论

4. 中央银行如果希望企业和家庭借钱消费和投资，则最不可能采取以下哪项措施？（　　）
   A. 卖出长期政府债券　　　　　B. 购买长期政府债券
   C. 购买MBS或其他证券　　　　D. 以上措施都不能采取

5. 长期的零基准利率并未导致经济增长，很可能表明（　　）。
   A. 量化宽松货币政策有一定效果　　B. 货币政策并非总能奏效
   C. 利率目标应该比货币供应目标更重要　　D. 只有财政政策能促进经济增长

6. 最近一个季度里，一家日本钢铁企业发生了如下交易：
   企业从澳洲进口了1亿澳元铁矿石；
   企业向美国出口了1.3亿美元钢铁；
   企业向一家澳洲银行贷款1亿澳元；
   企业收到其美国分公司的1千万美元红利；
   企业向日本运输企业支付了10亿日元运输费用。
   请问，下面哪一项会出现在日本钢铁企业这个季度的经常账户中？（　　）
   A. 贷款　　　　B. 运费　　　　C. 红利　　　　D. 以上都不是

7. 下面哪一项最有可能导致经常项目赤字？（　　）
   A. 高税收　　　　　　　　　　B. 低私人部门储蓄
   C. 低私人部门投资　　　　　　D. 高财政盈余

8. 下面哪个组织致力于通过避免类似2010年希腊主权债务危机的发生，而使得全球系统风险可控？（　　）
   A. 世界银行　　　　　　　　　B. 世界贸易组织
   C. 亚洲开发银行　　　　　　　D. 国际货币基金组织

9. 假如你是一名外汇分析师，考察一个发达国家的货币，该国资本可自由流动，采取浮动汇率制度，并且公共部门和私人部门负债率都很低。以蒙代尔－弗莱明模型作为分析的出发点，如果该发达国家放松银根，则该国货币很可能（　　）。
    A. 升值　　　　　　B. 贬值　　　　　　C. 没有影响　　　　D. 不能确定
10. 投资收益在国际收支结算中应当计入（　　）。
    A. 经常账户　　　　B. 金融账户　　　　C. 资本账户　　　　D. 储蓄和其他账户
11. 一国国际收支顺差会使（　　）。
    A. 外国对该国货币需求减少，该国货币汇率下跌
    B. 外国对该国货币需求增加，该国货币汇率上升
    C. 外国对该国货币需求增加，该国货币汇率下跌
    D. 外国对该国货币需求减少，该国货币汇率上升
12. 购买力平价理论表明，决定两国货币汇率的因素是（　　）。
    A. 含金量　　　　　B. 价值量　　　　　C. 购买力　　　　　D. 物价水平
13. 与一国国际储备需求正相关的因素是（　　）。
    A. 持有国际储备的成本　　　　　　　　B. 一国经济的对外开放程度
    C. 货币的国际地位　　　　　　　　　　D. 外汇管制的程度
14. 有一个永续年金，明年支付60元，并以每年4%的速度增长，利率为9%，问该永续年金的现值是多少？（　　）
    A. 667元　　　　　B. 693元　　　　　C. 1 200元　　　　D. 1 248元
15. 某公司发行8年期1 000元面值零息债券，折现率为4%。以下哪个答案最接近该债券的价格？（　　）
    A. 730.69元　　　　B. 968元　　　　　C. 1 000元　　　　D. 1 032元
16. 投资10 000元，投资期为18个月，年利率为12%，季度计息，投资期满时连本带息是多少？（　　）
    A. 11 800元　　　　B. 11 852元　　　　C. 11 940元　　　　D. 11 961元
17. 一个债券票面利率为10%，哪种复利计息方式能带来最大的实际利率？（　　）
    A. 年计息　　　　　B. 月计息　　　　　C. 日计息　　　　　D. 连续计息
18. 在下面哪种情况下，资本配置线不再是直线？（　　）
    A. 风险回报率上升　　　　　　　　　　B. 借款利率高于贷款利率
    C. 投资者风险承受力下降　　　　　　　D. 无风险资产的比例上升
19. 测度分散化资产组合中某一证券的风险时，用的是（　　）。
    A. 特有风险　　　　B. 收益的标准差　　C. 再投资风险　　　D. 贝塔值
20. 根据套利定价理论，（　　）。
    A. 高贝塔值的股票都属于高估定价
    B. 低贝塔值的股票都属于低估定价
    C. 正阿尔法值的股票会很快消失
    D. 理性的投资者将会从事与其风险承受力相一致的套利活动
21. 根据看跌期权与看涨期权理论，一张无红利分派股票的欧式看跌期权的价值等于（　　）。
    A. 看涨期权价格加上当前的执行价格加上股价

B. 看涨期权价格加上当前的执行价格减去股价
C. 当前股价减去执行价格减去看涨期权价格
D. 当前股价加上执行价格减去看涨期权价格

22. 某上市公司今日的股票价格为 25 元，预期一年后对每股支付 0.75 元现金股息，到时除息后股票价格为 26.75 元，该公司的股息收益率和股权成本分别为（　　）。
A. 3.0% 和 7.0% 　　　　　　　　B. 2.8% 和 10%
C. 2.8% 和 7.0% 　　　　　　　　D. 3.0% 和 10%

23. 下面哪项是在计算一个项目的增量现金流时应该考虑的？（　　）
A. 该项目折旧带来的税盾
B. 为评估该项目已经付出的市场调研费用
C. 为该项目提供融资的债务的财务（利息）费用
D. 该项目前期开发已经产生的研发费用

24. 某公司考虑如下一个资源开采项目：该项目在初期需要 1 亿元支出来购买设备，在未来十年，该项目会带来每年 1 600 万元的收益，在第十年年末，该项目需要终止，终止后，公司要支出 2 000 万元来复原自然生态。这个项目的内部收益率有（　　）个。
A. 0 　　　　B. 1 　　　　C. 2 　　　　D. 10

25. 该项目第一个是负的现金流，后面是九个正的现金流，最后一个是负的现金流，现金流符号变化两次，有两个 IRR，如果你要计算筹资活动产生的现金流，那么下面哪项不应该被考虑？（　　）
A. 现金股息的支付　　　　　　　　B. 长期负债的增加
C. 短期负债的减少　　　　　　　　D. 新股发行带来的资金

26. 关于财务杠杆和资本结构，下列哪个说法不正确？（　　）
A. 公司是否违约取决于现金流是否充足，与公司资产价值相对于债务价值的大小无关
B. 即使存在破产和债务违约风险，MM 定理在完美资本市场条件下仍然成立
C. 破产的成本由股权所有者和债权人共同承担
D. 一个公司举债融资，即使该债务没有任何违约风险，该公司的股权风险也会提高

27. 以下关于优先股的说法，错误的是（　　）。
A. 公司破产清算时，优先股的清偿顺序低于公司债务
B. 发行优先股可以降低公司资产负债率
C. 优先股股东可以参与股东大会投票
D. 优先股是一种永续的证券

28. 以下关于公司债券的说法，正确的是（　　）。
A. 垃圾债券是危险品和废品处理企业发行的债券
B. 票息、面值、期限相同的可转换公司债券和普通公司债券，普通公司债券的价值较高
C. 可交换公司债券由上市公司面向普通投资者发行
D. 中期票据是在银行间市场发行的公司债券

29. X 公司的资本全部为股权，ROE 为 12%。公司管理层现在决定通过发行债券融资，回购 25% 的已发行股票。假设债券成本为 6%，回购完成之后，公司的 ROA 和 ROE

分别是（　　）。
A. 12%和14%　　B. 9%和14%　　C. 14%和12%　　D. 9%和12%

30. Y公司现在的股价为20元，公司计划每股分红2元。假设股利税税率为40%，资本利得税税率为20%，分红后公司的股价是（　　）。
A. 18.5元　　B. 18元　　C. 17.5元　　D. 17元

二、计算题

1. 考虑标准普尔500指数期货合约六个月后到期。利率为每六个月3%，红利在未来六个月后，价值预期为10美元。指数现行水平为950点，假定你可以卖空标准普尔指数。
（1）假定市场的期望收益率为每六个月6%，六个月后预期的指数水平是多少？
（2）理论上标准普尔500指数六个月期货合约的无套利定价是多少？
（3）假定期货价格为948点，是否有套利机会？如果有，怎样套利？

2. 某公司目前有1 000万股股票，每股75元，同时有1亿元的债务。该公司今天宣布未来发行3.5亿元的新债，其中一部分用来偿还目前所有债务，另一部分用于发放现金股息。发行新债之前的股权成本为8.5%，债权的成本为4.25%，新债的成本为5%。假设该公司在完美资本市场中运行，估算在新债资金使用完之后股权的成本。

3. 假设你要构建本国资产A和外国资产B的投资组合，并希望一年后到期时组合的本币价值收益率波动最小。已知本国资产A的收益率年化波动率是15%，预期收益率为10%，外国资产B的收益率年化波动率是20%，预期收益率为8%，A和B收益率的相关性是0.5，当前1外币等于1本币，预计一年后1外币的本币价值为x，其波动独立于两项资产，且预期均值为1.05，波动率为10%。请问，该投资组合应当如何构建？

三、论述题（以下两题任选一题作答）

1. 美国国会众议院2017年11月6日投票通过减税法案，迈出了美国30年来最大规模减税计划的第一步。美国企业和多数家庭税负将有所降低，但同时联邦财政赤字将大幅攀升。当天共和党控制的众议院以227票赞成、205票反对的结果通过了《减税和就业法案》。按照这份法案，联邦企业所得税将从目前的35%大幅降至20%。同时，联邦个人所得税税率也将从七档简化为四档，多数家庭将获得减税。这是美国自1986年以来最大规模的减税法案。试分析，如果最终该方案实施，可能会对中美的汇率产生何种影响？

背景知识：

北京时间12月20日下午，美国税改法案在参议院以51票赞成、48票反对的结果获得通过。由于众议院版本的法案中个别条款违反了财政立法原则，参议院修改后的法案再度提交众议院投票。北京时间12月21日凌晨，该法案在众议院以224票赞成、201票反对的结果获得通过，并提交特朗普等待签字生效。

2. 2017年人民币对美元汇率中间价报价模型中引入逆周期因子。什么是逆周期因子？为什么要引入逆周期因子？逆周期因子的引入对外汇市场和人民币汇率的形成有什么影响？

2017年清华大学五道口金融学院（含经济管理学院）431金融硕士初试真题

一、选择题

1. 中央银行货币政策工具不包括（　　）。
   A. 中期借贷便利　　　　　　　　B. 抵押补充贷款
   C. 公开市场操作　　　　　　　　D. 银行票据承兑

2. 以下银行监管指标不能反映银行流动性风险状况的是（　　）。
   A. 流动性覆盖率　　　　　　　　B. 流动性比例
   C. 拨备覆盖率　　　　　　　　　D. 存贷款比例

3. 国际货币基金组织特别提款权货币篮子中，占比最低的是（　　）。
   A. 日元　　　　B. 英镑　　　　C. 欧元　　　　D. 人民币

4. 决定汇率长期趋势的主要因素是（　　）。
   A. 国际收支　　B. 相对利率　　C. 预期　　　　D. 相对通货膨胀率

5. 如果可以在国内自由持有外汇资产，并可自由地将本国货币兑换成外币资产，则该国货币实现了（　　）。
   A. 经常项目可兑换　　　　　　　B. 资本项目可兑换
   C. 对内可兑换　　　　　　　　　D. 对外可兑换

6. 如果经济处于流动性陷阱中，那么（　　）。
   A. 公开市场活动对货币供给没有影响
   B. 投资的变动对计划总支出没有影响
   C. 实际货币供给量的变动对利率没有影响
   D. 利率下降对投资没有影响

7. 目前即期汇率是1.55美元=1英镑，三个月远期汇率是1.5美元=1英镑，据你分析，三个月后的即期汇率是1.52美元=1英镑。如果你有1 000 000英镑，你将如何在远期外汇市场投机？（　　）
   A. 以1.5美元=1英镑买入1 000 000英镑的英镑远期
   B. 以1.5美元=1英镑卖出1 000 000英镑的英镑远期
   C. 以即期汇率买入英镑，等三个月后卖出
   D. 以即期汇率卖出英镑，等三个月后买回来

8. 墨西哥比索在1994年崩溃，并且贬值37%，则（　　）。
   A. 美国企业出口产品到墨西哥，如果以美元定价，美国企业会受到不利影响
   B. 美国企业出口产品到墨西哥，如果以比索定价，美国企业会受到不利影响
   C. 美国企业不受比索贬值影响，因为墨西哥市场很小
   D. 以上说法都不对

9. 19世纪70年代之前，黄金和白银作为国际支付手段和货币之间的汇率，货币价值可由金或银含量测定。假设美元和黄金挂钩，每盎司黄金30美元。法国法郎与黄金挂钩，黄金为每盎司黄金90法郎，白银为每盎司白银6法郎。同时，德国马克的汇率固定为每盎司白银1马克。本系统中马克兑美元的汇率是多少？（　　）

　　A. 1马克＝2美元　　　　　　　　B. 1马克＝0.5美元
　　C. 1马克＝45美元　　　　　　　 D. 1马克＝1美元

10. 下面哪个因素会造成货币需求减少？（　　）
　　A. 预期物价上涨　　　　　　　　B. 收入增加
　　C. 非货币资产收益下降　　　　　D. 以上都不对

11. 即期汇率为1.25美元＝1欧元，3个月期的美元年利率是2%。考察一个3个月期执行价为1.2美元的欧元美式看涨期权，若每份期权标的为62 500欧元，该份期权价值至少应为（　　）。

　　A. 0美元　　　　　　　　　　　　B. 3 125美元/1.02＝3 063.73美元
　　C. 0.05×62 500欧元＝3 125美元　　D. 以上都不对

12. 以下计算资产收益率（ROA）的公式中，正确的是（　　）。
　　A. ROA＝净利润/年末总资产　　　　B. ROA＝(净利润＋利息支出)/总资产
　　C. ROA＝净利润/净资产　　　　　　D. ROA＝(净利润＋利息支出)/净资产

13. 下列经济活动中，能降低公司资产负债率的是（　　）。
　　A. 发行可转换公司债券　　　　　　B. 发行优先股
　　C. 资本公积转增资本　　　　　　　D. 向股东进行现金分红

14. 某公司经营杠杆为2，财务杠杆为3，则以下说法正确的是（　　）。
　　A. 如果销售收入下降5%，则EBIT将下降10%
　　B. 如果EBIT增加10%，EPS将增加20%
　　C. 如果销售收入增加20%，EPS将增加130%
　　D. 如果EPS增加20%，EBIT需要增加5%

15. 以下关于股票股利的说法，不正确的是（　　）。
　　A. 股票股利在会计处理上可以分为送股和转增两种形式
　　B. 相对成熟的公司选择股票股利的意愿相对较小
　　C. 股票股利不会消耗公司的现金
　　D. 股票股利会降低公司股票的流动性

16. 年营业收入1 000万元，直接经营成本400万元，折旧50万元，税率33%，则企业经营现金流量净额为（　　）。
　　A. 418.5万元　　B. 316.6万元　　C. 234.2万元　　D. 415.3万元

17. 能在货币市场中交易的金融工具是（　　）。
　　A. 英镑　　　　B. 超短期融资券　　C. 中期票据　　D. 优先股

18. 某公司近三年净利润为890万元、－1 500万元、450万元，想在二级市场融资5亿元，可采用（　　）。
　　A. 向少数私人定向增发新股　　　　B. 向原有股东发售新股
　　C. 面向公众的普通公司债券　　　　D. 可转换公司债券

19. 有关可转换公司债券，正确的是（　　）。
    A. 可转换公司债券等于卖出期权加普通公司债券
    B. 转换价格越高，可转债价值越大
    C. 可转换公司债券息票率小于普通公司债券利率
    D. 可转换公司债券的发行不影响股本

20. 某公司经营性现金流218万元，折旧45万元，财务费用35万元，支付长期负债69万元，用于增加固定资产180万元，净营运资本增加38万元，则流向股权的现金流为（　　）。
    A. -104万元　　　B. -28万元　　　C. 28万元　　　D. 174万元

21. 敏感性分析通过（　　）评价净现值。
    A. 改变计算净现值假设　　　B. 改变一个变量同时其他变量不变
    C. 考虑不同的经济形势　　　D. 以上全部

22. 债券到期收益率小于票面利率，该债券将按照（　　），发行后随着到期时间的临近，该债券（　　）。
    A. 折价发行　减少折价　　　B. 折价发行　增加折价
    C. 溢价发行　减少溢价　　　D. 溢价发行　增加溢价

23. 某公司负债权益比为0.6，权益资本成本为11%，考虑税盾减税后债务资本成本为7%。若目标负债权益比为1:1，所得税税率按25%计算，那么目标财务杠杆下权益资本成本为（　　）。
    A. 9.5%　　　B. 10.5%　　　C. 11.25%　　　D. 12%

24. 预期理论条件下，下凸收益率曲线表示（　　）。
    A. 对长期限的债券的需求下降　　　B. 投资者对流动性需求上升
    C. 短期利率未来可能下降　　　D. 投资者有特殊偏好

25. 如果债券中嵌入可赎回期权，那么债券利差将会（　　）。
    A. 上升　　　B. 下降　　　C. 先升后降　　　D. 不变

26. 为了在5年后获得本息和2万元，年利率为2%，以单利计算，需要现在存入（　　）元。
    A. 18 114　　　B. 18 181.82　　　C. 18 004　　　D. 18 000

27. 1年期利率为5.5%，一年后的远期利率为7.63%，两年后期限为1年的远期利率为12.18%，三年后期限为1年的远期利率为15.5%，那么3年期面值1 000元的零息债券的价格为（　　）元。
    A. 785　　　B. 852　　　C. 948　　　D. 1 000

28. 风险衡量方法中，对可赎回债券最有效的是（　　）。
    A. 麦考利久期　　　B. 修正久期　　　C. 有效久期　　　D. 凸度

29. 测度分散化资产组合中某一证券的风险，用（　　）。
    A. 特有风险　　　B. 收益的标准差
    C. 再投资风险　　　D. 贝塔值

30. 下列关于资本配置线的描述，错误的是（　　）。
    A. 资本配置线显示了风险收益的综合情况
    B. 资本配置线的斜率等于风险资产组合增加单位标准差所引起的期望收益的增加
    C. 资本配置线的斜率也称为"报酬—波动性比率"
    D. 资本配置线也称风险资产的有效边界

31. 两个收益完全负相关的证券组成的资产组合，最小方差资产组合的标准差是（　　）。
A. 0 　　　　　　　　　　　　　　　B. 1
C. 大于 0 　　　　　　　　　　　　　D. 等于两种证券标准差之和

32. 有一个风险分散非常好的资产组合，证券数量很多，单指数模型成立，资产组合 $\sigma_i=0.2$，$\sigma_M=0.16$，则 β_i 为（　　）。
A. 1.2　　　　B. 1.5　　　　C. 1.25　　　　D. 1.56

33. 考虑有两个因素的 APT 模型，股票 A 的期望收益率为 16.4%，对因素 1 的贝塔值为 1.4，对因素 2 的贝塔值为 0.8。因素 1 的风险溢价为 3%，无风险利率为 6%，如果不存在套利机会，因素 2 的风险溢价为（　　）。
A. 2%　　　　B. 3%　　　　C. 4%　　　　D. 7.75%

34. 算术平均收益率和几何平均收益率的差值（　　）。
A. 随每年收益率波动增大而增大　　　B. 随每年收益率波动增大而减小
C. 恒为负值　　　　　　　　　　　　D. 恒为 0

二、计算题

1. IDG 公司是一家未上市的软件开发公司，作为商业发展计划的一部分，你与 IDG 创始人讨论 2008 年年末收购 IDG 的计划，请你根据以下信息计算 IDG 每股价值。

2008 年你要收购 IDG 公司，债务 3 000 万元，现金 1.1 亿元，普通股 5 000 万股，2009 年预计自由现金流 4 500 万元，2010 年预计自由现金流 5 000 万元，2010 年后自由现金流每年增速为 5%，平均资本成本为 10%。

2. 表 1 是股票基金 5 年来超过无风险收益率的年收益率情况，公牛基金收益率的标准差为 21.24%，独角兽基金收益率的标准差为 14.85%。

表 1　公牛基金和独角兽基金近 5 年超过无风险收益率的年收益率

公牛基金/%	独角兽基金/%
−21.7	−1.3
28.7	15.5
17.0	14.4
2.9	−11.9
28.9	25.4

(1) 公牛基金和独角兽基金超出无风险利率的期望收益率是多少？夏普比率分别是多少？

假设有一个投资者的效用方程为 $U=E(r)-0.015\delta^2$，将以上任一基金与无风险债券混合投资，根据下面情况，将选择哪一种策略？

(2) 无借款限制时，选哪个基金？投资比例分别是多少？

(3) 有借款限制时，选哪个基金？

三、论述题

我国外汇储备下降，根据国内外经济形势分析其主要原因以及对我国经济的影响。时任中央银行行长的周小川说："外汇走就走吧。"如何理解这句话？

2016年清华大学五道口金融学院（含经济管理学院）431金融硕士初试真题

一、选择题

1. 目前，世界各国普遍使用的国际收支概念是建立在（　　）基础上的。
   A. 收支　　　　B. 交易　　　　C. 现金　　　　D. 贸易

2. 经常账户中，最重要的项目是（　　）。
   A. 贸易收支　　B. 劳务收支　　C. 投资收益　　D. 单方面转移

3. 投资收益属于（　　）。
   A. 经常账户　　B. 资本账户　　C. 错误与遗漏　　D. 官方储备

4. 周期性不平衡是由（　　）造成的。
   A. 汇率的变动　　　　　　　　B. 国民收入的增减
   C. 经济结构不合理　　　　　　D. 经济周期的更替

5. 收入性不平衡是由（　　）造成的。
   A. 货币对内价值的变化　　　　B. 国民收入的增减
   C. 经济结构不合理　　　　　　D. 经济周期的更替

6. 关于国际收支平衡，表述不正确的是（　　）。
   A. 是按复式簿记原理编制的　　　　B. 每笔交易都有借方和贷方的账户
   C. 借方总额与贷方总额一定相等　　D. 借方总额和贷方总额并不相等

7. 以下不属于商业银行资产业务的是（　　）。
   A. 贴现　　　　B. 贷款　　　　C. 信用证　　　　D. 证券投资

8. 以下不属于中央银行负债业务的是（　　）。
   A. 外汇和黄金储备　　　　B. 流通中的通货
   C. 国库存款　　　　　　　D. 金融机构存款

9. 中央银行的独立性集中反映在中央银行与（　　）的关系上。
   A. 财政　　　　B. 政府　　　　C. 商业银行　　　　D. 其他监管部门

10. 投资者效用函数 $U=E(r)-A\sigma^2$，在这个效用函数里，A 表示（　　）。
    A. 投资者的收益要求　　　　　　B. 投资者对风险的厌恶程度
    C. 资产组合的确定等价利率　　　D. 对每 A 单位风险有 1 单位收益的偏好

11. 你管理的股票基金的预期风险溢价为 10%，标准差为 14%，短期国库券利率为 6%，你的委托人决定将 60 000 美元投资于你的股票基金，将 40 000 美元投资于货币市场的短期国库券基金，委托人投资组合的夏普比率是（　　）。
    A. 0.71　　　　B. 1　　　　C. 1.19　　　　D. 1.91

12. 按照 CAPM 模型，假定市场预期收益率为 15%，无风险利率为 8%，X 证券的预期收益率为 17%，X 的贝塔值为 1.25，以下哪种说法正确？（　　）
    A. X 被高估　　　　　　　　　　B. X 是公平定价
    C. X 的阿尔法值是 −0.25%　　　　D. X 的阿尔法值是 0.25%

13. 零贝塔证券的期望收益率为（   ）。
A. 市场收益率   B. 零收益率   C. 负收益率   D. 无风险收益率

14. 当下列哪种情况发生时会出现"随机漫步"？（   ）
A. 股票价格随机变化但可以预测
B. 股票价格对新旧信息均反应迟缓
C. 未来价格变化与以往价格变化无关
D. 以往信息对预测未来价格是有用的

15. 技术性分析的两个基本假设是证券能够（   ）。
A. 逐步地根据新的信息做出调整，研究经济环境能够预测未来市场的走向
B. 迅速地根据新的信息做出调整，研究经济环境能够预测未来市场的走向
C. 迅速地根据新的信息做出调整，市场价格由供求关系决定
D. 逐步地根据新的信息做出调整，市场价格由供求关系决定

16. 下列经济活动中，能够使公司所有者权益增加的是（   ）。
A. 发行公司债券   B. 向股东配售新股
C. 以资本公积转增资本   D. 提取法定盈余公积

17. 假设某公司拥有实物期权，可以投资具有正 NPV 的项目，那么公司市场价值和实体资产价值关系为（   ）。
A. 市场价值＜实体资产价值   B. 市场价值＝实体资产价值
C. 市场价值＞实体资产价值   D. 不确定

18. 某公司经营杠杆系数为 2，财务杠杆系数为 3，下列不正确的是（   ）。
A. 销售收入下降 5%，EBIT 下降 10%
B. EBIT 增加 10%，EPS 增加 20%
C. 销售收入增加 20%，EPS 增加 120%
D. EPS 增加 15%，EBIT 增加 5%

19. 某公司目前股价是 20 元，已发行 203 股股票，假设公司以每股 25 元的价格向投资者发行 53 股新股，发行后公司股价为（   ）。
A. 25 元   B. 20 元   C. 21 元   D. 22.5 元

20. 某公司计划投资 A 项目，该项目预计年营业收入 600 万元，直接经营成本 400 万元，折旧摊销 20 万元，税率 33%，预计年经营现金流是（   ）。
A. 140.6 万元   B. 200 万元   C. 134 万元   D. 114.2 万元

21. 下面哪一项增加会影响公司的流动比率而不会影响速动比率？（   ）
A. 应付账款   B. 现金   C. 存货   D. 固定资产

22. 某公司今年年初有流动资产 380 万元，流动负债 210 万元，年末流动资产 410 万元，流动负债 250 万元。请问该公司的净营运资本变动额是多少？（   ）
A. −30 万元   B. −10 万元   C. 30 万元   D. 10 万元

23. 下面哪一项增加会引起经营性现金流增加？（   ）
A. 员工薪酬   B. 办公室场地租金
C. 设备租赁费用   D. 设备折旧费用

24. 某公司债权成本7%，普通股股权成本11%，优先股股权成本8%。该公司共有104 000股普通股，市价20元每股；40 000股优先股，市价34元每股。债券面值共500 000元，现在市价是面额的102%，当前税率34%，该公司的加权平均资本成本是多少？（　　）
    A. 9.14%　　　　B. 6.54%　　　　C. 8.60%　　　　D. 6.14%

25. 若公司没有负债，有80 000股普通股，市价42元每股，目前股权成本是12%，税率34%，该公司考虑改变目前资本结构，计划按面值发行1 000 000元债券，票面利率8%，一年付息一次，债券募集资金将全部用来回购股票，在新资本结构下，股权价值是多少？（　　）
    A. 240万元　　　B. 270万元　　　C. 330万元　　　D. 336万元

根据信息回答26~27题。

一家面临重组的公司，其价格为200万元，目前公司有抵押债券150万元，无抵押债券100万元。重组后公司发行75万元抵押债券，25万元次级债券，100万元无抵押债券，公司所得税税率为25%。

26. 重组后抵押债券持有者可获得多少有价证券？（　　）
    A. 100万元　　　B. 125万元　　　C. 133.3万元　　D. 150万元

27. 重组后无抵押债券持有者可获得多少有价证券？（　　）
    A. 50万元　　　B. 66.7万元　　　C. 75万元　　　　D. 100万元

28. 一家金融机构使其资产和负债的利率风险价格敏感度相同，应采取（　　）。
    A. 空头对冲　　B. 多头对冲　　C. 利率互换　　D. 利率风险对冲

29. 有一组债券，当利率变化时，其中哪个债券的价格百分比变化最小？（　　）
    A. 无息债券　　B. 高息票债券　　C. 低息票债券　　D. 纯折价债券

30. 一个欧式看涨期权9个月后到期，行权价格是45元，使用布莱克-斯科尔斯期权定价模型，股票价格为40元，无风险利率为15%，$N(d_1)=0.718\ 891$，$N(d_2)=0.641\ 713$，则这个欧式看涨期权的价格是（　　）。
    A. 2.95元　　　B. 4.86元　　　C. 6.69元　　　D. 8.81元

二、计算题

1. 一位养老基金经理正在考虑三种共同基金，第一种是股票基金，第二种是长期政府债券与公司债券基金，第三种是回报率为8%的以短期国库券为内容的货币市场基金，这些风险基金的概率分布如表1所示。

表1　两种风险基金的概率分布

资产名称	期望收益/%	标准差/%	基金回报率之间的相关系数
股票基金（E）	20	30	0.10
债券基金（D）	12	15	

（1）两种风险基金的最小方差资产组合的投资比例是多少？这种资产组合回报率的期望值与标准差各是多少？

（2）这家养老基金所能达到的最大夏普比率是多少？

2. 假设你作为一个初创公司的创始人拥有公司全部股权，而且公司没有负债，为了发展公司业务，你想募集3 000万元资金。假设通过股权方式募集3 000万元资金，需要卖出公司 2/3 的股权,但你想保持对公司的控制权,所以卖出的股权比例不想高于 50%。

(1) 假设你通过债权融资 2 000 万元,那么你需要卖出多少比例的股权去募集剩余的 1 000 万元?

(2) 假设处于完美资本市场(Perfect Capital Market),如果你想保持公司的控制权,通过债权融资的最低额度是多少?

3. 1973 年英国的物价水平为 15.9 英镑,美国物价水平为 29.2 美元(1995 年为 100 美元),2003 年英国物价水平为 122.4 英镑,美国物价水平为 121.5 美元。1973 年两国的汇率水平为 0.430 4 英镑/美元,2003 年则为 0.597 5 英镑/美元。

(1) 计算 1973—2003 年英国和美国的通货膨胀率之差,并用它比较同期英镑对美元的贬值情况。

(2) 在 1973—2003 年的英国和美国之间,相对购买力理论有效吗?说明理由。

4. 下图有 2 个二叉树,上面描述了一个 3 年期零息债券价格,下面的二叉树描述短期利率,每个期间价格或利率上移的概率为 50%,如果该债券附加一个卖出期权,行权时间是 $t=1$,行权价格是 0.83。

(1) 该带有卖出期权的债券价格是多少?

(2) 它的到期收益率是多少?

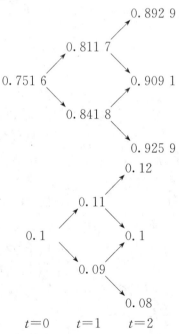

三、论述题(二选一)

1. 2015 年 10 月 23 日,中国人民银行宣布自 2015 年 10 月 24 日起对商业银行和农村合作金融机构等不再设置存款利率浮动上限,这意味着我国利率管制从此基本放开。请根据所学金融理论简要评述我国利率管制放开的影响。

2. 2010 年特别提款权(SDR)篮子审议之时,中国就曾向 IMF 提出过申请,但由于不满足货币"可自由使用"的条件而失败,2015 年时值五年一次的 SDR 货币篮子评估年,人民币再度提出入篮申请。请问什么是特别提款权?人民币加入 SDR 对中国经济和国际金融体系有何影响?

2015年清华大学五道口金融学院（含经济管理学院）431金融硕士初试真题

一、选择题

1. 以下哪一个是系统性风险？（　　）
   A. 木材价格剧烈下降　　　　　　　B. 航空公司飞行员罢工
   C. 央行调整基准利率　　　　　　　D. 人们抵制去快餐厅

2. 你持有9个月后到期的国债期货，如果利率期限结构中的所有利率在这9个月中整体下降，那么你持有的国债期货价格将在到期时（　　）。
   A. 下降　　　　　　　　　　　　　B. 升高
   C. 不变　　　　　　　　　　　　　D. 由于国债到期日不同而不确定

3. 一个公司预期本公司的股票价格将下跌，该公司在股票价格下跌之前发行哪种证券为最优选择？（　　）
   A. 可转债　　　　　　　　　　　　B. 优先股
   C. 普通债　　　　　　　　　　　　D. 以上三者无区别

4. 一个固定收益基金经理希望持有价格波动率最大的债券，那么应该持有（　　）。
   A. 短期高息票债券　　　　　　　　B. 长期低息票债券
   C. 长期零息票债券　　　　　　　　D. 短期低息票债券

5. 某公司负债2 000万元，股权账面价值4 000万元，股权市场价值8 000万元，年营运收入为400万元，公司资产负债率为（　　）。
   A. 50%　　　　B. 40%　　　　C. 33.33%　　　　D. 25%

6. 下面哪一项不属于公司的资本预算活动？（　　）
   A. 举债进行股票回购　　　　　　　B. 向竞争对手购买其用户信息
   C. 为研发部门雇佣一名工程师　　　D. 在中央商务区开一家餐馆

7. 一家银行每季度支付的年利率（APR）为8%，其有效年利率（EAR）是多少？（　　）
   A. 8%　　　　B. 8.24%　　　　C. 8.35%　　　　D. 8.54%

8. 某公司2014年有一笔100万元的经营支出，公司税率为30%，该支出使得（　　）。
   A. 应纳税收入减少了30万元　　　　B. 应纳税收入减少了70万元
   C. 税后收益减少70万元　　　　　　D. 纳税减少70万元

9. 下面哪种行为属于直接融资行为？（　　）
   A. 你向朋友借了10万元
   B. 你购买了10万元余额宝
   C. 你向建设银行申请了10万元汽车贷款
   D. 以上都是

10. 通常，向商业银行申请贷款的借款人会比银行掌握更多关于自身投资项目的信息。这种信息上的差异称为（   ），它会产生（   ）问题。
   A. 逆向选择　风险分担　　　　　　B. 信息不对称　风险分担
   C. 逆向选择　道德风险　　　　　　D. 信息不对称　逆向选择

11. 下面哪一项不属于中央银行的负债？（   ）
   A. 政府在中央银行的存款　　　　　B. 储备货币
   C. 外汇储备　　　　　　　　　　　D. 金融性公司在中央银行的存款

12. 扩张性货币政策通常会导致（   ）。
   A. 产出增加和利率下降　　　　　　B. 产出不变和利率下降
   C. 通货膨胀和利率上升　　　　　　D. 通货紧缩和利率上升

13. 如果资本可自由流动，下面哪个说法较为确切？（   ）
   A. 在固定汇率制和浮动汇率制下，财政政策对产出的影响是一样的
   B. 相比浮动汇率制，在固定汇率制下财政政策对产出的影响更大
   C. 相比浮动汇率制，在固定汇率制下财政政策对产出的影响更小
   D. 以上都是错误的

14. 30年期限，10%票面利率的债券面值是100元，目前债券售价98元，那么债券收益率应该（   ）。
   A. 大于10%　　　B. 小于10%　　　C. 等于10%　　　D. 无法判断

15. 一只股票年化期望收益率为10%，该股票的标准差为40%，年化无风险利率为2%，那么该股票的夏普比率是多少？（   ）
   A. 0.25　　　　B. 0.2　　　　　C. 0.33　　　　D. 0.5

16. 假设股票X收益率的标准差是50%，股票市场收益率的标准差为20%，股票X收益率与股票市场收益率的相关性是0.8，那么股票X的β系数是（   ）。
   A. 0　　　　　B. 2　　　　　　C. 0.8　　　　　D. 无法判断

17. 假设一个公司的资本结构由2 000万元的股权资本和3 000万元的债权资本构成，该公司股权资本的融资成本是15%，债权资本的融资成本是5%，同时假设该公司税率是40%，那么该公司的加权平均资本成本（WACC）是多少？（   ）
   A. 7.8%　　　　B. 9%　　　　　C. 10%　　　　　D. 6%

18. 假设某企业的净利润固定是4 400万元，并且该企业每年将所有净利润都作为股息发放给投资者，该企业共发行了1 100万股票，假设该企业股息对应的折现率是10%，并且该企业从明年开始第一次发放股息，该企业股票的价格是多少？（   ）
   A. 4元　　　　B. 44元　　　　C. 400元　　　　D. 40元

19. 假设一个公司今年的EBIT（息税前利润）是100万元，折旧是20万元，净运营资本增加了10万元，税率是40%，那么该公司今年的自由现金流是多少？（   ）
   A. 40万元　　　B. 50万元　　　C. 60万元　　　D. 70万元

20. A、B、C、D四只股票之间的相关系数如下：Corr（A，B）=0.85；Corr(A，C)=0.60；Corr(A，D)=0.45。每只股票的期望收益均为8%，标准差均为20%，如果此前投资者只持有股票A，目前允许选取另一种股票组成资产组合，那么投资者选择哪只股票才能使投资组合最优？（   ）
   A. B　　　　　B. C　　　　　　C. D　　　　　　D. 需要更多信息

21. 以下哪个不属于中央银行传统的三大货币政策工具?（　　）
   A. 法定准备金　　　　　　　　B. 消费者信用控制
   C. 再贴现率　　　　　　　　　D. 公开市场业务

22. "半强式有效市场假说"认为股票价格（　　）。
   A. 反映了以往的全部价格信息
   B. 反映全部的公开信息
   C. 反映了包括内幕信息在内的全部相关信息
   D. 是可以预测的

23. 根据有效市场假说，以下说法正确的是（　　）。
   A. 贝塔值大的股票往往定价过高
   B. 贝塔值小的股票往往定价过高
   C. 阿尔法值为正的股票，正值会很快消失
   D. 阿尔法值为负的股票往往会产生低收益

24. 根据 CAPM 模型，贝塔值为 1.0，阿尔法值为 0 的资产组合的预期收益率为（　　）
   A. 在市场预期收益率和无风险、收益率之间
   B. 无风险利率
   C. 市场预期收益率和无风险收益率之差
   D. 市场预期收益率

25. 根据 CAPM 模型假定：市场的预期收益率为 15%，无风险利率为 8%；X 证券的预期收益率为 17%，X 的贝塔值为 1.25，以下选项中说法正确的是（　　）。（注：阿尔法值指超额收益率）
   A. X 被高估　　　　　　　　　B. X 正确定价
   C. X 的阿尔法值为 -0.25%　　　D. X 的阿尔法值为 0.25%

26. 根据费雪效应，以下说法不正确的是（　　）。
   A. 在长期且货币是中性的情况下，货币增长的变动不影响真实利率
   B. 在长期且货币是中性的情况下，货币增长的变动不影响名义利率
   C. 在长期且货币是中性的情况下，名义利率根据通货膨胀率一对一调整
   D. 通货膨胀率上升时，名义利率上升

27. 如果美联储大量印发美元，那么下列选项不正确的是（　　）。
   A. 1 美元所能购买的日元数量减少　　　B. 引起美国物价水平上升
   C. 美元相对日元贬值　　　　　　　　　D. 美国经济增长超过日本

28. 下列选项会减少中国净支出的是（　　）。
   A. 一个中国艺术教授利用暑假参观欧洲博物馆
   B. 美国学生纷纷去观看中国拍摄的电影
   C. 你购买了一辆产自德国的奔驰
   D. 日本大学生在学生书店买了一个中国制造的玩具熊

29. 假设美国共同基金突然决定更多地在加拿大投资，那么（　　）。
   A. 加拿大净资本流出上升　　　B. 加拿大国内投资增加
   C. 加拿大储蓄上升　　　　　　D. 加拿大长期资本存量降低

30. 下面关于法定存款准备金的说法，错误的是（   ）。
    A. 法定存款准备金是银行根据其存款应该持有的最低存款准备金
    B. 法定存款准备金影响银行体系可以用1美元创造出多少货币
    C. 当美联储提高法定准备金率时，意味着银行必须持有更多准备金
    D. 当美联储提高法定存款准备金率时，货币乘数增加，且货币供给增加

二、计算题

1. 假设中国的A公司出售一批货物给美国的B公司，6个月后将收到3 000万美元货款，A公司希望控制汇率风险，假定目前的即期中美汇率为1美元＝6.13元人民币，6个月期的远期汇率为1美元＝6.21元人民币。A公司可以购买6个月期美元看跌期权，其执行价格为1美元＝6.13元人民币，期权费为每美元0.1元人民币。目前，人民币6个月期的年化利率是4%，而美元6个月期的年化利率是0.5%。
   （1）如果A公司决定用远期合约来套期保值，计算此次销售可确保获得的人民币收入。
   （2）如果A公司想使用即期美元和人民币市场工具来套期保值，应该怎样做？能获得人民币的收入是多少？
   （3）假设未来的即期汇率为1美元＝6.21元人民币，如果A公司决定用美元的看跌期权来套期保值，此次销售的"期望"人民币未来收入值是多少？
   （4）假如你是A公司的决策人员，你会选择哪种方式来控制这笔交易的汇率风险？

2. 永新光电公司一年后的总价值有70%的概率为5 000万元，有30%的概率为2 000万元。无风险利率为5%，永新光电公司的资本成本为10%。
   （1）假如公司资本结构中没有债务，那么现在公司股权的总价值为多少？
   （2）假如公司有一笔一年期债务，到期前不支付利息，一年到期后的本金利息总价值为1 000万元，根据MM定理，现在公司股权的总价值是多少？
   （3）一年后公司可能实现的最低股权回报率在情况（1）和情况（2）下分别是多少？

3. 假定股票收益以市场指数作为共同因素，经济体系中所有的股票对市价的指数的贝塔值为1.0，个股的非系统性风险（标准差）为30%。如果证券分析师研究了20种股票，结果发现一半股票的阿尔法值为2%，另一半为－2%。分析师买进100万美元的等权重正阿尔法的股票资产组合，同时卖空100万美元的等权重负阿尔法的股票资产组合。
   （1）该组合的期望收益是多少？
   （2）该投资组合是否还存在系统风险？简述理由。
   （3）该组合的标准差是多少？

三、分析题

请分别介绍净现值法（NPV）和内部收益率法（IRR），并比较它们的优点和缺点。

四、时事题（二选一）

1. 请分析阿里巴巴在美国上市的好处和可能遇到的问题，并分析其2012年在中国香港主动退市的可能原因。
2. 前些时候美国提出退出量化宽松政策，美联储可以采取哪些货币政策执行退出量化宽松？评论美国退出量化宽松对美国经济增长、美元汇率、债券市场、股票市场的影响。

2018年清华大学五道口金融学院（含经济管理学院）431金融硕士初试真题解析

一、选择题

1. 【答案】B

   【解析】考查货币乘数的公式。存款准备金率上升，会使货币乘数减小。

2. 【答案】B

   【解析】A选项，因果倒置。C选项，金融创新导致货币定义模糊、金融资产流动性增强、货币政策传导机制受到干扰，因此，金融创新降低了货币政策的有效性。

3. 【答案】B

   【解析】C、D选项明显不对。A选项，费雪效应是指名义利率随着预期通货膨胀率的上升而上升。B选项，货币中性理论是指货币供给增长导致价格水平同比例上升，对实际产出没有影响，不影响真实利率。

4. 【答案】A

   【解析】刺激消费和投资，要增加货币供给、降低利率，A选项错误。

5. 【答案】B

   【解析】传统货币政策通过调节货币供应量影响利率、刺激投资，进而实现经济增长，但即使利率降低到零，也未能刺激经济增长，说明此时传统的货币政策失效。

6. 【答案】C

   【解析】贷款计入其他投资。注意，运费是日本钢铁企业向日本运输企业支付的，属于居民与居民的交易，因而不能计入国际收支平衡表。收到的股息红利计入收益账户，收益账户是经常账户的一部分。

7. 【答案】B

   【解析】$CA=S_p+S_g-I$。如果私人储蓄S_p减少，CA会下降；如果初始$CA=0$，那么S_p减少，CA就会小于0，即CA逆差。A选项，高税收会导致S_g上升，CA顺差；C选项，低私人部门投资会导致I下降，CA顺差；D选项，高财政盈余会导致S_g上升，CA顺差。

8. 【答案】D

   【解析】国际货币基金组织的职责是监察货币汇率和各国贸易情况，提供技术和资金协助，确保全球金融制度运作正常。其实不了解国际货币基金组织的职责也可以选出来，1982年拉美债务危机和1997年东南亚金融危机都有国际货币基金组织的身影。

9. 【答案】B

   【解析】以蒙代尔—弗莱明模型为出发点意味着短期分析，价格水平不变且预期的汇率变动率为零。该发达国家放松银根，利率下降，本币贬值。

10. 【答案】A

    【解析】经常账户包括贸易、服务、收益和经常转移四个子账户。

11. 【答案】B

【解析】国际收支顺差，外国居民对本国货币需求增加，本币升值。

12. 【答案】C

【解析】购买力平价理论认为，两种货币的汇率应由两国的货币购买力之比决定。货币购买力实际上是一般物价水平的倒数。汇率实际是由两国物价水平之比决定的，这个比值被称为购买力平价。

13. 【答案】B

【解析】持有成本越高，国际储备需求越低；经济对外开放程度越高，国际储备需求越高；货币国际地位越高，国际储备需求越低；外汇管制程度越高，国际储备需求越低。

14. 【答案】C

【解析】考查永续增长现金流求现值的公式。PV＝60/（9%－4%）＝1 200（元）。

15. 【答案】A

【解析】假设单利的话，1 000/1.32＝757.58（元），复利肯定比这个值还要低，所以只能选 A。

16. 【答案】C

【解析】$10\,000 \times \left(1 + \dfrac{12\%}{4}\right)^6 = 11\,940$（元）。

17. 【答案】D

【解析】必须是连续复利。单利时，实际利率＝$r \times n$；复利时，实际利率＝$(1+r)^n - 1$；连续复利时，实际利率＝$\lim\limits_{n \to \infty}\left(1 + \dfrac{r}{n}\right)^n - 1 = e^r$。显然连续复利更大，另外，从经济学的角度来看，连续复利表示的是前一期的本息和在下一期进行计息，且计息周期足够短。

18. 【答案】B

【解析】在资本配置线中，如果借款利率和贷款利率不一致，直线就会发生偏折。偏折点为100%配置最优风险资产组合，偏折点左侧的起点为无风险收益的点，表示100%配置于无风险资产即贷款的利率。偏折点右侧开始，出现资产配置超过100%配置于最优风险资产，需要借入资金通过杠杆配置更多风险资产，此时如果借入资金与无风险贷款利率不一致，就会在该点发生偏折。

19. 【答案】D

【解析】分散化资产组合里某一证券的风险是这个证券与组合的协方差，标准化后就是 β。

20. 【答案】C

【解析】根据套利定价理论，具有正阿尔法收益的资产，价格会被低估，于是该资产会被大量持有，需求大于供给则会导致该资产价格上涨，当价格接近真实估价时，正阿尔法就会消失。

21. 【答案】B

【解析】考查看跌期权与看涨期权平价公式。

22. 【答案】D

【解析】股息收益率＝0.75/25＝3%。设股权成本为 x，$25 = 27.5/(1+x)$，得 $x = 10\%$。

23. 【答案】A

【解析】B 选项和 D 选项都是沉没成本，C 选项中债务的财务费用（利息费用）不是项目的增量现金流。

24. 【答案】C

【解析】详见第 25 题题干。

25. 【答案】C

【解析】A、B、D 选项都属于筹资活动，短期负债通常指经营负债，属于经营活动。

26. 【答案】C

【解析】若债权人清楚了解破产的概率和成本，他们会支付公允的价格，破产成本由股东承担。

27. 【答案】C

【解析】通常情况下，优先股股东无表决权。

28. 【答案】D

【解析】垃圾债券是指到期收益很高的债券，具有很高的违约风险。票息、面值、期限相同的可转换公司债券和普通债券，很明显可转换公司债券价值更高。因为可转换公司债券赋予投资者一个 call option，故同期限票息应该低。可交换公司债券是上市公司股东发行的，可转换公司债券是上市公司发行的。选项 D 正确，但更严谨的表述为"中期票据是银行间市场发行的债务融资工具"。

29. 【答案】A

【解析】发行债券回购股票不影响 ROA，所以 ROA 还是 12%。发行债券回购股票后负债权益比上升，根据公式 $ROE=(1-t)[ROA+(ROA-r)B/S]=12\%+(12\%-6\%)\times\frac{1}{3}=14\%$。

30. 【答案】A

【解析】本题为超纲题，考查同时考虑了股息所得税和资本利得税之后的除权日股价的计算。这里给出推导过程：设分红后股价为 x，投资者先前买入该公司股票的价格为 y，投资者可以选择现在卖出股票，所得为 $20-(20-y)\times20\%$；或者投资者等到除权日再卖出股票，所得为 $x-(x-y)\times20\%+2\times(1-40\%)$。两种价值应该相等，即 $x=18.5$，选 A。

二、计算题

1. 【解析】(1) 方法一：

股息回报率为 $10/950=1.05\%$，已知市场的期望收益率为六个月 6%，则六个月后预期的指数为 $950\times(1+6\%-1.05\%)=997$。

方法二：

无红利时六个月后预期的指数水平为 $950\times1.06=1\,007$，再减去股利 10 美元，$1\,007-10=997$。

(2) 此题考查现期平价定理。

方法一：$F_0=S_0(1+r_f-d)=968.5$。

方法二：$F_0=S_0(1+r_f)-D=950\times1.03-10=968.5$。

(3) 因为理论期货价格是 968.5，市场上期货价格为 948，期货价格被低估，应卖空指数买入期货。0 时刻卖空指数可得 950，把 950 做六个月无风险投资后得 978.5，0 时刻买入期货合约不会导致现金流出。六个月后需偿还 S_T+10，且期货的盈亏是 S_T-948，还有无风险投资到期的 978.5，因此期末现金流为 $-S_T-10+S_T-948+978.5=20.5$，此即无风险套利产生的利润。

2.【解析】公司刚开始有 75 000 万元的权益和 10 000 万元的债务，公司价值 85 000 万元。公告日，因为是完美市场，发债不影响企业价值，所以公司价值还是 85 000 万元，权益 75 000 万元，债务 10 000 万元。借入 35 000 万元债务后，企业价值变为 85 000+35 000=120 000（万元），清偿到期的 10 000 万元债务后，企业价值变成 110 000 万元，此时权益 75 000 万元，债务 35 000 万元，再支付 25 000 万元股利，那么企业价值变成 110 000－25 000＝85 000（万元），其中权益价值 50 000 万元，债务价值 35 000 万元。

因为公司之前的 $R_S=8.5\%$，我们需要先去杠杆得到不变的 R_0，根据公式得 $R_0=(R_S+R_B\times B/S)/(1+B/S)=(8.5+4.25\times 0.133\,3)/(1+0.133\,3)=8\%$。然后我们再加杠杆，得到最新的杠杆权益资本成本 $R'_S=R_0+(R_0-R_B)B/S=8\%+(8\%-5\%)\times 0.7=10.1\%$。

3.【解析】本题旨在求 MVP。

$$w_A=\frac{\sigma_B^2-C}{\sigma_B^2+\sigma_A^2-2C}$$

$E(r_A)=10\%$，$\sigma_A=15\%$

设以本币计价的外国资产 B 的预期收益率为 $E(r_B)$，外币计价的外国资产 B 的预期收益率为 $E(r_B^*)$，$1+E(r_B)=[1+E(r_B^*)](1+\rho)$，$\rho$ 就是汇率的变动率。

展开之后为 $1+E(r_B)=1+\rho+E(r_B^*)+E(r_B^*)\times\rho$，因为 $E(r_B^*)\times\rho$ 很小，通常忽略，所以可得

$$E(r_B)=E(r_B^*)+\rho=8\%+5\%=13\%$$

由 $\text{var}(\sigma_B)=\text{var}(\sigma_B^*)+\text{cov}(\rho)=0.04+0.01=0.05$，进而推出 $\sigma_B=22.36\%$，注意，这里的汇率波动率独立于资产 B，所以协方差为零。

现在就是代入 MVP 计算公式的问题。

那么我们要先算出 C，这里的 C 指代 $\text{cov}(r_A, r_B)$，因为 $r_B=r_B^*+\rho$，所以 $\text{cov}(r_A,r_B)=\text{cov}(r_A,r_B^*+\rho)=\text{cov}(r_A,r_B^*)+\text{cov}(r_A,\rho)=\text{cov}(r_A,r_B^*)=\sigma_A\sigma_B\times\rho=0.15\times 0.22\times 0.5=0.016\,5$。

这样 $w_A=(500-165)/(500+225-330)=335/395=0.848\,1$，$w_B=0.151\,9$。

三、论述题（以下两题任选一题作答）

1.【解析】短期而言，由于最终通过的税改法案并未超预期提高减税力度，且市场已经充分预期法案大概率通过，因而在预期落实后，美元将面临利多出尽后的回调压力。

中期而言，税改对于美联储货币政策、国际资本流动都可能产生明显影响。税改有利于刺激美国本土投资增长，为美联储 2018 年缩表加息创造条件，反过来美联储的缩表加息又有利于美元走强。在企业所得税最高税率降至 21%后，美国将成为 G20 经济体中企业税最低的经济体之一。21%的税率也显著低于美国 ODI 主要目的地的企业税率。配合

企业海外利润汇回的优惠税率，跨国企业资本回流美国的可能性增大。若出现大量海外利润集中回流，市场上的美元需求将骤然增加，给予美元升值动力。税改后财政赤字的扩大将迫使美国政府增加国债发行量，而美联储作为美债的主要买家之一，将在明年进一步扩大缩表规模。同时，税改会提振市场对于经济增长和通货膨胀的预期。美债收益率可能上升，带来美元汇率的走强。

从长期来看，假设特朗普政府减税后税源和税基扩大带来的财政收入增长并不能满足财政支出的需求，那么长期来看，财政赤字就是必然的了。财政赤字通常会带来长期的贸易逆差。根据 $CA=S_p+S_g-I$，假设私人部门的储蓄和投资比较稳定，那么 $S_g<0$ 会直接带来 $CA<0$。经常账户的长期逆差会给美元汇率带来压力。

2.【解析】逆周期因子的含义和引入原因：

人民币汇率中间价是即期银行间外汇交易市场和银行挂牌汇价的最重要参考指标。在加入逆周期因子之前，今日中间价＝昨日收盘价＋权重系数×一篮子货币汇率变动。其中权重系数是非对称的：当美元走强时，权重系数比较高，人民币会更多地盯住一篮子货币，和篮子里的货币一起贬值；当美元走弱时，权重系数比较低，人民币会更多地盯住美元，相对一篮子货币贬值，这样的关系也被称为"非对称性贬值"。根据上述的双锚机制，外汇市场可能存在一定的顺周期性，容易受到非理性预期的惯性驱使，放大单边市场预期。为了打破这种单边预期，中央银行引入了"逆周期因子"，今日中间价＝前日收盘价＋权重系数×一篮子货币汇率变动＋逆周期因子，主要目的是适度对冲市场情绪的顺周期波动，缓解外汇市场可能存在的"羊群效应"。在计算逆周期因子时，可先从上一日收盘价较中间价的波幅中剔除篮子货币变动的影响，由此得到主要反映市场供求的汇率变化，再通过逆周期系数调整得到"逆周期因子"。逆周期系数由各报价行根据经济基本面变化、外汇市场顺周期程度等自行设定。

逆周期因子的影响：

（1）有助于中间价更好地反映宏观经济基本面。前期人民币兑美元汇率走势与经济基本面和国际汇市变化明显不符，表明在市场单边预期的背景下，简单的"收盘价＋一篮子货币汇率变化"可能会导致中间价比较多地反映与预期方向一致的变化，少反映或不反映与预期方向不一致的基本面变化，呈现出一定的非对称性，在中间价报价模型中引入"逆周期因子"有助于校正这种非对称性。

（2）有助于对冲外汇市场的顺周期波动，使中间价更加充分地反映市场供求的合理变化。汇率作为本外币的比价，具有商品和资产的双重属性，后者意味着汇率波动可能触发投资者"追涨杀跌"的心理，导致外汇市场出现顺周期波动，进而扭曲与基本面相一致的合理市场供求，放大供求缺口。在中间价报价模型中引入"逆周期因子"，可通过校正外汇市场的顺周期性，在一定程度上将市场供求还原至与经济基本面相符的合理水平，从而更加充分地发挥市场供求在汇率形成中的决定性作用，防止人民币汇率单方面出现超调。

（3）完善后的中间价报价机制保持了较高的规则性和透明度。基准价格报价机制的规则性和透明度取决于其规则、制度是否明确以及报价机构能否自行对机制的规则性进行验证。在中间价报价机制中引入"逆周期因子"的调整方案，是由外汇市场自律机制"汇率工作组"成员提出，经全部14家人民币兑美元汇率中间价报价行充分讨论并同意后实施的，每一家报价行均在充分理解新机制的基础上进行报价，并可结合本行报价结果和市场公开数据自行计算验证实际发布的中间价。此外，"逆周期因子"计算过程中涉及的全部数据，或取自市场公开信息，或由各报价行自行决定，不受第三方干预。总体来看，引入逆周期因子后，中间价报价机制的规则性、透明度和市场化水平得到进一步提升。

2017年清华大学五道口金融学院（含经济管理学院）431金融硕士初试真题解析

一、选择题

1.【答案】D

【解析】中央银行货币政策工具包括中央银行2013年以来各种创新的货币政策工具，例如SLO、SLF、MLF、PSL。公开市场操作本身就是三大法宝之一，其包括现券、回购、中央票据等业务。D选项，银行票据承兑是商业银行的或有业务，和中央银行货币政策工具无关。

2.【答案】C

【解析】流动性覆盖率是《巴塞尔协议Ⅲ》的内容，属于流动性监管范畴，流动性覆盖率＝优质流动性资产储备/未来30日的资金净流出，要求比率大于100%。流动性比例属于商业银行的一个监管指标，流动性比例＝流动性资产/流动性负债，规定要大于等于25%。存贷款比例就是存贷比，等于贷款/存款，按规定要小于等于75%，但该指标已被废除。拨备覆盖率＝贷款损失准备/不良贷款，它是衡量商业银行贷款损失准备金计提是否充足的一个重要指标，主要反映商业银行对贷款损失的弥补能力和对贷款风险的防范能力，和商业银行流动性风险无关。

3.【答案】B

【解析】2016年10月1日人民币加入SDR货币篮子后，新的货币篮子权重如下：美元占比41.73%，欧元占比30.93%，人民币占比10.92%，日元占比8.33%，英镑占比8.09%。

4.【答案】D

【解析】中长期汇率决定理论的经典理论是相对购买力平价理论。根据相对购买力平价理论，相对通货膨胀率高的国家的货币长期来看将贬值。

5.【答案】C

【解析】考查对内可兑换的定义。

6.【答案】C

【解析】流动性陷阱下，投机性的货币需求无穷大，增加实际货币供给无法降低利率水平，所以C选项正确。D选项可能有争议，经济处于流动性陷阱时，企业对未来经济预期非常悲观，投资利率弹性很低，但通常认为C选项是最直接的结论。

7.【答案】A

【解析】题目问的是如何在远期外汇市场投机，预计三个月后的市场即期汇率是1英镑＝1.52美元，而银行报出的三个月远期汇率是1英镑＝1.5美元，银行低估了英镑。所以在远期外汇市场上应该买入英镑，答案为A选项。

8.【答案】B

【解析】美国企业出口产品到墨西哥，如果以比索定价，当比索贬值时，为了维持相同的利润率水平，美国企业就要提高产品以比索表示的价格，这会削弱美国企业出口产品的竞争力；假设美国企业维持原先的比索价格不变，那么由于比索贬值，就会导致美元收入减少，这同样会降低美国企业的盈利水平，因此美国企业会受到不利影响。

9.【答案】A

【解析】1盎司黄金＝30美元＝90法郎，推出1法郎＝1/3美元；1盎司白银＝6法郎＝1马克，推出1马克＝6法郎＝2美元。

10.【答案】A

【解析】预期物价上涨，人们会倾向于将货币换成实物，货币需求减少。收入增加，交易性和谨慎性货币需求增加。非货币资产收益下降，货币收益相对提高，货币需求增加。

11.【答案】C

【解析】期权价值＝内在价值＋时间价值。该欧元美式看涨期权执行价格为1.2，标的资产价格已经到了1.25，为实值期权，如果立即执行，可获得$0.05 \times 62\,500$欧元＝3 125美元。

12.【答案】A

【解析】本题考查对基本公式的记忆，ROA＝净利润/年末总资产。

13.【答案】B

【解析】发行可转债，资产负债率会上升；发行优先股，计入所有者权益，资产负债率下降；资本公积转增资本，所有者权益内部结构调整，不影响资产负债率；现金分红导致未分配利润减少，所有者权益和资产减少，资产负债率上升。

14.【答案】A

【解析】考查DOL、DFL、DTL的基本概念，此题由2016年初试真题选择题第18题稍加改变得来。

15.【答案】D

【解析】股票股利会降低股票价格，提高公司股票的流动性。

16.【答案】A

【解析】taxes＝（1 000－400－50）×0.33＝181.5，OCF＝Sales－COGS－dep＋dep－taxes＝Sales－COGS－taxes＝1 000－400－181.5＝418.5。

17.【答案】B

【解析】超短期融资券是指企业在银行间市场发行的、期限在270天之内的短期债券，属于货币市场金融工具。A选项有争议。

18.【答案】A

【解析】定向增发无财务要求，条件最宽松；配股和可转债要求最近三个会计年度连续盈利；大公募公司债要求最近三年年均利润对债券一年利息的覆盖超过1.5倍，不满足要求。

19.【答案】C

【解析】可转债＝看涨期权＋普通债券。转换价格越高，相当于执行价格越高，看涨期权价值越低，可转债价值越低；可转债赋予投资者看涨期权，因此息票率远小于普通公司债券利率；可转债转股会要求公司增发新股，会影响股本。

20.【答案】A

【解析】FCFF＝OCF－inv＝218－180－38＝0（万元）；FCFD＝35＋69＝104（万元）；

FCFE=FCFF-FCFD=-104万元。

21. 【答案】B

【解析】本题考查敏感性分析的定义，B选项正确。

22. 【答案】C

【解析】溢价债券的票面利率高于到期收益率，到期日债券按面值兑付，溢价减少。

23. 【答案】C

【解析】根据题干可得 $\frac{B}{S}=0.6$，$R_S=11\%$，$R_B(1-t)=7\%$，根据新的负债权益比来求无杠杆权益资本成本，即 $R'_S = \dfrac{R_S^l + R_B(1-t)\dfrac{B}{S}}{1+(1-t)\dfrac{B}{S}} = 10.48\%$。再加杠杆，得 $R''_S = 10.48\% + 10.48\% \times 0.75 - 7\% = 11.34\%$，无此选项，取近似值。选C。

24. 【答案】C

【解析】下凸收益率曲线是指收益率曲线向右下方倾斜，预示未来短期利率可能下降。

25. 【答案】A

【解析】嵌入可赎回，对发行人有利，投资人要求更高的到期收益率，债券利差变大，答案为A选项。

26. 【答案】B

【解析】单利求现值，$20\,000/1.1 = 18\,181.82$（元）。

27. 【答案】A

【解析】$1\,000/(1.055 \times 1.076\,3 \times 1.121\,8) = 1\,000/1.273\,8 = 785$。

28. 【答案】C

【解析】用有效久期衡量内嵌期权的金融工具的利率风险。

29. 【答案】D

【解析】分散化组合中某一个证券风险的衡量用贝塔值。

30. 【答案】D

【解析】CAL是无风险资产F和有效边界上任一风险资产的线性组合，并非风险资产的有效边界。

31. 【答案】A

【解析】两种证券收益完全负相关，最小方差资产组合的标准差为0。

32. 【答案】C

【解析】风险分散非常好的资产组合，即 $\rho_{iM}=1$，$\beta_i = \rho_{iM}\dfrac{\sigma_i}{\sigma_M} = \dfrac{0.2}{0.16} = 1.25$。

33. 【答案】D

【解析】如果不存在套利机会，即 $16.4\% = 6\% + 1.4 \times 3\% + 0.8 \times x$，可知 $x=7.75\%$。

34. 【答案】A

【解析】一般而言，算数平均收益率大于几何平均收益率，且每期收益率波动越大，差值越大。可举具体数字验证。

二、计算题

1. **【解析】** 先计算 IDG 公司股票的公允价值。

根据已知条件可知 $B=3\,000$，$cash=11\,000$，$n=5\,000$，$FCFF_1=4\,500$，$FCFF_2=5\,000$，$WACC=10\%$，$g=5\%$，进而可得 $EV=\dfrac{FCFF_1}{1+WACC}+\dfrac{\dfrac{FCFF_2}{WACC-g}}{1+WACC}=\dfrac{4\,500}{1.1}+\dfrac{\dfrac{5\,000}{5\%}}{1.1}=95\,000$。

$S=EV+cash-B \Rightarrow V_0=\dfrac{EV+cash-B}{n}=\dfrac{95\,000+11\,000-3\,000}{5\,000}=20.6$。所以 IDG 公司股票的公允价值为 20.6 元。

2. **【解析】**（1）为表述方便，设公牛基金为风险资产组合 P，独角兽基金为风险资产组合 Q。由表格知 $\overline{r_P}-r_f=11.16\%$，$\overline{r_Q}-r_f=8.42\%$，用过去五年的算数平均数作为未来收益率的预期。

夏普比率为 $S_P=\dfrac{\overline{r_P}-r_f}{\delta_P}=0.53$，$S_Q=\dfrac{\overline{r_Q}-r_f}{\delta_Q}=0.57$，可以看出独角兽基金的夏普比率要优于公牛基金。

（2）$U=E(r)-0.015\delta^2$，这个效用函数不太符合投资学标准范式，无法直接用公式。因此我们用 $U=E(r)-1.5\delta^2$ 代替它，并可知风险厌恶系数 $A=3$。

从投资者效用函数来看，属于风险厌恶型投资者。由于独角兽基金的夏普比率高于公牛基金，因此考虑投资独角兽基金。投资比率为 $y^*=\dfrac{\overline{r_Q}-r_f}{A\delta_Q^2}=\dfrac{0.084\,2}{3\times 0.148\,5^2}=127.27\%$。投资者卖空 27% 本金的无风险债去投资 127% 比例的独角兽基金。

（3）存在借款限制时，由于独角兽基金需要卖空无风险债券去投资，因此考虑公牛基金。

$$y^*=\dfrac{\overline{r_P}-r_f}{A\delta_P^2}=\dfrac{0.111\,6}{3\times 0.212\,4^2}=82.46\%$$

因此投资者将本金的 82.46% 投资于公牛基金，17.54% 投资于无风险资产。

三、论述题

【解析】 外汇储备下降的原因：

（1）中央银行为维持汇率稳定而出售外汇储备。国内外经济形势导致人民币出现贬值预期，贬值预期导致的短期资本流出、居民购汇和企业惜售外汇带来人民币贬值的压力。此外，中央银行出于各种原因稳定人民币汇率的操作导致外汇储备下降。国内因素包括经济基本面的走弱，权威人士定调经济 L 型，经济增速下滑叠加产业结构转型中的去产能、去杠杆。

（2）国内一线城市房价大涨，部分高净值人士出于分散风险的考虑进行全球资产配置。

（3）微信等新媒体快速传播导致部分居民跟风购买美元保值。

（4）强制结汇取消后，出口企业对于是否向银行卖出所持外汇具有选择权，部分企业出于看跌人民币的动机囤积外汇。

（5）国外因素包括美国经济复苏明显，美联储加息预期提升，人民币单边升值趋势一去不复返，短期资本（例如热钱）流出中国回流美国等。

外汇储备下降对我国经济的影响：

（1）估值影响。我国外汇储备以美元计价，但其中仅有约64％为美元资产，其余资产计价货币包括欧元、日元、英镑、澳元等。美元指数自2015年3月以来高位震荡后又继续上行，非美元货币（例如欧元、日元等）对美元贬值，导致整体以美元计价的外汇储备出现下降。

（2）储备资产的投资利得或损失。外汇储备以美国、日本等国的政府债券形式持有，当国外债券市场利率上行时，外汇储备也会出现资本损失，导致外汇储备存量规模下降。

"外汇走就走吧"是时任中央银行行长的周小川于2016年3月20日在"中国发展高层论坛2016"年会上对外汇储备规模下降的一个回应。这句话的含义可以从以下几个角度来理解：

首先，中国并未实行非常严格的资本流出管制，资本流出导致外汇储备规模下降是合法的。

其次，人民币单边升值趋势早已结束，之前针对人民币升值趋势进行投机、套利的资金流出符合经济逻辑。但该部分资金流出规模已经越来越小，未来对外汇储备规模下降的重要性会越来越小。

再次，"外汇走就走吧"反映出周小川对未来人民币汇率和外汇储备规模的信心。人民币汇率根据国内外相对经济基本面、货币政策有升有贬是正常现象，目前中国外汇储备仍是世界最多的，且外汇储备规模下降可能更多地来自估值影响和资本损失，目前并不存在热钱大规模集中流出和国内居民大规模恐慌购汇的情况。

最后，"外汇走就走吧"也反映出中央银行的一种稳定汇率预期的信号。之前提过，人民币贬值是经济规律的必然；国内的热钱规模很小，未来不足以继续导致外汇储备大幅下降；外汇储备目前下降更多是由于估值影响和投资损失；但如果国内出现居民恐慌性集中购汇的现象，那么就有可能出现货币危机。考虑到目前中国经济基本面依然健康、企业外债基本在过去几年都置换为人民币债券，主权外币债务和银行系统外币债务很少，外汇储备存量规模依然巨大，出现货币危机的概率很低。

2016年清华大学五道口金融学院（含经济管理学院）431金融硕士初试真题解析

一、选择题

1. 【答案】B

   【解析】国际收支是对一国居民与非居民在一年内所发生的经济交易的系统记录。姜波克《国际金融新编（第五版）》中关于该知识点的原句为"国际收支反映的内容以交易为基础，而不是像其字面所表现的那样以货币收支为基础。"

2. 【答案】A

   【解析】这是关于"最重要""最基本""最核心"的题型，考查考生的理解程度。经常项目中贸易余额（TB）占经常账户余额之比最大，也能反映一国产业结构、产品质量和劳动生产率。更进一步地，贸易顺差也是一国积累外汇储备最基础、最重要的来源。

3. 【答案】A

   【解析】这道题考查特定账户在国际收支平衡表里的归类，在历年真题里也曾多次出现。精确记忆经常账户、资本账户、金融账户、官方储备、错误与遗漏里面的内容即可满足考试要求。投资收益属于经常账户，故答案为A选项。

4. 【答案】D

   【解析】由经济周期阶段的更替而造成的国际收支不平衡，称为周期性不平衡。一般地，在繁荣阶段，由于生产高涨，进出口大幅增加，经常项目可能出现顺差；而在萧条阶段，随着生产下降，出口减少，导致国际收支恶化。故答案为D选项。

5. 【答案】B

   【解析】本题考查国际收支不平衡的类型及对应的原因。收入性不平衡是由国民收入的增减造成的，答案为B选项。其中A选项对应货币性失衡或币值扭曲带来的失衡，C选项对应结构性失衡，D选项对应周期性失衡。

6. 【答案】D

   【解析】这道题C和D选项互斥，必有一真一假，又因为四个选项仅有一假，所以A、B选项必真。国际收支平衡表是复式记账，有借必有贷，借贷必相等。故答案为D选项。错误与遗漏账户也是国际收支平衡表的一部分，它保证了国际收支平衡表里所有科目的借方余额等于贷方余额，这也是复式记账的精髓。

7. 【答案】C

   【解析】本题考查商业银行资产负债表。商业银行资产负债表和中央银行资产负债表历来是货币银行考试的重中之重，考生需要着重掌握。A、B、D选项很明显是商业银行的资产业务，因此答案为C选项。实际上，信用证属于商业银行中间业务，严格来说是狭义表外业务，不在资产负债表里反映。

8. 【答案】A

   【解析】本题考查中央银行资产负债表。外汇和黄金储备属于中央银行的资产，不属于中央银行的负债业务。

9. 【答案】B

【解析】中央银行的独立性集中反映在中央银行与政府的关系上。

10. 【答案】B

【解析】效用函数中的 A 是风险厌恶系数，A 越大，说明投资者越厌恶风险，在相同标准差下为了达到相同的效用水平要求的期望收益率就更高。

11. 【答案】A

【解析】1+1 的框架下，投资组合的夏普比率和 y 无关，完全由最优风险组合的 S_P 决定，所以委托人不管将资金按何种比例分配在无风险资产和股票基金上，S_P 唯一，此题只要知道最优风险组合的 R_P 和标准差就可以算出答案。公式如下：

$$S = S_P = \frac{E(R_P) - R_f}{\sigma_P} = \frac{10}{14} = 0.71$$

12. 【答案】D

【解析】根据公式 $R_X = R_f + (R_m - R_f) \times \beta$，可算出 X 证券的必要收益率为 16.75%，所以阿尔法值为 0.25%，股价被低估。

13. 【答案】D

【解析】根据 CAPM 公式，当 $\beta = 0$ 时，证券的期望收益率等于无风险收益率。

14. 【答案】C

【解析】"随机漫步"的核心思想就是未来价格和历史价格无关，价格变化完全是由随机不可测的新信息进入市场引起的。

15. 【答案】D

【解析】按照博迪的看法，技术分析的两个基本假设是价格由供求决定、价格对新信息反应缓慢，这样就能保证价格反映供求但不能充分反映新信息的全部价值，依靠技术分析可以盈利。但略懂技术分析的人都知道，技术分析的三大假设是市场反映一切、价格沿趋势运动和历史会重演。

16. 【答案】B

【解析】A 选项会增加资产（货币资金）和负债（应付债券）；B 选项会增加资产（货币资金）和所有者权益（股本和资本公积）；C 选项只是所有者权益内部结构的调整，借记资本公积，贷记股本；D 选项也只是所有者权益内部结构的调整，借记利润分配——提取盈余公积，贷记盈余公积——法定盈余公积。

17. 【答案】C

【解析】本题主要考查实物期权的概念。公司市场价值会考虑实物期权的价值，实物期权的价值为考虑实物期权前后项目净现值的差和 0 之间较大的那个。公司拥有可以投资正 NPV 项目的实物期权，那么实物期权的价值一定大于 0。公司实体资产价值可以理解为公司资产现金流量或自由现金流量的现值，没有考虑实物期权。故答案为 C 选项。

18. 【答案】B

【解析】经营杠杆系数反映的是 EBIT 对销售收入的弹性，账务杠杆系数反映的是 EPS 对 EBIT 的弹性，总杠杆系数反映的是 EPS 对销售收入的弹性，总杠杆系数=经营杠杆系数×财务杠杆系数。B 选项中，EBIT 增长 10%，EPS 应该增长 30%。故答案为 B

选项。

19.【答案】C

【解析】公司目前市值为 4 060 元。配股条款是 25 元、53 股，配股后公司市值为 4 060+25×53＝5 385（元）。股数合计 203＋53＝256（股）。因此配股后股价为 5 385/256＝21（元）。

20.【答案】A

【解析】本题考查经营现金流的公式。经营现金流＝税后营业收入－税后付现成本＋折旧抵税，因此经营现金流＝600×0.67－400×0.67＋20×0.33＝140.6（万元）。

21.【答案】C

【解析】这道题考查流动比率和速动比率的差异。存货增加，流动资产增加，在分母流动负债不变的情况下，流动比率是上升的。速动比率＝（流动资产－存货）/流动负债，因此在边际分析下，存货变动不影响速动资产，所以不影响速动比率。

22.【答案】B

【解析】净营运资本变动额就是 WCinv。

$$\text{WCinv} = \Delta \text{NWC} = \Delta(\text{CA}-\text{CL}) = \Delta \text{CA} - \Delta \text{CL}$$
$$= (410-380) - (250-210) = -10 \text{（万元）}$$

23.【答案】D

【解析】员工薪酬、办公室场地租金和设备租赁费用都属于付现成本，任何一个增加了都会导致经营现金流的减少，只有 D 选项设备折旧费用增加，根据经营现金流＝税后营业收入－税后付现成本＋折旧抵税的公式，经营现金流才能增加。

24.【答案】A

【解析】如果题干中没有提供目标资本结构，那么 WACC 应该以市场价值为基础。首先我们计算公司的总价值，V_L＝104 000×20＋40 000×34＋500 000×1.02＝3 950 000（元）（395 万元）。然后注意 7% 是税前债务资本成本，而利息是可以抵税的，所以 WACC 中的债务资本成本是税后的。WACC＝(208/395)×11%＋(136/395)×8%＋(51/395)×7%×0.66＝9.14%。

25.【答案】B

【解析】这道题属于 MM 定理之发行债券回购股票题型。

首先可计算全权益企业的价值 V_U＝80 000×42＝3 360 000（元）（336 万元）。宣告日时，$V_L = V_U + t_B$＝336＋0.34×100＝370（万元）。注意宣告日时债券并未发行，企业价值的增加全部为股东所得，宣告日股价提升为 370/8＝46.25（元）。发行日时，公司发行 100 万元债券可回购 100/46.25＝2.162 2 万股股票，公司股票还剩余 8－2.162 2＝5.837 8股。公司权益市场价值为 5.837 8×46.25＝270（万元）。

此外还有一种更快的算法，发行债券后的杠杆企业价值等于公告日时的杠杆企业价值，因此发行债券后企业价值还是 370 万元，减去债券 100 万元，因此权益市场价值为 270 万元。

26.【答案】D

【解析】26～27 题属于公司财务困境中的破产重组计算题。公司资产价值 200 万元，负债合计 250 万元，所有者权益为－50 万元，因此公司需要重组。根据绝对优先权法则，抵押债券持有者要在无抵押债券持有者之前获得全额清偿，因此重组后抵押债券持有者应

33

该获得 150 万元的有价证券。本题中，如果能够理解抵押债券受偿优先的话，还是能够选出 D 选项的。

27. 【答案】A

【解析】因为公司清偿价值为 200 万元，抵押债券持有者获得 150 万元有价证券，重组后无抵押债券持有者只能获得 50 万元有价证券。

28. 【答案】D

【解析】金融机构免疫利率风险的关键在于令杠杆久期为零，即令 $D_A = \frac{L}{A} D_L$。A 选项空头对冲，意思是如果现货头寸是多头头寸，为了防范未来价格下跌，应该现在建立衍生品的空头头寸，例如卖出远期/期货或者购入看跌期权，总之就是在衍生品上保持空头头寸进行套期保值。多头头寸同理，在衍生品上保持多头头寸进行套期保值，例如三个月后需要借入一笔款项，可以做远期利率协议的多头头寸进行套期保值。利率互换可以利用比较优势降低筹资成本、规避利率风险、调整资产或负债的久期。利率风险对冲即令杠杆久期为零的策略。

29. 【答案】B

【解析】这道题考查久期的影响因素。债券价格变动率直接受修正久期和凸度影响，公式为 $\frac{\Delta P}{P} = -D^*(\Delta r) + \frac{1}{2} \times C \times (\Delta r)^2$。如果不考虑凸度，久期（修正久期）直接影响债券价格变化率。息票率越高，债券的久期就越短，因此债券价格百分比变化越小。

30. 【答案】A

【解析】公式 $C_t = S_t N(d_1) - K e^{-r(T-t)} N(d_2)$。$C = 40 \times 0.718\,891 - 45 e^{-0.15 \times 0.75} \times 0.641\,713 = 28.755\,6 - 25.804\,5 = 2.95$。

与布莱克－斯利尔斯公式的计算相关的还有布莱克－斯利尔斯公式背后的金融学含义、二叉树定价计算等，这些内容都需要掌握。此题在没有计算器的情况下，可运用估算技巧。$S_t N(d_1) = 40 \times 0.72 = 28.8$。$K e^{-r(T-t)}$ 不能笔算，只能估算。$\frac{K}{1 + r_f \times 0.75} = \frac{45}{1 + 15\% \times 0.75} = \frac{45}{1.11} = 40.54$。$40.54 \times 0.64 = 25.95$。然后用 $28.8 - 25.95 = 2.85$。

二、计算题

1. 【解析】(1) 最小方差资产组合中债券投资占比 82.61%、股票投资占比 17.39%。最小方差资产组合的期望收益率为 13.39%，标准差为 13.93%。

最小方差资产组合的公式同学应该了如指掌，我们可以在最优风险组合的公式中令 $E(r_D) = E(r_E)$，因此可得 $w_D = \frac{\sigma_E^2 - C}{\sigma_E^2 + \sigma_D^2 - 2C}$。已知 $\sigma_E^2, \sigma_D^2, C = 30 \times 15 \times 0.1 = 45$。

由此可得 $w_D = \frac{\sigma_E^2 - C}{\sigma_E^2 + \sigma_D^2 - 2C} = \frac{900 - 45}{900 + 225 - 90} = \frac{855}{1\,035} = 0.826\,1$，$w_E = 1 - 0.826\,1 = 0.173\,9$。

$$E(r_{MVP}) = w_D \times E(r_D) + w_E \times E(r_E) = 0.826\,1 \times 12\% + 0.173\,9 \times 20\%$$
$$= 9.91\% + 3.478\% = 13.39\%$$

$\sigma_{MVP} = [0.83^2 \times 225 + 0.17^2 \times 900 + 2 \times 0.83 \times 0.17 \times 45]^{0.5} = (155 + 26 + 12.70)^{0.5} =$

$193.7^{0.5} \approx 194^{0.5}$。(清华不让用计算器,分享计算小诀窍:如何计算 194 开根号,容易得知 13 的平方是 169,14 的平方是 196,15 的平方是 225,故答案应该略小于 14。令 $(14-x)^2=194$,可得 $196-28x=194$,x^2 很小可以忽略,可计算 $x=0.07$,因此最小方差资产组合的标准差就是 13.93%。)

(2) 能达到最大的夏普比率是 0.46。

求最大的 S_P,也就是求最优风险组合。

$$w_D = \frac{A\sigma_E^2 - BC}{A\sigma_E^2 + B\sigma_D^2 - (A+B)C} = \frac{4\times 900 - 12\times 45}{4\times 900 + 12\times 225 - 16\times 45} = \frac{3\,060}{5\,580} = 0.548\,4$$

$$w_E = 1 - w_D = 0.451\,6$$

最优风险组合的期望收益: $E(r_{ORP}) = 0.548\,4\times 12\% + 0.451\,6\times 20\% = 15.61\%$。

最优风险组合的标准差: $\sigma_{ORP} = (0.55^2\times 225 + 0.45^2\times 900 + 2\times 0.55\times 0.45\times 45)^{0.5} = (68 + 182 + 22)^{0.5} = 272^{0.5}$。

16 的平方是 256,17 的平方是 289,取 16.5 的平方,可得 272.25,因此最优风险组合的标准差为 16.5%。所以 $S_P = \dfrac{15.61\% - 8\%}{16.5\%} = 0.46$。

注:此题的难点在于考试不允许使用计算器,纯笔算。

2.【解析】(1) 如果筹集 3 000 万元资金,需要卖出公司 2/3 的股权,说明公司目前估值是 4 500 万元。假设已经通过发行债券融资 2 000 万元,那还需筹资 1 000 万元,公司创始人只需出售 22.22% 的股权给新的投资者即可。

(2) 设债券融资的最低额度是 x,$\dfrac{3\,000 - x}{4\,500} < 0.5 \Rightarrow x > 750$ 万元。

3.【解析】(1) 先计算 1973—2003 年英国的通货膨胀率,设英国的年通货膨胀率为 π,美国年通货膨胀率为 π^*。

$$(1+\pi)^{30} = \frac{P_{2003}}{P_{1973}} = \frac{122.4}{15.9} = 7.698\,1 \Rightarrow \pi = 7\%$$

$$(1+\pi^*)^{30} = \frac{P^*_{2003}}{P^*_{1973}} = \frac{121.5}{29.2} = 4.161 \Rightarrow \pi^* = 4.86\%$$

这 30 年间英国的年通货膨胀率比美国的年通货膨胀率高出 2.14 个百分点。因此理论上英镑应该对美元贬值。1973 年 1 英镑=2.323 4 美元,2003 年 1 英镑=1.673 6 美元,英镑平均每年贬值 1.09%。

$$(1+x)^{30} = \frac{1.673\,6}{2.323\,4} = 0.720\,3 \Rightarrow x = -1.09\%$$

(2) $e_{30} = e_0 \left(\dfrac{1+\pi}{1+\pi^*}\right)^{30} = 0.430\,4\times \dfrac{7.698\,1}{4.161} = 0.796\,3$。

假设 1973 年 1 美元=0.430 4 英镑是均衡汇率,2003 年的均衡汇率应为 1 美元=0.796 3 英镑。

4.【解析】(1) $t=2$ 时刻,上行价格 $=\dfrac{1}{1.12}=0.89$,下行价格 $\dfrac{1}{1.1}=0.91$。

$t=1$ 时刻,上行价格 $=\dfrac{\frac{1}{2}\times(0.89+0.91)}{1.11}=0.81$,下行价格 $=\dfrac{\frac{1}{2}\times(0.91+0.93)}{1.09}=0.84$,因为投资者有 0.83 的回售权,0.81<0.83,因此投资者会执行回售,获得现金

为 0.83。

$$t=0 \text{ 时刻，含权债券价格} = \frac{\frac{1}{2} \times (0.83+0.84)}{1.1} = 0.759\,1。$$

（2）考查到期收益率的计算。可回售债券可以算三个收益率，分别为到期收益率 YTM，首次回售收益率 YTP 和最差收益率 YTW。到期收益率假设持有至到期，使得存续期内未来现金流的现值等于债券购买价格时的收益率，也就是 IRR。这里的到期收益率如下：

$$0.759\,1 = \frac{1}{(1+\text{YTM})^3} \Rightarrow \text{YTM} = 9.62\%$$

三、论述题

1.【解析】（1）提高国内资金的充分利用的效率。

利率管制恶化了中资银行的竞争地位，而外资银行享有超国民待遇。

比如：①外资银行被允许在规定的利率基础上收费，变相允许外资银行的贷款利率浮动，而中资银行的贷款利率却受到管制。②国内商业银行无法根据项目风险的大小确定贷款利率，因此出现了所谓的"惜贷"现象，对利率敏感的、效益好的非国有企业由于无法获得贷款而不能增加投资，削弱了利率政策的投资效应。

所以利率管制放开的过程就是国内资金利用率加强的过程。

（2）增强宏观调控能力。

由于利率管制和债券利率没有与风险程度挂钩，各种债券为主导的资本市场利率和同业拆借利率、公开市场利率为主导的货币市场利率没有形成合理的比例关系。货币政策要通过金融市场传导，利率作为金融市场的核心结构受到管制。无法形成具有流动性的货币市场和灵活的利率体系，这必然使货币政策效应大打折扣。而放开利率管制的过程可以增强货币政策的效果。

我国宏观调控的主要目标是控制总货币发行量，而以美国为代表的发达国家以调整基础利率为宏观调控的核心工具，说明控制利率比控制总货币发行量更有效。

（3）更好地与国际金融市场接轨。

加入 WTO，我国要承担的义务之一就是进一步开放金融市场，建立起敏感的价格信号系统，完善市场机制。这必然要求建立利率的市场形成机制。

随着经济全球化的发展，各国经济间的联动性和趋同性大大增强了，这就要求各国的经济机制日趋接近。显然，我国现行的利率管制同国际金融市场普遍执行利率市场化的机制是不接轨的，造成国内的资本市场同国际资本市场脱节。

总之，利率市场化是我国扩大改革开放和发展开放型经济的客观要求，是为适应国际经济发展趋势而主动进行的理性选择。

（4）放开利率管制从贷款利率的放开和存款利率的放开两方面考虑。

放开贷款利率管制，增加了优质企业和银行的话语权、选择权，增大了银行间的竞争。针对鼓励中小企业创业方面，因为在存款利率长期偏低的条件下，银行因贷款给中小企业风险较高,缺乏激励机制,中小企业融资难。

放开存款利率限制,可以加强现金流的回流和清洗影子银行隐形风险,尤其是存款利率太低,很多低利率的存款流到不受监管或不受严格监管的影子银行,造成影子银行的隐性风险加大。在存贷款利率扭曲的情况下黑市也会日渐猖狂,放开利率管制可以有效疏导并减少黑市。

(5) 短期内放开利率管制可能产生副作用。

当放开利率管制后,也就是利率市场化之后,借贷之间无论定多高的利率都是合法的,就不存在高息揽存的违法行为了,也就不存在高利贷一说了。

这个问题非常复杂,牵一发而动全身。市场经济还不成熟,居民的金融知识匮乏,会产生严重的社会问题。

2.【解析】(1) 特别提款权,亦称"纸黄金",是国际货币基金组织根据会员国认缴的份额分配的,可用于偿还国际货币基金组织债务、弥补会员国政府之间国际收支逆差的一种账面资产。其价值目前由美元、欧元、人民币、日元和英镑组成的一篮子储备货币决定。

会员国在发生国际收支逆差时,可用它向基金组织指定的其他会员国换取外汇,以偿付国际收支逆差或偿还基金组织的贷款,还可与黄金、自由兑换货币一样充当国际储备。

因为它是国际货币基金组织原有的普通提款权以外的一种补充,所以称为特别提款权。

(2) 人民币纳入 SDR 对中国经济的影响:

①可以发挥改革催化剂的作用。人民币加入 SDR 货币篮子,将对中国的金融改革和人民币汇率走势产生重要影响。短期来看,中国很可能把纳入 SDR 作为金融改革的一个催化因素,尤其是在资本项目开放和汇率体制改革方面,相应地也会推动国内利率自由化和资本市场改革。

②可以迈出人民币国际化进程中的重要一步。纳入 SDR 无疑是人民币国际化迈出的重要一步。人民币纳入 SDR 将进一步鼓励中央银行和主权财富基金持有人民币计价资产,由此提高了人民币作为一种储备货币的地位。人民币资产也将更受欢迎,会有各国增持。

③有利于中国争取大宗商品定价权。中国作为一个大型消费国,人民币加入 SDR 可以让人民币在定价大宗商品时充满竞争力。此外,人民币越广泛使用、越国际化,中国企业通过贸易投资进行海外投资就越容易,成本也越低。

(3) 人民币纳入 SDR 对国际金融体系的影响:

①人民币纳入 SDR 是中国融入全球金融一体化的里程碑。中国和其他新兴市场一体化的推进和深化将使国际货币金融体系变得更加稳固,从而促进世界经济的增长和稳定。

②人民币责任加重,人民币入篮从本质上不会过多影响汇市。各界对于未来人民币汇率的走势愈发关注,不过需要注意的是,人民币入篮从本质上并不会过多影响汇市,关键在于,这将强化中国汇率改革的承诺,同时也加大了主要货币国所要承担的责任。

③"入篮"后,人民币不会放任贬值。中国的经济仍保持中高速增长,增长态势没有改变;我国货物贸易还有较大顺差,外商直接投资和中国对外直接投资都在持续增长;我国外汇储备也非常充裕,这些因素决定人民币没有持续贬值的基础。如果国际收支或资本流动发生异动,中央银行还是会果断进行适当的干预。

④跨境投资可能更容易。目前,人民币已经实现了主要用于贸易往来的经常账目项下

可自由兑换,但资本账目项下还没有实现完全可自由兑换,这主要是用于投资的资金流动。而可自由使用,恰恰是IMF对SDR篮子构成货币的基本要求。

⑤人民币加入SDR有助于降低SDR汇率的波动性,减少SDR作为储备货币波动对世界经济的影响。中国可以成为很多国际商品的定价国,国际定价进一步多边化。

2015 年清华大学五道口金融学院（含经济管理学院）431 金融硕士初试真题解析

一、选择题

1. 【答案】C

【解析】系统性风险又称不可分散风险，是指可以影响金融市场内所有金融资产收益率的风险，通常包括经济周期、宏观经济政策变化等。只能影响特定公司或特定行业的风险是非系统性风险。

2. 【答案】B

【解析】国债期货价格与利率成反比。

3. 【答案】A

【解析】先比较 A 和 C。相对于普通债券而言，如果公司发行可转换债券后股价下跌，投资者没有机会行使转换权利而是继续当作债券持有，而可转换债券的成本低于普通债券。再比较 A 和 B。优先股筹资成本高于普通债券，主要是优先股股息必须从税后净利润支付，不具有抵税效应，且优先股股东在公司破产时对剩余资产的索取权劣于债权人，风险较大，也要求较高的收益率。因此，当股价下跌时，可转换债券成本＜普通债券成本＜优先股成本。

4. 【答案】C

【解析】价格波动率最大意味着久期越长，久期与期限成正比，与息票率成反比。

5. 【答案】C

【解析】资产负债率为 2 000/6 000≈33.33%。

6. 【答案】A

【解析】A 选项为公司调整资本结构的活动，和资本预算无关。

7. 【答案】B

【解析】$EAR = \left(1 + \dfrac{8\%}{4}\right)^4 - 1 = 8.24\%$。

8. 【答案】C

【解析】根据表 1 对比分析可知，答案为 C 选项。

表 1 2014 年某公司经营情况

收入	200	200
支出	0	100
应纳税收入	200	100
纳税	60	30
税后收益	140	70

9. 【答案】A

【解析】直接融资是指资金直接从资金所有者转移到资金需求者，借贷双方产生直接的债权债务或所有被所有的关系。C、D两选项易排除，B选项中的余额宝实质是货币基金，而基金是一种间接金融工具，投资基金自然就是间接融资行为。

10．【答案】D

【解析】信息不对称是指交易双方拥有的信息不对等，事前会产生逆向选择，事后会产生道德风险。

11．【答案】C

【解析】本题考查中央银行资产负债表的构成。外汇储备是中央银行的资产。值得注意的是，选项中出现了储备货币和金融性公司在中央银行的存款等表述，表述和实务完全一样，考生需要了解现实生活中的中央银行货币当局资产负债表的内容，不要拘泥于课本。

12．【答案】A

【解析】扩张性货币政策会导致利率下降、投资增加、产出增加。

13．【答案】B

【解析】在资本完全流动+固定汇率的情况下，财政政策扩张会引起利率上升、资本流入，本币有升值压力，为了维持汇率稳定，中央银行购买外汇增加基础货币，货币供应增加，LM进一步右移，财政政策扩张非常有效；在资本完全流动+浮动汇率的情况下，扩张的财政政策同样会导致利率上升、资本流入，但是此时本币会升值，从而减少本国净出口，IS左移到初始位置，财政政策扩张对净出口实现了完全的挤出效应，财政政策短期不影响产出。

14．【答案】A

【解析】平价债券票面利率等于市场利率，意味着此时市场利率为10%。此时债券价格为98元，小于100元，说明债券的收益率应该大于10%。

15．【答案】B

【解析】$S_P = \dfrac{r_P - r_f}{\sigma_P} = \dfrac{10-2}{40} = 0.2$。

16．【答案】B

【解析】将题中数据代入下式，即

$$\beta_X = \dfrac{\text{cov}(r_X, r_M)}{\sigma_M^2} = \rho \times \dfrac{\sigma_X}{\sigma_M} = 2$$

可知答案为B选项。

17．【答案】A

【解析】$\text{WACC} = \dfrac{2\,000}{5\,000} \times 15\% + \dfrac{3\,000}{5\,000} \times 5\% \times 0.6 = 7.8\%$。

18．【答案】D

【解析】$\text{cash cow} = \dfrac{4}{0.1} = 40$（元）。

19．【答案】D

【解析】FCFF=EBIT(1−t)+dep−WCinv−FCinv。将题中数据代入，计算可得自由现金流FCFF=70万元。

20．【答案】C

【解析】所有的股票都有相同的期望收益率和标准差，故应选择可以使总风险最小的股票，即与股票 A 的相关性最小的股票。

21.【答案】B

【解析】消费者信用控制是选择性的货币政策工具。

22.【答案】B

【解析】"半强式有效市场假说"认为股票价格反映全部的公开信息。

23.【答案】C

【解析】如果市场有效，股票会被公平定价，出现阿尔法的机会既少又短暂。

24.【答案】D

【解析】根据 CAPM 模型可知，此时资产组合的预期收益率为市场预期收益率。

25.【答案】D

【解析】容易算出 X 证券的必要收益率为 16.75%，所以阿尔法值为 0.25%，X 被低估。

26.【答案】B

【解析】在货币中性的长期中，货币增长的变动并不影响真实利率，由于真实利率不受影响，所以名义利率必然根据通货膨胀率进行一对一的调整，即通货膨胀率上升时，名义利率也上升。

27.【答案】D

【解析】美联储大量印发美元，美元会贬值，A、C 选项正确。通货膨胀是一种货币现象，B 选项正确。一般而言，经济增长与需求管理的货币政策无关。但需求管理的货币政策可以调控总需求使得实际产出尽量稳定在充分就业产出水平，故答案为 D 选项。

28.【答案】无

【解析】本题为曼昆《经济学原理（宏观）》课后题。课后题中为"净出口"而不是"净支出"。本题选项在原有课后题表述上有改动，例如，把美国艺术教授改成中国艺术教授，巴黎学生看好莱坞电影改成美国学生看中国电影等。言归正传，本题无正确选项。A 选项下，中国净出口会减少。B 选项，中国净出口增加。C 选项，中国净出口减少。D 选项，中国净出口增加。

29.【答案】B

【解析】美国共同基金突然决定更多地在加拿大投资，加拿大资本流入，净资本流出会下降，国内投资会增加，储蓄下降，长期资本存量会增加。

30.【答案】D

【解析】美联储提高法定存款准备金率时，货币乘数会下降，货币供给减少。

二、计算题

1.【解析】（1）如果 A 公司用远期合约进行套期保值，可在即期卖出 6 个月的外汇远期合约，确定获得 $3\,000 \times 6.21 = 18\,630$（万元人民币）。

（2）A 公司即期向银行借入 2 992.518 7 万美元，立即在外汇市场上按 6.13 的汇率出售，可确定获得 18 344.139 6 万元人民币。将这部分人民币投资于 6 个月的人民币产品，可确定获得 18 711.022 4 万元人民币。6 个月后 A 公司收到 3 000 万美元，直接归还银行美元借款本息共计 3 000 万美元，其中借款本金 2 992.518 7 万美元，借款利息 7.481 3 万美元。

(3) 如果 A 公司采取看跌期权的方式进行套期保值,那必须买入 6 个月后到期的美元看跌期权,执行价格为 6.13 元人民币,期权费为 3 000×0.1=300(万元人民币)。假设此 300 万元人民币由 A 公司通过银行借款获得,借款利率为 6 个月年化利率 4%。假设 6 个月后市场即期汇率为 1 美元=6.21 元人民币,看跌期权执行价格为 6.13 元人民币,看跌期权不予执行。A 公司直接按 6.21 的汇率在外汇市场上出售 3 000 万美元可得 18 630 万元人民币,减去 6 个月后还本付息 300×1.02=306(万元人民币),A 公司实际获得 18 324 万元人民币。

(4) 远期合约套期保值情况下,A 公司可以无风险获得 18 630 万元人民币。采取借款保值的办法,A 公司可以无风险获得 18 711.022 4 万元人民币。采取看跌期权套期保值的情况下,如果未来即期汇率为 1 美元=6.21 元人民币,则 A 公司可无风险获得 18 324 万元人民币。综合比较三种方式获得的人民币数量,选择借款保值的方式控制汇率风险最佳。

2. 【解析】(1) 根据无税的 MM 定理Ⅱ,在没有公司所得税的情况下,杠杆企业资本成本 WACC 等于无杠杆企业权益资本成本 R_0。设杠杆企业价值为 V_L,无杠杆企业价值为 V_U,则:

$$V_U = \frac{0.7 \times 5\,000 + 0.3 \times 2\,000}{1.1} = 3\,727.272\,7(万元)$$

(2) 假设公司存在一笔一年期债务,到期前不支付利息,到期一次还本付息 1 000 万元,本质上公司即期发行了一年期的零息债券,面值为 1 000 万元。由于一年后无论公司价值处于何种实现值,零息债券的面值均小于公司价值,所以公司不会违约,公平情况下,债券投资者要求的债券必要收益率只能是无风险利率。

即期债券的市场价值为 $B = \frac{1\,000}{1.05} = 952.381\,0$(万元)。

根据无税的 MM 定理Ⅰ,企业价值与资本结构无关,也就是说杠杆企业价值等于无杠杆企业价值(假设除资本结构外其他完全相同),此时 $V_L = V_U = 3\,727.272\,7$,那么,即期股权的市场价值为

$$S = V_L - B = 3\,727.272\,7 - 952.381\,0 = 2\,774.891\,7(万元)$$

可通过以下方法进行验证。根据无税的 MM 定理Ⅱ,杠杆企业权益资本成本为

$$R_S = R_0 + (R_0 - R_B)\frac{B}{S} = 10\% + (10\% - 5\%) \times \frac{952.381\,0}{2\,774.891\,7} = 11.716\,1\%$$

$$S = \frac{0.7 \times 4\,000 + 0.3 \times 1\,000}{1.117\,161} = 2\,774.891\,0$$,与上述答案很接近,细微的误差为四舍五入所致。

(3) 一年后公司可能实现的最低股权回报率是指投资者如果即期投资了该公司股票,一年后最低的股权回报率是多少。

情况(1)时,公司为无杠杆企业,最低股权回报率为 $\frac{2\,000}{3\,727.272\,7} - 1 = -46.34\%$;

情况(2)时,公司为杠杆企业,最低股权回报率为 $\frac{1\,000}{2\,774.891\,7} - 1 = -63.96\%$。

3. 【解析】(1) 期望收益率为 4%,期望收益为 4 万美元。

对于 $\alpha = 2\%$ 的 10 只股票,$\beta = 1$ 且 $\sigma(e_i) = 30$。

每只股票的实际收益：$r_i - r_f = \alpha_i + \beta_i(r_M - r_f) + e_i \Rightarrow r_i = 2\% + r_M + e_i$。
每只股票的方差：$\sigma_i^2 = \sigma_M^2 + \sigma^2(e_i) = \sigma_M^2 + 900$。

记等权重正阿尔法股票资产组合为 p_1，则 $r_{p_1} = \sum_{i=1}^{10} \frac{1}{10} r_i = 2\% + r_M + e_{p_1}$，式中 $e_{p_1} = \frac{1}{10}\sum_{i=1}^{10} e_i$。

记等权重负阿尔法股票资产组合为 p_2，则 $r_{p_2} = -2\% + r_M + e_{p_2}$。
记分析师整体股票资产组合为 p，则 $r_p = r_{p_1} - r_{p_2} = 4\% + e_{p_1} - e_{p_2}$。
期望收益率为 $E(r_p) = 4\%$，残差期望为零。
由于分析师卖空 100 万美元 p_2 又做多 100 万美元 p_1，故期望收益为 4 万美元。

（2）不存在系统性风险，但存在非系统性风险。不存在系统性风险的原因在于 $r_p = r_{p_1} - r_{p_2} = 4\% + e_{p_1} - e_{p_2}$，市场指数收益率变动无法影响整体股票资产组合的收益率，但残差收益不为零，存在方差，导致整体股票资产组合存在非系统性风险，这也说明该组合并非充分分散化组合 WDP。

（3）整体组合的标准差为 13.416 4%。

$$\sigma_p^2 = \sigma^2(e_{p_1}) + \sigma^2(e_{p_2}) - 2\text{cov}(e_{p_1}, e_{p_2})$$
$$\Rightarrow \sigma_p^2 = \frac{1}{100}(10 \times 900) + \frac{1}{100}(10 \times 900) = 180$$
$$\Rightarrow \sigma_p = \sqrt{180} = 13.416\ 4$$

三、分析题

【解析】（1）净现值法及净现值（NPV）。
①定义：净现值法是指在资本预算中通过计算项目净现值，并与零比较来判断是否接受项目的一种投资评价方法。净现值是指某个项目未来现金流量按风险调整后的折现率折现得出的现值之和与项目初始投资成本之差。

②NPV 计算公式为 $\text{NPV} = \sum_{t=0}^{n} \frac{C_t}{(1+r)^t}$。

③决策规则：接受净现值大于零的项目，拒绝净现值小于零的项目。
④优点：NPV 法是最完善的方法，分子折现的是项目的现金流量而不是会计收益；NPV 法考虑了项目产生的全部增量现金流量；分母折现率同时考虑了货币的时间价值和项目风险；NPV 标准不依赖于主观的阈值；规则简单，在不考虑实物期权的简单情形下，只要 NPV>0，就接受，NPV<0，就放弃；NPV 反映了项目给公司带来的价值增值，符合公司股东利益最大化的财务目标。
⑤缺点：需要估计项目存续期内的所有现金流，未必准确；需要计算项目所适用的折现率，可能存在误差；NPV 对折现率很敏感，需要做敏感性分析；NPV 没有考虑项目的中途停止、扩展或择时，没有考虑项目中可能隐含的实物期权，可能会导致决策错误；NPV 法用同一个折现率隐含了风险溢价会随着时间的推移而越来越小的假定，不符合逻辑。

（2）内部收益率法。
①定义：内部收益率法指在资本预算中通过计算项目内部收益率 IRR 并与项目折现率进行比较来判断是否接受项目的一种投资评价方法。内部收益率是指使得某个项目未来现金

流量的现值之和等于该项目初始投资成本的折现率，即使得项目 NPV 为零时的折现率。

②内部收益率公式为

$$0 = \sum_{t=0}^{n} \frac{C_t}{(1+IRR)^t}$$

③决策规则：

a. 项目为投资型项目时（期初现金流出，后续现金流入），IRR 大于 r 时接受，否则拒绝。

b. 项目为融资型项目时（期初现金流入，后续现金流出），IRR 大于 r 时拒绝，否则接受。

c. 项目现金流入流出不规律时，会出现多个 IRR，此时 IRR 法则无效。

d. 互斥项目选择时，IRR 不可靠，需要以其他方法为准，例如 NPV 法则、增量现金流量 NPV 法则和增量现金流量 IRR 与折现率对比法则。

④优点：简明扼要，一个指标概括了项目能给公司带来的回报率；计算过程不依赖于折现率；结果不依赖于主观的阈值。

⑤缺点：如果项目现金流入流出不规律，会出现多重 IRR，使得指标失效；规则较为复杂，需要区分投资型项目和融资型项目；存在规模问题，IRR 是个相对指标，考虑的是项目的投资效率而不是项目给公司带来的价值增值，在互斥项目中可能会导致错误决策；存在时间序列问题，互斥项目的现金流量出现不同的时间序列模式时，IRR 不准确，需要使用 NPV 法则、增量现金流量 IRR 与折现率比较法则、增量现金流量 NPV 法则进行修正。

四、时事题（二选一）

1.【解析】(1) 阿里去美国上市的利：

①双重股权结构。美国支持 A/B 股，使得创始人能够以较少的股份控制公司，集团能够继续在创始人的带领下稳健发展，在香港无法解决的事情，在美国不是难题。

②市场成熟。美国的股票市场已经非常成熟，管理比较到位，如果阿里在美国上市，可以接受更高水平的考验，有利于集团的健康发展。

③科技股高估。美国市场对于科技股比较熟悉，已有谷歌、微软、苹果、亚马逊这种巨头存在，阿里也能给出很不错的估值。

④中概股行情。当前中概股的行情还算不错，一大波中国科技公司在美国发起 IPO 冲刺，此时上市行情还算不错，能卖高价。

(2) 阿里去美国上市的弊：

①监管严苛。美国允许 A/B 股，但不代表美国市场允许公司高层随意行动，反而有更严苛的监管条件，阿里必须在财务透明、增长预期等方面满足投资方要求。

②自身问题。阿里在淘宝上售假问题、支付宝的 VIE 风波，都进过美国黑名单。阿里需要在上市前处理好这一系列问题。

③市值压力。根据十年前雅虎与阿里的约定，阿里必须在 2015 年 12 月前以 385 亿美元以上的估值上市，否则雅虎将有权不出售手中掌握的阿里股票，雅虎仍然是阿里的大股东，阿里通过上市赎身的计划就将落空。所以最终的结果是，阿里必须在美国上市，而且马云团队必须继续努力，将阿里的市值撑到 385 亿美元以上。

(3) 阿里在中国香港主动退市的原因：

阿里要求"同股不同权",即股份没有监管权,只享有股息派发。这与中国香港的公平原则不符,香港无法接受阿里提出的合伙人制度,阿里暂无缘港交所。

2.【解析】这道题的论述非常开放,没有固定答案,命题老师重点考查的是考生对量化宽松政策 QE 的理解。通过这道题,命题老师也可以知道考生对货币政策如何影响经济系统(经济增长、股票、债券、外汇)这个问题的理解。

(1) 美联储退出 QE3 的方式:

与市场沟通可能退出量化宽松政策的信息,包括何时退出、为什么退出、退出的前提、如何退出等前瞻性指引。

放慢资产购买速度或停止资产购买,资产包括 MBS、国债等。

通过公开市场业务 OMO 逐步上调联邦基金利率至目标水平。

(2) 退出 QE3 对美国经济增长的影响:

退出 QE3 的前提肯定是美国经济改善,例如劳动力市场失业率下降、政府财政收支改善、长期利率已经处于低位、中小企业重新恢复竞争力等。退出 QE3 对美国经济的影响偏正面,因为非常规的过度宽松的货币环境容易造成资产价格的泡沫和经济结构的失衡,在实体经济已重塑竞争力、各项指标好转并趋于正常的情况下,逐步退出 QE3 对美国经济而言利大于弊。

(3) 退出 QE3 对美元的影响:

美元汇率受各种因素影响,货币政策只为其中之一。但理论上,美联储停止资产购买计划减少美元供给对美元升值是利好消息。此外,美国经济好转且美联储的加息预期也会导致资本从新兴经济体回流至美国,这会导致美国净资本流入增加,使得新兴经济体货币贬值和美元升值。

(4) 退出 QE3 对债券市场的影响:

退出 QE3 意味着过度宽松的货币政策的修正,理论上对所有金融资产都是利空因素。

从国债市场看,美联储如减少国债购买,国债价格会下跌,收益率会上升。

从信用债市场看,无风险利率上升会导致信用债价格下跌,收益率跟随无风险利率上升而上升,但另一方面随着美国经济好转,金融稳定,信用利差会减小,信用债的收益率也会下降,最终信用债的收益率变动不确定。

从企业的理性行为看,在长达 6 年的非常规宽松之后,未来数年美国可能都会面临利率(尤其是长期利率)上升的环境,而企业为锁定难得的低借款成本,也会在退出 QE3 之前大量发行长期的低利率债券以锁定融资成本,这从利率期限结构看会导致长期债券供给增加,价格下跌,长期利率自发上升。

从银行的理性行为来看,如果判断未来利率毫无疑义地进入上升通道,应保持负的杠杆久期缺口进行投机,那么银行倾向于减少长期债券的投资,长期债券需求会减少,价格下跌,收益率上升。

(5) 退出 QE3 对美国股票市场的影响:

退出 QE3 提升无风险利率水平对美国股票市场是一个利空,但不意味着美国股票市场牛市的结束。股票市场走势受多种因素影响,货币政策只是多个关键因素中的一个。股票市场走势根本上还是取决于上市公司的盈利增速,同时考虑到美联储会逐步而不是一次性退出 QE,美国股票市场短期大幅波动的可能性很小。

北京大学经济学院
431 金融硕士初试真题超精细解读

宏观数据速递

一、分值一览表

分布类型	题型/科目	2015 年	2016 年	2017 年	2018 年
学科分值	理财投资	6 道，共 95 分	3 道，共 60 分	5 道，共 90 分	4 道，共 74 分
	微观经济学	1 道，15 分	1 道，15 分	0 道，0 分	0 道，0 分
	概率统计	1 道，20 分	2 道，共 35 分	1 道，20 分	2 道，共 22 分
	计量经济学	1 道，20 分	2 道，共 40 分	3 道，共 40 分	3 道，共 54 分

二、难度点评和总体走势

2014 年初试难度适中，2015 年难度有所下降，2016 年难度小幅上升，2017 年难度适中，2018 年难度中等偏上。

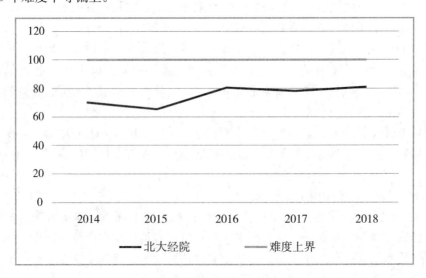

三、分数线及录取情况

指标		2014 年	2015 年	2016 年	2017 年	2018 年
初试要求	单科要求	≥50 分 (100 分)；≥90 分 (150 分)	≥50 分 (100 分)；≥90 分 (150 分)	≥50 分 (100 分)；≥90 分 (150 分)	≥50 分 (100 分)；≥90 分 (150 分)	≥50 分 (100 分)；≥90 分 (150 分)
	总分要求	340 分	385 分	385 分	385 分	390 分
人数要求	进复试人数	38 人	34 人	33 人	48 人	44 人
	招生人数	38 人	26 人	28 人	32 人	31 人

四、真题指导教材复习顺序及重点章节

（一）复习顺序

分三条复习脉络：

第一条，先概率论，后计量经济学。

第二条，先公司理财，后投资学。

第三条，微观经济学。

（二）重点章节

罗斯的《公司理财》，主要学前 18 章。

博迪的《投资学》，主要学前 23 章。

古扎拉蒂的《计量经济学》，主要学 1~13 章，第 15、17、21、22 章。

茆诗松、周纪芗的《概率论与数理统计》，主要学第 5、6、7、8 章。

2018 年北京大学经济学院 431 金融硕士初试真题

一、分别阐述优序融资理论和资本结构均衡理论的含义及不同之处。

二、1. A 公司预计未来一年 EPS（每股收益）为 6 元，该公司预期 ROE 为 18%，短期国债利率为 4%，其中 β 估计值为 1.35，投资者要求获得 14% 的风险溢价，即 14% 的收益率。如果公司收益分红率为 30%，试计算：

(1) 股息增长率；(2) 未来一个年度分红；(3) 该公司的股价。

2. B 股票有看涨期权，行权价为 75 元，有效期为一年，该期权现在价值为 5 元；同一公司行权价为 75 元，有效期为一年的看跌期权定价为 2.75 元，市场利率为 8%，该公司不分红，则 B 公司股票价格应为多少？

3. C 公司下一年度预期股息为 4.2 元，预期股息以每年 8% 的速度增长，无风险利率为 4%，市场组合的预期收益率为 14%，投资使用 CAPM 模型计算股票预期回报率及常数增长率红利贴现模型来判断股票的所在价值。目前股票在市场上的价格为 84 元，问 C 公司的 β 值为多少？

三、考虑一个上市公司每期都有固定现金流 X，每期公司使用固定比例 λ 的现金流回购一部分流通股票，并使用其余 $1-\lambda$ 比例现金流支付其余流通股红利，记 t 期初（回购前）公司有 N_t 数量的股票在市场流通。

问：(1) t 期每股的内在价值（即红利贴现的价值）P_t 应为多少？经过 t 期回购后，$t+1$ 期初公司的流通股票数量 N_{t+1} 为多少？

(2) 推导红利—价格比率 $\dfrac{D_t}{P_t}$，每股红利的增长率 G，以及贴现率 R 之间的关系式（其中 D_t 为每股红利）。

四、A 公司是一家出版社，它和同行且另一家公司 B 的总资产价值都会受到行业景气状况的影响。预期一年后有三种景气状况，每种景气状况发生的概率为 $\dfrac{1}{3}$，如表 1 所示。

表 1 A、B 公司的景气状况

概率	A 公司总资产价值/元	B 公司总资产价值/元
$\dfrac{1}{3}$	160 000	100 000
$\dfrac{1}{3}$	130 000	100 000
$\dfrac{1}{3}$	20 000	40 000

A 公司刚发行了总面值为 8 000 元的零息债券，期限为 1 年，当前 1 年期的零息政府债券年利率为 5%，可供投资者买入或卖空。

问：(1) 一年后，三种景气情况下，A 公司的债券价值是多少？

(2) 当前 A 公司总资产价值为 90 000 元，当前 B 公司总资产价值为 70 000 元，确定当前 A 公司 1 年期零息债券价值，该债券的到期收益率为多少？

(3) 当前 A 公司股权的价值应为多少？

五、X 和 Z 是两个独立分布的标准正态随机变量，令 $Y = X^2 + Z$。

(1) 证明：$E(Y \mid X) = X^2$。

(2) 证明：Y 的均值 $\mu_x = 1$。

(3) 证明：$E(XY) = 0$。

(4) 证明：$cov(X, Y) = 0$。

六、从指数分布 $f(x) = \dfrac{1}{\theta \cdot e^{\frac{x}{\theta}}}$ 中随机抽样（其中 $x \geqslant 0, \theta > 0$），求 θ 的极大似然估计量。

七、考虑回归 $Y_1 = \beta_0 + \beta_1 X_i + e_i$，$X_i$ 表示一个二值变量，$\overline{Y}_0$ 表示 $X = 0$ 时被解释变量的样本均值，$\overline{Y}_1$ 表示 $X = 1$ 的样本均值。

证明：$\beta_0 = \overline{Y}_0$，$\beta_0 + \beta_1 = \overline{Y}_1$。

八、如果股票收益率可以表示为 $\gamma_{t+1} = \gamma + X_t + \eta_{t+1}$，其中 η_{t+1} 是收益率的随机冲击，服从白噪声过程，方差为 σ^2，η、γ 是常数，而红利率 X_t 服从 AR(1) 过程 $X_{t+1} = \varphi X_\sigma + \xi_{t+1}$，$(0 < \varphi < 1)$。$\xi_{t+1}$ 是红利率的随机冲击，也是白噪声过程，方差记为 σ_ξ^2，X_t 的方差记为 σ_x^2。

(1) 写出 σ_x^2 与 σ_ξ^2 的关系。

(2) 假定两类扰动 ξ_{t+1} 和 η_{t+1}（对于所有的 j）不相关。求股票收益率 γ_t 的自协方差函数。

九、如下 AR(2) 模型
$$y_t = C + \Phi_1 \cdot y_{t-1} + \Phi_2 \cdot y_{t-2} + \xi_t$$

(1) 假设其中扰动项 ξ_t 为白噪声。若 y_t 平稳，参数需要满足什么条件？写出 y_t 的无条件期望和无条件方差。

(2) 假设上式中扰动项 ξ_t 是无条件异方差的，可用如下 GARCH（1，1）过程来概述：$\xi_t = \mu_t h_t^{\frac{1}{2}}$，$\mu_t$ 是白噪声过程，$\sigma_u^2 = 1$，$\mu_t \sim N(0,1)$，$h_t = \alpha_0 + \alpha_1 \xi_{t-1}^2 + \beta_1 h_{t-1}$。

试计算 ξ_t 的无条件期望、方差，参数满足何种取值条件时，ξ_t 简化为白噪声过程？若要保证条件方差存在，需要进一步对参数的取值范围施加限定吗？

(3) 假定你使用 Υ 个股票日收益率序列观测（$y_1, y_2, \cdots, y_T$）已经估计出参数 α_σ，α_1，β_1，写出前一步的条件方差（h_{T+1}）、向前两步条件方差（h_{T+2}）的预测值，以及向前 S 步条件方差预测值的一般公式。

2017年北京大学经济学院431金融硕士初试真题

一、简答。谈谈"积极投资""消极投资"及其与"有效市场假说"的关系。

二、现有进攻型和防御型股票各一只,经济发生两种情况的概率相同,且有:

表1 A、B两只股票及市场组合在不同情况下的收益率

	市场	进攻型A	防御型B
情况1	5%	−2%	6%
情况2	25%	38%	12%

（1）试求市场组合、进攻型和防御型股票的期望收益。

（2）若不考虑CAPM模型,那么进攻型、防御型股票的β值分别是多少？（注：用β的定义计算）

（3）若CAPM成立,且$R_f=6\%$,再次计算进攻型、防御型股票的β值。

（4）针对上述两种情况解释为什么两种方法算出来的β值不一致,从理性投资者的角度考虑,应该选择哪一只股票？为什么？

三、已知资产组合IBM和GM股票及无风险资产（f）与市场组合M的关系$\rho_{IBM,M}=0.3, \rho_{GM,M}=0.4, \sigma_{IBM}^2=0.64, \sigma_{GM}^2=0.25, E(R_M)=0.13, R_f=0.04, \sigma_M^2=0.04, \rho_{IBM,GM}=0.1$,投资20万元于IBM,20万元于GM,10万元于无风险资产。假设以无风险利率借入和贷出,且CAPM成立。

（1）求β_{IBM}, β_{GM}。

（2）写出CAPM的表达式。

（3）求（20,20,10）这个资产组合的β与标准差。

（4）构建一个与资产组合（20,20,10）标准差相同的有效资产组合,使收益最优,并计算这个有效资产组合的预期收益。

四、资本结构问题：375万元现金流（EBIT）,750万元债务,$R_B=10\%$,初始$\dfrac{B}{S}=40\%$,该公司想把$\dfrac{B}{S}$提高到50%。

（1）求V_L与V_L'。

（2）求没提高前的R_S。

（3）求相同公司（无负债/全权益）的R_0。

（4）求提高后的R_S'。

五、t为当期时长,T为远期利率协议开始的时点,T^*为协议结束的时点,r'和r''为t时刻不同期限的即期利率水平（连续复利）。

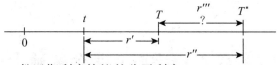

（1）t 时刻新订立一份远期利率协议的公平利率。

（2）0 时刻签订的协议利率为 R 的远期利率协议 t 时刻的价值。

（3）考虑欧洲美元期货和远期利率协议的长期限合约，问二者的利率水平有什么差别？分析原因。

六、（1）设总体 X 的密度函数为 $f(x;\theta)=\theta C^{\theta}x^{-(\theta+1)}$，$x>c$，$c>0$ 为已知参数，$\theta>1$ 为未知参数。$x_1, x_2, \cdots, x_n$ 为从总体中抽取的一个样本，求未知参数 θ 的矩估计量。

（2）两个随机变量 x 和 y 的联合分布为 $f(x,y)=\dfrac{\theta e^{-(\beta+\theta)y}(\beta y)^x}{x!}$，$\beta,\theta>0$，$y>0$，$x$ 为非负整数，写出 β, θ 的最大似然估计值。

七、计量模型 $Y_t=\beta_0+\beta_1 X_{1t}+\beta_2 X_{2t}+u_t$，$E(u/X)=0$，$E(u^2/X)=0$，$X_1$ 和 X_2 不相关。记 $\tilde{\beta}_1$ 的估计值为 $\hat{\beta}_1$，若将 Y_t 和 X_{1t} 进行一个二元回归（即解释变量仅有 X_{1t} 而遗漏 X_{2t}），那么，估计出来的 X_{1t} 的系数和标准差与原来的多元回归中估计的 $\hat{\beta}_1$ 及其标准差相同吗？

八、$\{X_t\}$ 是平稳的 AR(2) 过程，即 $X_t=\Phi_1 X_{t-1}+\Phi_2 X_{t-2}+Z_t$，$Z_t$ 是均值为 0 的白噪声过程，$\{X_t\}$ 的 n 阶自相关系数记为 $\rho(n)$，已知 $\rho(1)=\dfrac{1}{2}$，$\rho(2)=\dfrac{1}{6}$，求 $\rho(3)$。

九、X_t、Y_t 为两个完全不相关的时间序列，且 $W_t=X_t+Y_t$，推导：

（1）若 X_t 为平稳 MA(1) 而 Y_t 为白噪声过程，那么 W_t 为何种过程？

（2）若 X_t 为 ARIMA(1,1,0) 而 Y_t 为 ARIMA(0,1,1) 过程，则 W_t 为何种过程？

2016年北京大学经济学院431金融硕士初试真题

一、研究工资与性别的关系,选取样本中有330人为男性,220人为女性,进行虚拟变量模型回归结果如下:

$$wage = 1.12 + 3.69 male, R^2 = 0.06, male=1代表女性 (0.55)$$

(1) 求斜率系数的 t 值,判断是否显著。

(2) 求出男性平均工资。

二、AR(2)模型 $Y_t = c + \Phi_1 Y_{t-1} + \Phi_2 Y_{t-2} + u_t$。

(1) u 是一个白噪声,求 Y 的无条件均值、无条件方差。

(2) 要使 AR(2) 平稳,Φ_1、Φ_2 应满足什么条件?

三、市场上有一只股票,已知 $cov(R_1, R_m) = 0.0037$,$cov(R_m, R_m) = 0.00185$。

(1) 求股票的贝塔值。

(2) 假设 $R_m = 6\%$,$r_f = 2\%$,公司债务价值为40,股权价值为60,共发行60股,债务无风险,求公司加权平均资本成本。

(3) 若存在一新项目,进行股权融资20,来年可以获得收益40,求:

(a) 项目的 PV。

(b) 应该以什么价位发行多少股票?

(c) 金融学一般认为发行新股会导致股价下跌,此题有何不同?

四、项目A,60%的概率收益为20元,40%的概率收益为30元;项目B,60%的概率收益为10元,40%的概率收益为45元。Mike借入15元投资,但项目不会借款后决定。Mike和债权人知道项目信息。假设处于风险中性环境,不考虑货币时间价值。

(1) Mike会投资什么项目?

(2) Mike能否融到资金?

(3) 若债权人能够将债权转换为50%公司的价值,问此时Mike能否融到资金?转换权是否有用?

五、如表1所示,股票收益受因子 b_1,b_2 影响(后面 b_1,b_2 均指因子前面的系数)。

表1 A、B两只股票受两因子影响的情况

	b_1	b_2	ER
股票A	0.4	1.2	16%
股票B	1.6	0.8	26%
无风险债券	0	0	6%

(1) 求 b_1,b_2 因子的风险溢价。

(2) 构建一个组合,b_1 前系数为1,b_2 前系数为0,求组合风险溢价,并说明含义。

(3) 若C股票期望收益为12%,b_1 为0.5,b_2 为1,问是否存在套利机会?

六、看涨期权定价，$C = S_0 B(n \geq a \mid t, p') - K[(1+R_f)^{-t}] B(n \geq a \mid t, p)$，$B$ 为二项分布累积分布函数，a 为股价超过执行价的最小次数。
（1）描述期权定价的动态策略。
（2）写出 0-1 期权定价公式（$S \geq K$，得到 M；$S < K$，得到 0）。
（3）说明风险债券中含有看跌期权。

七、证明 $\exp(\overline{X})$ 为 $\exp(EX)$ 的一致估计。

八、总体服从 $(0, \theta)$ 上的均匀分布，$X_1, X_2, \cdots, X_n$ 来自总体简单样本。
（1）证明 $\theta_1 = 2\overline{X}$，$\theta_2 = \dfrac{n+1}{n} \max\{X_1, X_2, \cdots, X_n\}$ 为 θ 的无偏估计。
（2）比较 θ_1，θ_2 的有效性。

2015年北京大学经济学院431金融硕士初试真题

一、GPA=3.1+0.5TUTOR，R^2=0.08，SER=1.2。
　　　(0.4)　(0.36)

TUTOR=1代表有请家教，TUTOR=0代表没有请家教。

(1) 试述截距项和斜率系数的意义，有请家教的人平均GPA为多少？
(2) 判断回归的合理性，说明R^2和SER的含义。
(3) 斜率系数在5%的显著性水平上显著吗？
(4) 假设回归合理，求截距系数标准差的估计。

二、有一个不能放弃的投资项目。初始投资1 600，现在产品价格是200，假设每年销售一个产品。明年价格可能会是300，也可能是100，概率均为50%，然后维持该价格不变。折现率为10%。

(1) 这个项目是不是好项目？
(2) 如果有期货市场，对项目决策有什么影响？

三、假设市场是有效的，那么就可以随便买资产，不再需要基金行业。试述你对该观点的看法。

四、一个人的效用是$W^{1/2}$。有一个博弈，40%的概率获得100美元，60%的概率获得0美元。

(1) 这个博弈的确定性等价是多少？
(2) 假设他有1美元，他的规避风险系数是多少？

五、如表1所示，判断债券久期的长短，从长到短排列，并给出理由。

表1　五种债券的息票率、年限和到期收益率

债券	息票率	年限	到期收益率
A	15%	20	10%
B	15%	15	10%
C	0%	20	10%
D	8%	20	10%
E	15%	15	15%

六、市场由两只股票构成：股票A共100股，每股1元；股票B共100股，每股2元。A期望收益率10%，B期望收益率6%，无风险收益率5%，市场标准差20%。

(1) 求证券市场线、A和B的β值。
(2) 一个证券组合的标准差是19%，收益率是6%，该组合是否是一个有效的组合？

七、某投资者买入两个看涨期权，执行价分别为20元、30元，卖出两份执行价为25元的看涨期权，所有期权到期日相同。

(1) 画出收益曲线，忽略成本。

(2) 投资者对股价有怎样的预期？

八、一只股票，折现率 $K=10\%$，留存收益比率 $b=80\%$，ROE$=12\%$。

(1) 市盈率是多少？

(2) 如果 $b=70\%$，市盈率是多少？对于"吝啬发红利的股票不值得投资"的说法，你怎么看？

(3) 如果 ROE$=11\%$，市盈率是多少？对于"股价会下降说明市场存在过度反应"这个说法，你怎么看？

九、X_1，X_2，$\cdots$，X_{n_1} 是来自 $N(\mu_1, \sigma_1^2)$ 的样本，Y_1，Y_2，$\cdots$，Y_{n_2} 是来自 $N(\mu_2, \sigma_2^2)$ 的样本，且两样本相互独立，$S_1^2 = \frac{1}{n_1}\sum_{i=1}^{n_1}(X_i-\bar{X})^2$，$S_2^2 = \frac{1}{n_2}\sum_{i=1}^{n_2}(Y_i-\bar{Y})^2$。

(1) $Z=\{(n_2-1)\times n_1 \times \sigma_2^2 \times S_1^2\}/\{(n_1-1)\times n_1 \times \sigma_1^2 \times S_2^2\}$，给出 Z 的分布。

(2) σ_1^2，σ_2^2 未知，求 $\mu_1-\mu_2$ 在显著性为 $1-\alpha$ 的水平下的置信区间。

2018 年北京大学经济学院 431 金融硕士初试真题解析

一、【解析】优序融资理论认为公司应该优先选择内部融资，如果需要外部融资，公司应先发行直接债务，其次是可转债，最后采用权益融资。优序融资理论认为应先发行最稳健的证券。

资本结构均衡理论围绕 MM 定理展开。若不存在公司税，公司价值与资本结构无关；若存在公司税，权益负债比越低，公司价值越大。如果考虑破产成本和财务困境成本，则存在一个最优的权益负债比。

不同之处在于，优序融资理论不存在资本结构目标值，且盈利的公司应用较少的债务。资本结构均衡理论认为，如果企业盈利能力较强，则财务困境成本较小，公司应发行更多的债务。

二、【解析】1. (1) $g = \text{ROE} \times b = 18\% \times 70\% = 12.6\%$。

(2) $6 \times 30\% = 1.8$（元）。

(3) $P = \dfrac{1.8}{14\% - 12.6\%} = 128.57$（元）。

2. 根据 $C + PV(X) = P + S$，$5 + \dfrac{75}{1 + 8\%} = 2.75 + S$，解得 $S = 71.69$ 元。

3. $84 = \dfrac{4.2}{4\% + \beta \times (14\% - 4\%) - 8\%}$，解得 $\beta = 0.9$。

三、【解析】(1) 根据红利贴现价值的定义和题目中的要求（需要考虑当期红利），t 期每股内在价值应为

$$P_t = \sum_{i=0}^{\infty} \dfrac{D_{t+i}}{(1+R)^i}$$

式中，D_{t+i} 为 $t+i$ 期的每股红利。另外考虑到现金回购并不会影响到公司的内在价值，因此公司的内在价值等于当期和未来现金流贴现之和，即有

$$P_t = \dfrac{V}{N_t} = \dfrac{(1+R)X}{RN_t}$$

每股红利等于 t 期支付的全部现金流除以 t 期剩余的流通股，即 $t+1$ 期的流通股，从而

$$D_t = \dfrac{(1-\lambda)X}{N_{t+1}}$$

$t+1$ 期的流通股数为 t 期流通股数减去 t 期回购部分，即

$$N_{t+1} = N_t - \dfrac{\lambda X}{P_t} = \dfrac{1+R-\lambda R}{1+R} N_t$$

(2) 根据 (1) 中的解答，可以得到红利价格比率为

$$\dfrac{D_t}{P_t} = \dfrac{\dfrac{(1-\lambda)X}{N_{t+1}}}{\dfrac{(1+R)X}{RN_t}} = \dfrac{(1-\lambda)R}{(1+R)} \dfrac{N_t}{N_{t+1}} = \dfrac{(1-\lambda)R}{1+R-\lambda R}$$

每股红利增长率为
$$G = \frac{D_{t+1} - D_t}{D_t} = \frac{N_t}{N_{t+1}} - 1 = \frac{\lambda R}{1 + R - \lambda R}$$
G 为常数增长率。

上述两式联立，消去 λ，可以得到所求关系式
$$\frac{D_t}{P_t} = \frac{R - G}{1 + R}$$

四、【解析】(1) $\frac{1}{3} \times 80\,000 + \frac{1}{3} \times 80\,000 + \frac{1}{3} \times 20\,000 = 60\,000$（元）。

(2) 构造 x 单位 B 公司和 y 单位国债的组合，即
$$\begin{cases} 100\,000x + 1.05y = 80\,000 \\ 40\,000x + 1.05y = 20\,000 \end{cases}$$

解得 $x = 1$，$y = -19\,047.6$，即
$$D_A = x \times V_B + y = 50\,952.4$$

故到期收益率 $= \frac{80\,000}{50\,952.4} - 1 = 57\%$。

(3) $90\,000 - 50\,952.4 = 39\,047.6$（元）。

五、【解析】(1) $E(Y|X) = E(X^2 + Z | X) = X^2 + E(Z|X) = X^2$。
(2) $E(Y) = E(X^2 + Z) = E(X^2) = 1$。
(3) $E(XY) = E[(X^2 + Z)X] = E(X^3 + ZX) = E(X^3) = 0$。
(4) $\text{cov}(X, Y) = E(XY) - E(X)E(Y) = E(XY) = 0$。

六、【解析】似然函数为 $L(\theta) = \theta^{-n} e^{\frac{\sum_{i=1}^n X_i}{\theta}}$ ($X_i \geqslant 0, \theta > 0$)
$$\ln L(\theta) = -n \ln \theta - \frac{\sum_{i=1}^n X_i}{\theta}$$

对方程求导得
$$\frac{\partial \ln L(\theta)}{\partial \theta} = -\frac{n}{\theta} + \frac{\sum_{i=1}^n X_i}{\theta^2} = 0$$

解得 $\hat{\theta} = \overline{X}$。

七、【解析】当 $X = 0$ 时，$Y_i = \hat{\beta}_0 + e_i$。 (1)
当 $X = 1$ 时，$Y_j = \hat{\beta}_0 + \hat{\beta}_1 + e_j$。 (2)
根据 OLS 估计得
$$\sum (e_i X_i + e_j X_j) = 0 \qquad (3)$$
$$\sum (e_i + e_j) = 0 \qquad (4)$$

由式 (3) 可得 $\sum e_j = 0$，代入式 (4) 得 $\sum e_i = 0$。
对式 (1) 和式 (2) 求均值可得 $\hat{\beta}_0 = \overline{Y}_0$，$\hat{\beta}_0 + \hat{\beta}_1 = \overline{Y}_1$。

八、【解析】(1) $X_{t+1} = X_t + \varepsilon_{t-1}$，因为 X_t 和 ε_{t-1} 不相关，则
$$\text{var}(X_{t+1}) = \varphi^2 \text{var}(X_t) + \text{var}(\varepsilon_{t-1})$$

$$(1-\varphi^2)\sigma_x^2 = \sigma_\varepsilon^2$$

$$\sigma_x^2 = \frac{\sigma_\varepsilon^2}{(1-\varphi^2)}$$

(2) 由 $\gamma_{t+1} = \gamma + X_t + \eta_{t+1}$ 得

$$\operatorname{cov}(\gamma_{t+k}, \gamma_k) = \operatorname{cov}(\gamma + X_{t+k-1} + \eta_{t+k}, \gamma + X_{t-1} + \eta_t)$$

$$= \operatorname{cov}(X_{t+k-1}, X_t)$$

$$= y_k = \varphi y_{k-1} = \varphi^k y_0$$

由（1）知

$$\operatorname{cov}(\gamma_{t+k}, \gamma_k) = \frac{\varphi^k \sigma_\varepsilon^2}{(1-\varphi^2)}$$

九、【解析】(1) 由原回归方程可得 $E(Y) = c + \Phi_1 E(Y) + \Phi_2 E(Y)$，即

$$E(Y) = \frac{c}{1 - \Phi_1 - \Phi_2}$$

原回归方程两边同时乘以 Y_t，再取期望可得

$$\gamma_0 = \Phi_1 \gamma_1 + \Phi_2 \gamma_2 + E(Y_t u_t)$$

又 $E(Y_t u_t) = \sigma^2$，所以 $\gamma_0 = \Phi_1 \gamma_1 + \Phi_2 \gamma_2 + \sigma^2$。

同理可得

$$\gamma_1 = \Phi_1 \gamma_0 + \Phi_2 \gamma_1$$

$$\gamma_2 = \Phi_1 \gamma_1 + \Phi_2 \gamma_0$$

解得 $\gamma_0 = \dfrac{(1-\Phi_2)\sigma^2}{(1+\Phi_2)(1-\Phi_1-\Phi_2)(1+\Phi_1-\Phi_2)}$。

由平稳性定义，该方差必须为正数，因此

$$|\Phi_2| < 1, \Phi_1 + \Phi_2 < 1, \Phi_2 - \Phi_1 < 1$$

(2)
$$\xi_t = \mu_t h_t^{\frac{1}{2}}, h_t = \alpha_0 + \alpha_1 \xi_{t-1}^2 + \beta_1 h_{t-1}$$

$$E(\xi_t) = E(\mu_t h_t^{\frac{1}{2}}) = E(\mu_t) E(h_t^{\frac{1}{2}}) = 0$$

$$\operatorname{var}(\xi_t | \Omega_{t-1}) = E(\xi_t^2 | \Omega_{t-1}) = E(\mu_t^2 h_t | \Omega_{t-1}) = h_t E(\mu_t^2 | \Omega_{t-1}) = h_t$$

$$\operatorname{var}(\xi_t) = E(\xi_t^2) = E(\mu_t^2 h_t) = E(h_t) = E(\alpha_0 + \alpha_1 \xi_{t-1}^2 + \beta_1 h_{t-1})$$

$$= \alpha_0 + \alpha_1 E(\xi_{t-1}^2) + \beta_1 E(h_{t-1})$$

$$= \alpha_0 + \alpha_1 E(\xi_{t-1}^2) + \beta_1 E(\xi_{t-1}^2)$$

因为同方差，所以

$$\operatorname{var}(\xi_t) = \alpha_0 + \alpha_1 \operatorname{var}(\xi_t) + \beta_1 \operatorname{var}(\xi_t)$$

$$\operatorname{var}(\xi_t) = \frac{\alpha_0}{1 - \alpha_1 - \beta_1}$$

若 ξ_t 为白噪声过程，即 h_t 为常数，则 $\alpha_1 = 0, \beta_1 = 0$；

若使条件方差存在，则 $\alpha_0 > 0, \alpha_1, \beta_1 \geq 0$；

若使无条件方差存在，则 $\alpha_0 > 0, \alpha_1 + \beta_1 < 1$。

综上，参数取值范围限定为 $\alpha_0 > 0, \alpha_1, \beta_1 \geq 0, \alpha_1 + \beta_1 < 1$。

(3) 由 $h_{T+1} = \alpha_0 + \alpha_1 \xi_T^2 + \beta_1 h_T$，可得

$$E_T(h_{T+2}) = E_T(\alpha_0 + \alpha_1 \xi_{T+1}^2 + \beta_1 h_{T+1})$$

$$= \alpha_0 + \alpha_1 E_T(\xi_{T+1}^2) + \beta_1 E_T(h_{T+1})$$

$$= \alpha_0 + (\alpha_1 + \beta_1) E_T(h_{T+1})$$
$$= \alpha_0 + (\alpha_1 + \beta_1)(\alpha_0 + \alpha_1 \xi_T^2 + \beta_1 h_T)$$

从而
$$E_T(h_{T+s}) = E_T(\alpha_0 + \alpha_1 \xi_{T+s-1}^2 + \beta_1 h_{T+s-1})$$
$$= \alpha_0 + (\alpha_1 + \beta_1) E_T(h_{T+s-1})$$
$$= \alpha_0 + (\alpha_1 + \beta_1)[\alpha_0 + (\alpha_1 + \beta_1) E_T(h_{T+s-2})]$$
$$= \alpha_0 [1 + (\alpha_1 + \beta_1) + (\alpha_1 + \beta_1)^2 + \cdots + (\alpha_1 + \beta_1)^{s-1}] + (\alpha_1 + \beta_1)^s h_T$$

2017年北京大学经济学院431金融硕士初试真题解析

一、【解析】1. 关联。

积极投资与消极投资是两种投资策略，在有效市场中，积极投资平均来看往往难以取得高于消极投资的超额收益。有效市场越成熟，积极投资越困难。

但是，这并不意味着积极投资是无意义的。因为市场并非完全有效，正是由于积极投资者的存在，他们努力地挖掘和分析信息，并根据信息的变化频繁地交易，才促进了证券的公平定价，进而使市场有效。

2. 补充概念。

（1）积极投资策略是与消极投资策略相对的一个概念，积极投资者积极寻找市场中的套利机会，适时根据自己的判断进行资产组合调整以求收益最大化。

（2）消极投资策略是指每个投资者都采取"市场投资组合"（一种均衡情况下的最优风险资产投资组合）和"无风险资产"两者互相搭配的投资组合，通过两者比例的不同来满足不同投资者的风险—收益偏好。

3. 有效市场假说。有效市场假说本意是说市场上的信息能够被吸收并反映出来，根据信息反映的程度，划分成三种形式。

（1）弱式有效市场假说。该假说认为在弱式有效的情况下，市场价格已充分反映出所有过去历史的证券价格信息。

（2）半强式有效市场假说。该假说认为价格已充分反映出所有已公开的有关公司营运前景的信息。假如投资者能迅速获得这些信息，股价应迅速做出反应。

（3）强式有效市场假说。该假说认为价格已充分地反映了所有关于公司营运的信息，这些信息包括已公开的或内部未公开的信息。

二、【解析】（1）$E(R_M) = \frac{1}{2} \times 5\% + \frac{1}{2} \times 25\% = 15\%$。

$E(R_A) = \frac{1}{2} \times (-2\%) + \frac{1}{2} \times 38\% = 18\%$。

$E(R_B) = \frac{1}{2} \times 6\% + \frac{1}{2} \times 12\% = 9\%$。

（2）$\beta_A = \frac{38\% - (-2\%)}{25\% - 5\%} = 2$。

$\beta_B = \frac{12\% - 6\%}{25\% - 5\%} = 0.3$。

（3）$18\% = \beta'_A \times 9\% + 6\%$，$\beta'_A = \frac{4}{3}$。

$9\% = \beta'_B \times 9\% + 6\%$，$\beta'_B = \frac{1}{3}$。

（4）应该选择B股票，A在市场上承担了$\beta = 2$的系统性风险，但A的收益率只是

$\beta=\frac{4}{3}$ 的系统性风险对应的收益,因此 A 的价格被高估,收益率被低估。同理,B 的价格被低估,收益率被高估,应该买入 B 股票。

三、【解析】(1) $\beta_{\text{IBM}}=\frac{\rho_{\text{IBM},M}\times\sigma_{\text{IBM}}}{\sigma_M}=\frac{0.3\times0.8}{0.2}=1.2$,同理 $\beta_{\text{GM}}=1$。

(2) $E(R)=R_f+\beta[E(R_M)-R_f]=4\%+\beta(13\%-4\%)=4\%+9\%\beta$。

(3) $\beta=40\%\times1.2+40\%\times1+20\%\times0=0.88$

$\sigma=\sqrt{(40\%\sigma_{\text{IBM}})^2+(40\%\sigma_{\text{GM}})^2+2\times40\%\times40\%\times\rho_{\text{IBM,GM}}\times\sigma_{\text{IBM}}\times\sigma_{\text{GM}}}=0.39$。

(4) 由题可知

$$w_{\text{IBM}}=\frac{(0.148-0.04)\times0.25-(0.13-0.04)\times0.1\times\sqrt{0.64}\times\sqrt{0.25}}{(0.148-0.04)\times0.25+(0.13-0.04)\times0.64-[(0.148-0.04)+(0.13-0.04)]\times0.1\times0.8\times0.5}$$
$$=0.31$$

$$w_{\text{GM}}=1-w_{\text{IBM}}=0.69$$

权重分别为 0.31 与 0.69 的 IBM 和 GM 股票构成的风险资产组合标准差为 0.44,则

$$E(R_{\text{IBM}})=R_f+1.2\times[E(R_M)-R_f]=0.148$$
$$E(R_{\text{GM}})=R_f+1\times[E(R_M)-R_f]=0.13$$

$E(R)=\frac{0.39}{0.44}\times0.31\times0.148+\frac{0.39}{0.44}\times0.69\times0.13+\left(1-\frac{0.39}{0.44}\times0.31-\frac{0.39}{0.44}\times0.69\right)\times0.04$
$=0.1251$

四、【解析】(1) $V_L=B\times(1+S/B)=750\times(1+1/40\%)=2625$(万元),
$V'_L=V_L+$增加的债务价值$=2625+(750/40\%)\times50\%-750=2812.5$(万元)。

(2) $R_S=(375-750\times10\%)/(750/40\%)=16\%$。

(3) 由 $R_S=R_0+B/S(R_0-R_B)$,故代入数值可得 $R_0=14.29\%$。

(4) 提高后的 $R'_S=R_0+50\%(R_0-R_B)=16.43\%$。

五、【解析】(1) t 时刻新订立一份远期利率协议的公平利率为

$$e^{r'(T-t)}\times e^{r'''(T^*-T)}=e^{r''(T^*-t)}$$

$$r'''=\frac{r''(T^*-t)}{r'(T-t)}$$

(2) 设该协议本金金额为 L,则在 t 时刻协议价值为 $\frac{L\,e^{(R-r'')(T^*-t)}}{e^{r''(T^*-t)}}$。

(3) 欧洲美元期货的利率低于远期利率协议的长期合约,这是因为期货是标准化的金融工具,交易市场比远期利率协议发达,因此,远期利率协议需要有一个流动性溢价补偿。

六、【解析】(1) 由 $\bar{x}=EX=\int_c^{+\infty}\theta c^\theta x^{-\theta}\mathrm{d}x=\frac{\theta c^\theta x^{-\theta+1}}{-\theta+1}\Big|_c^{+\infty}=\frac{\theta c}{\theta-1}$

求得 $\theta=\frac{\bar{x}}{\bar{x}-c}$。

(2) $L(\theta,\beta)=\frac{\theta^n e^{-(\beta+\theta)(y_1+y_2+\cdots+y_n)}\beta^{(x_1+x_2+\cdots+x_n)}y_1^{x_1}y_2^{x_2}\cdots y_n^{x_n}}{x_1!\,x_2!\cdots x_n!}$

$\frac{\partial L(\theta,\beta)}{\partial \beta}=\frac{\theta^n y_1^{x_1}y_2^{x_2}\cdots y_n^{x_n}e^{-\theta(y_1+y_2+\cdots+y_n)}}{x_1!\,x_2!\cdots x_n!}e^{-\beta(y_1+y_2+\cdots+y_n)}[(x_1+x_2+\cdots+x_n)$

$$\beta^{(x_1+x_2+\cdots+x_n)-1} - (y_1+y_2+\cdots+y_n)\beta^{(x_1+x_2+\cdots+x_n)}] = 0$$

即 $(x_1+x_2+\cdots+x_n)\beta^{(x_1+x_2+\cdots+x_n)-1} - (y_1+y_2+\cdots+y_n)\beta^{(x_1+x_2+\cdots+x_n)} = 0$

所以 $\beta = \dfrac{x_1+x_2+\cdots+x_n}{y_1+y_2+\cdots+y_n}$。

同理,有

$$\frac{\partial L(\theta,\beta)}{\partial \theta} = \frac{\beta^{(x_1+x_2+\cdots+x_n)} y_1^{x_1} y_2^{x_2}\cdots y_n^{x_n} e^{-\beta(y_1+y_2+\cdots+y_n)}}{x_1!\ x_2!\ \cdots x_n!} e^{-\theta(y_1+y_2+\cdots+y_n)}[n\theta^{n-1} - (y_1+y_2+\cdots+y_n)\theta^n]$$
$$= 0$$

即 $n\theta^{n-1} - (y_1+y_2+\cdots+y_n)\theta^n = 0$

所以 $\theta = \dfrac{n}{y_1+y_2+\cdots+y_n}$。

七、【解析】(1) $Y_t = \beta_0 + \beta_1 X_{1t} + \varepsilon_t$

β_1 的估计量 $\widetilde{\beta}_1 = \dfrac{\sum (X_{1t}-\overline{X}_1)Y_t}{\sum (X_{1t}-\overline{X}_1)^2}$

代入 $Y_t = \hat{\beta}_0 + \hat{\beta}_1 X_{1t} + \hat{\beta}_2 X_{2t} + u_t$,得

$$\widetilde{\beta}_1 = \frac{\sum (X_{1t}-\overline{X}_1)(\hat{\beta}_0 + \hat{\beta}_1 X_{1t} + \hat{\beta}_2 X_{2t} + u_t)}{\sum (X_{1t}-\overline{X}_1)^2}$$

$$= \hat{\beta}_1 + \hat{\beta}_2 \frac{\sum (X_{1t}-\overline{X}_1)X_{2t}}{\sum (X_{1t}-\overline{X}_1)^2} + \sum (X_{1t}-\overline{X}_1)u_t$$

$$= \hat{\beta}_1 + \hat{\beta}_2 \frac{\sum (X_{1t}-\overline{X}_1)X_{2t}}{\sum (X_{1t}-\overline{X}_1)^2} + \sum X_{1t}u_t - \sum \overline{X}_1 u_t$$

$$= \hat{\beta}_1 + \hat{\beta}_2 \frac{\sum (X_{1t}-\overline{X}_1)X_{2t}}{\sum (X_{1t}-\overline{X}_1)^2}$$

$$= \hat{\beta}_1$$

(2) 由 $\text{var}(\widetilde{\beta}_1) = \dfrac{\text{var}(\varepsilon_t)}{\sum (X_{1t}-\overline{X}_1)^2}$,则

$$\text{var}(\hat{\beta}_1) = \frac{\text{var}(\mu_t)}{\sum (X_{1t}-\overline{X}_1)^2} \frac{1}{1-R_1^2}$$

因为 X_1 和 X_2 不相关,所以 $R_1^2 = 0$,即 $\text{var}(\hat{\beta}_1) = \dfrac{\text{var}(\mu_t)}{\sum (X_{1t}-\overline{X}_1)^2}$。

又因为 $\beta_2 = 0$,所以 X_{2t} 可以解释一部分 Y_t,所以 $\text{var}(\mu_t) < \text{var}(\varepsilon_t)$,即 $\text{var}(\hat{\beta}_1) < \text{var}(\widetilde{\beta}_1)$。

八、【解析】 因为 $X_t = \Phi_1 X_{t-1} + \Phi_2 X_{t-2} + Z_t$,故

$$\gamma_1 = \Phi_1 \gamma_0 + \Phi_2 \gamma_1$$
$$\gamma_2 = \Phi_1 \gamma_1 + \Phi_2 \gamma_0$$
$$\gamma_3 = \Phi_1 \gamma_2 + \Phi_2 \gamma_1$$

同时除以 γ_0 得

$$\rho_1 = \Phi_1 \rho_0 + \Phi_2 \rho_1$$
$$\rho_2 = \Phi_1 \rho_1 + \Phi_2 \rho_0$$
$$\rho_3 = \Phi_1 \rho_2 + \Phi_2 \rho_1$$

又 $\rho(1) = \dfrac{1}{2}$，$\rho(2) = \dfrac{1}{6}$，代入解得

$$\Phi_1 = \frac{5}{9}, \quad \Phi_2 = -\frac{1}{9}$$

求得 $\rho(3) = \dfrac{1}{27}$。

九、【解析】(1) 由 $X_t = \varepsilon_t - \theta \varepsilon_t$，$Y_t = \mu_t$，有
$$W_t = X_t + Y_t = \varepsilon_t - \theta \varepsilon_t + \mu_t$$
$$W_{t-1} = \varepsilon_{t-1} - \theta \varepsilon_{t-1} + \mu_{t-1}$$

又 $\gamma_0 = (1+\theta^2)\sigma_\varepsilon^2 + \sigma_\mu^2$，$\gamma_1 = -\theta \sigma_\varepsilon^2$，$\gamma_k = 0$，$k \geq 2$。

所以 $W_t \sim$ MA(1)。

(2) 由 $X_t \sim$ ARIMA(1, 1, 0)，$\Delta X_t = \rho \Delta X_{t-1} + \mu_t$；$Y_t \sim$ ARIMA(0, 1, 1)，$\Delta Y_t = \varepsilon_t - \theta \varepsilon_{t-1}$。故

$$\Delta W_t = \Delta X_t + \Delta Y_t = \rho \Delta X_{t-1} + \mu_t + \varepsilon_t - \theta \varepsilon_{t-1}$$
$$= \rho \Delta W_{t-1} - \rho \Delta Y_{t-1} + \mu_t + \varepsilon_t - \theta \varepsilon_{t-1}$$
$$= \rho \Delta W_{t-1} - \rho \varepsilon_{t-1} + \rho\theta \varepsilon_{t-2} + \mu_t + \varepsilon_t - \theta \varepsilon_{t-1}$$
$$= \rho \Delta W_{t-1} + \mu_t + \varepsilon_t - (\rho+\theta)\varepsilon_{t-1} + \rho\theta \varepsilon_{t-2}$$

同理 (1)，可得 $\mu_t + \varepsilon_t - (\rho+\theta)\varepsilon_{t-1} + \rho\theta \varepsilon_{t-2} \sim$ MA(2)，即 $W_t \sim$ ARIMA(1, 1, 2)。

2016 年北京大学经济学院 431 金融硕士初试真题解析

一、【解析】(1) 看单个系数的显著性，用 t 检验，则
$$t=\frac{\text{系数的估计}}{\text{系数的标准误差}}=\frac{3.69}{0.55}=6.71$$

样本为 550，解释变量个数为 1，所以在 5% 的显著性水平下，$t_{0.05}(n-k-1)=t_{0.05}(550-1-1)=1.96$，回归结果 $t=6.71>1.96$，所以显著。

(2) 男性平均工资为 $1.12+3.69=4.81$。

二、【解析】(1) 由原回归方程可得
$$E(y)=c+\Phi_1 E(y)+\Phi_2 E(y)$$
即 $E(y)=c/(1-\Phi_1-\Phi_2)$，方程两边同乘以 Y_t，再取期望得
$$\gamma_0=\Phi_1\gamma_1+\Phi_2\gamma_2+E(Y_t u_t)$$
又 $E(Y_t u_t)=\sigma^2$，所以 $\gamma_0=\Phi_1\gamma_1+\Phi_2\gamma_2+\sigma^2$。

同理可得
$$\gamma_1=\Phi_1\gamma_0+\Phi_2\gamma_1$$
$$\gamma_2=\Phi_1\gamma_1+\Phi_2\gamma_0$$

解得 $\gamma_0=$（2）。

(2) 由平稳性的定义，(2)差必须是一个正(2)，于是有
$$\Phi_1+\Phi_2<1,\ \Phi_2-\Phi_1<1,\ |\Phi_2|<1$$

三、【解析】(1) $\beta=\dfrac{\text{cov}(R_1,R_m)}{\text{cov}(R_m,R_m)}=0.0037/0.00185=2$。

(2) $\text{WACC}=\dfrac{40}{40+60}\times 2\%+\dfrac{60}{40+60}\times(2\%+2\times 6\%)=9.2\%$。

(3) (a) $PV=\dfrac{40}{1+9.2\%}=36.63$。

(b) $P=\dfrac{60+16.63}{60}=1.28$，$\dfrac{20}{1.28}=15.625$（股）。

(c) 在本题中 $1.29>1$，即公司发行新股时，股价出现上涨现象而非下跌，这是因为公司发行新股并非是出于偿债需要，而是因为有净现值为正的投资机会，预期将会增加公司价值及股东权益价值，因此股票价格上升。

四、【解析】(1) 若投资项目 A，Mike 的期望收益为 $60\%\times(20-15)+40\%\times(30-15)=9$（元）；若投资项目 B，Mike 的期望收益为 $60\%\times 0+40\%\times(45-15)=12$（元）。因此，Mike 会投资项目 B。

(2) 若债权人知道项目信息，即得知 Mike 会投资项目 B，那么当 Mike 投资项目 B 时，债权人到期后预期会收到 $60\%\times 10+40\%\times 15=12$（元）$<15$ 元，故债权人不会将资金借给 Mike。

(3) 若债权人能够将债权转换为 50% 的公司价值，则 Mike 投资项目 A 后期望收益为

$60\%\times(20-7.5)\times50\%+40\%\times(30-7.5)\times50\%=8.25$（元）。

投资项目 B 后 Mike 的期望收益 $60\%\times(10-7.5)\times50\%+40\%\times(45-7.5)\times50\%=8.25$（元），投资项目 A 和项目 B 的期望收益对债权人而言是相同的，则 Mike 能融到资金。

五、【解析】（1）$E(r_A)=r_f+\beta_{Ab_1}[E(r_{b_1})-r_f]+\beta_{Ab_2}[E(r_{b_2})-r_f]$
$$E(r_B)=r_f+\beta_{Bb_1}[E(r_{b_1})-r_f]+\beta_{Bb_2}[E(r_{b_2})-r_f]$$

代入数字，联立可得 b_1、b_2 因子的风险溢价分别为 $E(r_{b_1})-r_f=10\%$，$E(r_{b_2})-r_f=5\%$。

（2）设在该组合中，股票 A、B 与无风险债券的比例分别为 ω_A，ω_B，$1-\omega_A-\omega_B$。

由题设条件 b_1 前系数为 1，b_2 前系数为 0，可得
$$0.4\omega_A+1.6\omega_A=1$$
$$1.2\omega_B+0.8\omega_B=0$$

联立可得 $\omega_A=-0.5$，$\omega_B=0.75$。

通过配置 75% 的股票 B 和 75% 的无风险债券，同时做空 50% 的股票 A，即可得到 b_1 前系数为 1，b_2 前系数为 0 的组合，那么该组合的风险溢价为 b_1 因子的风险溢价 $E(r_{b_1})-r_f=10\%$。该组合是一个 b_1 因子的纯因子组合，即组合所有的风险都来源于因子 b_1。

（3）股票 C 的期望收益率为
$$E(R_C)=r_f+0.5\times[E(r_{b_1})-r_f]+1\times[E(r_{b_2})-r_f]$$
$$=6\%+0.5\times10\%+1\times5\%=16\%>12\%$$

因此股票 C 被低估，存在套利机会。

六、【解析】（1）图形分析如下：

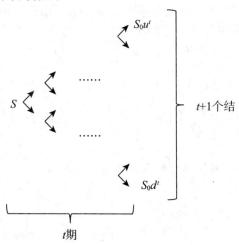

$$C=\sum_{n=0}^{t}\max\{(S_0u^nd^{t-n}-K),0\}C_t^n p^n(1-p)^{t-n}\frac{1}{(1+r_f)^t}。$$

当 $S_0u^nd^{t-n}\leqslant K$ 时，$\max\{(S_0u^nd^{t-n}-K),0\}=0$，对 C 无影响。

当 $S_0u^nd^{t-n}>K$ 时，$\ln S_0+n\ln u+(t-n)\ln d>\ln K$，即
$$n>\frac{\ln\left(\frac{K}{S_0}\right)-t\ln d}{\ln\left(\frac{u}{d}\right)}=a$$

$$C = \sum_{n=a}^{t} S_0 u^n d^{t-n} C_t^n p^n (1-p)^{t-n} \frac{1}{(1+r_f)^t} - \frac{K}{(1+r_f)^t} \sum_{n=a}^{t} C_t^n p^n (1-p)^{t-n}$$

$$C = S_0 \sum_{n=a}^{t} C_t^n \left(\frac{up}{1+r_f}\right)^n \left[\frac{d(1-p)}{1+r_f}\right]^{t-n} - \frac{K}{(1+r_f)^t} \sum_{n=a}^{t} C_t^n p^n (1-p)^{t-n}$$

$\frac{up}{1+r_f} + \frac{d(1-p)}{1+r_f} = 1$,令 $p' = \frac{up}{1+r_f}$,则

$$C = S_0 \sum_{n=a}^{t} C_t^n p'^n (1-p')^{t-n} - \frac{K}{(1+r_f)^t} \sum_{n=a}^{t} C_t^n p^n (1-p)^{t-n}$$

$$C = S_0 B(n>a \mid t, p') - \frac{K}{(1+r_f)^t} B(n>a \mid t, p)$$

(2) 期权定价公式为 $\frac{M \cdot B(n>a \mid t, p)}{(1+r_f)^t}$。

(3) 设公司价值为 V,债务价值为 D,债权人可获得 $\min\{V, D\} = D - \max\{D-V, 0\}$。由于 $\max\{D-V, 0\}$ 是以公司价值 V 作为标的资产,执行价格为 D 的看跌期权的损益状况。债权人相当于借入一笔在到期日价值为 D 的无风险贷款和卖出一份以公司价值为标的资产,执行价格为 D 的看跌期权。

七、【解析】易证 $\overline{X}$ 是 $E(X)$ 的一致估计,即 $E(\overline{X}) = EX$。

又 $f(x) = e^x$ 是连续函数,所以 $e^{\overline{X}}$ 是 $e^{E(X)}$ 的一致估计。

注:这里所用定理为茆诗松《概率论与数理统计》定理 6.2.2。

八、【解析】(1) 总体服从 $(0, \theta)$ 的均匀分布,则 $\overline{X} = \frac{\theta}{2}$,$E\theta_1 = E2\overline{x} = 2 \times \frac{\theta}{2} = \theta$,因此 $\theta_1 = 2\overline{X}$ 是 θ 的无偏估计。

我们首先将 X 从小到大排列为次序统计量 $X(1), X(2), \cdots, X(n)$,则最大值统计量 $X(n) = \max\{X_1, X_2, \cdots, X_n\}$ 的概率密度函数为

$$p_n(x) = n \times F(x)^{n-1} \times p(x)$$

$$E\theta_2 = E\frac{n+1}{n}\max\{X_1, X_2, \cdots, X_n\} = \int_0^\theta \frac{n+1}{n} x \times n \times F(x)^{n-1} \times p(x) dx$$

$$= \int_0^\theta \frac{n+1}{n} \times n \times \left(\frac{x}{\theta}\right)^n dx = \frac{n+1}{\theta^n} \left.\frac{x^{n+1}}{n+1}\right|_0^\theta = \theta$$

得证,θ_2 是 θ 的无偏估计。

(2) 比较有效性,就是看估计量的方差是否最小,即

$$\text{var}(\theta_1) = \text{var}(2\overline{X}) = 4 \times \frac{\theta^2}{12n} = \frac{\theta^2}{3n}$$

由 (1) 可知,$E\theta_2^2 = \int_0^\theta \left(\frac{n+1}{n}x\right)^2 \times n \times F(x)^{n-1} \times p(x) dx = \frac{[(n+1)\theta]^2}{n(n+2)}$。

因为 $n>1$,所以 $\frac{\theta^2}{n(n+2)} < \frac{\theta^2}{3n}$,即 θ_2 更有效。

2015 年北京大学经济学院 431 金融硕士初试真题解析

一、【解析】(1) 截距项：在没有请家教的情况下，仍然能够获得 3.1 的 GPA 斜率系数；在请家教的情况下，平均可以增加 0.5 的 GPA。请家教的人的平均 GPA 为 3.1+0.5=3.6。

(2) 从实际意义看，请家教的学生会比没有请家教的学生 GPA 高，因此，Tutor 前系数应为正，从回归结果来看，系数为正，因此，回归合理。该回归拟合程度不好，拟合优度 $R^2=0.08$，说明能够解释的部分只有 0.08，太小，不具有解释力。回归标准误 SER=1.2，代表 $\hat{\sigma}=1.2$。

(3) 看单个系数的显著性，用 t 检验，则

$$t = \frac{系数的估计}{系数的标准误差} = \frac{0.5}{0.36} = 1.39$$

因为 t 值远小于 2，可知斜率系数不显著。

(4) 截距系数的方差为 $\mathrm{var}(\hat{\beta}_0) = \dfrac{\sigma^2 n^{-1} \sum_{i=1}^{n} x_i^2}{\sum_{i=1}^{n}(x_i-\bar{x})^2}$，故标准差为 $\mathrm{sd}(\hat{\beta}_0) = \sqrt{\dfrac{\sigma^2 n^{-1} \sum_{i=1}^{n} x_i^2}{\sum_{i=1}^{n}(x_i-\bar{x})^2}}$。

使用方差估计 $\hat{\sigma}^2 = \mathrm{SER}^2 = 1.44$ 代替上式中的 σ^2，就可以得到截距系数的标准差估计。

二、【解析】(1) 若不存在放弃期权，该项目期望的 $\mathrm{NPV} = -1\,600 + \dfrac{200}{10\%} = 400$，因为明年价格为 300 或 100 的概率均为 50%，因此明年产品的期望价格为 200。预计每年销售一个产品，假定持续经营，即未来每年的产品销售收入相当于一个永续年金。因此，该项目具有正的 NPV，是一个好项目。

(2) 若存在期货市场，我们可以在现在就锁定明年甚至未来产品的销售价格，即可以锁定 300 的售价，此时项目的 $\mathrm{NPV} = -1\,600 + 300/10\% = 1\,400$，公司可以更加坚决自信地决定投资该项目。

三、【解析】这种说法是片面的，是不正确的。

第一，基金可以将小额资本进行汇集，进行大额的投资，可以进行投资门槛较高的投资，如衍生品、私募产品等，可以进行资产配置的范围更广大，产生一个规模效应。

第二，市场之所以达到有效，是因为存在众多"努力"的投资者，他们积极地挖掘信息并且频繁地交易，才能维持各个资产的公平交易，如果大家都随便买卖资产，市场就将失效，因此题干的说法是本末倒置的。

第三，风险和收益是并存的，即使市场完全有效，随便买卖资产获得的也只是市场平均收益的水平，而基金行业则可以进行风险和收益的取舍，采取更保守或更冒险的投资组合，进而获得不同水平的收益。

四、【解析】(1) 确定性等价即能达到原期望效用的确定性财富。
$EU = 0.4 \times 100^{1/2} + 0.6 \times 0 = 4$，所以确定性等价为 $W = EU^2 = 16$。

(2) 风险规避系数分为绝对风险规避和相对风险规避系数。

绝对风险规避系数 $= -\dfrac{u''(w)}{u'(w)} = \dfrac{1}{2w}$；

相对风险规避系数 $= \dfrac{1}{2w} \times w = \dfrac{1}{2}$。

五、【解析】C>D>A>B>E，年限与到期收益率相同时，息票率越高，久期越短；息票率与到期收益率越高时，年限越短，久期越短；息票率与年限相同时，到期收益率越高，久期越短。

六、【解析】(1) 由于市场只有两只股票，因此市场组合期望收益率为两只股票收益率按市值的加权平均，即

$$E(r_M) = \dfrac{100}{300} \times 10\% + \dfrac{200}{300} \times 6\% = 7.33\%$$

证券市场线为

$$E(R) = r_f + \beta[E(R_M) - R_f]$$
$$E(R) = 5\% + 2.33\%\beta$$

代入 A 和 B 的期望收益率，得到

$$\beta_A = \dfrac{15}{7},\ \beta_B = \dfrac{3}{7}$$

其图形如下所示。

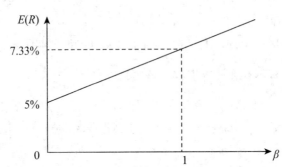

(2) 该组合的夏普比率为 $S_P = \dfrac{6\% - 5\%}{19\%} = 0.05$，市场组合夏普比率为 $S_P = \dfrac{7.33\% - 5\%}{20\%} = 0.12$，组合的夏普比率小于市场组合夏普比率，所以该组合无效。

七、【解析】(1) 期权收益如表 1 所示。

表 1 投资者持有期权的收益情况

项目	$S_t<20$	$20 \leq S_t<25$	$25 \leq S_t<30$	$S_t \geq 30$
看涨期权多头（20）	0	S_t-20	S_t-20	S_t-20
看涨期权空头（25）×2	0	0	$2(25-S_t)$	$2(25-S_t)$
看涨期权多头（30）	0	0	0	S_t-30
收益	0	S_t-20	$30-S_t$	0

(2) 投资者预计股价大概率在 20～30 元的范围内波动，而且预计位于 25 元左右。

八、【解析】(1) $P/E = \dfrac{P_0}{E_1} = \dfrac{E_1(1-b)}{K - \text{ROE} \times b} \times \dfrac{1}{E_1} = \dfrac{1-b}{K - \text{ROE} \times b} = 50$。

(2) 若 $b = 70\%$，则市盈率为 18.75。该说法是错误的，当公司有高收益项目机会，即满足 ROE＞K 时，公司应该减少股利发放，增加留存比例，才能为股东创造更大的价值。

(3) 若 ROE＝11%，则市盈率为 16.67。该说法是错误的，由于权益收益率只有 11%，低于股东要求的必要报酬率，此时，应该选择全额发放股利，否则就会损害股东利益，股价下降是市场有效的表现。

九、【解析】(1) $\dfrac{n_1 S_1^2}{\sigma_1^2} \sim \chi^2(n_1 - 1)$，$\dfrac{n_2 S_2^2}{\sigma_2^2} \sim \chi^2(n_2 - 1)$，则

$$\hat{Z} = \dfrac{(n_2-1)\, n_1 \sigma_2^2 S_1^2}{(n_1-1)\, n_2 \sigma_1^2 S_2^2} = \dfrac{\dfrac{n_1 S_1^2}{\sigma_1^2}\Big/(n_1-1)}{\dfrac{n_2 S_2^2}{\sigma_2^2}\Big/(n_2-1)} \sim F(n_1-1, n_2-1)$$

(2) 分情况讨论：

① 当 $\sigma_1^2 = \sigma_2^2 = \sigma^2$ 未知时，有

$$\bar{x} - \bar{y} \sim N\left[\mu_1 - \mu_2, \left(\dfrac{1}{n_1} + \dfrac{1}{n_2}\right)\sigma^2\right]$$

$$\dfrac{(n_1-1)S_1^2 + (n_2-1)S_2^2}{\sigma^2} \sim \chi^2(n_1 + n_2 - 2)$$

构造 $\quad t = \sqrt{\dfrac{n_1 n_2 (n_1 + n_2 - 2)}{n_1 + n_2}}\, \dfrac{\bar{x} - \bar{y} - (\mu_1 - \mu_2)}{\sqrt{(n_1-1)S_1^2 + (n_2-1)S_2^2}} \sim t(n_1 + n_2 - 2)$

记 $S_W^2 = \dfrac{(n_1-1)S_1^2 + (n_2-1)S_2^2}{n_1 + n_2 - 2}$，则 $\mu_1 - \mu_2$ 在显著性为 $1 - \alpha$ 的水平下的置信区间为

$$\left[\bar{x} - \bar{y} - \sqrt{\dfrac{n_1 + n_2}{n_1 n_2}}\, S_W\, t_{1-\frac{\alpha}{2}}(n_1 + n_2 - 2),\ \bar{x} - \bar{y} + \sqrt{\dfrac{n_1 + n_2}{n_1 n_2}}\, S_W\, t_{1-\frac{\alpha}{2}}(n_1 + n_2 - 2)\right]$$

② 当 $\sigma_1^2 = \sigma_2^2 = \theta$ 已知时，有

$$\bar{x} - \bar{y} \sim N\left(\mu_1 - \mu_2, \dfrac{\sigma_1^2}{n_1} + \dfrac{\sigma_2^2}{n_2}\right) = N\left[\mu_1 - \mu_2, \sigma_1^2\left(\dfrac{1}{n_1} + \dfrac{\theta}{n_2}\right)\right]$$

$$\dfrac{\dfrac{(n_1-1)S_1^2 + (n_2-1)S_2^2}{\theta}}{\sigma_1^2} \sim \chi^2(n_1 + n_2 - 2)$$

构造 $\quad t = \sqrt{\dfrac{n_1 n_2 (n_1 + n_2 - 2)}{n_1 \theta + n_2}}\, \dfrac{\bar{x} - \bar{y} - (\mu_1 - \mu_2)}{\sqrt{\dfrac{(n_1-1)S_1^2 + (n_2-1)S_2^2}{\theta}}} \sim t(n_1 + n_2 - 2)$

记 $S_W^2 = \dfrac{\dfrac{(n_1-1)S_1^2 + (n_2-1)S_2^2}{\theta}}{n_1 + n_2 - 2}$，则 $\mu_1 - \mu_2$ 在显著性为 $1 - \alpha$ 的水平下的置信区间为

$$\left[\bar{x} - \bar{y} - \sqrt{\dfrac{n_1 n_2}{n_1 \theta + n_2}}\, S_W\, t_{1-\frac{\alpha}{2}}(n_1 + n_2 - 2),\ \bar{x} - \bar{y} + \sqrt{\dfrac{n_1 n_2}{n_1 \theta + n_2}}\, S_W\, t_{1-\frac{\alpha}{2}}(n_1 + n_2 - 2)\right]$$

③ 当 n_1 和 n_2 都很大时,可以证明有

$$\frac{\bar{x}-\bar{y}-(\mu_1-\mu_2)}{\sqrt{\frac{S_1^2}{n_1}+\frac{S_2^2}{n_2}}} \sim N(0,1)$$

则 $\mu_1 - \mu_2$ 在显著性为 $1-\alpha$ 的水平下的置信区间为

$$\left[\bar{x}-\bar{y}-u_{1-\frac{\alpha}{2}}\sqrt{\frac{S_1^2}{n_1}+\frac{S_2^2}{n_2}}, \bar{x}-\bar{y}+u_{1-\frac{\alpha}{2}}\sqrt{\frac{S_1^2}{n_1}+\frac{S_2^2}{n_2}}\right]$$

北京大学汇丰商学院
431 金融硕士初试真题超精细解读

宏观数据速递

一、分值一览表

分布类型	题型/科目	2014 年	2015 年	2016 年	2017 年	2018 年
题型分值	计算题&证明题	8 道，共 150 分	6 道，共 110 分	6 道，共 110 分	6 道，共 110 分	6 道，共 110 分
	选择题	0 分	(8×4＝)32 分	(8×4＝)32 分	(8×4＝)32 分	(8×4＝)32 分
	简答题	0 分	(2×4＝)8 分	(2×4＝)8 分	(2×4＝)8 分	(2×4＝)8 分
学科分值	宏观经济学	75 分	75 分	75 分	75 分	75 分
	微观经济学	75 分	75 分	75 分	75 分	75 分

二、难度点评和总体走势

　　2014 年初试难度适中，2015 年难度有所下降，2016 年难度小幅上升，2017 年难度适中，2018 年难度增加。

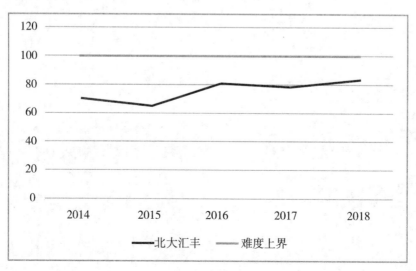

三、分数线及录取情况

指标		2014 年	2015 年	2016 年	2017 年	2018 年
初试要求	单科要求	≥50 分（100 分）；≥90 分（150 分）	≥50 分（100 分）；≥90 分（150 分）	≥50 分（100 分）；≥90 分（150 分）	≥60 分（100 分）；≥90 分（150 分）	≥60 分（100 分）；≥90 分（150 分）
	总分要求	340 分	390 分	380 分	385 分	365 分
人数要求	进复试人数	19 人	36 人	39 人	39 人	37 人
	招生人数	—	24 人	37 人	32 人	32 人

注：该统计是金融专硕整体情况统计，数量金融方向2016年开始统招，之前全部都是推免。

四、真题指导教材复习顺序及重点章节

（一）复习顺序

先初级微观经济学，后中级微观经济学。

先初级宏观经济学，后中级宏观经济学。

（二）重点章节

《微观经济学》《宏观经济学》各章均为重点，都需要学习。

罗斯《公司理财》第 9 版或第 11 版，主要学 1～20 章、第 22、23、25 章。

博迪《投资学》第 9 版或第 11 版，主要学 1～22 章。

2018年北京大学汇丰商学院431金融硕士初试真题

【宏观经济学】

一、单项选择题

1. 下列哪个选项不会影响国内的 GDP 平减指数？（　　）
   A. 国内华为手机涨价　　　　　　　B. 国内猪肉价格涨价
   C. 用于出口的某产品涨价　　　　　D. 进口的护肤品涨价
   E. 以上皆是

2. 下列哪个选项会使均衡利率下降？（　　）
   A. 人们收入增加　　　　　　　　　B. 人们持有更多的通货
   C. 中央银行卖出债券　　　　　　　D. 以上皆是
   E. 以上皆非

3. 以 2000 年为基年，2010 年的 CPI 指数是 120，下列哪个选项是正确的？（　　）
   A. 2010 年的产出比 2000 年增加了
   B. 2010 年的价格水平比 2000 年增长了 20%
   C. 2000 年的实际 GDP 和名义 GDP 相等
   D. 2010 年的实际 GDP 和名义 GDP 相等

4. 假设投资只受利率的影响，不受收入的影响，现在同时采取货币紧缩和财政紧缩政策，那么下列哪个选项正确？（　　）
   A. 短期和长期投资都不变　　　　　B. 短期投资下降
   C. 中期投资下降　　　　　　　　　D. 短期利率下降
   E. 中期利率下降

5. 假设初始状态处于长期均衡，现在价格加成下降，下列哪个选项正确？（　　）
   A. 产出增加，价格下降　　　　　　B. 产出增加，利率下降
   C. 产出增加，价格上升　　　　　　D. 产出增加，利率上升

6. 将美国作为外国，就中国的汇率来说，下列哪个选项错误？（　　）
   A. 如果名义汇率不变，中国的通货膨胀率小于美国的通货膨胀率，则实际汇率会下降
   B. 如果购买力平价 PPP 成立，那么中国的实际汇率为 1
   C. 如果名义汇率上升，那么中国的商品相比美国的商品变得更昂贵
   D. 选项 B 和 C 都错误

二、简答题

1. 请解释黄金律法则稳态，并用式子写出其成立的充分必要条件。
2. 请解释什么是奥肯定律。

三、计算题

1. 生产函数是 $Y=K^{1/2}(AN)^{1/2}$,储蓄率为12%,折旧率是10%,技术进步增长率是3%,人口增长率是-1%。

    (1) 当经济达到稳态时,有效工人产出以及有效工人消费是多少?

    (2) 什么是索洛余量?如果生产函数的具体形式未知,只观察到其符合柯布-道格拉斯函数的特征,已知劳动收入占总产出收入的1/2,求索洛余量的值。

2. 已知货币流通量为 M_0,银行的存款量为 D,准备金为 R,且有外生变量 $RR=\dfrac{R}{D}$ 和 $CR=\dfrac{M_0}{D}$。

    (1) 若基础货币是 B,请用上述已知量表示 B。

    (2) B 乘以货币乘数等于货币总供给,求货币乘数。

    (3) 因为经济繁荣,人们会更多地持有货币。为了保持货币供给不变,银行应该卖出债券还是买进债券?

【微观经济学】

一、单项选择题

1. 如果大米是劣等品,当大米的价格上升时,下列说法错误的是( )。
    A. 大米的需求量可能增加 B. 大米的需求量可能减少
    C. 吉芬商品和消费者的需求无关 D. 吉芬商品和它是否有替代商品有关

2. 一个村共100人,村子要修一条路,每个人愿意为每公里路额外付出1 000元,修路的成本函数是 $C(L)=10^4 L^2$,应该修多长的路?( )
    A. 5公里 B. 4公里
    C. 3公里 D. 2公里
    E. 以上都不对

3. 卖房子的经理发现,人们卖房子时的报价经常和原来购买房子时的价格有强烈相关关系,这种现象可以用下列哪个理论解释?( )
    A. 小数定律 B. 沉没成本错觉
    C. 风险过度厌恶 D. 双曲线贴现
    E. 以上都不对

4. 已知一个公司的边际成本MC超过平均成本AC,当产量增加时,有( )。
    A. 平均成本和平均可变成本都增加 B. 两者都减少
    C. 平均成本减少,平均可变成本增加 D. 平均成本增加,平均可变成本减少
    E. 平均成本与平均可变成本变化方向相反

5. 政府对人们征收10%的烟草税,同时将这征收的烟草税退给被征收者,下列哪项说法是正确的?( )
    A. 消费者效用变好 B. 消费者效用变差
    C. 产出增长,价格上升 D. 产出增长,利率上升

6. 关于边际产品（MP）和规模报酬的说法，下列选项正确的是（   ）。

A. 所有要素 MP 都递增，规模报酬一定递增

B. 所有要素 MP 都递减，规模报酬可能递增

C. 某些要素 MP 递减，规模报酬可能递增

D. 以上有不止一个答案正确

7. 下列哪个选项的选择违反了显示偏好弱公理？（   ）

A. 价格为（1，2），选择（1，2）　　　B. 价格为（2，1），选择为（2，1）

C. 价格为（1，2），选择（2，1）　　　D. 价格为（2，1），选择为（1，2）

8. 有两种商品 x_1 和 x_2，两者为完全互补关系，当消费者实现效用最大化时，下列选项正确的是（   ）。

A. 边际替代率一定等于价格比率

B. 每一美元带来的边际效用处处相等

C. 每一美元带来的边际效用为最大值

D. 以上皆非

二、计算题

1. 已知需求函数是 $D(p)=\dfrac{100}{p^2}$，一个垄断企业的成本函数是 $C(y)=5y$。

（1）列出该企业的利润最大化公式，并求出最优产量与价格。

（2）如果商品的需求价格弹性是 -1，最优产量是多少？为什么？

2. 如果 n 个商品是互补效用，效用函数是 $u=\min\left\{\dfrac{x_1}{a_1},\dfrac{x_2}{a_2},\cdots,\dfrac{x_n}{a_n}\right\}$，$a_1$，$a_2$，…，$a_n>0$。

（1）如果知道各商品价格是 p_1，p_2，…，p_n，收入是 m，求需求函数。

（2）如果只知道各商品价格和总收入，是否能写出间接效用函数（用价格和总收入表示）？如果可以，请写出；如果不可以，请说明理由。

三、简答题

1. 保险公司推出了一款保险，购买保险后，当父母意外身亡时，子女会得到较大的一笔赔偿，假设针对同一禀赋，对于子女来说，父母身亡时的边际效用总是小于其健在时的边际效用，那么子女是否应该购买父母意外身亡保险？

2. 王明获得了 m 的收入，他需要和李红分享这笔钱，他可以报价 $(m-p)$ 给李红，自己保留 p，李红可以选择接受或者拒绝，若拒绝则两人都得零，求出所有的纳什均衡并说明理由。

【金融学】

一、单项选择题

1. 已知公司 ROA 和 Debt-Asset Ratio，求 ROE。

2. 托宾 q 值为 0.96，现在公司重置成本为 200 万元，已知现在公司债券市值为 120 万元，公司发行 20 万股账面价值为 2 元每股的股票，求 P/B。

3. 年金现值判断（两种年金现值比较）。

（注：以上真题回忆不全，故只列出主要考查点作为参考。）

4. CAPM 模型的运用范围为（   ）。
   A. 所有有效组合
   B. 有效单个证券
   C. 有效单个证券和有效组合
   D. 所有组合和单个证券

5. 现在美联储宣布降息，则对相同票面利率的五年期和十年期债券的久期来说（   ）。
   A. 两个久期都上升，十年期久期上升更多
   B. 两个久期都上升，五年期久期上升更多
   C. 两个久期都下降，十年期下降更多
   D. 两个久期都下降，五年期下降更多

6. 在有效市场下，A 公司是一家高股利公司，由于股利发放优厚，受到了 A 股大量投资者的青睐，现在公司发现了一个非洲的新项目，于是减少股利发放，提高利润留存率，投资非洲新项目，对股价的影响是（   ）。
   A. 如果投资收益率高于公司 ROE，则股价上升
   B. 市场喜欢高股利，股价会下降
   C. 由于股票市场是有效市场，具体每天的价格要根据发放的新信息来确定
   D. 暂缺

7. 在无风险利率为 0 的情况下，现在股票价格为 50，现有一份执行价格为 45 的看涨期权和执行价格为 45 的看跌期权，市场允许无风险借贷，则通过卖出看涨期权，借钱买入看跌期权和股票的策略可以产生无套利收益的是（   ）。
   A. $C=7$，$P=2$
   B. $C=8$，$P=2$
   C. $C=5$，$P=2$
   D. $C=10$，$P=5$

阅读材料，回答以下两个问题。

老朱投资了 4 只雄安新区概念股，他的朋友基金经理 A 认为风险太高，建议他加入黄金来分散风险。黄金与股票市场中所有股票的收益率和协方差呈负相关。

8. 投资组合中加入黄金后，（   ）。
   A. 投资组合的有效前沿向左下移动
   B. 投资组合的有效前沿向左上移动
   C. 投资组合的有效前沿向右上移动
   D. 投资组合的有效前沿向右下移动

9. SML 和老朱的风险组合在 SML 上如何移动？（   ）
   A. SML 斜率不变，老朱的风险组合向左移动

B. SML 斜率不变，老朱的风险组合向右移动
C. SML 斜率增大，老朱的风险组合向左移动
D. SML 斜率增大，老朱的风险组合向右移动

二、判断题

1. 在相同折现率的情况下有两份年金，年金 A 持续 10 年，每年收入 2 000 元。年金 B 持续 20 年，每年收入 1 000 元，年金 A 的 PV 更大。

2. 一份美式看涨股票期权，由于最近股票市场大涨，期权已变成深度实值的，由于缺钱，期权持有人执行了期权，获得了收益。

3. 老朱的投资公司的资产组合包含了黄金，由于最近黄金波动性增大，老朱要求投资经理加大对黄金的投资，原因是风险上升，收益率升高。

4. 一份初始投资 100 万元的项目，预计每年收入 10 万元，项目生命期为 100 年，预期年收益率 10%，比银行利率 5% 高，所以要投资。

三、计算题

1. 一个小额贷款公司打出了 10 000 元借一年只要付 12% 利息的广告，然而实际上在收取 6% 手续费和 50 元新用户注册补贴后，10 000 元能拿到手的只有 9 450 元，每月需还款 933.33 元。

（1）借款的名义年利率 APR 是多少？
（2）计算 IRR 是多少？只要求列出式子不要求计算。
（3）老朱从小额贷款公司借了 10 000 元，买了一个票面利率为 20% 的债券，他的行为是套利吗？如果公司债由中国银行来担保，是套利吗？
（4）你认为 IRR 和 APR 哪一个更能反映资金的成本？

2. 二因素模型下，两个证券构成投资组合，两种市场风险因素期望收益为零，且这两种因素无关。

（1）为使其中一个因素对投资组合无影响，请计算两个证券各自的投资比例。
（2）求把这两个证券和无风险资产构建套利行为的组合。
（3）实现套利后，无风险利率的范围是多少？

2017年北京大学汇丰商学院431金融硕士初试真题

【宏观经济学】

一、单项选择题

1. 鉴于日本每年有大量的海外净资产回报，则（   ）。
   A. GNP>GDP
   B. 经常账户必然赤字
   C. 经常账户盈余必大于GNP
   D. 经常账户盈余必大于GDP
   E. GDP>GNP

2. 当已知货币需求曲线向右移动时，则（   ）。
   A. 收入减少
   B. 货币供给增加
   C. 收入增加
   D. 利率减少
   E. C和D都有可能

3. 如果货币需求对利率变化不太敏感，那么（   ）。
   A. 短期中货币扩张对经济的刺激作用较小
   B. 短期中货币扩张对经济的刺激作用较大
   C. LM曲线会比较平坦
   D. IS曲线会比较平坦
   E. 以上皆非

4. 如果一个经济体当前产出水平高于其自然产出，则（   ）。
   A. 该经济体当前失业率会低于自然失业率
   B. 当前物价水平会较之前有所提高
   C. 以上皆是
   D. 以上皆非

5. 在供给侧改革中，政府降低了税率，使得消费者的可支配收入上升，这项减税政策会造成（   ）。
   A. 中期总产出升高
   B. 中期投资升高
   C. 中期利率降低
   D. 中期消费更高
   E. 以上皆非

6. 假设二胎政策使中国人口增长率永久上升，根据索洛增长模型，下面哪一个变量的长期稳定状态值不会受影响？（   ）
   A. 单位工人产出
   B. 单位工人产出的增长率
   C. 经济体的资本总量 K
   D. 单位工人资本
   E. 以上所有变量的长期值都会受影响

7. 在索洛增长模型中，会造成人均 GDP 在长期稳定状态中的增长率下降的是（   ）。
   A. 储蓄率下降
   B. 人口增长率下降
   C. 技术进步率下降
   D. 以上皆是
   E. 以上皆非

8. 在金融危机后，中国的一系列贸易伙伴都经历了经济衰退，产出也随之下降，在短期中产出下降不会引起下列哪一个后果？（   ）
   A. 中国产出下降
   B. 中国消费下降
   C. 因为进口降低造成净出口增加
   D. 中国出口降低
   E. 以上皆为贸易伙伴经济衰退的结果

二、简答题

1. 请写出无抛补利率平价理论（UIP）的数学表达式，并清楚表明每一个变量的含义。

2. 请简要解释何谓"流动性陷阱"。

三、计算题

假设一个经济体的生产函数是 $Y=K^{1/3}(AN)^{2/3}$，式中 Y 是总产出，K 是资本投入，A 是生产效率，N 是劳动力投入。假设该经济体的一系列相关特征如下：储蓄率 $s=0.45$，资本折旧率 $d=0.1$，生产效率增长率 $g_A=0.03$，人口增长率 $g_N=0.02$。

（1）以 k 表示单位有效工人资本存量，在长期稳定状态中 k 是多少？

（2）以 MPK 表示资本边际回报，写出 MPK 的数学表达式，并将其表达为 k 的函数。（提示：资本边际回报是生产函数对资本投入的偏微分）

（3）一个经济体的实际利率 r 取决于净资产回报，即资本边际回报与资本折旧率之差，请问在当前模型的长期稳定状态下，该经济体的长期实际利率 r^* 是多少？

（4）近年来实际利率逐渐下行，一些经济学家认为这可能是一种长期趋势。以当前模型来看，以下哪些选项会造成长期稳定状态中实际利率的下降？（   ）
   A. 储蓄率升高
   B. 货币供给增加
   C. 人口总量减少
   D. 人口增长率降低
   E. 生产效率增长率降低

（5）为了达到黄金律的长期稳态，该经济体的最佳储蓄率是多少？

（6）在黄金律长期稳态中，该经济体的真实利率是多少？

【微观经济学】

一、单项选择题

1. 假设小刘、小王和小张的体重关系是"严格大于"，这样的关系是（   ）。
   A. 不完备不反身传递
   B. 完备不反身传递
   C. 不完备反身传递
   D. 不完备不反身传递
   E. 完备反身传递

2. 下列效用函数中，哪个函数代表对于 x 的拟线性偏好？（　　）

A. $U(x, y)=\sqrt{x}+y$ 　　　　　B. $U(x, y)=x+y^2$

C. $U(x, y)=x^2+y^2$ 　　　　　D. $U(x, y)=x^2+\sqrt{y}$

E. $U(x, y)=\sqrt{x+y}$

3. 假设水和食物对于某消费者是完全互补品，如果现在食物价格增加，那么（　　）。

A. 此消费者总是消费一个单位的水和一个单位的食物

B. 此消费者一定会同时降低水和食物的消费

C. 我们无法判断此消费者对水和食物的消费变化，因为他的消费变化取决于替代效应和收入效应的大小

D. 由于替代效应大于收入效应，所以水消费会增加

E. 以上都不正确

4. 对于垄断企业，正确的有（　　）。

A. 垄断企业往往会在需求曲线缺乏弹性的阶段生产

B. 垄断企业利润最大化的点一定满足需求价格弹性大于1的条件

C. 垄断企业利润最大化的点一定满足需求价格弹性小于等于1的条件

D. 垄断企业利润最大化的点一定满足需求价格弹性大于等于1的条件

E. 垄断企业利润与需求价格弹性无关

5. 一周前，小杨决定元旦去购物，可当元旦到来时，她却改变了计划，这或许是由于（　　）。

A. 指数化贴现 　　　　　B. 双曲线贴现

C. 小数法则 　　　　　　D. 风险过度厌恶

E. 以上皆非

6. 下列有关福利经济学的说法，正确的是（　　）。

A. 福利经济学第一定理表明，即使存在外部性，自由竞争市场也可以实现帕累托有效率的结果

B. 福利经济学第一定理表明，即使存在外部性，自由竞争市场也不能实现帕累托有效率的结果

C. 如果偏好是拟线性的，消费外部性的有效平均数量和财产分配问题无关

D. 如果偏好是拟线性的，消费外部性的有效平均数量和财产分配问题有关

E. 如果偏好是拟线性的，财产的最终分配结果与财产权的分配问题无关

7. 下列哪一项符合英式拍卖的特点？（　　）

A. 拍卖人从保留价格开始拍卖

B. 拍卖人从最高价起拍

C. 每个投标人将自己的报价密封起来

D. 商品由报价最高的竞价人获得，但他只要按第二高的价格支付

E. 都不正确

二、计算题

1. 在一个游戏中，选手1可选择两个策略：上或下。同时，选手2可选择策略为左或右。如表1所示，他们的相应收益取决于他们两人的策略。

表1　两个选手的游戏策略及相应收益

选手1	选手2	
	左	右
上	(1, 9)	(8, 3)
下	(7, 2)	(4, 5)

找到所有的纳什均衡，并计算每个选手的相应收益。

2. 假设某位有严格风险厌恶偏好的消费者拥有初始财富 W，但是在 p 概率下他会遭受 D 元的损失。他可以选择购买保险，每单位保险的价格为 q 元。如果在发生损失的情况下，保险公司会对每单位的保险赔付1元。

（1）假设这位消费者购买 a 单位的保险，请写出这位消费者的最优化问题以及相应的一阶条件。

（2）假设保险公司的费率是公平的，请写出可以代表这一假设的等式关系。

（3）这位消费者会购买多少保险？写出尽可能详细的演算过程并用文字解释你所得出的结论。

三、简答题

1. 请从经济学角度讨论如下3种情况时某位雇员工作时间的变化。

（1）买彩票中奖。

（2）工资率上涨。

（3）消费品价格上升。

2. 假设玉米和大豆可以在同样的耕地上种植，并且都可以用作动物饲料。如果新经济政策对大豆实行更高的税收标准，那么玉米的产量和价格将会怎样变化？请提供详细的分析过程。

3. 假设某企业运用人力和资本两要素进行生产。对于该企业来说，以下三种方式均可以使边际成本发生变化：方式一，仅变换人力的用量；方式二，仅变换资本的用量；方式三，同时变换人力和资本。假设该企业达到了成本最小化的条件，那么对于以上三种方式所产生的边际成本，如何比较它们的大小关系？请写出必要的演算步骤并用文字说明理由。

2016年北京大学汇丰商学院431金融硕士初试真题

【宏观经济学】

一、单项选择题

1. 下面哪种情况可以使货币市场的均衡利率下降？（   ）
   A. 收入增加   B. 中央银行购入政府债券
   C. 降低存款准备金率   D. 以上皆是
   E. 以上皆非

2. 随着手机银行的流行，人们的货币需求对利率更加敏感，这会导致（   ）。
   A. LM曲线更陡峭   B. LM曲线更平坦
   C. IS曲线更陡峭   D. IS曲线更平坦

3. 降低存款准备金率，在中期会导致什么结果？（   ）
   A. 产出增加   B. 实际利率下降
   C. 名义工资上升   D. 以上皆是
   E. 以上皆非

4. 随着经济的改革，中国市场的商品竞争更加激烈，则（   ）。
   A. 工资设定曲线上移   B. 工资设定曲线下移
   C. 价格设定曲线上移   D. 价格设定曲线下移
   E. 以上皆非

5. 在稳态时，消费水平低于黄金律水平。此时降低储蓄率会导致（   ）。
   A. 短期和长期消费都上升   B. 短期和长期消费都下降
   C. 短期消费下降，长期上升 D. 短期消费上升，长期下降
   E. 以上皆非

6. 中国的储蓄率比美国高，其他条件均相同，则（   ）。
   A. 中国的稳态有效人均产出比美国的增长要快
   B. 中国的稳态有效投资和美国的相同
   C. 中国的稳态资本存量与美国相同
   D. 中国的人均有效消费要比美国高
   E. 以上皆非

二、简答题

1. 多数政府常常把通货膨胀率定在2%~3%，举出两个例子简要说明低通货膨胀的好处。

2. 简要解释J曲线。

三、计算题

一个封闭的经济体,在短期其产出由消费（C）、投资（I）、政府支出（G）决定,分别为

$$C = 0.5(Y - T) + 200$$
$$I = 400 - 200r$$
$$M/P = 500 - 200r$$
$$G = T = 200$$

假设 $P = 1$,而且在短期内 G、T 均不发生变化。

(1) 求出凯恩斯乘数。

(2) 推导出 IS 曲线。

(3) 如果由于受到股灾的影响,投资的函数变为 $I = 350 - 200r$,假设价格不发生变化,那么为了维持原来的产出,中央银行需要增发多少货币?

【微观经济学】

1. 假设有一个具有代表性的消费者,其预算约束为 $P_1 X_1 + P_2 X_2 \leqslant I$,其效用函数为 $U(X_1, X_2) = \ln X_1 + \ln X_2$,则:

(1) 构建函数推导出各个商品花费在收入中的占比,并详细写出一阶条件。

(2) 假设代表性的消费者的需求函数就是市场的需求函数,如果收入为 300,试求出市场需求函数。若商品 1 的价格为 3,求出商品 1 的需求量。

(3) 如果商品 1 的价格由 3 降为 2,求替代效应和收入效应。求商品 1 需求量的变化,并运用 Slutsky Equation 分解出替代效应和收入效应。

(4) 选出下列选项中所有正确的选项。(　　)

A. 由上面的(1)~(3)问可知,商品 1 是吉芬商品

B. 只有商品 2 为正常品时,商品 1 的替代效应才为正

C. 如果市场需求还包括政府需求,政府需求是无弹性的 60,那么当商品 1 的价格为 3 时,市场的需求为 110

D. 如果消费者的效用函数发生改变,商品 1 与商品 2 变为完全互补品,那么商品 1 的价格变化时,会导致商品 1 无收入效应

E. 以上皆非

2. 如果一个企业正在考虑是否进入一个行业,其成本函数为 $C(q) = 4q^2 + 100$,商品市场是完全竞争的市场,商品的价格为 P。

(1) 求出企业的最优产量。

(2) 如果 $P = 20$,求出其最大的利润并判断企业是否进入。

(3) 如果价格仍然为 20,企业的成本函数为 $C(q) = 4q^2 + x$,而 x 为固定成本,那么求出选择进入的企业能够承受的 x 的最大值。

3. 如果一个人有一栋房子在火山附近,其价值为 40 000,但是有可能因火山喷发而被毁坏,火山喷发的概率为 0.2,房子主人的效用函数为 $U(w) = \sqrt{w}$,回答下列问题:

(1) 房主是否为风险中性?其期望效用为多少?

(2) 如果保险公司采取保险精算，采用了公平保费（即保险的期望利润为0），那么全额保险的保费为多少？

(3) 如果购买了上述全额保险，那么房主的期望效用为多少？与不购买保险相比，其境况是否变好了？

【金融学】

一、单项选择题

1. 一只股票的收益率为11%，而其β为1.5，无风险利率为5%，市场的期望收益率为11%，那么（　　）。
   A. 市场对股票的价格公平定价
   B. 市场对股票的价格被低估
   C. 市场对股票的价格被高估
   D. 无法确定

2. 以下哪种情况最能够有效反驳"半强式有效市场"的理论？（　　）
   A. 进行基本面的分析，无法获得超过市场平均收益的收益
   B. 一般有25%的共同基金超过了市场的收益
   C. 一月份宣布了盈利的消息，二月份内其累计异常收益仍然为正
   D. 获得内幕消息的人员可以获得异常利润

3. 美式看涨期权，标的物为股票，其执行价格为50元，期权费用为10元，标的物股票现在的价格为58元，那么其内在价值为（　　）元，时间价值为（　　）元。
   A. 10，8　　　B. 10，2　　　C. 8，2　　　D. 8，10

4. 一只债券的票面利率为10%，其到期收益率为8%，那么下一年的债券价格将会（　　）。
   A. 不变　　　B. 下降　　　C. 上升　　　D. 无法判断

5. 下面哪个措施可以将股东和经理人的利益冲突降低到最小？（　　）
   A. 只发固定的薪水，不发股票
   B. 修改公司的文本，使外部的恶意收购更容易控制公司
   C. 签订债务保护条款，使公司的行为得到约束
   D. 给予经理人期权补偿，并缩短职业经理人的期权时间，即允许职业经理人提前执行期权或者出售从公司获得的期权

二、判断题（判断是否正确并简述理由，120字以内）

1. 小明对于国航的股票很感兴趣，所以他只买了一只国航的股票，由于CAPM可以测度系统的风险，因此小明只承担国航股票的系统性风险。

2. CAPM模型与APT理论重要的区别之一就是CAPM模型只能测度系统性风险，而APT不受限制，不仅能测度系统性风险，还可以测度特有风险。

三、计算题

1. 如果一个投资组合是等权重的一组n个风险资产的组合，每个风险资产的期望收益率均为8%，其标准差均为20%，不同风险资产之间的相关系数$\rho=0.36$。

(1) 求出 σ_p 的值，写出其最简洁的形式。
(2) 求出 σ_p 的极限，如何理解 n 趋向于无穷大时的情况？
(3) 用一句话说明(2)中的投资组合是否为有效组合。
(4) 如果国债的收益率为 5.6%，那么求出 CAL 的斜率。

2. 一个公司正在考虑一个投资项目，具体情况如下：

项目的债务融资情况为 50 000 份票面利率为 7%、价格为 120 美元、到期收益率（YTM）为 5% 的债券，100 000 份价格为 20 美元、到期收益率为 6% 的零息债券。

项目的权益融资为 150 000 份股票，价格为 80 美元，年末支付的下一期股利为 4 美元，股利之后以每年 5% 的增长率增长，公司的税率为 40%。

(1) 求公司的权益融资成本。
(2) 公司的加权平均资本成本 R_{WACC} 是多少？

如果当前的债务权益比是最好的，而项目的初期投资为 4 800 万美元，接下来会永久性地产生 363 万美元的无杠杆现金流。

(3) 是否应该进行该项投资？给出相关的计算过程。
(4) 如果公司选择完全债务融资，你认为加权平均资本成本应该是多少？简要说明理由。

2015年北京大学汇丰商学院431金融硕士初试真题

【宏观经济学】

一、单项选择题（因回忆不全，仅提供考查点作为参考）

1. 一个厂商的最终产品为800元，花了200元购买中间产品，100元用来付工资，问增加值是多少？

2. 某国发生地震导致资本被摧毁一部分，其他不变，问短期和长期的影响。

3. 一种汽车在美国售价5万美元，在中国售价60万元人民币，汇率是1\$/6¥，A、B选项是人民币存在低估、高估，考查购买力平价（PPP）。

4. 某开放小国，国际原油价格下跌，对该国中期内的产出、利率、价格的影响。

5. 利率和货币需求的敏感性小（即 $M_D/P=kY-bi$ 的 b 小），则IS、LM曲线的斜率如何变化。

6. 美国的名义利率低于中国，选项给了人民币升值、贬值及美国名义利率上升等，考查的知识点是利率平价问题。

二、简答题

1. 什么是收益率曲线？当它向右下倾斜时有何经济意义？

2. 什么是菲利普斯曲线？通常是什么形状的？

三、计算题

1. $Y=k^{\frac{1}{2}}(EL)^{\frac{1}{2}}$，折旧率为8%，人口增长率 $g=2\%$。

   (1) 若储蓄率 $s=30\%$，求稳态下的有效工人人均资本存量以及有效工人人均产出。

   (2) 求资本黄金律下的储蓄率和有效工人人均消费。

2. $C=0.8Y-10r$，$I=120-40r$，$G=0$，C、I、G 构成总支出，$Y=k^{\frac{1}{2}}L^{\frac{1}{2}}$，$K=100$，$L=100$，消费品中国外产品占比为 $M=1/(1+e)$，国内产品占比为 $1-M$，e 为实际汇率，$r=2$。

   (1) 求总支出。

   (2) 当 $e=1$ 时，求进口、净出口。

   (3) 该国为了增加出口、减少进口，将 e 提高到2，即发生贬值，求进口、净出口，并解释原因。

【微观经济学】

1. 一般均衡问题。甲的效用函数是 $U_1=x_{11}^{\alpha}x_{12}^{1-\alpha}$，乙的效用函数是 $U_2=x_{21}^{\beta}x_{22}^{1-\beta}$（用下标中的前标表示人，后标表示物品），禀赋分别是 (w_{11}, w_{12}) (w_{21}, w_{22})，记 $p=p_1/p_2$，

p_1、p_2 分别是 X_1 和 X_2 的价格。

（1）列出拉格朗日函数和一阶条件，求出两人的需求函数，在均衡条件下求 p。

（2）求三个偏导数。

2. 成本最小化问题。要素 X_1、X_2 价格分别为 p_1、p_2，$f(x_1, x_2)=x_1 x_2$。

（1）列出厂商成本最小化的公式和拉格朗日函数，并求条件要素需求函数。

（2）求成本函数。

（3）成本函数是否存在规模效应？给出证明。

（4）证明影子价格等于拉格朗日乘数。

3. 竞争均衡问题。假设存在一个代表性消费者和一个代表性生产者，$c=k(T-1)$，c 为产出，k 是常数，$T-1$ 是企业雇佣劳动者的劳动时间。

（1）给出竞争均衡的一般定义。

（2）厂商的最大化问题，求最大化下的 w（工资）和利润，并解释为什么。

（3）求消费者的预算约束，并列出效用最大化下的拉格朗日函数，以及一阶条件，求出 c，I。

（4）求竞争均衡，问是否为帕累托最优，并进行解释。

4. 风险问题。某人效用函数为 $u(w)=w^{(1-r)}/(1-r)$，w 为财富，相对风险厌恶系数 $R=-\dfrac{u''}{u'}$。

（1）证明相对风险厌恶系数为常数。

（2）此人为严格风险厌恶，r 应该满足什么条件？

（3）此人找工作，A 工作的薪酬确定为 w，B 工作的薪酬有 p 的概率为 $a \cdot w$，有 $1-p$ 的概率为 βw。其中 $0<a<1<\beta$，问：要让他对两份工作的偏好无差异，r 需要满足什么条件？

2018年北京大学汇丰商学院431金融硕士初试真题解析

【宏观经济学】

一、单项选择题

1.【答案】D

【解析】GDP（国内生产总值）是指一个国家（或地区）所有常住单位在一定时期内生产的全部最终产品和服务价值的总和。关键词在于国内生产，进口的护肤品属于国外生产的产品，故不属于GDP的范围，因此选D选项。

2.【答案】E

【解析】A选项，收入增加会导致货币需求增加，从而导致均衡利率上升。B选项，人们选择持有更多的通货，即货币需求增加，会导致均衡利率上升。C选项，中央银行卖出债券，属于回笼货币的行为，使得货币余额市场上供给减少，也会使得均衡利率上升。因此，本题选E选项。

3.【答案】C

【解析】A选项，CPI指数上升，说明一篮子商品的价格上升，并不能得出产出增加的结论，A错误。B选项，CPI指数为居民消费价格指数，它是在特定时段内度量一篮子代表性消费商品及服务项目的价格水平随时间而变动的相对数，是用来反映居民家庭购买消费商品及服务的价格水平的变动情况，价格水平还应包括生产者所使用的产品等其他物品，因此，CPI指数并不能代表整个经济体的价格水平，B错误。2000年作为基年，其实际GDP和名义GDP相等，故答案为C选项。

4.【答案】A

【解析】假设投资只受利率影响，则IS曲线变为水平，如图1所示。

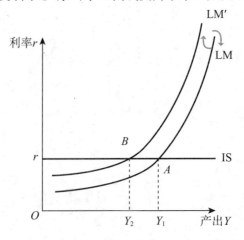

图1 投资只受利率影响的情况

短期，采取财政紧缩政策，IS 曲线不变，而紧缩的货币政策会导致 LM 曲线移动到 LM′ 曲线的位置，从图中可以看出，产出由 Y_1 减少为 Y_2，但利率 r 不变，因此短期投资不变，消费减少；长期，由于产出低于自然产出，价格会逐渐下降，使得 LM′ 曲线返回到 LM 曲线的位置，产出恢复为自然产出 Y_1，由于利率未变，故投资未变，消费上升。因此，A 选项正确。

5.【答案】A

【解析】价格加成的下降会导致 AS 的永久性下移，进而导致产出增加，价格下降，同时实际货币余额增加，利率有向下的趋势，但是随着产出的增加，投资需求增加，这又给了利率上升的压力，因此，利率的变化不确定。综上，A 选项正确。

6.【答案】D

【解析】实际汇率 $\varepsilon = \dfrac{EP}{P^*}$，由于中国的通货膨胀率小于美国的通货膨胀率，也就是中国商品的价格相对于美国商品的价格会下降，在名义汇率不变时，实际汇率下降，A 选项正确；如果购买力平价 PPP 成立，得不出实际汇率为 1 的结论，B 选项错误；如果名义汇率上升，中国的商品在国内的价格是不变的，出口到美国的商品价格会上升，因此，中国的商品比美国的商品变得更贵的说法不是很准确，故 C 选项错误。综上，答案为 D 选项。

二、简答题

1.【解析】黄金律法则是指在该储蓄率下，单位有效工人消费的稳态水平达到了最大，即 $\max \dfrac{C}{AN} = \dfrac{Y}{AN} - s\dfrac{Y}{AN} = \dfrac{Y}{AN} - (d + g_A + g_N)\dfrac{K}{AN}$。其中，$C$ 为总消费，AN 为有效工人数量，s 为储蓄率，K 为总的资本存量，d 为折旧率，g_A 为技术进步增长率，g_N 为人口增长率。

上式成立的充分必要条件为 $\dfrac{\partial \left(\dfrac{Y}{AN}\right)}{\partial \left(\dfrac{K}{AN}\right)} - (d + g_A + g_N) = 0 \Rightarrow \text{MPK} = d + g_A + g_N$，即资本的边际产量等于折旧率、人口增长率与技术进步率之和。

2.【解析】奥肯定律表示的是失业率变化与产出变化率之间的负相关关系。其一般形式为

$$u_t - u_{t-1} = -\alpha(g_{yt} - \bar{g})$$

式中，u_t 表示时期 t 的失业率；g_{yt} 表示时期 t 的产出增长率；$\bar{g}$ 表示产出的自然增长率；α 表示失业率变化对产出率变化的一个敏感系数，其值小于 1。

三、计算题

1.【解析】(1) 当经济达到稳态时，有

$$\Delta\left(\dfrac{I}{AN}\right) = s\left(\dfrac{Y}{AN}\right) - (d + g_A + g_N)\left(\dfrac{K}{AN}\right) = 0$$

式中，s 为储蓄率，d 为折旧率，g_A 为技术进步增长率，g_N 为人口增长率。将相关数据代入后，有

$$s\left(\dfrac{K}{AN}\right)^{1/2} - (d + g_A + g_N)\left(\dfrac{K}{AN}\right) = 12\% \times \left(\dfrac{K}{AN}\right)^{1/2} - (10\% + 3\% - 1\%)\left(\dfrac{K}{AN}\right) = 0$$

得到 $\frac{K}{AN}=1$，因此有效工人产出为 $\frac{Y}{AN}=\left(\frac{K}{AN}\right)^{1/2}=1$，有效工人消费为 $\frac{C}{AN}=(1-s)\frac{Y}{AN}=(1-12\%)\times 1=0.88$。

(2) 索洛余量是一种估计技术进步率的方法，其具体形式为

$$索洛余量 \equiv g_Y - \alpha g_N - (1-\alpha)g_K$$

式中，g_Y 表示总产出的增长率，α 表示劳动报酬占产出的比率，$(1-\alpha)$ 表示资本报酬占产出的比率，g_N 表示劳动人口的增长率，g_K 表示资本的增长率。

根据题意可知 $\alpha=\frac{1}{2}$，所以

$$索洛余量 \equiv (g_N+g_A)-\alpha g_N-(1-\alpha)(g_N+g_A)$$
$$=(-1\%+3\%)-\frac{1}{2}\times(-1\%)-\frac{1}{2}\times(-1\%+3\%)$$
$$=1.5\%$$

2. 【解析】(1) 基础货币等于以通货形式持有的货币和银行以准备金形式持有的货币之和，即 $B=M_0+R$。

(2) 货币总供给为以通货形式持有的货币和银行的存款量之和，即 $M=M_0+D$，则货币乘数为 $\frac{M}{B}=\frac{M_0+D}{M_0+R}=\frac{\frac{M_0}{D}+\frac{D}{D}}{\frac{M_0}{D}+\frac{R}{D}}=\frac{CR+1}{CR+RR}$。

(3) 因为经济繁荣，人们更多地持有货币，则会导致 CR 上升，货币乘数减小，应增加货币供给，即买进债券。

【微观经济学】

一、单项选择题

1. 【答案】C

【解析】由题意可知，大米为劣等品，则大米的收入效应为负，但大米不一定是吉芬商品，取决于收入效应与替代效应的大小关系，因此，大米的价格上升，其需求量的变化是不确定的。吉芬商品与消费者的需求有关，在一定的需求量下，该商品为吉芬商品，但是在其他需求量下，可能会变为非吉芬商品，故 C 选项的说法错误。D 选项，吉芬商品是否存在与有无替代商品有关，比如一种商品无替代品，则该商品不可能成为吉芬商品。

2. 【答案】A

【解析】根据公共物品提供的帕累托有效条件，每个人对公共物品的支付和等于公共物品提供的边际成本，即 $1\,000\times 100=MC=20\,000L$，即 $L^*=5$（公里）。

3. 【答案】B

【解析】小数定律是一种心理学描述，其含义是人们往往受到小样本的过度影响，特别是对于自己亲身经历的事情。沉没成本错觉是指在现实中人们往往关心自己为某种东西已经支付的成本（即沉没成本）。风险过度厌恶表现为人们一般非常在意避免小风险的事件，但又过多地接受了大风险的事件，主要表现在人们不愿意参加一些期望利润为正其至

期望利润很大的赌博，也表现为人们过度投保于各种小概率事件的保险市场上。

双曲线贴现假设消费者个人消费函数的形式为

$$u(c_1)+\frac{1}{1+k}u(c_2)+\frac{1}{1+2k}u(c_3)+\cdots+\frac{1}{1+(n-1)k}u(c_n)=\sum_{n=1}^{\infty}\frac{1}{1+(n-1)k}u(c_n)$$

折现因子为 $\frac{1}{1+kt}$ 而不是 δ^t，双曲线贴现的特点就是行为的时间不一致性。

结合题意，人们卖房子时的报价经常和原来购买房子时的价格有强烈关系，符合沉没成本错觉，答案为 B 选项。

4.【答案】A

【解析】一般的成本曲线如图 2 所示。

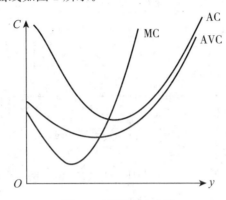

图 2 一般的成本曲线

很明显，当公司的边际成本 MC 超过平均成本 AC 后，平均成本和平均可变成本都增加。

一般地，因为平均成本大于平均可变成本，且边际成本与平均成本、平均可变成本曲线均相交于其最低点，因此，一个公司的边际成本 MC 超过平均成本 AC 后，平均成本和平均可变成本都处于递增的阶段。

5.【答案】B

【解析】假设初始的预算约束为 $p_1x_1+p_2x_2=m$，政府对人们征收 10% 的烟草税后，新的预算约束为 $p_1(1+10\%)x_1+p_2x_2=m$。

在新的预算约束下，假设此时的最优选择为 (x_1^*, x_2^*)，则最优选择必须满足 $1.1p_1x_1^*+p_2x_2^*=m$。此时，政府收入增加的数量为 $0.1p_1x_1^*$。政府将征收的烟草税退还给消费者，此时消费者的预算约束为 $1.1p_1x_1^*+p_2x_2^*=m+0.1p_1x_1^*$。

发现 (x_1^*, x_2^*) 满足消费者最初的预算约束，(x_1^*, x_2^*) 在征税前消费者可以选择而没有选择，说明消费者相较于征税后的消费束，更偏好于初始的消费束，即征税使消费者的效用变差了，答案为 B 选项。

6.【答案】D

【解析】边际产品指的是每单位要素的变动所引起的产量变动，即

$$\frac{\Delta y}{\Delta x_1}=\frac{f(x_1+\Delta x_1,x_2)-f(x_1,x_2)}{\Delta x_1}$$

规模报酬指的是所有生产要素都变化一定比例时产量的变化情况，即 $f(tx_1, tx_2)$ 与 $tf(x_1, x_2)$ 的大小关系。

若 $tf(x_1, x_2) < f(tx_1, tx_2)$，则称规模报酬递减；

若 $tf(x_1, x_2) = f(tx_1, tx_2)$，则称规模报酬不变；

若 $tf(x_1, x_2) > f(tx_1, tx_2)$，则称规模报酬递增。

可见，边际产品与规模报酬之间并无直接关系。因此，不管要素的边际产品如何变化，规模报酬均有可能递增、递减、不变。故 B、C 选项都对，不止一个答案正确。

7. 【答案】A

【解析】A 选项，如表 1 所示。

表 1 消费者的价格束与需求束

需求束＼价格束	(1, 2)	(2, 1)
(1, 2)	5	4*
(2, 1)	4*	5

从表中可以看出，当价格为 (1, 2) 时，消费者在能够选择消费束 (2, 1) 的条件下选择了消费束 (1, 2)，说明消费者偏好 (1, 2)；当价格为 (2, 1) 时，消费者在能够选择消费束 (1, 2) 的条件下选择了消费束 (2, 1)，说明消费者偏好 (2, 1)。可见，在不同的价格束下，该消费者的偏好不一样，因此，该消费者违反了显示偏好弱公理。

8. 【答案】D

【解析】对于 A 选项，完全互补偏好的无差异效用曲线为折拗形，边际替代率与价格比率一般不相等。

对于 B、C 选项，假设 x_1 和 x_2 的价格均为 1，消费者的收入由 1 增加到 2，再由 2 增加到 3，分 3 种情况讨论。

(1) 令消费者的效用函数为 $u(x_1, x_2) = \min\{x_1, x_2\}$，则收入为 1 时，$x_1 = x_2 = \frac{2}{1+1} = 1$，$u(x_1, x_2) = 1$；收入为 2 时，$x_1' = x_2' = \frac{3}{1+1} = 1.5$，$u'(x_1, x_2) = 1.5$，此时，1 美元带来的边际效用为 $\Delta u = 1.5 - 1 = 0.5$；收入为 3 时，$x_1'' = x_2'' = \frac{4}{1+1} = 2$，$u''(x_1, x_2) = 2$，此时，1 美元带来的边际效用为 $\Delta u' = 2 - 1.5 = 0.5$，1 美元带来的边际效用不变。

(2) 令消费者的效用函数为 $u(x_1, x_2) = \min\{x_1, x_2\}^2$，则收入为 1 时，$x_1 = x_2 = \frac{2}{1+1} = 1$，$u(x_1, x_2) = 1$；收入为 2 时，$x_1' = x_2' = \frac{3}{1+1} = 1.5$，$u'(x_1, x_2) = 2.25$，此时，1 美元带来的边际效用为 $\Delta u = 2.25 - 1 = 1.25$；收入为 3 时，$x_1'' = x_2'' = \frac{4}{1+1} = 2$，$u''(x_1, x_2) = 4$，此时，1 美元带来的边际效用为 $\Delta u' = 4 - 2.25 = 1.75$，1 美元带来的边际效用增加。

(3) 令消费者的效用函数为 $u(x_1, x_2) = \min\{x_1, x_2\}^{\frac{1}{2}}$，则收入为 1 时，$x_1 = x_2 = \frac{2}{1+1} = 1$，$u(x_1, x_2) = 1$；收入为 2 时，$x_1' = x_2' = \frac{3}{1+1} = 1.5$，$u'(x_1, x_2) = \sqrt{1.5} \approx 1.22$，

此时，1 美元带来的边际效用为 $\Delta u = 1.22 - 1 = 0.22$；收入为 3 时，$x''_1 = x''_2 = \dfrac{4}{1+1} = 2$，$u''(x_1, x_2) = \sqrt{2} = 1.41$，此时，1 美元带来的边际效用为 $\Delta u' = 1.41 - 1.22 = 0.19$，1 美元带来的边际效用减少。

综上所述，1 美元带来的边际效用取决于效用函数的具体形式，故 B、C 选项错误，答案为 D 选项。

二、计算题

1. 【解析】(1) 由需求函数可得逆需求函数为 $p = 10y^{-\frac{1}{2}}$，该垄断企业的利润最大化公式为 $\pi = p \times y - C(y) = 10y^{-\frac{1}{2}} \times y - 5y = 10y^{\frac{1}{2}} - 5y$。

利润最大化时，有 $\dfrac{\mathrm{d}\pi}{\mathrm{d}y} = 10 \times \dfrac{1}{2} \times y^{-\frac{1}{2}} - 5 = 0 \Rightarrow y^* = 1$，$\dfrac{\mathrm{d}^2\pi}{\mathrm{d}y^2} = -10 \times \dfrac{1}{2} \times \dfrac{1}{2} y^{-\frac{3}{2}} < 0$，此时，价格为 $p^* = 10y^{-\frac{1}{2}} = 10$。

综上，该垄断企业的最优产量为 1，价格为 10。

(2) 该商品的需求弹性为 -1 时，假设此时的需求函数为 $D(p) = \dfrac{100}{p}$，利润函数为 $\pi = py - 5y = 100 - 5y$，此时最优产量为 0。

当商品的需求价格弹性是 -1 时，厂商的收益为常数，一旦生产就会产生成本，从而使利润降低，故最优产量为 0。

2. 【解析】(1) 当为互补偏好时，消费者的最优选择满足

$$\frac{x_1}{a_1} = \frac{x_2}{a_2} = \cdots = \frac{x_n}{a_n} = \lambda$$

则 $x_1 = a_1\lambda, x_2 = a_2\lambda, \cdots, x_n = a_n\lambda$，代入预算约束，有

$$p_1 x_1 + p_2 x_2 + \cdots + p_n x_n = p_1 a_1 \lambda + p_2 a_2 \lambda + \cdots + p_n a_n \lambda = m$$

得到 $\lambda = \dfrac{m}{a_1 p_1 + a_2 p_2 + \cdots + a_n p_n} = \dfrac{m}{\sum\limits_{i=1}^{n} a_i p_i}$，需求函数为 $x_1^d = a_1 \lambda = \dfrac{m a_1}{\sum\limits_{i=1}^{n} a_i p_i}$。

同理，得到其他产品的需求函数为 $x_j^d = a_j \lambda = \dfrac{m a_j}{\sum\limits_{i=1}^{n} a_i p_i} (j = 1, 2, 3, \cdots, n)$。

(2) 可以写出其间接效用函数，具体推导过程如下：

由 (1) 知 $x_j^d = a_j \lambda = \dfrac{m a_j}{\sum\limits_{i=1}^{n} a_i p_i} (j = 1, 2, 3, \cdots, n)$，对于互补偏好的效用函数，满足

$$u(x_1, x_2, \cdots, x_n) = \frac{x_1}{a_1} = \frac{x_2}{a_2} = \cdots = \frac{x_n}{a_n}$$

将 $x_j^d = a_j \lambda = \dfrac{m a_j}{\sum\limits_{i=1}^{n} a_i p_i} (j = 1, 2, \cdots, n)$ 代入，可得间接效用函数为

$$u(p_1, p_2, \cdots, p_n, m) = \frac{m}{\sum\limits_{i=1}^{n} a_i p_i}$$

三、简答题

1. 【解析】不应该。

理由：设子女的效用函数为 $u(w)$，w 为子女的财富值，子女的初始财富为 w_0，购买保险的花费为 α，所获得的赔偿为 β。

父母未意外死亡的概率为 p，此时子女的财富值为 $w_1 = w_0 - \alpha$；

父母意外死亡的概率为 $1-p$，此时子女的财富值为 $w_2 = w_0 - \alpha + \beta$。

子女的期望效用为

$$Eu = pu(w_1) + (1-p)u(w_2) = pu(w_0 - \alpha) + (1-p)u(w_0 - \alpha + \beta)$$

期望效用最大化满足

$$\frac{dEu}{d\alpha} = p\frac{\partial u(w_0 - \alpha)}{\partial w_1}\frac{\partial w_1}{\partial \alpha} + (1-p)\frac{\partial u(w_0 - \alpha + \beta)}{\partial w_2}\frac{\partial w_2}{\partial \alpha}$$

$$= -p\frac{\partial u}{\partial w_1} + (1-p)(-1)\frac{\partial u}{\partial w_2}$$

$$= p\left(\frac{\partial u}{\partial w_2} - \frac{\partial u}{\partial w_1}\right) - \frac{\partial u}{\partial w_2}$$

且 $0 < \frac{\partial u}{\partial w_2} < \frac{\partial u}{\partial w_1}$（父母身亡时的边际效用总是小于其健在时的边际效用），故

$$\frac{dEu}{d\alpha} = p\left(\frac{\partial u}{\partial w_2} - \frac{\partial u}{\partial w_1}\right) - \frac{\partial u}{\partial w_2} < 0$$

因此，最优选择为 $\alpha^* = 0$。

2. 【解析】纳什均衡是王明自己保留无限接近于 m 的 p，报价一个无限接近于 0 的 $(m-p)$ 给李红。

理由：如果给定 B 的选择，A 的选择是最优的，并且给定 A 的选择，B 的选择也是最优的，那么，这样一组策略就是一个纳什均衡。

如果不考虑先发优势的话，王明给出任意一个满足 $0 \leqslant p \leqslant m$ 的报价，李红的最优选择都是接受（当然，如果 $p=m$ 的话，接受与拒绝无差异）；反过来说，李红给出任意一个满足 $0 \leqslant m-p \leqslant m$ 的分配方案，王明的最优选择也是同意这样的方案。这样，任意一个满足 $0 \leqslant p \leqslant m$ 的报价都是一个纳什均衡。

但是，本题中，王明拥有先发优势，不管他给出什么样的分配方案，李红的最优选择都是接受（当然，如果 $p=m$ 的话，李红接受与拒绝无差异），因此，王明的最优策略是自己保留无限接近于 m 的 p，报价一个无限接近于 0 的 $m-p$ 给李红，而李红只能接受。

【金融学】

一、单项选择题

1. 【解析】此题用到杜邦恒等式的分解，ROE = NI/Equity = NI/Assets × Assets/Equity = ROA × $\frac{1}{1-\text{Debt-Asset Ratio}}$。

2. 【解析】公司市场价值＝托宾q×重置成本＝192万元，所以 Equity＝Assets－Liabilities＝72万元，股价＝72/20＝3.6（元），P/B＝market price/book price＝3.6/2＝1.8。

3. 【解析】略。

4. 【答案】D

【解析】CAPM 的图形表达为证券市场线 SML，CML 只适用于有效组合，而 SML 可适用于单个证券和所有组合。

5. 【答案】A

【解析】首先美联储降息降的是市场基准利率，从而可能导致投资者抢购票面利率固定的债券，债券价格 P 上涨，到期收益率 YTM 下降，根据久期法则"久期与到期收益率 YTM 呈反向关系"，所以两个债券久期都上升。而根据久期"有效期限"的定义，久期＝每期偿还的贴现现金流权重 w×每期支付时的时间，所以对十年期债券，当 YTM 下降时，后半程支付周期占的权重增加，对应乘以每期支付时的时间（后半程时间更大，如7、8、9、10年等，相比而言，五年期债券可用于相乘的时间最多只有3、4、5），所以十年期久期的变动也更大，上升更多。

6. 【答案】A

【解析】根据股利无关说，股利政策只是某段时间股利与另一段时间股利的权衡，因而某一时间段股利的减少并不会影响所有股利的现值，而若该新项目投资收益率高于 ROE，公司盈利增长会提高未来股利的现值，因而股价会上升。

也可从公司价值角度理解，该项目投资收益率高于 ROE，那净现值 NPV 必大于0，公司价值上升（权益价值也上升），股票数不变，$p=S/n$，故股价上升。

C 选项的说法有些绝对，新信息对股价有影响，但具体每天的股价也会受其他因素影响，比如除权、交易波动等。

7. 【答案】B

【解析】根据欧式看涨－看跌期权平价公式 $P+S=C+PV(X)$，又无风险利率为0，所以 $P+S=C+X$，如果通过以上策略可以产生无套利收益，即按照市场价 $P+S<C+X$，代入数据可知答案为 B 选项。

8. 【答案】A

【解析】根据包含多个资产的投资组合方差公式可知，当组合中加入一种与其他股票协方差为负的资产，投资组合的方差会下降，所以组合收益、方差均下降，投资组合有效前沿向左下移动。

9. 【答案】A

【解析】SML 由市场组合与无风险资产构成的组合收益与 β 的关系得到，所以斜率不变，而黄金与市场所有股票协方差均为负，所以与市场组合相关系数为负，则黄金的 β 为负，所以加入黄金资产后，组合 β 降低，老朱的组合向左移动。

二、判断题

1. √ 【解析】首先可列出 A、B 两份年金的贴现（PV）表达式，之后进行文字补充说明：A、B两份年金总的名义偿还额相同，但B年金偿还期限更久，所以后期偿还额的贴现系数要比A大得多，因而B年金的PV更小，A更大。

2. ×【解析】该题的补充说明相当于证明美式看涨期权提前执行无价值，根据不支付股利的看涨期权价格下限 $C \geq S - PV(X) > S - X$，所以美式看涨期权到期日前转卖期权的收益一定大于执行期权的收益，所以美式看涨期权提前执行权利无价值。

3. ×【解析】黄金的波动性增大只是自身方差 σ^2 增大，根据 CAPM，它的收益率更取决于自身的 β 系数。考虑到包含多个资产的投资组合，是否加大对黄金的投资还要考虑整个投资组合的方差是否下降、收益率是否上升。

4. ×【解析】是否要投资应该要用该项目的内部收益率与银行利率（＝无风险利率＝折现率）进行比较，或者用银行利率对该项目现金流进行贴现，从而考查该项目的净现值是否大于0。

三、计算题

1. 【解析】(1) 名义利率 APR＝（933.33×12－9 450）/9 450＝18.52%。

(2) $9\ 450 = \sum_{i=1}^{12} \frac{933.33}{(1+r)^i}$，求出的是月度的贴现率。

若考虑月度复利，求出年度 IRR＝$(1+r)^{12}-1$；

若考虑月度单利，求出年度 IRR＝$12r$。

(3) 前者不算套利，因为该债权本身有违约风险；后者算套利，有中国银行担保可类似看作无风险收益，收益大于借款成本可看作无风险套利。

(4) IRR 更能反映资金的成本，因为 IRR 内含假设每期的收益可按 IRR 用于再投资，考虑了每期收益的时间价值，而 APR 没有。

2. 【解析】(1) 令 X 表示证券1在投资组合中的比例，则（1－X）表示证券2在投资组合中的比例。则

$R_{pt} = XR_{1t} + (1-X)R_{2t} = X[E(R_{1t}) + \beta_{11}F_{1t} + \beta_{12}F_{2t}] + (1-X)[E(R_{2t}) + \beta_{21}F_{1t} + \beta_{22}F_{2t}]$

投资组合的收益与市场因素 F_{1t} 无关的条件意味着

$$X\beta_{11} + (1-X)R_{21} = 0$$
$$X + (1-X)\ 0.5 = 0$$

因此，$P=(-1, 2)$，例如卖空证券1，买入证券2。

$E(R_p) = (-1) \times 20\% + 2 \times 20\% = 20\%$，$\beta_{21} = (-1) \times 1.5 + 2 \times 2 = 2.5$。

投资组合的收益与市场因素 F_{2t} 无关的条件同理，可得 $\begin{cases} X\beta_{31} + (1-X)\beta_{41} = 0 \\ X + (1-X)\ 1.5 = 0 \end{cases}$，得

$X=3$。式中，X 代表证券3在组合中的比例。因此，卖空证券4，买入证券3。

$E(R_p) = 3 \times 10\% + (-2) \times 10\% = 10\%$，$\beta_2 = 3 \times 0.5 - 2 \times 0.75 = 0$。这是一个无风险的投资组合。

(2) 问题 (1) 中的投资组合提供了一个无风险的10%的回报率，该组合的收益率高于无风险证券5%的回报率。为了利用这个套利机会，以5%的无风险收益借入资金，然后投资于该组合的基金，该组合由卖空证券4和买入证券3组成，权重是（3，－2）。

（3）假设无风险证券不变，证券 4 的价格（每个人都想卖空）将下降，而证券 3 的价格（每个人都想买入）将升高。因此证券 4 的收益率将上升，证券 3 的收益率将下降。结果是证券 3 和证券 4 的价格将不变；无风险证券的价格将下降，直到其收益率为 10%。最终，所有证券价格都可能发生联合波动，即证券 3 和无风险证券的价格将下降；而证券 4 的价格将上升，直到该套利机会消失。

2017年北京大学汇丰商学院431金融硕士初试真题解析

【宏观经济学】

一、单项选择题

1. 【答案】A

【解析】国民生产总值（GNP）＝国内生产总值（GDP）＋来自其他国家的要素收入－对其他国家的要素支出。根据题意，日本每年有大量的海外净资产回报，即来自其他国家的要素收入要大于对其他国家的要素支出，也就意味着GNP＞GDP，故答案为A选项。

2. 【答案】C

【解析】货币需求曲线的决定式为 $\left(\frac{M}{P}\right)^d = YL(i)$，横坐标为实际货币余额 $\frac{M}{P}$，纵坐标为名义利率 i，对于A选项，收入减少会导致货币需求减少，导致货币需求曲线左移；对于B选项，货币供给增加对货币需求曲线无影响；对于C选项，收入增加，导致在同样的名义利率下货币需求增加，使得货币需求曲线右移；对于D选项，利率是货币需求曲线的解释变量，利率的变化只能在货币需求曲线上移动，而不能使货币需求曲线移动。

3. 【答案】B

【解析】对于A、B选项，货币需求对利率变化不太敏感，意味着在同样规模的货币扩张政策下，利率的下降会更多，对投资的刺激也就越大，也就是对经济的刺激作用会较大，因此A选项错误、B选项正确；对于C选项，货币需求曲线对利率变化不太敏感，意味着LM曲线会比较陡峭；对于IS曲线，货币需求的变化对其并无影响。

4. 【答案】C

【解析】根据奥肯定律，如果一个经济体当前产出水平高于其自然产出，则该经济体当前失业率会低于自然失业率，并持续一段时间，故A选项正确；根据菲利普斯曲线，失业率低于自然失业率会导致通货膨胀的上升，也就是物价水平的提高，B选项正确。因此，答案为C选项。

5. 【答案】D

【解析】A选项，中期产出取决于技术水平、资本存量、劳动力等因素，与减税无关，因此，减税并不能使得中期总产出升高，A选项错误；在中期，产出不变而利率上升，投资会下降，故B、C选项错误；中期，可支配收入上升，故消费增加，D选项正确。

6. 【答案】B

【解析】根据索洛增长模型，若人口增长率上升，单位有效工人的资本会下降，产出也会下降，经济体的资本总量会上升，而单位工人产出的增长率等于技术进步率，并没有发生变化，因此答案为B选项。

7. 【答案】C

【解析】根据索洛增长模型，人均产出的增长率取决于技术增长率，排除了A、B选项,而题目中的要求是人均 GDP 在长期稳定状态中的增长率下降,因此只有技术进步率下降符合要求,答案为 C 选项。

8.【答案】C

【解析】外国产出的减少会导致外国需求的下降,对于中国来说,这也就意味着出口需求的下降,进而导致中国产出的下降,而国内产出的下降将导致居民的可支配收入减少,消费也会随之降低,同时进口的需求也会降低,但是净出口的变化并不确定,其取决于进口与出口的变化大小。综上,答案为 C 选项。

二、简答题

1.【解析】无抛补利率平价理论的数学表达式为

$$(1+i_t) = \frac{(1+i_t^*)E_t}{E_{t+1}^e}$$

式中,i_t 表示国内的利率,i_t^* 表示国外的同期限利率,E_t 表示目前的名义汇率,E_{t+1}^e 表示相同期限后的预期名义汇率。

无抛补利率平价理论说明了在忽略交易成本、忽略风险的前提下,投资于国内与国外的债券收益率相等。

2.【解析】流动性陷阱指的是当名义利率接近 0 时,人们更愿意持有货币,因此货币供给增加对利率无任何影响。

如图 1 所示,当利率下降时,人们愿意持有更多的货币,而持有更少的债券,也就是货币需求增加;当利率接近 0,人们出于交易动机的需要,至少愿意持有的货币数量为 OB。但是,此时他们也愿意持有更多的货币,因此,货币需求曲线从 B 点开始是水平的。

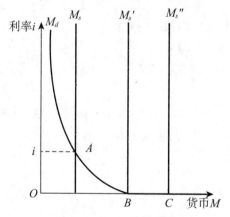

图 1　流动性陷阱

当货币供给为 M_s 时,金融市场的利率为正的 i。当货币供给增加时,M_s 曲线向右移动,利率就会随之下降。当货币供给为 M_s' 时,均衡点为 B 点;当货币供给为 M_s'' 时,均衡点为 C。这两种情况下,均衡利率均为 0。此时可以称货币供给增加陷入了流动性陷阱,货币供给增加,对利率却无任何影响。

三、计算题

【解析】(1) 由题意可知,生产函数为

$$Y = K^{1/3}(AN)^{2/3}$$

故单位有效工人产出为

$$y = \frac{Y}{AN} = \left(\frac{K}{AN}\right)^{1/3} = k^{1/3}$$

长期稳态条件为

$$\Delta k = sy - (d + g_A + g_N)k = 0$$

即长期稳定状态中的 $k = \frac{sy}{(d+g_A+g_N)} = \frac{sk^{1/3}}{(d+g_A+g_N)} \Rightarrow k = \left[\frac{s}{(d+g_A+g_N)}\right]^{3/2}$，代入数字，得 $k^* = 3^{3/2} = 3\sqrt{3}$。

（2）由（1）可知，单位有效工人产出为 $y = \frac{Y}{AN} = \left(\frac{K}{AN}\right)^{1/3} = k^{1/3}$，可得资本边际回报为

$$\text{MPK} = \frac{\partial Y}{\partial K} = \frac{1}{3}K^{-2/3}(AN)^{2/3} = \frac{1}{3}\left(\frac{AN}{K}\right)^{2/3} = \frac{1}{3}k^{-2/3}$$

（3）根据题意，实际利率为资本边际回报与资本折旧率之差，即

$$r^* = \text{MPK} - d = \frac{1}{3}k^{-2/3} - d = \frac{1}{3} \times (3^{3/2})^{-2/3} - 0.1 \approx 1.11\%$$

（4）A 选项，储蓄率升高，即 s 升高，由第（1）问可知，长期稳定状态中的 k 会增加，由第（2）问，k 增加会导致资本边际回报（MPK）下降，而折旧率不变，从而长期实际利率下降，A 选项正确；

B 选项，从第（3）问中得到的实际利率的表达式来看，与货币供给无关，故 B 选项错误；

C 选项，人口总量减少并没有改变实际利率的表达式中的任何变量，故 C 选项错误，要注意区分人口数量变化与人口增长率变化；

D 选项，人口增长率降低，即 g_N 减小，由第（1）问可知，长期稳定状态中的 k 会增加。由第（2）问，k 增加会导致资本边际回报（MPK）下降，而折旧率不变，从而长期实际利率下降，D 选项正确；

E 选项，生产效率增长率降低，即 g_A 减小，由第（1）问可知，长期稳定状态中的 k 会增加，由第（2）问，k 增加会导致资本边际回报（MPK）下降，而折旧率不变，从而长期实际利率下降，E 选项正确。

综上，正确选项为 A、D、E。

（5）黄金律的长期稳态要求消费最大，即 $c = y - sy = k^{1/3} - (d + g_N + g_A)k$ 最大，对 k 求导，有 $\frac{dc}{dk} = \frac{1}{3}k^{-2/3} - (d + g_N + g_A) = 0 \Rightarrow k = [3(d+g_N+g_A)]^{-3/2}$，代入数据，得 $k^* = 0.45^{-3/2}$。又因为稳态时，$s = \frac{(d+g_A+g_N)k}{y} = (d+g_A+g_N)k^{2/3}$，代入数据，最佳储蓄率为 $s^* = \frac{1}{3}$。

（6）此时，该经济体的实际利率为

$$r^* = \text{MPK} - d = \frac{1}{3}k^{-2/3} - d = \frac{1}{3} \times (0.45^{-3/2})^{-2/3} - 0.1 = 5\%$$

【微观经济学】

一、单项选择题

1. 【答案】A

【解析】对于"严格大于"的体重关系，假设小刘、小王和小张中的两个人体重相等，则"严格大于"无法表示这种关系；自己和自己的体重显然是相等的，"严格大于"显然无法表示；"严格大于"是可以传递的，假设小刘的体重严格大于小王，小王的体重严格大于小张，则可以得到小刘的体重严格大于小张。综上，"严格大于"这种关系是不完备、不反身、可传递的，答案为A选项。

2. 【答案】B

【解析】根据消费者的效用最大化条件，即 $\dfrac{MU_x}{p_x} = \dfrac{MU_y}{p_y}$。

对于A选项，有 $\dfrac{\frac{1}{2\sqrt{x}}}{p_x} = \dfrac{1}{p_y} \Rightarrow x = \left(\dfrac{p_y}{2p_x}\right)^2$，$x$ 为常量，故错误；

对于B选项，有 $\dfrac{1}{p_x} = \dfrac{2y}{p_y} \Rightarrow y = \dfrac{p_y}{2p_x}$，$y$ 为常量，故为 x 的拟线性偏好；

对于C、D、E选项，显然不是拟线性偏好。

3. 【答案】B

【解析】对于完全互补品，消费者会以固定的比例同时消费两种物品，但并不总是一比一的比例，故A选项错误；食物价格增加，为了维持水和食物消费的固定比例，其消费水平会同时降低，B选项正确；完全互补品没有替代效应，只有收入效应，故C、D选项错误。

4. 【答案】D

【解析】根据垄断企业利润最大化的定价原则 $P \times \left(1 - \dfrac{1}{|\varepsilon|}\right) = MC$，且 $P \geqslant MC$，则可以推出 $|\varepsilon| \geqslant 1$，故D选项正确。

5. 【答案】B

【解析】指数化贴现假设消费者个人消费函数的形式为

$$u(c_1) + \delta u(c_2) + \delta^2 u(c_3) + \cdots + \delta^{n-1} u(c_n) = \sum_{n=1}^{\infty} \delta^{n-1} u(c_n)$$

这样，每隔相同期限的消费之间的边际替代率均相等，例如

$$\mathrm{MRS}_{1,2} = \dfrac{\delta \mathrm{MU}(c_2)}{\mathrm{MU}(c_1)} = \mathrm{MRS}_{2,3} = \dfrac{\delta^2 \mathrm{MU}(c_3)}{\delta \mathrm{MU}(c_2)} = \dfrac{\delta \mathrm{MU}(c_3)}{\mathrm{MU}(c_2)}$$

指数化贴现的特点就是行为的时间一致性。

双曲线贴现假设消费者个人消费函数的形式为

$$u(c_1) + \dfrac{1}{1+k} u(c_2) + \dfrac{1}{1+2k} u(c_3) + \cdots + \dfrac{1}{1+(n-1)k} u(c_n) = \sum_{n=1}^{\infty} \dfrac{1}{1+(n-1)k} u(c_n)$$

折现因子为 $\dfrac{1}{1+kt}$ 而不是 δ^t，双曲线贴现的特点就是行为的时间不一致性。

小数法则是一种心理学描述，其含义是人们往往受到小样本的过度影响，特别是对于

自己亲身经历过的事情。

过度风险厌恶表现为人们一般非常在意避免小风险的事件，但又过多地接受了大风险的事件。其主要表现在人们不愿意参加一些期望利润为正甚至期望利润很大的赌博，也表现为人们过度投保于各种小概率事件的保险市场上。

综上所述，小杨的行为明显表现为行为的时间不一致性，符合双曲线贴现的特点，因此为 B 选项。

6.【答案】C

【解析】福利经济学第一定理表明，任何竞争均衡都是帕累托有效率的。但是，福利经济学第一定理的成立假设无消费和生产的外部效应。因此，福利经济学第一定理并没有指出在存在外部性的条件下，自由竞争市场能否实现帕累托有效率结果的问题。

在偏好为拟线性的条件下，消费外部性的有效平均数量独立于财产分配的结果，也就是与财产分配问题无关。

综上所述，C 选项正确。

7.【答案】A

【解析】A 选项为英式拍卖的特点；B 选项为荷兰式拍卖的特点；C 选项为密封拍卖的特点；D 选项为维克里拍卖的特点。

二、计算题

1.【解析】(1) 先寻找纯策略纳什均衡。

当选手 1 选择上时，选手 2 的最优选择是左，当选手 2 选择左时，选手 1 的最优选择是下，此时无纳什均衡；当选手 1 选择下时，选手 2 的最优选择是右，当选手 2 选择右时，选手 1 的最优选择是上。

因此，不存在纯策略纳什均衡。

(2) 求解混合纳什均衡。

假设选手 1 选择上的概率为 p，选择下的概率为 $(1-p)$。

选手 2 选择左的概率为 q，选择右的概率为 $(1-q)$。

选手 1 的期望收益为

$$E\pi_1 = pq + 8p(1-q) + 7(1-p)q + 4(1-p)(1-q) = 4p + 3q - 10pq + 4$$

选手 2 的期望收益为

$$E\pi_2 = 9pq + 3p(1-q) + 2(1-p)q + 5(1-p)(1-q) = 9pq - 2p - 3q + 5$$

对于选手 1 来说，变化 Δp，其收益的变化为 $\Delta E\pi_1 = (4-10q)\Delta p + 3q + 4$，可得选手 1 的反应曲线 $p = \begin{cases} 0, & 4/10 < q \leq 1 \\ 0 \sim 1, & q = 4/10 \\ 1, & 0 \leq q < 4/10 \end{cases}$。

同理，对于选手 2 来说，变化 Δq，其收益的变化为 $\Delta E\pi_2 = (9p-3)\Delta q - 2p + 5$，可得选手 2 的反应曲线 $q = \begin{cases} 0, & 0 \leq p < 3/9 \\ 0 \sim 1, & p = 3/9 \\ 1, & 3/9 < p \leq 1 \end{cases}$。

根据选手 1 和选手 2 的反应曲线，可得混合纳什均衡为 $(p^*, q^*) = (1/3, 2/5)$。

2.【解析】(1) 根据题意，消费者的最优化问题为

$$\max EU = pU(W-D-aq+a) + (1-p)U(W-aq)$$

一阶条件为 $\dfrac{dEU}{da} = p\dfrac{\partial U(W-D-aq+a)}{\partial c_1}\dfrac{\partial c_1}{\partial a} + (1-p)\dfrac{\partial U(W-aq)}{\partial c_2}\dfrac{\partial c_2}{\partial a}$

$$= p\dfrac{\partial U(W-D-aq+a)}{\partial c_1}(1-q) + (1-p)\dfrac{\partial U(W-aq)}{\partial c_2}(-q) = 0$$

式中，$c_1 = W-D-aq+a$，$c_2 = W-aq$。化简，可得最优化问题的一阶条件为

$$\dfrac{p\dfrac{\partial U(c_1)}{\partial c_1}}{(1-p)\dfrac{\partial U(c_2)}{\partial c_2}} = \dfrac{q}{1-q}$$

(2) 保险公司的期望利润为 $E\pi = p(aq-a) + (1-p)aq = a(q-p)$，又因为保险公司的费率是公平的，所以 $E\pi=0$，即 $q=p$。

(3) 由第(2)问可知 $q=p$，代入消费者的最优化问题一阶条件，有

$$\dfrac{p\dfrac{\partial U(c_1)}{\partial c_1}}{(1-p)\dfrac{\partial U(c_2)}{\partial c_2}} = \dfrac{p}{1-p}$$

得到 $\dfrac{\partial U(c_1)}{\partial c_1} = \dfrac{\partial U(c_2)}{\partial c_2}$，即 $c_1 = c_2$，$W-D-aq+a = W-aq$。

最后消费者购买保险的数量为 $a=D$。

也就是说，在消费者为风险厌恶者且保费为公平保费的条件下，该消费者会购买全额保险。

三、简答题

1.【解析】(1) 工作时间会减少。买彩票中奖属于收入增加，此时只有收入效应。而消费和闲暇均属于正常品，当收入增加时，二者的消费均会增加，而闲暇的消费增加，意味着工作时间会减少。

(2) 工作时间的变化不确定。根据斯勒茨基方程 $\dfrac{\Delta R}{\Delta w}_{(?)} = \dfrac{\Delta R^s}{\Delta w}_{(-)} + (\bar{R}-R)\dfrac{\Delta R^m}{\Delta m}_{(+)}$，工资率上涨，替代效应使闲暇减少，收入效应使闲暇增加，故闲暇的变化不确定，取决于收入效应和替代效应的大小，故工作时间的变化也不确定。

(3) 工作时间不确定。消费品的价格上升，替代效应会使闲暇的消费增加，收入效应会使闲暇的消费减少，故闲暇的消费不确定，工作时间的变化也就不确定。

2.【解析】玉米的价格和产量会上升。

理由：如图2所示，假设 S_1、S_2 分别为玉米、大豆的供给曲线，S 为玉米和大豆的总供给曲线，征税前的价格为 P，总供给量为 Q，玉米、大豆的供给均为 q，征税使大豆的供给曲线上移至 S_2'，总供给曲线上移至 S'，而玉米的总供给曲线不变，新的均衡价格为 P'，总供给为 Q'，此时，玉米的供给量为 q'，可见，玉米的价格上升，供给量上升。

3.【解析】方式三的边际成本要低于方式一与方式二，而方式一与方式二的大小不确定。

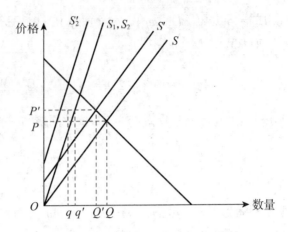

图 2 玉米和大豆的供给及价格情况

理由：令企业的生产函数为 $Q=f(L, K)$。

当满足成本最小化时，企业的成本可表示为 $C=w_L L(Q)+w_K K(Q)$，则边际成本可表示为

$$\frac{dC}{dQ}=w_L\frac{dL(Q)}{dQ}+w_K\frac{dK(Q)}{dQ}=\frac{w_L}{dQ/dL}+\frac{w_K}{dQ/dK}=\frac{w_L}{MP_L(L,K)}+\frac{w_K}{MP_K(L,K)}$$

对于方式一，有 $MC_1=\dfrac{w_L}{MP_L(L, \bar{K})}+\dfrac{w_K}{MP_K(L, \bar{K})}$；

对于方式二，有 $MC_2=\dfrac{w_L}{MP_L(\bar{L}, K)}+\dfrac{w_K}{MP_K(\bar{L}, K)}$；

对于方式三，有 $MC_3=\dfrac{w_L}{MP_L(L, K)}+\dfrac{w_K}{MP_K(L, K)}$。

因为边际报酬递减，所以 $MP_L(L, K)>MP_L(\bar{L}, K)$，$MP_L(L, K)>MP_L(L, \bar{K})$，$MP_K(L, K)>MP_K(\bar{L}, K)$，$MP_K(L, K)>MP_K(L, \bar{K})$，则

$$MC_3<MC_1，MC_3<MC_2$$

所以，方式三的边际成本要低于方式一与方式二，且方式一与方式二的边际成本大小不确定。

2016 年北京大学汇丰商学院 431 金融硕士初试真题解析

【宏观经济学】

一、单项选择题

1. 【答案】C
【解析】A 选项，收入增加会导致货币需求增加，使货币市场的均衡利率上升；B 选项，中央银行购买政府债券，若在公开市场上直接购入，则属于释放货币的行为，货币市场的均衡利率会下降，若直接从政府购入政府债券，则属于积极性的财政政策，利率会因此而上行；C 选项，降低存款准备金率属于宽松的货币政策，会使货币市场上的货币供给增加，均衡利率下降。

2. 【答案】B
【解析】从题目来看，说的是对货币需求的影响，因此可以确定与 LM 曲线有关。人们的货币需求对利率变得敏感，在产出变化相同幅度的情况下，利率的变化会更小，因此，LM 曲线会更平坦。

3. 【答案】C
【解析】降低存款准备金率会改变货币的供给量，在中期对实际值无影响，只会改变名义值；降低存款准备金率属于释放货币的行为，在中期会导致价格的上升，由于实际工资不变，故名义工资也会上升。

4. 【答案】C
【解析】根据题意，经济改革使商品的竞争更加激烈，因此影响的是价格设定曲线。根据价格设定曲线 $\frac{W}{P} = \frac{1}{1+\mu}$，商品竞争激烈导致价格加成下降，即 μ 减小，因此价格设定曲线上移。

5. 【答案】E
【解析】稳态时，消费水平低于黄金律水平，并不能够说明储蓄率与黄金律所要求的储蓄率是偏高还是偏低，因此，降低储蓄率只能得到短期消费上升的结论，而长期消费的变化情况并不能确定。若储蓄率低于黄金律要求的储蓄率水平，则降低储蓄率会使短期消费上升而长期消费下降；若储蓄率高于黄金律要求的储蓄率水平，则降低储蓄率会使短期与长期的消费均上升。

6. 【答案】E
【解析】根据索洛模型，当其他条件相同而中国的储蓄率较高时，可以得到稳态有效人均资本存量要高于美国；对于 A 选项，稳态时，有效人均产出增长率均等于技术进步率，因此，二者的有效人均产出增长率相同；稳态时，有 $I = (d + g_n + g_a)k$（d 表示折旧率，g_n 表示人口增长率，g_a 表示技术进步率），因为中国的有效人均资本存量高于美国，所以中国的稳态有效投资要高于美国，从而排除了 B、C 选项；对于 D 选项，人均有效消费量与黄金律水平有关，储蓄率较高，只能得到人均产出较高的结论，并不能得到人均消费较高的结论，储蓄率越接近黄金律水平所要求的储蓄率，消费会越高。

二、简答题

1.【解析】通货膨胀有3个方面的好处，分别为：

（1）铸币税。货币创造作为通货膨胀的根源，是政府为其支出融资的渠道之一，是另一种对公众借款或者增税的形式。尤其在一些财政税收体系不太完善的国家，铸币税起着很重要的作用。

（2）可以实现负实际利率，对抗经济衰退。根据 $r = i - \pi^e$，当通货膨胀率 π 高于名义利率 i 时，实际利率 r 为负，此时，负实际利率可以刺激投资，对经济复苏起到很大的促进作用。

（3）可以方便地调整实际工资。举一个简单的例子，在第一种情况下，通货膨胀率是4%，以美元表示的工资（即名义工资）增加了1%；在第二种情况下，通货膨胀率是0%，以美元表示的工资减少了3%。两种情况都导致实际工资以相同的幅度下降3%，但是很明显，由于货币幻觉的存在，人们显然更容易接受第一种情况下实际工资的削减。

可以注意到，题目中的要求是说明低通货膨胀的好处，因此，可适用于题目要求的有第(1)个和第(3)个，第(2)个会要求较高的通货膨胀，因此不适用于该题。此外，低通货膨胀与高通货膨胀相比，可以大大减少对经济的扭曲，减少对社会福利状况的损害。

2.【解析】J曲线研究的是汇率贬值对贸易余额的动态影响。从长期来看，贬值会带来出口的增加和进口的下降。但是，贬值对贸易余额的影响并没有这么立竿见影。

如图1所示，贬值之前的贸易赤字用 OA 表示，贬值发生之初，根据 $NX = X - \dfrac{IM}{\varepsilon}$，在出口 X 和进口 IM 还未变化的条件下，ε 下降，故 NX 下降，即贸易赤字恶化，由 OA 提高到 OB。一段时间之后，汇率贬值会使得出口增加，进口减少，使得贸易赤字降低，最终贸易余额改善，好于其最初的水平，也就是图中 C 点以后所发生的情况。

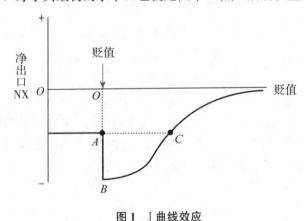

图1 J曲线效应

三、计算题

【解析】（1）根据均衡式，有
$$Y = C + I + G = c_0 + c_1(Y - T) + \bar{I} + G$$

整理可得
$$(1-c_1)Y = c_0 + \bar{I} + G - c_1 T$$

两边同时除以 $(1-c_1)$，得 $Y = \dfrac{1}{1-c_1}[c_0 + \bar{I} + G - c_1 T]$。

根据题意，$C=0.5(Y-T)+200$，则 $c_1=0.5$，因此，凯恩斯乘数为 $\dfrac{1}{1-c_1}=2$。

(2) 将 $C=0.5(Y-T)+200$，$I=400-200r$，$G=T=200$ 代入，可得
$$Y = \dfrac{1}{1-0.5}(200+400-200r+200-0.5\times 200)$$

化简可得 IS 曲线为 $Y=1\,400-400r$。

(3) ①股灾发生前，IS 曲线为 $Y=1\,400-400r$；

LM 曲线为 $\dfrac{M}{P}=500-100r \xRightarrow{P=1} M=500-200r$；

将两式联立可得 $Y=2M+400$。

②股灾发生后，IS 曲线变为 $Y'=1\,300-400r$；

由于价格不发生变化，故 LM 曲线不变，仍然为 $M=500-200r$；

将两式联立可得 $Y'=2M'+300$。

由 $\begin{cases} Y=2M+400 \\ Y'=2M'+300 \end{cases} \xRightarrow{Y=Y'} M'-M=50$，即为了维持原来的产出，中央银行需增发 50 的货币。

【微观经济学】

1.【解析】(1) 消费者所面临的最大化问题为
$$\max U(X_1, X_2) = \ln X_1 + \ln X_2$$
$$\text{s.t.} \quad P_1 X_1 + P_2 X_2 \leqslant I$$

运用拉格朗日乘数法，有
$$L(X_1, X_2, \lambda) = \ln X_1 + \ln X_2 - \lambda(P_1 X_1 + P_2 X_2 - I)$$

求导，有 $\begin{cases} \dfrac{\partial L}{\partial X_1} = \dfrac{1}{X_1} - \lambda P_1 = 0 \\ \dfrac{\partial L}{\partial X_2} = \dfrac{1}{X_2} - \lambda P_2 = 0 \\ \dfrac{\partial L}{\partial \lambda} = P_1 X_1 + P_2 X_2 - I = 0 \end{cases} \Rightarrow \begin{cases} P_1 X_1 = \dfrac{1}{\lambda} \\ P_2 X_2 = \dfrac{1}{\lambda} \\ P_1 X_1 + P_2 X_2 = I \end{cases} \Rightarrow \begin{cases} P_1 X_1 = \dfrac{I}{2} \\ P_2 X_2 = \dfrac{I}{2} \end{cases}$。

(2) 由第(1)问可知，$P_1 X_1 = \dfrac{I}{2}$，变形，有 $X_1 = \dfrac{I/2}{P_1}$，将收入 $I=300$ 代入，得商品 1 的需求函数为 $X_1 = \dfrac{150}{P_1}$。

同理，商品 2 的需求函数为 $X_2 = \dfrac{150}{P_2}$。

当商品 1 的价格为 3，即 $P_1=3$ 时，商品 1 的需求量为 $X_1 = \dfrac{150}{3} = 50$。

(3) 商品 1 的价格由 3 降低为 2 时，记 $P_1'=2$，则 $\Delta I = (P_1' - P_1)X_1 = (2-3)\times 50 = -50$，故 $I' = I + \Delta I = 300 - 50 = 250$，因此，有 $X_1(P_1', I') = \dfrac{1}{2} \times \dfrac{250}{2} = 62.5$。

替代效应为 $\Delta X_1^s = X_1(P'_1, I') - X_1(P_1, I) = 62.5 - 50 = 12.5$；

收入效应为 $\Delta X_1^m = X_1(P'_1, I) - X_1(P'_1, I') = \dfrac{150}{2} - 62.5 = 12.5$。

商品 1 的需求量变化为 $\Delta X_1 = X_1(2, 300) - X_1(3, 300) = 75 - 50 = 25$；

斯勒茨基方程为 $\dfrac{\Delta X_1}{\Delta P_1} = \dfrac{\Delta X_1^S}{\Delta P_1} - X_1 \dfrac{\Delta X_1^m}{\Delta m}$。

替代效应为 $\dfrac{\Delta X_1^S}{\Delta P_1} = \dfrac{12.5}{1} = 12.5$；

收入效应为 $-X_1 \dfrac{\Delta X_1^m}{\Delta m} = -50 \times \dfrac{12.5}{-50} = 12.5$。

(4) 选 C。

A 选项，由第(1)~第(3)问可知，商品 1 的收入效应为正，故不是吉芬商品，A 选项错误；

B 选项，不管商品 2 为何种物品，商品 1 的替代效应恒为负，B 选项错误；

C 选项，市场的总需求量为消费者需求与政府需求的总和，即 $50 + 60 = 110$，C 选项正确；

D 选项，对于完全互补品，只有收入效应，而没有替代效应，D 选项错误。

2.【解析】(1) 该企业的利润函数为 $\pi = Pq - C(q) = Pq - 4q^2 - 100$，对 q 求导，有 $\dfrac{\mathrm{d}\pi}{\mathrm{d}q} = P - 8q = 0$，即企业的最优产量满足 $q = \dfrac{P}{8}$。

(2) 当 $P = 20$ 时，由第 (1) 问可知，最优产量为 $q = \dfrac{20}{8} = 2.5$，此时，最大利润为

$$\pi_{\max} = Pq - 4q^2 - 100 = 20 \times 2.5 - 4 \times 2.5^2 - 100 = -75 < 0$$

因此，该企业不应进入该行业。

(3) 由第 (2) 问可知，当 $P = 20$，$q = \dfrac{20}{8} = 2.5$ 时，最大利润为

$$\pi_{\max} = Pq - 4q^2 - x = 20 \times 2.5 - 4 \times 2.5^2 - x = 25 - x$$

为了企业能够进入该行业，至少需保证 $\pi_{\max} = 25 - x \geqslant 0$，即 $x \leqslant 25$，即选择进入的企业能够承受的 x 的最大值为 25。

3.【解析】(1) 房子主人的效用函数为 $U(w) = \sqrt{w}$，有

$$\dfrac{\mathrm{d}U(w)}{\mathrm{d}w} = \dfrac{1}{2} \times \dfrac{1}{\sqrt{w}}, \quad \dfrac{\mathrm{d}^2 U(w)}{\mathrm{d}w^2} = -\dfrac{1}{4} \times \dfrac{1}{w^{\frac{3}{2}}} < 0$$

因此，房主不是风险中性型，而是风险厌恶型。

期望效用为 $EU = pU(w_1) + (1-p)U(w_2) = 0.2 \times \sqrt{0} + 0.8 \times \sqrt{40\,000} = 160$。

(2) 保险公司的期望利润为 $E\pi = p \times (\alpha x - x) + (1-p) \times \alpha x = (\alpha - p) \times x$，式中，$\alpha$ 为保费费率，x 为保额。

当采用公平保费时，有 $E\pi = 0 \Rightarrow \alpha = p = 0.2$，则全额保险的保费为 $\alpha \times x = 0.2 \times 40\,000 = 8\,000$（元）。

(3) 购买上述全额保险后，房主的期望效用为

$$\begin{aligned} EU' &= pU(w_1) + (1-p)U(w_2) \\ &= 0.2 \times \sqrt{-8\,000 + 40\,000} + 0.8 \times \sqrt{40\,000 - 8\,000} \end{aligned}$$

$$= 80\sqrt{5}$$

由第（1）问可知，不购买保险时的期望效用为 160。

由 $EU' - EU = 80\sqrt{5} - 160 = 80 \times (\sqrt{5} - 2) \approx 18.89 > 0$

可知，雇主购买保险后比不购买保险时的境况要更好。

【金融学】

一、单项选择题

1.【答案】C

【解析】根据 CAPM 模型，该股票的公平收益率为 $R = R_f + \beta(R_p - R_f) = 5\% + 1.5 \times (11\% - 5\%) = 14\%$，而该股票的收益率为 11%，低于公平收益率，可知，市场对股票的价格被高估。

2.【答案】B

【解析】半强式有效市场假说认为价格已充分反映出所有已公开的有关公司营运前景的信息。这些信息有成交价、成交量、盈利资料、盈利预测值、公司管理状况及其他公开披露的财务信息等。假如投资者能迅速获得这些信息，股价应迅速做出反应。如果该假说成立，则基本面分析失去作用，存在利用内幕消息获得超额利润的可能性。

A 选项，进行基本面的分析无法获得超过市场平均收益的收益，恰恰证明了半强式有效市场，故不选；B 选项，半强式有效市场理论并不排除有基金获得超过市场平均收益的情况的存在，但是，从半强式有效市场理论出发，应为 50% 的共同基金超过了市场收益，而另外 50% 在市场收益以下，因此，B 选项有效地反驳了半强式有效市场理论；C 选项，股价对盈利的消息做出了过度的反应，且一个月内未能回归正常水平，一定程度上反驳了半强式有效市场理论；D 选项，半强式有效市场理论并不排除获得内幕消息可能获得超额利润。

3.【答案】C

【解析】期权的价值由内在价值与时间价值构成，而内在价值为立即行权时可取得的收益，题目中，期权的价格为 10 元，而立即行权可取得 8 元，故内在价值为 8 元，时间价值为 2 元（10 - 8 = 2）。

4.【答案】B

【解析】票面利率高于到期收益率，说明债券为溢价债券，随着到期日的临近，其价格一直会趋向于票面价格，故溢价债券的价格会逐年降低，直至到期日与票面价格相等，故下一年的债券价格将会下降。

5.【答案】B

【解析】A 选项，只发固定的薪水，不发股票，对经理人无法形成有效的激励，并不符合股东的利益；B 选项，恶意收购威胁的存在可以使管理层更加注重公司股东价值的最大化；C 选项，签订债务保护条款，使公司的行为得到约束，这涉及债权人与公司的关系，与股东和经理人的利益冲突无关；D 选项，给予经理人以期权激励，可以调动经理人的积极性，与股东的目标相一致，但是缩短职业经理人的期权时间，即允许职业经理人提前执行期权或者出售从公司获得的期权，会使管理层为了短期利益而牺牲长远利益，对股东不利。

二、判断题

1. × 【解析】CAPM 模型得到的只是一个基于宏观因素的公平收益率，其可以测度系统性风险。但是只有在构建拥有大量股票种类的投资组合基础上，才能有效分散非系统性风险。而对于小明购买的单只股票，他不只需要承担系统性风险，还需要承担该股票的特有风险，故错误。

2. × 【解析】CAPM 模型只考虑一种系统性风险，而 APT 考虑了多种系统性风险，因此 CAPM 模型可以看作是 APT 的一种特例。APT 理论建立在无套利均衡分析的基础上，仍然是用多种宏观因素来解释收益，并没有测度特有风险，也没有指明风险的具体来源，故错误。

三、计算题

1. 【解析】(1) 根据题意，可得投资组合的方差为

$$\sigma_p^2 = \sum_{i=1}^n \sum_{j=1}^n w_i w_j \text{cov}(r_i, r_j)$$

因为各个风险资产等权重，故 $w_i = \frac{1}{n}$，得到投资组合的方差为

$$\sigma_p^2 = \frac{1}{n^2} \sum_{i=1}^n \sigma_i^2 + \sum_n \sum_{i=1}^n \frac{1}{n^2} \text{cov}(r_i, r_j)$$

又因为 $\sigma_i^2 = 20\%$，$\text{cov}(r_i, r_j) = \rho_{ij} \sigma_i \sigma_j$，可以得到

$$\sigma_p^2 = \frac{1}{n^2} \times n \times \sigma_i^2 + \frac{1}{n^2} \times (n^2 - n) \times \rho_{i,j} \sigma_i \sigma_j$$

$$= \frac{\sigma_i^2}{n} + \frac{n(n-1)}{n^2} \times \rho \sigma_i^2$$

$$= \frac{\sigma_i^2}{n} + \frac{(n-1)}{n} \times \rho \sigma_i^2$$

$$= \frac{0.2^2}{n} + \frac{(n-1)}{n} \times 0.36 \times 0.2^2$$

化简可得 $\sigma_p^2 = 0.0144 + \frac{0.0256}{n}$，$\sigma_p = \sqrt{0.0144 + \frac{0.0256}{n}}$。

(2) 由第 (1) 问可知，$\sigma_p = \sqrt{0.0144 + \frac{0.0256}{n}}$。

当 $n \to \infty$ 时，有 $\lim_{n \to \infty} \sigma_p = \lim_{n \to \infty} \sqrt{0.0144 + \frac{0.0256}{n}} = \sqrt{0.0144} = 12\%$。

当 n 趋向于无穷大时，特有风险被分散，最后只剩下了系统性风险，即 $\sigma_p^2 = \rho \sigma^2$。

(3) 有效组合的定义为在期望收益率水平相同的组合中，其方差（标准差）是最小的，第(2)问中得到的投资组合在获得市场公平收益率的基础上，已经将特有风险完全分散，只剩下无法分散的系统性风险，因此其风险最小，故为有效组合。

(4) 投资组合的期望收益为 $E(R_P) = \frac{1}{n} \sum_{i=2}^n r_i = 8\%$。

CAL 线的斜率为 $k = \dfrac{E(R_P) - R_f}{\sigma_P} = \dfrac{8\% - 5.6\%}{12\%} = 0.2$。

2.【解析】(1) 根据题意，可得权益融资的成本为

$$R_S = \dfrac{D_1}{P_0} + g = \dfrac{4}{80} + 5\% = 10\%$$

(2) 债务融资的税前成本为

$$R_B = \dfrac{120 \times 50\,000}{120 \times 50\,000 + 20 \times 100\,000} \times 5\% + \dfrac{20 \times 100\,000}{120 \times 50\,000 + 20 \times 100\,000} \times 6\% = 5.25\%$$

公司的加权平均资本成本为

$$R_{\text{WACC}} = \dfrac{80 \times 150\,000}{80 \times 150\,000 + 8\,000\,000} \times 10\% + \dfrac{8\,000\,000}{80 \times 150\,000 + 8\,000\,000} \times (1 - 40\%) \times 5.25\%$$
$$= 7.26\%$$

(3) 应进行该项投资，理由如下：

目前的债权权益比最优，故加权平均资本成本采用第(2)问中的 7.26%，可得该项目的净现值 $\text{NPV} = -4\,800 + \dfrac{363}{7.26\%} = 200$(万美元)。

净现值为正，因此应该投资。

(4) 加权平均资本成本仍然为 7.26%。

理由：目前公司的资本结构最优，其加权平均资本成本只与公司的资本结构有关，而与具体的融资方式无关。

2015年北京大学汇丰商学院431金融硕士初试真题解析

【宏观经济学】（仅提供考查点相关解析）

一、单项选择题

1.【解析】增加值等于产品最终价值减去产品中间价值，800－200＝600（元）。

2.【解析】短期来看，会导致产出的下降；长期来看，因为资本存量降低，而储蓄率不变，会导致一段时期的快速增长。

3.【解析】同样的一件产品，中国的名义价格更高，根据购买力平价理论，人民币存在低估，应该升值。

4.【解析】该国产出会增加，价格水平会因为供给的增加而下降，利率水平与世界利率相同。

5.【解析】b越小，IS曲线越平坦，LM曲线越陡峭。

6.【解析】会存在套利行为，资金从美国流向中国，使得对人民币的需求增加，人民币升值。

二、简答题

1.【解析】收益率曲线是显示一组货币和信贷风险均相同，但期限不同的债券或其他金融工具收益率的图表。纵轴代表收益率，横轴则是距离到期的时间。收益率曲线如同股价指数被称为国民经济的晴雨表一样，可以说是国债市场乃至整个资本市场利率水平的综合反映。通过国债收益率曲线，能非常直观地了解市场利率目前所处的状态与变化趋势，从而对市场的利率走向有一个整体的把握。

通常在经济衰退和股市熊市之前，市场会发出一个信号，那就是"收益率曲线倒置"，收益率曲线向右下方倾斜，即短期利率（比如三个月期国债收益率）高于长期利率（比如十年期国债收益率）。收益率曲线倒置是衰退来临的前兆，在美国，过去50年所有衰退期来临之前都发生了这一现象。当短期利率高于长期利率时，表明短期的市场流动性极其紧张，抑或是市场情绪表明对长期的前景不看好。

2.【解析】我们写出附加预期的菲利普斯曲线方程。它显示出短期内通货膨胀率与失业率之间的一种替代关系，即$\pi=\pi_0-b(U-U^*)$。由方程可知，短期时$\pi_0\neq\pi$，即预期的通货膨胀率不等于实际的通货膨胀率；当$\pi>\pi_0$时，由方程可得$U<U^*$，实际失业率小于自然失业率；当$\pi_0=\pi$时，此时$U=U^*$，即实际失业率小于自然失业率，产出也会稳定在自然产出水平。所以菲利普斯曲线单调递减，在横轴与$U=U^*$点相交。

三、计算题

1.【解析】$Y=k^{\frac{1}{2}}(EL)^{\frac{1}{2}}$，一般技术进步＋人口增长＋折旧＝10％，折旧率为8％，

人口增长率 $g=2\%$。

(1) 若储蓄率 $s=30\%$，有效人均产出 $y=\dfrac{Y}{EL}=\left(\dfrac{K}{EL}\right)^{\frac{1}{2}}=k^{\frac{1}{2}}$，当达到稳态均衡时，有 $sy=(n+\delta+g)k$，把参数代入，得到 $0.3k^{\frac{1}{2}}=0.1k$，进而 $k=9$，$y=3$，即有效工人人均资本存量等于9，有效工人人均产出等于3。

(2) 资本黄金律下的最佳 k 值满足 $f'_{(k^*)}=n+\delta+g$，$0.5k^{-\frac{1}{2}}=0.1$，$k^*=25$，此时 $y=5$。将其代入方程 $sy=(n+\delta)k$，得 $s=0.5$。又 $c=(1-s)y$，所以有效工人人均消费等于2.5。

2.【解析】(1) 均衡时总支出＝总产出，所以 $Y=K^{\frac{1}{2}}L^{\frac{1}{2}}=10\times10=100$。又因为 $Y=C+I+G+NX=0.8Y-10r+120-40r+NX$，将数据代入，可得 $NX=0$。

(2) 当 $e=1$ 时，消费的国内和国际产品各占一半，此时的 $C=380$，所以进口为190，净出口为0。

(3) e 提高到2，此时国外商品占总消费的 $1/3$，为 $380/3=127$，国内消费为253，所以此时进口127，净出口128。

【微观经济学】

1.【解析】(1) 先看甲的效用最大化问题：
$$\max U_1=x_{11}^{\alpha}x_{12}^{1-\alpha}$$
$$\text{s.t. } p_1x_{11}+p_2x_{12}=p_1w_{11}+p_2w_{12}$$

我们列出拉格朗日函数
$$L=x_{11}^{\alpha}x_{12}^{1-\alpha}-\lambda(p_1x_{11}+p_2x_{12}-p_1w_{11}-p_2w_{12})$$

分别对 x_{11}，x_{12} 求偏导数，可以得到消费者甲的需求曲线为
$$(x_{11},x_{12})=\left[(w_{11}+pw_{12})\dfrac{\alpha}{1-\alpha},(pw_{11}+w_{12})(1-\alpha)\right]$$

同理，消费者乙的需求曲线为
$$(x_{21},x_{22})=\left[(w_{21}+pw_{22})\dfrac{\beta}{1-\beta},(pw_{21}+w_{22})(1-\beta)\right]$$

由市场出清条件为 $(x_{11},x_{12})+(x_{21},x_{22})=(w_{11}+w_{21},w_{12}+w_{22})$，可以得到
$$p=\dfrac{1-2\alpha}{(1-\alpha)^2}$$

(2) 求三个偏导数，略。

2.【解析】(1) 成本最小化问题为
$$\min p_1x_1+p_2x_2$$
$$\text{s.t. } y=x_1x_2$$

列出拉格朗日函数
$$L=p_1x_1+p_2x_2-\lambda(x_1x_2-y)$$

分别对 x_1，x_2 求偏导数，可以得到 $p_1=\lambda x_2$，$p_2=\lambda x_1$。

将 $x_1=\dfrac{\lambda y}{p_1}$，$x_2=\dfrac{\lambda y}{p_2}$ 代入生产函数中，可得 $\lambda=\left(\dfrac{p_1p_2}{y}\right)^{\frac{1}{2}}$。再把 λ 代入 x_1 和 x_2 的表达式中，就可得到要素的需求函数

$$x_1 = p_1^{-\frac{1}{2}} p_2^{\frac{1}{2}} y^{\frac{1}{2}}, \quad x_2 = p_1^{\frac{1}{2}} p_2^{-\frac{1}{2}} y^{\frac{1}{2}}$$

(2) 成本函数为 $C = p_1 x_1 + p_2 x_2 = p_1^{\frac{1}{2}} p_2^{\frac{1}{2}} y^{\frac{1}{2}}$。

(3) 存在规模报酬递增，因为此时成本的增加会线性地小于产量的增加，即成本函数中 $y^{\frac{1}{2}} < y$。

(4) 在第 (1) 问中实际已经求得 $\lambda = \left(\dfrac{p_1 p_2}{y}\right)^{\frac{1}{2}}$，即影子价格。

3. 【解析】(1) 竞争性均衡是指在竞争性市场中达到的均衡状态，即在均衡性市场运行过程中达到的供给和需求相等的市场出清状态。

(2) 厂商的最大化问题需要满足 $MP = \dfrac{W}{P}$，即边际产量要等于实际工资，我们把 $(T-1)$ 整体看作生产要素 $K = \dfrac{W}{P}$，$W = KP$，厂商的利润 $PC - WL = \pi = 0$。

(3) 消费者的预算约束为 $PC = W(T-L)$，C 为消费者的消费量，给出消费者的效用函数，就可以联立消费者的预算约束来求解效用最大化下的消费量 C。

(4) 通过第 (2) 问与第 (3) 问，可以分别求出厂商利润最大化的产量，消费者效用最大化下的消费量，比较这两个数值，如果相等，就说明同时达到竞争性均衡与帕累托最优，反之则没有同时达到。

4. 【解析】(1) 假设相对风险厌恶系数为常数，一个经济体对财富的效用函数为 $u(w)$，w 表示财富水平。$u(w)$ 是一个效用函数，则绝对风险厌恶系数就是 $A = -\dfrac{u''}{u'}$，u'、u'' 分别是 u 关于 w 的一阶导数、二阶导数。相对风险厌恶系数则需要考虑初始财富对风险厌恶水平的影响，所以在绝对风险厌恶系数的基础上乘以初始的财富值，即 $R = A \times w$。通过计算可得 $u' = w^{-r}$，$u'' = -rw^{-r-1}$，进而有 $-\dfrac{u''}{u'} w = -r$，即相对风险厌恶系数为常数。

(2) 此人为严格风险厌恶，必须满足 $u' = w^{-r} > 0$，$u'' = -rw^{-r-1}$，所以 $r > 0$。

(3) 此时消费者是风险中性者，这就需要效用函数的一阶导数为常数，所以可知此时 $r = 1$。

北京大学光华管理学院
431 金融硕士初试真题超精细解读

宏观数据速递

一、分值一览表

分布类型	题型/科目	2014 年	2015 年	2016 年	2017 年	2018 年
题型分值	选择题	0 分	0 分	0 分	0 分	0 分
	判断题	0 分	0 分	0 分	0 分	0 分
	名词解释	0 分	0 分	0 分	0 分	0 分
	简答题	0 分	0 分	0 分	0 分	0 分
	论述题	0 分	(若选金融,有 15 分论述题) 0~15 分	(若选金融,有 30 分论述题) 0~30 分	(若选金融,有 20 分论述题) 0~20 分	0 分
	计算题	150 分	135~150 分	120~150 分	130~150 分	150 分
学科分值	微观经济学	75 分	75 分	75 分	75 分	75 分
	统计学	75 分	75 分	75 分	75 分	75 分
	金融学(含证券投资学、公司财务、货币金融)	75 分	75 分	75 分	75 分	75 分

金融学综合包括三部分:微观经济学、统计学、金融学(含证券投资学、公司财务、货币金融),每部分各 75 分,考生须任选两部分作答。

二、难度点评和总体走势

从趋势上看,2014、2015、2016 年的题目都比较简单,考查的重点也是对基础知识和模型的掌握,总体上都是对书本知识的简单运用。而 2017、2018 年的考题则是偏重灵活运用及深度理解,难度提升明显。另外,这两年的难题都出在多元线性回归部分,同学们要引起重视。

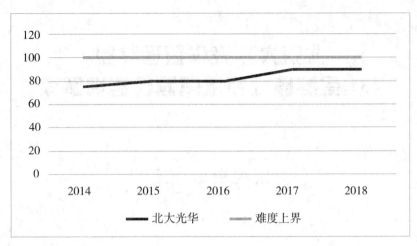

三、分数线及录取情况

指标		2014 年	2015 年	2016 年	2017 年	2018 年
初试要求	单科要求	≥50 分（100 分）；≥90 分（150 分）	≥50 分（100 分）；≥90 分（150 分）	≥60 分（100 分）；≥90 分（150 分）	≥60 分（100 分）；≥90 分（150 分）	≥60 分（100 分）；≥90 分（150 分）
	总分要求	340 分	400 分	400 分	400 分	365 分
人数要求	进复试人数	40 人	18 人	16 人	15 人	17 人
	录取人数	16 人	11 人	10 人	11 人	15 人
录取信息	录取分数最高分	—	—	—	428 分	389 分
	录取分数最低分	—	—	—	400 分	365 分

四、真题指导教材复习顺序及重点章节

微观部分：

（一）复习顺序

第一遍：《微观经济学十八讲》＋尼克尔森的《微观经济学》，课后题第一遍。

第二遍：蓝鲸侠的十年真题，课后题第二遍。

第三遍：按版块内容做蓝鲸侠的十年真题和部分高级微观的习题。

第四遍：2013—2018 年真题按周做，继续练习蓝鲸侠的十年真题，直到全部题目非常熟练，多熟练都不过分。

第五遍：所有真题＋《微观经济学十八讲》课后题。如有答案，可自行寻找 CCER 真题练习。

（二）重点章节

无重点章节，微观经济学几大版块（消费者理论、生产者理论、市场均衡、博弈论、一般均衡论与福利经济学、外部性、公共品）全为重点且必考。其中博弈论分值较高，需要重点关注，但其他部分不可忽略，每部分都有 15~20 分，一旦偏颇将会极大影响总体成绩。所以，复习应抓主要矛盾，但仍要全面。

金融学部分：

罗斯《公司理财》第 4~18 章。

博迪《投资学》第 5~11 章。

赫尔《期货期权与衍生品》第 4、11、12、13、15 章。

米什金《货币金融学》第 11~15 章。

统计部分：

光华管理学院的统计学一般分为数理统计和计量经济学两部分，复习时先复习数理统计，后复习计量经济学。数理统计推荐茆诗松的《概率论与数理统计教程（第二版）》，这本书课后题比较多，但有部分习题偏离了光华管理学院的考题风格，考生可以挑着做。前五章基本为数三中概率论的内容，需要额外复习的有伽马分布、贝塔分布、变量变换法、随机变量函数的分布等知识点。重点在参数估计、假设检验［参数检验、非参数检验（拟合优度检验、列联表独立性检验）］、方差分析、一元线性回归这几章。这本书的一元线性回归着重介绍的是基本证明过程，基本假设方面未做出详细介绍。

计量经济学推荐伍德里奇或者古扎拉蒂的书，内容很详细。然后是李子奈的《计量经济学》，这本书比较简明，不过涉及很多矩阵的知识，不是必须掌握的。关于计量经济学，重点在一元线性回归、多元线性回归、放宽基本假定（异方差、多重共线性、序列相关、随机解释变量）、虚拟变量、模型设定偏误和二元离散选择模型，联立方程组、面板数据、时间序列等都不要求必须掌握。

2018年北京大学光华管理学院431金融硕士初试真题
（三选二之金融统计卷）

【微观经济学】

1. 假设明天有两种状态：晴天或雨天。消费者丙在明天的禀赋是确定的，等于 y_1 碗热干面。雨天时，他的禀赋 y_2 是随机的，有一半的概率为 y_H，一半的概率为 y_L，$y_H > y_L$。丙的偏好是 $U=\min\{E(C_1), E(C_2)\}$，C_1 和 C_2 代表明天在晴天和雨天两种状态下分别消费的热干面数量，E 是基于今天信息的数学期望。

公司C在今天的期货市场上交易两个状态下的热干面期货，价格为 p_1 和 p_2。消费者可以以 p_1 的价格向公司C买晴天时的1碗热干面期货，即今天付出 p_1。如果明天是晴天，则公司C提供一碗热干面；如果明天为雨天，则公司C不提供。消费者也可以以 p_1 的价格向公司C出售晴天的1碗热干面期货，即今天消费者收到 p_1。如果明天为晴天，则消费者提供1碗热干面；如果明天为雨天，则消费者不提供。p_2 也是类似分析。消费者在今天没有任何禀赋。在明天的两种状态下，$C_1=y_1+x_1$，$C_2=y_2+x_2$。数量为正值的 x_1 和 x_2 代表今天购买的热干面期权，数量为负值的 x_1 和 x_2 代表今天出售的热干面期权。

回答下列问题：

(1) 写出今天的期货市场上的预算约束。

(2) 求 x_1 的表达式。

(3) x_1 一定是负数吗？

(4) 若 p_1，p_2 均翻倍，对 x_1 有何影响？

2. 考虑一个有三家各自生产商品的公司参加的博弈。如果每家公司 i 选择自己公司商品的价格为 $P_i \in [0, +\infty)$，那么这家公司的销售数量是 $\pi_i = (P_i - C_i)C_1 - P_i + k\sum P_j$，$j \neq i, j=1,2,3$。边际成本为 $C_1 > 0$。请计算每家公司的商品价格以及获得的利润。

3. 有两种商品 x 和 y，小丽的效用函数为 $u=x+y$，小贾的效用函数为 $u=\max\{x, y\}$。

(1) 请用无差异曲线在埃奇沃思盒状图中表示两个人的偏好。

(2) 请猜想 x 和 y 的均衡价格有什么关系。

(3) 猜猜在均衡的情况下，分配结果会是什么样的。

4. 某市正在规划新建一个音乐会场地。假设城市中有两个居民：小丽（L）和小贾（J）。居民的个人捐赠将成为建造该场地经费的唯一来源。假设两个居民对于私有品（X_i）和场地总尺寸（S）的效用函数为 $U_i(X_i, S)=0.5\ln X_i + 0.5\ln S$，场地总尺寸即总座位数 S，等于由小丽和小贾各自捐赠的座位数之和，即 $S=S_L+S_J$。小丽的收入为200元，小贾的收入为100元。假设私有品和座位数的单价都为1元。

(1) 如果政府不干预的话，该场地将会建造多少座位？其中多少是由小丽捐赠的，多少是由小贾捐赠的？

(2) 总座椅数的社会最优解是多少？如果你的答案与（1）不同，请解释原因。

现在，假设一个座位的价格从1元变为P_S，而私有品的价格仍为1元，在价格改变的同时，小丽和小贾的收入按照如下方式相应改变：当价格变为P_S时，小丽和小贾的预算约束增加了C_L和C_J，其中$C_L=(P_S-1)S_L$，$C_J=(P_S-1)S_J$。增加后的预算约束称为补偿预算约束。

（3）写出小丽和小贾的补偿预算约束的表达式。你觉得它们为什么被称作"补偿的"？

（4）通过需求曲线的纵向加总，求出社会最优解。

（5）回到$P_S=1$，$P_X=1$的初始设定，请通过使社会需求曲线与社会供给曲线（即场地座位的边际成本）相等，找到座椅数的社会均衡数量。和（2）结果相比，是否不同？

【金融学】

1. AQ公司与target公司的相关系数为−0.3，其他数据如表1所示。

表1 AQ公司与target公司的股价及相关数据

	AQ公司	target公司
股价	40	20
股票发行数量/百万股	15	10
贝塔值	1.5	−2
标准差	20%	80%

（1）求两公司并购后的β。

（2）若并购成功，求新公司的方差。

2. 有A、B、C、D四个完全分散化的风险组合，F_1、F_2、F_3为三个相互独立的风险因子，无风险利率是6%，β_1、β_2、β_3为所对应的因子敏感度。具体情况如表2所示。

表2 风险因子对风险组合的影响情况

	β_1	β_2	β_3	期望收益
A	1	1.5	−2	21%
B	0.2	2.7	0.2	63%
C	−1	2.5	3	81%
D	4	−1.5	2	16%

（1）求F_1、F_2、F_3。

（2）求定价方程，即收益率与β的关系方程。

（3）假设β_1是0.2，β_2是0.15，组合超额收益是4%，求β_3。

（4）有一个充分分散化的风险组合E，β_1、β_2、β_3都是0.4，预期收益率是18%，问是否存在套利机会？若存在，写出如何操作。

3. 甲公司明年发放的股利将是10元/股，股利每年以2%的速度增长，该公司贝塔值为1，无风险收益率是3%，风险溢价是4%。

（1）求甲公司股价。

（2）现在股价是200元，求下一年的预期股价。

（3）现在以200元的价格买入该股票，明年的预期回报率是多少？

4. 假如一个美式看涨期权的标的物是股票，如果该美式看涨期权不支付股利，那么是否应选择提前行权？（提示：用无套利原则来证明）

5. 有一个组合由积极管理投资组合和市场组合组成，w 是积极管理投资组合所占比率。R_P 是组合收益率，R_A 是积极管理投资组合的收益率，R_M 是市场组合收益率。

$$R_P = wR_A + (1-w)R_M$$

已知积极管理投资组合的 β_A，a_A，则跟踪误差 ε_A 的关系如下

$$R_A - R_f = \alpha_A + \beta_A(R_M - R_f) + \varepsilon_A$$

积极管理投资组合的标准差是 σ_A，市场组合的标准差是 σ_M，ε_A 与 σ_M 不相关，无风险收益率为 R_f。

$$\max w = \frac{E(R_P - R_f)}{\sigma_P}$$

（1）求最优组合的 w 值。
（2）假设 β_A 是 1，求最优组合的 w 值。

【统计学】

1. 对于任意两个随机变量 X、Y。
（1）请解释随机变量 X 和 Y 的无关性。
（2）请解释随机变量 X 和 Y 的独立性。
（3）如果 X 和 Y 无关，那么 X 和 Y 是否独立？请具体论述。

2. 给定模型 $y = xb + e$，随机干扰项 $e \sim N(0, c^2)$，c 未知，e 与 x 独立。
（1）请给出 b 的最小二乘估计量 $\hat{b}$。
（2）求 $\hat{b}$ 的期望、方差和分布。
（3）检验假设 $H_0: b=0$ 和 $H_1: b>0$。

3. 工商局抽查 N 家小微企业，发现 M 家存在违规行为，请设计一个统计模型，检验企业主的性别（男、女）与违规行为是否有关。

4. 在股票交易系统中，任何一只股票连续两次交易的时间间隔服从泊松分布。现有两只股票一周的全部交易数据，请检验这两只股票是否服从同一泊松分布。

5. 假定一个研究者要考察公司管理层的收入是否与公司管理的绩效有关，收集了相关数据建立了一个回归模型，变量 y 为 CEO 年薪，变量 x_1 为公司上一年年报的收益，变量 x_2 为公司上一年的市场价格，变量 x_3 为公司盈利能力，变量 x_4 为公司规模。使用的回归模型为

$$y = \beta_0 + \beta_1 x_1 + \beta_2 x_2 + \beta_3 x_3 + \beta_4 x_4 + \varepsilon$$

（1）如果只利用收集到的 20 家公司进行分析，是否合适？如不合适，请给出理由。
（2）如果通过收集数据，将公司数量增加到 80 家，使用这些数据重新估计模型，请判断 β 系数的估计值是否会改变、t 统计值是否会改变及模型的调整 R^2 是否会改变。如果会改变，给出变化的关系。
（3）如果通过上述 80 家公司，发现模型的 R^2 并不低，但所有变量的系数都不显著。请你分析可能存在的原因，以及如何进行改进。

2017年北京大学光华管理学院431金融硕士初试真题

（三选二之金融统计卷）

【微观经济学】

1. 考虑下面三种情形，并分别作答：

（1）一个消费者消费牛肉(b)和胡萝卜(c)，他的效用函数为$U(b,c)=b^{0.5}c^{0.5}$。他对于两种商品的初始禀赋为2公斤牛肉和3公斤胡萝卜，并可以在市场上出售自己的禀赋。请问是否存在一组市场价格使他愿意直接消费自己的禀赋？

（2）一个消费者消费饮料(b)和薯片(c)，他的效用函数是$U(b,c)=\min\{b,c\}$，他对于两种商品的初始禀赋为2公斤薯片和3升饮料，他可以在市场上出售自己的禀赋。请问是否存在一组市场价格使他愿意直接消费自己的禀赋？

（3）护林员甲住在祁连山深处，他消费两种产品，汽油和牛肉面。由于他的住处距离最近的牛肉面馆30公里，去吃面要开车前往，他每天必须先消费6升汽油，余下的钱全部用于购买牛肉面。请问他的偏好可以用无差异曲线描述吗？如果可以，请画图。

2. 一个农民有10 000元资金，年初他可以用来购买水稻种子（s）和保险（i）。如果该年天气好，他可以消费水稻种植的产出，产出的大米量（公斤）为$y=10s^{0.5}$；如果天气不好则水稻绝收，他的消费完全来自保险公司的理赔，保险公司就每份保险赔付给他1公斤大米。天气好的概率为$\pi=0.8$，种子价格（p）为每公斤1元，保险价格（q）为2元一份。

（1）假设农民的效用函数$U=\pi\ln C_1+(1-\pi)\ln C_2$，$C_1$、$C_2$分别是天气好和天气不好时的大米消费量。请问他会买多少公斤种子、多少份保险？

（2）假设该农民的效用函数为$U=\min\{\ln C_1,\ln C_2\}$，请问他会买多少公斤种子？

3. 假设W市由两座电厂（A和B）提供电力。A和B均是热力电厂，燃烧煤炭供电的同时会排放空气污染物。为改善空气质量，W市要求A和B电厂减排。A电厂减少排放x_A万吨污染物的总成本为$C_A(x_A)=3x_A^2$；B电厂减少排放x_B万吨污染物的总成本为$C_B(x_B)=5x_B^2+10x_B$。W市政府聘请了环保专家评估减少污染物排放将给W市带来的收益。经测算，如果A和B分别减排x_A和x_B万吨，W市获得的总收益为$120(x_A+x_B)$。请依据以上信息回答下列问题：

（1）请计算A和B的社会最优减排量。

（2）W市政府希望通过征收"排污税"降低A和B的污染物排放量：

①请问W市政府需对每万吨污染物征收多少"排污税"才能使A和B分别达到第（1）题中的减排量？

②W市征收如上"排污税"的情形下，请用等式列出A和B电厂各自决定减排量所面对的优化问题，并证明A和B各自选择的最优减排量与第（1）题中的社会最优减排量相同。

（3）假设W市政府决定停止征收"排污税"，并出台相关规定强制要求电厂减少污染物排放量。有建议称W市政府应要求A和B电厂每年分别减排1万吨污染物。请通过数学推导与文字说明，论证这个建议并不是最有效率的。

【金融学】

1. 现有三个同期限的看涨期权，执行价为 X_1 的期权价格为 C_1，执行价为 X_2 的期权价格为 C_2，执行价为 X_3 的期权价格为 C_3。证明：$2C_2 \leqslant C_1 + C_3$。（补充：$X_1 + X_3 = 2X_2$）

2. 在单因子模型中，A、B、C 三只股票的预期收益率和因子敏感度如表 1 所示。

表 1 A、B、C 三只股票的预期收益率和因子敏感度

股票	预期收益率	因子敏感度
A	0.075	0.5
B	0.15	2
C	0.07	0.4

求无风险利率和市场风险溢价。

3. 假设无风险利率 $r_f = 6\%$，市场组合的平均收益率 $r_m = 14\%$。分别将股票 A 和股票 B 的超额收益率对市场指数超额收益率进行回归，结果如下：

$$r_A - r_f = 1.05\% + 1.1\, r_m - r_f$$
$$r_B - r_f = 2.10\% + 0.8\, r_m - r_f$$

回归残差的标准差分别为 10.3% 和 19.1%，而股票 A 和股票 B 收益率的标准差分别为 21.6% 和 24.9%。

（1）求各自的特雷诺比率、詹森阿尔法及夏普比率。

（2）考虑当出现以下情况时，投资者应当选取哪个股票。

情形一：投资者只单独投资于这一种股票。

情形二：投资者在已有的含有众多股票的组合中选择加入一种股票。

4. 利率风险、信用风险等都是商业银行在实际经营中难以避免的风险，而除此之外，存款性金融机构还有存款人提款和借款人贷款的资金提取的风险。试回答四种应对这种风险的方法，并简要说明。

5. 中央银行有四种调控利率和宏观货币量的方法，均是通过金融机构的中介行为而实现的，请指出并简单解释。

6. 假设无风险利率为 10%，市场风险报酬为 6%。某公司的股票贝塔系数为 1，股利分配比例恒为 30%，股利分配总是发生在当年年末，留存收益的回报率为 20%。该公司 2011 年的每股净利润为 5 元。计算 2011 年年初该公司的股票价值与其中增长机会的价值（PVGO）。

7. 现在 V 公司的权益收益率为 12.4%，负债收益率为 6%，负债权益比为 0.4，所得税税率 30%。V 公司正考虑调整资本结构，预期调整后负债权益比大 0.6，由于风险增高，调整后负债收益率变为 7%，则股东是否会同意这次调整？

8. 现有一英国债券，一年到期，其收益与一年后的标准普尔 500 指数挂钩：$S_T \in [1\,800, 2\,400]$，债券投资者可获得 7 200；$S_T > 2\,400$，投资者获得 $3S_T$；$S_T < 1\,800$，投资者获得 $4S_T$。此特殊英国债券此时的价值为 $V = \sum_{i=1}^{n} a_i x_i (n = 1, 2, 3)$，$a_i$ 为常数系数，x_i

为简单单个证券此时的市场公平价。简单单个证券包括但不限于：贴现债券，永续年金，发放股利的股票，标的为股票或指数的期权。求 V。

【统计学】

1. 为考察两只股票的收益率是否相等，现收集这两只股票 n 天的数据，得到样本均值 $\bar{X}$，$\bar{Y}$ 和样本方差 s_X^2，s_Y^2。请使用两种方法检验这两只股票的收益率是否相等，并比较哪种方法更好。

2. 给定模型 $\ln y = \alpha + \beta \ln x + \varepsilon$。

(1) 给出 β 的普通最小二乘估计。

(2) 给出相应条件使 β 的普通最小二乘估计具有无偏性。

3. 为考查考研的学生在家里复习和在学校复习效果是否相同，收集了一些同学的考研成绩、在家复习的时间和在学校复习的时间。设计一种模型，检验这个问题。

4. 假定一个研究者要考察公司管理层的收入是否与公司管理的绩效有关，收集了 50 家某一行业的上市公司相关数据建立了一个回归模型，变量 y 为 CEO 年薪，变量 x_1 为公司年报的收益，变量 x_2 为公司当年的市场价格表现，变量 x_3 为公司杠杆率，变量 x_4 为公司大股东持股比例，x_5 为公司规模。使用的回归模型为 $y = \beta_0 + \beta_1 x_1 + \beta_2 x_2 + \beta_3 x_3 + \beta_4 x_4 + \beta_5 x_5 + \varepsilon$。

(1) 请给出 CEO 年薪只与公司的报表收益和市场表现线性相关的零假设和备择假设。给出假设检验需要的限制模型和检验统计量。

(2) 假定通过上述 50 家公司的数据计算得到的 β_1 的估计值为 0.3，相应的统计量为 $t = 1.5$，如果研究者又进一步随机地收集到了更多的数据，共计收集了 200 家上市公司的数据，使用 200 家公司的数据重新估计模型，请判断系数的估计值是否会改变，t 统计值大概是多少，模型的调整 R^2 是否会改变。如果会改变，给出变化的关系。

(3) 请讨论在上面的模型中，如果公司的收益存在盈余管理，可能会对估计的结果产生什么影响，请说明理由。指出在什么假设条件下，即使存在自变量的度量误差也不影响估计的无偏性。

2016年北京大学光华管理学院431金融硕士初试真题
（三选二之金融统计卷）

【微观经济学】

1. 假定市场有甲、乙两个消费者，并且有两种商品：馅饼 X_1 和其他商品 X_2。甲、乙两个消费者具有相同的偏好：$U(X_1, X_2) = X_1^{0.5} X_2^{0.5}$，其中 X_1 的价格是 10 元，X_2 的价格是 1 元，甲、乙均有 $I=100$ 元的收入。乙有一张 X_1 的折扣券，折扣券只能使用一次，可以按 50% 的折扣购买任意数量的 X_1，甲没有折扣券。

(1) 试求甲、乙两消费者的最优消费决策。

假设甲可以支付给乙一笔费用购买乙的折扣券，那么请回答下面问题：

(2) 甲最高愿意支付多少钱给乙购买折扣券？

(3) 乙最低索取多少钱才会转让自己的折扣券？

(4) 甲、乙之间是否有达成折扣券交易的可能？

2. 一垄断厂商生产两种产品，各自的市场需求函数如下：$D_1(p_1) = \dfrac{3-p_2}{p_1^2}$，$D_2(p_2) = \dfrac{3-p_1}{p_2^2}$，当销售了 y_1 单位的商品 1 和 y_2 单位的商品 2 以后，厂商的成本函数是 $C(y_1, y_2) = y_1 + y_2$。

(1) 两商品之间是互补品还是替代品？

(2) 求厂商的利润（表示成 p_1，p_2 的函数）。

(3) 若商品 1 受价格管制 $p_1 = 1$，p_1 处于 0~3。厂商为了实现利润最大化，p_1 应该是多少？

(4) 若厂商能让两商品保持相同的价格，即 $p_1 = p_2 = p$，求最优的价格 p。

3. 某消费者有今天和明天两期的商品消费，假设此消费者在今天的消费量为 C_0，在明天的消费量为 C_1，两期的价格均是 1。假设该消费者今天的收入 $I_0 = 100$，设明天的收入为 I_1，消费者的效用函数是 $U(C_0, C_1) = \ln C_0 + \ln C_1$，消费者可以选择在今天储蓄，但是不能借钱（假设利率为 0），求：

(1) 若明天的收入是 $I_1 = 34$，求此消费者的最佳消费量决策。

(2) 若消费者明天存在两种收入可能，50% 的可能 $I_1 = 100$，50% 的可能 $I_1 = 0$。此时消费者期望效用最大的决策是什么？

4. 谷歌和百度在市场上进行质量竞争，谷歌的质量是 r_1，百度的质量是 r_2。质量分别介于 0~5 之间。谷歌的收入函数为 $200[0.5 + 0.05(r_1 - r_2)]$，成本为 $C_1 = r_1^2$；百度的收入函数为 $200[0.5 - 0.05(r_1 - r_2)]$，成本为 $C_2 = 1.25 r_2^2$。

试求：

(1) 假设百度收购了谷歌，那么利润最大时的 r_1、r_2 分别是多少？

(2) 假设谷歌和百度进行寡头竞争，r_1 和 r_2 是多少？各自利润分别为多少？总的质量是多少？和（1）的总质量相比如何？

(3) 谷歌有一个投资计划，投入 60 单位的费用进行宣传和市场推广，投资之后的市场结构会发生变化，即谷歌的收入函数变为 $200[0.75+0.05(r_1-r_2)]$，百度的收入函数变为 $200[0.25-0.05(r_1-r_2)]$，假设各自成本不变。请问谷歌会做这项投资吗？

5. 在一个完全竞争的钢铁市场，市场的需求函数是 $P_D=20-Q$，市场的供给 $P_S=2+Q$。炼钢企业的污染边际损耗是 $MD=0.5Q$，即生产 Q 单位的社会污染成本。

(1) 画出需求曲线、供给曲线、边际损耗曲线以及社会的边际成本曲线。
(2) 如果不对污染采取措施，那么市场的均衡价格和产量是多少？
(3) 社会的最优产量和成本是多少？
(4) 污染产生的外部性带来的社会福利损失是多少？
(5) 能否通过对每单位产量征税达到社会最优产量水平？如果可以，试求出收费。

【金融学】

1. 什么是金融脱媒？为什么 20 世纪 70 年代美国会出现金融脱媒，以及为什么近期中国又会出现金融脱媒？

2. 中央银行向商业银行发放了 10 亿元贷款，商业银行的超额准备金为 0。定期存款和其他储蓄是活期存款的 200%，定期存款和其他储蓄的法定准备金率为 10%，活期存款的法定准备金率为 20%，现金漏出率为 20%。发放贷款后，M_1 的变化是多少？M_2 的变化又是多少？

3. 有一份 6 个月后到期的远期合约，标的股票当前价格为 40 元，第 2 个月和第 5 个月分别发放 1 元的现金股利。
(1) 求远期价值。
(2) 求当前的远期价值。
(3) 如果 3 个月后股票价格为 45 元，求远期价值。

4. 公司去年的 EBIT 为 150 万元，以后三年保持年 20% 的增长率，ROA 和资本成本分别为 20% 和 12%。三年后增长放缓，增长率保持在 4%，ROA 和资本成本为 12% 和 10%。公司所得税税率为 40%。
(1) 求前三年的自由现金流（EBIT 减去税和再投资）现值。
(2) 用自由现金流折现的方法计算公司价值。

5. (1) 解释什么是信息不对称。
(2) 解释什么是道德风险和逆向选择。
(3) 为什么道德风险和逆向选择与信息不对称有关？并各举一个例子。
(4) 银行在进行贷款决策时会面临何种信息不对称问题？会带来什么后果？有什么解决措施？
(5) 企业在进行融资决策（股权还是债券融资）时也会面临信息不对称问题，企业面临的是何种信息不对称问题？会带来什么后果？有什么解决措施？如果不存在信息不对称问题，资本结构是否会影响公司价值？

【统计学】

1. 设总体分布为泊松分布 $P(\lambda)$，X_1，X_2，$\cdots$，X_n 为其样本。求参数 λ 的矩估计并验证其统计学性质。

2. 某老师做研究生成绩 grade 对平时成绩 cGPA 和逃课率 skipped 的回归如下：
$$\text{grade} = \alpha_0 + \alpha_1 \text{cGPA} + \alpha_2 \text{skipped} + \varepsilon$$
$$(0.33)\ (0.094)\ \ (0.021)$$

样本容量 $n=141$，$R^2=0.234$，$\hat{\alpha}_2=0.36$。

（1）为什么要选择 cGPA 作自变量？

（2）当显著性水平为 1% 时，skipped 对 grade 有无显著影响？

（3）当显著性水平为 1% 时，cGPA 和 skipped 是否同时对 grade 无显著影响？

3. 设随机变量 X 与 Y 相互独立，且 $X \sim \chi^2(m)$，$Y \sim \chi^2(n)$。试求 $F = \dfrac{X}{X+Y}$ 的分布。

4. $r_t = \alpha + \beta \cdot r_m + \varepsilon_t$ 为股票市场回报率的回归方程。

（1）在什么假设下 β 的 OLS 估计量是无偏的？给出严格的数学证明。

（2）上述假设在实际中成立吗？为什么？

2015年北京大学光华管理学院431金融硕士初试真题
（三选二之金融统计卷）

【微观经济学】

1. 你有固定资产25 000，其中20 000用于购买新车，新车有5%的概率出事故，导致车的价值变为40 000，你的效用函数为$U(w) = \frac{1}{2}w$，问：

（1）你是风险规避者、风险爱好者还是风险中立者？解释原因。

（2）如果你可以购买保险，请问你愿意支付的最高保险费是多少？用数学公式和图解的方式给出。

（3）公平的保费是多少？

（4）结合（2）和（3），请问，保险市场存在交易吗？请说明根本原因。

2. 一个厂商的生产函数为$f(x_1, x_2) = \min\{x_1, x_2\}^a (a>0)$，$x_1$、$x_2$为生产要素，要素价格分别为$w_1=10$，$w_2=30$，产品的价格为$p=50$，问：

（1）该生产厂商的生产函数是规模递增、规模递减还是规模不变的？

（2）在利润最大化的条件下，x_1、x_2的要素需求函数是什么？

（3）求成本函数。

（4）a的取值对于（2）、（3）的结果有什么影响？

3. 两个人合伙经营一家公司，公司的收益取决于两个人的努力程度，两个人的努力程度分别为e_1、e_2（e_1、$e_2>0$），每个人的努力是有成本的，成本函数为$C(e_1) = \frac{1}{2}e_1^2$，公司的收入为$R = e_1 + e_2 + 0.5e_1e_2$，问：

（1）若两人采取合作共赢策略，此时$\pi = R(e_1, e_2) - C(e_1) - C(e_2)$，求利润最大化时的$e_1$、$e_2$。

（2）若两人平分收入，每个人只考虑自己的努力程度，求最大化时的纯策略均衡$\pi_1 = R(e_1, e_2) - C(e_1)$。

（3）在（2）中若两人同时签订了契约：若公司收入大于6，两人就平分收入；若小于6，两人不获得收入（公司的收入捐献给慈善机构）。证明在此情况下（1）为纯策略纳什均衡。

4. 小李和小王博弈，小李首先开始行动，他可以选择H或者L。小王无法观测到小李的行为，但是他可以获得信号h与l，并有如下分布：

$\Pr(h|H) = p, \Pr(l|H) = 1-p, \Pr(h|L) = q, \Pr(l|L) = 1-q$。在观测信号$h$与$l$上，小王可以选择$A$或$B$，矩阵如表1所示。

表1 小李和小王的收益矩阵

行动组合	小李的收益	小王的收益
HA	5	2
HB	2	1
LA	6	1
LB	4	2

(1) 若 $p=1$,$q=0$,求小王的所有可能的策略、收益矩阵以及纯策略纳什均衡。

(2) 若 $p<1$,$q>0$,求小王的所有可能的策略。

(3) 若 $p=1$,$q>0$,求小王的所有可能的策略。

5. 若国际卫星电视转播公司要在北京、天津两市开设电视转播产品,已知此产品在北京和天津的需求函数为 $Q_{BJ}=60-0.25P_{BJ}$,$Q_{TJ}=100-0.5P_{TJ}$,项目成本为 $Q=Q_{BJ}+Q_{TJ}$,$C=1\,000+40Q$,回答下列问题:

(1) 求利润最大化时北京、天津的产品定价以及销量。

(2) 若北京、天津两地定价相同,求定价以及销量。

(3) 以上两种情况,哪种情况的利润最大?以消费者剩余计算两地消费者更喜欢哪种情况并说明原因。

【金融学】

1. 某公司发行 2 000 000 元票面利率为 6% 的永久债券以回购股票。发行前,此公司为全股权公司,拥有股权 10 000 000 元,流通股 500 000 股。发行后,公司将永久保持新的资本结构,且目前的税前利润为 1 500 000 元。假如公司盈利保持不变,公司所得税税率为 40%。

(1) 求回购前公司的加权平均资本成本。

(2) 求公司可以回购多少股票以及股票回购后的加权平均资本成本。

2. A 公司收购 B 公司。A 公司拥有股权 1 000 万股,B 公司拥有股权 600 万股。A 公司价值 2 000 万元,B 公司价值 600 万元。兼并后公司价值 3 000 万元。

(1) 若 A 公司用现金收购 B 公司,需要多少现金?

(2) 若 A 公司用股权收购 B 公司,需要多少股票?

3. 有一个关于股票二叉树的期权定价模型如图 1 所示,已知无风险利率 $r_f=0.1$。

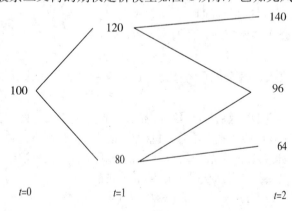

图 1 股票二叉树的期权定价模型

(1) 求 $t=0$ 时刻欧式看跌期权($t=2$ 到期,合约执行价 $K=104$)的价格。

(2) 求 $t=0$ 时刻美式看跌期权($t=2$ 到期,合约执行价 $K=104$)的价格。

4. 有两只股票 A 和 B,A 的平均收益率为 6%,方差为 10%;B 的平均收益率为 8%,方差为 10%;A 和 B 的相关系数为 0.05%。

(1) 求由股票 A 和股票 B 组成的最小方差证券组合及其方差。

(2) 若组合中股票 A 占比 50%,股票 B 占比 50%,用无风险利率借贷,自制杠杆为

2（50%债务融资），求投资组合回报的方差。

5. 2007年全球金融危机席卷全球金融市场。为应对危机，部分国家中央银行实行了量化宽松政策。

(1) 简述中央银行的货币政策工具以及各工具的直接效果。

(2) 评述以上工具的优缺点。

(3) QE有哪些具体方式？它和传统的货币政策有哪些区别？简述其对经济的正面及负面影响。

【统计学】

1. 研究两只股票的收益率，第一只收集了100天的数据，均值为1.25%，方差为0.83%；第二只收集了50天的数据，均值为1%，方差为0.67%。

(1) 在5%的显著性水平下，检验两只股票收益率是否相等。

(2) 求两只股票对数收益率的90%置信区间。$\left(\text{对数收益率为} \ln \frac{P_t}{P_{t-1}}\right)$

2. $Y = \hat{\beta}_0 + \hat{\beta}_1 X + \hat{\beta}_2 Z + e$，$\hat{\beta}_0$，$\hat{\beta}_1$，$\hat{\beta}_2$，$S_{\hat{\beta}_0}$，$S_{\hat{\beta}_1}$，$S_{\hat{\beta}_2}$ 给出。

(1) 给定显著性水平为5%，检验 β_1 是否显著。

(2) 给定显著性水平为1%，检验所有解释变量是否联合显著。

(注：真题回忆不全。)

3. 两种资产A和B，其收益率均服从正态分布，$r_A \sim N(\mu, \theta_1^2)$，$r_B \sim N(\mu, \theta_2^2)$，相关系数 $\rho = \frac{1}{\varepsilon}$。

(1) 求投资组合A+B收益率的分布。

(2) 在所有收益率均为 μ 的投资组合中，找出方差最小的组合。

4. 为了研究一个经济学问题，给出两个回归模型：
$$C = \beta_0 + \beta_1 \text{prot} + \varepsilon, \quad C = \alpha_0 + \alpha_1 \text{prot} + \alpha_2 \text{size} + \mu$$

(1) 说明 β_1、α_1 的意义。

(2) 问在什么情况下有 $\hat{\beta}_1 = \hat{\alpha}_1$？

2018年北京大学光华管理学院431金融硕士初试真题解析
（三选二之金融统计卷）

【微观经济学】

1. 【解析】（1） $p_1 x_1 + p_2 x_2 = 0$。

   （2）
   $$\min\{E(C_1), E(C_2)\}$$
   $$\text{s. t. } p_1 x_1 + p_2 x_2 = 0$$

   已知 $C_1 = y_1 + x_1$，$C_2 = y_2 + x_2$，$E(C_1) = y_1 + x_1$，$E(C_1) = \frac{1}{2}(y_H + y_L) + x_2$，解得 $x_1 = \frac{p_2}{p_1 + p_2}\left(\frac{y_H + y_L}{2} - y_1\right)$。

   （3）因为（2）中关于 x_1 的表达式 $p_2/(p_1 + p_2)$ 为正，y_H 和 y_L 的平均值不是恒小于 y_1，所以 x_1 不一定为负。

   （4）因为 p_1、p_2 翻倍不会导致 $p_2/(p_1 + p_2)$ 发生变化，所以对 x_1 没有影响。

2. 【解析】$\pi_i = (P_i - C_i)(1 - P_i + k\sum P_j)$，$j \neq i, j = 1, 2, 3$。

   对公司1有
   $$\pi_1 = (P_1 - C_1)(1 - P_1 + kP_2 + kP_3)$$
   $$\frac{\partial \pi_1}{\partial P_1} = (1 - P_1 + kP_2 + kP_3) - P_1 + C_1 = 0$$
   $$\frac{\partial^2 \pi_1}{\partial P_1^2} = -2 < 0$$

   所以有
   $$\begin{cases} 2P_1 - kP_2 - kP_3 = C_1 + 1 \\ -kP_1 + 2P_2 - kP_3 = C_2 + 1 \\ -kP_1 - kP_2 + 2P_3 = C_3 + 1 \end{cases}$$

   解得 $P_1 = \frac{(2-k)C_1 + kC_2 + kC_3 + 2 + k}{(2+k)(2-2k)}$，$P_2 = \frac{kC_1 + (2-k)C_2 + kC_3 + 2 + k}{(2+k)(2-2k)}$，

   $P_3 = \frac{kC_1 + kC_2 + (2-k)C_3 + 2 + k}{(2+k)(2-2k)}$，$\pi_1 = \left[\frac{(2-k)C_1 + kC_2 + kC_3 + 2 + k}{(2-2k)(2+k)} - C_1\right]^2$。

   同理，π_2，π_3 亦可写出。

3. 【解析】（1）根据题意，小丽的效用函数为 $u = x + y$，小贾的效用函数为 $u = \max\{x, y\}$，则可用无差异曲线在埃奇沃思盒状图中将两人的偏好表示为

   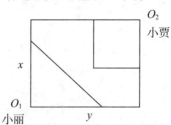

   （2）均衡价格 $\frac{p_x}{p_y} = 1$。

（3）可能的均衡情况有如下几种。

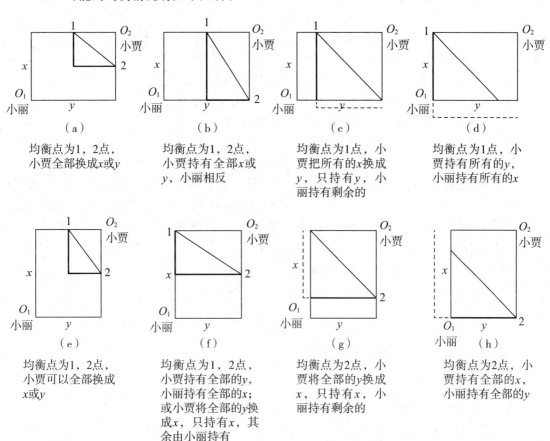

(a) 均衡点为1，2点，小贾全部换成x或y

(b) 均衡点为1，2点，小贾持有全部x或y，小丽相反

(c) 均衡点为1点，小贾把所有的x换成y，只持有y，小丽持有剩余的

(d) 均衡点为1点，小贾持有所有的y，小丽持有所有的x

(e) 均衡点为1，2点，小贾可以全部换成x或y

(f) 均衡点为1，2点，小贾持有全部的y，小丽持有全部的x；或小贾将全部的y换成x，只持有x，其余由小丽持有

(g) 均衡点为2点，小贾将全部的y换成x，只持有x，小丽持有剩余的

(h) 均衡点为2点，小贾持有全部的x，小丽持有全部的y

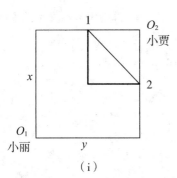

(i) 均衡点为1，2点，小贾可以全部换成x或全部换成y

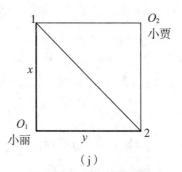

(j) 均衡点为1，2点，小贾只持有y，小丽只持有x，或小贾只持有x，小丽只持有y

4.【解析】（1）小丽捐赠的最优问题为
$$\max V_L = 0.5\ln X_L + 0.5\ln(S_L + S_J)$$
$$\text{s.t. } X_L + S_L = 200$$

小贾捐赠的最优问题为
$$\max V_J = 0.5\ln X_J + 0.5\ln(S_L + S_J)$$
$$\text{s.t. } X_J + S_J = 100$$

解得 $S_L = 100$，$S_J = 0$。

(2) 总座椅数的社会最优解为
$$\max V_L + V_J$$
$$s.t. \ X_L + X_J + S_L + S_L = 300$$
解得 $S = S_L + S_J = 150$。

之所以与（1）结果不同，是因为本题所求为社会整体最优解，而前一问所求为个人最优解，这是由目标不一致造成的，社会最优不一定个人最优。

(3) 小丽和小贾补偿预算约束的表达式分别为
$$X_L + P_S \cdot S_L = 200 + (P_S - 1) S_L$$
$$X_J + P_S \cdot S_J = 100 + (P_S - 1) S_J$$

对于小丽和小贾而言，如果在价格变动之后依旧希望消费原有的消费束，那么只要补偿给他们 $C_L = (P_S - 1)S_L, C_J = (P_S - 1)S_J$，就可以使他们恰好能消费得起原来的消费束，这种过程补偿了其由于价格变动所导致的购买力变动，因此被称为补偿预算约束。

(4) 根据题意，可知

小丽 $\max V_L = 0.5\ln x_L + 0.5\ln(S_L + S_J)$
     $s.t. \ X_L + P_S \times S_L = 200 + C_L$

小贾 $\max V_J = 0.5\ln x_J + 0.5\ln(S_L + S_J)$
     $s.t. \ X_J + P_S \times S_J = 100 + C_J$

解得 $S_L = \dfrac{200}{P_S + 1}, S_J = \dfrac{100}{P_S + 1}$

反需求函数：$P_S = \dfrac{200}{S_L} - 1, P_S = \dfrac{100}{S_J} - 1$。

社会需求函数：$P_S = \dfrac{300}{S} - 2$。

(5) 令 $P_S = P_X = 1$，赋值代入 $P_S = \dfrac{300}{S} - 2$，得 $S = 100$。（由于题目中没有说 P_X 的变化，所以第（4）问已经在预算线中代入了 $P_X = 1$，只剩下 P_S，最后就只代入了 $P_S = 1$。）

与（2）结果不同，主要是由于这种公共品占收入的份额比较大，我们的计算方法中没有考虑到竖向加总所代表的共同购买对禀赋的增加。

【金融学】

1.【解析】(1) 在并购后，AQ 公司占比为 3/4，target 公司占比为 1/4，所以 $\beta = 3/4 \times 1.5 + 1/4 \times (-2) = 0.625$。

(2) 并购成功后，新公司中
$$\sigma^2 = \left(\dfrac{3}{4}\right)^2 \sigma_{AQ}^2 + \left(\dfrac{1}{4}\right)^2 \sigma_{target}^2 + 2 \times \dfrac{3}{4} \times \dfrac{1}{4} \times (-0.3) \sigma_{AQ} \sigma_{target} = 0.0445$$

2.【解析】(1) $\begin{cases} 6\% + F_1 + 1.5F_2 + (-2)F_3 = 21\% \\ 6\% + 0.2F_1 + 2.7F_2 + 0.2F_3 = 63\% \\ 6\% - F_1 + 2.5F_2 + 3F_3 = 81\% \\ 6\% + 4F_1 - 1.5F_2 + 2F_3 = 16\% \end{cases} \Rightarrow \begin{cases} F_1 = 5\% \\ F_2 = 20\% \\ F_3 = 10\% \end{cases}$。

(2) 收益率 $= 6\% + 5\%\beta_1 + 20\%\beta_2 + 10\%\beta_3$。

(3) 由 $4\% = 0.2 \times 5\% + 0.15 \times 20\% + \beta_3 \times 10\%$，所以 $\beta_3 = 0$。

(4) 由 $\alpha=18\%-6\%-0.4\times35\%=-2\%<0$，所以可卖 E 套利。

设 A、B、C、D 比重分别为 w_1、w_2、w_3、w_4，则

$$\begin{cases} w_1+w_2+w_3+w_4=1 \\ w_1+0.2w_2-w_3+4w_4=0.4 \\ 1.5w_1+2.7w_2+2.5w_3-1.5w_4=0.4 \\ -2w_1+0.2w_2+3w_3+2w_4=0.4 \end{cases}$$

得 $w_1=0.13$，$w_2=0.95$，$w_3=-0.18$，$w_4=0.10$。

3. 【解析】(1) $P=\dfrac{\text{DIV}_1}{r-g}=\dfrac{10}{7\%-2\%}=200$（元）。

(2) $P_1=P(1+g)=204$ 元。

(3) $r=\dfrac{\text{DIV}_1}{P}+g=\dfrac{10}{200}+2\%=7\%$。

4. 【解析】在完备市场下，美式看涨期权不会被行权。我们只需要证明美式看涨价格 C_t 永远大于等于行权价格 S_t-K 即可。也就是说，与其行权，不如把期权转手卖给别人。

现在证明 $C_t>S_t-K$。假设它不成立，那么在 u 时刻，我们有 $C_u<S_u-K$，也就是 $S_u-C_u-K>0$。那么我们可以采取下述策略来获得无风险套利。

(1) 在 u 时刻，卖空一个 S，买入美式看涨期权，将 K 部分现金存入银行。因为 $S_u-C_u-K>0$，所以我们此刻还会有结余，这部分就是我们的无风险利润。

(2) 在 u 与到期日 T 之间，如若 S 的价格超过了 K，那么行使美式期权 C，我们将 K 从银行取出，获得一部分利率，然后使用 K 来按照 C 买入 S，接着用买来的 S 平掉空头仓。

这样，我们获得的无风险利润是 u 时刻的 S_u-C_u-K，以及行权时刻的 K 的利息。

5. 【解析】(1) $w_A=\dfrac{(R_A-R_f)\sigma_m^2-(R_m-R_f)\rho_{Am}\sigma_A\sigma_m}{(R_A-R_f)\sigma_m^2+(R_m-R_f)\sigma_A^2+(R_A+R_m-2R_f)\rho_{Am}\sigma_A\sigma_m}$。

(2) 由 $\beta_A=\dfrac{\rho_{Am}\sigma_A\sigma_m}{\sigma_m^2}=1$，则 $\rho_{Am}\sigma_A=\sigma_m$，故

$$w_A=\dfrac{R_A-R_f+R_m-R_f}{(R_A-R_f)+(R_m-R_f)\dfrac{\sigma_A^2}{\sigma_m^2}+R_A+R_m-2R_f}$$

【统计学】

1. 【解析】(1) 若随机变量 X 和 Y 的协方差为零，即

$$\text{cov}(X,Y)=E[(X-EX)(Y-EY)]=E(XY)-EX\cdot EY=0$$

则称 X 和 Y 无关，表示 X 和 Y 无线性相关关系。

(2) 设随机变量 (X,Y) 的联合分布为 $F(x,y)$，边缘分布函数为 $F_X(x)$，$F_Y(y)$，若对任意实数 x，y，有

$$P\{X\leqslant x,Y\leqslant y\}=P\{X\leqslant x\}\cdot P\{Y\leqslant y\},\text{ 即 } F(x,y)=F_X(x)F_Y(y)$$

则称 X 和 Y 独立。等价于：

X 和 Y 为连续随机变量，若有 $P(x,y)=P_X(x)P_Y(y)$，则称 X 和 Y 独立；

X 和 Y 为离散随机变量，对 (X,Y) 所有可能取值 (x_i,y_j) 都有 $P\{X=x_i,Y=y_j\}=P\{X=x_i\}\cdot P\{Y=y_j\}$，则称 X 和 Y 独立。

独立性表示两个随机变量之间无任何影响。

（3）若 X 和 Y 无关，则 X 和 Y 不一定独立。以连续场合为例，由 X 和 Y 无关，只能得出 $E(XY)=EX \cdot EY$，无法得到 $P(x,y)=P_X(x)P_Y(y)$，故 X 和 Y 不一定独立。但反之，由 X 和 Y 独立，得 $P(x,y)=P_X(x)P_Y(y)$，可以推出 $E(XY)=EX \cdot EY$，即 X 和 Y 无关。

2.【解析】（1）由 $\min Q = \sum(y-\hat{b}x)^2$ 得正规方程 $\sum(y-\hat{b}x)x=0$，解得 $\hat{b}=\dfrac{\sum xy}{\sum x^2}$。

（2）因为 $y_i \sim N(bx_i, c^2)$，且诸 y_i 相互独立，故 $\hat{b}=\dfrac{\sum xy}{\sum x^2}=\sum \dfrac{x}{\sum x^2}y$ 服从正态分布

$$E\hat{b} = \sum \dfrac{x}{\sum x^2} Ey_i = \sum \dfrac{bx^2}{\sum x^2}$$

$$D\hat{b} = \sum \left(\dfrac{x}{\sum x^2}\right)^2 Dy_i = \dfrac{c^2 \sum x^2}{(\sum x^2)^2} = \dfrac{c^2}{\sum x^2}$$

故 $\hat{b} \sim N\left(b, \dfrac{c^2}{\sum x^2}\right)$。

（3）记 $\text{ESS}=\sum(y-\hat{b}x)^2$，由统计学知识可得 $\dfrac{\text{ESS}}{c^2} \sim \chi^2(n-2)$，且 $\hat{b}$ 与 ESS 独立。

对假设 H_0：$b=0$；H_1：$b>0$。构造检验统计量

$$t=\dfrac{(\hat{b}-b)\sqrt{\sum x^2}}{\sqrt{\text{ESS}/(n-2)}}$$

当 H_0 成立时，$t=\dfrac{\hat{b}\sqrt{\sum x^2}}{\sqrt{\text{ESS}/(n-2)}} \sim t(n-2)$。

给定显著性水平 α，拒绝域为 $W=\{t \geq t_{1-\alpha}(n-2)\}$。

将样本数据代入，得到检验统计量的值，若落入拒绝域内，则拒绝原假设；若未落入拒绝域内，则不能拒绝原假设。

3.【解析】设 N 家企业中，企业主为男性、女性的分别有 N_1、N_2 家；M 家违规企业中，企业主为男性、女性的分别有 M_1、M_2 家。

记属性 A 为企业主的性别，属性 B 为企业是否违规，$P(A_iB_j)=p_{ij}$；$i=1,2$；$j=1,2$。如表 1 所示。

表1　2×2 维列联表

性别	违规/B_1	未违规/B_2	
男/A_1	$n_{11}=M_1$	$n_{12}=N_1-M_1$	$n_{1\cdot}=N_1$
女/A_2	$n_{21}=M_2$	$n_{22}=N_2-M_2$	$n_{2\cdot}=N_2$
	$n_{\cdot 1}=M$	$n_{\cdot 2}=N-M$	$n=N$

待检验的假设为 H_0：$p_{ij}=p_{i\cdot}p_{\cdot j}$；$H_1$：$p_{ij} \neq p_{i\cdot}p_{\cdot j}$。构建检验统计量 $\chi^2=$

$\sum_{i=1}^{2}\sum_{j=1}^{2}\frac{(n_{ij}-n\hat{p}_{ij})^2}{n\hat{p}_{ij}}$，式中 $\hat{p}_{ij}=\hat{p}_{i\cdot}\cdot\hat{p}_{\cdot j}$，$\hat{p}_{i\cdot}=\frac{n_{i\cdot}}{n}$，$\hat{p}_{\cdot j}=\frac{n_{\cdot j}}{n}$ 分别为 p_{ij}，$p_{i\cdot}$，$p_{\cdot j}$ 的极大似然估计。

当 H_0 成立时，$\chi^2 \overset{\cdot}{\sim} \chi^2(1)$，给定显著性水平 α，拒绝域为 $W=\{\chi^2 \geqslant \chi^2_{1-\alpha}(1)\}$。

将相应数据代入，得到检验统计量的值，若落入拒绝域内，则拒绝原假设，认为企业主的性别（男、女）与违规行为有关；若未落入拒绝域内，则接受原假设，认为企业主的性别（男、女）与违规行为无关。

4.【解析】设两只股票连续两次交易的时间间隔为 $X \sim P(\lambda_1)$，$Y \sim P(\lambda_2)$，X 和 Y 独立。样本分别为 $X_1, X_2, \cdots, X_m$ 和 $Y_1, Y_2, \cdots, Y_n$，样本均值分别为 $\overline{X}$，$\overline{Y}$。则待检验的假设为

$$H_0: \lambda_1=\lambda_2; \quad H_1: \lambda_1 \neq \lambda_2$$

由题意可知样本容量足够大，由中心极限定理得

$$\overline{X} \overset{\cdot}{\sim} N\left(\lambda_1, \frac{\hat{\lambda}_1}{m}\right), \quad \overline{Y} \overset{\cdot}{\sim} N\left(\lambda_2, \frac{\hat{\lambda}_2}{n}\right)$$

式中 $\hat{\lambda}_1$、$\hat{\lambda}_2$ 分别为 λ_1、λ_2 的极大似然估计 $\overline{X}$、$\overline{Y}$。

又 $\overline{X}$，$\overline{Y}$ 独立，故 $\overline{X}-\overline{Y} \overset{\cdot}{\sim} N\left(\lambda_1-\lambda_2, \frac{\hat{\lambda}_1}{m}+\frac{\hat{\lambda}_2}{n}\right)$。

对于假设 $H_0: \lambda_1=\lambda_2=\lambda$ 和 $H_1: \lambda_1 \neq \lambda_2$，构造检验统计量 $T=\dfrac{\overline{X}-\overline{Y}}{\sqrt{\dfrac{\hat{\lambda}}{m}+\dfrac{\hat{\lambda}}{n}}}$，$\hat{\lambda}$ 为当 X_1, $X_2, \cdots, X_m$ 和 $Y_1, Y_2, \cdots, Y_n$ 来自同一个分布 $P(\lambda)$ 时，λ 的极大似然估计为 $\dfrac{m\overline{X}+n\overline{Y}}{m+n}$。

在 H_0 成立的条件下，有 $T=\dfrac{\overline{X}-\overline{Y}}{\sqrt{\dfrac{\hat{\lambda}}{m}+\dfrac{\hat{\lambda}}{n}}} \overset{\cdot}{\sim} N(0,1)$。

给定显著性水平为 α，拒绝域为 $W=\{|T| \geqslant u_{1-\frac{\alpha}{2}}\}$。

代入相应数据，得到检验统计量的值，若落入拒绝域内，则拒绝原假设，认为这两只股票不服从同一泊松分布；若未落入拒绝域内，则接受原假设，这两只股票服从同一泊松分布。

5.【解析】（1）不合适。样本容量太小，未达到大样本的要求（30 以上），故不能利用中心极限定理得到随机干扰项的近似正态性，建立在此基础上的系数检验和方程总体显著性检验都不成立。

（2）参考 2017 年真题第四题。

（3）四个解释变量之间存在多重共线性。这四个解释变量联合起来对被解释变量有显著影响，故模型的 R^2 不低，但多重共线性使系数估计量的标准误被放大，从而使系数显著性 t 检验不通过。

对于多重共线性问题，可以通过以下方法改进：

①逐步回归，将原来的解释变量逐步加入模型，进行回归分析，保留使模型的 R^2 显著变化的解释变量。

②对模型进行差分变换，一般来说，增量之间的共线性要比总量之间的共线性弱。

2017年北京大学光华管理学院431金融硕士初试真题解析
（三选二之金融统计卷）

【微观经济学】

1.【解析】(1) 存在。设牛肉价格为 p，胡萝卜价格为 1，则有
$$\max V = b^{0.5} c^{0.5}$$
$$\text{s. t. } pb + c = 2p + 3$$
$$b = \frac{2p+3}{2p}, \quad c = \frac{2p+3}{2}$$

令 $b=2$，得 $p=\frac{3}{2}$。

(2) 不存在，$U=\min\{b, c\}$ 的最优点在 $b=c$ 处实现，由于初始 $b \neq c$，故无法实现直接消费其禀赋。

(3) 可以用线性偏好，因为此时收入效应全部体现在牛肉面上。如图1所示。

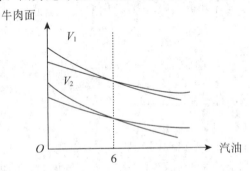

图1　护林员甲的线性偏好

2.【解析】(1) 农民的最优问题为
$$\max U = 0.8\ln C_1 + 0.2\ln C_2$$
$$\text{s. t. } s + 2i = 10\ 000$$

式中 $C_1 = 10s^{0.5}$，$C_2 = i$。

上述问题可化为
$$\max U = 0.8\ln 10 + \ln s^{0.4} i^{0.2}$$
$$\text{s. t. } s + 2i = 10\ 000$$

所以 $s = \frac{20\ 000}{3}, \quad i = \frac{50\ 00}{3}$。

(2) 最优时，$\max U = \min\{\ln C_1, \ln C_2\}$，有 $\ln C_1 = \ln C_2$，即 $C_1 = C_2$，$10\sqrt{s} = i$。又因为 $s + 2i = 10\ 000$，代入解得 $s = 8\ 910.25, i = 905$。

3.【解析】(1) 最优化问题为
$$\max \pi = 120(x_A + x_B) - 3x_A^2 - 5x_B^2 - 10x_B$$
$$\frac{\partial \pi}{\partial x_A} = 120 - 6x_A = 0$$

$$\frac{\partial \pi}{\partial x_B}=120-10x_B-10=0$$

所以 $x_A=20$，$x_B=11$。

(2) ①设税率为 t_A，则对 A 有

$$\max \pi_A=t_A x_A-3x_A^2$$

$$\frac{d\pi_A}{dx_A}=t_A-6x_A=0$$

$$x_A=20,\ t_A=120$$

设税率为 t_B，则对 B 有

$$\max \pi_B=t_B x_B-5x_B^2-10x_B$$

$$\frac{d\pi_B}{dx_B}=t_B-10x_B-10=0$$

$$x_B=11,\ t_B=120$$

故应对 A，B 都征税 $t=120$。

② A 面临 $\quad \max \pi_A=120x_A-3x_A^2$

$$\frac{d\pi_A}{dx_B}=120-6x_A=0$$

B 面临 $\quad \max \pi_B=120x_B-5x_B^2-10x_B$

$$\frac{d\pi_B}{dx_B}=120-10x_B-10=0$$

一阶条件与（1）中完全相同，得到的最优减排量也相同。

(3) 整个社会福利可表示为 $W=120(x_A+x_B)-3x_A^2-5x_B^2-10x_B$，则

$$\left.\frac{\partial W}{\partial x_A}\right|_{x_A=1}=120-6x_A=114>0$$

$$\left.\frac{\partial W}{\partial x_B}\right|_{x_B=1}=120-10x_B-10=100>0$$

这说明继续减排仍会提高社会福利，即该建议不是最有效率的。

【金融学】

1. 【解析】设投资者现在买入 C_1 与 C_3，卖空两个 C_2，成本为 $C_1+C_3-2C_2$。
在 T 时刻：
若 $S_T \leq X_1$，则收入为 0；
若 $X_1 < S_T \leq X_2$，则收入 $S_T-X_1>0$；
若 $X_2 < S_T \leq X_3$，则收入 $S_T-X_1-2(S_T-X_2)=X_2-X_1-(S_T-X_2)$。
由 $X_3-X_2=X_2-X_1$，$S_T \leq X_3$，所以 $X_2-X_1-(S_T-X_2) \geq 0$。
又 $S_T>X_3$，收入 $S_T-X_1-2(S_T-X_2)+(S_T-X_3)=X_2-X_1-(X_3-X_2)=0$。
综上，无论 S_T 多大，T 时刻该组合收益恒不为负，$C_1+C_3-2C_2 \geq 0$。

2. 【解析】设 $R=R_f+\beta(R_m-R_f)$，代入 A、B、C 三只股票，解得 $\begin{cases}R_f=5\%\\ R_m-R_f=5\%\end{cases}$，
即无风险利率是 5%，市场风险溢价为 5%。

3. 【解析】(1) $T_A=\dfrac{8.8\%+1.05\%}{1.1}=8.95\%$，$T_B=\dfrac{6.4\%+2.1\%}{0.8}=10.625\%$。

$\alpha_A = 1.05\%$, $\alpha_B = 2.1\%$; $S_A = \dfrac{8.8\% + 1.05\%}{21.6\%} = 0.46$, $S_B = \dfrac{6.4\% + 2.1\%}{24.9\%} = 0.34$。

(2) 若只单独投资于一种，那么应该选择 A 股票。以夏普比率为依据，因为它衡量了一单位风险得到的风险报酬，而 $S_A > S_B$，故应投资 A 股票。

若选择加入一种证券，计算信息比率 $I_A = \dfrac{\alpha_A}{\sigma(e_A)} = \dfrac{1.05\%}{10.3\%} = 0.10$，$I_B = \dfrac{\alpha_B}{\sigma(e_B)} = \dfrac{2.1\%}{19.1\%} = 0.11$，比较可得 $I_B > I_A$。故选择 B 选项。因为信息比率越高，则能与市场组合构建新的夏普比率更高的组合，且 $S_p^2 = S_m^2 + \left[\dfrac{\alpha_p}{\sigma(e_p)}\right]^2$。

4. 【解析】(1) 存款准备金：商业银行的库存现金按比例存放在中央银行所形成的存款。实行存款准备金的目的是确保商业银行在遇到用户突然大量提取银行存款的情况时，能有相当充足的清偿能力。

(2) 再贴现：商业银行或其他金融机构将贴现所获得的未到期票据，向中央银行所做的票据转让。再贴现是中央银行向商业银行提供资金的一种方式。

(3) 再贷款：中央银行向商业银行的贷款。中央银行对金融机构贷款根据贷款方式的不同，可以划分为信用贷款和再贴现两种。在中国，再贷款是指中央银行向商业银行提供的信用贷款。信用贷款是指中央银行根据金融机构资金头寸的情况，以其信用为保证发放的贷款。

(4) 隔夜拆借：一般是由于银行间资金的短缺或多余产生的短期拆借行为，即资金多余者拆借资金给短缺者，短缺者拆入资金，各银行间进行短期的相互借贷以应对资金短缺。

5. 【解析】(1) 存款准备金率：商业银行向中央银行缴纳的存款准备金相对于存款的比例，这一比例是法定的，又称为法定存款准备金率。中央银行通过改变存款准备金率来控制商业银行向市场投放的货币量，也能通过货币乘数来调整基础货币的派生能力，从而达到控制货币供给量的目的。当存款准备金率上升时，市场货币供应量减少，反之则增加。（我国过去和现在最有效的货币政策手段）

(2) 公开市场业务：中央银行在公开市场买卖政府债券的行为。中央银行通过买卖债券来控制市场的货币供应量，也可以通过影响利率来影响货币流通量。中央银行在公开市场上向商业银行出售国债，可以回笼商业银行资金，降低市场的货币供给量，出售国债的行为会引起国债价格下降，也就是国债利率提高，从而导致商业银行的利率也提高，增加货币持有成本及融资成本，达到紧缩市场的货币需求及供给的目的。反之则相反。（西方国家及未来我国最有效的货币政策手段）

(3) 再贴现率：商业银行向中央银行借款的利率，中央银行通过调整再贴现率来控制商业银行向中央银行融资的难度。中央银行提高再贴现率将提高商业银行向中央银行融资的成本从而减少基础货币的供给，以达到紧缩市场货币供给的目的。

(4) 外汇占款：本国中央银行为收购外汇资产而相应投放的本国货币。由于人民币是非自由兑换货币，外资引入后需兑换成人民币才能流通使用，国家为了外资换汇要投入大量的资金，需要国家用本国货币购买外汇，相当于投放基础货币，因此增加了"货币供给"，从而形成了外汇占款。

6. 【解析】$r = 6\% \times 1 + 10\% = 16\%$，$g = RR \times ROE = 14\%$，$D = 5 \times 30\% = 1.5$。

$P = \dfrac{1.5}{16\% - 14\%} = 75$,而 $\dfrac{EPS}{r} = \dfrac{5}{16\%} = 31.25$,所以 $PVGO = P - \dfrac{EPS}{r} = 43.75$。

7. 【解析】由 MM 有税定理Ⅱ,可得 $12.4\% = R_0 + 2/3 \times (R_0 - 6\%) \times 0.7$,解得 $R_0 = 10.36\%$。

调整后 $R_S = R_0 + 3/2 \times (R_0 - 7\%) \times 0.7 = 13.89\%$。

调整前 $R_{WACC} = 0.6 \times 12.4\% + 0.4 \times 6\% \times 70\% = 9.12\%$;

调整后 $R_{WACC} = 0.4 \times 13.89\% + 0.6 \times 7\% \times 70\% = 8.50\%$。

由于公司未来的现金流是不变的,而公司价值都是用未来属于公司的现金流 EBIT(1-t) 再除以 WACC 来折现的,只不过调整后的 WACC 变成 8.5%,调整前的 WACC 是 9.12%,公司未来现金流不受影响,所以公司价值增加了 9.12/8.5=1.07(倍),但是由于 1.07×0.4<1×0.6,所以公司不应该把债务比例从 40%调整到 60%。

8. 【解析】分解该特殊英国债券,得到投资者在未来的收益为

$$\begin{cases} 3S_T, & S_T > 2\,400 \\ 7\,200, & 1\,800 \leq S_T \leq 2\,400 \\ 4S_T, & S_T < 1\,800 \end{cases}$$

它实际上是由一个一年后收益 7 200 债权、4 个执行价为 1 800 的看跌期权(卖出)、3 个执行价为 2 400 的看涨期权(买入)组成。所以 $V = 7\,200\,e^{-r} + 3C - 4P$。设 $K_1 = 1\,800$,$K_2 = 2\,400$,$P = K_1 e^{-rT} N(-d_2) - S_0 N(-d_1)$,$C = S_0 N(d_1^*) - K_2 e^{-rT} N(d_2^*)$,$d_1 = \dfrac{\ln \dfrac{S_0}{K} + \left(r + \dfrac{\sigma^2}{2}\right)T}{\sigma \sqrt{T}}$,$d_2 = \dfrac{\ln \dfrac{S_0}{K} + \left(r - \dfrac{\sigma^2}{2}\right)T}{\sigma \sqrt{T}}$。

【统计学】

1. 【解析】这里可以使用双样本 t 检验和方差分析两种方法检验两只股票的收益率是否相等,两种方法的前提条件和待检验假设均为:

假设两只股票收益率服从等方差的正态分布,即 $X \sim N(\mu_1, \sigma^2)$,$Y \sim N(\mu_2, \sigma^2)$,且 X、Y 独立,检验假设 $H_0: \mu_1 = \mu_2$ 和 $H_1: \mu_1 \neq \mu_2$。

方法一:双样本 t 检验。

构造检验统计量

$$t = \dfrac{\overline{X} - \overline{Y}}{s_w \sqrt{\dfrac{1}{n} + \dfrac{1}{n}}}, \quad s_w^2 = \dfrac{(n-1)s_X^2 + (n-1)s_Y^2}{2n-2} = \dfrac{s_X^2 + s_Y^2}{2}$$

在 H_0 成立的条件下,$t = \dfrac{\overline{X} - \overline{Y}}{\sqrt{(s_X^2 + s_Y^2)/n}} \sim t(2n-2)$。

给定显著新水平为 α,相应的拒绝域为 $W = \{|t| \geq t_{1-\alpha/2}(2n-2)\}$。

代入样本数据,计算检验统计量的值,若落入拒绝域内,则拒绝原假设,认为两只股票的收益率不同;若未落入拒绝域内,则不能拒绝原假设,认为两只股票的收益率相同。

方法二:方差分析。

令 $X_i = z_{1i}$,$Y_i = z_{2i}$,$i = 1, 2, \cdots, n$。

在上述条件下,构造数据结构式

$$\begin{cases} z_{ij} = \mu_i + \varepsilon_{ij} & i=1,2 \quad j=1,2,\cdots,n \\ \text{诸 } \varepsilon_{ij} \text{ 独立同分布于 } N(0,\sigma^2) \end{cases}$$

构造检验统计量 $F = \dfrac{S_A}{S_e/(2n-2)}$，有

$$S_A = n\left(\overline{X} - \dfrac{\overline{X}+\overline{Y}}{2}\right)^2 + n\left(\overline{Y} - \dfrac{\overline{X}+\overline{Y}}{2}\right)^2 = \dfrac{n}{2}(\overline{X}-\overline{Y})^2$$

$$S_e = (n-1)(s_X^2 + s_Y^2)$$

在 H_0 成立的条件下，$F = \dfrac{(\overline{X}-\overline{Y})^2}{(s_X^2+s_Y^2)/n} \sim F(1,2n-2)$。

给定显著新水平为 α，相应的拒绝域为 $W = \{F \geq F_{1-\alpha}(1,2n-2)\}$。

代入样本数据，计算检验统计量的值，若落入拒绝域内，则拒绝原假设，认为两只股票的收益率不同；若未落入拒绝域内，则不能拒绝原假设，认为两只股票的收益率相同。

可以看出，两种方法的前提条件相同且检验统计量存在关系 $F=t^2$，拒绝域也存在对应关系，所以两种方法没有本质差异。

2. 【解析】(1) $\min Q = \sum (\ln y_i - \hat{\alpha} - \hat{\beta}\ln x_i)^2$。

分别对 $\hat{\alpha}, \hat{\beta}$ 求偏导数并令其为零，得正规方程组

$$\begin{cases} \sum(\ln y_i - \hat{\alpha} - \hat{\beta}\ln x_i) = 0 \\ \sum(\ln y_i - \hat{\alpha} - \hat{\beta}\ln x_i)\ln x_i = 0 \end{cases}$$

解得 $\begin{cases} \hat{\alpha} = \overline{\ln y} - \hat{\beta}\overline{\ln x} \\ \hat{\beta} = \dfrac{\sum(\ln x_i - \overline{\ln x})(\ln y_i - \overline{\ln y})}{\sum(\ln x_i - \overline{\ln x})^2} \end{cases}$。

(2) $E(\hat{\beta}) = E\left[\dfrac{\sum(\ln x_i - \overline{\ln x})(\ln y_i - \overline{\ln y})}{\sum(\ln x_i - \overline{\ln x})^2}\right] = E\left[\sum \dfrac{(\ln x_i - \overline{\ln x})}{\sum(\ln x_i - \overline{\ln x})^2}(\alpha + \beta\ln x_i + \varepsilon_i)\right]$

$= \beta + E\left[\sum \dfrac{(\ln x_i - \overline{\ln x})(\varepsilon_i - \overline{\varepsilon})}{\sum(\ln x_i - \overline{\ln x})^2}\right]$。

所以当 $E\left[\sum \dfrac{(\ln x_i - \overline{\ln x})(\varepsilon_i - \overline{\varepsilon})}{\sum(\ln x_i - \overline{\ln x})^2}\right] = 0$，即 ε 与 $\ln x$ 不相关时，$\hat{\beta}$ 是 β 的无偏估计。

3. 【解析】设考研成绩为 Y，在家里复习的时间为 X_1，在学校复习的时间为 X_2，建立如下模型：

$$Y = \beta_0 + \beta_1 X_1 + \beta_2 X_2 + \mu$$

待检验的假设为 $H_0: \beta_1 = \beta_2$ 和 $H_1: \beta_1 \neq \beta_2$。

采用受约束回归模型对上述假设进行检验。

对原模型 $Y = \beta_0 + \beta_1 X_1 + \beta_2 X_2 + \mu$ 施加约束 $\beta_1 = \beta_2$ 后变为受约束模型

$$Y = \beta_0 + \beta_1(X_1 + X_2) + \mu$$

分别对原模型和受约束的模型进行普通最小二乘回归，得到两者的残差平方和为 RSS_U，RSS_R。

对于假设 $H_0: \beta_1 = \beta_2$ 和 $H_1: \beta_1 \neq \beta_2$。

构造检验统计量 $F = \dfrac{(\text{RSS}_R - \text{RSS}_U)/(k_U - k_R)}{\text{RSS}_U/(n - k_U - 1)} = \dfrac{(\text{RSS}_R - \text{RSS}_U)/1}{\text{RSS}_U/(n-3)}$，$k_U$、$k_R$ 分别为两个模型的解释变量的个数，n 为样本容量。

当 H_0 为真时，有 $F \sim F(1, n-3)$。

给定显著性水平为 α，则拒绝域为 $W = \{F \geqslant F_{1-\alpha}(1, n-3)\}$。

代入相应数据，计算检验统计量的值。若落入拒绝域内，则拒绝原假设，认为 $\beta_1 \neq \beta_2$，即在家复习和在学校复习的效果不同；若未落入拒绝域内，则接受原假设，认为 $\beta_1 = \beta_2$，即在家复习和在学校复习的效果相同。

4.【解析】(1) 待检验的假设为 H_0：$\beta_3 = \beta_4 = \beta_5 = 0$；$H_1$：$\beta_3$、$\beta_4$、$\beta_5$ 不同时为 0。

采用受约束回归模型对上述假设进行检验。

对原模型 $Y = \beta_1 X_1 + \beta_2 X_2 + \beta_3 X_3 + \beta_4 X_4 + \beta_5 X_5 + \mu$ 施加约束 $\beta_3 = \beta_4 = \beta_5 = 0$ 后，变为受约束模型

$$Y = \beta_1 X_1 + \beta_2 X_2 + \mu$$

分别对原模型和受约束的模型进行普通最小二乘回归，得到两者的残差平方和为 RSS_U，RSS_R。

对于假设 H_0：$\beta_3 = \beta_4 = \beta_5 = 0$；$H_1$：$\beta_3$、$\beta_4$、$\beta_5$ 不同时为 0。

构造检验统计量 $F = \dfrac{(\text{RSS}_R - \text{RSS}_U)/(k_U - k_R)}{\text{RSS}_U/(n - k_U)} = \dfrac{(\text{RSS}_R - \text{RSS}_U)/3}{\text{RSS}_U/(n-5)}$，$k_U$、$k_R$ 分别为两个模型的解释变量的个数，n 为样本容量。

(2) 样本量足够大时，系数的估计值会趋近真实值。50 与 200 同属于大样本情况，故样本容量从 50 增至 200，β_1 的估计值基本保持不变。

关于 $\hat{\beta}_j$ 的 t 统计值 t_j，有

$$t_j = \dfrac{\hat{\beta}_j}{\sqrt{\dfrac{\hat{\sigma}^2}{\left[\sum(x_{ji}^2 - \overline{x}_j)^2\right](1 - R_j^2)}}} = \dfrac{\hat{\beta}_j \sqrt{n}}{\sqrt{\dfrac{\hat{\sigma}^2}{\left[\dfrac{1}{n}\sum(x_{ji}^2 - \overline{x}_j)^2\right](1 - R_j^2)}}}$$

在大样本情况下，随着样本容量增加，$\hat{\beta}_j$、$\hat{\sigma}^2$、$\dfrac{1}{n}\sum(x_{ji}^2 - \overline{x}_j)^2$、$R_j^2$ 基本不变（x_j 是关于其他解释变量进行回归的可决系数）。

故随着样本容量从 50 增至 200，t 值大约从 1.5 增至 3。

关于调整 R^2，有

$$\overline{R}^2 = 1 - (1 - R^2)\dfrac{n-1}{n-k-1}$$

大样本情况下，随着样本容量的增大，R^2 基本不变，$\dfrac{n-1}{n-k-1}$ 减小，故 $\overline{R}^2$ 会有增大的趋势。随着 $\dfrac{n-1}{n-k-1}$ 趋近于 1，$\overline{R}^2$ 趋近于 R^2。

(3) 公司存在盈余管理，则年报收益 x_1 与真实收益 x_1^* 之间存在测量误差 μ，即

$$x_1 = x_1^* + \mu$$

真实模型为 $y = \beta_0 + \beta_1 x_1^* + \beta_2 x_2 + \beta_3 x_3 + \beta_4 x_4 + \beta_5 x_5 + \varepsilon$。

使用的回归模型为 $y = \beta_0 + \beta_1 x_1^* + \beta_2 x_2 + \beta_3 x_3 + \beta_4 x_4 + \beta_5 x_5 + \beta_1 \mu + \varepsilon$。

在此模型中，x_1^* 为随机解释变量，可能与随机干扰项 $\beta_1\mu+\varepsilon$ 存在相关性，从而使模型出现解释变量与随机干扰项同期相关，系数的估计有偏且非一致。

当测量误差 μ 与真实收益 x_1^* 之间不相关时，存在自变量的度量误差也不影响估计的无偏性。

2016年北京大学光华管理学院431金融硕士初试真题解析
（三选二之金融统计卷）

【微观经济学】

1.【解析】(1) 经计算，甲、乙两人的需求分别为

$$X_1^{甲}=\frac{0.5\times100}{10}=5,\ X_2^{甲}=\frac{0.5\times100}{1}=50$$

$$X_1^{乙}=\frac{0.5\times100}{5}=10,\ X_2^{乙}=\frac{0.5\times100}{1}=50$$

(2) 设甲最多愿意花费 x 从乙那里购买折扣券，则有

$$\left[\frac{0.5\times(100-x)}{5}\right]^{0.5}\times[0.5\times(100-x)]^{0.5}=5^{0.5}\times50^{0.5}=250^{0.5}$$

$$x=100-50\sqrt{2}$$

(3) 设乙最低索取 y 才会转让自己的折扣券，则有

$$\left[\frac{0.5\times(100+y)}{10}\right]^{0.5}\times[0.5\times(100+y)]^{0.5}=500^{0.5}$$

$$y=100\sqrt{2}-100$$

(4) 比较 x 与 y 的大小可得 x 小于 y，即甲最多愿意出的仍然小于乙最低索取的费用，所以乙不会将自己的优惠券出售给甲，因为甲不可能付到他可以接受的价格。

2.【解析】(1) 根据替代品与互补品的定义，有

$$\frac{\partial D_1(p_1)}{\partial p_2}=-\frac{1}{p_1^2}<0,\ \frac{\partial D_2(p_2)}{\partial p_1}=-\frac{1}{p_2^2}<0$$

即一种商品价格的变化对另一件商品的需求有负的影响，所以两商品是互补品。

(2) 厂商的利润函数为

$$\pi=\frac{3-p_2}{p_1}+\frac{3-p_1}{p_2}-\frac{3-p_2}{p_1^2}-\frac{3-p_1}{p_2^2}=\frac{2}{p_1}-\frac{2}{p_1^2}$$

(3) 厂商利润最大化时，有

$$\frac{\partial\pi}{\partial p_1}=\frac{4}{p_1^3}-\frac{2}{p_1^2}=0$$

$$p_1=2$$

(4) 若 $p_1=p_2=p$ 时，有

$$\pi=\frac{8}{p}-\frac{6}{p^2}-2$$

$$\frac{\partial\pi}{\partial p}=\frac{12}{p^3}-\frac{8}{p^2}=0$$

$$p=\frac{3}{2}$$

3.【解析】(1) 消费者最优化问题为

$$\max C_0 C_1$$
$$\text{s. t.} \quad C_0 + C_1 = 134$$

可得 $C_0 = C_1 = 67$,即消费者会在第一期将 33 储蓄起来留给下一期消费。

(2) 假设该消费者在第一期的消费为 C_0,由于该消费者不能借钱只能储蓄,则有 $C_0 \leqslant 100$,$\max EU = 0.5[\ln C_0 + \ln(100 - C_0)] + 0.5[\ln C_0 + \ln(200 - C_0)]$。

由期望效用最大化的一阶条件可得
$$C_0 = 60.96$$

4. 【解析】(1) 若百度收购了谷歌,则百度的目标是使收购后的总利润最大化,此时百度的利润函数为
$$\pi = 200[0.5 + 0.05(r_1 - r_2)] - r_1^2 + 200[0.5 - 0.05(r_1 - r_2)] - 1.25 r_2^2$$
$$= 200 - r_1^2 - 1.25 r_2^2$$

所以利润最大化时应有
$$r_1 = r_2 = 0$$

(2) 若谷歌和百度进行寡头竞争,各自的利润函数为
$$\pi_1 = 200[0.5 + 0.05(r_1 - r_2)] - r_1^2$$
$$\pi_2 = 200[0.5 - 0.05(r_1 - r_2)] - 1.25 r_2^2$$

$$\frac{\partial \pi_1}{\partial r_1} = 10 - 2r_1 = 0 \Rightarrow r_1 = 5$$

$$\frac{\partial \pi_2}{\partial r_2} = 10 - 2.5 r_2 = 0 \Rightarrow r_2 = 4$$

$$\pi_1 = 85, \quad \pi_2 = 70$$

所以总的质量为 9,比 (1) 情况下的质量要高很多。

(3) 若谷歌公司投资之后,各自的利润函数为
$$\pi_1 = 200[0.75 + 0.05(r_1 - r_2)] - r_1^2 - 60$$
$$\pi_2 = 200[0.25 - 0.05(r_1 - r_2)] - 1.25 r_2^2$$

$$\frac{\partial \pi_1}{\partial r_1} = 10 - 2r_1 = 0 \Rightarrow r_1 = 5$$

$$\frac{\partial \pi_2}{\partial r_2} = 10 - 2.5 r_2 = 0 \Rightarrow r_2 = 4$$

$$\pi_1 = 75, \quad \pi_2 = 20$$

由于投资之后谷歌的利润变小,所以谷歌不会投资。

5. 【解析】(1) 该市场是完全竞争市场,厂商根据 $P = MC$ 的原则进行生产,由题可知,厂商的边际成本 $MC = 2 + Q$,所以社会总成本函数为
$$C = 2Q + \frac{1}{2} Q^2 + 0.5 Q = 2.5 Q + \frac{1}{2} Q^2$$

由此可知社会边际成本曲线为 $SMC = 2.5 + Q$。

厂商的社会边际成本曲线如图 1 所示。

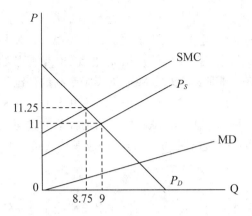

图 1　厂商的社会边际成本曲线

（2）由于市场的供给等于需求，则均衡的产品和价格为
$$P_D = 20 - Q = P_S = 2 + Q$$
$$\Rightarrow Q = 9, P = 11$$

（3）在完全竞争市场上，最优的产品数量是价格与社会边际成本相等的点，即有
$$20 - Q = 2.5 + Q$$
$$\Rightarrow Q = 8.75$$
$$C = 2.5Q + \frac{1}{2}Q^2 = 60.16$$

（4）在没有污染的情况下，厂商根据 $P = MC$ 的原则进行生产，均衡的产量和价格分别为 $Q = 9, P = 11$，此时社会总福利为生产者剩余加上消费者剩余，即
$$W_1 = \frac{(20-2) \times 9}{2} = 81$$

存在污染时厂商不会考虑污染的外部性，仍然会按照利润最大化的原则进行生产。

此时有社会总福利等于生产者剩余加消费者剩余减去污染所带来的社会福利的损失，故有
$$W_2 = 81 - 0.5 \times 9 = 76.5$$

即污染所带来的社会福利损失是 4.5。

（5）设政府每单位征收 t 单位的税收，则有
$$\pi = PQ - C(Q) - tQ$$

由于是完全竞争市场，所以有
$$\frac{\partial \pi}{\partial Q} = P - MC - t = 0$$
$$20 - Q - (2 + Q) - t = 0$$

将社会最优产量 $Q = 8.75$ 代入，可得 $t = 0.5$。

【金融学】

1.【解析】所谓"金融脱媒"，是指在金融管制的情况下，资金供给绕开商业银行体系，直接输送给需求方和融资者，完成资金的体外循环。20世纪30年代的大萧条时期，美国出于隔离金融风险的考虑，在传统的商业银行业务和高风险的投资银行业务之间设立

了防火墙，即以《格拉斯－斯蒂格尔法》为立法依据的严格的分业经营模式。与此同时，为防止商业银行之间进行恶性竞争，该法案设定了商业银行存款利率上限即 Q 条例，并禁止商业银行对活期存款支付利息。美国经济从 20 世纪 60 年代开始步入通货膨胀周期，并于 20 世纪 70 年代初进入"滞胀"阶段。在通货膨胀率高的情况下，美联储不断提高联邦基金利率，从而导致美国金融市场的实际利率水平不断上升。在利率管制的条件下，商业银行无权上调存款利率，从而导致其存款特别是活期存款大量流失。同时，以货币市场共同基金（MMMF）为代表的存款类投资工具的迅速发展，进一步加剧了商业银行负债脱媒的压力。

可能的原因：

(1) 负利率导致资金体外循环。银行存款利率长期低于通货膨胀水平，银行存款的负利率使居民储蓄无利可图，促使公众脱离银行进行资产配置，推动金融脱媒深化。

(2) 中小企业融资难，被迫选择脱媒。

(3) 企业债等直接融资快速发展。

(4) 技术创新如电子金融和电子商务等降低了市场对金融中介的依赖程度。

2. 【解析】设支票存款准备金率为 RR，定期准备金率为 RR_t，超额准备金率为 e，现金比率为 C，活期为 λ，非交易存款与支票存款比率为 t。

$\left(\dfrac{C+D}{C+R}\right) M_1$ 的货币乘数为

$$m = \dfrac{1+C}{RR + RR_t \times t + e + C} = \dfrac{1+20\%}{20\% + 2 \times 10\% + 20\%} = 2$$

所以 M_1 变化 20 亿元。

$\left(\dfrac{C+D+t \times D}{C+R}\right) M_2$ 的货币乘数为

$$m' = \dfrac{1+C+t}{RR + RR_t \times t + e + C} = \dfrac{1+20\%+2}{20\% + 2 \times 10\% + 20\%} = \dfrac{16}{3}$$

所以 M_2 变化 $\dfrac{160}{3}$ 亿元。

3. 【解析】(1) 设无风险利率为 r。那么股利现值 $I = (1+r)^{-\frac{1}{6}} + (1+r)^{-\frac{5}{12}}$。所以远期价格 $F_0 = (S_0 - I)(1+r)^{\frac{1}{2}} = (40-I) \times (1+r)^{\frac{1}{2}}$。

(2) 当前远期价值为 0。

(3) 若为远期合约多头，那么远期合约价值为

$$S_0 - I - K \times (1+r)^{-t} = 4S - K(1+r)^{-\frac{1}{4}} - (1+r)^{-\frac{1}{6}}$$

式中 $K = F_0$，所以远期价值为 $45 - (40-I)(1+r)^{-\frac{1}{4}} - (1+r)^{-\frac{1}{6}}$。

4. 【解析】(1) 前三年中 ROA=20%，$g_1 = 20\%$，所以留存比例为 1，自由现金流为 0。

(2) ROA=12%，$g = 10\%$，留存比例为 $\dfrac{5}{6}$，所以分红比例为 $\dfrac{1}{6}$，则

$$V = \dfrac{EBIT_4 (1-t_C) \times \dfrac{1}{6}}{(r_2 - g_2) \times (1+r_1)^3} = \dfrac{150 \times (1+20\%)^3 \times 60\% \times \dfrac{1}{6} (1+4\%)}{(10\% - 4\%) \times (1+12\%)^3} = 319.79$$

5. 【解析】(1) 信息不对称是指交易中的个体拥有的信息不同。在社会政治、经济等

活动中，一些成员拥有其他成员无法拥有的信息，由此造成信息不对称的现象。

（2）道德风险是指从事经济活动的人在最大限度地增进自身效用的同时做出不利于他人的行动。或者说是当签约一方不完全承担风险后果时所采取的使自身效用最大化的自私行为。道德风险亦称道德危机。

逆向选择指的是这样一种情况，市场交易的一方如果能够利用多于另一方的信息使自己受益而对方受损时，信息劣势的一方便难以顺利地做出买卖决策，于是价格便随之扭曲，并失去了平衡供求、促成交易的作用，进而导致市场效率的降低。

（3）事前的信息不对称称为逆向选择，本意是指人们做并不希望做的事情，而不去做希望做的事情。逆向选择是由事前的信息不对称所导致的。金融市场上的逆向选择是指市场上那些最有可能造成不利（逆向）结果（造成违约风险）的融资者，往往就是那些寻求资金最积极，而且最有可能得到资金的借款者。也就是说，由于逆向选择，贷款者将资金贷给了最有可能违约的借款者。面对这种情况，贷款者会采取相应的保护措施。逆向选择在金融市场上表现为"柠檬问题"或者"次品车问题"。

事后的信息不对称称为道德风险。在交易发生之后，知情较少的一方可能因知情较多的另一方故意隐蔽行动（如不采取有力措施防范不利事件的发生）而遭受损失，即发生所谓的道德风险。比如商业银行贷款发放后，道德风险会令商业银行资产风险加大。

（4）银行进行贷款决策时也会面临信息不对称问题。一是逆向选择。严重的信用风险（最可能出现贷款违约的人）往往是那些排队申请贷款的人，换句话说，最可能产生不利后果的人是那些最可能被选中的人。对于投资项目风险较高的借款人而言，一旦投资成功，就可以大赚一笔，因此他们争取贷款的积极性也相当高。显而易见，他们无法清偿贷款的概率很高，因此是最不利的借款人。二是道德风险。借款人有动机从事对贷款人不利的活动。在这种情况下，贷款人面临着很大的违约风险，一旦借款人获取贷款，就可能投资于风险较高的投资项目。这些项目一旦成功，投资人就可以获取高额回报。然而，其中存在的高风险也降低了他们归还贷款的可能性。银行采取的措施主要有甄别和监督、建立长期客户联系、贷款承诺、抵押品与补偿余额要求、信用配给等。

（5）当管理者比外部投资者掌握更多有关公司投资和盈利的情况时，企业为新项目进行融资决策时面临着逆向选择问题，有可能造成投资不足。融资顺序为先内源后外源，外源上先债后股可以减轻这个问题可能带来的不利影响。假设管理者的经营目标是从现有股东的利益出发，管理者将尽可能减少信息不对称对现有股东成本的影响，股票价格被高估时，具有优先信息且按照现有股东利益行事的管理者才会发行股票，但是对于投资者而言，公司发行股票为新项目融资是一个坏信号，因为管理者比潜在投资者更了解投资项目的价值。如果新项目的NPV为正，代表现有股东利益的管理者不愿做出发行新股、把投资收益转给新股东的决策，而是更愿意选择债务融资。因此，逆向选择的结果是，企业只可能在股价被高估时才愿意发行股票，这样，外部投资者不愿意购买股票而引起股价下跌，直到新投资者所得超出新项目的NPV，导致现有股东净损失，同时，股价下跌增加了企业融资成本，在此情形下，即使新投资项目的NPV为正，该项目也将被放弃而导致投资不足。这种投资不足的问题可以通过风险小的证券加以避免，因为风险小的证券对错误定价敏感性小。例如，无风险债券不会被市场严重低估。因此，信息不对称导致逆向选择时，公司为新项目融资时偏好逆向选择程度最低的方式，因此融资顺序为先内源融资，再外源融资。另外，在外源融资中，企业偏好债券融资，最后才不得不采用股权融资。

【统计学】

1. 【解析】X 的分布函数为 $P\{X=k\}=\dfrac{\lambda^k}{k!}e^{-\lambda}$,总体均值 $EX=\lambda$,对应的样本矩为 $\overline{X}$,故 θ 的矩估计 $\hat{\lambda}=\overline{X}$。

下面验证估计量 $\hat{\lambda}=\overline{X}$ 的统计学性质:

(1) 无偏性。

$E\hat{\lambda}=E\overline{X}=EX=\lambda$,具有无偏性。

(2) 相合性。

$\lim\limits_{n\to\infty}E\hat{\lambda}=\lambda$,$\lim\limits_{n\to\infty}D\hat{\lambda}=\lim\limits_{n\to\infty}\dfrac{\lambda}{n}=0$,具有相合性。

(3) 有效性。

θ 的费希尔信息量为

$$I(\lambda)=E\left[-\dfrac{\partial^2\ln P(x;\lambda)}{\partial\lambda^2}\right]=E\left[-\dfrac{\partial^2(-\lambda+x\ln\lambda-\ln x!)}{\partial\lambda^2}\right]=E\left(\dfrac{x}{\lambda^2}\right)=\dfrac{EX}{\lambda^2}=\dfrac{1}{\lambda}$$

故 θ 的无偏估计方差的 $C-R$ 下界为 $\dfrac{1}{nI(\theta)}=\dfrac{\lambda}{n}$,而 $D\hat{\lambda}=\dfrac{1}{n}DX=\dfrac{\lambda}{n}$,故 $\hat{\lambda}=\overline{X}$ 的方差达到 λ 无偏估计方差的 $C-R$ 下界,具有有效性。

2. 【解析】(1) 平时成绩 cGPA 是成绩 grade 的一部分,如果不选择 cGPA 作为自变量,则可能会遗漏相关解释变量,造成模型设定偏误。

(2) 对于假设 H_0:$\alpha_2=0$;H_1:$\alpha_2\neq 0$。

构造检验统计量 $t=\dfrac{\hat{\alpha}_2}{S_{\hat{\alpha}_2}}$,$S_{\hat{\alpha}_2}$ 为 $\hat{\alpha}_2$ 的标准误。

当 H_0 成立时,$t=\dfrac{\hat{\alpha}_2}{S_{\hat{\alpha}_2}}\sim t(n-3)$,给定显著性水平为 0.01,拒绝域为 $W=\{|t|\geqslant t_{0.995}(n-3)\}$。

代入相应数据,计算检验统计量的值,若落入拒绝域内,则拒绝原假设,认为 skipped 对 grade 有显著影响;若未落入拒绝域内,则接受原假设,认为 skipped 对 grade 没有显著影响。

(3) 对于假设 H_0:$\alpha_1=\alpha_2=0$;H_1:α_1,α_2 不同时为 0。

构造检验统计量 $F=\dfrac{R^2/2}{(1-R^2)/(n-3)}$。当 H_0 成立时,$F\sim F(2, n-3)$。

给定显著性水平为 0.01,拒绝域为 $W=\{F\geqslant F_{0.99}(2, n-3)\}$。

代入相应数据,计算检验统计量的值,若落入拒绝域内,则拒绝原假设,认为 cGPA 和 skipped 对 grade 有显著影响;若未落入拒绝域内,则接受原假设,认为 cGPA 和 skipped 对 grade 同时无显著影响。

3. 【解析】X、Y 的密度函数为

$$p_X(x)=\begin{cases}\dfrac{1}{2^{\frac{m}{2}}\Gamma\left(\dfrac{m}{2}\right)}x^{\frac{m}{2}-1}e^{-x/2}, & x>0\\ 0, & x\leqslant 0\end{cases},\quad p_Y(y)=\begin{cases}\dfrac{1}{2^{\frac{n}{2}}\Gamma\left(\dfrac{n}{2}\right)}y^{\frac{n}{2}-1}e^{-y/2}, & y>0\\ 0, & y\leqslant 0\end{cases}$$

而 X 与 Y 相互独立,所以 (X,Y) 的联合密度函数为

$$f(x,y) = \begin{cases} \dfrac{1}{2^{\frac{m+n}{2}}\Gamma\left(\dfrac{m}{2}\right)\Gamma\left(\dfrac{n}{2}\right)} x^{\frac{m}{2}-1} y^{\frac{n}{2}-1} e^{-(x+y)/2}, & x>0, y>0 \\ 0, & \text{其他} \end{cases}$$

令 $\begin{cases} U=X+Y \\ V=\dfrac{X}{X+Y} \end{cases}$，则 $\begin{cases} X=UV \\ Y=U(1-V) \end{cases}$，雅各比行列式 $J = \begin{vmatrix} v & u \\ 1-v & -u \end{vmatrix} = -u$。

当 $x>0$, $y>0$ 时，有 $u>0$, $0<v<1$, 此时

$$f(u,v) = \dfrac{1}{2^{\frac{m+n}{2}}\Gamma\left(\dfrac{m}{2}\right)\Gamma\left(\dfrac{n}{2}\right)} (uv)^{\frac{m}{2}-1} u^{\frac{n}{2}-1}(1-v)^{\frac{n}{2}-1} e^{-u/2} |-u|$$

$$= \dfrac{1}{2^{\frac{m+n}{2}}\Gamma\left(\dfrac{m}{2}\right)\Gamma\left(\dfrac{n}{2}\right)} u^{\frac{m+n}{2}-1} e^{-u/2} v^{\frac{m}{2}-1}(1-v)^{\frac{n}{2}-1}$$

$$f_V(v) = \dfrac{1}{2^{\frac{m+n}{2}}\Gamma\left(\dfrac{m}{2}\right)\Gamma\left(\dfrac{n}{2}\right)} \cdot v^{\frac{m}{2}-1}(1-v)^{\frac{n}{2}-1} \int_0^{+\infty} u^{\frac{m+n}{2}-1} e^{-u/2} du$$

$$= \dfrac{\Gamma\left(\dfrac{m+n}{2}\right)}{\Gamma\left(\dfrac{m}{2}\right)\Gamma\left(\dfrac{n}{2}\right)} v^{\frac{m}{2}-1}(1-v)^{\frac{n}{2}-1} \int_0^{+\infty} \dfrac{\left(\dfrac{1}{2}\right)^{\frac{m+n}{2}}}{\Gamma\left(\dfrac{m+n}{2}\right)} u^{\frac{m+n}{2}-1} e^{-u/2} du$$

$$= \dfrac{\Gamma\left(\dfrac{m+n}{2}\right)}{\Gamma\left(\dfrac{m}{2}\right)\Gamma\left(\dfrac{n}{2}\right)} v^{\frac{m}{2}-1}(1-v)^{\frac{n}{2}-1} \quad (0<v<1)$$

故 V 的密度函数为

$$f_V(v) = \begin{cases} \dfrac{\Gamma\left(\dfrac{m+n}{2}\right)}{\Gamma\left(\dfrac{m}{2}\right)\Gamma\left(\dfrac{n}{2}\right)} v^{\frac{m}{2}-1}(1-v)^{\frac{n}{2}-1}, & 0<v<1 \\ 0, & \text{其他} \end{cases}$$

故 $F=V \sim B\left(\dfrac{m}{2}, \dfrac{n}{2}\right)$。

4.【解析】(1) $\min Q = \sum (r_t - \alpha - \hat{\beta} r_m)^2$，分别对 $\hat{\alpha}$, $\hat{\beta}$ 求偏导并命其为 0，得正规方程组

$$\begin{cases} \sum(r_t - \hat{\alpha} - \hat{\beta} r_m) = 0 \\ \sum(r_t - \hat{\alpha} - \hat{\beta} r_m) r_m = 0 \end{cases}$$

解得 $\begin{cases} \hat{\alpha} = \bar{r} - \hat{\beta} \cdot \bar{r}_m \\ \hat{\beta} = \dfrac{\sum(r_m - \bar{r}_m)(r_t - \bar{r})}{\sum(r_m - \bar{r}_m)^2} \end{cases}$

$$E(\hat{\beta}) = E\left[\dfrac{\sum(r_m - \bar{r}_m)(r_t - \bar{r})}{\sum(r_m - \bar{r}_m)^2}\right] = E\left[\sum \dfrac{(r_m - \bar{r}_m)}{\sum(r_m - \bar{r}_m)^2} (\alpha + \beta \cdot r_m + \varepsilon_t)\right]$$

$$= \beta + E\left[\frac{\sum (r_m - \bar{r}_m)(\varepsilon_t - \bar{\varepsilon})}{\sum (r_m - \bar{r}_m)^2}\right]$$

所以当 $E\left[\frac{\sum (r_m - \bar{r}_m)(\varepsilon_t - \bar{\varepsilon})}{\sum (r_m - \bar{r}_m)^2}\right] = 0$，即 ε 与 r_m 不相关时，β 的 OLS 估计量是无偏的。

（2）不成立。在上述股票回报率模型中，r_m 代表市场组合回报率，ε 代表其他因素的影响。而在实际中 ε 往往包含一些与 r_m 相关的因素，如一些宏观的经济指标，使得 ε 与 r_m 相关。

2015年北京大学光华管理学院431金融硕士初试真题解析
（三选二之金融统计卷）

【微观经济学】

1.【解析】(1) 风险规避系数的正负可以用来表示一个人是风险偏好者还是风险规避者或者是风险中立者，风险规避系数由下式计算得出：

$$R_a(w) = -\frac{u''(w)}{u'(w)}$$

如果 $u(w)$ 为凸，即 $R_a(w) < 0$，则该消费者是风险偏好者；如果 $u(w)$ 为线性，即 $R_a(w) = 0$，则他是风险中立者；如果 $u(w)$ 为凹，即 $R_a(w) > 0$，则他是风险规避者。

经计算有

$$R_a(w) = -\frac{u''(w)}{u'(w)} = \frac{1}{2}w^{-1} > 0$$

所以此人为风险规避者，其效用函数是凹的。

(2) 若此人不购买保险时的期望效用为

$$E(u) = 0.95u(250\,000) + 0.05u(90\,000) = 0.95 \times 500 + 0.05 \times 300 = 490$$

则此人愿意花的最多的保险费应使购买保险时的效用大于不购买时的期望效用，假设此人最多愿意花 R，则此时应有 $u(250\,000 - R) \geq 490$，解得

$$R \leq 9\,900$$

即此人最多愿意花费 9 900 来购买该保险，若超过了 9 900，则还不如不买保险。

本题可以用图 1 表示。图中 P 表示风险升水。

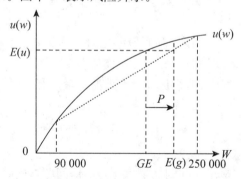

图 1　购买保险的期望效用

(3) 公平的保险价格是指使保险公司的期望收益为 0 的保险价格，假设此时的保险价格为 x，若当风险发生时保险公司赔偿所有的损失，则此时保险公司的期望收益为 0，即 $E\pi = 0.95x + 0.05(x - 160\,000) = 0$，得到 $x = 0.05 \times 160\,000 = 8\,000$。

(4) 根据 (2) 和 (3) 可知此人愿意花费的最大保险费用大于保险公司要求的最低保险额，则此时交易可能会发生，最终的保险费用在 8 000 到 9 900 之间，则无论对此人还是对保险公司都是有利可图的，所以交易可能发生。

2.【解析】(1) 根据规模报酬递增、递减、不变的定义，当 $t > 1$ 时：

若 $f(tx_1, tx_2) > tf(x_1, x_2)$，生产函数为规模报酬递增；

若 $f(tx_1, tx_2) = tf(x_1, x_2)$，生产函数为规模报酬不变；

若 $f(tx_1, tx_2) < tf(x_1, x_2)$，生产函数为规模报酬递减。

此时 $f(tx_1, tx_2) = \min\{tx_1, tx_2\}^a = t^a \min\{x_1, x_2\}^a = t^a f(x_1, x_2)$。

若 $a > 1$，该生产函数为规模报酬递增；若 $a = 1$，该生产函数为规模报酬不变；若 $0 < a < 1$，该生产函数为规模报酬递减。

(2) 当该生产函数为规模报酬递减，即 $0 < a < 1$，利润最大化时，有

$$x_1 = x_2$$

则此时消费者的利润函数为

$$\pi = pf(x_1, x_2) - w_1 x_1 - w_2 x_2 = p x_1^a - (w_1 + w_2) x_1.$$

$$\frac{\partial \pi}{\partial x_1} = pa x_1^{a-1} - (w_1 + w_2) = 0$$

$$\Rightarrow x_1 = x_2 = \left(\frac{pa}{w_1 + w_2}\right)^{\frac{1}{1-a}}$$

本题中由于 $p = 50$，$w_1 = 10$，$w_2 = 20$，所以 $x_1^* = x_2^* = \left(\frac{5a}{3}\right)^{\frac{1}{1-a}}$。

当生产函数为规模报酬不变，即 $a = 1$ 时，最大化利润为 0 或者正无穷。利润最大化问题即

$$\pi = pf(x_1, x_2) - w_1 x_1 - w_2 x_2 = p x_1 - (w_1 + w_2) x_1$$

根据利润最大化的原则，有：

当 $p > w_1 + w_2$ 时，厂商可以无限增加要素的投入以使自己的利润无限大，此时有 $\pi = +\infty$，$x_1^* = x_2^* = +\infty$；

当 $p = w_1 + w_2$ 时，厂商可以随意变动要素的投入，最终的利润都为 0；

当 $p < w_1 + w_2$ 时，厂商不会投入要素，即此时不生产比生产要好，有 $\pi = 0$，$x_1^* = x_2^* = 0$。

本题中，由于 $p > w_1 + w_2$，所以利润最大化的厂商有 $x_1^* = x_2^* = +\infty$。

当生产函数为规模报酬递增时，分析方法类似。

(3) 根据成本最小化原则，假设厂商生产 q 的产量，有

$$\min C = w_1 x_1 + w_2 x_2$$

$$\text{s.t. } \min(x_1, x_2)^a = q$$

此时有 $x_1 = x_2 = q^{\frac{1}{a}}$，$C = (w_1 + w_2) q^{\frac{1}{a}}$。

(4) 当 $a < 1$ 时，成本最小化和利润最大化是对偶问题，此时既可以通过成本最小化，也可以通过利润最大化来求要素需求函数；而当 $a \geq 1$ 时，求要素需求函数和成本函数的成本最小化，因为此时规模报酬不变或递增，企业利润大于 0，则厂商可以无限增加要素投入，来使自己的利润最大化。

3.【解析】(1) 若两人采取合作共赢策略时，他们使总的利润最大化，则有

$$\max_{e_1, e_2} R(e_1, e_2) - C(e_1) - C(e_2) = e_1 + e_2 + \frac{1}{2} e_1 e_2 - \frac{1}{2} e_1^2 - \frac{1}{2} e_2^2$$

根据利润最大化原则，分别对 e_1，e_2 求导并令其为 0，有

$$e_1^* = e_2^* = 2$$

$$\pi_1 = \pi_2 = 1$$

(2) 若两人平分收入，每个人只考虑自己的努力程度，则有

$$\max_{e_1} \pi_1 = \frac{1}{2}\left(e_1 + e_2 + \frac{1}{2}e_1 e_2\right) - \frac{1}{2}e_1^2$$

$$\max_{e_2} \pi_2 = \frac{1}{2}\left(e_1 + e_2 + \frac{1}{2}e_1 e_2\right) - \frac{1}{2}e_2^2$$

此时为古诺模型，两人根据各自的努力程度使自己的利润最大化，则有

$$\frac{\partial \pi_1}{\partial e_1} = \frac{1}{2} + \frac{1}{4}e_2 - e_1 = 0$$

$$\frac{\partial \pi_2}{\partial e_2} = \frac{1}{2} + \frac{1}{4}e_1 - e_2 = 0$$

$$\Rightarrow e_1 = e_2 = \frac{2}{3}$$

$$\pi_1 = \pi_2 = \frac{5}{9}$$

(3) 若公司收入小于6，两人不获得收入，则可以构建两人的收益矩阵，可得表1。

表1 两人的收益矩阵

参与者		2	
		2	2/3
1	2	(1, 1)	(−2, −4/9)
	2/3	(−4/9, −2)	(5/9, 5/9)

由划线法可知，(1, 1) 为纯策略纳什均衡。

4.【解析】(1) 当 $p=1$, $q=0$ 时，小王具有完全信息，即当小李选择 H 时，小王以1的概率得到信号 h；当小李选择 L 时，小王以1的概率得到信号 l，此时的情况即完全信息序贯博弈，收益矩阵如表2所示。

表2 小王和小李的收益矩阵

参与者		小王	
		A	B
小李	H	(5, 2)	(2, 1)
	L	(6, 1)	(4, 2)

由此收益矩阵可得纯策略纳什均衡为 LB。小王的策略为当得到信号 h 时，选择 A；当得到信号 l 时，选择 B。

(2) 当 $p<1$, $q>0$ 时，相当于信息不完全的博弈，即当小李选择 H 时，小王会以 p 的概率得到信号 h，以 $1-p$ 的概率得到信号 l；当小李选择 L 时，小王会以 q 的概率得到信号 h，以 $1-q$ 的概率得到信号 l。所以当小李选择 H 时，小王会以 p 的概率得到信号 h，从而会选择 A；会以 $1-p$ 的概率得到信号 l，从而会选择 B。当小李选择 L 时，此时小王会以 q 的概率得到信号 h，从而选择 A；会以 $1-q$ 的概率得到信号 l，从而会选择 B。这就是小王所有可能的策略。

(3) 当 $p=1$，$q>0$ 时，说明当小李选择 H 时，小王会以 1 的概率得到信号 h，此时小王会选择 A；当小李选择 L 时，小王会以 q 的概率得到信号 h，从而选择 A，会以 $1-q$ 的概率得到信号 l，从而会选择 B。

5.【解析】(1) 该公司最大化自己的利润，即

$$\max_{Q_{BJ}, Q_{TJ}} \pi = (240-4Q_{BJ})Q_{BJ} + (200-2Q_{TJ})Q_{TJ} - 1\,000 - 40(Q_{BJ}+Q_{TJ})$$

$$\frac{\partial \pi}{\partial Q_{BJ}} = 200 - 8Q_{BJ} = 0$$

$$\frac{\partial \pi}{\partial Q_{TJ}} = 160 - 4Q_{TJ} = 0$$

$$Q_{BJ} = 25,\ Q_{TJ} = 40,\ P_{BJ} = 140,\ P_{TJ} = 120,\ \pi = 4\,700$$

(2) 若两地定价相同，设为 P，则有

$$Q_{BJ} = 60 - 0.25P,\ Q_{TJ} = 100 - 0.5P$$

当 $0<P<200$ 时，$Q = Q_{BJ} + Q_{TJ} = 160 - 0.75P$，此时公司的利润最大化，有

$$\pi = \left(\frac{640}{3} - \frac{4}{3}Q\right)Q - 1\,000 - 40Q$$

$$Q = 65,\ P = \frac{380}{3},\ Q_{BJ} = \frac{85}{3},\ Q_{TJ} = \frac{110}{3},\ \pi = 4\,633.33$$

(3) 比较可知，第 (1) 问中公司的利润较大。现比较在不同情况下的消费者剩余的大小。

在第 (1) 种情况下：

$$\frac{\partial \pi}{\partial Q} = \frac{640}{3} - \frac{8}{3}Q - 40 = 0$$

$$CS_{BJ} = \frac{(240-140) \times 25}{2} = 1\,250,\ CS_{TJ} = \frac{(200-120) \times 40}{2} = 1\,600$$

在第 (2) 种情况下：

$$CS_{BJ} = \frac{\left(240-\frac{380}{3}\right) \times \frac{85}{3}}{2} = 1\,605.55,\ CS_{TJ} = \frac{\left(200-\frac{380}{3}\right) \times \frac{110}{3}}{2} = 1\,344.44$$

所以北京的消费者更喜欢第(2)种情况，而天津的消费者则更喜欢第(1)种情况。

【金融学】

1.【解析】(1) 回购前，公司每股股价 $P = \frac{1\,000}{50} = 20$（元），此时

$$EPS = \frac{150 \times (1-40\%)}{50} = 1.8$$

所以 $R = \frac{EPS}{P} = 9\%$，即回购前加权平均资本成本为 9%。

(2) 公司一旦发行 200 万元债务，那么公司价值 $V_L = V_U + t_C \times B = 1\,080$ 万元。所以公司股价 $P' = \frac{1\,080}{50} = 21.6$(元)，回购 $\frac{200}{21.6}$ 万股股票。

回购后，股权价值 880 万元，债权价值 200 万元。所以

$$R_{WACC} = \frac{880}{1\,080} \times R_S + \frac{200}{1\,080} \times 6\% \times (1-40\%) = 8.33\%$$

式中，$R_S = R_0 + \dfrac{B}{S}(1-t_C)(R_0 - R_B) = 9\% + \dfrac{200}{880} \times 60\% \times (9\% - 6\%) = 9.41\%$。

2. **【解析】**（1）A 与 B 公司合并的协同效应 $S = 3\,000 - 2\,000 - 600 = 400$，$V_B = 600$，$S + V_B = 1\,000$。若用现金收购，那么需要现金在 $[600,\,1\,000]$ 区间内，即 $[V_B,\,S+V_B]$。

（2）若用股权收购，设收购 B 公司需要用 x 万股。那么

$$\dfrac{x}{1\,000+x} \times 3\,000 \in [600,\,1\,000]$$

解得 $x \in [250,\,500]$。

因此，需要的股数在 $[250,\,500]$ 内，具体数值需要看 A 与 B 的议价能力。

3. **【解析】**（1）$p = \dfrac{1+r_f - d}{u - d} = \dfrac{1.1 - 0.8}{1.2 - 0.8} = \dfrac{3}{4}$（风险中性概率）。

$$P = \dfrac{1}{(1+r_f)^2}[p^2 \times 0 + 2p(1-p) \times 8 + (1-p)^2 \times 40]$$

$$= \dfrac{1}{1.1^2}\left[2 \times \dfrac{3}{4} \times \dfrac{1}{4} \times 8 + \left(\dfrac{1}{4}\right)^2 \times 40\right] = 4.55。$$

（2）$t=1$ 的上节点，$P_1 = \dfrac{1}{1+r_f}[p + (1-p) \times 8] = \dfrac{2}{1.1} > 0$。

$t=1$ 的下节点，$P_2 = \dfrac{1}{1+r_f}[p \times 8 + (1-p) \times 40] = \dfrac{16}{1.1} < 24$。

$P = \dfrac{1}{1+r_f}\left[p \times \dfrac{2}{1.1} + (1-p) \times 24\right] = \dfrac{1}{1.1}\left[\dfrac{2}{1.1} \times \dfrac{3}{4} + \dfrac{1}{4} \times 24\right] = 6.69 > 4$。

所以 $P = 6.69$。

4. **【解析】**（1）设股票 A 占比 w，B 占比 $(1-w)$，则

$$\sigma^2 = w^2 \times 10\%^2 + (1-w)^2 \times 20\%^2 + 2w(1-w) \times 20\% \times 10\% \times 5\%$$

$$= 0.01[4.8w^2 - 7.8w + 4]$$

$$\dfrac{\partial \sigma^2}{\partial w} = 0 \Rightarrow w = 0.812\,5$$

所以 $w = 0.812\,5$，$1-w = 0.187\,5$，$\sigma^2 = 0.008\,312\,5$。

（2）由题意知，三种资产各自的权重为

$$w_A = 1,\ w_B = 1,\ w_f = -1$$

无风险资产的方差为 0，A、B 资产的相关系数为 0.05。所以

$$\sigma^2 = w_A^2 \times \sigma_A^2 + w_B^2 \times \sigma_B^2 + 2 \times w_A \times w_B \sigma_A \sigma_B = 0.01 + 0.04 + 2 \times 0.02 \times 0.05 = 0.050\,5$$

5. **【解析】**（1）主要的货币政策工具分为三个：存款准备金率、公开市场业务以及再贴现率。

①存款准备金率是商业银行向中央银行缴纳的存款准备金相对于存款的比例，这一比例是法定的，又称为法定存款准备金率。中央银行通过改变存款准备金率来控制商业银行向市场投放的货币量，也能通过货币乘数来调整基础货币的派生能力，进而达到控制货币供给量的目的。当存款准备金率上升时，市场货币供应量减少，反之则相反。（我国过去和现在最有效的货币政策手段）

②公开市场业务是指中央银行在公开市场买卖政府债券的行为。中央银行通过买卖债券来控制市场的货币供应量，也可以通过影响利率来影响货币流通量。中央银行在公开市场上向商业银行出售国债，可以回笼商业银行资金并降低市场的货币供给量，出售国债的

行为会引起国债价格下降，也就是国债利率提高，导致商业银行的利率也提高，从而增加货币持有成本及融资成本，最终达到紧缩市场的货币需求及供给的目的。反之则相反。（西方国家及未来我国最有效的货币政策手段）

③再贴现率是指商业银行向中央银行借款的利率，中央银行通过调整再贴现率来控制商业银行向中央银行融资的难度。中央银行提高再贴现率将提高商业银行向中央银行融资的成本，从而减少基础货币的供给，达到紧缩市场货币供给的目的。

（2）①法定存款准备金率的优点主要在于作用力大，主动性强，见效快。缺点是不够精准，调整过度可能影响其他政策考量。

②再贴现政策的优点主要着眼于长期的结构调整，在保持金融稳定方面发挥着重要的作用。但是，再贴现政策也存在一定的局限性：主动权并非只在中央银行；再贴现率的调节作用是有限度的；相较于法定存款准备金率，再贴现率易于调整，但由于它是中央银行利率，调整会引起市场利率的大幅度波动，加大利率风险，干扰市场机制；中央银行通过再贴现充当最后贷款人，有可能加大金融机构的道德风险。

③公开市场业务有明显的优越性：主动性强；灵活性强；调控效果和缓，振动性小；告示效应强，影响范围广。而近年来，中国人民银行采用有别于传统货币政策工具的策略，所使用的货币政策新工具主要包括公开市场短期流动性调节工具（SLO）、常设借贷便利（SLF）、中期借贷便利（MLF）以及抵押补充贷款（PSL）等。

（3）量化宽松主要是指中央银行在实行零利率或近似零利率政策后，通过购买国债等中长期债券，增加基础货币供给，向市场注入大量流动性资金的干预方式，以鼓励开支和借贷，也被简化地形容为间接增印钞票。量化宽松政策所涉及的政府债券，不仅金额庞大，而且周期也较长。一般来说，只有在利率等常规工具不再有效的情况下，货币当局才会采取这种极端做法。

正面影响：增加货币供给量，有助于缓解市场资金紧张状况及经济恢复增长等。

负面影响：美国实施的量化宽松政策导致美元贬值，其他经济体货币升值，埋下全球通货膨胀隐患，恶化相关贸易体的经济形势，降低相应持债国家外汇资产价值等。

【统计学】

1. 【解析】（1）设第一只股票收益率 $X \sim N(\mu_1, \sigma_1^2)$，第二只股票收益率 $X \sim N(\mu_2, \sigma_2^2)$，样本数据：$\bar{X}=1.25\%$，$s_X^2=0.83\%$，$\bar{Y}=1\%$，$s_Y^2=0.67\%$。

对于假设 $H_0: \mu_1=\mu_2$；$H_1: \mu_1 \neq \mu_2$。根据大样本情况，构造检验统计量 $U=\dfrac{\bar{X}-\bar{Y}}{\sqrt{\dfrac{s_X^2}{m}+\dfrac{s_Y^2}{n}}}$。

H_0 成立时，$U \sim N(0, 1)$，给定显著性水平 α，拒绝域为 $W=\{|U| \geqslant \mu_{1-\frac{\alpha}{2}}\}$。

代入数据，计算得 $U=\dfrac{0.25\%}{\sqrt{\dfrac{0.83\%}{100}+\dfrac{0.67\%}{50}}}=\dfrac{0.25}{\sqrt{2.17}} \leqslant \mu_{0.975}=1.96$，未落入拒绝域内，故接受原假设，认为两只股票收益率相等。

（2）对数收益率为 $\ln\dfrac{P_t}{P_{t-1}}=\ln(1+\mu)$，先求出收益率的置信区间，再对区间做相应变形即可。

2. 【解析】略。

3. 【解析】(1) 由已知得
$$E(r_{A+B}) = E(r_A) + E(r_B) = 2\mu$$
$$D(r_{A+B}) = D(r_A) + D(r_B) + 2\mathrm{cov}(r_A, r_B) = \theta_1^2 + \theta_2^2 + \frac{2\theta_1\theta_2}{\varepsilon}$$

当 $r_A r_B$ 服从二维正态分布时，$r_{A+B} \sim N\left(2\mu, \theta_1^2 + \theta_2^2 + \frac{2\theta_1\theta_2}{\varepsilon}\right)$。

(2) 收益率为 μ 的投资组合可表示为 $\alpha A + (1-\alpha)B$，$(0 \leqslant \alpha \leqslant 1)$，其收益率为 r_α，则
$$D(r_\alpha) = \alpha^2 D(r_A) + (1-\alpha)^2 D(r_B) + 2\alpha(1-\alpha)\mathrm{cov}(r_A, r_B)$$
$$= \alpha^2 \theta_1^2 + (1-\alpha)^2 \theta_2^2 + \frac{2\alpha(1-\alpha)\theta_1\theta_2}{\varepsilon}$$
$$\frac{\mathrm{d}D(r_\alpha)}{\mathrm{d}\alpha} = 2\alpha\theta_1^2 - 2(1-\alpha)\theta_2^2 + \frac{2(1-2\alpha)\theta_1\theta_2}{\varepsilon}$$
$$= 2(\theta_1^2 + \theta_2^2 - 2\theta_1\theta_2/\varepsilon)\alpha + 2\theta_1\theta_2/\varepsilon - 2\theta_2^2$$

令 $\dfrac{\mathrm{d}D(r_\alpha)}{\mathrm{d}\alpha} = 0$，得 $\alpha^* = \dfrac{\theta_2^2 - \theta_1\theta_2/\varepsilon}{\theta_1^2 + \theta_2^2 - 2\theta_1\theta_2/\varepsilon}$。

4. 【解析】(1) β_1 表示 prot 每变动一个单位时，C 的均值的变动。

α_1 表示在其他因素（size）不变的情况下，prot 每变动一个单位时，C 的均值的变动。

(2) 由普通最小二乘估计的原理出发，分别得到各自的正规方程组，解得
$$\hat{\beta}_1 = \frac{\sum(\mathrm{prot}_i - \overline{\mathrm{prot}})(C_i - \overline{C})}{\sum(\mathrm{prot}_i - \overline{\mathrm{prot}})^2}$$

$$\hat{\alpha}_1 = \frac{\sum(\mathrm{prot}_i - \overline{\mathrm{prot}})(C_i - \overline{C})\sum(\mathrm{size}_i - \overline{\mathrm{size}})^2 - \sum(\mathrm{size}_i - \overline{\mathrm{size}})(C_i - \overline{C})\sum(\mathrm{prot}_i - \overline{\mathrm{prot}})(\mathrm{size}_i - \overline{\mathrm{size}})}{\sum(\mathrm{prot}_i - \overline{\mathrm{prot}})^2 \sum(\mathrm{size}_i - \overline{\mathrm{size}})^2 - \left(\sum(\mathrm{prot}_i - \overline{\mathrm{prot}})(\mathrm{size}_i - \overline{\mathrm{size}})\right)^2}$$

通过对比发现，当 $\sum(\mathrm{prot}_i - \overline{\mathrm{prot}})(\mathrm{size}_i - \overline{\mathrm{size}}) = 0$，即 prot 与 size 不相关时，有 $\hat{\beta}_1 = \hat{\alpha}_1$。

复旦大学 431 金融硕士初试真题超精细解读

宏观数据速递

一、分值一览表

分布类型	题型/科目	2014年	2015年	2016年	2017年	2018年
题型分值	选择题	(5×5＝) 25分	(5×5＝) 25分	(5×5＝) 25分	(5×5＝) 25分	(10×4＝) 40分
	计算题	(2×20＝) 40分	(2×20＝) 40分	(2×20＝) 40分	(2×20＝) 40分	(3×20＝) 60分
	名词解释	(5×4＝) 20分	(5×4＝) 20分	(5×4＝) 20分	(5×4＝) 20分	0分
	简答题	(2×10＝) 20分	(2×10＝) 20分	(2×10＝) 20分	(2×10＝) 20分	(3×10＝) 30分
	论述题	2道，共45分	2道，共45分	2道，共45分	2道，共45分	(1×20＝) 20分
学科分值（占比）	货币银行学	13%	17%	9%	30%	17%
	国际金融	23%	32%	43%	25%	19%
	公司理财	25%	19%	13%	20%	25%
	投资学	39%	32%	35%	25%	39%

二、难度点评和总体走势

2014年初试难度较小。2015年难度小幅上升，2016年难度继续上升，2017年则达到近几年的峰值，2018年难度与2017年几乎持平。

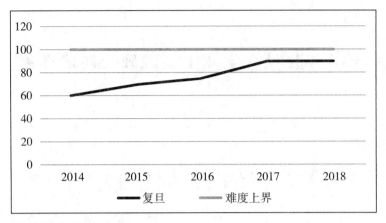

三、分数线及录取情况

指标		2014 年	2015 年	2016 年	2017 年	2018 年
初试要求	单科要求	≥60 分（100 分）；≥90 分（150 分）	≥60 分（100 分）；≥90 分（150 分）	≥60 分（100 分）；≥90 分（150 分）	≥60 分（100 分）；≥90 分（150 分）	≥60 分（100 分）；≥90 分（150 分）
	总分要求	360 分	375 分	380 分	400 分	395 分
人数要求	报考人数	1 277 人	1 476 人	2 230 人	—	＞2 000 人
	录取人数	109 人	138 人	135 人	98 人	109 人

四、真题指导教材复习顺序及重点章节

（一）复习顺序

先金融学，后国际金融。

先公司金融，后投资学。

（二）重点章节

胡庆康《现代货币银行学教程》，复旦大学出版社 2010 年第 4 版。整本书都很重要，属于基础性的知识，主要学第 4、5、7、8、9 章。

姜波克《国际金融新编》，复旦大学出版社第 5 版。第 4 章第 4 节与第 5 章不考，前 4 章理论知识必须掌握，第 6、7、8 章常出论述题。

朱叶《公司金融》，北京大学出版社 2009 年第 1 版。重点为第 4、5、8、10 章。

刘红忠《投资学》，高等教育出版社 2010 年第 2 版。重点为第三部分第 4 章和第四、五、六部分。

2018年复旦大学431金融硕士初试真题

一、单项选择题

1. 根据中国人民银行对货币定义的口径，个人到银行将现金转为活期存款，直接影响为（　　）。
   A. M0下降，M1上升
   B. M1下降，M2不变
   C. M1不变，M2不变
   D. M1下降，M2下降

2. 下列业务中可能会使银行或有负债增加的是（　　）。
   A. 托收业务
   B. 基金产品销售
   C. 备用信用证
   D. 并购咨询

3. 在外国发行且计价货币是非债券发行交易国货币的债券，被称为（　　）。
   A. 外国投资
   B. 可转换债券
   C. 外国债券
   D. 欧洲债券

4. 一般而言，由（　　）引起的国际收支失衡是长期且持久的。
   A. 经济周期更迭
   B. 货币价值变动
   C. 预期目标的改变
   D. 经济结构滞后

5. 仅限于会员国政府之间和IMF与成员国之间使用的储备资产是（　　）。
   A. 黄金储备
   B. 外汇储备
   C. 特别提款权
   D. 在IMF的储备头寸

6. 两种资产A、B构成的资产组合中，资产组合的标准差可能降到最低的是（　　）
   A. 相关系数=−1
   B. 相关系数=0
   C. 相关系数=0.3
   D. 相关系数=1

7. 在Black-Scholes期权定价模型的参数估计中，最难估计的变量是（　　）。
   A. 执行价格X
   B. 连续复利的无风险利率R_f
   C. 标的资产的波动率
   D. 期权的到期时间T

8. 考虑有两个因素的APT模型，股票A的期望收益率是18%，对因素1的贝塔值是1.5，对因素2的贝塔值是1.2。因素1的风险溢价是3%，无风险收益率是5%，如果无套利机会，那么因素2的风险溢价是（　　）。
   A. 6%
   B. 4.25%
   C. 7.75%
   D. 8.85%

9. 下列股利分配理论的说法中，错误的是（　　）。
   A. 税收效应理论认为，当股票资本利得税和股票交易成本之和大于股利收益税时，应采用高现金股利分配率政策
   B. 客户效应理论认为，对于高收入阶层和风险偏好投资者，应采用高现金股利分配率政策
   C. "一鸟在手"理论认为，由于股东偏好当期股利收益率胜过未来预期资本利得，应

采用高现金股利分配率政策

D. 代理成本理论认为，为解决控股股东和小股东之间的代理冲突，应采用高现金股利分配率政策

10. 估算股利价值时的贴现率，不能使用（　　）。

A. 股票市场的平均收益率　　B. 债券收益率加上适当的风险溢价

C. 国债的利息率　　D. 投资者要求的必要报酬率

二、简答题

1. 中国连续多年处于国际收支"双顺差"，同时又是资本净流出国的状态。请从国际收支平衡表的构成角度判断这是否矛盾，为什么。

2. 简要说明一价定律和购买力平价理论的区别与联系。

3. 什么是资本市场线和证券市场线？它们有何区别和联系？

三、计算题

1. 假设你正在考虑投资某股票，该股票的永续股利为 6 元/股，根据你的调查，该股票的 β 系数为 0.9。当前的无风险收益率为 4.3%，市场期望收益率是 13%。

（1）如果选择用 CAPM 模型进行估计，计算你对该股票的期望收益率。

（2）根据期望收益率，你愿意为该股票支付多少钱？

（3）假设你的调查出了错误，该股票的实际 β 值为 1.3，如果你以（2）中的价格购买该股票，那么你是高估其价格还是低估其价格？

2. 某只股票的期末价格有两种可能，150 元或 90 元。该股票的卖出期权的执行价格是 110 元，该股票的期初价格为 95 元。如图 1 所示。

（1）若投资者用卖出期权对冲，则一股股票需要多少卖出期权？

（2）购买一股股票并进行 Puts 期权对冲，则资产组合的期末价值是多少？

（3）当期权价格为多少时，组合回报率为 10%？

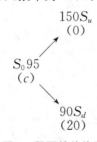

图 1　股票的价格图

3. 某科技公司 CEO 计划通过发行新股或者新债筹集 20 000 万元的资金进行业务扩张。随着业务扩张，预计明年的 EBIT 为 6 000 万元，公司当前有 1 000 万股流通股，每股价格为 90 元。假设资本市场是完美的。

（1）如果通过发行新股筹集 20 000 万元资金，预计明年的每股收益是多少？

（2）如果以 5% 的利率发行新债筹集资金，预计明年的每股收益是多少？

（3）如果发行新股，预测 P/E 是多少？如果发行新债，预测 P/E 是多少？如何解释这两个预测市盈率的不同？

四、论述题

全球金融危机以来,中国人民银行推出了 SLF、MLF 等创新的货币政策工具,试分析这些创新的货币政策工具与传统的货币政策工具的区别及央行推出这些创新的货币政策工具的原因,并对其效果进行评价。

2017年复旦大学431金融硕士初试真题

一、名词解释

1. 风险价值
2. 通货膨胀目标制
3. 泰勒规则
4. 货币替代
5. 回购协议

二、选择题

1. 若目前无风险资产收益率为5%，整个股票市场的平均收益率为15%，B公司的股票预期收益率与整个市场平均收益率之间的协方差为250，整个股票市场平均收益率的标准差为20，则B公司股票的必要收益率为（　　）

  A. 15%　　　　　B. 12%　　　　　C. 11.25%　　　　　D. 8%

2. 根据杜邦分析框架，A企业去年净资产收益率（ROE）下降，可能是由（　　）引起的。

  A. 销售利润率上升　　　　　B. 总资产周转率下降

  C. 权益乘数上升　　　　　　D. 股东权益下降

3. A、B两个公司类型相近，A公司头一年增长迅猛，一个评级机构据此估计B公司上市后也会增长，这是基于（　　）行为金融学原理。

  A. 心理账户　　　　　　　　B. 锚定现象

  C. 代表式启发性思维　　　　D. 历史相关性

4. 巴拉萨－萨缪尔森效应是指（　　）。

  A. 劳动生产率低的国家，本币的实际币值相对被低估

  B. 劳动生产率高的国家，该国物价水平较低

  C. 劳动生产率增长快的部门实际汇率升值

  D. 劳动生产率增长慢的部门名义汇率贬值

5. 以下表述正确的是（　　）。

  A. 根据信用创造理论，银行贷款可以创造货币，购买国债不能

  B. 中央银行提高法定准备金率，商业银行在中央银行的存款会增加

  C. 经济危机时，人们流动性偏好上升，通货存款比C/D下降

  D. 在其他条件不变时，信用卡的广泛使用会使货币流通速度V上升

三、计算题

1. 假定无风险收益率为5%，投资人最优风险资产组合的预期收益率为15%，标准差

为25%，则：

(1) 投资人承担1单位的风险需要增加的预期收益率是多少？

(2) 假设投资人需要构造标准差为10%的投资组合，则投资最优风险资产组合的比例是多少？构造的投资组合预期收益率是多少？

(3) 假设投资人将40%的资产投资于无风险证券，则该投资组合的预期收益率和标准差是多少？

(4) 假设投资人需要构造预期收益率为19%的投资组合，则如何分配最优风险资产组合和无风险证券的比例？

(5) 假设投资人资产总额为1 000万元，需要借入多少无风险证券以构造预期收益率为19%的投资组合？

2. 假设你一家人要去美国旅游，去银行看到的牌价如表1所示。

表1 银行牌价

银行	现钞买入	现汇买入	卖出
A	608.02	611.39	613.84
B	606.90	611.80	614.26
C	606.77	611.67	614.13

(1) 如果你有5万元人民币要兑换成美元，你会选哪个银行？最后能换到多少美元？

(2) 旅游回来后，你要把剩余的1 000美元换成人民币，你会选哪个银行？能换到多少人民币？

(3) 是否存在某种套利机会？如果存在，请说明操作方法；如果不存在，请说明判断方法。

四、简答题

1. 简单介绍托宾税的作用机制和可能的利弊，并举例说明。

2. 如何理解投资风险分散化以及如何实现投资风险分散化？

五、论述题

1. 货币政策的中介目标分为数量型中介目标和价格型中介目标两种，有人认为在目前的中国，数量型货币政策目标的有效性下降，应该放弃数量型目标，而选用利率型目标，试论述一下你的观点。

2. 股东与管理者的代理成本以及股东与债权人的代理成本是如何产生的？简述债务融资与这些成本的关系。

2016年复旦大学431金融硕士初试真题

一、名词解释

1. 特别提款权
2. 货币中性
3. 抵押贷款和质押贷款
4. 资本配置线
5. 内含报酬率

二、选择题

1. 根据蒙代尔的最优指派原则，一国出现通货膨胀、国际收支顺差，应该选择的政策搭配是（   ）。
   A. 紧缩的货币政策和扩张的财政政策
   B. 紧缩的财政政策和扩张的货币政策
   C. 紧缩的财政政策和紧缩的货币政策
   D. 扩张的货币政策和扩张的财政政策

2. 以下针对中央银行负债的变动中，会导致商业银行体系准备金增加的是（   ）。
   A. 外国在中央银行的存款增加   B. 财政部在中央银行的存款增加
   C. 流通中的货币减少   D. 其他负债增加

3. 期权到期日期的权损益表示方法正确的是（   ）。
   A. 欧式看涨期权空头 $\max\{S_t-X,0\}$
   B. 欧式看涨期权多头 $\min\{S_t-X,0\}$
   C. 欧式看跌期权多头 $\max\{S_t-X,0\}$
   D. 欧式看跌期权空头 $\min\{S_t-X,0\}$

4. 以下关于市盈率的表达，错误的是（   ）。
   A. 股利分配越高，市盈率越高
   B. 公司成长价值越高，市盈率越高
   C. 名义利率越高，市盈率越高
   D. 到期收益率、要求报酬率越高，市盈率越高

5. 关于债券到期收益率的含义，正确的是（   ）。
   A. 持有债券至到期的内含报酬率
   B. 使债券未来息票收入现值为债券价格的折现率
   C. 无风险利率加上一个风险溢价
   D. 债券利息收益率与本金收益率之和

三、计算题

1. 某公司进口美国电脑，成本为 100 美元/台，30 天后付款，当前汇率为 1 美元等于 6.5 元人民币（$e=6.5$），公司每卖出一台电脑可得利润 50 美元。

   (1) 若一个月后即期汇率为 1 美元等于 6 元人民币（$e=6$），则公司利润是多少？若 30 天后即期汇率为 1 美元等于 7 元人民币（$e=7$），则公司利润是多少？

   (2) 若单位利润带来的效用 $U=\sqrt{\pi}$，预计一个月后即期汇率为 1 美元等于 6 元人民币和 1 美元等于 7 元人民币的概率各为 50%，此时有一份 $e=6.7$ 的远期协议，那么你会签这份协议吗？

2. 某股票当前市价为 10 元，3 个月后该股票价格不是 12 元就是 9 元，一份以该股票为标的、执行价格为 10 元、为期 3 个月的欧式看涨期权的价值为 0.8 元，计算：

   (1) 该股票风险中性的概率。

   (2) 以该股票为标的、执行价格为 11 元、为期 3 个月的欧式看跌期权的价值。

   (3) 以该股票为标的的远期协议的理论远期价格。

四、简答题

1. 美联储加息对我国宏观经济有什么影响？
2. 分析做市商报价驱动机制和指令驱动交易机制的差异性。

五、论述题

1. 什么是国际储备货币分散化？原因是什么？人民币成为国际货币对当前国际储备货币的格局有什么影响？
2. 2015 年 7 月，中国 A 股持续下跌，许多证券公司纷纷暂停了融券交易，在此情况下，套利交易机制还有效吗？套利机制有效性受哪些因素影响？

2015年复旦大学431金融硕士初试真题

一、名词解释

1. 到期收益率
2. 系统性风险
3. 有效汇率
4. 格雷欣法则
5. 利息税盾效应

二、选择题

1. 根据CAPM模型，假定市场组合收益率为15%，无风险利率为6%，某证券的β系数为1.2，期望收益率为18%，则该证券（   ）。
   A. 被高估　　　　B. 被低估　　　　C. 合理估值　　　　D. 以上都不对
2. 货币市场的主要功能是（   ）。
   A. 短期资金融通　B. 长期资金融通　C. 套期保值　　　　D. 投机
3. 国际收支平衡表中将投资收益计入（   ）。
   A. 贸易收支　　　B. 经常账户　　　C. 资本账户　　　　D. 官方储备
4. 下列说法中，不正确的是（   ）。
   A. 当中央银行进行正回购交易时，商业银行的超额准备金将减少；当中央银行进行逆回购交易时，商业银行的超额准备金将增加
   B. 法定存款准备金率对货币供给的影响与公开市场操作及贴现率不同，后两者主要针对基础货币进行调控，而法定存款准备金则直接作用于货币乘数
   C. 法定存款准备金作为货币政策工具的历史长于其作为稳定金融、防止流动性危机的政策工具的历史
   D. 公开市场操作的有效性受国内金融市场发达程度的影响
5. 甲公司现有流动资产500万元（其中速动资产200万元），流动负债200万元。现决定用现金100万元偿还应付账款，业务完成后，该公司的流动比率和速动比率将分别为（   ）和（   ）。
   A. 不变　不变　　B. 增加　不变　　C. 不变　减少　　D. 不变　增加

三、计算题

1. 对股票A和股票B的两个（超额收益率）指数模型回归结果如表1所示。在这段时间内的无风险利率为6%，市场平均收益率为14%，对项目的超额收益以指数回归模型来测度。

表 1　两只股票的指数模型回归结果

股票	A	B
指数回归模型估计	1%+1.2(r_M-r_f)	2%+0.8(r_M-r_f)
R^2	0.576	0.436
残差的标准差 $\sigma(e)$	10.3%	19.1%
超额准备的标准差	21.6%	24.9%

(1) 计算每只股票的 α、信息比率、夏普测度、特雷诺测度。

(2) 下列各个情况下，投资者选择哪只股票最佳？

①这是投资者唯一持有的风险资产；

②这只股票将与投资者的其他债券资产组合，是目前市场指数基金的一个独立组成部分；

③这是投资者目前正在构建的积极管理型股票资产组合的众多股票中的一种。

2. 某公司正在考虑收购另一家公司，此收购为横向并购（假定目标公司和收购公司具有相同的风险水平）。目标公司的负债与权益市值比为 1:1，每年的 EBIT 为 500 万元。收购公司的负债与权益市值比为 3:7。假定收购公司收购了目标公司后，资本结构保持不变，无风险利率为 5%，市场风险溢酬为 8%，收购公司的权益贝塔值为 1.5，公司所得税为 30%。假定所有债务都是无风险的，两个公司都是零增长型公司。请根据有税 MM 理论进行下列计算：

(1) 目标公司的债务与权益的资本成本为多少？

(2) 目标公司的债务价值与权益价值为多少？

(3) 收购公司所支付的最高价格不应高于多少？

四、简答题

1. 简述金融期货市场的基本功能。

2. 开放经济在运行中的自动平衡机制有哪些？

五、论述题

1. 什么是货币国际化？请分析如何将利率市场化、资本账户自由兑换和人民币国际化三者有机结合、协调推进。

2. 当考虑了人们的预期因素之后，菲利普斯曲线将发生怎样的变化？这种变化有什么样的政策意义？

2018年复旦大学431金融硕士初试真题解析

一、单项选择题

1.【答案】B
【解析】我国的货币供应量划分为：
M0＝流通中的现金；
M1＝M0＋活期存款（企业单位活期存款）；
M2＝M1＋准货币（企业单位定期存款＋储蓄存款＋其他存款）。
现金属于M0，个人活期（储蓄）存款属于M2，个人到银行将现金转为活期存款会导致M0、M1下降，M2不变。

2.【答案】C
【解析】A项，托收（Collection）是出口商（债权人）为向国外进口商（债务人）收取货款而开具汇票，委托出口地银行通过其在进口地银行的联行或代理行向进口商收款的结算方式。托收业务中银行不存在负债风险，不会形成或有负债；B项，基金产品销售中银行不存在垫付资金的问题，也不会形成或有负债；C项，备用信用证（SCL）是银行担保业务的一种主要类型，通常是为债务人的融资提供担保。银行通过发放备用信用证给企业，就相当于在借款期中把自己的信用出借给发行人，使发行人实现信用增级。备用信用证会使银行在借款人不能履约时形成负债，因此，备用信用证增加了银行的或有负债。D项，并购咨询是银行利用自身在信息和专业方面的优势为客户提供咨询服务并收取手续费的业务，该业务不需要动用银行自己的资金，不会形成或有负债。

3.【答案】D
【解析】A项，外国投资（Foreign Investment）又称为国际投资（International Investment），是指跨国公司等国际投资主体将其拥有的货币资本或产业资本，通过跨国界流动和营运，以实现价值增值的经济行为。B项，可转换债券（Convertible Bond）是指以公司债券为载体、允许持有人在规定时间内按确定的比例转换为发债公司或其他公司股票的金融工具。C项，外国债券（Foreign Bond）是指在另一国的债券市场以该国货币为面值所发行的债券。比如，扬基债券（Yankee Bond）就是非美国主体在美国市场上发行的以美元计价的债券。D项，欧洲债券（Euro Bond）是指在另一国的债券市场上以第三国的货币为面值发行的债券。所以，在外国发行且计价货币是非债券发行交易国货币的债券为欧洲债券。

4.【答案】D
【解析】国际收支失衡包括临时性、结构性、货币性、周期性、收入性、预期性及币值扭曲这七大类不平衡。A项，周期性不平衡是指一国经济周期波动所引起的国际收支失衡。B项，货币性不平衡是指一定汇率水平下国内货币成本与一般物价上升而引起出口货物价格相对高昂、进口货物价格相对便宜，从而导致的国际收支失衡。在这种失衡中，国内货币成本与一般物价上升的原因是货币供应量的过分增加，失衡的原因是货币性的，故失衡可长可短。C项，当预期一国经济将快速增长时，本国居民和外国投资者都会增加在本国的实物投资，当本国的资本品供给不能满足需求时，投资就通过进口资本品来实现，出现资本品进口的增加和经常账户的逆差。D项，结构性不平衡是指国内经济、产业结构不能适应世界市场的变化而发生的国际收支失衡。结构性失衡通常反映在贸易账户或经常账户上。结构性不平衡具有长期的性质，很难扭转。所以，一般而言，由经济结构滞后引起的国际收支失衡是长期且持久的。

5.【答案】C

【解析】国际储备包括一国货币当局持有的黄金储备、外汇储备、在国际货币基金组织的储备头寸，以及在国际货币基金组织的特别提款权（Special Drawing Right，SDR）余额。其中，特别提款权既是国际货币基金组织创立的一种记账单位，又是相对于普通提款权之外的又一种使用资金（可兑换货币）的权力。一国国际储备中的特别提款权部分，是指该国在基金组织特别提款权账户上的贷方余额。特别提款权具有三大特征：（1）价值稳定。（2）能持有特别提款权的机构必须是政府或政府间的机构，特别提款权的使用仅限于政府之间。（3）不是一种完全的世界货币，特别提款权是一种依靠国际纪律而创造出来的储备资产，它是一种纯粹的账面资产，它的发行没有任何物质基础。

6.【答案】A

【解析】两种证券组合收益率的方差，用公式表示为

$$\sigma_P^2 = X_A^2\sigma_A^2 + X_B^2\sigma_B^2 + 2X_A X_B \rho_{AB} \sigma_A \sigma_B$$

从图1中可以看出，当$\rho=1$时，两种证券A、B的组合P的收益和风险落在直线AB上；当$\rho<1$时，组合P的收益和风险是一条向后弯曲的曲线，这表明在相同风险水平下收益更大，或者说在相同收益水平下风险更小，而且ρ越小，往后弯曲的程度越大；当$\rho=-1$时，其是一条向后弯曲的折线。此时资产组合的标准差可能降到0，所以本题选A。

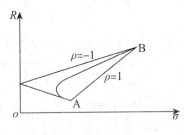

图1 两种证券组合

7.【答案】C

【解析】对于期权来说，执行价格X和期权的到期时间T都已经在合约的条款中进行了约定，连续复利的无风险利率R_f可以通过市场上相应期限的国债等无风险资产计算得到。最难估计的变量是标的资产的波动率。

8.【答案】无

【解析】$r_S = r_f + \beta_1(\delta_1 - r_f) + \beta_2(\delta_2 - r_f)$，所以$18\% = 5\% + 1.5 \times 3\% + 1.2 \times$因素2的风险溢价，解得因素2的风险溢价$=7.08\%$。

9. 【答案】B

【解析】追随者效应理论（客户效应理论）从股东边际所得税出发，认为每个投资者所处的税收等级不同，有的适用高边际税率，而有的适用低边际税率。他们对待股利政策的态度不一样，处于高税级的股东偏好低股利政策，处于低税级的股东偏好高股利政策。选项中高收入阶层属于高税收等级，偏好低股利政策，所以对于高收入阶层和风险偏好投资者，应采用低现金股利分配率政策。

10. 【答案】C

【解析】当该股票的风险等级和整个股票市场的平均风险一致时，可使用股票市场的平均收益率作为股利的贴现率；对于债券交易较活跃的公司来说，也可使用债券收益率加上适当的风险溢价作为股利的贴现率；股票投资者要求的必要报酬率反映了投资者投资该股票的机会成本，也可作为股利的贴现率。国债基本是无风险的，其利息率不可以作为股利的贴现率。所以本题选 C。

二、简答题

1. 【解析】不矛盾。

（1）所谓的国际收支"双顺差"，是指国际收支经常项目、（除了储备资产之外的）资本和金融项目都呈现顺差。中国的国际收支连续多年保持"双顺差"，结果就是以外汇储备为主要内容的储备资产不断增加。

①经常项目顺差是指国际收支的经常账户的贷方大于借方，说明了我国在贸易出口等经常账户下的收入大于支出。

②（除了储备资产之外的）资本和金融项目顺差是指国际收支的资本账户和金融账户的贷方大于借方，说明我国资本和金融账户整体上收入大于支出。

（2）资本净流出的含义。

从国际收支平衡表的视角来看，资本净流出主要是指资本账户的逆差，资本账户包括资本转移和非生产、非金融资产的收买和放弃。资本转移是资本项目的重要组成部分，主要涉及固定资产所有权的变更以及债权债务的减免。具体指以下几项所有权转移：①固定资产所有权的转移；②同固定资产的收买和放弃相联系的或以其为条件的资产转移；③债权人不索取任何回报而取消的债务；④投资捐赠。非生产、非金融资产的收买和放弃是指各种无形资产如专利、版权、商标、经销权以及租赁和其他可转让合同的交易。

（3）两者可以共存的原因分析。

（除了储备资产之外的）资本和金融账户的顺差包含了资本和金融两个账户，两者之和的顺差不必然保证内部每一个账户都是顺差的，可能出现（除了储备资产之外的）资本和金融账户整体顺差，但是资本账户逆差的情形，这时我国便会出现国际收支"双顺差"的同时又是资本净流出国的现象。

2. 【解析】（1）一价定律（The Law Of One Price）是指在没有运输费用和官方贸易壁垒的自由竞争市场上，一件相同商品在不同市场中出售时，如果以同一种货币计价，其价格应是相等的。一价定律成立的前提条件包括：①货币、商品、劳务和资本等可以在不同市场完全自由地流通；②信息是完全的；③税收及交易成本为零。

在开放经济中，一价定律体现为同一货币衡量的不同国家的同质可贸易品价格相同。

$$P_d^i = eP_f^i$$

（2）购买力平价的含义。

购买力平价（Purchasing Power Parity，简称 PPP）可分为绝对购买力平价和相对购买力平价。

①绝对购买力平价。如果对于两国的任何一种可贸易品，一价定律都成立，并且在两国物价指数的编制中，各种可贸易品所占的权重相等，那么，两国由可贸易品构成的物价水平之间存在着下列关系：

$$\sum_{i=1}^{n} \alpha^i P_d^i = e \sum_{i=1}^{n} \alpha^i P_f^i$$

虽然一个国家的产品分为可贸易品和不可贸易品，但可贸易品与不可贸易品之间、各国不可贸易品之间存在着种种联系，使得一价定律对于不可贸易品也成立，最终所有国家的一般物价水平以同一种货币计算时是相等的，汇率取决于两国一般物价水平之比。

$$P_d = e P_f$$

②相对购买力平价。把汇率变动的幅度和物价变动的幅度联系起来，构成相对购买力平价。相对购买力平价的含义是，尽管汇率水平不一定能反映两国物价绝对水平的对比，但可以反映两国物价的相对变动。物价上升速度较快（物价指数相对基期提高较快）的国家，其货币就会贬值。

$$e_t = \frac{\mathrm{PI}_{d,t}}{\mathrm{PI}_{f,t}} e_0$$

（3）一价定律与购买力平价的区别及联系。

①当所有商品都满足一价定律且物价指数编制方式、比重等相同时，绝对购买力平价一定成立。

②购买力平价成立时，一价定律未必对所有商品都成立。

③一价定律对所有商品都不成立时，购买力平价也有可能成立。

3.【解析】（1）资本市场线的含义。资本市场线（Capital Market Line，简称 CML）是指表明有效组合的期望收益率和标准差之间的一种简单的线性关系的一条射线。它是沿着投资组合的有效边界，由风险资产和无风险资产构成的投资组合。

如图 2 所示，从无风险利率出发画一条经过市场组合 M 的直线，这条线就是在允许无风险借贷情况下的线性有效集，在此我们称之为资本市场线。任何不利用市场组合以及不进行无风险借贷的所有其他组合都位于资本市场线的下方。

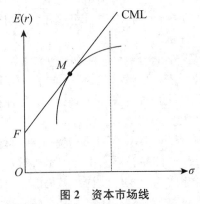

图 2　资本市场线

线上的任何一个投资组合满足：

$$\bar{R}_P = R_f + \frac{\bar{R}_M - \bar{R}_f}{\sigma_M} \sigma_P$$

(2) 证券市场线的含义。证券市场线（Securities Market Line，简称 SML）是说明投资组合报酬率与系统性风险程度 β 系数之间关系的一条射线。SML 揭示了市场上所有风险性资产的均衡期望收益率与风险之间的关系。根据证券市场线，在均衡状态下，单个证券的风险和收益的关系可以表示为

$$\bar{R}_i = R_f + \left(\frac{\bar{R}_M - R_f}{\sigma_M^2}\right)\sigma_{iM}$$

它反映了单个证券与市场组合的协方差和其预期收益率之间的均衡关系，如果用纵轴表示预期收益率，用横轴表示协方差，则证券市场线在图上就是一条截距为无风险收益率、斜率为 $\frac{\bar{R}_M - R_f}{\sigma_M^2}$ 的直线，如图 3（a）所示。

令 $\beta_{iM} = \frac{\sigma_{iM}}{\sigma_M^2}$，我们可以得到

$$\bar{R}_i = R_f + (\bar{R}_M - R_f)\beta_{iM}$$

式中，β_{iM} 称为证券 i 的 β 系数，它是表示证券 i 与市场组合协方差的另一种方式。如果用纵轴表示预期收益率，用横轴表示 β，则证券市场线也可表示为截距为无风险收益率、斜率为 $(\bar{R}_M - R_f)$ 的直线，如图 3（b）所示。

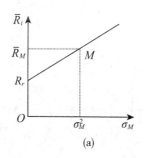 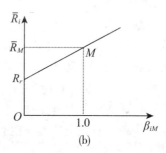

图 3　证券市场线

(3) 资本市场线和证券市场线的比较。

①资本市场线的横轴是标准差（既包括系统性风险，又包括非系统性风险）；证券市场线的横轴是贝塔系数（只包括系统性风险）。

②资本市场线揭示的是持有不同比例的无风险资产和市场组合情况下风险和报酬的权衡关系；证券市场线揭示的是证券本身的风险和报酬之间的对应关系。

③资本市场线中的横轴 σ_M 不是证券市场线中的贝塔系数；资本市场线中 y 轴是风险组合的期望报酬率，与证券市场线的平均股票的要求收益率含义不同。

④资本市场线表示的是期望报酬率，即投资后期望获得的报酬率；而证券市场线表示的是要求收益率，即投资前要求得到的最低收益率。

⑤证券市场线的作用在于根据必要报酬率，利用股票估价模型计算股票的内在价值；资本市场线的作用在于确定投资组合的比例。

三、计算题

1. 【解析】(1) $R_P = R_f + \beta(R_M - R_f) = 4.3\% + 0.9 \times (13\% - 4.3\%) = 12.13\%$。

(2) 根据零增长模型，$P = \frac{D_0}{R_P} = \frac{6}{12.13\%} = 49.46(元)$。

(3) $R_P = R_f + \beta(R_M - R_f) = 4.3\% + 1.3 \times (13\% - 4.3\%) = 15.61\%$,

$P = \dfrac{D_0}{R_P} = \dfrac{6}{15.61\%} = 38.44$（元）。

所以，以（2）中的价格购买该股票时，高估了该股票的价格。

2.【解析】(1) 对冲比率 $H = \dfrac{C_u - C_d}{S_u - S_d} = \dfrac{0 - 20}{150 - 90} = -\dfrac{1}{3}$，即每股股票需要用3份卖出期权来对冲。

(2) 资产组合由1股股票和3份卖出期权组成。

①当期末股票价格是150元时，卖出期权不会行权，资产组合的期末价值为150元。

②当期末股票价格是90元时，卖出期权会行权，投资者可按照市价购买股票后，以期权行权价110元卖出，每份期权可净赚20元，资产组合的期末价值为 $90 + 3 \times 20 = 150$（元）。

所以，无论期末时股票的价格是150元还是90元，资产组合的期末价值都是150元。

(3) 设期权价格为 X，则期初投资者需要支付的成本为 $95 + 3X$，期末得到的收入为150元，所以有 $(95 + 3X) \times (1 + 10\%) = 150$，解得 $X = 13.79$（元）。

3.【解析】(1) 股票价格为90元，筹集20 000万元资金需要发行新股222.22万股，公司股票总数为 $1\,000 + 222.22 = 1\,222.22$（万股），每股收益为 $6\,000/1\,222.22 = 4.9$（元）。

(2) 债务融资会在明年产生的利息为 $20\,000 \times 5\% = 1\,000$（万元），所以，归属于股东的收益为 $6\,000 - 1\,000 = 5\,000$（万元），则每股收益为 $5\,000/1\,000 = 5$（元）。

(3) 若发行新股，预测 $P/E = 90/4.9 = 18.37$；若发行新债，预测 $P/E = 90/5 = 18$。两种融资方式下 P/E 的差异主要是由于该公司的总资产息税前收益率为 $6\,000/(90\,000 + 20\,000) = 5.45\%$，其大于债券的融资成本 5%，所以通过债务融资可以降低公司的 P/E。如果该公司的总资产息税前收益率也为 5%，则债务融资不会降低公司的 P/E。

四、论述题

【解析】(1) 创新的货币政策工具与传统的货币政策工具的区别。

①面临的宏观经济状况不同。使用传统的货币政策工具时，所面临的宏观经济条件一般较简单，中央银行可以直接往某一方向进行调节，而创新的货币政策工具所面临的宏观经济条件比较复杂多变，经济状态比较紊乱。

②工具起到的调整力度不同。传统的货币政策工具往往力度较大，难以不断根据经济形势的发展进行往复、定向地微调，而创新的货币政策工具力度的大小可以得到准确拿捏，可以被用来进行各种小幅度、结构性的调整。

③灵活性不同。传统的货币政策工具往往灵活性不大，中央银行难以多角度、全方位地调整经济形势，而创新的货币政策工具为中央银行全面调整经济面临的各种情况提供了更加丰富的工具。

(2) 创新的货币政策工具推出的原因及效果。

创新的货币政策工具推出的主要原因是传统的货币政策工具越来越难以使用。由于经济形势的复杂性，许多传统的货币政策工具要么力度过大，要么难以进行结构调整，这使得中央银行不得不进行货币政策工具创新，以找到合适的调节工具。

①弥补市场短期流动性缺口，对冲外汇占款下降的影响。

自 2014 年双顺差结束，货币供应量出现下降趋势，创新的货币政策工具的推出，拓宽了基础货币投放渠道，对冲了外汇占款下降的影响。2015 年以来，除公开市场操作外，人民银行通过常态化开展 MLF、PSL 操作，向市场提供中长期流动性支持，以弥补基础货币投放缺口。2016 年年末，我国创新的货币政策工具余额较上年年末增加，创新的货币政策工具的滚动续作有效对冲了外汇占款下降的不利影响。

②引导和优化社会资金流向，加强对经济重点领域和薄弱环节的支持。

创设创新的货币政策工具之后，人民银行将流动性供给与金融机构信贷投放相联系，通过激励相容机制引导金融机构加强对国民经济重点领域、薄弱环节和社会事业的信贷投放，发挥货币政策在促进经济结构调整方面的积极作用。在三种创新的货币政策工具中，SLF、MLF 对资金流向的引导相对间接，PSL 的引导作用更为明显。

③SLF 构建利率走廊上限，减小货币市场利率波动。

SLF 显著降低了市场利率的波动，在一定程度上发挥了利率走廊上限的作用。我国正在探索以 SLF 利率为上限、超额准备金率为下限的利率走廊机制。从近两年的变化情况来看，作为短期货币市场利率的代表，隔夜和 7 天期银行间同业拆借利率、隔夜和 7 天期银行间质押式回购利率大体均在利率走廊上下限之间波动，SLF 利率较好地发挥了利率走廊上限的作用。

2017年复旦大学431金融硕士初试真题解析

一、名词解释

1.【解析】风险价值是指投资者承担可能遭受损失的风险进行投资所获得的报酬，投资风险越大，投资者对投资报酬率的要求就越高。

2.【解析】通货膨胀目标制是指中央银行直接以稳定物价为首要目标，中央银行根据通货膨胀的预测值进行货币政策操作，将通货膨胀实际值限定在某一目标区间的一种货币政策操作模式。通货膨胀目标制与传统的中间目标调控模式的总体目标均为熨平经济短期波动，保证经济长期增长。

3.【解析】泰勒规则是常用的简单货币政策规则之一，是由斯坦福大学的约翰·泰勒于1993年根据美国货币政策的实际经验而确定的一种短期利率调整的规则。泰勒认为，保持实际短期利率稳定和货币中性政策立场，当产出缺口为正和通货膨胀缺口超过目标值时，应提高名义利率；当产出缺口为负和通货膨胀缺口低于目标值时，应降低名义利率。

4.【解析】货币替代是指在开放经济与货币可兑换条件下，本币的货币职能部分或全部被外国货币所替代的一种经济现象。往往是因为一国居民对本币的币值稳定失去信心，或本币资产收益率相对较低时发生的大规模货币兑换，从而外币在贮藏手段、交易媒介和计价标准等货币职能方面全部或部分地替代本币。

5.【解析】回购协议是指在出售股票、债券等证券类金融资产时签订的协议，约定在一定期限后按原定价格或约定价格购回所卖证券，以此为质押获得可用资金；协议期满时再按照约定用资金购回债券。回购协议从资金供给者的角度来看又称为"逆回购协议"，实质上可看作一种质押借款。

二、选择题

1.【答案】C

【解析】先根据已知条件计算B公司股票的β，$\beta = \dfrac{250}{20 \times 20} = 0.625$，则根据CAPM公式可得B公司股票的必要收益率为11.25%。

2.【答案】B

【解析】根据杜邦分析，净资产收益率（ROE）＝销售利润率×总资产周转率×权益乘数，这三项中的任何一项下降都会引起ROE下降，因此应该选B项。对于D项，股东权益下降，权益乘数会变大，ROE会上升。

3.【答案】B

【解析】A项，心理账户最典型的表现是抛售掉的股票亏损和没有被抛售掉的股票亏损被非完全理性投资者放在不同的心理账户中，抛售之前是账面上的亏损，而抛售之后是一个实际的亏损，客观上讲，这两者实质上并没有差异，但是在心理上人们却把它们划上了严格的界限。B项，锚定现象是指人们倾向于把对将来的估计和已采用的估计联系起来，同时易受他人建议的影响。比如，股票当前价格的确定就会受到过去价格的影响，呈现锚定效应。C项，代表式启发性思维是人脑在解决非规范、不确定性和缺乏现成算法的问题时所采用的一种决策方式，这种方式很容易导致心理谬误。最典型的表现是股价反应过度或反应不足。D项，历史相关性是指投资者往往认为历史价格与未来价格之间具有相关性，而在半强式有效市场中，这种认识显然是错误的。

4. 【答案】C

【解析】巴拉萨—萨缪尔森效应是指经济增长率越高的国家，工资实际增长率也越高，实际汇率的上升也越快的现象。

5. 【答案】B

【解析】A项错误，当中央银行购买国债时，就是在投放流动性，基础货币增加；C项错误，经济危机时，人们的流动性偏好上升，现金漏损增加，因此通货存款比C/D上升；D项错误，在其他条件不变的情况下，信用卡的广泛使用会使货币流通速度V下降。

三、计算题

1. 【解析】（1）本题即求风险组合的夏普比率。

$$\text{Sharpe Ratio} = \frac{R_{\text{最优}} - R_f}{\sigma} = \frac{15\% - 5\%}{25\%} = 0.4$$

（2）由于无风险资产的标准差为0，且无风险资产与最优风险资产的相关系数为0，因此该组合的标准差＝投资最优风险资产的比例×最优风险资产的标准差，代入数字可得投资最优风险资产的比例＝10%/25%＝40%，构造的该组合预期收益率＝40%×15%＋60%×5%＝9%。

（3）假设投资人将40%的资产投资于无风险证券，则该组合的预期收益率＝60%×15%＋40%×5%＝11%；标准差＝60%×25%＝15%。

（4）若投资人需要构造预期收益率为19%的投资组合，则投资最优风险资产的比例×15%＋（1－投资最优风险资产的比例）×5%＝19%，故投资最优风险资产的比例为140%。

（5）假设投资人资产总额为1 000万元，需要借入400万元无风险证券以构造预期收益率为19%的投资组合。

2. 【解析】（1）我会选择A银行，最后能兑换到$\frac{50\,000}{613.84} \times 100 = 8\,145.4$（美元）。

（2）剩余的1 000美元应该选B银行兑换，能兑换到$1\,000 \times \frac{611.80}{100} = 6\,118$（元）。

（3）不存在套利机会。假设50 000元首先在A银行兑换成8 145.4美元，然后在B银行兑换人民币8 145.4×6.118＝49 833.56（元），小于50 000元，因此不存在套利机会。

四、简答题

1. 【解析】托宾税是指对现货外汇交易课征全球统一的交易税，旨在减少纯粹的投机性交易，最大的特征是单一税率和全球性。

托宾税的作用机制是，通过在全球范围内对现货外汇交易课征统一的交易税，增大交易成本和交易摩擦，进而缓解国际资金流动尤其是短期投机性资金流动规模急剧膨胀造成的汇率不稳定。

当然，托宾税是利弊共存的。

利：①可以抑制投机、稳定汇率；②有助于引导资金流向生产性实体经济；③有助于减少汇率的脆弱性，削弱金融市场对国家政策的影响力，有利于维护政府在决定预算和货币政策方面的权力；④征收的税金可以增加财政收入。

弊：①托宾税不符合完美市场，税收妨碍投资，所以"经济上不正确"，只有"看不见的手"才能使资源配置达到最佳；②托宾的想法虽好，但行不通，因为资金流动的速度"近乎光速"，只有全世界所有国家都接受才行得通，而这很难实现，因为在可预期的将来，美国并不会接受。

2.【解析】投资风险分散化最初是马科维茨在其投资组合理论中提出的，由于各个风险资产之间的相关系数是小于1的，因此，当组合中的资产个数增加时，可以在不减少预期收益率的情况下，减少整体风险暴露程度，即组合的方差会逐渐减小，趋于一个定值，这个定值是组合的系统性风险。这是因为只有非系统性风险可以通过分散化投资分散掉，而系统性风险是无法分散的。

投资风险分散化的方法可以从两个层面来实现。第一个层面可以理解为大类资产配置。当一个投资者构建投资组合时，应该先对投资组合在各个大类资产中的配置比例进行决策，即在股票、债券、商品期货、房地产等实物资产中根据宏观经济形势及风格轮动进行选择配置。第二个层面是在各个大类资产中进行单个资产的挑选。例如，在股票类资产中决定配置整个组合50%的权重以后，继续决定要选择哪些个股，这主要是根据对各只股票基本面的分析以及对各只股票之间相关系数的估计，再依据投资组合理论及投资者的风险厌恶程度或者效用函数进行最优化求解。

五、论述题

1.【解析】我同意题目中的观点。

货币政策的中介目标分为数量型中介目标和价格型中介目标两种，数量型中介目标是指以货币供应量为中介目标，而价格型中介目标是指以利率为中介目标。对于一国的货币政策体系选取什么样的中介目标，主要应该从可测性、可控性和相关性三个方面来考量。

第一，从可测性角度来看，目前的中国，金融创新层出不穷，尤其是近几年来互联网金融的飞速发展，使余额宝等互联网货币市场基金也实质上充当着M2的一部分，这使得货币供应量的可测性下降；反观利率，随着利率市场化的不断推进，以及我国债券市场的不断完善，都使得利率的可测性变强。

第二，从可控性角度来看，目前的中国，中央银行对基础货币与货币乘数的可控性还是比较强的，但是出现了趋弱的态势，此外，货币乘数的稳定性也逐渐变差；反观利率，目前的中国对利率的可控性还是较差的，但是中央银行一直在积极推进利率走廊的构建，推出了SLF、MLF等多种创新的货币政策工具，对利率的可控性有增强的趋势。

第三，从相关性来看，目前的中国，商品市场和金融市场的波动性相差不大，因此，无论是货币供应总量还是利率，都与最终的政策目标具有较高的相关性。货币供应量主要影响当期的社会有效需求总量和整个社会的购买力，而长期利率则对投资有着显著的影响。

综上所述，目前的中国面临经济、社会等多方面的变化，从可测性、可控性和相关性三个方面来综合考虑，数量型货币政策指标的有效性下降，应该逐渐从数量型目标转向利率型目标。

2.【解析】代理成本是当委托方雇用代理方代表其利益进行事务管理时，由于双方可能存在利益上的不一致而导致的直接与间接成本的总和。

股东与管理者之间是存在代理关系的（管理层是股东的代理人），股东的目标是最大化股东权益价值，而管理层的目标往往是独立性及公司规模，两者利益的不一致导致了代理成本的产生。股东与管理者的代理成本包括直接成本和间接成本两部分。直接成本主要包括管理层收益、股东蒙受损失的公司支出（在职消费）和股东雇用外部审计的费用，而间接成本主要是指潜在机会的丧失。

股东与债权人之间也存在代理关系（股东是债权人的代理人），股东的目标是最大化股东权益价值，而债权人的目标是按时收到本息，两者利益的不一致导致了代理成本的产生，股东会采取一些利己策略损害债权人的权益，主要包括股东冒高风险的动机、投资不足的动机以及撤脂等。

而债务融资成本往往与股东和债权人之间的代理成本息息相关。债权人在向股东出借资金时，往往会考虑股东与管理者的代理成本、股东与债权人的代理成本，从而要求较高的借款利率，即公司将面临较高的债务融资成本。解决这一问题比较有效的办法就是在债务合同中添加保护性条款，包括积极条款和消极条款，从而有效地降低公司的债务融资成本。

2016年复旦大学431金融硕士初试真题解析

一、名词解释

1.【解析】特别提款权简称SDR，是一种记账单位，又是IMF除普通提款权外分配给成员国的一种使用可兑换货币的权利。目前包含美元、日元、欧元、英镑和人民币。以美元计价的SDR价位$=1\times\omega_1+\frac{美元}{欧元}\times\omega_2+\frac{美元}{日元}\times\omega_3+\frac{美元}{英镑}\times\omega_4+\frac{美元}{人民币}\times\omega_5$，$\omega$表示各国贸易占五国贸易总量的比重。SDR具有三个特征：价位稳定；持有和使用仅限于政府之间；不是一种完全意义上的世界货币（无流通手段职能）。

2.【解析】货币中性与货币非中性相对，主要焦点在于货币供应量的变换对一般物价水平和实际利率及产出水平的影响差异。货币中性认为货币供给只反映在一般物价水平上，例如，货币供给的增加只引起一般物价总水平的上升。古典学派认为货币中性主要通过现金交易数量说$MV=PT$、现金余额数量说$M=kPY$，表达货币是遮在实体经济上的"面纱"。新古典学派认为货币中性主要基于两条假设：①理性预期和市场出清；②政府的货币政策无效。

3.【解析】抵押贷款和质押贷款是贷款的两种方式。抵押就是债务人或第三人不转移法律规定的可做抵押的财产转移的占用，将该财产作为债权的担保，当债务人不履行债务时，债权人有权依法就抵押物卖得价金优先受偿。质押就是债务人或第三人将其动产移交债权人占有，将该动产作为债权的担保，当债务人不履行债务时，债权人有权依法就该动产卖得价金优先受偿。抵押贷款和质押贷款的主要区别在于：①财产的所有权是否转移；②生效期不同；③抵押物是动产和不动产，质押物是动产和权利。

4.【解析】资产配置线又称机会线，根据马科维茨的投资组合理论，投资者将资产配置于风险资产和无风险资产，构成投资组合。如图1所示，A表示无风险资产，B表示风险资产，由这两种资产构成的投资组合的预期收益率R_P和风险σ_P落在线段AB上，则AB为资产配置线。斜率为夏普比率，夏普比率$=\dfrac{R_i-R_f}{\sigma_i}$。当资产配置线的斜率达到最大且资本市场达到均衡时，得到资本市场线。

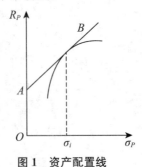

图1　资产配置线

5.【解析】内含报酬率简称 IRR，是指使目标项目净现值为 0 的贴现率，也是资本预算的方法之一。

$$NPV = -CF_0 + \frac{CF_1}{(1+IRR)} + \frac{CF_2}{(1+IRR)^2} + \cdots + \frac{CF_n}{(1+IRR)^n} = 0$$

设投资者的要求回报率为 r，根据内含报酬率进行资本预算。当 $r > IRR$ 时，拒绝该项目；当 $r < IRR$ 时，接受该项目。IRR 的优点：与 NPV 法则密切相关，常产生一致的决策；考虑了货币的时间价值；考虑了项目内在的收益率。缺点：存在多解或无解问题；互斥项目投资时常导致错误的决策；无法区分投融资；内含假设不稳定。

二、选择题

1.【答案】B

【解析】根据蒙代尔的最优指派原则，货币政策用于外部平衡，财政政策则用于内部均衡。一国内部出现通货膨胀时，应采取紧缩的财政政策；外部出现国际收支顺差时，应采取扩张的货币政策。

2.【答案】C

【解析】本题考查知识点为商业银行准备金的变化主要受中央银行操作和居民持有通货数量变化的影响。其中，外国在中央银行的存款增加、财政部在中央银行的存款增加、其他负债的增加使商业银行的准备金减少，而流通中的货币减少则反映为商业银行体系的准备金增加。

3.【答案】D

【解析】

	亏损	盈利
欧式看涨期权空头	$\max\{S_t - X, 0\}$	C
欧式看涨期权多头	C	$\max\{S_t - X, 0\}$
欧式看跌期权多头	P	$\max\{X - S_t, 0\}$
欧式看跌期权空头	$\max\{X - S_t, 0\} = \min\{S_t - X, 0\}$	P

4.【答案】D

【解析】市盈率 $= \dfrac{P}{E} = \dfrac{DIV/(r-g)}{NI/N}$。A 项，股利分配越高，$P$ 越高，市盈率越高。B 项，成长型公司一般具有较高的市盈率。要求回报率越高，股票价格 P 越低，D 项错误。

5.【答案】A

【解析】到期收益率是购买债券后一直持有至到期的收益率，是能够使未来的现金流流入现值等于购买价格的收益率，即内含报酬率。所以，A 项正确，B 项错在未说明持有债券至到期。

三、计算题

1.【解析】(1) 当汇率 $e = 6.5$ 时，每台可得利润 50 美元，则每台电脑当前售价为人民币 $(100 + 50) \times 6.5 = 975$（元）。

当 30 天后的汇率 $e = 6$ 时，公司利润为 $\pi = 975 - 100 \times 6 = 375$（元）。

当30天后的汇率 $e=7$ 时，公司利润为 $\pi=975-100\times 7=275$（元）。

（2）签订远期合约的公司利润为 $\pi=975-100\times 6.7=305$（元），则单位利润带来的效用 $U_1=\sqrt{\pi}=\sqrt{305}$。

不签订远期合约的公司利润为 $\pi=975-(100\times 6\times 50\%+100\times 7\times 50\%)=325$（元），则单位利润带来的效用 $U_2=\sqrt{\pi}=\sqrt{325}$。

因为 $U_1<U_2$，所以不签这份协议。

2.【解析】（1）图2所示为二叉树图。

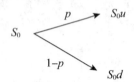

图2 二叉树图

$\frac{(12-10)}{10}=20\%$，下跌收益率 $=\frac{9-10}{10}=-10\%$，则 $20\%\times p+(-10\%)(1-p)=r\times\frac{3}{12}$，式中 p 表示上涨概率，r 为无风险利率。

又因为看涨期权价值为 0.8 元，则 $C=(2p+0)\times e^{-r\times\frac{3}{12}}=0.8$，得股票风险中性概率 $p=0.41$，无风险利率 $r=9.1\%$。

（2）$P=[0+2\times(1-p)]\times e^{-r\times\frac{3}{12}}=1.15$（元），因此，欧式看跌期权价值为 1.15 元。

（3）$F=S_0\times e^{-r}=10\times e^{-9.1\%\times\frac{3}{12}}=10.25$（元），则以该股票为标的的远期协议的理论远期价格为 10.25 元。

四、简答题

1.【解析】美联储加息一般称为退出 QE，利用两国的 IS－LM－BP 模型分析其对我国宏观经济的影响。如图3所示。

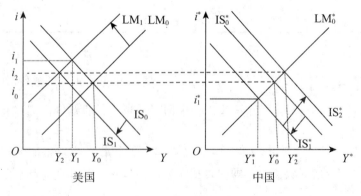

图3 两国的 IS－LM－BP 模型

美联储加息对中国的影响主要通过收入机制和利率机制，传导过程如下：

美联储加息，实施紧缩性货币政策→LM_0 左移至 LM_1，美国国民收入 Y_0 下降至 Y_1；

收入机制：美国 $Y\downarrow$→中国出口 $\downarrow$→IS_0^* 左移至 IS_1^*；

利率机制：此时中国利率 i_1^*＜美国利率 i_1，中国资本流出，直接标价法下汇率 $e\uparrow$，美国进口增加，出口减少→IS_0左移至IS_1→中国出口增加，IS_1^*右移至IS_2^*。

因此，根据上述分析，结合利率的宏观作用，美联储加息导致中国利率升高，国民收入增加，对中国宏观经济的影响主要体现在四个方面：

（1）对于投资、储蓄及国民收入的影响：美联储加息使得我国利率从i_0上升至i_2，因此居民储蓄增加，投资减少，国民收入由Y_0^*上升至Y_2^*。

（2）对通货膨胀的影响："国际热钱"流出，人民币兑换成美元，则市场上人民币减少，有通货紧缩倾向。

（3）对国民经济结构的影响：汇率e升高，人民币贬值促进出口，引起以劳动密集型企业为主的外延式经济增长，不利于产业结构调整，不利于促进以高新技术主导的内涵式经济增长。

（4）对国际收支及外汇储备的影响：人民币贬值导致我国出口增加，国际收支顺差进一步加大，出口企业获得外汇后向央行兑换本币，导致央行外汇储备不断增加。

2.【解析】做市商报价驱动机制和指令驱动交易机制是证券交易机制的两种方式。

（1）做市商报价驱动交易机制是指证券成交价格的形成由做市商决定，且投资者无论买进或卖出证券都直接与做市商进行交易，与其他投资者无关。其利润主要通过买卖报价的适当差额来补偿所提供服务的成本费用，并实现一定的利润。做市商具有维护市场流动性和满足投资者需要的职能，优点在于能够处理大额订单并保持市场的稳定性；缺点是不透明，增加运营成本，且做市商可利用其特权。

（2）指令驱动交易机制是指双方直接进行交易，或将委托交给各自的代理商，由代理商将投资者的委托呈交给市场，在市场的交易中心以买卖双向价格为基准进行撮合。按照一定的规则直接匹配撮合，完成交易。指令驱动交易机制的特征是证券价格的形成由买卖双方直接决定。投资者买卖证券的对象是其他投资者，具有处理大额买卖盘的能力低等缺点。

（3）做市商报价驱动机制和指令驱动交易机制的比较分析如表1所示。

表1 做市商报价驱动机制的和指令驱动交易机制

比较项目	做市商报价驱动机制	指令驱动交易机制
价格形成方式	价格由做市商报出买卖价格	根据供求关系竞价形成
交易量和价格维护机制	做市商有义务维护交易量与交易价格	不存在交易量与交易价格的维护机制
处理大额买卖指令的能力	能够有效处理大额订单	处理大额订单能力低
优点	成效即时性；价格稳定性；矫正买卖指令不均衡现象；抑制股价操纵	透明度高；信息传递速度快、范围广；运行费用低
缺点	缺乏透明度；增加投资者负担；可能增加监管成本；做市商可能利用其市场特权	处理大额买卖盘的能力较低；某些不活跃的股票成交可能持续萎靡；价格波动性

五、论述题

1.【解析】(1) 国际储备货币分散化又称"储备货币多元化"，是指国际储备货币由单一货币转变为多种货币的状况和趋势。金本位制下的国际储备货币为黄金；布雷顿森林体系以美元为国际储备货币；牙买加体系建立后，国际储备货币包含美元、日元、欧元、英镑。人民币于2016年10月1日加入SDR，成为国际储备货币之一，体现了国际储备货币的分散化。

(2) 储备货币分散化的主要原因：

①世界货币需具有三个职能：计价功能、支付结算功能、保值增值功能。从国际货币体系变化的原因来看，根据特里芬难题，与黄金挂钩的美元发行很难跟上世界贸易的发展，因此币值相对稳定的日元、欧元、英镑逐渐成为世界储备货币。

②国际贸易的发展。第二次世界大战后，日本、德国、英国等国的国际贸易迅速发展，占全球贸易的比重逐渐增加，为了便于交易，减少交易费用及汇率风险以促进国际贸易发展，越来越多的国家将美元、日元、英镑、欧元作为国际储备货币。

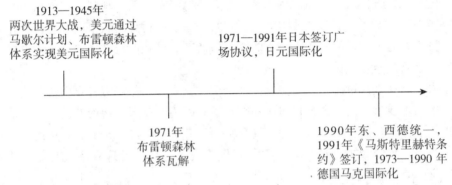

③国际储备货币具有享有铸币税、不受三元悖论的影响和国际收支调节的不对称性等优点，因此，在布雷顿森林体系瓦解后，日本、德国、英国、中国积极推进其货币实现货币国际化，目前，美元是国际本位货币，欧元、日元是国际化的货币，人民币是国际化中的货币。

④美元作为国际本位制货币，渐渐丧失了其作为"锚货币"的地位。20世纪70年代以来，美元经历了三次"美元危机"，美国经济饱受贸易赤字和财政赤字的影响，美元币值的稳定受到质疑。同时，美国为服务其全球化战略及发展需要，未能有效控制美元的发行量，美元本位制的后果的鲜明案例即2008年的金融危机，对全球经济产生巨大冲击。因此，人民币需实现国际化，成为国际化货币，改革国际货币体系。

(3) 人民币成为国际货币对当前国际储备货币的格局产生一定的影响，但并未从根本上改变美元作为国际储备货币的主导地位。

①进一步分散国际储备货币，加深国际储备货币多元化的趋势。在国际贸易中，中国作为世界第一大出口国、第二大进口国，人民币成为国际货币则可在国际贸易支付结算中直接使用，减少了美元作为中间兑换货币的步骤，进一步分散国际储备货币，储备货币包括：美元、日元、欧元、英镑、人民币。

②特别提款权SDR将在国际支付结算中发挥进一步的作用。SDR具有价值稳定等特

点，加入了人民币的 SDR 将被更多地充当国际储备货币的角色。

③人民币国际化是指在各国外汇储备中包含人民币，而美元本位制意味着美元是国际支付结算中的主要货币。如图 4 所示，若圆形表示国际贸易支付结算总额，A 表示美元在国际支付结算中所占的比重，B 表示 SDR 所占的比重。SDR 在国际支付结算中所占比重很小，同时，人民币在 SDR 中只占比 10.92%，因此人民币国际化并未从根本上改变美元作为国际储备货币的主导地位。

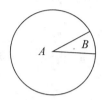

图 4　美元和 SDR 在国际贸易支付结算中所占比重

2.【解析】(1) 融券是指投资者预期未来证券价格下跌，因此向证券公司借入证券以卖出，等证券价格下跌后，再以较低的价格买入，到期将规定数量、种类的证券及利息返还证券公司。我国 A 股的持续下跌一方面加剧了做空投资者的融券交易，另外，融券交易使得市场上证券供给不断增加又对证券价格起到助跌作用。

(2) 融券交易的暂停限制了套利机制的有效性。

套利是指利用同一种实物资产或证券在市场上的不同价格来获取无风险收益的行为。因为套利无风险，因此，当套利者发现套利机会时立刻进行交易，使得证券价格回归正常，证券市场达到均衡。

套利组合需满足三个条件：

①套利组合要求投资者不追加投资，即套利组合属于自融资组合。用 X_i 表示投资者持有证券 i 的比例的变化，则该条件可以表示为
$$X_1 + X_2 + X_3 + \cdots + X_n = 0$$

②套利组合对任何因素的敏感度为零，即套利组合没有因素风险。用 b_i 表示证券 i 对某个因素的敏感度，则该条件可以表示为
$$b_1 X_1 + b_2 X_2 + b_3 X_3 + \cdots + b_n X_n = 0$$

③套利组合的预期收益率应大于零，用 r_i 表示证券 i 的收益率，则该条件可以表示为
$$X_1 r_1 + X_2 r_2 + X_3 r_3 + \cdots + X_n r_n > 0$$

如图 5 所示的套利过程，当证券价格偏离正确价格时，投资者可以通过套利获取无风险收益。

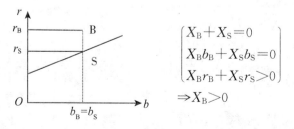

图 5　套利过程

因此，根据套利原则构造投资组合，买进证券 B，卖出证券 S，则 B 的需求增加，根据供求关系，B 的价格上升，收益率下降。但如果限制融券交易，则套利者将无法进行融

券，套利机制受到一定的限制。

（3）套利机制主要受替代证券的寻找和噪声交易者风险的影响。

有效市场理论认为套利可以消除非理性，但行为金融学认为套利是有限的，并提出有限套利模型。该模型指出套利是有限的，同时也是有风险的。

①套利是有限的：如图5中证券B、S的套利过程所示，风险相同但收益率不同的投资组合难以构建，一方面，寻找证券B的难度较大，另一方面，融券的限制也使得证券S难以获得，因此，套利机制受到影响。

②套利有风险：套利本身并无风险，但是过程中会有噪声交易者风险，噪声交易者的行为会使短期内价格恢复均衡前进一步偏离资产的真实价值。这是由噪声交易者给短期套利者带来的风险，因此套利机制受到影响。

2015年复旦大学431金融硕士初试真题解析

一、名词解释

1.【解析】到期收益率（Yield to Maturity，简称YTM）又称最终收益率，是指投资购买国债的内部收益率，即可以使投资购买国债获得的未来现金流量的现值等于债券当前市价的贴现率。它相当于投资者按照当前市场价格购买并且一直持有至到期时可以获得的年平均收益率，其中每期的投资收入现金流均可以按照到期收益率进行再投资。到期收益率考虑到了购买价格、赎回价格、持有期限、票面利率以及利息支付间隔期的长短等因素，计算公式为

$$P = \frac{C_1}{(1+y)^1} + \frac{C_2}{(1+y)^2} + \cdots + \frac{C_n}{(1+y)^n}$$

2.【解析】系统性风险（Systematic Risk）也称为市场风险（Market Risk），是指由政治、经济、社会等环境因素对证券价格所造成的影响。系统性风险包括政策风险、经济周期性波动风险、利率风险、购买力风险、汇率风险等。这种风险不能通过分散投资加以消除，因此又被称为不可分散风险。系统性风险的特点是会对整个股票市场或绝大多数股票产生不利影响。系统性风险造成的后果带有普遍性，可以用贝塔系数来衡量。

3.【解析】有效汇率（Effective Exchange Rate）是指一种以某个变量为权重计算的加权平均汇率指数，它指报告期内一国货币对各个样本国货币的汇率以选定的变量为权数计算出的与基期汇率之比的加权平均汇率之和。通常可以以一国与样本国双边贸易额占该国对所有样本国全部对外贸易额的比重为权数。有效汇率是一个非常重要的经济指标，以贸易比重为权数计算的有效汇率所反映的是一国货币汇率在国际贸易中的总体竞争力和总体波动幅度。有效汇率又可分为实际有效汇率和名义有效汇率，它们是根据购买力平价汇率决定理论派生出来的两个汇率监测指标。计算公式为

$$A国的有效汇率 = \sum_{i=1}^{N}\left(A国货币对i国货币的汇率 \times \frac{A国对i国贸易额}{A国全部对外贸易额}\right)$$

4.【解析】格雷欣法则（Gresham's Law）是指在实行金银复本位制条件下的金银双本位制时，金银两种货币按法定比例流通，国家按照市场上的金银比价为金币和银币确定固定的兑换比率。国家官方金银比价与市场自发金银比价平行存在，而国家官方比价缺乏弹性，不能快速依照金银实际价值比进行调整，从而使实际价值高于名义价值的货币（即良币）被收藏、熔化而退出流通，实际价值低于名义价值的货币（即劣币）则充斥市场，即劣币驱逐良币。

5.【解析】投资者从利息支付的税收抵扣中获得的收益称作利息税盾。由于债务成本（利息）在税前支付，所以利息具有税盾效应。

利息税盾＝企业所得税税率×利息费用

有公司税时的MM理论认为，存在公司税时，举债的优点是负债利息支付可以用于

抵税，因此财务杠杆降低了公司税后的加权平均资金成本。公司的价值和资金成本随资本结构的变化而变化，有杠杆公司的价位会超过无杠杆公司的价位，即负债公司的价值会超过无负债公司的价值，负债越多，价值差异越大，当负债达到100%时，公司价值最大。

二、选择题

1.【答案】B

【解析】根据CAPM模型，计算可得该证券的收益率为16.8%，而期望收益率为18%，故该证券的价值被低估了。

2.【答案】A

【解析】货币市场上交易的是期限在一年以下的投资工具，因此，其主要功能是进行短期资金融通。

3.【答案】B

【解析】国际收支平衡表的经常账户包括4个二级项目：货物、服务、收入和经常转移。有关直接投资、证券投资、其他投资的收入和支出以及储备资产的收入都属于收入项目下应记载的内容。

4.【答案】C

【解析】法定存款准备金是商业银行吸收的存款中必须交由中央银行的一部分，作为应对储户提款需求的准备，具有稳定金融、防止流动性危机的作用。法定存款准备金作为货币政策工具则是指中央银行通过调整商业银行缴存中央银行的存款准备金比例以改变货币乘数，控制商业银行的信用创造能力，间接地控制货币供应量。因此，法定存款准备金作为货币政策工具的历史要短于其作为稳定金融、防止流动性危机的政策工具的历史。

5.【答案】B

【解析】流动比率＝流动资产/流动负债；速动比率＝速动资产/流动负债，其中速动资产＝流动资产－存货－待摊费用。甲公司原先流动比率＝500/200＝2.5，速动比率＝200/200＝1。甲公司现决定用现金100万元偿还应付账款后，流动资产和速动资产同时减少100万元，流动负债也相应减少100万元。这时流动比率＝400/100＝4，速动比率＝100/100＝1。因此，流动比率变大，速动比率不变。

三、计算题

1.【解析】(1) 已知 $r_M=14\%$，$r_f=6\%$，股票A和股票B的各项指标如表1所示。

表1 股票A和股票B的各项指标

	股票A	股票B
回归截距＝α	1.0%	2.0%
信息比率＝$\alpha_p/\sigma(e_p)$	0.097 1	0.104 7
夏普测度＝$(r_p-r_f)/\sigma_p$	0.490 7	0.337 3
特雷诺测度＝$(r_p-r_f)/\beta_p$	8.833	10.50

(2) ①如果这是投资者唯一持有的风险资产，那么适用夏普测度。股票A的夏普系数大，则股票A是最佳选择。

②如果股票与市场指数基金相组合,那么对综合夏普测度的贡献由估值比率决定。因此,股票 B 是最佳选择。

③如果股票是众多股票中的一种,那么特雷诺测度是适用的准则,则股票 B 是最佳选择。

2.【解析】(1) 根据 CAPM,收购公司:$r_s = 5\% + 1.5 \times 8\% = 17\%$。

根据有税 MM 定理Ⅱ,有:$17\% = r_0 + 3/7 \times (1-30\%) \times (r_0 - 5\%)$,可得 $r_0 = 14.23\%$。

目标公司:$r_s = 14.23\% + 1 \times (1-30\%) \times (14.23\% - 5\%) = 20.69\%$,可知 $r_b = 5\%$,WACC $= [5\% \times (1-30\%) + 20.69\%]/2 = 12.10\%$。

(2) 根据有税 MM 定理Ⅰ,有
$5\ 000\ 000(1-30\%)/14.23\% + D \times 30\% = 2 \times D$,$D = S = 14\ 468\ 191$(元)

(3) 若 100% 收购股权,则出价不超过 14 468 191 元。

四、简答题

1.【解析】期货市场是指按达成的协议交易并按预定日期交割的交易场所或领域。期货交易(Futures Trading)是买卖双方约定在将来某个日期按成交时双方商定的条件交割一定数量某种商品的交易方式。

金融期货市场具有以下功能:

(1) 风险规避。

风险规避是金融期货市场的首要功能。投资者购买相关的金融期货合约,在金融期货市场上建立和现货市场相反的头寸,并根据市场的不同情况采取在期货合约到期前对冲平仓或到期履约交割的方式,实现其规避风险的目的。

(2) 价格发现。

金融期货市场的价格发现功能是指在一个公开、公平、高效、竞争的金融期货市场中,通过金融期货交易形成的金融期货价格,具有真实性、预期性、连续性和权威性的特点,能够比较真实地反映出未来商品价格变动的趋势。金融期货合约是一种远期合约,其所包含的远期成本和远期因素必然会通过期货价格反映出来。金融期货合约的买卖转手相当频繁,这样连续形成的价格能够连续不断地反映市场的供求情况及变化,对生产经营者、投资者以及投机者有很强的价格指导作用。

(3) 优化资产配置、提高交易效率。

金融期货是流动性的产品,流动性不强会导致高昂的交易成本,从而妨碍投资和阻止资本的积累。金融衍生品首先能有效地降低交易成本,金融期货的多空双向交易制会使投资者在金融工具价格涨跌时都可以参加交易,以避免资金在金融工具价格下跌时出现闲置。其次,金融期货可以方便投资者进行组合投资,从而提高交易的投资收益率。最后,金融期货还可以提高资金使用效率,方便进行现金流管理。

2.【解析】开放经济运行中的自动平衡机制主要是国际收支平衡的自动调节机制。国际收支平衡的自动调节是国内经济变量变动对国际收支的反作用过程。

(1) 货币—价格机制。

当一个国家的国际收支发生逆差时,意味着对外支出大于收入,货币外流,在其他条件既定的情况下,本国物价水平下降,导致本国出口商品相对便宜,进口商品相对昂贵,出口相对增加，进口相对减少，贸易差额因此得到改善。

国际收支逆差→货币外流增加，货币存量减少→国内一般物价水平下降→进口相对昂贵，出口相对便宜→贸易收支改善。

货币—价格自动调节机制的另一种表现形式是汇率水平的变动对国际收支的影响。当国际收支逆差时，对外支出大于收入，外汇的需求大于外汇的供给，本国货币贬值，由此引起本国出口商品价格相对下降、进口商品价格相对上升，从而出口增加、进口减少，贸易收支改善。

国际收支逆差→货币外流增加，对外币需求增加→本国货币贬值→进口相对昂贵，出口相对便宜→贸易收支改善。

（2）收入机制。

当国际收支逆差时，对外支付增加，国民收入水平下降。国民收入下降引起社会总需求下降，进口需求下降，从而贸易收支得到改善。

国际收支逆差→对外支付增加→国民收入下降→社会总需求下降→进口需求下降→贸易收支改善。

国民收入下降还能改善经常项目收支和资本项目收支，同时还会使对外国劳务和外国金融资产的需求都有不同程度的下降，从而使整个国际收支得以改善。

（3）利率机制。

当国际收支发生逆差时，本国货币存量（供应量）相对减少，利率上升；而利率上升表明本国金融资产的收益率上升，从而对本国金融资产的需求相对上升，对外国金融资产的需求相对减少，资金外流减少或资金内流增加，国际收支改善。

国际收支的自动调节存在一定的局限。首先，只有在纯粹的自由市场经济中，自动调节才能产生理论上所描述的作用。其次，典型的国际收支自动调节需要在金本位制下才能发挥作用。最后，在国际收支逆差时，国际收支的自动调节往往以紧缩国内经济为代价，这会造成国内的就业、产出下降，影响内部均衡的实现和经济发展。

五、论述题

1.【解析】（1）货币国际化的概念。

货币国际化是指一国货币被该货币发行国之外的国家或个人、机构所接受，在国际范围内发挥货币的主要职能。它随着世界市场的形成和国际贸易的发展而形成。

货币国际化一般需要满足经常账户与资本账户可自由兑换，且货币为世界上广泛使用和接受。

（2）利率市场化、资本账户自由兑换和人民币国际化三者的关系。

①资本账户自由兑换是人民币国际化的前提。自由兑换是一种货币成为国际货币的前提，若该货币无法实现自由兑换，则其在国际上的认可度会大大降低。因此资本账户自由兑换是人民币国际化的一大前提。目前我国已实现经常账户的自由兑换，但是由于我国金融依然不够发达，贸然放开资本账户自由兑换可能会对我国内部平衡产生极大冲击。只有当人民币实现更广泛意义上的自由兑换，人民币才可能实现国际化。

②利率市场化是保证资本账户自我调节的前提。由利率平价理论，资本账户受到利率机制的影响，因此一国的利率将会通过资本账户的途径，对该国的国际收支产生较大影响。在发展中国家，普遍存在一定程度的"金融抑制"，其中包括了被人为压低的利率。

若在低利率的情况下放开资本账户，资本将会大量流出，对一国的内部均衡产生负面影响。当利率市场化完成后，一国货币的"价格"将会随着国内的供需情况波动，从而引导资本账户进行适当的自我调节。举例来说，若利率下降，意味着货币供给过多，多余的货币将会由资本账户进行自我调节，从而实现新的均衡；反之，被控制的利率将会导致资本账户持续性的不平衡，因此就不能实现资本账户自由兑换。

③利率市场化有利于金融发展，为货币的认可度打下基础。货币的国际化需要一体化的金融市场以及完善发达的金融体系，而利率市场化是金融市场体系建设的关键和基础。没有利率市场化将导致金融市场之间资金价格的割裂，资金流动性降低，进而影响货币在国际的接受和认可度。因此，利率市场化也为人民币国际化提供了基础条件。

（3）分层次将三者统筹推进。

利率市场化是三者的前提，因此，在这三者中，利率市场化是最先应该推进的课题，其推进的优先度应为利率市场化、资本账户自由兑换、人民币国际化。实际上，三者之间并不是一个严格上的顺序问题，例如，在实现一定程度的利率市场化之后，可以逐渐放开资本账户下可自由兑换的项目，或是在一定程度上实现自由兑换，并在此基础上推进人民币国际化。核心在于分层次、分类别地有序推进。

2.【解析】（1）菲利普斯曲线。

1958年，菲利普斯根据英国1861-1913年失业率和货币工资变动率的经验统计资料，提出了一条用以表示失业率和货币工资变动率之间交替关系的曲线。这条曲线表明：当失业率较低时，货币工资增长率较高；反之，当失业率较高时，货币工资增长率较低，甚至是负数。根据成本推动的通货膨胀理论，货币工资可以表示通货膨胀率。因此，这条曲线就可以表示失业率与通货膨胀率之间的交替关系。即失业率高，表明经济处于萧条阶段，这时工资与物价水平都较低，从而通货膨胀率也低；反之失业率低，表明经济处于繁荣阶段，这时工资与物价水平都较高，从而通货膨胀率也高。失业率和通货膨胀率之间存在着反方向变动的关系，如图1所示。

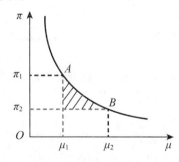

图1 菲利普斯曲线

（2）加入预期后的菲利普斯曲线。

①加入适应性预期。

适应性预期是指人们在政策改变后的一段时间，可以察觉到政策的变化，并相应改变自己的目标收益。举例来说，当政府提高通货膨胀率时，由于货币幻觉的存在，企业会多雇用劳动力，从而降低失业率。但是由于通货膨胀的加剧，人们逐渐察觉到他们的实际工资下降了，因此他们需要提高工资水平以应对提高的通货膨胀率，此时工厂的雇用成本上升，因此其失业率再一次上升，回到自然失业率水平。如图2所示。

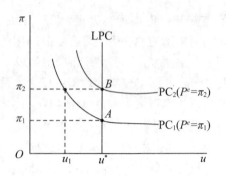

图2　长期菲利普斯曲线

由于上述过程是一个长期的过程,因此在适应性预期的条件下,短期依然满足最原始的菲利普斯的规律,长期菲利普斯曲线则转换为一条垂直于自然失业率的直线,即提高通货膨胀率也无法改变失业率水平。

②加入理性预期。

理性预期是指针对某个经济现象(例如市场价格)进行预期时,如果人们是理性的,那么他们会最大限度地充分利用所得到的信息来做出行动而不会犯系统性的错误,因此,平均来说,人们的预期应该是准确的。若将理性预期加入菲利普斯曲线中,则一旦政府提高通货膨胀率水平,人们就能准确预期到政府行为的目的,并且发觉自己的实际工资下降,从而会提高工资水平。因此企业并不能从通货膨胀率的提高中获得相对廉价的劳动力,失业率自然也不会下降。由于人们的理性预期,政策导致的"货币幻觉"被完全看破,通货膨胀率与失业率无关,菲利普斯曲线在短期与长期均为一条垂直于自然失业率的直线。如图3所示。

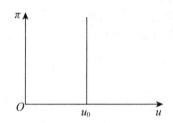

图3　加入理性预期后的菲利普斯曲线

(3)加入预期后的政策意义。

①适应性预期下的政策意义。

扩张性的货币政策短期内能降低失业率水平,进而提高产出;长期内由于人们预期的改变,货币政策带来的仅仅只有价格效应,而没有产出效应,货币为中性,即货币政策无效。

②理性预期下的政策意义。

货币政策会被理性的市场参与者完全看破,因此货币政策长期、短期均完全无效。政府应该做的是维持合理稳定的通货膨胀率水平,实现市场的合理定价,通过市场自发调节实现经济的增长。

上海财经大学 431 金融硕士初试真题超精细解读

宏观数据速递

一、分值一览表

分布类型	题型/科目	2014 年	2015 年	2016 年	2017 年	2018 年
题型分值	选择题	20/26/8/6 分	22/24/8/6 分	24/26/4/6 分	24/26/4/6 分	20/24/10/6 分
	计算题	20/30/10/0 分	20/30/10/0 分	20/30/10/0 分	0/40/10/10 分	10/10/10/10/10/10 分
	论述题	15/15/0/0 分	15/15/0/0 分	15/15/0/0 分	30/0/0/0 分	5/10/15 分
学科分值	货币金融学	55 分	57 分	59 分	57 分	60 分
	公司金融学	71 分	69 分	71 分	71 分	60 分
	投资学	18 分	18 分	14 分	16 分	14 分
	国际金融学	6 分	6 分	6 分	6 分	16 分

二、难度点评和总体走势

2014 年初试整体难度适中，其中有部分题目较难，2015 年难度有所下降，处于中等偏下的难度。2016 年难度上升，加上数学三难度上升，分数线降到近五年最低点。2017 年题目难度则出现较为明显的下降，2018 年难度有所回升。综合看来，上海财经大学的真题也呈现出周期波动趋势。

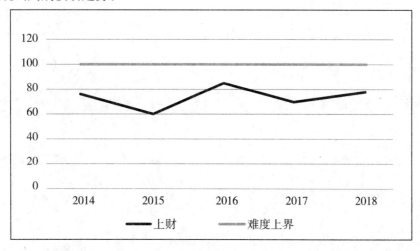

三、分数线及录取情况

指标		2014 年	2015 年	2016 年	2017 年	2018 年
初试要求	单科要求	≥55 分(100 分); ≥83 分(150 分)	≥55 分(100 分); ≥83 分(150 分)	≥55 分(100 分); ≥83 分(150 分)	≥55 分(100 分); ≥83 分(150 分)	≥55 分(100 分); ≥83 分(150 分)
	总分要求	389 分	399 分	376 分	394 分	380 分
人数要求	进复试人数	—	64 人	59 人	43 人	60 人
	录取人数	79 人	80 人(免试 27 人)	78 人(免试 29 人)	69 人(免试 33 人)	81 人(免试 31 人)
录取信息	录取分数最高分	433 分	433 分	415 分	427 分	408 分
	录取分数最低分	389 分	399 分	376 分	394 分	380 分

四、真题指导教材复习顺序及重点章节

（一）复习顺序

先复习金融学，后复习国际金融。

先复习公司金融，后复习投资学。

（二）重点章节

戴国强《货币金融学》，上海财经大学出版社第 3 版，重点章节为第 1、3、5、6、13～22 章。

郭丽红、王安兴《公司金融学》，上海财经大学出版社第 2 版，重点章节为第 4、5、8、9、10、11 章。

金德怀《投资学教程》，上海财经大学出版，重点章节为第 1、2、7、8、9、13、14 章。

2018 年上海财经大学 431 金融硕士初试真题

一、单项选择题

1. 在现代货币制度下,纸币的职能来自(　　)。
   A. 纸币可以和任何商品兑换
   B. 信用货币的代表
   C. 经济主体对发行货币者的信任
   D. 货币的无限法偿

2. 我国清朝的货币制度是(　　)。
   A. 金本位制度   B. 银本位制度
   C. 金银复本位制度   D. 铜本位制度

3. 现代投资组合理论的创始人是(　　)。
   A. 斯蒂芬·罗斯   B. 尤金·法玛   C. 马科维茨   D. 詹森

4. 下面哪个资产规模最能反映其经营绩效?(　　)
   A. 投资银行   B. 对冲基金   C. 私募股权基金   D. 共同基金

5. 通常来说,由短期利率不能决定长期利率的是下列哪个理论?(　　)
   A. 预期假说   B. 市场分割理论
   C. 流动性报酬理论   D. 古典理论

6. 下列哪个不是表外业务?(　　)
   A. 贷款承诺   B. 备用信用证   C. 票据发行便利   D. 理财业务

7. 下列哪项会使商业银行的准备金减少?(　　)
   A. 中央银行在国外的资产增加   B. 政府对中央银行的债权增加
   C. 金融机构对中央银行的债务增加 D. 中央银行的政府存款减少

8. 托宾 q 理论是影响下列哪一个中间变量而作用于实体经济的?(　　)
   A. 股票价格   B. 利率   C. 货币供应   D. 房地产价格

9. 2017 年 10 月,央行对普惠金融、小微小农等中小企业进行定向降准,该政策有何影响?(　　)
   A. 影响货币乘数   B. 是结构性政策,不影响总量
   C. 影响基础货币   D. 不是货币政策,是扶助政策

10. 日本购买美国 10 年期债券,从美国的国际收支表来看,在借方项目上下列说法正确的是(　　)。
    A. 长期资本项美国对日本的债权增加
    B. 短期资本项美国对日本的债权增加
    C. 长期资本项美国对日本的债务增加
    D. 短期资本项美国对日本的债务增加

11. 下列不属于欧元区的国家是（　　）。
   A. 马耳他　　　　　B. 爱沙尼亚　　　　C. 立陶宛　　　　D. 格鲁吉亚

12. 一般来说，若某国货币疲软会导致国内通货膨胀率（　　），进而导致该国汇率与其他国家汇率相比（　　）。
   A. 上升　上升　　　B. 上升　下降　　　C. 下降　上升　　　D. 下降　下降

13. 对于一家某上海出口企业，下列哪个汇率指标最具参考价值？（　　）
   A. 有效汇率　　　　B. 实际汇率　　　　C. 实际有效汇率　　D. 名义汇率

14. 根据国际费雪效应，若英国利息高于美国利息，那么英镑汇率相比美元汇率的波动是（　　）。
   A. 英镑和美元价值一样　　　　　　　B. 英镑较美元远期贴水
   C. 英镑较美元即期贬值　　　　　　　D. 英镑较美元远期升水

15. 假设利率平价成立，则下列哪个操作是一样的？（　　）
   A. 美国人在美国买美国国债和美国人在加拿大买加拿大国债一样
   B. 美国人在美国买美国国债和加拿大人在美国买美国国债一样
   C. 加拿大人在美国买美国国债和美国人在加拿大买加拿大国债一样
   D. 美国人在美国买美国国债和加拿大人在加拿大买加拿大国债一样

16. 有效市场学说主张以下哪项策略？（　　）
   A. 投资对冲基金　　　　　　　　　　B. 买一份股票，但交易不频繁
   C. 采用被动策略　　　　　　　　　　D. 交易频繁

17. 下列哪项是金融市场可以做到的？（　　）
   A. 选择投资收益更高的股票
   B. 帮助发展前景更好的企业
   C. 所有权与经营权分离
   D. 以上皆正确

18. 考虑一个无风险资产和风险资产的组合，无风险资产的权重为 x，风险资产权重为 $1-x$，x 的取值为（　　）
   A. [0, 1]　　　　　B. [−1, 0]　　　　C. [−1, 1]　　　　D. 以上皆不正确

19. 下列选项不正确的是（　　）。
   A. 价格和到期收益率并不是线性关系
   B. 比起短期债券，长期债券的价格变动幅度更大
   C. 比起零息票据，付息票据的价格变动幅度更大
   D. 收益率上升，债券价格下降

20. 下列哪一个可以衡量基金经理的能力？（　　）
   A. α　　　　　　B. β　　　　　　C. 波动率　　　　D. 费用

21. 一投资者卖出一份平价看涨期权，同时又卖出一份平价看跌期权，下列何种情况会有盈利？（　　）
   A. 大幅上涨　　　　B. 大幅下跌　　　　C. 大幅波动　　　　D. 小幅波动

22. 两个风险资产组合的相关系数为0，在均值方差模型中的可行集形状为（　　）。
   A. 直线　　　　　　B. 折线　　　　　　C. 曲线　　　　　　D. 线段

23. 若收益率曲线为水平线，票面价值 1 000 元的一年期零息债券收益率为 10%，那么票面利率为 10% 的 1 000 元，1 年期付息的两年期国债价格为（　　）元。
   A. 909.09　　　　　B. 1 000　　　　　C. 826.45　　　　　D. 1 090.91

24. 初始投资、项目现金流和税后现金流都增加一倍，其他条件保持不变，则 IRR 和 NPV 会如何变化？（　　）
   A. IRR 不变，NPV 增加　　　　　B. IRR 增加，NPV 不变
   C. IRR 增加，NPV 增加　　　　　D. IRR 不变，NPV 不变

25. 年利率为 5%，公司的现金流为 1 000、1 000、500、1 000、1 000、500，如此循环，则该公司的 NPV 为（　　）。
   A. 17 683.33　　　B. 16 827.91　　　C. 16 666.7　　　D. 15 860.43

26. 某公司为新项目筹资，预期回报率为 13.5%，税率为 35%，目前测得负债比率为 50%、70%、90% 的情况下，负债的成本为 6%、8%、9%，叫最佳负债比为（　　）。
   A. 50%　　　　　B. 70%　　　　　C. 90%　　　　　D. 没有负债

27. 甲公司只生产一种产品，产品单价为 6 元，单位变动成本为 4 元，产品销量为 10 万件/年，固定成本为 5 万元/年，利息支出为 3 万元/年。甲公司的财务杠杆为（　　）。
   A. 1.18　　　　　B. 1.25　　　　　C. 1.33　　　　　D. 1.66

28. 某公司借款 100 万元，年利率为 8%，银行要求维持贷款限额 20% 的补偿性余额，那么公司实际承担的贷款成本为（　　）。
   A. 6.67%　　　　　B. 8%　　　　　C. 10%　　　　　D. 11.67%

29. 中国政府在日本发行的美元面值的债券被称为（　　）。
   A. 欧洲债券　　　B. 武士债券　　　C. 中国债券　　　D. 扬基债券

30. 已知某公司资本价值为 100 万元，负债为 40 万元，利息率为 7.5%，按一年期付息，所得税税率为 35%，公司将一直保持这个负债比，且该负债为永续负债，则利息的节税现值为（　　）。
   A. 32.5　　　　　B. 24.7　　　　　C. 21.5　　　　　D. 32

二、计算与分析题

1. 某商业银行资产负债表如下。（单位：百万元）

资产	负债
库存现金	活期存款
500	9 400
贷款	央行准备金
8 000	900

若活期存款法定准备金率为 10%，试求：
（1）该商业银行超额准备金率。
（2）若活期存款流失 1 000 百万元，则该银行是否存在准备金不足的情况？
（3）当准备金不足时，银行应采取什么措施？

2. 某银行发放一笔贷款 1 000 万元，违约损失率为 75%，银行通过进行国债抵押缓冲、稀释后使风险资产暴露值变为 850 万元，求该银行有效违约损失率。

3. 加拿大公民 A 持有加拿大元 10 000，已知加元与美元的即期汇率为 \$1＝CAD 1.180 0－1.182 3，6 个月远期汇率为 \$1＝CAD 1.200 0－1.202 3，加拿大的年利率为 6%，美国的年利率为 4%，问在加拿大投资好还是在美国投资更好？计算加拿大人的净收益，请详细写出过程并给予必要说明。

4. A 公司刚刚发放了 0.5 元的股票红利，预计接下来四年红利的增长率为 5%，股东的预计投资回报率为 15%，每年年末发放红利，第四年年末发放红利后的预计股价为 10 元（分红后），四年后红利的增长率为 g_2，则：

（1）求 g_2。

（2）求第五年年末（发放红利后）的预计股票价格。

（3）求现在的股票价格。

5. B 公司经营赌场和餐饮业务，赌场的市场价值为 5 亿元，餐饮业务的市场价值为 5 亿元。已知 B 公司的股票价格为 10 元，共有 6 000 万股，未归还的债务价值为 4 亿元，公司的税率为 40%。

（1）经过对 B 公司股票线性回归分析得知 B 公司股票的 β 为 1.2，求 B 公司的无杠杆 β_0。

（2）若赌场和餐饮业务的权重始终保持不变，已知赌场业务的 $\beta_{赌}$ 为 1.4，求餐饮业务的 $\beta_{餐}$。

（3）现 B 公司打算出售 50% 的餐饮业务，将出售所得用于归还债务，求之后的股票 $\beta_{权益}$。

6. 已知两种情况下 A、B 的股票价格预期如下表所示。

情形	A 股票价格/元	B 股票价格/元	市场收益率/%	概率/%
1	5	4	20	60
2	4	5	5	40

现在 A 股票的价格为 3.96 元。

（1）求 A 股票的 β_A。

（2）求无风险收益率。

（3）求 B 股票现在的价格。

三、论述与分析题

1. 请简述动量效应，并说明是否违背了有效市场。请解释。

2. 论述政府实施债转股政策对企业的影响和有效性。

3. 关于负利率政策，回答：

（1）政府实施该政策的意图；

（2）负利率政策的作用和可能的传导机制；

（3）负利率政策可能带来的负面影响。

2017年上海财经大学431金融硕士初试真题

一、单项选择题

1. 下列哪个诺贝尔经济学奖得主的获奖领域不是金融学？（   ）
   A. 汉森   B. 哈特   C. 托宾   D. 莫迪利安尼

2. 某公司资本价值为100万元，负债为40万元，负债利率为7.5%，按1年期付息，税率为35%，公司将一直保持这个负债比，负债为永续，如果该公司明年的自由现金流量为9万元，且之后每年保持5%的增长率增长，则利息的节税现值为（   ）。
   A. 32.5万元   B. 24.7万元   C. 42万元   D. 32万元

3. 我国明代时白银是本位币，而白银供应有限，说明（   ）。
   A. 白银为有限法偿   B. 通货紧缩严重
   C. 我国需要保持大量贸易顺差   D. 白银是唯一的流通手段

4. 两年期国债，面值5 000元，一年付息期，票面利率为8%，市场利率为10%，则其发行价格为（   ）元。
   A. 5 420   B. 4 730   C. 4 850   D. 5 000

5. 以下未加入欧元区的组合是（   ）。
   A. 英国、瑞典、瑞士、斯洛伐克
   B. 英国、瑞典、捷克、希腊
   C. 英国、瑞典、丹麦、挪威
   D. 英国、瑞典、芬兰、冰岛

6. 基差走强，下列哪种套期组合收益增大？（   ）
   A. 多头   B. 空头   C. 交叉   D. 平行

7. 看跌期权价格为5元，执行价格为30元，股价为33元，3个月期利率为4%，则看涨期权价格为（   ）元。
   A. 5   B. 9.3   C. 0   D. 30

8. 某国央行从美国商业银行处购买了2 500万美元，在国际收支复式记账法中，负号项目指一切支出项目或资产增加、负债减少的项目，从美国角度分析其国际收支，以下属于负号项目的是（   ）。
   A. 美国私人部门流通的美元增加2 500万美元
   B. 美国央行对外国货币当局的债务增加2 500万美元
   C. 美国私人部门流通的美元减少2 500万美元
   D. 美国央行对外国货币当局的债权增加2 500万美元

9. 考虑一个项目，1年后的自由现金流为130 000元或180 000元，出现每一种结果的概率相等。项目的初始投资为100 000元，项目资本成本为20%，无风险利率为10%，

则该项目的 NPV 最接近以下哪个选项？（   ）

　　A. 29 000 元　　　　B. 22 000 元　　　　C. 28 000 元　　　　D. 26 900 元

10. 如果初始投资和现金流均增长一倍，其余情况不变，则 IRR 和 NPV 会发生什么变化？（   ）

　　A. IRR 不变，NPV 增加　　　　　　　　B. IRR 增加，NPV 不变
　　C. IRR 和 NPV 均增加　　　　　　　　D. IRR 和 NPV 均不变

11. 已知某公司股票的市盈率为 20，账面价值为 30 元，每股收益为 2 元/股，流通在外的股票为 1 000 万股，现回购 100 万股，则回购后的账面价值最接近于（   ）元。

　　A. 22　　　　　　　B. 25　　　　　　　C. 28　　　　　　　D. 29

12. 若发生小偷抢银行事件，银行现金被抢会产生以下哪种影响？（   ）

　　A. 货币供给减少，因为基础货币减少　　B. 货币供给减少，因为通货比率下降
　　C. 货币供给减少，因为货币乘数下降　　D. 货币供给不变

13. 在资本自由流动的情况下，澳元对加元的即期汇率为 1.323 0—1.324 9，3 个月远期汇率为 1.022 0—1.023 0，澳洲利率为 7%，加拿大利率为 4%。下列选项正确的是（   ）。

　　A. 澳大利亚人应到加拿大投资
　　B. 加拿大人应到澳大利亚投资
　　C. 加拿大人在国内投资获得的收益比澳洲人在国内投资获得的收益高
　　D. 澳洲人在国内投资获得的收益比加拿大人在国内投资获得的收益高

14. 某投资者参与保证金买空交易，初始保证金比例为 50%，保证金最低维持率为 20%，投资者以每股 25 元的价格买入 400 股，则当股票价格跌破每股（   ）元时，投资者必须追加保证金？

　　A. 15.625　　　　　B. 10　　　　　　　C. 20　　　　　　　D. 5

15. 下列在英国的哪个产品属于人民币离岸金融业务？（   ）

　　A. 人民币存款　　　　　　　　　　　　B. 发行人民币债券
　　C. 人民币信用协议　　　　　　　　　　D. 人民币汇款

16. 某公司要为 2012 年新项目筹资，预期资本回报率为 13.5%，税率为 35%，目前测得在 50%、70%、90% 的负债率下的债务成本分别是 6%、8%、9%，则最佳负债比率为（   ）。

　　A. 50%　　　　　　B. 70%　　　　　　C. 90%　　　　　　D. 没有负债

17. 以下关于数字货币的观点，正确的是（   ）。

　　A. 是主权货币的代表　　　　　　　　　B. 有法定清偿力
　　C. 不会造成物价上涨　　　　　　　　　D. 可由央行发行

18. 近年来银行企业贷款减少，消费贷款增加，下列说法中不正确的是（   ）。

　　A. 由于技术提升，消费贷款成本降低
　　B. 由于信用系统的完善，消费贷款成本下降
　　C. 消费贷款风险比企业贷款风险低
　　D. 企业更多通过商业票据融资

19. 特别提款权目前的定值货币为（   ）。

　　A. 英镑、欧元、人民币、日元和美元

B. 英镑、欧元、日元、美元和澳元
C. 英镑、欧元、人民币和美元
D. 上述都不对

20. 人们预期未来利率上升，按照凯恩斯流动性偏好理论，人们会选择（　　）。
   A. 买入债券　　　B. 卖出债券　　　C. 只持有货币　　　D. 只持有债券

21. 在以下哪个条件下，货币政策能发挥出最好的效果？（　　）
   A. 资本供给缺乏利率弹性　　　　　B. 货币供给弹性
   C. 消费需求缺乏利率弹性　　　　　D. 货币需求缺乏利率弹性

22. 企业债券比国债收益率高，是因为什么风险进行的补偿？（　　）
   A. 利率风险　　　B. 信用风险　　　C. 再投资风险　　　D. 市场风险

23. 某企业3个月后会收到一笔外汇收入，为了规避汇率风险，应该选择（　　）。
   A. 先借本币投资本国市场，3个月后以外币还账
   B. 先借外币投资本国市场，3个月后还外币
   C. 先借本币投资本国市场，3个月后还本币
   D. 先借外币投资本国市场，3个月后以外币还账

24. 根据优序融资理论，公司的次优选择为（　　）。
   A. 现金　　　B. 无风险借款　　　C. 风险借款　　　D. 股票

25. 逆回购是中国人民银行向一级交易商购买有价证券，并约定在未来特定日期将有价证券卖给一级交易商的交易行为，则以下说法中不正确的是（　　）。
   A. 逆回购是央行向市场释放流动性的手段
   B. 逆回购到期收回流动性
   C. 商业银行得到利息
   D. 这是公开市场操作的手段之一

26. 下列哪些行为不是在初级市场上发生的？（　　）
   A. 股票发行　　　B. 股票转让　　　C. 债券发行　　　D. 增股发行

27. 2012年年底，D公司预期红利为2.12元，且以每年10%的速度增长，如果该公司的必要收益率为每年14.2%，其股票现价等于内在价值，则下年预期价格为（　　）元。
   A. 55.52　　　B. 46.98　　　C. 38.75　　　D. 28.82

注：28～30题暂缺。

二、计算与分析题

1. RAROC指经风险调整的收益率，常用净收益与经济资本的比值来衡量。某笔贷款的相关风险要素有违约概率30个基点，违约损失率50%，违约风险暴露为150万元，该笔贷款的收益为1万元。假设经济资本为违约风险暴露的5%，求该笔贷款的RAROC。

2. 某公司有如下的资产负债：

资产		负债	
现金	1 000	存单	10 000
债券	10 000	股东权益	1 000
资产	11 000	负债及所有者权益	11 000

债券是10年期的固定息票债券,年利率为10%,存单为1年期限,利率为6%,求:

(1) 在第1年年末公司净利息收入为多少?若在第1年年末市场利率上升100个基点,则第2年的净利息收入为多少?

(2) 若市场利率上升100个基点,则债券的价值变为9 446,此时股东权益的价值变为多少?

(3) 根据以上分析,分析公司所面临的利率风险包括什么?

3. 假设一个美国人3个月后到瑞士参加会议,预计所有开销为5 000瑞士法郎。今天美元与瑞士法郎的即期汇率是0.60美元/瑞士法郎,3月期远期汇率为0.63美元/瑞士法郎。该美国人可以购买3月期的瑞士法郎看涨期权,该期权的期权费为0.05美元/瑞士法郎,敲定价位为0.64美元/瑞士法郎。设预期的未来即期汇率等于今天的远期汇率,美元3月期利率为6%,瑞士法郎3月期利率为4%。问:

(1) 若美国人使用瑞士法郎看涨期权避险,则其买入5 000瑞士法郎的美元成本是多少?

(2) 若美国人使用远期合约避险,其美元成本是多少?

(3) 未来的即期汇率到什么水平时,美国人选择远期合约和期权市场避险的结果是一样的?

(4) 面对未来的即期汇率水平,美国人使用期权和远期合约避险而支付的实际美元成本具体将会是怎样的?请详细描述。

4. 债券A和债券B的面值和息票率相等,皆为1 000和6%,每年付息一次,但A债券还有5年到期,B债券还有10年到期。两种债券的适用折现率都为6%,如果折现率提高2个百分点,试问,哪种债券价格波动幅度高?高多少个百分点?

5. 已知无风险资产收益率为6%,市场组合收益率为14%,某股票的P系数为1.2,派息比率为60%,最近每股盈利10美元。每年付一次的股息刚刚支付,预期该股票的股东权益收益率为20%。

(1) 求该股票的内在价值。

(2) 假如当前的股价是80美元/股,预期一年内股价与其价值相符,求持有该股票一年的回报率。

6. 假设资本市场是完美的。设某一全股权公司有1 000股流通在外,每股价格为20美元。现在该公司发债回收200股。

(1) 回购后公司的价值是多少?为什么?

(2) 回购时的价格必然是多少?为什么?

(3) 设回购前预期的每股收益是2美元,回购后预期每股收益会大于、等于或是少于2美元吗?

三、论述与分析题

1.2015年年初以来,中国狭义货币M1增速持续上升,从2015年3月的2.9%升至2016年7月的25.4%,创2010年6月新高。而同期广义货币M2增幅却是窄幅波动,2016年以来不断下滑,从2016年1月的14.0%降至7月的10.2%。这使M1与M2增速"剪刀差"持续扩大,已突破历史高位(如图1所示)。同时,2015年以来中国企业贷款增速一路下行,至2016年工业企业贷款余额增速更是跌破3%,企业信贷需求极其疲弱。请根据这一材料,结合中国经济现实,回答问题。

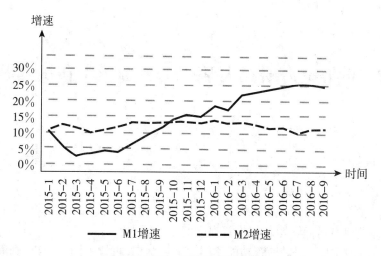

图 1　M1、M2 增速变动图

（1）根据 M1 和 M2 的定义，导致货币供应量增速剪刀差扩大的直接原因是什么？

（2）请从金融市场和实体经济的角度，分析 M1 增速上升与企业贷款增速下降的原因。

（3）M1 与 M2 的分化，对货币政策有何影响？

2. 请阐述为何一些中国企业 2010 年之后会选择在海外上市？而当前为什么又有些中国海外上市企业准备或者已经返回国内资本市场？

2016年上海财经大学431金融硕士初试真题

一、单项选择题

1. 货币中性是指货币数量变动只会影响(   )。
   A. 实际工资   B. 物价水平   C. 就业水平   D. 商品的相对价格

2. 下列哪一项不是商业银行与投资银行的主要区别?(   )
   A. 资金来源不同   B. 融资功能不同   C. 监管机构不同   D. 利润来源不同

3. 利率为资金借贷的价格,决定于金融市场上资金流量的供需关系,这是下列哪一种理论的观点?(   )
   A. 流动性偏好理论   B. 节欲说   C. 可贷资金理论   D. 古典学说

4. 货币政策的时间不一致性意味着(   )。
   A. 中央银行出于公众利益的考虑,会改变自己事先宣布的政策
   B. 中央银行的政策制定经常超出社会公众的预期
   C. 社会公众对中央银行的信任度并不重要
   D. 货币政策的效果存在时滞

5. 下列中央银行中,独立性最大的是(   )。
   A. 英格兰银行   B. 美联储   C. 中国人民银行   D. 欧洲中央银行

6. 根据理性预期的总供给函数,只要中央银行公开宣布提高货币增长率,则(   )。
   A. 失业率不变,通货膨胀率上升
   B. 失业率和通货膨胀率都上升
   C. 失业率下降,通货膨胀率上升
   D. 失业率和通货膨胀率都不变

7. 弗里德曼的货币需求函数非常强调(   )对货币需求的重要影响。
   A. 货币数量   B. 恒久性收入
   C. 各种资产的相对收益率   D. 预期物价水平的变化

8. 关于存款保险制度,正确的是(   )。
   A. 一旦商业银行倒闭,存款人的存款将得到保险公司的如数赔偿
   B. 一旦商业银行倒闭,存款人的存款账户将被冻结,以免造成损失
   C. 可减少商业银行因流动性不足而倒闭的风险
   D. 可减少商业银行因清偿力不足而倒闭的风险

9. 关于P2P网贷平台,下面说法正确的是(   )。
   A. 因为不属于金融机构,所以不会受到金融监管
   B. 存在信用风险,但没有流动性风险
   C. 能够消除信息不对称,降低信息成本
   D. 能够降低交易成本,提高效率

10. 通常来说，对冲基金是一种（   ）。
    A. 开放式基金   B. 私募基金   C. 养老基金   D. 保险基金
11. 下列哪些因素对人民币汇率水平的影响是直接的？（   ）
    A. 存款准备金率的调整   B. 外汇储备的变动
    C. 存贷款利率的调整   D. 亚投行的成立
12. 特别提款权目前的定值货币为（   ）。
    A. 英镑、欧元、日元和美元   B. 英镑、欧元、日元、美元和澳元
    C. 英镑、欧元、人民币和美元   D. 上述都不对
13. 在国际货币市场上，经常交易的短期金融工具是（   ）。
    A. 股票   B. 银行贷款   C. 点心债券   D. 国库券
14. 在资本完全自由流动，汇率浮动的开放经济 IS－LM 模型中，紧缩性货币政策将使 LM 曲线（   ）。
    A. 左移，此后由于本币贬值使 IS 曲线也左移
    B. 右移，此后由于本币升值使 IS 曲线也右移
    C. 左移，而 IS 曲线保持不变
    D. 先左移，然后由于本币升值向右回移
15. 衡量一国外债期限结构是否合理的指标是（   ）。
    A. 偿债率   B. 负债率
    C. 外债余额与 GDP 之比   D. 短期债务比率
16. 某股票以每 10 股送 2 股向全部股东派发股票股利，已知除权日前一日的收盘价格为 12 元，则除权基准价是（   ）。
    A. 9 元   B. 10 元   C. 11 元   D. 12 元
17. A 公司股票的贝塔值为 1.2，昨天公布的市场年回报率为 13%，现行的无风险利率是 5%，某投资者观察到昨天该股票的年回报率为 17%，假设市场是强有效的，那么（   ）。
    A. 昨天公布的是有关 A 公司的好消息
    B. 昨天公布的是有关 A 公司的坏消息
    C. 昨天没有公布有关 A 公司的任何消息
    D. 无从判断消息的好坏
18. 一个 β 系数大于 1 的股票，其所属的产业往往是（   ）。
    A. 防御性产业   B. 非周期性产业
    C. 劳动密集型产业   D. 资本密集型产业
19. 完全正相关的证券 A 和 B，前者期望收益率为 16%，标准差为 6%，后者期望收益率为 20%，标准差为 8%，如果证券 A 和 B 的比例分别为 30% 和 70%，则证券组合的标准差为（   ）。
    A. 3.8%   B. 5.9%   C. 7.4%   D. 6.2%
20. A、B 股票的市场模型估计结果如下：
    $r_A = 0.005 + 1.2 r_I + e_A$；$r_B = 0.001 + 0.8 r_I + e_B$，$D_I = 0.5$，那么 A 股票和 B 股票收益率的协方差是（   ）。
    A. 0.2   B. 0.24   C. 0.25   D. 0.96
21. 一张期限为 10 年的附息债券，票面利率为 6%，面值为 100 元，每年支付一次利

息,到期收益率为7%,则该债券的价格为( )。

A. 92.98元   B. 95.38元   C. 100元   D. 116.22元

22. 到期日相同的期权,执行价格越高( )。

A. 看涨期权的价格越高

B. 看跌期权的价格越低

C. 看涨期权的价格越低

D. 看涨期权与看跌期权的价格均越低

23. 某基金的平均收益率为14%,基金的平均无风险利率为4%,基金的标准差为0.05,基金的系统性风险为0.9,那么该基金的夏普指数为( )。

A. 1.8   B. 2.5   C. 3.4   D. 2.0

24. 无风险利率为7%,市场组合的期望收益率为15%,证券X的期望收益率为21%,β值为1.3,那么( )。

A. 股价被低估,应该买入   B. 股价被高估,应该买入

C. 股价被低估,应该卖出   D. 股价被高估,应该卖出

25. 根据MM定理作答:两个公司资产项目相同。A公司是全权益公司,发行在外的股票数是100亿股,股价为24元。B公司发行在外股票数为200亿股,并且以5%的利率借债1 200亿元,请问该公司股价最接近( )元。

A. 6   B. 8   C. 12   D. 24

26. 30年期贷款,每月固定偿还2 997.97元,年利率6%,已经还了20年,则过去一年还款的金额中利息是( )元。

A. 19 145   B. 35 975   C. 16 830   D. 27 090

27. 下列该纳入资本预算的是( )。

A. 去年的调研费用   B. 已经投入研发的金额

C. 项目筹资的债务利息费用   D. 固定资产折旧产生的节税额

28. 以下关于IRR的描述,错误的是( )。

A. 对于投资项目,IRR大于资本成本应该接受

B. 对于融资项目,IRR小于资本成本应该接受

C. 任何IRR高于资本成本的都能接受

D. IRR法和净现值法一样,在任何时候都有效

29. 无杠杆公司明年的自由现金流量为800万元,其增长率为5%且永续,假设公司经营业务不变,当其借入负债进行杠杆经营时,其权益资本成本变为18%,借款利率为8%,负债权益比为1/2,税率为35%,则税盾的价值接近( )。

A. 1 000万元   B. 990万元   C. 1 800万元   D. 1 100万元

30. 如下表所示,如果证券C的价值是180美元,按照一价定律,证券A的价值是( )美元。

证券	今天现金流	一年后
A	0	100
B	100	0
C	100	100

A. 80   B. 90
C. 100   D. 不知道无风险利率，无法计算

二、计算与分析题

1. 假设银行体系准备金为 750 亿元，公众持有现金 500 亿元，中央银行法定活期存款准备金率为 10%，法定定期存款准备金率为 5%，流通中通货比率为 20%，定期存款比率是 40%，商业银行的超额准备率为 18%。试求：

(1) 货币乘数是多少？

(2) 狭义货币供应量 M1 是多少？

2. 假设名义工资 W 刚性，运用 IS—LM 和 AD—AS 图形分析：政府支出 G 的增加对经济均衡时的实际产出 Y、实际消费 C、实际投资 I、实际利率 r、名义物价 P、实际工资 $w=W/P$ 以及失业率的影响。

3. 假设在 2012 年 5 月 1 日，德国出口商品到美国，由于现金流紧张，美国进口商品不能马上付货款，但承诺会努力在半年之内付款 500 万美元，于是德国出口商在 2012 年 5 月 1 日到 A 银行随意地从事了一个 5 月期的外汇交易，卖出 500 万美元，交割日为 2012 年 10 月 1 日。但在 2012 年 8 月 1 日，美国进口商通知德国出口商其将只能在 2012 年 12 月 1 日支付货款，请针对这一情况，用掉期交易帮助德国企业将先前做的远期交易进行展期，并计算出该德国出口商最终实现的本币收益。

2012 年 5 月 1 日法兰克福 A 银行的外汇行情：

即期汇率：1 美元＝0.92 3/4—0.93 1/2① 欧元

1 月期远期汇率：0.88 1/8—0.89 5/8 欧元

2 月期远期汇率：0.86—0.87 3/8 欧元

5 月期远期汇率：0.85 7/8—0.86 欧元

2012 年 8 月 1 日法兰克福 A 银行的外汇行情：

即期汇率：1 美元＝0.84—0.85 欧元

1 月期远期差价：1/2C—1/4C 欧元 discount②

2 月期远期差价：3/4C—1/2C 欧元 discount

4 月期远期差价：1C—3/4C 欧元 discount

4. 设 1 年期、2 年期、3 年期、4 年期和 5 年期各期限的即期利率为 2%、3%、3.7%、4.2% 和 4.8%。

(1) 计算第 2 年、第 3 年、第 4 年、第 5 年开始计算的 1 年期远期利率。

(2) 如果无偏预期理论成立，根据这里的利率期限结构，应该选择怎样的投资策略？

5. 某公司 2012 年度的销售收入是 180 亿元，净利为 12 亿元，股价为 25 元，发行的外股数为 10 亿股，预计 4 年后销售收入为 300 亿元，销售净利率为 10%。假设该公司不分配股利，全部净利润用于再投资。试求：

(1) 2012 年的市盈率和收入乘数是多少？

(2) 预计 2016 年该公司将成为一个有代表性的成熟公司（市盈率为 20 倍），其股价

---

① 本书汇率 $A-B$ 表示中，A 代表买入价格，B 代表卖出价格。

② C 为 CENTIMES 缩写，代表 0.01；discount 代表贴水。

应是多少?

(3) 如果维持现在的市盈率和收入乘数,且预计每股净利为 2.5 元,则 2016 年该公司需要多少销售额?

6. pk 公司今年由于投资失败而陷入财务危机,无法偿还的债务数额为 4 000 万元,目前该公司面临 A、B 两个投资项目的选择,其投资额均为 800 万元,两个项目在未来经济情况有利和不利时的收益情况及其概率分布如下表:

项目名	投资额/万元	现金流现值/万元	概率
A	800	7 000	0.1
		0	0.9
B	800	3 000	0.4
		100	0.6

(1) 要求分别计算 A、B 所带来的预期现金值及净现值。
(2) 分别从债权人和股东的角度做出投资决策,并解释原因。

三、论述与分析题

1. 自 2008 年美国次贷危机之后,我国与许多贸易伙伴国家签订了双边货币互换协议,于是人民币通过跨境贸易结算开始了其国际化进程,然而人民币始终未能在资本和金融账户下实现自由兑换。2015 年中国成立亚投行,但在 2015 年前几个月,我国出口不景气,外汇储备减少,2015 年 8 月 11 日央行宣布决定完善人民币兑美元汇率中间价报价,人民币兑美元的中间价当天贬值近 4‰,2015 年 10 月上海自贸区宣布将率先实现人民币在资本和金融账户下自由兑换。就在当月 24 日,央行进行了"双降",即同时降低了存款基准利率和存款准备金率。

请根据上述内容并结合自己所学的理论来分析:
(1) 资本和金融账户下人民币的自由兑换对人民币国际化有哪些利弊?
(2) 降低存款利率和降低存款准备金率的依据和目的有何不同?
(3) 降低存款准备金率与外汇储备及汇率之间存在怎样的关系?

2. 公司资本结构有哪些主要理论?你怎样认识现实中我国上市公司的资本结构?

2015年上海财经大学431金融硕士初试真题

一、单项选择题

1. 下列关于比特币的说法中,错误的是(　　)。
   A. 是一种互联网支付手段
   B. 没有政府信用的支持
   C. 容易助长投机和犯罪
   D. 因为是私人发行的,所以不可能是真正的货币

2. 若将100元人民币存入商业银行的储蓄存款账户,会导致(　　)。
   A. M1和M2都增加　　　　　　　　B. M1和M2都不变
   C. M1增加,M2不变　　　　　　　D. M1减少,M2不变

3. 关于上海银行间同业拆放利率,表述不正确的是(　　)。
   A. 是一种算数平均利率
   B. 由公开市场一级交易商之间通过交易形成
   C. 由报价行提供报价
   D. 是一种批发性利率

4. 我们通常所说的负利率是指(　　)。
   A. 名义利率为负　　　　　　　　B. 名义利率低于实际利率
   C. 实际利率为负　　　　　　　　D. 存款利率低于贷款利率

5. 古典理论认为利率取决于(　　)。
   A. 储蓄与投资　　　　　　　　　B. 货币的供给与需求
   C. 债券的供给与需求　　　　　　D. 信贷的供给与需求

6. 垃圾债券一般是指信用评级在BBB(Baa)以下的债券,又称为(　　)。
   A. 无法上市交易的债券　　　　　B. 低收益债券
   C. 高收益债券　　　　　　　　　D. 破产企业债券

7. 2014年10月14日,英国政府成功发行30亿元3年期人民币债券,息票率为2.7%,成为首个发行人民币债券的外国政府,购买方主要来自各国的金融机构。其可能的目的是(　　)。
   A. 弥补财政预算赤字　　　　　　B. 以人民币作为外汇储备
   C. 调节市场利率　　　　　　　　D. 吸纳英国市场多余的人民币

8. 关于我国目前的利率水平,以下表述正确的是(　　)。
   A. 贷款利率存在下限　　　　　　B. 存款利率存在下限
   C. 贷款利率存在上限　　　　　　D. 存款利率存在上限

9. 把凯恩斯的货币需求公式改为 $M=L(y,r)+L(r)$ 的是(　　)。
   A. 托宾　　　　B. 弗里德曼　　　C. 鲍莫尔　　　D. 卢卡斯

10. 假设利率变动对货币需求的影响极大，则这一现象支持下列哪一陈述？（　　）
    A. 财政政策对增加产出无效　　　　　B. 财政政策对增加产出比货币政策有效
    C. 货币政策相对有效　　　　　　　　D. 以上都不对

11. 圆通运输公司目前没有任何负债，公司的股权资产成本为16%，假设圆通决定提高公司的杠杆水平，使公司的债务价值与总资产价值的比值维持在1/3。假设圆通的债务资本成本为9%，并且公司所得税税率为35%。如果圆通税前的加权平均资本成本保持不变，那么杠杆水平提高以后公司的税后加权平均资本成本与下面哪个数字最为接近？（　　）
    A. 12.9%　　　　　B. 13.0%　　　　　C. 16.0%　　　　　D. 15.0%

12. 国际游艇股份有限公司目前所有资产的市场价值为6亿元，其中7千万元为现金，公司负债2.5亿元，发行在外的总股份数为2 000万股。假设资本市场是完美的，如果公司把7千万元的现金作为股利发给股东，那么发完股利之后公司的股价与以下哪个数字最为接近？（　　）
    A. 26.50元　　　　B. 12.50元　　　　C. 14.00元　　　　D. 17.50元

13. A和B两只股票的预期收益率、β值和收益率的标准差完全相同，分别为11%、1.1和24%，两只股票收益率的相关系数为0.7，投资组合P由A和B构成，其中50%资金投于A，50%资金投于B，以下哪种说法是正确的？（　　）
    A. 投资组合P的预期收益率小于11%
    B. 投资组合P的标准差大于24%
    C. 投资组合P的标准差小于24%
    D. 投资组合P的beta值小于1.1

14. 假设中石化于2014年年初披露其位于东北的一家炼油厂由于火灾产生重大损失，这次火灾会使中石化于2014年年末以及2015年年末分别减少1.2亿元和0.8亿元的现金流。假设中石化发行在外的总股数为5 000万股，其加权平均资本成本为9%且不受这次火灾的影响。那么投资者预期中石化的股价应该下跌（　　）。
    A. 3.87元　　　　　B. 4.00元　　　　　C. 3.55元　　　　　D. 2.00元

15. 当公司在评估项目时，以下哪些现金流是和项目有关的增量现金流？（　　）
    A. 已经支出的和项目相关的研发费用
    B. 已经发生的为评估项目所做的市场调研费用
    C. 为项目融资向银行借款所支付的利息
    D. 由项目折旧带来的税收节省

16. 如果债券发行时到期收益率小于票面利率，我们说债券（　　），市场利率变高会（　　）。
    A. 折价发行　减少折价　　　　　　　B. 折价发行　增加折价
    C. 溢价发行　减少溢价　　　　　　　D. 溢价发行　增加溢价

17. 你正在考虑投资一个项目，经过计算，项目的相关信息如下：内部收益率为8.7%，盈利比率为0.98，净现值为－393，回收期为2.44，必要回报率为9.5%，以下哪种说法是正确的？（　　）
    A. 用于计算净现值的折现率小于8.7%
    B. 用于计算盈利比率的折现率等于内部回报率

C. 根据盈利比率应该接受并投资此项目
D. 根据内部回报率应该拒绝投资此项目

18. 三星电子上海有限公司三年前以9万元的价格购入了一套设备。去年三星上海又花1万元对此设备进行了技术更新。实际上公司目前并没有使用这一设备，但有其他公司愿意以5万元的价格向三星上海购买此设备。三星上海的管理层正在讨论是否要出售此设备或把它投入生产运营以增加产能。当公司考虑把设备投入运营这一选择时，此设备的使用成本应该是以下哪一项？（　　）
   A. 4万元　　　　　　B. 5万元　　　　　　C. 6万元　　　　　　D. 8万元

19. 如果金融市场是有效的，投资者应该预期他们在市场上的投资（　　）。
   A. 经常能获得超额收益率　　　　　B. 经常能获得正的净现值
   C. 所有投资的净现值为零　　　　　D. 经常有套利的机会存在

20. 公司应该选择其资本结构水平使（　　）。
   A. 公司的资本成本达到最高　　　　B. 公司的价值达到最大
   C. 公司的税收达到最大　　　　　　D. 公司完全没有任何债务

21. 假设在英国和美国之间，利率平价是成立的，则（　　）。
   A. 英国企业在美国买国债与美国企业在英国买国债，投资回报是相同的
   B. 英国企业在英国买国债与美国企业在美国买国债，投资回报是相同的
   C. 英国企业在美国买国债与英国企业在英国买国债，投资回报是相同的
   D. 上述都对

22. 上海黄金国际板中，现阶段交易的参与者是（　　）。
   A. 上海自贸区内注册企业
   B. 上海自贸区内开业的金融机构和企业
   C. 上海自贸区内开业的外资金融机构、国内金融机构和企业
   D. 自贸区内所有有外汇业务的企业

23. 假设现在是2001年1月1日，如果一家美国公司将在2001年4月1日之前收入500万英镑，但确切的结算日目前还没有确定，于是，该公司与银行进行一个择期远期外汇交易，卖出英镑以规避英镑贬值风险，目前伦敦外汇市场上英镑的汇率行情是：

1月期远期汇率 1.673—1.676美元
2月期远期汇率 1.670—1.674美元
3月期远期汇率 1.666—1.671美元

如果该公司在4月1日之前收入款项并向银行卖出英镑，则银行将采用的远期汇率为（　　）。
   A. 1.666美元/欧元　B. 1.671美元/欧元　C. 1.674美元/欧元　D. 1.677美元/欧元

24. 根据国际费雪效应的观点，如果英国利率高于美国利率，则（　　）。
   A. 英镑的价值将保持不变
   B. 英镑相对于美元而言将会有远期贴水
   C. 英国的通货膨胀率将下降
   D. 英镑相对于美元的即期汇率将贬值

25. 在国际收支平衡表中，借方记录的是（　　）。
   A. 海外资产的增加和对外负债的增加

B. 海外资产的增加和对外负债的减少
C. 海外资产的减少和对外负债的增加
D. 海外资产的减少和对外负债的减少

26. 某公司以每 10 股配 2 股送 3 股的方案向原股东进行送配股,已知配股价为 6 元,除权日前 7 天的收盘价格为 15 元,则权值为( )。
    A. 15 元   B. 9.8 元   C. 4.2 元   D. 3.8 元

27. 迅达公司发行可转换债券,面值为 1 000 元,其转换价格为 40 元,目前该公司的股价为 50 元,则每张债券能够转换为( )股股票。
    A. 40   B. 20   C. 25   D. 50

28. 某投资者参与保证金买空交易,初始保证金比率为 40%,保证金最低维持率为 20%,投资者以 20 元的价格买入 500 股,则当股票价格跌破每股( )时,该投资者必须追加保证金。
    A. 12.5 元   B. 10 元   C. 15 元   D. 17.5 元

29. 当( )时,应该选择高 β 系数的证券或组合。
    A. 市场处于牛市
    B. 市场处于熊市
    C. 市场组合的实际预期收益率等于无风险利率
    D. 市场组合的实际预期收益率小于无风险利率

30. 已知某公司的股利支付率为 40%,股利增长率固定为 5%,净资产收益率为 30%,股票的 β 系数为 1.2,无风险报酬率为 4%,股票市场平均风险报酬率为 8%,则甲公司的本期 P/E 为( )。
    A. 9.25   B. 11.05   C. 13.5   D. 15

二、计算与分析题

1. 表 1 为某银行的年度报告,请整理出其资产负债表,并回答:
(1) 该银行的杠杆率(资本/总资产)为多少?
(2) 计算其资产和负债结构,说明该银行主要面临何种风险?

表 1　年度报告

项目	金额/亿元	项目	金额/亿元
房屋建筑物	1 078	净贷款	29 981
储蓄存款	3 292	短期借款	2 080
现金	2 660	其他负债	778
N.W 账户	12 816	所有者权益	3 272
长期债务	1 191	证券投资	5 334
其他资产	1 633	活期存款	5 939
无形资产	758	存款单	9 853
其他定期存款	2 333	卖出联邦基金	110

2. 某银行的资产负债情况如表2所示。

表2 某银行的资产负债情况

资产	数额/亿元	负债+权益	数额/亿元
现金	60	活期存款	140
5年期中期国库券	60	1年期大额可转让存单	160
30年期抵押贷款	200	股权资本	20
总资产	320	总负债加股东权益	320

请计算该银行的期限缺口。判断该银行是有利率上行风险还是利率下行风险,并说明原因。

3. ABZ是全球最大的玻璃器具生产商,其股价目前为每股25元。市场预期其明年的每股盈利为2.5元。ABZ每年会把公司盈利中的固定份额b用于再投资,其余所有未用于再投资的盈利会全部作为股利发放给股东,这意味着ABZ明年的股利为每股$(1-b) \times 2.5$,假设ABZ的盈利每年以4.5%的速度永续增长,并且CAPM成立,无风险收益率为2%,市场预期收益率为8%。ABZ的股权β值为0.8,并且是100%的权益融资公司。基于以上数据:

(1) ABZ的留存比例b是多少?
(2) ABZ再投资的投资回报率是多少?

4. P公司正考虑一个项目,此项目可以使公司在第一年年末税后节省450万元,之后每年年末节省的现金以4%的速度永续增长。这一项目由P公司聘请的一家咨询公司提议,咨询公司同时指出此项目的期初投入成本为2700万元。咨询公司为评估此项目收取200万元咨询费。公司的目标"债务/股权"比率为0.5,股权β值为1.2。市场组合的预期收益率为12.4%,无风险资产的收益率为4.4%,P公司的税后债务资本成本为7%。根据咨询公司特别风险提示,此项目的风险要高于公司的主营业务,因此公司管理层认为用于此项目的折现率应比通常使用的折现率高2%以体现额外风险。

(1) P公司的加权平均资本成本是多少?
(2) 新项目的净现值是多少?P公司应该投资此项目吗?

5. 一家英国公司将在未来两年内代表一家法国公司在法国建造一个工厂,发生的有关现金流见表3。

表3 现金流

时间	项目	现金流/欧元
现在	购买土地	3200万
第一年	原材料、劳动力等成本	5000万
第一年	收入法国公司第一笔分期付款	5100万
第二年	建设成本	5400万
第二年	收入法国公司最后一笔分期付款	1.17亿

英国公司的财务主管想利用货币互换规避欧元现金流的汇率风险,银行提供的固定利率与固定利率货币互换的具体条件是:

期限:2年;英镑本金:2000万英镑;互换汇率:1.6欧元/英镑。向银行支付的欧元利率为7%。

对于货币互换未能规避的风险,将使用远期外汇交易避险,有关汇率情况如下:
即期汇率:1.512 5—1.552 5欧元
1年期远期差价:16 5/8—17 3/4C欧元 discount
2年期远期差价:30 1/8—31 1/4C欧元 discount

(1) 请画出英国公司与银行进行货币互换三个步骤的现金流图。
(2) 请站在英国公司的角度,并用表格按时间顺序将英国公司项目具体涉及的欧元现金流与货币互换产生的欧元现金流(包括本金初始互换、每年支付利息和本金再次互换中涉及的欧元现金流)进行汇总分析。
(3) 对英国公司未来两年内每年产生的欧元净现金流进行分析后,计算英国公司利用远期交易分别规避第一年和第二年中货币互换未能规避的欧元汇率风险而锁定的英镑收益(或成本)。

6. A债券、B债券的面值和息票率相等,皆为1 000元和6%,每年付息一次。但A债券还有5年期限,B债券还有10年期限。两种债券的适用折现率都为6%,如果折现率提高2个百分点,则哪个证券的价格波动幅度更高?高多少百分点?

三、论述与分析题

1. 中国人民银行于2013年初创设了常备借贷便利(Standard Lending Facility,简称SLF)。作为一种新型的货币政策工具,它是中国人民银行正常的流动性供给渠道,期限为1~3个月,主要功能是满足金融机构期限较长的大额流动性需求。对象主要为政策性银行和全国性商业银行。利率水平根据货币政策调控、引导市场利率的需要等综合确定。SLF以抵押方式发放,合格抵押品包括高信用评级的债券类资产及优质信贷资产等。

根据表4和表5给出的信息,请回答下列问题:
(1) 在有公开市场业务和再贴现工具的情况下,中国人民银行为什么还要创设SLF?
(2) 在表5中,最能影响SLF操作的是哪些变量?为什么?
(3) SLF与法定存款准备金政策、利率政策有何不同?

表4 货币政策工具比较

政策工具	标的期限	利率确定	额度	交易对手	工具/抵押
公开市场业务	7、14、28、91天	招标	较小	一级交易商	国债/央票
再贴现	1~6个月	央行决定	较小	存款机其他金融机构	商业票据
SLF	1~3个月	央行决定	较高	商业银行	国债/信贷
SLO	1~5天	招标	较高	一级交易商	国债/央票

表5 有关经济指标

时间	SLF余额/亿元	银行结汇减去售汇/亿元	CPI同比上涨/%	固定资产投资增长率/%	社会融资规模	M1增长率/%	银行间同业拆借利率(1天)/%
2013.6	4 160	−25	2.7	20.1	10 375	1.96	6.43
2013.7	3 960	−424	2.7	20.1	8 191	−0.93	3.34

续表

时间	SLF余额/亿元	银行结汇减去售汇/亿元	CPI同比上涨/%	固定资产投资增长率/%	社会融资规模	M1增长率/%	银行间同业拆借利率（1天）/%
2013.8	4 100	514	2.6	20.3	15 841	1.12	3.23
2013.9	3 860	1 651	3.1	20.2	14 120	−0.56	3.22
2013.10	3 010	2 206	3.2	20.1	8 645	2.30	3.62
2013.11	2 610	2 249	3.0	19.9	12 310	1.66	3.88
2013.12	1 000	1 897	2.5	19.6	12 532	3.84	3.71
2014.1	2 900	4 475	2.5	—	26 004	−6.64	3.36
2014.2	700	2 796	2.0	17.9	9 370	0.55	2.49
2014.3	0	2 465	2.1	17.6	20 934	3.49	2.30
2014.4	0	597	1.8	17.3	15 259	−0.10	2.47
2014.5	0	241	2.5	17.2	14 013	−1.0	2.44
2014.6	0	948	2.3	17.3	19 673	4.16	2.72
2014.7	0	73	2.3	17.0	2 737	−2.97	3.23
2014.8	0	−51	2.0	16.5	9 577	0.20	2.97
2014.9	5 000	−1 006	1.6	16.1	10 522	−1.45	3.35

2. 党的十八届三中全会为"混合所有制经济"注入了新的内容，指出"国有资本、集体资本、非公有资本等交叉持股、相互融合的混合所有制经济，是基本经济制度的重要实现形式"，同时强调，"鼓励发展非公有资本控股的混合所有制企业"。基于以上背景：

(1) 请描述自己对"混合所有制企业"的理解，什么样的企业是"混合所有制企业"？

(2) "混合所有制企业"是否优于"单一所有制企业"，比如完全的国有企业或完全的私营企业？请用所掌握的金融知识论证自己的观点。

2018年上海财经大学431金融硕士初试真题解析

一、单项选择题

1. 【答案】C

【解析】纸币的流通完全取决于纸币发行者，即中央银行的信用。政府以法律手段强制公众接受，保证纸币流通。

2. 【答案】B

【解析】清代中国采取的货币本位是银本位。

3. 【答案】C

【解析】哈里·马科维茨被认为是现代资产组合理论的创始人。他认为，资本市场上的投资者应该从自身的偏好出发，结合衡量收益与风险的期望收益率和标准差所组成的有效集，对证券组合的最优资产结构进行选择。尤金·法马提出有效市场假说。斯蒂芬·罗斯提出套利定价理论。

4. 【答案】D

【解析】共同基金风险极其分散，具有规模效应，安全性很高，但相对而言收益率较低。因此共同基金规模越大，其经营绩效越好。

5. 【答案】B

【解析】市场分割理论认为预期理论的假设条件在现实中是不成立的，因此也不存在预期形成的收益曲线。事实上整个金融市场是被不同期限的债券所分割开来的，而且不同期限的债券之间完全不能替代。

6. 【答案】D

【解析】本题考查表外业务。银行理财业务属于中间业务。

7. 【答案】C

【解析】商业银行的准备金可看成央行负债，金融机构对央行债务增加，即央行负债项减少，因此选C。

8. 【答案】A

【解析】托宾q理论，表达过程为货币供应↑→股票价格↑→q↑→投资支出↑→总产出↑。

9. 【答案】A

【解析】准备金率下调，货币乘数上升。

10. 【答案】C

【解析】10年期债券属于长期资本。日本购买美国债券，对美国的债权增加，美国对日本的债务增加。

11. 【答案】D

【解析】欧元区国家：德国、法国、意大利、荷兰、比利时、卢森堡、爱尔兰、奥地利、芬兰、西班牙、葡萄牙、希腊、斯洛文尼亚、马耳他、塞浦路斯、斯洛伐克、爱沙尼亚、拉脱维亚、立陶宛。

12. 【答案】B

【解析】本国货币疲软意味着本币有贬值趋向，会导致通货膨胀率上升。通货膨胀率上升，本币不值钱，对本币的需求变小，本币进一步贬值。

13. 【答案】C

【解析】名义有效汇率等于其货币与所有贸易伙伴货币双边名义汇率的加权平均数。实际有效汇率则是在名义有效汇率的基础上剔除通货膨胀因素后的汇率，更能综合反映本国货币的相对购买力。

14. 【答案】B

【解析】根据国际费雪效应，汇率升贴水率等于本外币利差，需注意此处汇率采用的是直接标价法。若英国利息高于美国利息，短期内国际热钱涌入，导致英镑升值，而长期内热钱流出，必然会使英镑贬值。因此英镑较美元远期贴水。

15. 【答案】A

【解析】清楚利率平价的基本概念，考虑汇率因素，投资本国债券和投资外国债券，收益是一样的。

16. 【答案】C

【解析】有效市场假说认为投资者都是理性的，没有办法保证能获得超额收益，因此采用被动策略。

17. 【答案】D

【解析】概念题。

18. 【答案】C

【解析】人们可以通过无风险资产的借贷来投资风险资产。

19. 【答案】C

【解析】零息债券久期最大，因此价格波动幅度更大。此题也可通过排除法得到答案。

20. 【答案】A

【解析】α系数是投资的实际回报与预期回报之差。α越高，基金经理能力越高。

21. 【答案】D

【解析】卖出看涨期权，价格越高，亏损越多；卖出看跌期权，价格越低，亏损越多。因此在小幅波动下，此投资组合盈利越多。

22. 【答案】C

【解析】相关系数为1，可行集为直线；相关系数为−1，可行集为折线；相关系数绝对值小于1，可行集为曲线。

23. 【答案】B

【解析】$P = 100/1.1 + (1\ 000 + 100)/1.1^2 = 1\ 000$。

24. 【答案】A

【解析】因为折现率不变，所以现金流扩大，NPV增加，初始投资与项目和税后现金流相互比例不变，IRR不变。

25. 【答案】A

【解析】将3年作为一个节点，每个节点的现金流为 $A = 1\ 000 + \dfrac{1\ 000}{1.05} + \dfrac{500}{1.05^2} =$

2 405.88，继而用永续年金得 NPV $= A\left[\frac{(1+r)^3}{(1+r)^3-1}\right] = 17\ 683.33$。

26. 【答案】C

【解析】50%，6%的情况：$R_s = 13.5 + (13.5-6) \times 1/1 \times 0.65 = 18.375\%$，WACC $= 0.5 \times 18.375 + 1/2 \times 6 \times 0.65 = 11.14\%$。

70%，8%的情况：$R_s = 13.5 + (13.5-8) \times 0.7/0.3 \times 0.65 = 21.84\%$，WACC $= 0.3 \times 21.84 + 0.7 \times 8 \times 0.65 = 10.19\%$。

90%，9%的情况：$R_s = 13.5 + (13.5-9) \times 0.9/0.1 \times 0.65 = 39.83\%$，WACC $= 0.1 \times 39.83 + 0.9 \times 9 \times 0.65 = 9.25\%$。

27. 【答案】B

【解析】财务杠杆 $= EBIT/(EBIT-I) = (200\ 000-50\ 000)/(200\ 000-50\ 000-30\ 000) = 1.25$。

28. 【答案】C

【解析】$r = (100 \times 8\%)/[100 \times (1-20\%)] = 8/80 = 10\%$。

29. 【答案】A

【解析】欧洲债券是指一国政府、金融机构和工商企业在国际市场上以可以自由兑换的第三国货币标值并还本付息的债券。

30. 【答案】C

【解析】永续利息为 $40 \times 7.5\% = 3$，$\Delta B = 3/[7.5\% \times (1-0.35)] - 40 = 21.53$。

二、计算与分析题

1. 【解析】(1) 超额准备金率为 $(500+900-9\ 400 \times 10\%)/9\ 400 = 4.89\%$。

(2) 此时，法定准备金为 $(9\ 400-1\ 000) \times 10\% = 840$（百万元），而剩下的准备金为 $1\ 400-1\ 000 = 400$（百万元），故银行准备金不足。

(3) 可以采取向中央银行贷款或者进行同业拆借的方法来弥补头寸。

2. 【解析】该银行有效违约损失率为 $850 \times 75\%/1\ 000 = 63.75\%$。

3. 【解析】在加拿大投资，本金+收益 $= 10\ 000 \times (1+6\%/2) = 10\ 300$。

在美国投资，$10\ 000/1.182\ 3 \times (1+4\%/2) \times 1.200\ 0 = 10\ 352.7 > 10\ 300$。所以应该选择在美国投资。

4. 【解析】(1) 根据 $[0.5 \times 1.05^4 \times (1+g_2)]/(0.15-g_2) = 10$，可以得出 $g_2 = 8.41\%$。

(2) 预计股票价格为 $0.5 \times 1.05^4 \times 1.084\ 1^2/(15\%-8.41\%) = 10.84$（元）。

(3) 先计算前4年的股利现值，再把4年末的股价进行折现，两者求和，即可得到现在的股票价格 $P_0 = D_1/(1+r) + \cdots + D_4/(1+r)^4 + P/(1+r)^4 = 6.9$ 元。

5. 【解析】(1) $\beta_0 = \beta/[1+B/S(1-t)] = 1.2/(1+4/6 \times 0.6) = 6/7 = 0.857$。

(2) $\beta_0 = \beta_{赌} \times 0.5 + \beta_{餐} \times 0.5 = 0.857$，$\beta_{餐} = 0.32$。

(3) $B = 4-5 \times 50\% = 1.5$（亿元），$S = 5+5 \times 50\%-B = 6$（亿元），公司业务模式未变，所以两业务的 β 不变，$\beta = 2/3 \times \beta_{赌} + 1/3 \times \beta_{餐} = 1.04$。$\beta_{权益} = \beta \times (1+0.6 \times 1.5/6) = 1.196$。

6. 【解析】(1) $R_{A_1} = (5-3.96)/3.96 = 26.26\%$，

$R_{A_2}=(4-3.96)/3.96=1.01\%$。

方程1：$R_{A_1}=r_f+\beta_A(20\%-r_f)$。

方程2：$R_{A_2}=r_f+\beta_A(5\%-r_f)$。

联立以上两方程解得$r_f=10.84\%$，$\beta_A=1.683$。

(2) 由(1)得无风险收益率为10.84%。

(3) 方程1：$(4-P)/P=r_f+\beta_B(20\%-r_f)$。

方程2：$(5-P)/P=r_f+\beta_B(5\%-r_f)$。

联立以上两方程得$P=4.16$。

三、论述与分析题

1.【解析】动量效应一般又称"惯性效应"，是指股票的收益率有延续原来的运动方向的趋势，即过去一段时间收益率较高的股票在未来获得的收益率仍会高于过去收益率较低的股票。

有效市场假说认为，在法律健全、功能良好、透明度高、竞争充分的股票市场，一切有价值的信息已经及时、准确、充分地反映在股价走势当中，其中包括企业当前和未来的价值，除非存在市场操纵，否则投资者不可能通过分析以往价格获得高于市场平均水平的超额利润。

弱式有效市场假说认为，在弱式有效的情况下，市场价格已充分反映出所有过去历史的证券价格信息。半强式有效市场假说认为，价格已充分反映出所有已公开的有关公司营运前景的信息。强式有效市场假说认为，价格已充分地反映了所有关于公司营运的信息，这些信息包括已公开的或内部未公开的信息。

从上述分析中可以发现，即使在弱有效市场假说下，股票过去收益率仍然是对现在收益率没有影响的。因此动量效应违背了有效市场假说。

2.【解析】所谓债转股政策，是指国家收购银行不良资产，把企业的债务变成股权。本次债转股主要针对国有企业，旨在防范国有企业风险、提高国有企业运作效率、实现产业升级。

债转股会对企业造成一定的影响。首先，企业债务压力减小。债务偿还顺序在股权分红之前，具有法律强制性，若企业业务不够稳定、企业负债水平高会造成资金周转困难，更有可能导致破产，引发一系列外部风险，对整个宏观金融产生影响。债转股后企业资金活性增强，企业可以进行相对更为合理的投资，以减少企业风险。

其次，债转股能强化对企业的经营监督。在我国，资本市场不发达，国有企业资金严重依赖银行贷款，但银行债权人地位无法约束企业行为。而在实施债转股后，银行取得对企业的监督权，就能增加对债务企业的约束力度，防止企业经营短视化，从而保障银行权益。债转股触及企业产权制度，推动企业尽早建立新的经营机制。

最后，债转股可能对企业股价造成一定影响。负债比例的降低可能对企业股价有利空的影响。由于税盾的存在，负债比例越高，企业价值越高，能够推动公司进一步发展。而高股权比例则意味着公司发展相对稳定，没有很多的投资机会。

从有效性来看，面对经济下行压力，我国新常态下的经济转型任务艰巨。"十三五"规划要求现阶段重点做好供给侧改革。去产能、去库存、去杠杆、降成本以及补短板是保持我国经济中高速增长的重要手段。债转股政策的实施有助于现代企业制度的建设，降低企业成本，提高利润水平，实现产业升级。其中，国有企业经营管理能力水平低，缺乏竞争力。同时，其还背负着历史负担与社会重担，没有起到成立之初的作用。更有甚者毫无规模效益可言，跨不过盈亏平衡点。而国有企业资产负债率居高不下，薄弱的能力使其偿债遥遥无期。债转股政策能够缓解企业债务问题，让企业从困境中走出来。债转股亦是国企改革的推手，为改革赢得了时间、创造了条件，有利于改革顺利完成。

3.【解析】(1) 负利率指通货膨胀率高过银行存款利率。在这种情形下，如果只把钱存在银行里，财富不但没有增加，反而随着物价的上涨缩水了。实施负利率政策有助于扩大流动性、缓解经济停滞。实施负利率后，银行存款量降低，人们倾向于消费和投资，有助于实体经济的发展；同时，贷款成本减小，人们纷纷进行投资，促进产业结构升级发展。从政策目的来看，负利率政策有助于稳定汇率、增加银行信贷。

(2) 正如上面所说，负利率能鼓励商业银行进行更多的放贷活动，并刺激投资和经济增长。但同时，负利率也有很多副作用。

存贷利率倒挂会打乱正常的金融市场秩序。有人会从银行借款再存入银行，以坐收利率倒挂的差额，不利于借款企业节约使用资金。当存贷利率倒挂时，企业的资金使用会发生浪费，甚至有货币资金闲置时也不归还银行贷款，引起信贷资金周转不灵。

不利于银行等金融机构的经济核算。利率倒挂的情况下，银行吸收存款越多，发放贷款规模越大，则亏损越大，不利于银行自身的发展，也不利于银行业务的开展。

负利率政策可能有三个传导机制。

首先，负利率政策可以通过银行信贷传导机制作用于实体经济。负利率政策下银行信贷规模扩大，国内投资消费攀升，经济得到增长。

其次，负利率政策可以通过利率传导。实施负利率政策后，利率下降，储蓄减少，投资增加，实体经济得到发展。

最后，负利率政策可以通过汇率传导。国内利率为负时触发汇率贬值，促进出口，国内企业业务得到发展，经济上行。

(3) ①存贷利率倒挂会打乱正常的金融市场秩序。有人会从银行借款再存入银行，以坐收利率倒挂的差额。

②不利于借款企业节约使用资金。当存贷利率倒挂时，企业的资金使用会发生浪费，甚至有货币资金闲置时也不归还银行贷款，引起信贷资金周转不灵。

③不利于银行等金融机构的经济核算。利率倒挂的情况下，银行吸收存款越多，发放贷款规模越大，则亏损越大，不利于银行自身的发展，也不利于银行业务的开展。

2017 年上海财经大学 431 金融硕士初试真题解析

一、单项选择题

1. 【答案】B

   【解析】哈特因在契约理论方面的贡献获得诺贝尔经济学奖，其余三人皆为金融学。

2. 【答案】C

   【解析】由 $V_L = S + B = 100 + 40 = 140 = FCF/(R_{WACC} - g) = 9/(R_{WACC} - 5\%)$，得 $R_{WACC} = 11.43\%$。由 $R_{WACC} = B/(B+S) \times R_B \times (1 - T_C) + S/(B+S) \times R_S = 4/14 \times 7.5\% \times 65\% + 10/14 \times R_S = 11.43\%$，得 $R_S = 14.05\%$。则税前 $R_{WACC} = B/(B+S) \times R_B + S/(B+S) \times R_S = 12.18\%$，$V_U = FCF/(税前 R_{WACC} - g) = 9/(12.18\% - 3\%) = 98$（万元）。税盾现值 $= V_L - V_U = 42$ 万元。

3. 【答案】B

   【解析】白银作为本位币却供应有限，说明货币紧缩。

4. 【答案】无

   【解析】题目有误。$P = 400/(1 + 10\%) + 5\ 400/(1 + 10\%)^2 = 4\ 826.45$。

5. 【答案】C

   【解析】目前欧元区共有 17 个成员国，分别为德国、法国、意大利、荷兰、比利时、卢森堡、爱尔兰、希腊、西班牙、葡萄牙、奥地利、芬兰、斯洛文尼亚、塞浦路斯、马耳他、斯洛伐克、爱沙尼亚。而 C 项中，英国、瑞典、丹麦、挪威均为非欧元区国家。

6. 【答案】B

   【解析】基差是指某一特定商品于某一特定的时间和地点的现货价格与期货价格之差。基差走强时，空头盈利。

7. 【答案】B

   【解析】$C + 30e^{-4\%} = 5 + 33$，得 $C = 9.2$。

8. 【答案】D

   【解析】负号项目指资产增加、负债减少的项目。A、C 两项与国际收支无关，B 项属于负债增加，排除。只有 D 项属于负债减少，应选 D。

9. 【答案】A

   【解析】$E = (130\ 000 + 180\ 000)/2 = 155\ 000$（元），$NPV = 155\ 000/(1 + 20\%) - 100\ 000 = 29\ 166.67$（元）。

10. 【答案】A

    【解析】假设 $NPV_1 = -100 + 200/1.1 = 81.8$，$NPV_2 = -200 + 400/1.1 = 163.6$，增加；$IRR = 200/100 - 1 = 400/200 - 1$，不变。

11. 【答案】D

    【解析】$V = (30 \times 1\ 000 - 20 \times 2 \times 100)/(1\ 000 - 100) = 28.89$（元）。

12. 【答案】C

【解析】小偷抢银行使现金减少，迫使银行的部分准备金变为流通货币。基础货币不变，A项错误。活期存款不变，通货比率上升，B项错误。$B=C+R$，R变为C，其他不变时，通货比率上升，货币乘数下降，基础货币不变，故货币供给减少。

13. 【答案】D

【解析】资本自由流动的情况下，如果不进行远期交易锁定汇率，无论澳大利亚人如何选择，回报都一致，故D项为正确答案。

14. 【答案】A

【解析】$(400x-5\,000)/400x=20\%$，解得$x=15.625$（元）。

15. 【答案】A

【解析】离岸金融业务是指银行吸收非居民的资金，为非居民服务的金融活动。其中非居民主要包括：境外（含中国港、澳、台地区）的个人、法人（含在境外注册的中资企业）、政府机构、国际组织。

16. 【答案】C

【解析】$R_0=13.5\%$，$B/(S+B)=50\%$时，$R_S=18.38\%$，$R_{WACC}=15.14\%$；$B/(S+B)=70\%$时，$R_S=21.84\%$，$R_{WACC}=10.19\%$；$B/(S+B)=90\%$时，$R_S=39.83\%$，$R_{WACC}=9.25\%$。由于在90%时R_{WACC}最小，故应选C选项。

17. 【答案】D

【解析】A项显然错误。数字货币可由私人部门发行，不具有法定清偿能力，B项错误。数字货币的发行会使货币流通速度等发生变化，进而导致物价上涨，C项错误。2016年1月，央行筹备数字货币，可由央行发行，D项正确。

18. 【答案】C

【解析】消费贷款是对消费者个人贷放的、用于购买耐用消费品或支付各种费用的贷款。企业贷款是指企业为了生产经营的需要，向银行或其他金融机构按照规定利率和期限借款的一种方式。因为消费贷款一般无抵押，企业贷款有抵押，故消费贷款风险比企业贷款风险高。

19. 【答案】A

【解析】2015年11月30日，国际货币基金组织正式宣布人民币于2016年10月1日加入SDR（特别提款权）。

20. 【答案】B

【解析】本题考查凯恩斯流动性偏好理论。预期利率上升，债券价格预期下降，人们会选择卖出债券。

21. 【答案】D

【解析】货币需求缺乏利率弹性时，利率变动很大，货币需求变动很小，此时使用货币政策效果最好，因为只需改变少量货币供给，就能使利率变动明显。

22. 【答案】B

【解析】企业债券的收益率高于国债部分是对信用风险做出的补偿。

23. 【答案】B

【解析】本题考查汇率。A项，借本币3个月后还外币，仍然有汇率风险。C项，3个月后还本币，仍然有汇率风险。D项，不在市场投资，少了投资收益。

24. 【答案】B

【解析】公司为新项目融资时，将优先考虑使用内部的盈余，其次采用债券融资，最后才考虑股权融资。

25. 【答案】C

【解析】央行逆回购是中国人民银行向一级交易商购买有价证券，并约定在未来特定日期将有价证券卖给一级交易商的交易行为。逆回购是央行向市场上投放流动性的操作，到期收回流动性。C项明显错误，商业银行是支付利息而不是得到利息。

26. 【答案】B

【解析】股票转让属于二级市场的行为。

27. 【答案】A

【解析】$P=2.12\times 1.1/(0.142-0.1)=55.52$（元）。

二、计算与分析题

1. 【解析】预期损失 $=0.3\%\times 50\%\times 150=0.225$（万元）。

   RAROC＝（收益－预期损失）/经济资本＝（1－0.225）/（150×5%）＝10.33%。

2. 【解析】（1）第1年年末的净利息收入＝10 000×10%－10 000×6%＝400。

   第2年年末的净利息收入＝10 000×10%－10 000×7%＝300。

   （2）股东权益的价值 $V=1\,000+9\,446-10\,000=446$。

   （3）根据第（1）问和第（2）问中当市场利率上升时导致净利收入和权益降低，即公司面临再投资风险和再融资风险。

3. 【解析】（1）美元成本＝0.05×5 000×(1+6%/4)+0.63×5 000＝3 403.75（美元）。

   （2）美元成本＝0.63×5 000＝3 150（美元）。

   （3）$0.05\times 5\,000\times(1+6\%/4)+x\times 5\,000=0.63\times 5\,000$，解得 $x=0.579\,25$ 美元/瑞士法郎。

   （4）远期合约方案的美元成本始终为3 150美元，与即期汇率的变化无关。如果未来即期汇率超过0.64，则会执行期权，美元成本＝0.64×5 000+0.05×5 000×(1+6%/4)＝3 453.75。如果不超过0.64，则不执行期权，美元成本＝$x\times 5\,000+0.05\times 5\,000\times(1+6\%/4)$，$x$ 为未来的即期汇率。

4. 【解析】（1）折现率提高后，$P_A=1\,000\times 6\%/8\%\times[1-1/(1+8\%)^5]+1\,000/(1+8\%)^5=920.15$。

   $P_B=1\,000\times 6\%/8\%\times[1-1/(1+8\%)^{10}]+1\,000/(1+8\%)^{10}=865.80$。

   $\Delta_A=79.85$，$\Delta_B=134.2$。所以债券B的波动幅度更大。

   （2）A的波动比为 $79.85/1\,000=7.985\%$；B的波动比为 $134.20/1\,000=13.42\%$。所以债券B的波动比率比A要高5.435%。

5. 【解析】（1）$g=b\times \text{ROE}=0.4\times 0.2=0.08$。

   $r=0.06+1.2\times(0.14-0.06)=0.156$。

   $P_0=10\times 0.6\times(1+0.08)^2/(0.156-0.08)=85.26$（美元）。

   （2）$P_1=10\times 0.6\times(1+0.08)^2/(0.156-0.08)=92.08$（美元）。

   回报率＝$[92.08-80+10\times 0.6\times(1+0.08)]/80=23.2\%$。

6. 【解析】（1）根据无税的MM定理，$V_L=V_U=1\,000\times 20=20\,000$（美元）。

   （2）根据题（1）可知公司价值不变，每股价值也不会发生变化，则回购时的价格必然是 20 美元/股。

(3) 据题意可知 EPS=EBIT/N=（EBIT$-B\times i^*$）/N^*=2 美元/股，EBIT=2 000 美元，i^*=10%。

当 i<10%时，EPS*=（2 000－4 000i）/800>2 美元/股。

当 i=10%时，EPS*=（2 000－4 000i）/800=2 美元/股。

当 i>10%时，EPS*=（2 000－4 000i）/800<2 美元/股。

三、论述与分析题

1.【解析】(1) M1=流通中的现金＋单位活期存款＋农村存款＋机关团体部分存款，M2=M1＋单位定期存款＋自筹基本建设存款＋个人储蓄存款＋其他存款。

据定义可知，M1 增速加大的原因是单位活期存款增速猛涨，准货币和 M2 增速下滑的原因是单位定期存款增速持续下滑，综上，原因是企业存款由定期向活期转化。

(2) 金融市场大幅震荡，多次降息导致定期存款、金融资产收益率下滑。

实体经济：经济下滑压力巨大，出口锐减、消费弱化、投资被动三大特征正在强化。企业面临国内（前期投资过猛、资金成本、环保成本）和国际（商品下跌、产业转移、外币贬值）两重困境。宏观维稳政策难以根本改善微观困境，未来 1~2 年或经历"抵抗式下滑"。

(3) M1 和 M2 的分化对于货币政策的影响在于，既不能太过宽松导致通货膨胀，也不宜紧缩导致我国经济的进一步下行，因而中性偏宽松的货币政策比较适宜。同时可以使用结构性的货币政策工具来进行调控，为稳增长和促转型提供合适的政策环境。

2.【解析】(1) 中国企业 2010 年之后会选择海外上市的原因。

中国企业选择赴美上市，很大程度上是因为在国内无法上市，或者即使在国内上市也融不到多少资金。但是因为中、美两国的投资文化不同，在国内无法上市和不容易融资的企业，比如最初大批赴美上市的互联网公司，在美国则很容易上市和融资。另外，包括互联网公司在内的一些需要扩大海外业务的企业，选择海外上市，有助于提升自身在海外的形象，比如近期银行业在海外上市大大提高了我国银行业在国际市场的信誉等级。最后一个原因还和国内股市规模有关，比如中石油、中石化这类规模特别大的企业，需要融资的数量非常多，如果在国内上市，我国的资本市场满足不了其融资需求，容不下这样的大企业，只能到海外上市。当然，这些企业在海外上市也是我国吸引外资的一种方式。

(2) 当前中国海外上市企业准备或者已经返回国内资本市场的原因主要有当前中国经济正在稳定快速发展，很多领域对外资是有限制的，如果这些公司要发展业务，就要解决自己的身份问题。从经济角度而言，在境内 A 股上市，获得的发展机遇比在国外上市要好得多。中国资本市场规模位居全球第二，回归 A 股很容易获得比较好的估值。从文化角度来看，中国人更熟悉中国市场制度，在国内资本市场更得心应手，而且文化认同感更强。

2016年上海财经大学431金融硕士初试真题解析

一、单项选择题

1. 【答案】B
【解析】货币供给的增长将导致价格水平同比例增长,对于实际产出水平没有影响,所以选B项。

2. 【答案】C
【解析】商业银行的资金主要来自吸收的活期存款,起间接融资功能,利润来源是存贷款利差收入;投资银行的资金来源是发行证券,起直接融资功能,利润来源是佣金、费用收入。商业银行和投资银行的监管机构也有所不同,但是在不同的国家或地区情况均有所不同,且金融业混业经营、混业监管是未来的趋势,因此相对而言监管机构不同不是主要的区别。

3. 【答案】C
【解析】可贷资金理论认为利率不是由储蓄与投资所决定的,而是由借贷资金的供给与需求的均衡点所决定的。

4. 【答案】A
【解析】货币政策的时间不一致性是指 t 期制定 $t+i$ 期的行动方案,在 $t+i$ 期到来时,实施该行动方案不再是最优的,政府在相机抉择下的政策选择不同于预先承诺下的政策选择,会导致时间不一致性,这是由于在 t 期不能够做出承诺的政府会宣布其在 $t+1$ 期所选择的政策与在承诺下所选择的最优政策相同,但当 $t+1$ 期到来时,重新最优化而背叛其所做出的宣告将是政府的最优选择。所以,中央银行出于公众利益的考虑,会改变自己事先宣布的政策。

5. 【答案】B
【答案】美联储具有很大的独立性,它被看作独立的中央银行,因其决议无须获得美国总统或者立法机关的任何高层的批准。

6. 【答案】A
【解析】理性预期学派认为,政府为了把失业率压低到"自然失业率"以下,以承受一定程度的通货膨胀为代价而扩大货币供应量的政策措施是无效的,只能导致货币工资率和一般物价水平的上涨,而失业率则始终会保持在"自然失业率"的水平上。失业率不变,通货膨胀率会因为货币增长率的提高而随之提高。

7. 【答案】B
【解析】弗里德曼的货币需求函数非常强调恒久性收入对货币需求的影响。

8. 【答案】C
【解析】存款保险制度是一种金融保障制度,是指由符合条件的各类存款类金融机构集中起来建立一个保险机构,各存款机构作为投保人按一定存款比例向其缴纳保险费,建立存款保险准备金，当成员机构发生经营危机或面临破产倒闭时，存款保险机构向其提供财务救助或直接向存款人支付部分或全部存款，从而保护存款人利益、维护银行信用、稳定金融秩序的一种制度。存款保险制度实施后，清偿力不足的银行仍然会倒闭，但可以避免"挤兑"的产生，从而减少清偿力充足而流动性不足的其他银行因"挤兑"而倒闭的风险。

9. 【答案】D

【解析】P2P由具有资质的网站（第三方网贷平台）作为中介平台，借款人在平台发放借款标的，投资者进行竞标向借款人放贷的行为，相当于直接信贷，可以降低交易成本，提高效率。

10. 【答案】B

【解析】由于对冲基金的高风险性和复杂的投资机理，许多西方国家都禁止其向公众公开招募资金，所以对冲基金多为私募性质，以保护普通投资者的利益。

11. 【答案】B

【解析】央行可以使用外汇储备干预外汇市场，稳定本币汇率，对人民币汇率水平的影响是直接的。

12. 【答案】A

【解析】2015年11月30日，国际货币基金组织正式宣布人民币2016年10月1日加入SDR（特别提款权），所以目前还不包括人民币。

13. 【答案】D

【解析】国际货币市场上最常交易的短期金融工具是短期国库券。国库券是指国家财政当局为弥补国库收支不平衡而发行的一种政府债券。因国库券的债务人是国家，其还款保证是国家财政收入，所以它几乎不存在信用违约风险，是金融市场风险最小的信用工具。

14. 【答案】A

【解析】紧缩性的货币政策会导致LM左移，利率上升，收入增加，本币贬值，出口增加，进而使IS曲线向左移动。

15. 【答案】D

【解析】短期债务比率是衡量一国外债期限结构是否合理的指标。

16. 【答案】B

【解析】$12/(1+0.2) = 10$（元）。

17. 【答案】A

【解析】$R_A = 5\% + 1.2 \times (13\% - 5\%) = 14.6\% < 17\%$，该股票昨天的年回报率为17%，大于理论收益率14.6%，说明昨天公司的股价上升了，所以回报率才会上升，也就是说，昨天公布的是好消息。

18. 【答案】D

【解析】资本密集型企业技术装备多、投资量大、容纳劳动力较少、资金周转较慢，所以风险往往大于市场组合，因而其β系数大于1。防御型产业的运动状态并不受经济周期的影响，公司的收入相对稳定。周期型产业的运动状态直接与经济周期相关。

19. 【答案】C

【解析】标准差为$0.3 \times 6\% + 0.7 \times 8\% = 7.4\%$。

20. 【答案】B

【解析】$cov(A, B) = 1.2 \times 0.8 \times 0.5^2 = 0.24$。

21. 【答案】A

【解析】$P = 100 \times 6\% \times (P/A, 7\%, 10) + 100/1.07^{10} = 92.98$（元）。

22. 【答案】C

【解析】看涨期权的价格跟执行价格负相关，看跌期权的价格跟执行价格正相关。

23. 【答案】D

【解析】夏普指数为$(14\% - 4\%)/0.05 = 2.0$。

24. 【答案】A

【解析】$R_X = 7\% + 1.3 \times (15\% - 7\%) = 17.4\% < 21\%$，理论收益率低于实际收益率，股价被低估，应该选择买入。

25. 【答案】A

【解析】$V_C = V_U$，故A，B市值相同，$V_A = V_B = 100 \times 24 = 2\,400$（亿元），$S_B = V_B - B_B = 2\,400 - 1\,200 = 1\,200$（亿元），$P_B = \dfrac{1\,200}{200} = 6$（元）。

26. 【答案】C

【解析】月利率$= 6\%/12 = 0.5\%$，第20年年初未偿还的贷款额$PV_0 = 2\,997.97 \times (P/A, 0.5\%, 11 \times 12) = 289\,183$（元）。

第20年年末未偿还的贷款额$PV_1 = 2\,997.97 \times (P/A, 0.5\%, 10 \times 12) = 270\,038$（元）

第20年偿还的贷款额$= PV_0 - PV_1 = 19\,145$元

第20年偿还的本息和$= 2\,997.97 \times 12 = 35\,975$（元）

第20年偿还的利息$= 36\,975 - 19\,145 = 16\,830$（元）

27. 【答案】D

【解析】A、B项为沉没成本，是过去发生的成本，而资本预算是根据已确定的投资方案所编制的分年度的长期资金收支计划，排除。在资本预算中，现金流量分析不包括利息费用，因为债务筹资的影响已经反映在用以折现现金流量的资本成本中，排除C项。折旧产生的节税额则属于增量现金流，应该纳入资本预算中。

28. 【答案】D

【解析】IRR并不是在任何时候都有效的。一是它可能不存在，二是当存在多重现金流入流出时它可能出现多解从而导致失效。

29. 【答案】A

【解析】$18\% = R_0 + B/S \times (R_0 - 8\%) \times (1 - 35\%)$，得$R_0 = 15.55\%$。
$V_L = V_U + T_c \times B = 800/(15.55\% - 5\%) + T_c \times V_L \times B/(B+S) = 8\,586.77$
税盾$= 8\,586.77 \times 1/3 \times 35\% = 1\,001$（万元）

30. 【答案】A

【解析】由题目可知证券A和证券C未来价值的折现应相等，证券C的价值是180美元，所以一年后100美元的现值为80美元，因此证券A的价值为80美元。

二、计算与分析题

1. 【解析】（1）$m = (1+k)/(r_d + r_t \times t + e + k) = 1.2/(0.1 + 0.05 \times 0.4 + 0.18 + 0.2) = 2.4$。

(2) $B = C + R = 500 + 750 = 1\,250$(亿元)。

$M1 = m \times B = 2.4 \times 1\,250 = 3\,000$(亿元)。

2. 【解析】IS—LM 曲线：如图 1 所示，当政府支出 G 增加时，Y 增加，所以 IS 曲线向右移动至 IS′，利率从 r_1 上升到 r_2，因为消费取决于可支配收入 $Y-T$，消费增加，因此利率上升，投资下降。

AD—AS 曲线：如图 2 所示，政府支出 G 增加时，Y 增加，AD 向右移动至 AD′，价格从 P_1 上升到 P_2。因为名义工资 W 是刚性的，所以实际工资 $w=W/P$ 下降，劳动需求增加，短期失业率 u 下降，长期失业率保持不变。

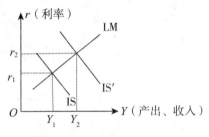

图 1　IS—LM 曲线　　　　图 2　AD—AS 曲线

3. 【解析】首先将汇率表示法转化成传统的汇率表示法。

2012 年 5 月 1 日法兰克福 A 银行的外汇行情：

即期汇率：1 美元 = 0.927 50—0.935 00 欧元（0.92 3/4 = 0.92 + 0.01 × 3/4 = 0.927 50，下同）

1 月期远期汇率：0.881 25—0.896 25 欧元

2 月期远期汇率：0.860 00—0.873 75 欧元

5 月期远期汇率：0.858 75—0.860 00 欧元

2012 年 8 月 1 日法兰克福 A 银行的外汇行情：

即期汇率：1 美元 = 0.84—0.85 欧元

1 月期远期汇率：0.835—0.847 5 欧元

2 月期远期汇率：0.832 5—0.845 欧元

5 月期远期汇率：0.83—0.842 5 欧元

德国商人应该在 8 月 1 日的时候买入 500 万美元的 2 月期远期外汇，并卖出 500 万美元的 5 月期远期外汇。

最终本币收益 = $500 \times 0.83 + 500 \times 0.858\,75 - 500 \times 0.845 = 421.875$（万马克）。

4. 【解析】(1) 由题可知 $r_1=2\%$, $r_2=3\%$, $r_3=3.7\%$, $r_4=4.2\%$, $r_5=4.8\%$, 则

$$(1+r_1)(1+f_2) = (1+r_2)^2, \quad f_2 = 4.01\%$$
$$(1+r_2)^2(1+f_3) = (1+r_3)^3, \quad f_3 = 5.11\%$$
$$(1+r_3)^3(1+f_4) = (1+r_4)^4, \quad f_4 = 5.71\%$$
$$(1+r_4)^4(1+f_5) = (1+r_5)^5, \quad f_5 = 7.23\%$$

(2) 无偏预期理论认为当前对未来的预期是决定利率期限结构的关键因素，短期利率取决于对未来的预期。短期利率上升，应该买短期债券，卖长期债券。

5. 【解析】(1) 市盈率 $P/E = 25/(12/10) = 20.83$。

收入乘数为 $P/S=25/(180/10)=1.39$。

(2) 股价为 $P=20\times300\times10\%/10=60$（元）。

(3) 销售额 $S=10\times20.83\times2.5/1.39=374.64$（亿元）。

6.【解析】(1) A 预期现金值 $=7\,000\times0.1+0\times0.9=700$（万元）。

A 的 NPV $=-800+700=-100$（万元）。

B 预期现金值 $=3\,000\times0.4+100\times0.6=1\,260$（万元）。

B 的 NPV $=-800+1\,260=460$（万元）。

(2) 从债权人的角度，应选择 B 项目。B 的 NPV 大于 0，风险也较小。

从股东的角度，应选择 A 项目。公司目前无法偿还的债务数额已经达到 4 000 万元，选择 A 项目虽然预期净现值小于 0，但仍然有 10% 的概率获得 6 200 万元的净现值，偿还债务后，还有 2 200 万元归属于股东。但如果选择 B 项目，无论如何净现值都小于 4 000 万元，公司仍然处于财务危机之中，股东不会得到分红，所以选择 A 项目。

三、论述与分析题

1.【解析】(1) 货币自由兑换是指在外汇市场上能自由地用本币（外币）购买或兑换外币（本币）。

利：资本和金融账户下的人民币自由兑换是人民币国际化进程中的重要一环，可以促进人民币在国际上的流通，加速人民币国际化的进程。经济全球化增进了中国与各国之间的贸易往来，商品交易活动急需用货币作为价值尺度进行衡量，以保证交易流程的等价性。人民币自由兑换能够提高外贸结算流程的操作效率，使各种资金之间的转换更加便捷。货币自由兑换是指在一个统一的或健全的国际货币体系下，一国货币与他国货币可以通过某种兑换机制自由地交换。我国金融体系正慢慢地从计划经济时代向着市场经济时代迈进，人民币自由兑换谋求的不仅仅是金融自由化，更是对金融体系实施的改革创新，以货币政策为支撑开辟新的营运模式。从国际化角度考虑，人民币自由兑换政策的开放性更多的是谋求改革国内自身落后的金融体系，以达到改革创新的目的。

弊：货币本质上是价值尺度，用以衡量各种商品在市场上的具体价值。同时，货币又是一种特殊的商品，其本身价值也会受到市场变动的影响，一旦政策失控势必影响到人民币价值的发挥。自由兑换市场中，人民币自由兑换是指一国资本流进和流出均实现无限制的兑换，国内金融市场与国际金融市场融为一体。而发展中国家货币要实现资本账户自由兑换，往往面临内部平衡和外部平衡的冲突，尤其是货币政策的独立性与汇率稳定两者之间的冲突。

(2) 降低存款利率通常会使储蓄下降，流通中货币量增大，从而使生活消费支出相对增加。同时，存款利率调整还会改变居民的投资方向，如转向股票和债券等。可见，存款利率的调整主要是通过调节存款量来控制流通中的货币量和社会对生活资料的需求量的。另外，存款利率上调，可增加居民储蓄利息收入，但在通货膨胀的情况下，如果存款利率上调幅度小于通货膨胀率，则居民的实际收入下降。

降低存款准备金率，优化流动性结构，增强金融服务实体经济的能力。当前，随着信贷投放的增加，金融机构中长期流动性需求也在增长。此时适当降低法定存款准备金率，置换一部分央行借贷资金，能够进一步增加银行体系资金的稳定性，优化商业银行和金融市场的流动性结构，降低银行资金成本，进而降低企业融资成本。

(3) 国际市场动荡时期要动用外汇储备进行干预以保持人民币汇率的稳定，外汇储备的动用会引起国内流动性的变化。市场紧缩时可以通过降低存款准备金率来释放流动性，宽松时可以通过提高存款准备金率来收缩流动性。

2. 【解析】资本结构理论主要有以下几种：

(1) 净收入理论认为，负债可以降低企业的资本成本，负债程度越高，企业的价值越大。这是因为债务利息和权益资本的成本均不受财务杠杆影响，无论负债程度多高，企业的债务资本成本和权益资本成本都不会发生变化。因此，只要债务成本低于权益成本，那么负债越多，企业的加权平均资本成本就越低，企业价值就越大。当负债比率为100%时，企业加权平均资本成本最低，企业价值将达到最大值。

(2) 净营业收益理论认为，不论财务杠杆如何变化，公司加权平均资本成本都是固定的，因而公司的总价值也是固定不变的。这是因为公司利用财务杠杆增加负债比例时，虽然负债资本成本较之于股本成本低，但由于负债加大了权益资本的风险，使得权益成本上升，于是加权平均资本成本不会因负债比率的提高而降低，而是维持不变。因此，公司无法利用财务杠杆改变加权平均资本成本，也无法通过改变资本结构提高公司价值。资本结构与公司价值无关，决定公司价值的应是其营业收益。

(3) 传统理论也称折衷理论，是一种介于净收入理论和净营业收益理论之间的理论。由于负债的减税利益及风险不同，负债成本一般小于权益成本。权益成本会随负债比率的提高而上升，因为负债比率提高，风险增大，主权资本要求的报酬率也增大。负债成本只有在负债比率有了较大的提高后才会上升。而且，当负债开始增加时，权益成本的增加并不能完全抵消由使用债务所带来的收益，从而使总的资本成本降低并提高公司价值。结果是，由于使用债务，企业综合资本成本会适度降低。但过了一定的点后，权益成本的增加完全抵消并超过使用债务带来的好处，企业综合的资本成本开始上升。一旦债务成本开始增加，综合资本成本就会进一步增加，从而使企业价值降低。最优资本结构由某点代表。在该点，企业综合资本成本最低，企业价值最大。因此，传统理论认为企业的资本成本取决于资本结构，而且存在一个最优的资本结构。

(4) MM理论：

①无税的MM理论。无公司税时MM理论指出，一个公司所有证券持有者的总风险不会因为资本结构的改变而发生变动。因此，无论公司的融资组合如何，公司的总价值必然相同。资本市场套利行为的存在是该假设重要的支持。套利行为避免了完全替代物在同一市场上会出现不同的售价。在这里，完全替代物是指两个或两个以上具有相同风险而只有资本结构不同的公司。MM理论主张，这类公司的总价值应该相等。

②有税的MM理论。有公司税时MM理论认为，存在公司税时，举债的优点是负债利息支付可以用于抵税，因此财务杠杆降低了公司税后的加权平均资本成本。避税收益的现值可以用公式表示：避税收益的现值 $= t_c \times r \times B/r = t_c \times B$。

(5) 权衡理论认为，公司通过权衡负债的利弊，从而决定债务融资与权益融资的比例。负债的好处包括税收节省，即税盾。负债的成本指财务困境成本。随着负债率的上升，负债的边际利益逐渐下降，边际成本逐渐上升。公司为了实现价值最大化，必须权衡负债的利益与成本，从而选择合适的债务与权益融资比例。

(6) 代理成本理论是经过研究代理成本与资本结构的关系而形成的。这种理论通过分析指出，公司债务的违约成本是财务杠杆系数的增函数；随着公司债务资本的增加，债权人的监督成本随之提升，债权人会要求更高的利率。这种代理成本最终要由股东承担，公司资本结构中债务比率过高会导致股东价值的降低。根据代理成本理论，债务资本适度的资本结构会增加股东的价值。

（7）信号传递理论意即在信息不对称的情况下，公司向外界传递公司内部信息的常见信号有三种：①利润宣告；②股利宣告；③融资宣告。与利润的会计处理可操纵性相比，股利宣告是一种比较可信的信号模式。信号传递理论在财务领域的应用始于罗斯的研究，他发现拥有大量高质量投资机会信息的经理，可以通过资本结构或股利政策的选择向潜在的投资者传递信息。

（8）优序融资理论也是一种关于公司资本结构的理论，由美国金融学家迈尔斯与智利学者迈勒夫于1984年提出，以信息不对称理论为基础，并考虑交易成本的存在。该理论认为，公司为新项目融资时，将优先考虑使用内部的盈余，其次采用债券融资，最后才考虑股权融资，即遵循内部融资、外部债权融资、外部股权融资的顺序。在MM理论的信息对称与不存在破产成本的前提假设条件下，认为当存在公司外部投资者与内部经理人之间的信息不对称时，由于投资者不了解公司的实际类型和经营前景，只能按照对公司价值的期望来支付公司价值，因此如果公司采用外部融资方式，会引起公司价值的下降，所以公司增发股票是一个坏消息。如果公司具有内部盈余，公司应当首先选择内部融资的方式。当公司必须依靠外部资金时，如果可以发行与非对称信息无关的债券，则公司的价值不会降低，因此债券融资比股权融资优先。

对我国上市公司资本结构的认识：

（1）内部融资比重低。依照优选顺序理论，企业融资顺序应该是"先内部融资，再外部融资；先债务融资，再股权融资"，但是在我国不论是哪种行业的上市公司其内部融资的比例都较小。我国上市公司过分依赖外部资金进行生产发展，这样会直接导致企业过大的财务风险，从而削弱其盈利能力。

（2）外部融资中公司偏好股权融资。在比重较大的外部融资中，许多上市公司更偏好股权融资。股权融资会增加企业融资成本；上市公司新发股票会分散原股东的控制权，不利于企业的管理，同时也会降低每股收益。

同时，我国上市公司呈现出股权集中度过高的局面，主要是我国许多上市公司都是由国有企业改制而来的，虽然已经实行了股份制改造，但目前仍然呈现出一股独大的局面。

（3）债务融资份额小且流动负债比例大。根据经验，企业的流动负债额占总债务额的一半比较适合其发展，然而国内上市公司的流动负债数额远大于长期负债数额，过大比重的流动负债虽然在一定程度上能降低融资成本，但是企业不得不面临短期偿还巨大数额债务的压力，从而增大企业流动性风险、信用风险和持续经营风险。其原因主要表现在：

①上市公司外部债券市场发展缓慢，根据《公司法》的要求，发行公司债券必须符合许多严格条件，这就降低了企业利用债券进行融资的积极性。

②当前我国还没有建立起完善的企业信用档案，国内也几乎没有公平的、公正的、权威的企业信用评估机构，阻碍了上市公司利用债券这一渠道。

2015年上海财经大学431金融硕士初试真题解析

一、单项选择题

1. 【答案】D
【解析】比特币不依靠特定货币机构发行，它依据特定算法，通过大量的计算产生，比特币经济使用整个P2P网络中众多节点构成的分布式数据库来确认并记录所有的交易行为，并使用密码学的设计来确保货币流通各个环节的安全性。比特币是否是真正的货币与私人发行无关。

2. 【答案】D
【解析】现金既属于M1又属于M2，储蓄存款只属于M2，故将100元人民币存入商业银行的储蓄存款账户，M1减少，M2不变。

3. 【答案】B
【解析】Shibor是由信用等级较高的银行自主报出的人民币同业拆出利率计算确定的算术平均利率，是单利、无担保、批发性利率。所以B项错误。

4. 【答案】C
【解析】负利率是指实际利率小于0，通货膨胀率超过银行存款利率。

5. 【答案】A
【解析】古典理论认为利率取决于储蓄与投资。储蓄大于投资时，利率下降，人们自动减少储蓄，增加投资；储蓄少于投资时，利率上升，人们自动减少投资，增加储蓄。

6. 【答案】C
【解析】垃圾债券又叫高收益债券或投机债券，是美国公司发行的一种非投资级的债券。

7. 【答案】B
【解析】英国政府是首个发行人民币债券的外国政府，此前并没有人民币债券，因此，此次发行最可能的目的是以人民币作为外汇储备。

8. 【答案】D
【解析】2013年7月20日开始，央行取消了金融机构贷款利率（基准利率）0.7倍的下限；2015年10月24日起，央行放开一年期以上（不含一年期）定期存款的利率浮动上限，本题选D项。

9. 【答案】C
【解析】鲍莫尔模型将利率因素引入交易性货币需求分析而得出的货币需求理论模型，论证了交易性货币需求受利率影响的观点，从而修正了凯恩斯关于交易性货币需求对利率不敏感的观点。

10. 【答案】B
【解析】利率变动对货币需求的影响较大时，货币供给量变动对利率变动的作用较小，货币政策主要是通过控制和调节货币供应量和信用量来调节的，因而不如财政政策有效。

11. 【答案】A

【解析】$1/3 \times 0.09 \times 0.65 + 2/3 \times 0.16 = 12.6\%$。

12. 【答案】C

【解析】$P = (6 - 2.5 - 0.7)/0.2 = 14$（元）。

13. 【答案】C

【解析】A 项错误，组合的预期收益等于各自权重乘以各自收益，再求和。所以组合收益依旧为 11%；B 项错误，C 项正确，因为相关系数小于 1 时，组合会降低风险，即降低组合的标准差，即组合标准差小于 24%；D 项错误，组合的 β 值通过加权平均计算为 1.1，保持不变。

14. 【答案】C

【解析】$[1.2/(1+9\%) + 0.8/(1+9\%)^2]/0.5 = 3.55$（元）。

15. 【答案】D

【解析】A、B 两项是沉没成本，C 项是融资利息，评估项目时不会考虑融资结构，所以 A、B、C 三项都不对。D 项是项目折旧带来的税收节省，可以减少现金的流出，是增量现金流。

16. 【答案】C

【解析】债券的到期收益率小于票面利率时，债券应溢价发行；当市场利率上升时，溢价会减少。

17. 【答案】D

【解析】由于 NPV<0，所以折现率>内部收益率，A 项和 B 项错误；由于 PI<1，应该拒绝此项目，C 项错误；内部收益率<折现率，应该拒绝此项目，D 项正确。

18. 【答案】B

【解析】此设备的使用成本应该是其出售价值，即 50 000 元。

19. 【答案】C

【解析】如果金融市场是有效的，金融工具投资的现金流入现值和现金流出现值相等，即所有投资的净现值为 0。

20. 【答案】B

【解析】公司的目标是价值最大化，其具有与相关利益者利益相一致、保证企业战略发展的长期性、考虑风险及货币时间价值的风险性和时间性等特征。

21. 【答案】C

【解析】利率平价成立时，投资者通过在远期外汇市场上进行套期保值，不管在国内投资还是国外投资，都会实现同样的国内收益率。

22. 【答案】C

【解析】上海黄金交易所发布《关于国际板合约挂牌上线的通知》，明确规定境内金融机构和企业以及境外投资者可以参与交易。

23. 【答案】A

【解析】择期交易是银行在约定期限内给予客户交割日选择权的外汇远期交易，即客户可以在约定的将来某一段时间内的任何一个工作日，按规定的汇率进行外汇买卖业务。本题中客户选择在 4 月 1 日进行 3 个月的择期交易，适用 1~3 月期的远期汇率，银行应选择最有利于自身的 3 月期远期汇率。

24. 【答案】B

【解析】根据国际费雪效应，浮动的即期汇率会随着两国名义利率的差别而改变，改变的幅度和利率的差别一样，但方向相反。英国利率高，远期汇率将低于即期汇率。

25. 【答案】B

【解析】国际收支平衡表中，借方记资产增加，负债减少。

26. 【答案】C

【解析】除权价＝（10×15＋2×6）/（10＋2＋3）＝10.8（元），权值＝15－10.8＝4.2（元）。

27. 【答案】C

【解析】n＝1 000/40＝25（股）。

28. 【答案】C

【解析】设价格为 x，则有 [4 000－(20－x)×500] /500x＝20%，可得 x＝15（元）。

29. 【答案】A

【解析】牛市时，应选择高 β 系数的证券或组合，成倍放大市场收益率，带来较高的收益；熊市时，应选择低 β 系数的证券或组合，以减少因市场下跌而造成的损失。

30. 【答案】B

【解析】r_s＝4%＋1.2×(8%－4%)＝8.8%，P/E＝0.4×1.05/(8.8%－5%)＝11.05。

二、计算与分析题

1. 【解析】(1) 该银行资产负债表如下：

资产	金额/亿元	负债＋权益	金额/亿元
房屋及建筑物	1 078	储蓄存款	3 292
现金	2 660	N.W 账户	12 816
其他资产	1 633	长期债务	1 191
无形资产	758	其他定期存款	2 333
净贷款	29 981	短期借款	2 080
证券投资	5 334	其他负债	778
卖出联邦基金	110	活期存款	5 939
		存款单	9 853
		所有者权益	3 272
总计	41 554	总计	41 554

杠杆率＝资本/总资产＝3 272/41 554＝7.87%。

(2) 流动资产：现金 2 660 亿元、证券投资 5 334 亿元、卖出联邦基金 110 亿元。

流动负债：N.W 账户 12 816 亿元、短期借款 2 080 亿元、活期存款 5 939 亿元、存款单 9 853 亿元。

流动比率＝流动资产/流动负债＝8 104/30 688＝26.41%。

资本充足率：7.87%。

存贷比=贷款/存款=29 981/34 233=87.58%。

综上,银行资本充足率为7.87%,较为充足,具有抵御风险的能力。但是流动比率过低,流动性差,风险较高。存贷比为87.58%,贷款率偏高,容易导致坏账,加大了银行资产风险,同时这部分资金不足,会导致银行的支付危机,如果支付危机扩散,有可能导致金融危机,对地区或国家经济的危害极大。

2.【解析】期限缺口=(60×0+60×5+200×30)/320-(140×0+160×1)/300=19.69-0.53=19.16。

期限缺口=流动性资产期限-流动性负债期限,大于0时,利率上升,净资产市值减少,银行有利率上行风险。

3.【解析】(1) $r_s=2\%+0.8\times(8\%-2\%)=6.8\%$。
$P=D_1/(r_s-g)=(1-b)\times 2.5/(6.8\%-4.5\%)=25$,解得 $b=77\%$。

(2) $g=b\times ROE=77\%\times ROE=4.5\%$,得 $ROE=5.84\%$。

4.【解析】(1) $R_S=R_F+\beta(R_M-R_F)=4.4\%+1.2\times(12.4\%-4.4\%)=14\%$。
$R_{WACC}=B/(B+S)\times R_B\times(1-T)+S/(B+S)\times R_S=1/3\times 7\%+2/3\times 14\%=11.67\%$。

(2) 折现率 $r=11.67\%+2\%=13.67\%$。
$NPV=-2\,700+450/(13.67\%-4\%)=1\,953.57>0$,故该投资该项目。

5.【解析】(1) 现金流图如下。

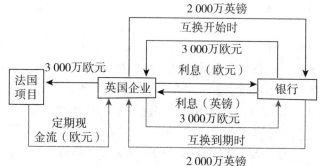

(2) 现金流汇总如下。

时间	现金流/万欧元	互换/万欧元	净现金流/万欧元
0	-3 200	3 200	0
1	5 100-5 000=100	-3 200×7%=-224	-124
2	11 700-5 400=6 300	-224-3 200=-3 424	2 876

(3) 即期汇率1.512 5—1.552 5欧元。

1年期远期差价16 5/8—17 3/4欧元。

2年期远期差价30 1/8—31 1/4欧元。

1年期远期汇率:

买入:1.512 5+0.166 25=1.678 75(欧元);卖出:1.552 5+0.177 5=1.730 0(欧元)。

2年期远期汇率:

买入:1.512 5+0.301 25=1.813 75(欧元);卖出:1.552 5+0.312 5=1.865 0(欧元)。

第一年买入 1 年期欧元，成本＝124/1.678 75＝73.86（万英镑）。

第二年卖出 2 年期欧元，收益＝2 876/1.865 0＝1 542.09（万英镑）。

6.【解析】(1) 折现率提高后，$P_A=1\,000\times6\%/8\%\times[1-1/(1+8\%)^5]+1\,000/(1+8\%)^5=920.15$（元）。

$P_B=1\,000\times6\%/8\%\times[1-1/(1+8\%)^{10}]+1\,000/(1+8\%)^{10}=865.80$（元）。

$\Delta_A=79.85$，$\Delta_B=134.2$，所以债券 B 的波动幅度更大。

(2) A 的波动比为 79.85/1 000＝7.985%；B 的波动比为 134.20/1 000＝13.42%。所以债券 B 的波动比率比 A 要高 5.435%。

三、论述与分析题

1.【解析】(1) 公开市场操作是中央银行调节市场流动性的主要货币政策工具，通过中央银行与指定交易商进行有价证券和外汇交易，实现货币政策调控目标。SLF 的特点是由金融机构主动发起，金融机构可根据自身流动性需求申请常备借贷便利；是中央银行与金融机构"一对一"交易，针对性强；常备借贷便利的交易对手覆盖面广，通常覆盖存款金融机构。

(2) 从题干中的表 3 可看出，最能影响 SLF 操作的变量是银行结汇减去售汇和银行间同业拆借利率。银行结汇减售汇小于 0 时，基础货币减少，货币紧缩，央行会增加 SLF 投放，增加流动性，从表中可以发现 SLF 余额相应增加。银行间同业拆借利率反映市场流动性，流动性紧张时，该利率会上升，此时央行会加大 SLF 投放，从表中可以看出 SLF 余额也较高。

(3) 商业银行吸收的存款中必须以一定的比例留作准备金，这一比例是由中央银行依法规定的，故被称为法定存款准备金率。法定存款准备金率使银行体系中可以成倍地创造货币供给。准备金政策效果比较明显，对商业银行的信贷影响巨大，一般不轻易使用，而 SLF 比较灵活。SLF 是先通过调控货币供给和流动性，继而调节利率水平，而利率政策通常是运用利率工具，对利率水平和利率结构进行调整，进而影响社会资金供求状况，实现货币政策的既定目标。所以 SLF 对利率水平的调节也更为精确，效果更显著。

2.【解析】(1) 混合所有制企业是指由公有资本（国有资本和集体资本）与非公有资本（民营资本和外国资本）共同参股组建而成的新型企业形式。混合所有制企业的出现是伴随着改革开放的深入、现代企业制度的确立以及股份制企业的涌现而出现的新兴的企业组建模式。

(2) 混合所有制企业集中了单一所有制企业的优点。

首先，混合所有制为盘活国有资产存量、促进国民经济快速增长找到了有效的途径。①优化存量资本，即优化存量资本在货币资本、生产资本、商品资本的合理比例和结构。②扩充增量资本，即不断追加新的资本，扩大资本规模。③资本集中，即通过多种形式聚集其他资本，迅速增大资本总量。④资本分散，即把总资本分割成规模较小的资本，实行分立经营。⑤要素流动，即改变要素在生产过程中或生产过程外的形态，使资本在运动中增值。

其次，混合所有制为实现政企分开创造了产权条件。

再次，混合所有制为资金大规模聚合运作以及生产要素最优配置，拓展了广阔的空间。

最后，混合所有制为单一所有制企业顺利转制提供了有利的契机。

中国人民大学 431 金融硕士初试真题超精细解读

宏观数据速递

一、分值一览表

分布类型	题型/科目	2014 年	2015 年	2016 年	2017 年	2018 年
题型分值	选择题	金融 (1×20＝)20 分 公司理财 (1×10＝)10 分	金融 (20×1＝)20 分 公司理财 (1×10＝)10 分	金融 (20×1＝)20 分 公司理财 (1×10＝)10 分	金融 (30×1＝)30 分 公司理财 (1×10＝)10 分	金融 (30×1＝)30 分 公司理财 (1×10＝)10 分
	判断题	金融 (1×20＝)20 分 公司理财 (1×10＝)10 分	公司理财 (1×10＝)10 分	公司理财 (1×10＝)10 分	公司理财 (1×10＝)10 分	公司理财 (1×10＝)10 分
	名词解释	无	金融 (2×10＝)20 分	金融 (2×10＝)20 分	金融 (2×8＝)16 分	金融 (2×8＝)16 分
	简答题	金融 (15×2＝)30 分 公司理财 (5×2＝)10 分	金融 (13×2＝)26 分	金融 (15×2＝)30 分 公司理财 (10×1＝)10 分	金融 (12×2＝)24 分 公司理财 2 道，共 10 分	金融 (12×2＝)24 分 公司理财 2 道，共 10 分
	论述题	金融 (20×1＝)20 分	金融 (8×3＝)24 分	金融 (20×1＝)20 分	金融 (20×1＝)20 分	金融 (20×1＝)20 分
	计算题	公司理财 (15×2＝)30 分	公司理财 3 道，共 40 分	公司理财 3 道，共 30 分	公司理财 (15×2＝)30 分	公司理财 (15×2＝)30 分
学科分值	金融学	90 分	90 分	90 分	90 分	90 分
	公司理财	60 分	60 分	60 分	60 分	60 分

二、难度点评和总体走势

  2014 年初试难度较小。2015 年难度有所上升，处于中等略微偏上的难度。2016 年虽然扩招，但是报录比持续降低，2016 年难度再次小幅上升，录取分数线达到近三年的峰值。2017 年题目难度则出现较为明显的下降。2018 年难度小幅上升，但由于竞争激烈并没有降低初试分数线。

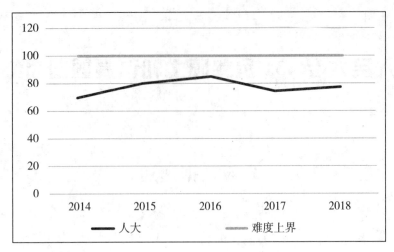

三、分数线及录取情况

指标		2014 年	2015 年	2016 年	2017 年	2018 年
初试要求	单科要求	≥50 分（100 分）；≥90 分（150 分）	≥50 分（100 分）；≥90 分（150 分）	≥60 分（100 分）；≥90 分（150 分）	≥55 分（100 分）；≥90 分（150 分）	≥60 分（100 分）；≥90 分（150 分）（本部）≥55 分（100 分）；≥90 分（150 分）（苏州）
	总分要求	360 分	380 分	390 分	365 分	393 分（本部）374 分（苏州）
人数要求	进复试人数	79 人	77 人	101 人	119 人	103 人（本部）26 人（苏州）
	录取人数	56 人	57 人	89 人	98 人	93 人（本部）24 人（苏州）
录取信息	录取分数最高分	420 分	422 分	418 分	419 分	420 分（本部）414 分（苏州）
	录取分数最低分	360 分	380 分	390 分	381 分	393 分（本部）374 分（苏州）

四、真题指导教材复习顺序及重点章节

（一）复习顺序

先复习金融学，后复习公司理财。

（二）重点章节

黄达《金融学》，通读全部章节。

罗斯《公司理财》主要学前 18 章。

2018年中国人民大学431金融硕士初试真题

【金融学】

一、单项选择题

1. 在赊买赊卖中，货币发挥（　　）职能。
   A. 流通手段　　B. 支付手段　　C. 交易媒介　　D. 贮藏手段
2. "奸钱日繁，正钱正亡"描述的是（　　）。
   A. 格雷欣法则　　B. 恶性通货膨胀　　C. 特里芬难题　　D. 米德冲突
3. 以下不是政策性银行资金来源的是（　　）。
   A. 吸收公众存款　　B. 发行债券　　C. 同行拆借　　D. 财政拨款
4. 下面不属于货币市场的是（　　）。
   A. 短期国债市场　　　　　　　　B. 外汇市场
   C. 债券回收市场　　　　　　　　D. 银行间拆借市场
5. 巴塞尔协议对银行资本进行不同层次地划分，划分依据是（　　）。
   A. 资本的收益性　　　　　　　　B. 资本的永久性
   C. 资本的公开性　　　　　　　　D. 资本的可行性
6. 以下汇率制度按照汇率波动受到限制的程度从高到低排列，正确的是（　　）。
   A. 美元化、管理浮动、货币局安排、自由浮动
   B. 美元化、货币局安排、盯住汇率、浮动汇率
   C. 货币局安排、美元化、盯住汇率、浮动汇率
   D. 货币局安排、管理浮动、自由浮动、美元化
7. 以下关于P2P网络融资方式，描述错误的是（　　）。
   A. P2P平台是网络借贷信息中介机构
   B. P2P属于直接融资
   C. P2P平台要为借贷承担信用风险
   D. P2P属于民间借贷
8. 在人民币加入SDR后，SDR的货币篮子中共有（　　）种货币。
   A. 3　　B. 4　　C. 5　　D. 6
9. 商业银行被称为"存款货币银行"，主要是基于它的（　　）职能。
   A. 支付中介　　B. 信用中介　　C. 信用创造　　D. 金融服务
10. 《多德—弗兰克法案》，全称《多德—弗兰克华尔街改革和消费者保护法》，建立了一个新的金融监管框架，将不可避免地长时间对未来美国金融市场、金融监管体系、危机处理路径等的重塑产生影响。其中核心条款"沃尔克规则"的内容是（　　）。
    A. 禁止银行从事证券投资交易

B. 禁止银行使用自有资金从事投机交易
C. 禁止银行从事资产证券化活动
D. 禁止银行从事金融衍生品交易活动

11. 下列不属于一级市场活动的是（　　）。
    A. 发行股票　　　B. 发行债券　　　C. 定向增发　　　D. 股票转售

12. 下列中资银行中，最先被金融稳定委员会列入全球系统重要性银行的是（　　）。
    A. 中国工商银行　　B. 中国银行　　C. 中国建设银行　　D. 中国农业银行

13. 三元悖论的"三元"不包括（　　）。
    A. 货币政策稳定性　B. 汇率稳定性　C. 国际收支平衡　D. 资本自由流动

14. 经济中通货－存款比是5%，存款准备金率是15%，则货币乘数是（　　）。
    A. 5.0　　　　　B. 5.25　　　　C. 6.67　　　　D. 7.0

15. 随着我国商业银行逐渐综合化经营，下列不属于目前商业银行不通过设立子公司的方式予以直接开展的业务是（　　）。
    A. 债券承销
    B. 代客从事股权交易
    C. 直接从事证券公司业务
    D. 对实体企业股权投资

16. 明斯基时刻指的是（　　）。
    A. 杠杆率开始大幅度上升的时刻
    B. 资产价格开始暴涨的时刻
    C. 经济出现U形反转的时刻
    D. 资产价值崩溃的时刻

17. CPI不包括下列哪种价格？（　　）
    A. 粮食价格　　B. 能源价格　　C. 不动产价格　　D. 汽车售价

18. 有一个证券，如表1所示，有以下四种情况的收益率和发生概率，则证券的风险度是（　　）。

表1　证券收益率与发生概率

序号	收益率	概率
1	0.1	0.2
2	0.2	0.4
3	0.3	0.3
4	0.4	0.1

A. 0.013　　　B. 0.027　　　C. 0.165　　　D. 0.230

19. 社会融资总量不包括（　　）。
    A. 社会新增贷款
    B. 股票融资额
    C. 企业债净发生额
    D. 银行拆借贷

20. 以下哪种投资基金倾向于使用衍生品从事杠杆市场？（　　）
    A. 风险投资基金
    B. 对冲基金
    C. 货币市场投资资金
    D. 股票市场投资资金

21. 以下不属于金融机构证券投资项目的是（　　）。
    A. 买入回购款项
    B. 以公允价值计量且其变动计入当期损益的金融资产

C. 可供出售金融资产
D. 持有至到期金融资产

22. 以下哪一种货币需求理论没有考虑微观主体对货币需求的动机？（　　）
   A. 费雪方程式　　　　　　　　　　B. 剑桥方程式
   C. 凯恩斯货币需求理论　　　　　　D. 弗里德曼货币需求理论

23. 关于比特币的说法，错误的是（　　）。
   A. 比特币是数字货币　　　　　　　B. 比特币是虚拟货币
   C. 比特币是去中心化货币　　　　　D. 价值稳定的货币

24. 关于中国的M2，说法错误的是（　　）。
   A. 是狭义货币加准货币的和
   B. 是由中央银行完全控制的外生购买力
   C. 反映现实和潜在的购买力
   D. 流通中的现金加金融机构的存款之和

25. 甲方需要浮动利率融资，乙方需要固定利率融资，为了满足双方利益，在本金、利息、期限相同的情况下，双方会在签约的时候进行（　　）操作。
   A. 利率期货　　　B. 利率期权　　　C. 利率互换　　　D. 利率远期

26. 中国人民银行推出新型的货币政策工具，期限最长的是（　　）。
   A. SLO　　　　　B. SLF　　　　　C. PSL　　　　　D. MLF

27. 一个企业在1月1日收到一张10 000元的票据，期限为6个月，企业在5月1日的时候取出，贴现利率是6%，其贴现利息是（　　）。
   A. 50元　　　　　B. 100元　　　　C. 500元　　　　D. 600元

28. 中国人民银行买入美国国债，其资产负债表两端变化为（　　）。
   A. 国外资产增加，货币发行增加
   B. 国外资产增加，储备货币增加
   C. 对政府的债权增加，货币发行增加
   D. 对政府的债权增加，储备货币增加

29. 相机抉择货币政策和（　　）相似。
   A. 理性预期学派　　B. 货币主权　　　C. 泰勒规则　　　D. 通货膨胀目标

30. 我国成立了金融稳定发展改革委员会，以下不是它的目标的是（　　）。
   A. 强化金融监管　　　　　　　　　B. 防范系统性风险
   C. 促进分业管理向混业管理转化　　D. 加强宏观监管

二、名词解释

1. 收益率曲线
2. 费雪效应
3. 利率平比
4. 看跌期权
5. 公开市场操作
6. J曲线效应
7. 非借入准备金
8. 自然失业率

三、简答题

1. 如何评价商业银行的竞争力？目前有哪些评价系统？
2. 中国人民银行进行公开市场操作，如何影响中央银行和商业银行的资产负债表？（可举例说明）

四、论述题

投资储蓄（IS）曲线、菲利普斯曲线、基于泰勒规则的货币政策反应方程以及利率期限结构，共同构成现代货币政策传导机制的基本框架，请根据这一框架体系详细阐述货币政策的传导机理（即核心变动之间的互动关系）。

【公司理财】

一、单项选择题

1. 哪个项目可以增加项目的净现值？（   ）
   A. 资产残值减少 B. 债券利率降低
   C. 项目现金流减少 D. 折旧时直线折旧法变为加速折旧法

2. 奇虎360已经从美国完成私有化退市，并在中国A股借壳江南捷克上市，下列哪项不是它重新回到中国上市的原因？（   ）
   A. 在中国A股上市具有广告效应
   B. 中国市场的再融资能力比美国强
   C. 在中国A股市场维护成本比较低
   D. 其背后的资本觉得在中国的估值可能会超过美国

3. 企业的组织形式有合伙制企业和公司，但大多数私募基金是合伙制，下列哪项不是选择合伙制的理由？（   ）
   A. 只用于个人所得税，具有税收优势
   B. 有限合伙承担有限责任
   C. 有限合伙不参与管理，可以更好地发挥普通合伙人的专业水平
   D. 可以给普通合伙人丰厚的工资奖励

4. 以下哪个行业资产负债率最高？（   ）
   A. 食品行业 B. 建筑业 C. 媒体行业 D. 计算机行业

5. 一位投资人发现，一旦股票市场上发现一家公司借壳上市，这家公司的股票就会经过几个交易日的涨停，然后逐渐下跌，回到较低的价格（或者原来的价格），这说明中国的资本市场（   ）。
   A. 没有达到弱式有效市场 B. 没有达到半强式有效市场
   C. 达到半强式有效市场 D. 以上都不对

6. 以下哪个不能缓解股东和管理层的代理成本？（   ）
   A. 选拔独立董事

B. 非公开发行股票（定向增发）给投资机构
C. 管理层与公司签署反收购协议
D. 制定薪酬激励机制

7. 某上市公司的 ROE 为 12%，市净利率为 1。目前公司打算发行债券回购部分股票，则下列情况可能发生的是（　　）。
A. ROA 下降　　　B. ROE 下降　　　C. EPS 下降　　　D. 以上都不对

8. 现在中国股市上的公司普遍喜欢采用高股利的政策，下列哪项是其可能的原因？（　　）
A. 股东有现金股利偏好的需求
B. 管理层杠杆收购企业现金流的需要
C. 迎合再融资的需要
D. 以上都是

二、判断题

1. 随着带息债务的增加，企业自由现金流会减少。
2. 投资回收期法，由于没有考虑回收期之后的现金流，因此不适用于项目的评估。
3. 内部收益率法在评估不同规模的互斥项目时可能出错，其主要原因在于该方法假设增量现金流的再投资收益率等于内部收益率。
4. 对于风险厌恶的投资者来说，选择股票需要考虑的是 β 的大小。
5. 若不考虑交易成本和公司税，如果公司融资成本高于个人融资成本，那么无杠杆公司价值可能高于杠杆公司。
6. 根据优序融资理论，为防止企业遇到优质项目时发生融资困难，企业应该尽可能多地保留流动性。
7. 债券的到期收益率就是持有到期的期望收益率。
8. 情景分析中，在 NPV 预算时，场景分析适合找出哪方面需要更多的信息去验证。
9. 金融危机后，美国国债利率接近 0，因此用 CAPM 模型计算资本成本时，无风险利率可以用 0 估计，但是要注意调整风险溢价 $(R_m - R_f)$。

三、分析与计算题

1. 国家出台了《×××××》可转债新规，很多公司发行可转债。
(1) 相对于定向增发和公司债券，发行可转债有什么优点？
(2) 请分析在哪些情况下公司会倾向于发行可转债。

2. A 公司作为家电公司，想要做纯电动车业务，正在评估一个需要投资 100 亿元的项目，预计其在第一年年末能产生 5 亿元税后增量现金流，并以每年 3% 的速度永续增长。目前 A 公司负债权益比为 2∶1，β_B 为 0.3，打算以现有负债权益比为该项目融资，并以 B 公司作为可比公司。B 公司是上市公司，发行股票 20 亿股，β_S 为 1.0，每股价格为 25 元；两家公司的企业所得税税率是 25%。（以下计算除问题中所列变化外，均假设公司其他情况保持不变；公司债务均为永续固定利率债券）
(1) 计算 B 公司的加权平均资本成本。
(2) 计算 A 公司项目的 β_u。

(3) A 公司在决定是否投资该项目时，应使用 WACC，计算 A 公司项目的 R_{WACC}。

(4) 请计算该项目能为股东带来的价值。

3. X 公司 2016 年的主要财务数据如表 2 和表 3 所示。

表 2　资产负债表　　　　　　　　　　　　　　　　　　　亿元

资产	期末余额	期初余额	债券和股东权益	期末余额	期初余额
现金	1 200	1 000	应付账款	3 390	2 900
非现金流动资产	3 200	2 900	长期借款	2 700	2 700
流动资产合计	4 400	3 900	负债合计	6 090	5 600
固定资产	3 600	3 400	股东权益	1 910	1 700
资产总计	8 000	7 300	负债和股东权益合计	8 000	7 300

表 3　利润表　　　　　　　　　　亿元

	本期金额
营业收入	4 300
减：营业成本	3 500
税金及附加	50
管理费用	300
财务费用	100
营业利润	350
减：所得税	87.5
净利润	262.5

公司预计 2017 年营业收入增长 40%，假设 2017 年除现金外所有资产、经营性负债和成本费用与营业收入保持 2016 年的百分比关系。公司采用固定股利支付率政策，股利支付率为 20%，所得税税率为 25%。

(1) 请计算 X 公司 2017 年外部融资需要量。

(2) 公司没有优先股且没有外部股权融资计划，管理层认为公司能够承受的最高负债权益比为 4，请评估 2017 年公司能否实现 40% 的营业收入增长。

(3) 没有外部股权融资且负债权益比不变的情况下，计算 X 公司 2017 年可能实现的最高增长率 g。

(4)（接上题）X 公司可以采取哪些可行的措施来提高增长率 g？

2017年中国人民大学431金融硕士初试真题

【金融学】

一、单项选择题

1. 如果人民币的有效汇率指数从120上升到128，那么（   ）。
   A. 人民币相对于美元升值
   B. 人民币相对于美元贬值
   C. 人民币相对于一篮子货币升值
   D. 人民币相对于一篮子货币贬值

2. 货币层次划分的主要依据是（   ）。
   A. 金融资产的盈利性　　　　　　B. 金融资产的流动性
   C. 金融资产的安全性　　　　　　D. 金融资产的种类

3. 直接影响商业银行派生存款能力大小的因素是（   ）。
   A. 市场利率　　B. 通货膨胀率　　C. 资产负债率　　D. 提现率

4. TED利差由欧洲美元LIBOR与美国国债利率之差构成，利差大幅上升说明（   ）。
   A. 信贷市场的违约风险上升　　　B. 信贷市场交易活跃
   C. 国债需求下降　　　　　　　　D. 欧洲美元利差上升

5. 美元与黄金挂钩，其他国家货币与美元挂钩，是（   ）的基本特点。
   A. 金本位制　　B. 金银复本位制　　C. 牙买加体系　　D. 布雷顿森林体系

6. 企业与企业间存在三角债，与此相关的是（   ）。
   A. 商业信用　　　　　　　　　　B. 银行信用
   C. 消费信用　　　　　　　　　　D. 国家信用

7. 根据我国商业银行法，我国银行体系采用（   ）模式。
   A. 全能型　　B. 单一型　　C. 混业经营型　　D. 职能分工型

8. 经济全球化的先导和首要标志是（   ）。
   A 货币一体化　　B. 金融一体化　　C. 贸易一体化　　D. 生产一体化

9. 民间借贷利率超出同类商业银行信贷机构利率的（   ）倍之外的部分，将不受法律保护。
   A. 2　　　　B. 3　　　　C. 4　　　　D. 5

10. 以下哪一个机构的建立是为了帮助第二次世界大战中被破坏的国家重建？（   ）
    A. 国际清算银行　　　　　　　　B. 国际货币基金组织
    C. 世界银行　　　　　　　　　　D. 国际开发银行

11. 税务局征收税款时，货币执行（   ）职能。
    A. 价值尺度　　B. 流通手段　　C. 支付手段　　D. 贮藏手段

12. 大部分在交易所买卖的衍生品和部分场外交易衍生品的清算是通过( )完成的。
    A. 中央交易对手   B. 双边清算体系   C. 全额实时结算   D. 净额批量结算
13. 认为"相机抉择的货币政策不连贯不可信,无法实现预期产出效应"属于哪种理论的内容?( )
    A. 古典学派   B. 理性预期学派   C. 凯恩斯主义   D. 后凯恩斯主义
14. 2015年5月1日颁布的《存款保险条例》最高赔付限额为人民币( )万元。
    A. 10   B. 20   C. 50   D. 100
15. 扩大资产业务并不以负债增加为前提,是( )特有的权利。
    A. 商业银行   B. 投资银行   C. 政策性银行   D. 中央银行
16. 使债务现金流折现值等于当前市场价格的利率是( )。
    A. 票面利率   B. 当期收益率   C. 到期收益率   D. 年收益率
17. 在期权合约中执行价格越高,看涨期权期权费( ),看跌期权期权费( )。
    A. 升高 升高   B. 升高 降低   C. 降低 升高   D. 降低 降低
18. 下列不属于无风险的商业银行中间业务的是( )。
    A. 备用信用证   B. 汇兑   C. 承兑   D. 代收
19. 从货币供给公式看,( )影响通货存款比和准备存款比。
    A. 中央银行   B. 商业银行   C. 企业   D. 居民
20. 专门从事商业银行票据、银行承兑汇票、可转让大额存单等短期票据买卖的是( )。
    A. 债券基金   B. 股票基金   C. 混合基金   D. 货币市场基金
21. 最早全面发挥中央银行功能的是( )。
    A. 英格兰银行   B. 法国银行   C. 瑞典银行   D. 普鲁士银行
22. 联邦基金利率是美联储货币政策的基本工具,其本质是( )。
    A. 再贴现利率   B. 同业拆借利率
    C. 居民存款利率   D. 无风险利率
23. 理论上,交易成本和信息不对称下降会使个人持股比例( )、金融机构持股比例( )。
    A. 上升 上升   B. 上升 下降   C. 下降 上升   D. 下降 下降
24. 100元半年期无息债券以95元成交,其年利率为( )。
    A. 5.26%   B. 10.8%   C. 5%   D. 10%
25. 标准普尔将R公司评级从AAA调至BBB,R公司发行债券票面利率与之前相比( )。
    A. 升高   B. 下降   C. 不变   D. 不清楚
26. 调剂资金余缺方面,( )更大程度上聚沙成塔,续短为长。
    A. 股票市场比银行   B. 银行比股票市场
    C. 资本市场比货币市场   D. 货币市场比资本市场
27. 我国国债收益率高于同期限银行存款收益率,因为前者( )风险高。
    A. 违约   B. 流动性   C. 政策   D. 通货膨胀

28. 某股票市场收益率高于 CAPM 计算结果，则它落在 SML 线（　　），投资者应该（　　）。
   A. 上方　卖出　　　　　　　　　B. 上方　买入
   C. 下方　卖出　　　　　　　　　D. 下方　买入

29. 非银行公众向中央银行出售债券 1 万元，将所得钞票存入商业银行，中央银行（　　）1 万元，商业银行（　　）1 万元。
   A. 负债减少　负债减少　　　　　B. 资产减少　资产增加
   C. 资产增加　负债增加　　　　　D. 资产增加　负债减少

30. AIIB 意向创始成员国不包括（　　）。
   A. 日本　　　　B. 韩国　　　　C. 俄罗斯　　　　D. 英国

二、名词解释

1. 资本市场
2. 基础货币
3. 欧洲美元
4. 购买力平价
5. 回购协议
6. 宏观审慎监管
7. 贷款五级分类制
8. 商业银行的资产业务

三、简答题

1. 商业银行有 5 亿元存款，法定存款准备金率为 10%，后下降到 8%，降准前该银行无超额准备金，假设经济中只有这一家商业银行，它贷出了 75% 的超额准备金，则降准后商业银行和中央银行的资产负债表如何变化？

2. 20 世纪 90 年代的"泰勒规则"刻画了现代货币政策的反应机制，其主要内容是什么？

四、论述题

说明利率的影响因素，阐述利率变化对投资规模和投资结构的影响。

【公司理财】

一、单项选择题

1. 合伙制是企业的一种组织形式，下列关于合伙制企业的说法，不正确的是（　　）。
   A. 普通合伙人对合伙企业债务承担无限连带责任
   B. 有限合伙人以出资额承担有限责任
   C. 私募股权基金大多采用有限合伙企业这一组织形式
   D. 相对于公司制企业，有限合伙企业的代理问题更严重
   E. 个人独资企业的所有者对公司债务承担无限责任

2. 公司 2016 年年初非现金净营运资本为 230 亿元，货币资金余额为 100 亿元，无其他金融资产，管理层预测公司 2016 年度经营性长期资产投资 200 亿元，折旧与摊销 125 亿元，非现金净营运资本 280 亿元，净利润 250 亿元，假设 2016 年度现金股利支付率为 50%，货币基金利息率为 0，则 EFN 为（　　）亿元。

 A. 25   B. 125
 C. 150   D. 250
 E. 以上都不对

3. 下列哪个选项能使企业自由现金流量增加？（　　）
 A. 经营性现金流量下降   B. 销售收入预测额提高
 C. 利息费用提高   D. 所得税率提高
 E. 净营运资本提高

4. 提高可持续增长率的可行方法是（　　）。
 A. 股利支付比率增加   B. 产品毛利率增加
 C. 存货周转率下降   D. 财务杠杆下降
 E. 以上全对

5. 中国公司资本结构决策不考虑（　　）。
 A. 盈利能力   B. 公司资产类型
 C. 控股股东是否国有性质   D. 行业平均负债率水平
 E. 都要考虑

6. 企业陷入财务困境，可能损害债权人利益的是（　　）。
 A. 投资风险项目   B. 放弃 NPV 大于 0 的项目
 C. 提高员工福利待遇   D. 处置优良资产
 E. 都有可能

7. 在半强式有效市场中，下列错误的是（　　）。
 A. 公司不能选择时机以高价发行股票或债券
 B. 公司通过盈余管理操纵利润难以提升股价
 C. 注重公司基本面分析的投资者不能获取超额利益
 D. 投资者可以利用公司刚刚公布的信息赚取超额收益
 E. 拥有内幕消息的投资者可以获得超额利益

8. 茅台自 IPO 以来银行借款几乎为 0，不可能是因为（　　）。
 A. 分红比例不高，留存收益逐年累积   B. 白酒类企业不适合负债经营
 C. 投资机会少   D. 公司厌恶银行借款带来的约束
 E. 公司现金流充裕，不缺资金

9. 根据有税 MM 命题，提高负债权益比可增加公司价值，增加的价值（　　）。
 A. 全归债权人   B. 全归股东
 C. 大部分归债权人，少部分归股东   D. 大部分归股东，少部分归债权人
 E. 都不对

10. 现金的股利增加可能向市场传递了（　　）的信号。
 A. 未来盈利增长且有可持续性   B. 未来现金流增加
 C. 近期缺乏投资机会   D. 公司由成长期进入成熟期
 E. 都有可能

二、判断题

1. 为培育市场提高份额，滴滴、Uber 大量补贴乘客造成巨额亏损，违背了股东价值最大化的财务管理目标。
2. Fama—Fenchs 三因子模型比 CAPM 模型更能预测股票短期收益，因此企业在做资本预算时，三因子模型更适合用于估计权益资本成本。
3. 当企业只有一个投资项目可选择时，若 NPV 远大于零，则没有必要考虑接受项目后可能进行调整带来的价值。
4. 内部收益率法在评估项目时可能有多个解，并不适用于资本预算实务。
5. 投资者选择持有多只股票而非单一股票的理论基础是多元化可以降低系统性风险。
6. 证券市场线适用于单个证券，不适用于投资组合。
7. 可转换公司债券的票面利率经常比同等级的普通债券票面利率低很多，意味着可转换公司债券是一种成本很低的融资方式。
8. 市盈率低的股票常被认为是价值股，这类股票的价格往往被市场低估。
9. 优先股股东在特定情况下可拥有与普通股股东同等的表决权。
10. 部分中国上市公司在实施资本公积金转增股本（除权）以后，股价会大幅上涨，俗称填权行情，原因是除权后股票流动性改善。

三、分析与计算题

1. 中国债券市场推出后迅猛发展。短期融资票据、各种债券不断被创造出来，中小企业获得大量融资。数据表明，中国债券市场规模达到 66.3 万亿元。
   （1）相比于银行贷款融资，债券融资有何优点？
   （2）市场利率较低时，企业应该发行短期债券还是长期债券？为什么？

2. 上市公司 w 是钢铁行业的龙头企业，由于行业不景气，w 公司在 2015 年经营不佳，目前面临的问题是负债攀升，到期债务本息偿还困难，公司正在研究如何实施债转股方案，目前公司发行在外的股票为 50 亿股，每股价格为 5 元，负债权益比（W 按市场价值计）为 3，公司权益贝塔（β_S）为 1.7，公司债务评级为 AA 级，对应的贝塔（β_b）为 0.4，目前无风险利率为 2%，市场风险溢价为 10%。公司的所得税税率为 25%。
   （1）计算公司目前的加权平均资本成本。
   （2）计算公司的无杠杆贝塔值（β_u）。
   （3）假设公司将三分之一的债务按当前股票价格转换为普通股。债转股完成后，公司每股价值将变为多少？
   （4）（接第三问）由于债转股大幅降低了财务杠杆，公司信用评级将提高为 AAA 级，债务对应的贝塔（β_b）变为 0.3。计算此时的公司价值和加权平均资本成本。

3. 未来汽车公司是一家汽车研究和生产企业，目前正在评估投资建设生产纯电动超级跑车（以下简称电动超跑），该项目预期持续 5 年（5 年后停产），公司自主研发并获得电动超跑的相关专利，剩余有效使用期为 10 年，对应的无形资产账面价值为 6 亿元。如果公司现在出售该专利，市场价格为 10 亿元；如果项目结束时（第 5 年年末）出售该专利，由于技术更新换代，保守估计市场价格为 2 亿元。假设项目期间该专利仅供未来汽车公司使用，为生产该电动超跑，公司需新建一条生产线，预计将耗资 50 亿元，生产线折旧年限为10年,在项目结束时(第5年年末),预计出售生产线可获得35亿元。公司采用直线法进行无形资产摊销和固定资产折旧,公司现有处闲置厂房对外出租,每年年末收租金15 000万元,该厂房可用于生产该电动超跑,因生产线安装期限较短,假设安装期间租金不受影响。该项目需要初始(0期)净营运资本为1亿元。未来汽车公司的加权平均资本成本为10%,可用于评估电动超跑项目。公司适用所得税税率为25%(假设不考虑除企业所得税之外的其他税费)。

(1)计算该项目0期的增量现金流。

(2)计算该项目结束时相关专利和生产线的税后残值。

(3)预计该项目每年生产并销售5万辆跑车,每辆价格20万元,预计每年固定成本为20亿元,每辆车可变生产成本为10万元,计算该项目每年的税后经营现金流量。

(4)政府为促进新能源汽车产业的发展,对电动汽车生产企业进行为期5年的生产成本补贴,预计未来汽车公司每生产一辆电动超跑能获得5万元的政府补贴,计算该项目的净现值。

2016年中国人民大学431金融硕士初试真题

【金融学】

一、单项选择题（本题题干选项不完整，仅提供主要考查点作为参考）

1. 什么形式的货币更便于携带？
2. 利率是一种货币现象是谁提出的？
3. 信用。
4. 商业银行的表外业务和中间业务。
5. 有效市场。
6. 货币需求理论。
7. 市场利率与债券价格的关系如何？
8. 金融市场。
9. 监管。
10. 唐代飞钱的汇兑功能。
11. 货币能作为价值尺度是因为具有购买力。
12. 中金是摩根和建设银行等合资组建的。
13. 金融市场的功能。
14. 弗里德曼货币需求理论的特点。

二、名词解释

1. 货币供给内生性
2. 利率平价理论
3. 利率期限结构
4. 货币市场
5. 流动性陷阱
6. 影子银行
7. 银行承兑汇票
8. 公开市场操作

三、简答题

1. 已知货币量=基础货币×货币乘数，试论述现金漏损率与货币供给、基础货币的关系。
2. 由于商业银行每笔贷款的风险不同，故对不同的贷款要确定不一样的价格。如果商业银行不能正确地对贷出款项进行定价，就不能正确预估损失，计提损失准备金，从而影响商业银行经营的稳健性和收益。商业银行确定贷款定价的方式有哪些？请具体分析。

四、论述题

为了促进经济发展，2015 年间，中央银行使用基准利率和法定存款准备金进行多次调节，每次基准利率降低 $x\%$，存款准备金降低 $y\%$。

（1）有人问，调节为什么不直接一步到位？谈谈你对这种观点的看法。

（2）利用货币政策传导机制解释降准和降息分别对中介目标有何影响，并阐述如何影响最终目标。

【公司理财】

一、选择题

二、判断题（这两种题型因回忆不全，仅提供主要考查点作为参考）

1. 盈利性指标。
2. 股利。
3. MM 定理。
4. 内部增长率。
5. NPV 法则。
6. β 系数。

三、简答题

万科在 2015 年 7 月 1 日发出公告，宣布将在 2015 年 12 月 31 日前以每股 13.2 元的价格回购价值 100 亿元的股票。在 9 月 7 日，其发行了 50 亿元债券，利率为 3.5%，发行期为 5 年。而此前，万科已经通过证监会批准，在 24 个月内，可以发行价值在 100 亿元以内的债券。

（1）简述用自有资金回购公司股票的一般原因。

（2）假设万科用 90 亿元的债券，回购了价值 90 亿元的股票，会对公司的每股收益、净资产收益率、资产收益率分别产生什么影响？

四、计算题

1. 有一家上市公司，公司债务为无风险债务，$B=2\,500$ 百万元，同时发行在外 25 000 万股股票，无风险利率为 $r_f=3\%$，市场风险溢价为 $r_m-r_f=8\%$，公司税率为 25%，资产的 β 值为 1.1，公司每年的税后经营性现金流为 1 000 百万元。

（1）求公司市场价值。

（2）求权益贝塔值和负债权益比。

（3）公司认为最佳负债权益比为 2∶1，调整后，求公司价值和权益 β。

2. 已知条件如表 1 所示。

表1　2012—2014年各项目情况　　　　　　　　　　　百万元

项目	2012年	2013年	2014年
净利润	150	225	315
经营性长期投资	200	250	300
折旧和摊销	125	190	250
非现金净运营资本	300	330	370

2011年的非现金净营运资本为2.75亿元，2012年年初的货币资金余额为1亿元。每年的外部融资需求量的10%都是靠债务满足的，每年净利润的20%用于支付股利。

(1) 求2012年的外部融资需要量（EFN）。

(2) 求2014年的货币余额。

(3) 求2015年的货币余额。

2015年中国人民大学431金融硕士初试真题

【金融学】

一、单项选择题

1. 下列说法中哪项不属于信用货币的特征？（　　）
   A. 可替代金属货币　　　　　　　　B. 是一种信用凭证
   C. 依靠国家信用而流通　　　　　　D. 是足值货币

2. 自由铸造、自由兑换及黄金自由输出是（　　）制度的三大特点。
   A. 金块本位　　B. 金币本位　　C. 金条本位　　D. 金汇兑本位

3. 我国的货币层次划分中，M0指流通中的现金，也即（　　）。
   A. 商业银行库存现金　　　　　　　B. 存款准备金
   C. 公众持有的现金　　　　　　　　D. 金融机构与公众持有的现金之和

4. 下列哪个人最先提出现代资产组合理论？（　　）
   A. Markowitz　　B. Miller　　C. Sharpe　　D. Merton

5. 政策性银行的成立时间为（　　）。
   A. 1994年　　B. 1995年　　C. 1996年　　D. 1997年

6. 在金本位制下，外汇汇率的波动幅度受（　　）的限制。
   A. 黄金储备状况　　　　　　　　　B. 外汇储备状况
   C. 外汇政策　　　　　　　　　　　D. 黄金输送点

7. 现在价格完全包括了过去价格的信息，则认为资本市场是（　　）。
   A. 弱式有效市场　　　　　　　　　B. 半强式有效市场
   C. 强式有效市场　　　　　　　　　D. 完全有效市场

8. 我国货币当局资产负债表中的"储备货币"就是指（　　）。
   A. 外汇储备　　B. 基础货币　　C. 法定存款准备　　D. 超额存款准备

9. 商业银行的核心资本不包括（　　）。
   A. 普通股　　B. 资本公积　　C. 一般准备　　D. 未分配利润

10. 欧洲美元（　　）。
    A. 对美国来说不是外汇　　　　　　B. 受美国监管
    C. 是离岸美元　　　　　　　　　　D. 是欧洲国家的官方美元储备

11. 关于金融体系的结构，以下属于银行主导型的国家是（　　）。
    A. 德国　　B. 美国　　C. 英国　　D. 澳大利亚

12. 根据利率平价理论，假如人民币的名义利率比美元高，通货膨胀率也比美元高，长期来看人民币是（　　）。
    A. 升值　　B. 贬值　　C. 不变　　D. 以上都不对

13. 泰勒规则的因素，不包括以下哪个？（ ）
    A. 当前的通货膨胀率
    B. 均衡实际利率
    C. 汇率
    D. 现实 GDP 产出与潜在 GDP 产出之差
14. 银行间同业拆借是（ ）在组织监管。
    A. 银监会   B. 证监会
    C. 中国人民银行   D. 中国银行业协会
15. 下列哪个理论与开放经济下的均衡无关？（ ）
    A. 泰勒原则   B. 米德冲突   C. 丁伯根法则   D. 三元悖论
16. 下列哪一个是场外交易？（ ）
    A. 隔夜回购   B. 期权   C. 期货   D. 外汇掉期
17. 如果美国国债价格降低，伦敦同业拆借利率 LIBOR 不变，则 LIBOR 利率与美国国债价格差距 TED 的变化是（ ）。
    A. 降低   B. 升高   C. 不变   D. 无法判断
18. 下列属于商业银行盈利指标的是（ ）。
    A. 存贷比   B. 资本风险比率   C. 资产使用率   D. 资产收益率
19. 下列不涉及汇率因素的是（ ）
    A. 米德冲突   B. J 曲线效应   C. 货币幻觉   D. 三元悖论
20. 一年期的国库券即期利率为 3%，两年期的国库券即期利率为 5%，则根据纯粹预期理论，从一年期到两年期的远期利率应为（ ）。
    A. 2%   B. 4%   C. 7%   D. 8%

二、名词解释

1. 格雷欣法则
2. 中央银行逆回购
3. 商业银行净息差
4. 金融抑制
5. 五级贷款分类
6. 宏观审慎
7. 铸币税
8. 金融脱媒
9. 凯恩斯流行性偏好理论
10. 《格拉斯－斯蒂格尔法案》

三、简答题

1. 用托宾 q 理论解释货币政策传导机制。
2. 简述两到三种解释利率期限结构的理论，并说明它们之间的关系。

四、论述题

中国经济近些年来出现了明显不同于前 30 年的特征,经济增速持续下滑,2010 年至 2012 年经济增速连续 11 个季度下滑,2012 年和 2013 年的 GDP 年增速连续两年低于 8%。与此同时,我国商业银行的贷款利率、存款利率和同业拆借利率却均维持在高水平。

国家的决策人也注意到这一情况,于是决定调整利率。中国人民银行自 11 月 22 日起下调金融机构人民币贷款和存款基准利率:金融机构一年期贷款基准利率下调 0.4 个百分点至 5.6%;一年期存款基准利率下调 0.25 个百分点至 2.75%;将金融机构存款利率浮动区间的上限由存款基准利率的 1.1 倍调整为 1.2 倍;其他各档次贷款和存款基准利率相应调整,并对基准利率期限档次做适当简并,即不再公布五年期定期存款基准利率,并将贷款基准利率简并为一年以内(含一年)、一至五年(含五年)和五年以上 3 个档次。

(1) 分析材料中利率逆反现象产生的原因。
(2) 分析利率逆反现象与利率市场化的关系。
(3) 分析中央银行此次降息对利率市场化和我国宏观经济造成的影响。

【公司理财】

一、单项选择题

1. 某企业现在的流动比率为 1,以下哪些行为将提高公司的流动比率?(   )
   A. 赊销
   B. 用现金购置原材料
   C. 变卖闲置的固定资产
   D. 以上都对
   E. 以上都不对

2. 增长率为 10%,负债权益比为 1/2,股利支付率为 20%。资产与总收入的比值为 1.2∶1,则销售利润率是(   )。
   A. 8%
   B. 9%
   C. 10%
   D. 11%
   E. 12%

3. 以下哪项将减少公司的净营运资本?(   )
   A. 应付账款减少
   B. 固定资产减少
   C. 应收账款减少
   D. 银行存款增加
   E. 以上都不对

4. 公司固定成本下降,销售数量上升,会引起 EBIT 怎样的变化?(   )
   A. 上升
   B. 下降
   C. 不变
   D. 以上都有可能
   E. 以上都不对

5. 某上市公司 A 买了 40 万股中国工商银行的股票,每 10 股分红利 2.617 元,应该缴税(   )。
   A. 0 万元
   B. 2.617 万元
   C. 3.663 8 万元
   D. 5.234 万元
   E. 以上都不对

6. 以下哪个理论说明企业有最优资本结构？（　　）
   A. MM 无税理论　　　　　　　　B. MM 有税理论
   C. 优序融资理论　　　　　　　　D. 权衡理论
   E. 以上都不是

7. 以下哪项和企业收益无关？（　　）
   A. 投资者　　　　　　　　　　　B. 厂商
   C. 客户　　　　　　　　　　　　D. 政府
   E. 以上都有关

8. 可赎回债券的赎回价格与其面值之间的关系是（　　）。
   A. 大于　　　　　　　　　　　　B. 等于
   C. 小于　　　　　　　　　　　　D. 都有可能
   E. 以上都不对

9. 每次中央银行降息、降准，我国 A 股都会受到强烈冲击，这违反了（　　）。
   A. 强有效　　　　　　　　　　　B. 半强有效
   C. 弱有效　　　　　　　　　　　D. 以上所有
   E. 以上都不选

10. 在同质预期的情况下，所有投资者将（　　）。
    A. 持有相同组合　　　　　　　　B. 持有按照市场价值加权的组合
    C. 按照各自的风险偏好确定投资组合　　D. 以上都有可能
    E. 以上都不对

二、判断题

1. 资产负债比是反映公司短期负债能力的指标。
2. 夏普比率是承担单位系统性风险所获取的超额收益。
3. 企业价值数是用企业价值除以 EBIT。
4. 内生增长下企业的资金需求等于留存收益。
5. 股利平滑化的含义：公司达到繁荣时提高股利，公司进入萧条时降低股利。
6. 在杠杆收购中，若企业拟好了清偿的时间表，则应采取 APV 法。
7. 因为增加负债可以给企业带来税盾的好处，有利于企业价值的增加，所以增加负债会降低权益资本风险。
8. 在资本预算中，如果现金流多次变号，那么就不可以使用 IRR 法。
9. 只要相关系数小于 1，两证券组合的标准差就小于它们各自标准差的加权平均数。
10. 鉴于折旧是一个非付现项目，因此在进行资本预算时没有必要考虑折旧。

三、分析与计算题

1. 材料大意：中国银行发行优先股，在香港地区的股息率比在内地要高。
   (1) 简述决定优先股股息率的因素。
   (2) 简述中国银行此次境内外股息率不同的原因。

2. Y公司经营领域横跨三个行业，各部分市值和对应无杠杆权益 β 如表1所示。

表1　各部分市值与无杠杆权益 β

	市值/亿元	无杠杆权益 β
地产	20	1.00
软件	10	1.25
百货	10	0.60

已知 Y 公司有1亿股发行在外的股票，当前股价20元，公司其余资本均为公司债券，债券评级为 A，相对于对应国债收益率的信用利差为4%，Y 公司适用公司所得税税率25%，市场风险溢价8%，国债收益率4%。

（1）计算 Y 公司的无杠杆权益。
（2）求 Y 公司的加权资本成本。
（3）假设 Y 公司按市价出售其百货业务，并用出售所得偿还债务，此举使公司债券评级上升为 AA，信用利差减为2%，计算新的加权资本成本。

3. X公司2013年净利润15 000万元，折旧2 000万元，资产负债表如表2所示。

表2　资产负债表　　　　　　　　　　　　　　　　　　　　　　　　万元

资产	期末值	期初值	负债及权益	期末值	期初值
现金	10 000	5 000	流动负债	6 000	5 000
非流动资产	12 000	10 000	非流动负债	24 000	20 000
流动资产	22 000	15 000	负债	30 000	25 000
固定资产净额	80 000	75 000	权益	72 000	65 000
总资产	102 000	90 000	总额	102 000	90 000

预计2014年 X 公司的净利润、折旧、净营利资本都增长10%，X 公司有如下4个候选项目（均为永续不增），假设投资所需资金来自自有资金，无风险利率为4%，市场风险溢价为8%，税率为25%。具体如表3所示。

表3　项目情况

	投资/万元	年税前资金流量/万元	权益 β
A	3 000	600	1.2
B	2 000	300	1.0
C	2 000	400	1.1
D	3 500	800	2

（1）估计 X 公司的2013年固定资产投资金额。
（2）2013年 X 公司未增发新股，估计支付多少现金红利？
（3）2014年 X 公司将选哪些项目投资？
（4）2014年 X 公司最多能支付多少现金股利？

2018年中国人民大学431金融硕士初试真题解析

【金融学】

一、单项选择题

1.【答案】B
【解析】结束流通过程的货币就是发挥支付手段职能的货币。"赊买赊卖"也作为原话出现在这一段的描述当中。在货币的职能中，支付手段主要与流通手段进行区分，两者的区别主要在于"延期"与"即时"。

2.【答案】A
【解析】在金银币同时自由流通铸造的情况下，当市场比价与法定比价发生背离时，市场比价高于法定比价的货币（良币）会被融化、储藏及输出国外，市场比价低于法定比价的货币（劣币）则独占市场，导致市场上往往只有一种货币流通，即格雷欣法则在发挥作用。

3.【答案】A
【解析】政策性银行是由政府投资设立的、根据政府政策和意向专门从事政策性金融业务的银行，主要资金来源有财政拨付、原来各专业银行资本金划出和发行金融债券三条渠道。原则上，政策性银行不吸收公众存款。需要注意的是，政策性银行可以作为存款类金融机构进入全国银行间同业拆借市场。

4.【答案】B
【解析】货币市场是短期融资市场，融资期限一般在1年内，主要有票据贴现市场、银行间拆借市场、短期债券市场、大额存单市场、回购市场等。外汇市场属于期货市场。

5.【答案】B
【解析】巴塞尔协议把资本划分为核心资本和附属资本，其主要目的是促使银行在出现流动性危机时有足够的资金可以弥补损失而不至于危及整个金融体系。因此，巴塞尔协议通过对资本金的要求督促银行持有恒久性的资本，例如股本和公开准备金以及其他普通准备金。

6.【答案】B
【解析】美元化（狭义）是指货币主权完全丧失，放弃本币的发行。货币局安排是将本国货币盯住一种强势货币，并与之建立固定汇率联系的国际货币安排。美元化下汇率波动受到的限制比货币局更严重。浮动汇率可以理解为完全浮动，比盯住汇率更自由。而货币局安排可以解读为加强版的盯住汇率。

7.【答案】C
【解析】P2P是peer to peer的缩写，即个人对个人的意思，又称点对点网络借款，属于民间小额借贷，也是一种直接融资形式。它只负责提供平台，并不为借贷承担信用风险。

8. 【答案】C

【解析】SDR 货币篮子中有美元、欧元、人民币、日元、英镑。（按照权重顺序）

9. 【答案】C

【解析】商业银行的职能在《金融学》中有详细阐述，其中作为存款货币银行，商业银行发挥的是信用创造功能，成为银行券和存款货币的创造者。

10. 【答案】B

【解析】沃克尔规则是《多德－弗兰克法案》的核心条款，即要求禁止银行机构使用自有资金投资盈利，促使商业银行回归传统信贷中介功能。

11. 【答案】D

【解析】一级市场即证券发行市场，无论是 IPO 还是增发，都属于一级市场。证券的转让是在发行之后的二级市场。

12. 【答案】B

【解析】中国银行成为新兴经济国家唯一入选的银行。

13. 【答案】C

【解析】三元悖论的"三元"包括货币政策稳定性、汇率稳定、资本自由流动。

14. 【答案】B

【解析】由公式计算得 $m = \dfrac{C+D}{C+R} = \dfrac{\dfrac{C}{D}+1}{\dfrac{C}{D}+\dfrac{R}{D}} = \dfrac{5\%+1}{5\%+15\%} = 5.25$。

15. 【答案】C

【解析】我国仍实行分业经营，商业银行不能直接从事证券公司业务。

16. 【答案】D

【解析】明斯基时刻是指美国经济学家海曼·明斯基所描述的时刻，即资产价值崩溃的时刻。明斯基的观点主要是经济长时期稳定可能导致债务增加、杠杆率上升，进而从内部滋生爆发金融危机和陷入漫长去杠杆化周期的风险。

17. 【答案】C

【解析】消费者物价指数 CPI 不包括不动产价格。

18. 【答案】C

【解析】先利用收益率×概率求期望收益率 $E(R)$，再用 $[E(R)-R]^2 \times$ 概率计算方差和标准差。

19. 【答案】D

【解析】社会融资规模的指标包括：人民币贷款、外币贷款、委托贷款、信托贷款、未贴现的银行承兑汇票、企业债券融资、非金融企业境内股票融资、投资性房地产、保险公司赔偿等。银行间拆借由于是用于满足各存款机构的临时流动性要求，所以不计入社会融资规模。

20. 【答案】B

【解析】对冲基金的主要运作特点：①暗箱操作，投资策略高度保密；②高度杠杆操作；③主要投资于金融衍生市场。

21. 【答案】A

【解析】根据会计准则，将企业的基本金融工具划分为交易性金融资产、持有至到期金融资产、以公允价值计量且其变动计入当期损益的金融资产以及贷款和应收款项。

22. 【答案】A

【解析】根据费雪方程式：$MV=PT$。M是一个由模型之外的因素所决定的外生变量；V由于制度性原因在短期内不变；T对产出水平常常保持固定的比例，大体稳定。因此，费雪方程式并没有考虑微观主体对货币的需求。

23. 【答案】D

【解析】比特币是一种P2P形式的数字货币，是虚拟货币，点对点的传输意味着一个去中心化的支付系统。近些年出现了炒比特币的现象，比特币的价值也出现了剧烈的波动。

24. 【答案】B

【解析】根据M2的定义，M2是M1加上准货币，反映了现实和潜在的购买力，是流通中的现金、活期存款、定期存款等的总和。从做题技巧上来看，B项出现了"完全控制"这一绝对性字眼，而我国是社会主义市场经济。

25. 【答案】C

【解析】利率互换是交易双方在一笔名义本金数额的基础上，相互交换具有不同性质的利率支付，即同种通货不同利率的利息交换。通过这种互换行为，交易一方可将某种固定利率资产或负债换成浮动利率资产或负债，另一方则取得相反结果。利率互换的主要目的是降低双方的资金成本（即利息），并使各自得到自己需要的固定或浮动的利息支付方式。

26. 【答案】B

【解析】SLO是超短期逆回购，以7天期为主；SLF是常备借贷便利工具，通常贷款期限为1～3个月；PSL是抵押补充贷款工具，期限一般为3～5年；MLF是中期借贷便利工具，通常为3个月、6个月或者1年。

27. 【答案】B

【解析】$10\,000\times 6\%\times 2/12=100$（元）。

28. 【答案】B

【解析】中国人民银行买入美国国债，资产端表现为国外资产增加，负债端表现为储备货币增加。

29. 【答案】D

【解析】相机抉择货币政策主要是指反周期货币政策。通货膨胀目标制承认有一个当前条件所决定的基本通货膨胀率，对应基本通货膨胀率可按规则控制货币供给；同时它又承认有诸多外在的引发通货膨胀的因素，因而需要采取相机抉择货币政策。

30. 【答案】C

【解析】首先，从做题角度而言，我国并没有针对分业和混业做出具体的偏向表示，因此，C项肯定不是它的目标。从扩展的角度而言，该机构旨在加强金融监管协调，补齐监管短板。

二、名词解释

1. 【解析】收益率曲线是显示一组货币和信贷风险均相同但期限不同的债券或其他金融工具收益率的曲线。纵轴代表收益率，横轴则是距离到期的时间。

2. 【解析】费雪效应是指名义利率随着通货膨胀率的变化而变化。名义利率、实际利率与通货膨胀率三者之间的关系是：名义利率＝实际利率＋通货膨胀率（请注意预期通货膨胀和通货膨胀率的区别）。

3.【解析】利率平比理论说明远期汇率的基本决定因素是货币短期存款利率之间的差额。因为投资者投资国外资产时，其回报不仅仅取决于本身的利率或者资产价格，还取决于汇率波动。要让投资者无差异地同时选择持有人民币资产和美元资产，需要满足一个条件，即两种资产的相对预期回报率必须等于0。

4.【解析】看跌期权是一种衍生工具，买入者通过支付期权费拥有在将来某一天或一定时期内，按规定的价格和数量卖出某种有价证券的权利，但没有必须卖出的义务。看跌期权锁定了投资者的最高损失。

5.【解析】公开市场操作是指货币当局在金融市场上出售或购入财政部和政府机构的证券，特别是短期国库券，以影响基础货币。其优点在于中央银行可以直接影响货币供应量，控制调节规模，同时也可以进行经常连续性操作，更加主动。其缺点在于必须存在一个全国性的独立市场，对规模要求较高，还需要有其他政策工具的配合。

6.【解析】J曲线效应表示即便满足了马歇尔－勒纳条件，本币贬值也不会立即改善国际收支。其原因在于本币贬值到国际收支改善存在一段时滞。J曲线效应有三个阶段：货币合同阶段（数量、价格双黏性）、传导阶段（数量黏性）、数量调整阶段。

7.【解析】商业银行及存款性金融机构在法定准备金数量不足时，按其自身存款总额的一定比例提取的用作准备金的部分称为非借入准备金，又称自有准备金。

8.【解析】自然失业率指充分就业下的失业率，是失业率围绕其波动的平均水平。自然失业率既是一个不会造成通货膨胀的失业率，也是劳动市场处于供求稳定状态的失业率。从整个经济来看，任何时候都会有一些正在寻找工作的人，经济学家把在这种情况下的失业率称为自然失业率。所以，经济学家对自然失业率的定义，有时被称作"充分就业状态下的失业率"，有时也被称作"无加速通货膨胀下的失业率"。

三、简答题

1.【解析】商业银行竞争力是银行综合竞争力的体现，其本身是一个难以完全量化的复杂系统。目前，国际上对商业银行的竞争力评价存在着不同的方法。国际上通用的主要是美国的"骆驼"评级法。该评价体系主要是监测和评估金融机构经营的六个方面：资本充足性、资产质量、管理水平、盈利状况和流动性、对市场风险的敏感程度。评级有两种：一种是对上述六项监测指标中的每一项进行评级，评级实行5分制，1分为最好，5分为最差；另一种是根据六项监测指标的评级结果，对每家金融机构进行综合评级，评级同样分为5级。1999年国际货币基金组织与世界银行联合发起了一个"金融部门评估计划"（FSAP），FSAP除了包括"骆驼"中的六项指标外，还包括经济增长、收支、通货膨胀、利率与汇率等参数来进行金融系统风险及健全性评估。这是一种理论与经验相结合的宏观金融健全性评估方法。此外，英国《银行家》杂志通过对商业银行的资本实力、经营规模、盈利能力、经营效率和经营稳健性等几个方面进行评估，对世界前1 000家大银行进行一年一度的排名，这一排名一直被视为银行间最具权威性的竞争力评估。

另外，也可以从商业银行经营原则方面进行评估，即对商业银行的盈利性、流动性、安全性进行评估。流动性是指商业银行随时应付客户提现和满足客户贷款的能力，可结合资产负债表对其存贷款比率、流动比率等指标进行考察。盈利性是指商业银行作为一个企业，其经营追求盈利最大化。盈利性既是评价商业银行经营水平的核心指标，也是商业银行最终效益的体现，可以结合资产收益率和利润率进行评估。银行的安全性可以结合银行的不良贷款率、贷款损失准备率和资本充足率等指标进行考察。

附录（补充）如表 1 所示。

表 1 "骆驼"评价体系具体评价指标

内容	作用	衡量标准
C：Capital 资本，最重要的是对资本充足率的监管	①为银行的损失提供最后一道保障。②提高公众对银行的信心，维护银行的稳健性。③为银行的资产业务提供低成本的资金	根据《巴塞尔协议》，资本充足率不得低于 8%，核心资本充足率不得低于 4%，贷款资产的 5 级分类
A：Asset 资产，如资产的规模、结构、质量	①反映贷款资产安全性大小，即收回贷款本金的可能性程度。②反映贷款资产的合法合规性情况，及时发现贷款业务违法违规行为。③贷款资产的效益性，反映贷款资产的增值和盈利能力	正常贷款：借款人能够履行合同，没有足够理由怀疑贷款本息不能足额偿还。关注贷款：尽管贷款人目前有能力偿还贷款本息，但存在一些可能对偿还产生不利影响的因素。次级贷款：借款人的还款能力出现明显问题，完全依靠其正常经营收入无法足额偿还贷款本息，即使执行担保，也可能会造成一定损失。可疑贷款：借款人无法足额偿还贷款本息，即使执行担保，也肯定要造成较大损失。损失贷款：在采取所有可能的措施或一切必需的法律程序之后，本息仍然无法收回或只收回极少部分
M：Management 管理，即管理者的能力	反映的是银行经营者的决策能力、协调能力、技术能力、风险控制能力和适应环境变化的能力	无量化指标。评估过程困难（不太现实）
E：Earning 收益，即盈利能力	考察银行过去两年的净收益情况，反映固定的收入情况及银行弥补损失和充足资本的能力	资产收益率=税后净收益/银行总资产
L：Liquidity 清偿能力，银行满足提款和借款需求的能力		设定法定存款准备金率、现金比率、流动比率、速动比率、贷款集中度比率等
S：Sensitivity 市场风险敏感度	考察利率、汇率、商品价格及股票价格的变化对金融机构的收益或资本可能产生不良影响的程度	

2.【解析】公开市场操作是中央银行吞吐基础货币，调节市场流动性的主要货币政策工具，通过中央银行与指定交易商进行有价证券和外汇交易，实现货币政策调控目标。当中央银行从银行买入债券时，将导致基础货币增加，中央银行的资产负债表中资产方国债增加，负债方储备货币增加。而当中央银行向银行卖出债券时，将造成基础货币的减少，中央银行的资产负债表中资产方国债减少，负债方储备货币减少。

现以中央银行从银行购入债券为例，说明中央银行的公开市场操作分别对中央银行和商业银行的资产负债表有什么影响。由于银行获得支票后的处理方式不同，将产生不同形式的基础货币。以下仅列举两种极端情况：

（1）商业银行选择将支票兑现，增加库存现金量。

假设中央银行向商业银行购入200万元国债，此时中央银行和商业银行资产负债表的变化如表2和表3所示。

表2 中央银行资产负债表

中央银行			
资产		负债	
国债	+200万元	储备货币——货币发行	+200万元

表3 某商业银行资产负债表

某商业银行			
资产		负债	
国债	−200万元		
库存现金	+200万元		

（2）商业银行将出售债券款项存入在中央银行开立的准备金账户。

假设中央银行向商业银行购入200万元国债，此时中央银行和商业银行资产负债表如表4和表5所示。

表4 中央银行资产负债表

中央银行			
资产		负债	
国债	+200万元	储备货币——其他存款性公司存款	+200万元

表5 某商业银行资产负债表

某商业银行			
资产		负债	
国债	−200万元		
存放中央银行款项	+200万元		

假如中央银行出售债券，则结果与以上分析相反，或减少了通货发行，或减少了商业银行在中央银行的准备金存款。

四、论述题

【解析】投资储蓄曲线即IS曲线是所有满足产品市场上均衡的收入与利率的组合点的轨迹。由于利率的上升会引起投资支出的减少，从而减少总支出，导致均衡的收入水平下降，所以 IS 曲线是向下倾斜的。IS 曲线右上方的点表示产品市场存在过度供给，IS 曲线左下方的点表示存在过剩需求。只有 IS 曲线上的点才满足产品市场总供给与总需求相等的要求。LM 曲线是满足货币市场上的均衡所需的收入与利率水平的组合点的轨迹。在给定的货币供给下，收入水平的上升增加了货币供给量，因此必须通过利率的上升，造成货币投机性需求的下降来恢复货币市场的均衡，所以 LM 曲线是正斜率的。只有在 LM 曲线上的点才刚好满足货币供给与货币需求相等的条件。IS 曲线与 LM 曲线相交的点为均衡点，代表此时产品市场与货币市场同时达到均衡。如图 1 所示。

如图 2 所示，菲利普斯曲线是用来表示失业率与通货膨胀率之间交替关系的曲线，通货膨胀率高时，失业率低；通货膨胀率低时，失业率高。

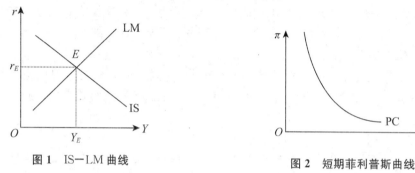

图 1　IS－LM 曲线　　　　　　图 2　短期菲利普斯曲线

泰勒规则（Taylor rule）是常用的简单货币政策规则之一，是由斯坦福大学的约翰·泰勒根据美国货币政策的实际经验而确定的一种短期利率调整的规则。泰勒认为，保持实际短期利率稳定和中性政策立场，当产出缺口为正（负）和通货膨胀缺口超过（低于）目标值时，应提高（降低）名义利率。

利率期限结构是指某个时点不同期限的即期利率与到期期限的关系及变化规律。利率的期限结构理论说明为什么各种不同的国债即期利率会有差别，而且这种差别会随期限的长短而变化。关于利率期限结构的相关理论主要有纯预期理论、流动性理论、偏好理论和市场分割理论。大多时候收益率曲线是向上倾斜的。

以上理论所涉及的核心变量与现代货币传导机制的关系分析如下：

假设原本处于均衡状态的经济由于 IS 曲线或 LM 曲线的右移而偏离原来的均衡状态，结合 IS－LM 模型可知，当 LM 曲线右移时，利率下降，产出上升。由于产出上升会增加就业，失业率下降，根据菲利普斯曲线，失业率下降的同时会带来通货膨胀率的上升。当产出缺口和通货膨胀缺口为正时，政府根据泰勒规则进行决策，提高短期利率，而短期利率由利率期限结构影响长期利率，整个经济中的利率水平提高，LM 曲线向左移动，回归原有均衡状态。

【公司理财】（2018 年公司理财部分缺失选择题 2 道，判断题 1 道）

一、单项选择题

1.【答案】D

【解析】A 项，资产残值减少，折旧增加，折旧税盾增加，期末残值流入，现值减少，最终项目 NPV 不一定增加；B 项，项目融资若未使用债务，债券利率不能影响项目净现值；D项，直线折旧法变为加速折旧法，项目前期计提折旧增多，税盾增多，前期现金流增大，考虑货币的时间价值，NPV增加。

2.【答案】A

【解析】排除法。B、C、D项更合理，而公司之前在美国上市也有广告效应。

3.【答案】D

【解析】私募基金的有限合伙人获得的不是工资，而是根据管理的基金规模收取一定的管理费。

4.【答案】B

【解析】大力投资于有形资产的行业，更倾向于采用高负债。较多投资于有形资产的公司比大量投资于研发的公司财务困境成本更小，因为土地、建筑物等有形资产在财务困境时减值较少。四个选项中，建筑业的有形资产占比最高。B项符合题意。

5.【答案】B

【解析】股价先涨停，后来才逐渐下跌到较低水平，说明股价对公司借壳上市这一公开信息反应过度，因此没有达到半强式有效市场。如果是半强式有效市场，股价应该立刻调整到位。

6.【答案】C

【解析】管理不善的企业容易被收购，避免成为其他企业的接管对象是管理层为股东利益行事的一种激励。如果管理层与公司签订了反收购协议，管理层就缺少了被收购的约束。

7.【答案】A

【解析】利息增加，净利润减少，总资产不变，ROA下降。

8.【答案】D

【解析】A项，符合"一鸟在手"理论；B项，高股利使企业现金流减少，迎合管理层杠杆收购需要；C项，符合再融资条件的公司，其股利分配率可能较高。

二、判断题

1. × 【解析】企业自由现金流＝企业总现金流＝CF(A)＝OCF－净资本性支出－净营运资本变化，OCF＝EBIT＋折旧－税，带息债务增加减小税前利润，纳税额相应减小，因此OCF增大，企业自由现金流增大。

2. × 【解析】回收期法适用于有丰富市场经验的大公司处理规模较小的投资决策，另外缺乏现金的公司利用回收期法还是比较合适的。课本上也指出，对于现实世界中的大部分项目而言，回收期法和净现值法均会带来同样的决策。

3. √ 【解析】内部收益率法假设增量现金流的再投资收益率等于内部收益率，但这种假设是合理的。

4. × 【解析】如果投资者仅能持有一种证券，那么他选择股票应该考虑这种证券收益的方差；如果持有一个多元化的组合，则需要考虑的是股票的 β。

5. √ 【解析】根据无税的MM定理，不考虑交易成本和公司税，且公司与个人借款利率相同时，无杠杆公司价值等于杠杆公司价值。而当公司融资成本高于个人融资成本时，公司应该选择把股利发放给股东，而不是由公司去借款，因此无杠杆公司价值可能高于杠杆公司价值。

6.√【解析】优序融资理论第一条法则为：首先采用内部融资。

7.√【解析】债券到期收益率是指买入债券后持有至期满得到的收益，包括利息收入和资本损益与买入债券的实际价格的比率。这个收益率是指按复利计算的收益率，它是能使未来现金流入现值等于债券买入价格的贴现率。

8.×【解析】应该是敏感性分析。

9.√【解析】无风险利率可以用美国国债利率来代替，金融危机后，市场风险提高，因此要注意重新调整风险溢价。

三、分析与计算题

1.【解析】(1) 发行可转换债券的优点：

①低息成本。公司赋予普通股期望值越高，转债利息越低。

②发行价格高（通常溢价发行），期限灵活性较强。

③减少股本扩张对公司权益的稀释程度（相对于增发新股而言）。

④不需要进行信用评级，可在条件有利时强制转换。

⑤为商业银行和不能购买股票的金融机构提供了一个分享股票增值的机会（通过转债获取股票升值的利益，而不必转换成股票）。

⑥属于次等信用债券。在清偿顺序上，同普通公司债券、长期负债（银行贷款）等具有同等追索权利，但位于公司债券之后，先于可转换优先股、优先股和普通股。

发行可转债券的缺点：

①转股后将失去利率较低的好处。

②若持有人不愿转股，发行公司将承受偿债压力。

③若可转换债券转股时股价高于转换价格，则发行遭受筹资损失。

④回售条款的规定可能使发行公司遭受损失。

⑤牛市时，发行股票进行融资比发行转债更为直接；熊市时，若转债不能强迫转股，公司的还债压力会很大。

(2) 我国上市公司在选择可转债融资方案上有明显的倾向性，资产负债率低，货币资金占流动资产的比重高，净资产/市值比率高的企业明显倾向于选择转债融资。在满足发行可转债条件的公司中，资产净收益率低的企业似乎倾向于发行可转债。企业选择可转债融资方案受流通股比例的影响不明显；通过和增发倾向的比较发现，企业对于运用可转债和增发两种融资工具的选择倾向上有所不同，转债并不是被简单当作股权融资手段的替代。

2.【解析】(1) 对于B公司，股票市场 $S=20$ 亿元 $\times 25=500$ 亿元。

债券市值 $B=100\times 5$ 亿元 $=500$ 亿元。

根据CAPM得 $R_S = R_f + \beta_S \times (R_M - R_f) = 3\% + 1\times 8.5\% = 11.5\%$。

由于债券为平价债券，所以债务资本成本等于债券的票面利率。

$R_{WACC} = \dfrac{S}{B+S}R_S + \dfrac{B}{B+S}R_B(1-t_c) = \dfrac{1}{2}\times 11.5\% + \dfrac{1}{2}\times 4.5\%\times 0.75 = 7.4375\%$。

(2) A公司纯电动车项目与B公司业务同属一个行业，风险相同，所以 R_0 相同。

B公司：$R_S = R_0 + \dfrac{B}{S}\times (R_0 - R_B)(1-t_c) = 11.5\%$，得 $R_0 = 8.5\%$。

又 $R_0 = R_f + \beta_u \times (R_M - R_f) = 8.5\%$，得 $\beta_u = 0.647$。

(3) 一般项目≠公司，但计算 A 公司项目的 WACC 时未告知项目的资本结构，直接用公司的资本结构。

A 公司项目：$R_B = R_f + \beta_B \times (R_M - R_f) = 5\% + 0.3 \times 8.5\% = 5.55\%$。

$R_S = R_0 + \dfrac{B}{S} \times (R_0 - R_B)(1 - t_c) = 8.5\% + 2 \times (8.5\% - 5.55\%) \times 0.75 = 12.925\%$。

$R_{WACC} = \dfrac{S}{B+S} R_S + \dfrac{B}{B+S} R_B (1 - t_c) = \dfrac{1}{3} \times 12.925\% + \dfrac{2}{3} \times 5.55\% \times 0.75 = 7.083\%$。

(4) 题目已告知现金流为税后增量且永续，则

$$\text{NPV} = -100 + \dfrac{5}{7.083\% - 3\%(r-g)} = 22.45 (亿元)$$

该项目为股东带来的价值为 22.45 亿元。

3.【答案】(1) X 公司 2017 年资产增量 $\Delta A = (3\,200 + 3\,600) \times 40\% = 2\,720$（亿元）。

经营性负债增量 $\Delta B = 3\,390 \times 40\% = 1\,356$（亿元）。

留存股利 $\Delta S = 262.5 \times (1 + 40\%) \times (1 - 20\%) = 294$（亿元）。

外部融资需要量 $\text{EFN} = 2\,720 - 1\,356 - 294 = 1\,070$（亿元）。

(2) 公司没有优先股且没有外部股权融资计划，即外部融资依靠债务融资来满足，新的负债权益比为 $\dfrac{3\,390 \times (1 + 40\%) + 2\,700 + 1\,070}{1\,910 + 294} = 3.864 < 4$。

所以，可以实现 40% 的增长。

(3) 限定条件公司采用固定股利支付率政策，也就是股利政策不能变，每年必须保持 20% 的股利支付率。

设最高的增长率为 g，没有外部股权融资且负债权益比不变，可列等式

$$\dfrac{[(3\,200 + 3\,600)g - 3\,390g - 262.5 \times (1 - 20\%) \times (1 + g)] + 3\,390(1 + g) + 2\,700}{1\,910 + 2\,625 \times (1 - 20\%) \times (1 + g)} = \dfrac{6\,090}{1\,910}$$

得 $g = 14.857\%$，所以 2017 年可实现的最高增长率为 14.857%。

(4) 在没有外部股权融资且负债权益比不变的情况下，公司可从以下几个方面提高增长率：

①提高销售利润率。如降低生产成本。

②提高资产周转率。如强化配送管理、账期管理，以加快资产周转速度。

③提高留存比率。分配净利润时，减少股利支付，增大留存比率。

2017年中国人民大学431金融硕士初试真题解析

【金融学】

一、单项选择题

1.【答案】C

【解析】汇率指数作为一种加权平均汇率，主要用来综合计算一国货币对一篮子外国货币加权平均汇率的变动，能够更加全面地反映一国货币的价值变化。有效汇率指数是选取一国的主要贸易伙伴国（地区）货币组成一个货币篮子，将各双边汇率加权平均计算得出的综合反映一国商品国际竞争力的指数。实际有效汇率指数上升代表本国货币相对价值的上升。

2.【答案】B

【解析】世界各国中央银行对货币统计口径划分的基本依据是一致的，都以流动性的大小，也即以流通手段和支付手段的方便程度作为标准。流动性程度较高，形成购买力的能力也较强；流动性程度较低，形成购买力的能力也较弱。

3.【答案】D

【解析】银行存款货币创造机制所决定的存款总额，其最大扩张倍数称为派生倍数，也称为派生乘数。其表达式为 $K=\dfrac{\Delta D}{\Delta R}=\dfrac{1}{r_d+t\times r_t+c+e}$，式中，$r_d$ 表示法定存款准备金率；r_t 为定期存款的法定准备金率；c 为现金漏损额与活期存款总额之比即现金漏损率，也称提现率；e 为超额准备金率。A、B、C三个选项都与货币派生乘数无直接关系。

4.【答案】A

【解析】TED利差在反映市场资金流动性状况、度量投资者风险情绪方面具有重要作用。

通常情况下，当国际金融市场投资者避险情绪上升时，对于市场借贷活动往往要求更高的回报，从而使市场资金供给趋于紧张，造成TED利差扩大。反之，当市场参与者冒险意愿提高时，投资者愿意以较低的利率出借资金，则该利差收窄。可见，利差越大，表明市场资金流动性状况就越紧张，则信贷市场的违约风险上升。

5.【答案】D

【解析】考查货币制度内容。此种考试方法是中国人民大学金融学选择题喜欢出的考法，给出货币制度的内容，选对应的制度；或者给出货币制度，要求选择制度的特点。题干给出的是"双挂钩"（美元与黄金挂钩，其他国家货币与美元挂钩）的内容，这是布雷顿森林体系的内容。关于货币制度部分，建议掌握每种货币制度的存续时点段、制度特点（核心要求）、崩溃原因（牙买加体系暂时未崩溃）。

6.【答案】A

【解析】三角债是人们对企业之间超过托收承付期或约定付款期应当付而未付的拖欠

货款的俗称。三角债是指甲方是乙方的债权人，而乙方是丙方的债权人，丙方没有还给乙方钱，乙方也就没有钱还给甲方，一旦丙方出现财务危机，乙方和甲方也会跟着陷入财务困难。赊销是形成三角债的主要原因之一。商业信用是指企业之间相互提供的、与商品交易直接相联系的信用，包括赊销商品或预付货款等形式。商业信用是整个信用形式的基础（因为商业信用出现的时间最早、规模也最大）。

7. 【答案】D

【解析】1995年，我国明确了对金融业实行"分业经营、分业管理"的体制，因而目前我国商业银行属于职能分工型。就组织形式来说，国有商业银行及其他商业银行都实行总分行制，但代理业务在各行之间相当普遍。

8. 【答案】C

【解析】经济全球化是指贸易、投资、金融、生产等活动的全球化，即生产要素在全球范围内的最佳配置。从根源上说是生产力和国际分工的高度发展，要求进一步跨越民族和国家疆界的产物。经济全球化的先导和首要标志是贸易一体化。故C项正确。

9. 【答案】C

【解析】关于银行同类贷款利率4倍的规定现在已经取消。1991年公布施行的《关于人民法院审理借贷案件的若干意见》中规定：民间借贷的利率可以适当高于银行的利率，各地人民法院可根据本地区的实际情况具体掌握，但最高不得超过银行同类贷款利率的4倍，超出适用此限度的，超出部分的利息不予保护。而2015年施行的《最高人民法院关于审理民间借贷案件适用法律若干问题的规定》已经取代了前述意见，前述意见也同时废止。按照新规定：①借款中年利率24%以内的是合法区间，可申请司法强制执行予以保护；②年利率在24%~36%之间确定为自然债务区，当事人该区间段的利率是不受法律保护的，但债务人自愿支付的，法院不作干涉，债务人也不得反悔要求债权人返还已支付部分的利息；③高于36%的则规定为无效区，法律不予保护，如果债务人请求债权人返还已支付的超过年利率36%部分的利息，法院予以支持。

10. 【答案】C

【解析】本题考查国际金融机构的知识点。世界银行是世界银行集团的简称和国际复兴开发银行的通称，是联合国经营国际金融业务的专门机构，同时也是联合国的一个下属机构。世界银行成立于1945年，1946年6月开始营业，其成立初期的宗旨是致力于战后欧洲复兴。1948年以后转向世界性的经济援助，通过向生产性项目提供贷款和对改革计划提供指导，帮助欠发达成员国实现经济发展。狭义的"世界银行"仅指国际复兴开发银行（IBRD）和国际开发协会（IDA）。所以在四个选项中C项是最佳的，但是C项的表述欠佳，最好的表述应该是"国际复兴开发银行"。

11. 【答案】C

【解析】本题考查货币的职能及其具体体现形式。结束流通过程的货币发挥支付手段职能。作为价值的独立运动形式进行单方面转移，执行支付手段职能的货币必须是现实的货币，即仅仅有货币的单方面流通，没有对应商品的同时流通。支付手段常出现的领域有延期付款、工资、劳动报酬、赋税、地租、借贷、国家财政和银行信用。

12. 【答案】A

【解析】通过题干关键词"交易所"可知，这属于场内交易，场内交易都是采用中央交易对手结算。所以答案为A项。

13. 【答案】B

【解析】考查货币政策规则的派别思想，需要有一定的知识储备。A项，古典经济学是古典学派的研究对象，主要涉及经济成长动力，反对重商主义，强调经济自由的思想。B项，理性预期学派认为国家干预经济的任何措施都是无效的。要保持经济稳定，就应该听任市场经济的自动调节，反对任何形式的国家干预。C项，凯恩斯主义主张国家采取扩张性政策，认为权衡性货币政策是有效的。D项，后凯恩斯主义对原凯恩斯主义进行修正和发展，将凯恩斯短期、比较静态分析拓展为长期、动态化分析。

14. 【答案】C

【解析】2015年5月1日起，存款保险制度在中国正式实施。《存款保险条例》第五条规定了存款保险被告限额偿付，最高偿付限额为人民币50万元。中国人民银行会同国务院有关部门可以根据经济发展、存款结构变化、金融风险状况等因素调整最高偿付限额，报国务院批准后公布执行。

15. 【答案】D

【解析】本题考查中央银行的运作机制问题。扩大资产业务并不以负债的增加为前提，是中央银行特有的权力。中央银行在国内信用交易的范围内没有类似存款货币银行的准备存款，也没有任何一个在它之上的机构可以保存它的存款；中央银行也不需要通货库存，通货就是它印制和铸造的。中央银行扩大了资产业务，必然相应地形成存款货币银行的准备存款和货币发行——资产负债必然平衡。所以本题答案为D项。

16. 【答案】C

【解析】到期收益率（Yield to Maturity，YTM）是使一个债务工具未来支付的现值等于当前价值的利率。当期收益率是债券的年息除以债券当前的市场价格所计算出的收益率。它并没有考虑债券投资所获得的资本利得或损失，只衡量债券某一期间所获得的现金收入相较于债券价格的比率。当前（期）收益率＝债券年利息/价格。

17. 【答案】C

【解析】在期权合约中，执行价格越高，价格高于执行价格的可能性越小，意味着买入看涨期权最后获利的可能性比较小，所以期权费越低；而价格低于执行价格的可能性越大，意味着买入看跌期权最后获利的可能性比较大，所以期权费越高。

对于看涨期权的买方，市场价格高于执行价格时才会行权，即以执行价格买入标的物，然后以市场价格卖出，从而赚取差价。但现实中没那么麻烦，通常直接结算差价。当市场价格低于执行价格时不行权，此时损失期权费。

对于看跌期权的买方，当市场价格低于执行价格时才会行权，即以市场价格买入标的物，然后以执行价格卖出，从而赚取差价。但现实中没那么麻烦，通常直接结算差价。当市场价格高于执行价格时不行权，此时损失期权费。

18. 【答案】A

【解析】这道题确切的提法是"下列不属于低风险的商业银行中间业务的是"。四个选项中，银行承担风险大小的顺序依次为：备用信用证＞承兑＞汇兑＝代收（无风险）。其中承兑也是有风险的，只是风险相对较低，即最后银行因为零星客户承兑出现损失后，银行有很大把握从客户那里追加损失。而备用信用证是当客户不能到期偿还债务时替客户偿还的一种行为，既然客户都已经不能偿还了，所以银行替代还款后，能从客户那里追加损失的可能性相对较小。

19. 【答案】C

【解析】$M_s = m \times B, m = \dfrac{\dfrac{C}{D}+1}{\dfrac{C}{D}+\dfrac{R}{D}}$。

（1）B 取决于中央银行根据货币供给的意向而对公开市场业务、贴现率和法定准备率的运用。同时，存款货币银行向中央银行的借款行为也对 B 起作用。

（2）C/D 取决于居民、企业的持币行为。

（3）R/D 是由法定准备率 r_d 和超额准备率 e 两者构成的，特别是其中的 e，取决于存款货币银行的行为。企业行为既有力地作用于 R/D，也间接影响 B 的形成。

企业是贷款的主要需求者，存款货币银行能创造存款货币必须有企业愿意贷款，否则将无法创造。企业的行为会有力地影响 R/D，同时企业的持币行为也会直接影响 C/D。

20. 【答案】D

【解析】本题考查基金的分类。按照基金的投资品种划分，基金可以分为债券基金、股票基金、混合基金与货币市场基金。债券基金专门投资于债券类资产，收益和风险较低。股票基金专门投资于风险较高的股票资产。混合型基金则综合了债券基金与股票基金的特点，既投资于债券，又投资于股票。货币市场基金是投资货币市场金融产品的基金，专门从事商业票据、银行承兑汇票、可转让大额定期存单的买卖。

21. 【答案】A

【解析】当今世界大多数国家都实行中央银行制度，各国的中央银行或类似于中央银行的金融管理机构均处于金融体系的核心地位，对整个国民经济发挥着宏观调控作用。真正最早全面发挥中央银行功能的是英格兰银行。成为中央银行的决定性的第一步是基本垄断货币发行权，"最后贷款人"原则的提出确立了中央银行在整个金融体系中的核心和主导地位。

22. 【答案】B

【解析】美国联邦基金利率（Federal Funds Rate）是指美国同业拆借市场的利率，其最主要的是隔夜拆借利率。这种利率的变动能够敏感地反映银行之间资金的余缺，美联储瞄准并调节同业拆借利率就能直接影响商业银行的资金成本，并且将同业拆借市场的资金余缺传递给工商企业，进而影响消费、投资和国民经济。联邦基金利率是银行间的贷款利率，而不是美联储向银行贷款的利率。多数情况下，美联储并不直接向银行贷款，而是通过公开市场操作来影响联邦基金利率。

23. 【答案】B

【解析】理论上，在论证银行存在必要性时：从"参与成本"的角度剖析，传统理论认为银行存在的依据是交易成本和信息的不对称，即市场的不完全性或市场摩擦的存在。交易成本和信息不对称的明显下降理应带来投资者直接参与市场比例的增大。然而实际却是个人直接持股比例减少，中介持股比例增加。其原因在于金融创新的进程越来越快，风险交易和风险管理操作要求有很高的专业性，获取和使用这些专业知识和技能都要付出参与成本。注意题目问的是理论上，故选择 B。

24. 【答案】B

【解析】设半年期的利率为 r，由 $95 \times (1+r) = 100$，得 $r = 100/95 - 1 = 5.26\%$，一年

期利率为 R，则有 $(1+r)^2-1=R$，得 $R=10.8\%$。

25. 【答案】A

【解析】评级下调，信用风险加大，公司需要以更高的票面利率发行债券才能发得出去。

26. 【答案】B

【解析】银行具有吸收存款和发放贷款功能，通过吸收存款功能，聚少成多，聚沙成塔；通过贷款的形式把短期资金借贷给企业长期使用，其实就是期限的调配，但监管上不欢迎银行总是吸收短期存款来发放长期贷款，因为期限错配严重时易导致银行出现流动性危机，对存款人不利。而资本市场（股票、债券市场）吸收的多数都是长期资金，货币市场投资多是短期证券，这两者都较难续短为长。

27. 【答案】B

【解析】不管国债还是银行存款，其实都相当于借入投资者的钱，未来都需要偿还。国债的还款对象是国家，存款的还款对象是银行。就信用风险来说，国家的信用风险是小于银行的，在我国，银行是国有的，所以我国的银行信用背后其实是国家信用在兜底。所以 A 项的违约风险（信用风险）理论上是一样的。B 项，因为国债不是想卖就能卖的，需要在规定的时间去专门的场所才能变现，而存款可以说是随时能变现（找个 ATM 机即可）。C 项，存款的政策风险更高，政府在必要的情况下可能会打破刚性兑付，不再兜底。D 项，通货膨胀风险属于系统性风险，其实都是一样的，不会因为买了国债，投资者所遭受的通货膨胀风险就小。

28. 【答案】B

【解析】收益率高于 CAPM 计算结果，说明同等风险下该股票收益更高，它降落在 SML 线上方。收益高还说明该股票被低估，因此投资者应该买入。

29. 【答案】C

【解析】向中央银行出售债券，即中央银行向非银行公众发行人民币，人民币属于中央银行的负债，所以中央银行的负债增加 1 万元，资产也相应增加 1 万元（债券）；将所得钞票存入商业银行时，商业银行的负债增加 1 万元，只有当商业银行把这 1 万元钞票运用出去才会形成资产业务。

30. 【答案】A

【解析】2015 年 4 月 15 日截止日过去半个月后，亚洲基础设施投资银行（简称亚投行，AIIB）的意向创始成员国名单终于落地，共 57 国。G7 国家中的美国、日本暂未加入。因为亚投行实质上与亚洲开发银行有竞争关系，在亚洲开发银行按各国投票权排名，中国是第三位（5.45%），日本和美国并列第一（12.78%）。在这个组织中都是第一大出资国，日、美拥有一票否决权。

二、名词解释

1. 【解析】资本市场是交易期限在 1 年以上的长期金融交易市场，主要满足工商企业的中长期投资需求和政府弥补财政赤字的资金需要，包括长期借贷市场和长期证券市场（股市＋债市＋基金市场）。与货币市场相比，资本市场特点主要有融资期限长、流动性相对较差、风险大而收益较高、资金借贷量大、价格变动幅度大。

2. 【解析】基础货币也称高能货币，具有使货币供应总量成倍放大或收缩的能力，是中央银行发行的债务凭证,表现为商业银行的存款准备金(R)和公众持有的通货(C)。基础货币是整个商业银行体系创造存款货币的基础,是整个商业银行体系的存款得以倍数扩张的源泉。基础货币直接表现为中央银行的负债,在市场经济国家中,基础货币的数额占中央银行负债总额的绝大比重。

3.【解析】欧洲美元是指流通于美国境外的美元,存在于欧洲货币市场,不由美国境内金融机构监管,不受美联储相关银行法规、利率结构的约束。历史上,这样的储备主要由欧洲的银行和财政机关持有,因而命名为"欧洲美元"。中国的外汇储备也被称为欧洲美元。欧洲货币市场是欧洲美元流通的市场,属于离岸金融市场。

4.【解析】购买力平价由瑞典经济学家古斯塔夫·卡塞尔提出。两种货币的汇率应由两国倾向购买之比决定,货币购买力实际是一般物价水平的倒数,所以,汇率实际是由两国物价水平之比决定的。以绝对购买力平价解释汇率的决定基础,以购买力平价解释汇率变动的内在规律。绝对购买力平价可表示为:$r=P_A/P_B$,式中,P_A 为 A 国物价总指数,P_B 为 B 国物价总指数,汇率 r 为两国物价总指数之比。相对购买力平价表示为:$r_1 = r_0 \times \dfrac{P_{A_1}/P_{B_1}}{P_{A_0}/P_{B_0}}$,式中,$r_0$ 为基期汇率,r_1 为某一时期汇率,P_{A_1}/P_{A_0} 和 P_{B_1}/P_{B_0} 分别为 A、B 两国在基期和某一时期的物价指数。在这里,汇率反映两国相对物价指数变化之比。

5.【解析】回购协议(Repurchase Agreement)广义上是指有回购条款的协议。狭义上是指在回购协议市场出售证券等金融资产时签订的协议,约定在一定期限后按原定价格或约定价格购回所卖证券,以获得即时可用资金;协议期满时,再以即时可用资金作相反交易,回购协议从即时资金供给者的角度来看又称为"反回购协议"。

回购协议方式具有以下特点:①将资金的收益与流动性融为一体,增大了投资者的兴趣。②增强了长期债券的变现性,避免了证券持有者因出售长期资产以变现而可能带来的损失。③具有较强的安全性。④较长期的回购协议可以用来套利。

6.【解析】宏观审慎监管包括三个方面:一是识别系统风险,即发现、监测和计量系统性风险及其潜在影响;二是降低系统性风险的发生概率,即通过提高监管标准和采取针对性监管措施等,预防系统性风险爆发;三是缓解对金融体系和实体经济的溢出效应,即在系统性风险爆发后,限制破坏的程度和范围,尽可能降低经济损失。其核心是要求银行在经营状态良好时积累缓冲以备不时之需,通常包括资本留存缓冲和逆周期资本缓冲。建立宏观审慎框架将有助于降低银行乃至整个金融体系的顺周期性,进而增强金融体系应对系统性风险的能力。

宏观审慎监管是为了维护金融体系的稳定,防止金融系统对经济体系的负外部溢出而采取的一种自上而下的监管模式。它关注金融系统性风险的部分内生性特征,关注横向与时间两个维度。其中,横向维度关注因金融机构之间的相关性与同质性而产生的共同风险敞口问题;时间维度方面则关注如何抑制金融体系内在的顺周期特征。

7.【解析】贷款五级分类制是指商业银行依据借款人的实际还款能力进行贷款质量的五级分类,即按风险程度将贷款划分为五类:正常、关注、次级、可疑、损失,后三种为不良贷款。

①正常类:借款人能够履行合同,有充分把握按时足额偿还本息。

②关注类:尽管借款人目前有能力偿还贷款本息,但存在一些可能对偿还贷款本息产生不利影响的因素。

③次级类:借款人的还款能力出现明显问题,完全依靠其正常收入无法足额偿还贷款

本息。

④可疑类：借款人无法足额偿还贷款本息，即使执行抵押或担保，也肯定会造成一部分损失。

⑤损失类：在采取所有可能的措施和一切必要的法律程序后，本息仍然无法收回，或者只能收回极少部分。

8.【解析】商业银行的资产业务是指将自己通过负债业务所聚集的货币资金加以运用的业务，是取得收益的主要途径。商业银行盈利状况如何，经营是否成功，在很大程度上取决于资金运用的结果。商业银行的资产业务一般包括贷款、贴现、证券投资、金融租赁，其中以贷款和投资最为重要。

三、简答题

1.【解析】对商业银行而言，商业银行有 5 亿元存款，准备金率为 10%，降准前商业银行无超额准备金，即降准前商业银行资产中有 0.5 亿元的法定准备金和 4.5 亿元贷款，此时，商业银行的简化资产负债表如表 1 所示。

表 1　降准之前的简化商业银行资产负债表

资产项目	负债项目
法定存款准备金（0.5 亿元）	存款（5 亿元）
贷款（4.5 亿元）	
总资产（5 亿元）	总资产（5 亿元）

降准后，法定准备金率从 10% 下降到 8%，商业银行有了 2%（10%−8%）的超额准备金，超额准备金大小＝5 亿元×2%＝0.1 亿元，此时商业银行的简化资产负债表如表 2 所示。

表 2　降准贷款之前的简化商业银行资产负债表

资产项目	负债项目
法定存款准备金（0.4 亿元）	存款（5 亿元）
超额存款准备金（0.1 亿元）	
贷款（4.5 亿元）	
总资产（5 亿元）	总负债（5 亿元）

银行贷出去 75% 的超额准备金，即贷出 750 万元给客户 A 后，如果 A 客户拿到 750 万货款直接使用，同时后续接到这笔资金的人都不把钱存到银行，商业银行的简化资产负债表变化如表 3 所示。

表 3　降准贷款之后的简化商业银行资产负债表

资产项目	负债项目
法定存款准备金（0.4 亿元）	存款（5 亿元）
超额存款准备金（0.025 亿元）	
贷款（4.575 亿元）	
总资产（5 亿元）	总负债（5 亿元）

如果客户 A 拿到 750 万元后存到银行，银行的存款增加 750 万元，银行又可以将这 750 万元贷出去给客户 B，这个过程不断循环，每一次吸收存款、发放贷款，商业银行都需要向中央银行缴纳 8% 的准备金，最终商业银行的存款增加了 750÷8%＝9 375（万元），法定准备金增加 750 万元，贷款增加 8 625 万元，资产负债表如表 4 所示。

表 4　降准多次贷款之后的简化商业银行资产负债表

资产项目	负债项目
法定存款准备金（0.475 亿元）	存款（5.937 5 亿元）
超额存款准备金（0.025 亿元）	
贷款（5.437 5 亿元）	
总资产（5.937 5 亿元）	总负债（5.937 5 亿元）

所以，降准一般会增加货币派生创造，扩张商业银行资产负债表。

对中央银行而言，降低法定准备金率之前中央银行简化资产负债表如表 5 所示。

表 5　降准之前的简化中央银行资产负债表

资产项目	负债项目
国外资产	商业银行的法定存款准备金（5 000 万元）
对政府债权	
对其他存款性公司债权	
其他资产	
总资产（5 000 万元）	总负债（5 000 万元）

降准之后，商业银行贷款出去 750 万元，如果直接形成现实流通中的现金，中央银行的资产负债表如表 6 所示。

表 6　降准之后的简化中央银行资产负债表

资产项目	负债项目
国外资产	商业银行的法定存款准备金（4 000 万元）
对政府债权	商业银行的超额准备金（250 万元）
对其他存款性公司债权	流通中的现金（750 万元）
其他资产	
总资产（5 000 万元）	总负债（5 000 万元）

即中央银行的任何资产业务均会有商业银行的准备存款和通货发行之和与之对应。

降准之后，商业银行贷款出去 750 万元，如果未直接形成现实流通中的现金，最终结果是降准释放出来的资金总是会以法定存款准备金或超额准备金的形式重新存放在中央银行，中央银行的资产负债表变化如表 7 所示。

表 7　降准之后的简化中央银行资产负债表

资产项目	负债项目
国外资产	商业银行的法定存款准备金（4 750 万元）
对政府债权	商业银行的超额准备金（250 万元）
对其他存款性公司债权	流通中的现金
其他资产	
总资产（5 000 万元）	总负债（5 000 万元）

因此，降准最终是否会影响中央银行资产负债表规模，还要结合中央银行的公开市场操作来看，如果中央银行将在公开市场卖出证券、回笼货币和降准相结合，则有可能导致中央银行资产负债表规模减小。

2.【解析】泰勒（Taylor）规则是常用的简单货币政策规则之一，由泰勒于1993年针对美国的实际数据提出。泰勒规则描述了短期利率如何针对通货膨胀率和产业变化调整的准则，其从形式上来看非常简单，但对后来的货币政策规则研究具有深远的影响。泰勒规则启发了货币政策的前瞻性。如果中央银行采用泰勒规则，货币政策的抉择实际上就具有了一种预承诺机制，从而可以解决货币政策决策的时间不一致问题。只有在利率完全市场化的国家才有条件采用泰勒规则。

泰勒规则论证了美联储联邦基金利率的确定应取决于四个因素：一是当前的通货膨胀率；二是均衡实际利率；三是现实的通货膨胀率与目标通货膨胀率之差；四是现实的GDP产出与潜在GDP产出之差。一般方程是：$r = p + r^* + a(p - p^*) + by$。式中，$p$ 为通货膨胀率；r^* 为均衡的实际联邦基金利率；$(p - p^*)$ 为通货膨胀缺口；y 为产出缺口；a 和 b 分别为通货膨胀缺口和产出缺口的权重（一般均规定为1/2）。

泰勒规则的大致思路是：①存在通货膨胀，那么联邦基金利率的基准利率应是均衡利率加上通货膨胀率。②现实的经济生活不可避免地伴随有一个低的通货膨胀率，可视为潜在通货膨胀率，是控制通货膨胀率的目标。如果现实的通货膨胀率高于目标通货膨胀率，那么联邦基金利率应从基准利率相应调高，以抑制通货膨胀；反之，则应从基准利率相应调低。③现实产出高于潜在产出，说明经济偏热，联邦基金利率应从基准利率相应调高，以抑制经济过热；反之，则应从基准利率相应调低，以促成可能的潜在产出得以实现。

四、论述题

【解析】（1）影响利率的因素。利率指一定时期内利息与本金的比率，是决定利息多少的因素与衡量标准。利率作为资金的价格，决定和影响的因素很多、很复杂，利率水平最终是由各种因素的综合影响所决定的。首先，利率分别受到产业的平均利润水平、货币的供给与需求状况、经济发展状况的决定因素的影响。其次，又受到物价水平、利率管制、国际经济状况和货币政策的影响。最后，具体到某一笔借贷或融资，利率还会受到违约风险、流动性风险、期限因素、税收因素的影响。

（2）利率变化对投资规模的影响。一般认为利率降低会增加投资规模。这是因为，利率对投资规模的影响是作为投资的机会成本对社会总投资产生的影响，在投资收益不变的条件下，因利率上升而导致的投资成本增加，必然使那些投资收益较低的投资者退出投资领域，从而使投资需求减少。相反，利率下跌则意味着投资成本下降，从而刺激投资，使社会总投资增加。

（3）利率变化对投资结构的影响。投资结构主要是指用于国民经济各部门、各行业以及社会生产各个方面的投资比例关系。利率作为调节投资活动的杠杆，不但决定投资规模，而且影响投资结构。

通常而言，利率水平对投资结构的作用必须依赖于预期收益率与利率的对比关系，资金容易流向预期收益率高的投资活动，而预期收益率低于利率的投资，往往由于缺乏资金而无法进行。从短期来看，利率的变动会引起投资结构的调整。短期利率越高，投资越会集中于期限短、收益高的项目，当短期利率超高时，可能大部分资金会流向证券业等投机性强的行业，流向生产性企业的较少。

在解释利率变化对投资结构影响的时候也可以借助一些金融发展理论的观点。戈德史密斯、麦金农和肖等人开创了金融发展理论，随着金融发展理论的实证和扩展研究，该理论逐步完善，形成了麦金农－肖学派，主要代表人物还有卡普尔（Kapur）、加尔比斯（Galbis）、弗赖（Fry）和马西森（Mathieson）等。

在这里主要介绍加尔比斯的两部门模型，加尔比斯在《欠发达国家的金融中介与经济增长：一种理论探讨》中，在吸收麦金农的基本理论和政策主张之后，运用两部门模型来分析资源配置和经济增长之间的关系以及金融中介如何影响资源配置，借以验证利率管制和经济增长的关系。加尔比斯假设整个经济由两个部门组成，部门Ⅰ是落后或低效率的部门，部门Ⅱ是现代的或技术先进的部门，部门Ⅰ必须借助内源融资进行投资，部门Ⅱ可以借助银行体系得到资金支持。加尔比斯通过研究发现，在社会资源一定的条件下，改进金融中介储蓄和投资的配置机制，使社会资源由生产效率低的部门转向生产效率高的部门，可加速整个经济的增长和发展。加尔比斯认为欠发达国家投资机会是充足的，因而对投资资源的需求必然大大超过供给。如何提高有限的投资资源的使用效率，关键在于金融中介如何通过贷款活动进行资金分配。加尔比斯发现，部门Ⅱ能够取得多少银行借款取决于部门Ⅰ的金融储蓄，部门Ⅰ的金融储蓄在相当程度上取决于存款的实际利率。因此提高存款的实际利率有利于减少部门Ⅰ的低效率投资而相应增加部门Ⅱ的高效率投资，从而能在社会资源一定的条件下，加速整个经济的增长，改善投资结构。

【公司理财】

一、单项选择题

1.【答案】D

【解析】公司的组织形式有如下几种：有限合伙制目前成为世界范围内最广泛采取的私募股权基金组织形式，主要原因在于其具备的出资与管理有效分离和约束与激励并存的特点能产生高效率、低成本、降风险的优势。LP 和 GP 是私募基金组织形式里的有限合伙里面的两种当事人形态，由发起人（一般是专业的基金管理团队，具有丰富的管理经验和市场运作经验）担任一般合伙人（GP），投资人担任有限合伙人（LP）。在法律上，一般合伙人需承担无限法律责任，有限合伙人承担以投资额为限的法律责任。一般合伙人也扮演基金管理人的角色，除收取管理费外，依据有限合伙的合同享受一定比例的利润。有限合伙企业中的管理者因为要承担无限责任，其跟公司制企业里管理者（仅仅管理公司，一旦出问题由股东承担）有本质差别，所以有限合伙制企业的代理问题比公司制企业的要轻。

2. 【答案】E

【解析】计算公式为

$EFN=$ 增加的经营资产－增加的经营负债－可动用的金融资产－留存收益增加
　　　$=$（经营营运资本增加＋净经营性长期资产增加）－可动用的金融资产－留存收益增加
　　　$=280-230+200-125-100-250×50\%=50+75-100-125$
　　　$=-100$（亿元）。

3. 【答案】C

【解析】自由现金流量就是企业产生的、在满足了再投资需要之后剩余的现金流量，这部分现金流量是在不影响公司持续发展的前提下可供分配给企业资本供应者（股东和债权人）的最大现金额。

计算企业价值时用 FCFF，即课本上的 CF(A)，其中 $CF(A)=CF(B)+CF(S)$。

财务现金流量$=CF(A)=$经营性现金流量(OCF)－资本性支出－净营运资本的增加。

A 项，经营性现金流量下降，即 OCF 下降，自由现金流量降低。B 项，销售收入预测额提高，$OCF=EBIT+D-T=$销售收入－现金成本－税收，销售收入提高，OCF 增加，自由现金流量增加，但因为销售额是预测的，并不一定能实现。C 项，利息费用提高，流向债权人的现金流增加，自由现金流量增加。D 项，所得税税率提高，OCF 减少，自由现金流量降低。E 项，净营运资本提高，净营运资本的增加会变大，自由现金流量降低。

4. 【答案】B

【解析】可持续增长率是指公司在没有外部股权融资且保持负债权益比不变的情况下可实现的最高增长率，是在没有提高财务杠杆的情况下达到的最大增长率。公式为

$$可持续增长率=\frac{ROE×b}{1-ROE×b}（b\ 为留存比率）$$

$$ROE=销售利润率×总资产周转率×权益乘数$$

则可持续增长率的决定因素：①销售利润率；②总资产周转率；③融资政策（财务杠杆）；④股利政策（留存比率）。

A 项，股利支付比率增加，b 减小，可持续增长率降低。B 项，产品毛利率增加，销售利润率增加，ROE 增大，可持续增长率提高。C 项，存货周转率下降，意味着企业商品销售可能出现困难，导致资产周转率也会下降，ROE 下降，可持续增长率降低。D 项，财务杠杆下降，权益乘数下降，ROE 下降，可持续率降低。

5. 【答案】E

【解析】A 项，盈利能力涉及营业收入的稳定性问题，需要考虑。B 项，公司资产类型，需要考虑。C 项，控股股东是否是国有性质，这涉及出现困境时政府救助的可能性，因为国有企业出现困境时，政府会出手相助，所以一般国有企业的债务水平比较高，民营企业的债务水平相对较低，所以需要考虑。D 项，行业平均负债率水平，一般同一个行业的公司，大家会相互参考平均水平，因为无论如何债务融资还是比权益融资容易且成本低一点，债务水平低的公司会充分利用融资优势做大规模，债务水平高的公司可能比较难融到资金，到期偿还债务后被迫降低债务水平。所以 A、B、C、D 四个选项的内容都需要考

虑，答案为 E 项。

6.【答案】E

【解析】当发生财务困境时，股东、债权人之间的利益冲突扩大，给公司增加了代理成本（债务的代理成本：出现财务困境时公司实际上是归属债权人，但是代表股东的管理层在管理公司）。

三种损害债权人的利己（有利于股东）策略为：①冒高风险的动机，濒临破产的公司常常喜欢冒巨大的风险。金融学家们认为股东凭借高风险项目的选择来剥夺债权人的价值。②倾向于投资不足的动机，具有相当大破产可能性的公司的股东发现新投资经常以牺牲股东利益为代价来补偿债权人，财务杠杆导致投资政策扭曲。无杠杆公司总是选择净现值为正的项目，而杠杆公司可能偏离该政策，放弃投资 NPV>0 的项目。③撇脂，财务困境时支付额外股利或其他分配项目（提高员工福利、处置优良资产），因此剩余给债权人的较少。实际上是通过股利收回权益。

7.【答案】D

【解析】注意题目限定的条件是半强式有效市场，关于有效市场的题目，一定要注意前提条件。有效市场假说对公司理财的意义：价格反映了根本价值；财务经理不能很好地选择股票和债券的销售时机；管理者不能从外币投机中获利；管理者不能通过改变会计方法（盈余管理）来提升股票价格。

C 项，在半强式有效市场中技术分析无效，注重公司基本面分析的投资者不能获取超额利益。D 项，半强式有效市场反映了所有公开信息，投资者不可以利用公司刚刚公布的信息赚取超额收益。E 项，半强式有效市场反映了所有公开信息，但未反映内幕消息，所以拥有内幕消息的投资者可以获得超额利益。

8.【答案】B

【解析】A 项，分红比例不高，留存收益逐年累积，说明留得多，不缺钱，不用借款。B 项，白酒类企业不适合负债经营，其实这与现实不符，通过查阅上市白酒企业年报，除茅台外的白酒企业，都有不少银行借款。C 项，投资机会少，找不到用钱的地方，不向银行借款。D 项，公司厌恶银行借款带来的约束，因为借款了就得提供各种数据，资金的运用也时刻受到监督，这也是很多企业不愿意使用债务的原因之一。E 项，公司现金流充裕，不缺资金，钱多，不向银行借款。

9.【答案】B

【解析】正常条件下，公司的税后现金流流向了股东和债权人（利息是税前的，但本金的偿还是用税后利润）。公司增加债务，债务利息税前扣除，减少了流向税务部门的现金流，但债权人获得的是固定利息，不会因为债务的增加而增加，所以提高负债权益比可增加的公司价值全部归股东所有。

根据有税的 MM 定理 II，$R_S = R_0 + \dfrac{B}{S} \times (R_0 - R_B) \times (1-t_c)$。通过公式可以看出，$\dfrac{B}{S}$ 增大，R_S 会增大，而 R_B 始终不变，即增加债务的风险由股东来承担，由此带来的收益也由股东获得。

10.【答案】E

【解析】现金的股利增加一般是市场所欢迎的，但是公司增加股利有各式各样的原因，向市场传递了不同的消息。A 项，未来盈利增长且有可持续性，公司有能力增加现金股利。B 项，未来现金流增加，不用担心未来有新项目的时候找不到资金。C 项，为股东考虑，近期缺乏投资机会，把钱给股东，股东自己寻求投资机会。D 项，公司由成长期进入成熟期，进入成熟期后公司可能不用钱了，所以把赚的钱都发给股东，所以以上都有可能。

二、判断题

1. × 【解析】为培育市场提高份额，滴滴、Uber 大量补贴乘客，造成巨额亏损，这种亏损是由扩大市场份额带来的，公司可能会因此在日后获得巨大且为正的现金流，从而实现股东价值最大化的财务管理目标。

2. × 【解析】资本预算是一种长期投资决策，不能因为某个模型短期显著性更强就推测它长期也适用。故本题判定错误。

3. × 【解析】当企业只有一个投资项目可选择时，即使项目 NPV 远大于 0，我们也要考虑这个项目带来的副效应（价值调整），综合考虑后再决定是否投资该项目。如果综合考虑后的 NPV 仍然大于 0，那么就可以接受，否则拒绝。

4. × 【解析】IRR 是使项目净现值为 0 的贴现率，反映了项目的内在价值。IRR 不受资本市场利息率的影响，而是取决于项目的现金流量，是每个项目的完全内生变量。由于其特有的优点，故在资本预算实务中会被经常使用。

5. × 【解析】投资者选择持有多只股票而非单一股票的理论基础是多元化可以降低非系统性风险。系统性风险不能通过多元化分散掉，在一个均匀市场中投资者获得风险补偿仅是系统性风险的补偿，因为非系统性风险能够通过多元化分散掉，市场不会给予任何补偿。

6. × 【解析】证券市场线 SML：$R = R_f + b(R_m - R_f)$，单个证券代入单个证券，组合代入组合即可，即同时适用于单个证券和投资组合。但资本市场线 CML，仅适用于投资组合，CML 所要解决的是一个资本的分配问题，既然是分配就涉及组合的问题。

7. × 【解析】可转换公司债券的票面利率经常比同等级的普通债券票面利率低很多，主要是因为可转换公司债务在未来满足条件的情况能转换成股票，且这种转换一般是对债权人有利的（低于股票市场价格转换成股票）。债权人获得的这部分收益其实是由原有股东转移过去的，因为当真的发生转换时，会增加流通中的股票数量，股票价格一般会下降，因为公司未来的现金流是既定的，股票数量多了以后，每股对应的现金流减少了，价格就会下跌。如果债转股时，债权人获得收益非常大，那么公司的融资成本其实是很高的，所以可转换债券不见得是成本很低的融资。

8. × 【解析】所谓价值股（Value Stock），是指相对于它们的现有收益，股份被低估的一类股票。这类股票通常具有低市盈率（P/E）与市净率（P/B）、高股息的特征。注意分析逻辑，低市盈率是价值股的特征之一，但低市盈率不一定是价值股，有可能是某些非系统性风险导致的。

9. √ 【解析】据《优先股试点管理办法》规定，公司累计三个会计年度或连续两个会计年度未按约定支付优先股股息的，股东大会批准当年不按约定分配利润的方案次日起，优先股股东有权出席股东大会与普通股股东共同表决，每股优先股股份享有公司章程规定的一定比例的表决权，即优先股股东在特定情况下可拥有与普通股股东同等的表决权。

10. √ 【解析】上市公司通过高比例分配等方式将总股本扩大，将股份通过除权、除息拉低，可以提高流动性。股票流通性好的上市公司，如果业绩优良，往往容易得到机构投资者的青睐。

三、分析与计算题

1.【解析】(1) 优点：资金来源广。债券市场投资者众多，资金供给量大；债券流动性好，因此发行债券往往能获得更长期限的融资。例如永续债。银行限于风险管理的需要，长期贷款期限往往较长期债券期限更短。债券融资的条款设置可以更主动，可以制定一些有利于公司的条款，规避许多贷款协议中对公司经营发展不利的条款。

缺点：

①融资成本高，债券的投资回报一般高于银行贷款利率。

②发行成本高，需要向投资银行支付手续费。

③企业从银行融资，当企业陷入资金周转困境时，企业可以与银行协商，银行可能追加投资帮助企业渡过困境。债券筹资面向的投资者范围广，面临困境时可能只能走破产清算这条路。

④债券筹资由于缺乏监管，可能不得不签订一些保护性条款，限制了企业的行为。

⑤通过债券进行融资必须公开财务信息，可能不利于企业的某些投资操作。

此处提供相应缺点的分析，与之形成对比，更容易理解。

(2) 当前市场利率低，预期未来市场利率上升，融资成本增加，因此企业应该发行长期债券，可以将较低的利率锁定在一个较长的时期。其一，在长期内，企业所负担的利息费用较低，可以降低企业的成本；其二，如果将来市场利率升高，则企业发行了债券的市场价值下降，企业可以以较低的价格赎回债券，相当于获得了一个净现值为正的融资机会；其三，长期债券能够筹集长期稳定的资金，目前发行的企业债券期限多在10年到20年之间，相对目前的银行5年长期贷款期限而言，有利于企业融资结构的稳定；其四，发行债券还可以提高发债企业的知名度，扩大发债地区的影响。企业通过发行债券向全国的机构和个人投资者募集资金，将为发债企业在全国范围内做一次很好的宣传，充分展示发债企业雄厚的综合经济实力。

但是也要结合企业具体的资金需求量、投资收益率、利率期限结构以及市场对未来利率变动的预期。最重要的还要结合企业现金流状况，做到与投融资的期限相匹配，减小流动性风险。

2.【解析】(1) 权益 $S=50\times 5=250$（亿元），负债 $B=250\times 3=750$（亿元），公司价值 $V_L=B+S=1\,000$（亿元）。

权益资本成本 $R_S=R_f+\beta_S\times(R_M-R_f)=2\%+1.7\times 10\%=19\%$。

负债资本成本 $R_B=R_f+\beta_B\times(R_M-R_f)=2\%+0.4\times 10\%=6\%$。

$R_{\text{WACC}}=\dfrac{S}{V_L}\times R_S+\dfrac{B}{V_L}\times R_B\times(1-T_C)=\dfrac{250}{1\,000}\times 19\%+\dfrac{750}{1\,000}\times 6\%\times(1-25\%)=8.125\%$。

(2) 根据有税的 MM 定理 II，有

$R_S=R_0+\dfrac{B}{S}\times(R_0-R_B)(1-T_C)$，即 $19\%=R_0+3\times(R_0-6\%)\times(1-25\%)$

得 $R_0=10\%$。

再根据 CAPM 可知，$R_0=R_f+\beta_u\times(R_m-R_f)$，即 $10\%=2\%+\beta_u\times 10\%$，得 $\beta_u=0.8$。

（3）当前公司：权益 $S=50\times 5=250$（亿元），负债 $B=250\times 3=750$（亿元），公司价值 $V_L=B+S=1\,000$（亿元）。

当公司将 250 亿元债务转换为股票时，公司税盾将减少：$B\times T_C=250\times 25\%=62.5$（亿元）。

当债转股消息宣布时，公司价值会立刻做出调整（何时真正转股不重要），即减少的税盾立刻反映在股份上，所以公司的权益减少 62.5 亿元，$S_{新}=250-62.5=187.5$（亿元），此时每股价格 $P=S_{新}/50=3.75$ 元。

（4）当真正进行债转股时，由于消息已经在公布全新转股消息时反映在股份上了，即真正债转股时公司股份不会再发生变化，因此股票价格还是 $P=3.75$ 元，即 250 亿元的债务是按照此价格转换为股票的。

债转股后，$R_B=R_f+\beta_B\times(R_M-R_f)=2\%+0.3\times 10\%=5\%$。

此时，$S'=250-62.5+250=437.5$（亿元），$B'=750-250=500$（亿元），$V'_L=B'+S'=937.5$ 亿元。

$R_S=R_0+\dfrac{B}{S}\times(R_0-R_B)(1-T_C)=10\%+\dfrac{500}{437.5}\times(10\%-5\%)\times(1-25\%)=14.285\,7\%$。

$R_{WACC}=\dfrac{S}{B+S}R_S+\dfrac{B}{B+S}R_B(1-T_C)=\dfrac{437.5}{937.5}\times 14.285\,7\%+\dfrac{500}{937.5}\times 5\%\times(1-25\%)=8.666\,7\%$。

3.【解析】（1）0 期时：

生产线初始投资额：50 亿元。

专利出售机会成本：市值－(市值－账面价值)$\times T_C=10-(10-6)\times 0.25=9$（亿元）。

净营运资本投资：1 亿元。

所以，该项目 0 期的增量现金流：$CF_0=-50-9-1=-60$（亿元）。

（2）专利每年摊销额：$A=\dfrac{6}{10}=0.6$（亿元）。

5 年后专利的账面价值：$6-0.6\times 5=3$（亿元）。

因此，专利的税后残值：市值－(市值－账面价值)$\times T_C=2-(2-3)\times 0.25=2.25$（亿元）。

生产线每年折旧：$D=\dfrac{50}{10}=5$（亿元）。

5 年后生产线的账面价值：$50-5\times 5=25$（亿元）。

因此，生产线的税后残值：市值－(市值－账面价值)$\times T_C=35-(35-25)\times 0.25=32.5$（亿元）。

（3）$OCF=$(收入－成本)$\times(1-T_C)+$(折旧＋摊销)$\times T_C$

$=[(P-V)\times Q-FC]\times(1-T_C)+(D+A)\times T_C$

$=[20\text{ 万元}-10\text{ 万元})\times 5\text{ 万元}-20\text{ 亿元}]\times 0.75+(0.6\text{ 亿元}+5\text{ 亿元})\times 0.25$

$=23.9$ 亿元。

（4）由于每辆汽车能获得 5 万元的补贴（政府补助一般都不需要缴纳所得税），相当于每辆车每年税后收入增加 5 万元。

此时 $OCF=$(收入－成本)$\times(1-T_C)+$(折旧＋摊销)$\times T_C$

$$= [(P-V) \times Q - FC] \times (1-T_C) + (D+A) \times T_C$$
$$= [(20\text{万元} - 10\text{万元}) \times 5\text{万元} - 20\text{亿元}] \times 0.75 + (0.6\text{亿元} + 5\text{亿元}) \times 0.25 + 5\text{万元} \times 5\text{万元}$$
$$= 48.9\text{亿元}。$$

第 5 年年末处置生产线和专利会产生现金流入，详细计算见第（2）问。厂房租金属于机会成本，需要考虑，每年厂房的税后租金机会成本 $= 0.5 \times (1-25\%) = 0.375$（亿元）。

公司未来 5 年的现金流如表 8 所示。

表 8　公司未来 5 年的现金流　　　　　　　　　　亿元

	第 0 年	第 1 年	第 2 年	第 3 年	第 4 年	第 5 年
初始投资额（资本性支出）	−50					32.5
专利机会成本	−9					2.25
净营运资本变化	−1					1
租金（税后）		−0.375	−0.375	−0.375	−0.375	−0.375
OCF		48.9	48.9	48.9	48.9	48.9
增量现金流	−60	48.525	48.525	48.525	48.525	84.27

$$\text{NPV} = -60 + 48.525 \times 3.79 + \frac{32.5 + 2.25 + 10}{1.61} = 146.15\text{（亿元）}。$$

该项目的净现值为 146.15 亿元。

2016年中国人民大学431金融硕士初试真题解析

【金融学】

一、单项选择题（本题题干选项不完整，仅提供主要考查点作为参考）

1.【解析】纸币。从材料角度来看，中国货币的主要形式可分为：贝币、金属币、纸币。

2.【解析】"利率是一种货币现象"是凯恩斯提出来的。弗里德曼认为"通货膨胀无时无刻不是一种货币现象"。

3.【解析】信用是以还本付息为条件的价值运动的特殊形式，如赊销商品、贷出货币等，买方和借方要按约定日期偿还货款并支付利息。其主要形式有商业信用、银行信用、国家信用、消费信用等。信用在商品经济中具有双重作用，在促进商品经济发展的同时加深了商品经济社会的矛盾。

4.【解析】此处考查的是商业银行的表外业务和中间业务。表外业务可分为广义的表外业务和狭义的表外业务，表外业务同中间业务主要有中间人的身份、业务风险、发展的时间长短等方面不同，考生需要了解并掌握这些内容。

5.【解析】有效市场假说的三条假设：理性人、独立的理性偏差和套利。三种形态：弱式有效市场假说——市场价格已充分反映出所有过去历史的证券价格信息，技术分析无效；半强式有效市场假说——价格反映所有公开信息，基本面分析无效；强式有效市场假说——价格反映所有信息，包括内幕消息。

6.【解析】此处重点考查凯恩斯的货币需求理论，尤其是他提出的货币需求动机，即交易动机、预防动机和投机动机。投机动机分析是凯恩斯货币需求理论中最具特色的部分，考生需要掌握。

7.【解析】市场利率与债券价格之间关系的三大规则：

（1）市场利率与债券价格呈相反方向变化，即市场利率上升，债券价格通常下跌；市场利率下降，债券价格通常上涨。

（2）债券价格与市场利率变化的比率近似为债券的久期（Duration），设久期为 D，则：价格变化＝$-D\times$利率变化。

（3）以上公式是约等于，还需要通过凸度（Convexity）进行修正。

8.【解析】此处主要考查货币市场，货币市场是短期资金市场，是指融资期限在一年以内的金融市场，是金融市场的重要组成部分。货币市场由同业拆借市场、票据贴现市场、可转让大额定期存单市场和短期证券市场四个子市场构成。

9.【解析】此处考查的是中国的监管机构，例如，中国人民银行是否具有监管职能？显然，我国实行的是"一行一委两会"的监管模式，即国务院金融稳定发展委员会、中国人民银行、银保监会和证监会。

10.【解析】唐朝飞钱的功能在于"记账凭据"，中国的一些经济史著作中都将飞钱看成是一种汇兑制度。

11.【解析】马克思从历史和逻辑统一的角度，将货币的职能按照价值尺度、流通手段、贮藏手段、支付手段和世界货币的顺序排列。货币的主要职能：（1）赋予交易对象以价格形态；（2）购买与支付手段；（3）积累和保存价值的手段。

12.【解析】1995年8月，中国建设银行与美国投资银行摩根士丹利公司（大摩）等五家金融机构合资组建中国国际金融有限公司。

13.【解析】金融市场具有五大功能：帮助实现资金在资金盈余部门和资金短缺部门之间的调剂，实现资源配置；实现风险分散和风险转移；确定价格；帮助金融资产的持有者将资产售出、变现，发挥提供流动性的功能；降低交易的搜寻成本和信息成本。

14.【解析】强调恒久性收入对货币需求的重要作用是弗里德曼货币需求理论的一个特点。（1）弗里德曼货币需求函数中收入是决定货币需求的最主要因素；凯恩斯货币需求理论中货币需求取决于利率。（2）凯恩斯认为货币需求对利率敏感，弗里德曼认为不敏感；凯恩斯认为货币流通速度与货币需求函数不稳定，弗里德曼认为稳定。

二、名词解释

1.【解析】货币供给内生性是指货币供给的变动不取决于货币当局的主观意愿，起决定作用的是经济体系中的实际变量，如收入、储蓄、投资、消费等因素以及微观主体的经济行为，代表人物有后凯恩斯主义的丁·托宾。

2.【解析】利率平价理论认为远期差价是由两国利差决定的，并且高利率货币在远期市场上必定贴水，低利率货币在远期市场上必定升水，在没有交易成本的情况下，远期差价等于两国利差，即利率平价成立。利率平价理论可分为无抛补利率平价和抛补利率平价。

3.【解析】利率期限结构是指某个时点不同期限的即期利率与到期期限的关系及变化规律。利率期限结构理论旨在解释三种现象：不同形状、通常向上和同步波动。三种主要的理论包括预期假说理论、流动性溢价理论和市场分割理论。

4.【解析】货币市场指存续期在一年以下的金融资产组成的金融市场。一般来说，货币市场包括短期国债、短期地方政府债券、商业票据和短期大额可转让存单，但不包括某些存续期在一年以下的商品期货以及金融衍生工具。其主要任务是提供工商企业的短期资金融通或营运周转资金、金融同业的拆借款及各种短期有价证券的买卖。

5.【解析】流动性陷阱是凯恩斯提出的一种假说，指当一定时期的利率水平降低到不能再低时，人们就会产生利率上升而债券价格下降的预期，货币需求弹性就会变得无限大，即无论增加多少货币，都会被人们储存起来。发生流动性陷阱时，再宽松的货币政策也无法改变市场利率，使得货币政策失效。流动性陷阱如图1所示。

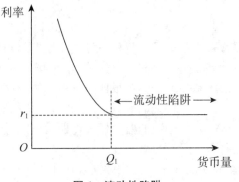

图1　流动性陷阱

6.【解析】所谓"影子银行"，按照美联储给出的定义，是那些有着类似银行的功能，但又无法直接获得中央银行流动性和公共部门信用担保支持的金融中介，游离在监管之外。我国的影子银行主要集中在商业银行的表外资产（理财产品和委托贷款）以及信托公司（信托产品）两大领域。

7.【解析】银行承兑汇票是汇票的一种，是由在承兑银行开立存款账户的存款人出票，向开户银行申请并经银行审查同意承兑的，保证在指定日期无条件支付确定的金额给收款人或持票人的票据。

8.【解析】公开市场操作是中央银行吞吐基础货币、调节市场流动性的主要货币政策工具，通过中央银行与指定交易商进行有价证券和外汇交易，实现货币政策调控目标，是目前大多数市场经济国家中央银行控制货币供给量的重要和常用的工具。当经济处于过热时，中央银行卖出政府债券回笼货币，使货币流通量减少，利息率上升，促使投资减少，以达到压缩社会总需求的目的。反之中央银行买进政府债券，投放货币使货币流通量增加，使利息率下降，从而刺激投资增长，使总需求扩大。

三、简答题

1.【解析】现金漏损是指在商业银行存款货币创造过程中，随着客户从商业银行提取或多或少的现金，从而使一部分现金流出银行系统。现金漏损与活期存款总额之比是现金漏损率。

货币供应是指某一国或货币区的银行系统向经济体中投入、创造、扩张（或收缩）货币的金融过程。

基础货币又称高能货币，具有使货币供应总量成倍放大或收缩的能力，指流通于银行体系之外被社会公众持有的现金与商业银行体系持有的存款准备金（包括法定存款准备金和超额准备金）的总和。

（1）现金漏损对基础货币的影响。

基础货币由 $C+R$ 组成，现金漏损不影响基础货币总量，只改变基础货币的结构，现金增多时，准备金减少；现金减少时，准备金增多。

（2）对货币供应的影响。

货币供应量为

$$M_s = m \cdot B$$

一方面考虑对基础货币的影响，另一方面现金漏损率变化影响货币乘数，公式为

$$m = \frac{D}{C+RR+ER+TR} = \frac{1}{c+r_d+t \cdot r_t+e}$$

因此现金漏损率上升导致货币乘数降低。

综合考虑，若现金漏损率最终提升，货币供应量会降低。

2.【解析】所谓贷款的定价，是指如何确定贷款的利率、确定补偿余额以及对某些贷款收取手续费。贷款定价的方法主要包括三种：

①成本加成定价法是指在借入资金的成本和其他经营成本、风险成本的基础上加银行的预期利润来确定贷款利率的方法。用公式表示为：贷款利率=筹集资金的边际成本+银行的其他经营成本+预计违约风险的补偿费用+银行预期的利润水平（资产净利率）。

②价格领导模型定价法又称差别定价法，是指在优惠利率（由若干大银行视自身的资

金加权成本确定）的基础上根据借款人的不同风险等级（期限风险与违约风险）制定不同的贷款利率。根据这一做法，贷款利率定价是以优惠利率加上某数或乘以某数。

③客户盈利性分析法的主要思想是认为贷款定价实际上是客户关系整体定价的一个组成部分，银行在对每笔贷款定价时，应该综合考虑银行在与客户的全面业务关系中付出的成本和获取的收益。客户盈利性分析法的基本框架是评估银行从某一特定客户的银行账户中获得的整体收益是否能实现银行的利润目标，因此亦称账户利润分析法。银行要将该客户账户给银行带来的所有收入与所有成本以及银行的目标利润进行比较，再测算如何定价。

四、论述题

【解析】 基准利率是指在整个利率体系中起主导作用的基础利率，决定其他各种利率的水平和变化。在中国，中国人民银行对国家专业银行和其他金融机构规定的存贷款利率为基准利率。

法定存款准备金率是指一国中央银行规定的商业银行和存款金融机构必须缴存中央银行的法定准备金占其存款总额的比率。中央银行决定提高存款准备金率是对货币政策的宏观调控，旨在防止货币信贷过快增长。

（1）首先，2015年进行的几次降准降息，每一次都存在特定的目标；其次，法定存款准备金率调整的效果强烈，其不适合作为中央银行日常调控货币供给的工具，一次性降准降息对整个宏观经济影响大、波及范围广，易造成经济短期波动，此外，法定存款准备金率的调整会影响社会心理预期，形成固定化预期；最后，中央银行通过摸着石头过河的方针进行循序渐进的调节，这样可以降低市场震荡同时维护金融机构稳健运营，而且利率走廊的区间一开始比较宽，最后逐渐收窄，进而稳定银行间市场利率并强化价格信号。

（2）中国货币政策框架正处于从数量指标向价格指标、从数量工具向价格工具、从行政指示向市场操作的转型之中。中央银行对传统的基准利率管制放松，但同时加强了对货币市场利率的调节，标志着货币政策框架市场化步伐加快。降准降息等货币政策的传导机制主要有以下几个：

①凯恩斯学派的货币政策传导机制理论。

$$M \to r \to I \to E \to Y$$

其中，M表示货币供给；r表示利率；I表示总投资；E表示总支出；Y表示总收入。

货币供给量的调整首先影响利率的变化，从而改变市场的投资环境，以达到影响经济产出的目的。降低利率可以刺激商业银行等金融机构对资金的需求量，从而扩大了货币供给量，增大产出水平，达到促进经济增长和充分就业的目标。而降低法定存款准备金率是对商业银行扩大资金规模直接的刺激，直接降低了商业银行的借款成本，增强了商业银行的放款能力，扩大了资金的供给量，从而达到增加经济产出的目的。

②货币学派的传导机制理论。

$$M \to E \to I \to Y$$

其中，M表示货币供给；E表示总支出；I表示总投资；Y表示总收入。

作为外生变量的货币供给改变，比如增大，由于货币需求并不会因外生变量的增大而增大，超过愿意持有的货币必然使支出增加，或投资于金融资产，或投资于非金融资产，直至对人力资本的投资。支出导致资产结构调整，并最终引起Y的变动。货币主义者认为，货币供给的变化短期内对实际产量、价格水平两方面均可发生影响，就长期来说，则只会影响物价水平。

③托宾 q 理论：

$$M \to r \to P_E \to q \to I \to Y$$

其中，M 表示货币供给；r 表示利率；P_E 表示股票价格；I 表示总投资；Y 表示总收入。

货币作为起点，直接或间接影响资产价格 P_E；资产价格主要是股票价格，是对资本存量价值的评估，它与资本重置成本的比值为 q，将影响投资行为。q 的定义为企业的市场价值除以企业资本的重置成本。如果企业的 q 值大于 1，意味着企业的重置成本低于企业的市场价值，由于企业发行少量股票就能够购买大量新投资品，于是投资支出会增加；相反，如果企业的 q 值小于 1，意味着企业的重置成本高于企业的市场价值，企业可以通过廉价购买其他企业而获得已经存在的资本。

【公司理财】

一、选择题

二、判断题（这两种题型仅提供考查点解析）

1. 【解析】盈利性指标反映企业盈利能力的指标，主要有销售利润率、资产收益率、权益收益率。

销售利润率＝净利润/销售额；权益收益率＝净利润/总权益；资产收益率＝净利润/总资产。

2. 【解析】股利支付方式包括现金股利、股票股利、股票回购、财产股利、清算股利。股利发放流程：股利宣告日→股权登记日→除息日→股利发放日。在除息日，股票的市场价大多略有下降，下降的金额大致等于每股股利的金额。

3. 【解析】MM 定理包括不考虑所得税和考虑所得税两种情况。

（1）不考虑公司所得税的 MM 定理。

命题 I：$$V_L = V_U + t_c \times B$$

命题 II：$$R_S = R_0 + \frac{B}{S} \times (R_0 - R_B)$$

（2）考虑所得税的 MM 定理。

命题 I：$$V_L = V_U + t_c \times B$$

命题 II：$$R_S = R_0 + \frac{B}{S} \times (R_0 - R_B) \times (1 - t_c)$$

4. 【解析】内部增长率＝$\frac{\text{ROA} \times b}{1 - \text{ROA} \times b}$，内部增长率是在没有任何形式的外部融资的情况下能够实现的最大增长率。

5. 【解析】NPV 法则是项目决策的主要方法之一。

决策标准：在净现值＞0 的项目中，选择净现值最大的。

优点：考虑了资金的时间价值；考虑了全过程的净现金流量；考虑了投资风险，风险大则采用高折现率，风险小则采用低折现率，合理折现。

缺点：净现金流量的测量和折现率较难确定；造成安全错觉，NPV法要结合敏感度分析。

6.【解析】贝塔系数（Beta Coefficient）是一种评估证券系统性风险的工具，用以度量一种证券或一个投资证券组合相对总体市场的波动性。公式为

$$\beta_i = \frac{\text{cov}(R_i, R_m)}{\sigma^2(R_m)}$$

三、简答题

【解析】(1) 自有资金回购股票的原因。

①作为现金股利的替代品——股息避税。现金股利要按普通收入所得税率全额应税，而资本利得税以较低的优惠税率纳税，同时只对部分征税。因此，股票回购使股东能够以较低的资本利得税取代现金股利必须缴纳的较高的普通个人所得税，从而使股东尽可能少纳税。

②信号传递。信息不对称前提下，管理层比投资者拥有更多信息，股票价格可能不能反映股票的真实价值。回购公司的股票就可以向投资者传递股价低估的信号，管理者可采用股票回购方式提升投资者信心。

③自由现金流量成本问题。过多的自由现金流量会增加管理层与股东之间的代理成本。

④优化资本结构。可通过股票回购对资本结构进行存量调整。

⑤实施股票期权计划。不会像发行新股一样造成股权稀释。

(2) 发行债券回购股票，公司的负债增多，权益下降。

$$\text{EPS} = \frac{\text{净利润}}{\text{股份数量}}, \quad \text{ROA} = \frac{\text{净利润}}{\text{总资产}}, \quad \text{ROE} = \frac{\text{净利润}}{\text{总权益}}$$

考虑现实情况，债务增多则利息支出增多，销售收入不变时，净利润会下降。

每股收益EPS：如果净利润的下降比例小于股份数量下降比例，EPS会增大；反之，则会减小。

净资产收益率ROE：如果净利润的下降比例小于总权益下降比例，ROE会增大；反之，则会减小。

总资产收益率ROA：发债回购股票，由于债务能产生税盾效应，公司会增值，所以总资产会增加，ROA下降。

四、计算题

1.【解析】(1) $R_0 = 3\% + 1.1 \times 8\% = 11.8\%$，$V_u = \frac{1\,000}{11.8\%}$，则

$$V_L = \frac{1\,000}{11.8\%} + 2\,500 \times 25\% = 9\,099.58(\text{百万元})$$

(2) 债务无风险时可使用 β 加杠杆的公式，即

$$\beta_S = \beta_U \times \left[1 + \frac{B}{S}(1 - T_C)\right] = 1.1 \times \left(1 + \frac{2\,500}{6\,599.58} \times 0.75\right) = 1.41$$

X公司的负债价值比 $= \frac{2\,500}{9\,099.58} = 0.27$。

(3) 权益为 $\beta_S = \beta_\mu \times \left[1 + \frac{B}{S}(1-T_C)\right] = 1.1 \times \left(1 + \frac{1}{2} \times 0.75\right) = 1.5125$。

公司价值为 $R_S = 3\% + 1.5125 \times 8\% = 0.151$。

$V_L^* = \dfrac{1\,000}{R_{WACC}} = 9\,244.99$（百万元）。

2. (1) 预计需要外部融资额＝增加的经营资产－增加的经营负债－可动用的金融资产－留存收益增加＝（经营营运资本增加＋净经营性长期资产增加）－可动用的金融资产－留存收益增加。

2012 年经营营运资本增加＝300－275＝25（百万元）。

2012 年净经营性长期资产增加＝200－125＝75（百万元）。

2012 年可动用的金融资产＝2012 年初的货币资金余额＝100（百万元）。

2012 年留存收益增加＝2012 年净利润×(1－20%)＝150×0.8＝120（百万元）。

2012 年的外部融资需要量＝25＋75－100－120＝－120（百万元）。

(2) 因为 2012 年外部融资需要量是－120 百万元，因此 2013 年年初有 120 百万元的货币资金。

2013 年经营营运资本增加＝330－300＝30（百万元）。

2013 年净经营性长期资产增加＝250－190＝60（百万元）。

2013 年可动用的金融资产＝2013 年初的货币资金余额＝120（百万元）。

2013 年留存收益增加＝225×0.8＝180（百万元）。

2013 年的外部融资需要量＝30＋60－120－180＝－210（百万元）。

即 2013 年年末有 210 百万元的货币资金结余。

2014 年：

2014 年经营营运资本增加＝370－330＝40（百万元）。

2014 年净经营性长期资产增加＝300－250＝50（百万元）。

2014 年可动用的金融资产＝2013 年末的货币资金余额＝210（百万元）。

2014 年留存收益增加＝315×0.8＝252（百万元）。

2014 年的外部融资需要量＝40＋50－210－252＝－372（百万元）。

所以 2014 年的货币余额为 3.72 亿元。

(3) 由于回忆不全，题目条件不完整。

有两种可能性：

①求出 2015 年的 EFN＝$x>0$，算出外部融资额 EFN 后，10%通过借债满足，共计 $0.1x$；90%通过股权融资满足，共计 $0.9x$，题目中应给出股票价格 p，求需要发行多少股份，即 $0.9x/p$。

②按照 0.8 的留存比率留存时，得出 2015 年的 EFN＝$x<0$，即留存收益没用完，还有部分剩余，剩余部分就用来回购股票，留存收益的剩余额＝－EFN，能回购的股份数量＝－EFN/p。

2015年中国人民大学431金融硕士初试真题解析

【金融学】

一、单项选择题

1.【答案】D

【解析】信用货币本身价值（纸）远远低于其货币价值（购买力），为不足值货币。信用货币是由国家法律规定的，强制不以任何贵金属为基础的独立发挥货币职能的货币。目前世界各国发行的货币，基本上都属于信用货币，其本身价值远低于其货币价值，而且与代用货币不同，它与贵金属完全脱钩，不再直接代表任何贵金属。

2.【答案】B

【解析】金币本位制的特点：金币为主币，自由铸造和流通，无限法偿；银币、银行券为辅币，有限法偿；发行准备为黄金；允许黄金自由输出入，形成国际金本位制。

金块本位制的特点：黄金不能自由铸造和流通；发行准备为金块；缩小黄金的货币职能，缓解黄金的稀缺；战后强国实行。

金汇兑本位制的特点：不制造金币，无金币流通；发行准备为另一国的黄金或外汇；以兑换外汇的方式间接兑换黄金；战后弱国实行。

3.【答案】D

【解析】我国中央银行公布的货币供应量存在三个层次：M0（流通中货币）、M1（货币）、M2（货币和准货币）。

M0＝流通于银行体系外的现金（不包括商业银行库存现金）。

M1＝M0＋企业活期存款＋居民信用卡存款＋农村存款＋机关部队团体存款。

M2＝M1＋企业定期存款＋居民储蓄存款（活期储蓄、定期储蓄）＋信托存款＋其他存款。

4.【答案】A

【解析】1952年，美国经济学家、诺贝尔经济学奖获得者哈里·马科维茨（Markowitz）提出资产组合理论，使投资风险的衡量可以数量化。

5.【答案】A

【解析】1994年，为适应经济发展的需要以及遵循政策性金融与商业性金融相分离的原则，相继建立了国家开发银行、中国进出口银行和中国农业发展银行三家政策性银行。

6.【答案】D

【解析】金本位制度下由供求关系造成的汇率波动并不是无限地上涨和下跌，而是被界定在铸币平价上下各一定界限内，这个界限就是黄金输送点。

7.【答案】A

【解析】弱式有效市场反映了历史信息；半强式有效市场反映的历史信息和公开信息；

强式有效市场反映历史信息、公开信息和非公开信息。

8. 【答案】B

【解析】如表1所示。

表1 简化中央银行资产负债表

资产项目	负债项目
国外资产	储备货币
外汇	货币发行
货币黄金	其他存款性公司存款（含法定准备金和超额准备金）
对政府债权	发行债券
对其他存款性公司债权	国外负债
对其他金融性公司债权	政府存款
对非金融部门债权	自有资金
其他资产	其他负债
总资产	总负债

货币发行等价于流通中的现金C，其他存款性公司存款等价于存款货币银行的存款货币准备金R。

9. 【答案】C

【解析】根据《巴塞尔协议 I》，核心资本包括：①实收资本或普通股；②资本公积；③盈余公积；④未分配利润；⑤少数股权。附属资本包括：①重估准备；②一般准备；③优先股；④可转换债券；⑤混合资本债券；⑥长期次级债务。

除了巴塞尔协议的三个版本，还需要理解中国商业银行目前的资本结构，如表2所示。

表2 商业银行资本结构

商业银行资本									
一级资本									二级资本
核心一级资本							其他一级资本		
实收资本或普通股	资本公积	盈余公积	一般风险准备	未分配利润	少数股东资本可计入部分	其他一级资本及其溢价	少数股东资本可计入部分	二级资本工具及其溢价	超额贷款损失准备

10. 【答案】C

【解析】欧洲美元是存放在美国以外的银行且不受美国政府法令限制的美元存款或从这些银行借到的美元贷款。这里的"欧洲"指的是"离岸"，不受监管。这种境外存贷业务最早开始于欧洲，因此称为欧洲美元。它与美国境内流通的美元是同样的货币，并具有同样的价值，它们的区别只是账务处理上的不同。欧洲美元的清算中心在英国伦敦。

11. 【答案】A

【解析】美、英的金融体系常被称为市场主导型，而德、法、日则被称为银行主导型。

中国的金融体系从静态的观点上看，银行占绝对优势，接近德、日模式；从动态观点是看，中国的资本市场发展迅速，处于由银行主导向市场主导转变的过程中。

12.【答案】B

【解析】设投资期限为 1 年，初始资本为 1 元人民币，i 为本国货币短期存款利率，i^* 为国外货币短期存款利率，e 为即期汇率，$\bar{e}$ 为预期汇率。

在本国 1 年后：$1+i$。

在国外 1 年后：$1/e \times i^*$ [以外币表示]。

无差异持有时：$1+i=1/e \times i^* \times \bar{e}$。

汇率升贴水率 $\rho=(\bar{e}-e)/e=\bar{e}/e-1=(1+i)/(1+i^*)-1=(i-i^*)/(1+i^*) \approx i-i^*$。

因此，套利性的短期资本流动会驱使高利率的国家货币在远期外汇市场上贴水（贬值），而低利率国家货币在远期外汇市场上升水（升值），并且升贴水率等于两国短期存款利差。因为对于当下利率高的国家，套利性资本流入后，为了能锁定收益，会在远期外汇市场上卖出高利率国家的货币，导致高利率国家的货币在远期外汇市场上贬值，而低利率国家的货币因为最后的资本回流导致升值。

13.【答案】C

【解析】20 世纪 90 年代提出并颇受重视的"泰勒规则"更可说明"规则"的含义。泰勒规则论证，美联储联邦基金利率和货币政策的基本工具的确定应取决于四个因素：一是当前的通货膨胀率；二是均衡实际利率；三是现实的通货膨胀率与目标通货膨胀率之差；四是现实的 GDP 产出与潜在 GDP 产出之差。

14.【答案】C

【解析】《同业拆借管理办法》第六章（监督管理）第三十四条规定，中国人民银行依法对同业拆借交易实施非现场监管和现场检查，并对同业拆借市场的行业自律组织进行指导和监督。容易误选的是 A 项。需要认真识记银监会、证监会、保监会的监管职能有哪些。

15.【答案】A

【解析】泰勒规则并不涉及国外因素，故与开放经济下的均衡无关，本题答案选 A 项。米德冲突涉及国际收支，与开放经济有关；丁伯根法则涉及内外均衡，与开放经济有关；三元悖论认为一个国家的金融政策有三个基本目标，即本国货币政策的独立性、汇率的稳定性和资本的自由流动，涉及汇率，与开放经济有关。

16.【答案】D

【解析】回购既有场内回购，也有场外回购。但是，隔夜回购都是在证券交易所和银行间债券市场进行的，属于场内交易。期货交易、期权交易，按其合约标准化程度的差异，既有场内交易，也有场外交易，其中以场内交易居多。掉期形式灵活多样，一般不在规范的交易所内进行。

17.【答案】B

【解析】TED 利差（TED Spread）就是欧洲美元（Eurodollar）3 月期利率（一般是 3 个月期 LIBOR）与美国国债（T-BILL）3 月期利率的差值，即 3 月期伦敦银行间市场利率（LIBOR）与 3 月期美国国债利率之差，是反映国际金融市场最重要的风险衡量指标。

美国国债价格降低，那么收益率升高（美国国债利率升高）；LIBOR不变，那么TED利差缩小。

18. 【答案】D

【解析】这里收益率指标有ROA和ROE。存贷比是在《商业银行法》里面规定的，归属于监管指标或考核指标，但2015年已删除。资本风险比率属于风险分析，是风险指标。资产使用率属于经营效率分析，资产收益率是经营效率指标，属于经营成果分析，是盈利指标。

19. 【答案】C

【解析】米德冲突涉及国际收支、汇率工具和汇率制度；J曲线效应是指本国货币贬值后，最初发生的情况往往正好相反，经常项目收支状况反而会比原先恶化，进口增加而出口减少，经过一段时间，贸易收入才会增加；三元悖论认为一个国家的金融政策有三个基本目标，即本国货币政策的独立性、汇率的稳定性、资本的自由流动。所以A、B、D项都与汇率有关。货币幻觉涉及的内容是通货膨胀，与汇率无关。故答案为C项。

20. 【答案】C

【解析】单利时 $(1+3\%) \times (1+r) = (1+5\%)^2$，连续复利时 $e^{3\%} \times e^r = e^{5\% \times 2}$，则 $r=7\%$。

二、名词解释

1. 【解析】格雷欣法则是指在实行金银复本位制条件下，金银有一定的兑换比率，当金银的市场比价与法定比价不一致时，市场比价比法定比价高的金属货币（良币）将逐渐减少，而市场比价比法定比价低的金属货币（劣币）将逐渐增加，形成良币退藏、劣币充斥的现象。

2. 【解析】逆回购属于中央银行公开市场操作的一种。中央银行逆回购为中国人民银行向一级交易商购买有价证券，并约定在未来特定日期将有价证券卖给一级交易商的交易行为，实质上就是获得质押的债券。把钱借给商业银行，目的主要是向市场释放流动性。

3. 【解析】净利息收益率又称净息差，它是反映银行盈利能力的最重要指标，也是市场对银行估值的重要依据。表达公式为：净利息差额=有息资产利息收益率－有息负债利息支付率。净息差几乎涉及商业银行经营管理的各层面，包括业务规模、资金运用能力、资产定价水平、筹资成本、风险管理、客户产品结构等。当前，我国银行业仍以存贷款业务为主，利息收入仍占绝对比重。利率市场化的推进对商业银行最直接的打击，就是负债和资产业务两方面竞争加剧，导致成本压力上升，未来银行净息差收窄将是一个不可逆转的趋势，银行盈利增长面临考验。

4. 【解析】金融压抑是指市场机制作用没有得到充分发挥的发展中国家所存在的金融管制过多、利率限制信贷配额以及金融资产单调等现象。也就是金融市场发展不够、金融商品较少、居民储蓄率高，表现为利率管制、实行选择性的信贷政策、对金融机构进行严格管理以及人为高估本国汇率，提升本国币值等。其中，金融压抑理论由美国著名经济学家麦金农首创。

5. 【解析】贷款五级分类是商业银行根据所能获得的全部信息，根据借款人的实际还款能力进行贷款质量的五级分类，即按风险程度将贷款划分为五类：正常、关注、次级、可疑、损失，后三种为不良贷款。

正常类：借款人能够履行合同，有充分把握按时足额偿还本息。

关注类：尽管借款人目前有能力偿还贷款本息，但是存在一些可能对偿还产生不利影响的因素。

次级类：借款人的还款能力出现了明显的问题，依靠其正常经营收入已无法保证足额偿还本息。

可疑类：借款人无法足额偿还本息，即使执行抵押或担保的合同约定，也肯定要造成一部分损失。

损失类：采取所有可能的措施和一切必要的法律程序之后仍然无法收回，或只能收回极少部分。

贷款五级分类是根据贷款偿还的可能性确认的。

6.【解析】宏观审慎是指与微观审慎相对应的监管手段和方法，将金融体系视为一个有机整体，以防范系统性风险为主要功能，以减少金融危机事件对宏观经济造成损失为主要目的，在监管方法上强调逆周期监管，在内容上强调金融与宏观波动的内在联系，从而达到金融稳定并促进经济持续健康发展的目标。

7.【解析】铸币税是指发行者凭借其发行地位所获得的纸币按面值换取物质价值超过其发行成本的差额。一国的货币如果成为国际货币，可以给该国带来巨大的铸币税收入。对铸币税进行合理的征收，一方面，可以增加政府的财政收入，提高经济中的有效需求，刺激经济增长，并能有效地克服因生产过剩而导致的通货紧缩；另一方面，对铸币税这一工具如果运用不当，超量征收，则会因货币的超量发行而造成经济中需求过旺，引发严重的甚至是恶性的通货膨胀，进而危及国家的经济安全。

8.【解析】金融脱媒又称金融非中介化，是指在金融管制的情况下，资金供给绕开商业银行体系，直接输送给需求方和融资者，完成资金的体外循环。随着经济金融化、金融市场化进程的加快，商业银行主要金融中介的重要地位在相对降低，储蓄资产在社会金融资产中所占比重持续下降及由此引发的社会融资方式由间接融资为主向直接融资和间接融资并重的方向转换。

9.【解析】凯恩斯流动性偏好理论认为，利率决定于货币供求数量，而货币需求量又基本取决于人们的流动性偏好。如果人们对流动性的偏好强，愿意持有的货币数量就增加，当货币的需求大于货币的供给时，利率上升；反之，利率下降。因此利率是由流动性偏好曲线与货币供给曲线共同决定的。凯恩斯流动性偏好理论发现了凯恩斯效应的货币传导机制，使利率成为连接货币市场与商品市场的重要枢纽，但忽视了实物因素在利率决定中的作用，不够完善，是一种短期和存量分析。

10.【解析】《格拉斯—斯蒂格尔法案》于1933年通过，该法案使商业银行与投资银行彻底分开，商业银行不准持有企业股票，禁止银行包销和经营公司证券，而只能购买美联储批准的债券，保证商业银行避免证券业的风险。该法案令美国金融业形成了银行、证券分业经营的模式。1999年通过的《金融服务现代化法案》正式解除了这方面的禁令。

三、简答题

1.【解析】以托宾为首的经济学家沿着一般均衡分析的思路扩展了凯恩斯的模型，把资本市场、资本市场上的资产价格，特别是股票价格纳入传导机制，认为货币理论应看作微观经济行为主体进行资产结构管理的理论，也就是说，沟通货币和金融机构与实体经济这两方之间联系的，并不是货币数量或利率，而是资产价格以及关系资产价格的利率结构等因素。

传导的过程是：货币作为起点，直接或间接影响资产价格 P_E；资产价格，主要是股票价格，是对资本存量价值的评估，是企业市场价值评价的依据，而企业的市场价值与资本重置成本的比值 q 将影响投资行为。如果 q 值高，意味着企业市场价值高于资本的重置成本，厂商将愿意增加投资支出，反之亦然。

这一过程可以表示为

$$M \to r \to P_E \to q \to I \to Y$$

其中，M 为货币供给；r 为利率；P_E 为股票价格；q 为企业市场价值与资本重置成本之比；I 为投资；Y 为总收入。

2.【解析】利率期限结构是指在某一时点上，同一品类（信用风险相同）的不同期限资金的收益率与到期期限之间的关系，揭示了市场利率的总体水平和变化方向。

利率期限结构理论着重于解决三个事实：

第一，不同到期期限的债券的利率（即到期收益率）随时间一起波动；不同期限债券利率的同向波动问题，即短期利率的上扬会波及长期利率的上升。

第二，若短期利率较低，则收益率曲线很可能是向上倾斜的；若短期利率较高，则收益率曲线很可能是向下倾斜的。

第三，利率收益率曲线几乎总是向上倾斜的，即一般情况下，长期利率高于短期利率。

比较经典的解释包括预期理论、市场分割理论和流动性溢价理论。

三种理论的具体解释如表3所示。

表3 三种理论的具体解释

预期理论	市场分割理论	流动性溢价理论
（1）各种债券市场完全统一，不同期限债券间可以完全替代。 （2）利率期限结构由公众的短期利率预期决定。 （3）长期债券利率等于当期短期利率和预期短期利率的平均数	（1）各种债券市场间相互分割、彼此独立，不同期限债券间毫无替代性，仅仅取决于自身的需求和供给。 （2）通常情况下，投资者更偏好期限短、风险小的债券。对短期债券需求更大，长期债券需求小，故长期债券收益率高于短期债券	（1）各种债券市场不完全分割，不同期限债券不完全替代，投资者存在优先聚集地。 （2）但是这种偏好不绝对，不同期限债券之间预期收益率达到一定临界值后，投资者会放弃其偏好，转投预期收益率高的债券
能解释第一、第二个事实，但无法解释第三个事实	解释了第三个事实，但无法解释第一、第二个事实	同时解释第一、第二、第三个事实

三种理论在假设上的异同点如表4所示。

表 4　三种理论的异同点

假设	预期理论	市场分割理论	流动性溢价理论
市场是否统一	统一	相互分割	不完全统一
不同期限债券是否具有可替代性	完全替代	毫不替代	不完全替代
购买者不同期限债券的偏好	无特殊偏好	有偏好，偏好短期风险小的债券	有偏好，但当不同期限债券收益率发生变化时，替代现象发生

四、论述题

【解析】（1）利率逆反现象产生的原因。

首先，金融机构经营模式和企业融资模式发生变化。2003年以来，社会融资总额中银行信贷的比重持续下降。与此同时，信托贷款、委托贷款、银行承兑汇票金额和比重明显上升。本质上，这些种类融资金额的增加都是源于低利率下企业融资需求旺盛，而银行由于信贷额度和存贷比限制不能满足这些需求，进而多家金融机构联合创新规避管制来提供融资。同时居民对于利率较高的银行理财和信托产品，也表现出很高的投资热情。

其次，在非信贷比重大幅上升、自发利率市场化蔓延的局面下，为抑制社会融资规模的过快膨胀，货币市场、债券市场以及信贷市场利率上升成为某种必然。由于信贷在社会融资规模中的比重下降，以贷款限额为手段的货币政策调控有效性大打折扣，要想控制包括其他形式的社会融资规模，必须发挥利率手段作用。

再次，房地产市场的波动是一个重要原因。房地产市场是中国最聚焦但也最难预测的市场。2013年在经济增速下滑的情况下，商品房销售额、土地出让金额创历史纪录，二者的增速也都创出新高，房地产商在销售好、购地多的情况下，加大房地产开发，而地方政府在卖地多、收入增的情况下，加大基建投资。

最后，软约束经济主体的融资需求也扮演了重要角色。软约束经济主体主要指国有企业和地方政府融资平台企业。所有者利益最大化不是这些主体的经营目标，它们会在不确定能否偿还的情况下继续借贷扩张，宁可亏损也不愿意出卖资产、压缩规模。

（2）利率逆反现象与利率市场化的关系。

"利率逆反"的出现既有部分经济主体财务约束的原因，也有商业银行经营模式变化的影响，但最根本的还是中国当前的利率市场化改革并不彻底，而自发形成的利率市场化又无法适应当前的金融市场形势，因此需要加快利率市场化的步伐。

"利率逆反"可以看成是自发的利率市场化，是市场经过多轮博弈的结果，无论对错都是一种市场反应，而在接收到市场反应之后，中央银行或者监管部门也要采取相应措施。银行的创新业务（新兴业务）的发展路径并不是无序的，而是基于实体经济、中央银行和商业银行三者之间的互动关系。三者的互动客观上造就了利率市场化的改革。

应加快推进存款利率市场化的进程，人民币利率市场化的核心是存款利率市场化。随着银行理财和信托产品的增长以及互联网金融创新的扩张，这类融资来源的资金利率比较市场化，其资金运用利率也更加市场化。这类融资占社会融资总量比重的上升，自发扩大了利率市场化，进一步推进利率市场化给市场可能带来的震动。因此，在自发利率市场化快速发展形成倒逼的背景下，应当加快推进以存款利率市场化为重点的利率市场化改革。

(3) 中央银行此次降息对利率市场化和我国宏观经济带来的影响。

①降息对宏观经济的影响。

第一，政府稳增长意图明显。在经济增长乏力和通货膨胀稳定的情况下，根据一般的货币政策调控原则，降息政策是市场久有预期的，但是一直没有兑现。

第二，主要目的是降低社会融资成本。经过这次降息，真实利率降到了3月份的水平，但依然高于6月份的真实利率水平。

第三，政策效果偏中性，按揭利率直接受益，但难成为降低社会融资成本的利器。虽然利于存量贷款利率的下行，但这种效果一般为短期，大多明年会重新定价；贷款基准利率下调对降低企业的融资成本的实际影响估计不大。此次存款基准利率下调、利率上限上调的结果是按照利率上限的存款利率并未有变化，很难降低银行负债成本。

第四，在货币传导机制已经改变的情况下，单纯降息没有实际意义，货币政策宽松可期。

第五，降息可以比较明确地引导企业、个人预期，提高信贷需求。为解决"融资难、融资贵"的问题，部分企业家均希望在利率下调后申请贷款，以节约融资成本，而降息可以发出较为明确的市场信号。

第六，目前信贷领域利率市场化已经完成，较多贷款均在基准利率基础上浮动，下调利率既可降低企业存量债务的财务费用，也可以对企业寻求信贷融资提供一定的激励。

第七，降低基准利率，尤其是房贷利率有助于缓冲房地产市场下行的风险。

第八，从周期角度来看，降息可以缓冲经济硬着陆风险，适度降低市场的信用风险溢价，对企业融资成本下行产生间接帮助。

②降息对利率市场化的影响。

一是此次为不对称降息，即贷款利率下降幅度大于存款利率下降幅度。

二是在存款利率下降的同时，扩大了存款利率的上限浮动区间。存款利率浮动上限扩大，不仅能够增加商业银行自主定价的空间，也可以在一定程度上保证存款人的利益。

三是简并存贷款基准利率的期限档次。这一措施完全打破了国内利率体系的传统，是利率市场化的重要举措。它提高了金融机构市场化定价能力，也有利于市场化利率体系建设及利率政策传导。

【公司理财】

一、单项选择题

1. 【答案】C

【解析】流动比率＝流动资产/流动负债。赊销，现金变为应收账款，流动资产结构发生变化，但总量不变，而流动负债未改变。用现金购置原材料，现金变为存货（存货科目下有很多细分，包括原材料），流动资产结构发生变化，但总量不变，而流动负债未改变，因此，流动比率不变。变卖闲置的固定资产，流动资产增加，流动负债未变，因此，流动比率提高。

2. 【答案】B

【解析】由可持续增长率 $g=$（ROE×b）/（1－ROE×b），ROE＝销售利润率×资产周转率×权益乘数。本题中 $g=10\%$，$b=0.8$，资产周转率＝总收入/资产＝1/1.2，权益乘数＝$(B+S)/S$，求得销售利润率＝9%。

3. 【答案】C

【解析】A项，应付账款减少，流动负债减少，净营运资本增加。B项，固定资产减少，与流动资产和流动负债无关，净营运资本不变。C项，应收账款减少，流动资产减少，净营运资本减少。D项，银行存款增加，流动资产增加，净营运资本增加。

4. 【答案】D

【解析】本题考查学生固定成本和销量这两个因素对EBIT的影响。
EBIT＝收入－变动成本－固定成本＝销售数量×（价格－变动成本）－固定成本。固定成本降低，销售数量上升，理论上销量和变动成本的变化未知，因此EBIT的变化不确定，可增可减可不变。

5. 【答案】A

【解析】考查企业投资业务税务问题。符合条件的居民企业之间的股息、红利等权益性收益免征企业所得税。因此，所得股利不用交税。

6. 【答案】D

【解析】D项，权衡理论，在债务的税收优惠与财务困境成本之前权衡，认为有最优债务比。A项，MM无税，即 $V_L=V_U$，债务多少无关紧要。B项，MM有税，即 $V_L=V_U+t_c$，认为全发债务更优。C项，优序融资理论认为没有什么最优资本结构，应先发行最稳健的证券。

7. 【答案】E

【解析】凡是直接或潜在对企业利益（现金流）产生诉求的，都相关。

8. 【答案】E

【解析】债券的赎回价格应该大于等于其面值，到期前一般大于面值，到期日一般等于面值。因此，可赎回债券的赎回价格是大于还是等于其面值，取决于赎回日期距离债券到期日的远近。

9. 【答案】A

【解析】新的公开信息发布后，股市有反应，说明符合半强有效，没达到强有效。强有效时，股市对任何公开信息都没有反应，因为有人有内幕信息，股价已经反映了所有还没发布的信息。

10. 【答案】B

【解析】同质预期是CAPM模型的基本假设之一，指的是投资者对证券收益率的均值、方差和协方差具有相同的期望值。此时投资者必定会选择同一风险资产组合，即市场组合。但由于个人风险偏好不同，会在市值加权的组合与无风险资产之间搭配，最终资产配置满足市值加权组合，而不是相同组合。答案为B项。

二、判断题

1. × 【解析】资产负债比是反映长期负债能力的指标。由此发散，反映短期偿债能力、长期偿债能力、营运能力、盈利能力、市场价值指标的都有哪些。

2. ×【解析】夏普比率＝$(R_i-R_f)/\sigma_i$，是度量收益相对于所承担风险的指标，是承担单位全部风险所获取的超额收益，不只是单位系统性风险，因为夏普比率的分母是方差，而不是 β。

3. ×【解析】企业价值乘数＝EV/EBITDA，分母是 EBITDA。与 P/E 相似，成长机会越高，企业价值乘数也越大。

4. ×【解析】题目里的内生增长，对应课本的内部增长，内部增长就是不需要任何外部融资来实现增长，那么企业资金需求不会超过留存收益，但可以小于留存收益。

5. ×【解析】根据 Lintner 模型，当公司开始进入困境时，股利支付率会提高；当公司达到繁荣时，股利支付率会下降。股利变化小于利润变化，也就是说公司尽量使股利平滑化即尽可能保证每年支付的股利绝对值相差不大。

6. √【解析】如果拟定各阶段的债务清偿时间，就知道了各期的债务水平，从而容易计算各期的债务税盾现值，应该采用调整净现值法则，即 APV 法。

7. ×【解析】根据 MM 定理Ⅱ，股东要求报酬率随着负债的上升而提高，即权益的风险增加。$R_S = R_0 + (B/S) \times (R_0 - R_B) \times (1-t_c)$，当 B 增大时，R_S 会增大。

8. √【解析】如果现金流多次变化会求出多个内部收益率，IRR 无法使用。对于现金流不规则的项目，可能会有多个 IRR，此时依据 IRR 方法得出的结论可能与 NPV 方法得出的结论相悖。

9. √【解析】当两种证券 A、B 构成投资组合时，只要相关系数 $\rho_{AB} < 1$，组合的标准差就小于各自标准差的加权平均数。

$VAR_P = X_A^2\sigma_A^2 + 2X_AX_B\sigma_{AB} + X_B^2\sigma_B^2 = X_A^2\sigma_A^2 + 2X_AX_B\rho_{AB}\sigma_A\sigma_B + X_B^2\sigma_B^2$。

当 $\rho_{AB} < 1$ 时，$2X_AX_B\rho_{AB}\sigma_A\sigma_B < 2X_AX_B\sigma_A\sigma_B$，$VAR_P < X_A^2\sigma_A^2 + 2X_AX_B\sigma_A\sigma_B + X_B^2\sigma_B^2 = (X_A\sigma_A + X_B\sigma_B)^2$。

10. ×【解析】折旧有抵税作用，每年会带来税盾，计算 OCF 时必须要考虑。经营性现金流＝EBIT－税＋折旧。税盾法：OCF＝（销售收入－成本）$\times (1-t_c)$＋折旧$\times t_c$。

三、分析与计算题

1.【解析】（1）决定优先股股息率的因素。

①普通股的每股收益率。优先股风险低于普通股，如破产时优先于普通股得到偿付，基于优先股在风险方面的优势，又不用参加公司的经营管理，优先股的股息率应当低于普通股的每股收益率。

②债券的收益率。债券与优先股有很多相似之处，它们均不参与公司的经营管理，都从公司收取固定的收益。确定优先股股息率时以企业债券为参考是必要的、可行的。鉴于公司债券在清偿、分配等顺序上都优先于优先股，优先股的股息率应当高于公司债券的收益率。

③相关法律法规的限制。根据《优先股试点管理办法》的规定，上市公司发行优先股，最近 3 个会计年度实现的年均可分配利润应当不少于优先股 1 年的股息。公开发行优先股的价格或票面股息率以市场询价或证监会认可的其他公开方式确定。非公开发行优先股的票面股息率不得高于最近两个会计年度的年均加权平均净资产预期年化收益率。

④还要考虑发行时机，当时的市场环境资金宽松还是较紧，也会影响股息率。

⑤此外，根据 CAPM 模型，任何证券的收益率都应该考虑当地的无风险利率水平、

市场风险溢价水平和发行该证券的公司的自身风险（贝塔）。

（2）中国银行此次境内外股息率不同的原因。

同一主体发行的优先股，其背后的筹资主体风险是相同的。那么，中国银行发行的优先股境内外股息率不同的原因有以下几个方面：

①境内优先股的免税效应更为明显。境内优先股股息免税，投资者能获得全部的股息收益，实际收益率高于票面股息率。而由于各地税收政策不同，部分境外优先股股东获得的股息根据所在地的税法要求，要承担纳税义务，因此会对股息提出更高的溢价要求。

②一方面，国内经济已经放缓，支撑不起高利率给付，而外国投资者不了解国内情况，所以需给境外投资者支付高利率才能认购；另一方面利率市场化加大波动风险，境外投资者需要更高的利率作为风险补偿。

③两地的资本市场环境有差异，如投资者素质与偏好不同，无风险利率水平不同，市场风险溢价不同。

④由于在内地和海外发行证券的时间不同，当时、当地的市场资金状况不同，故会影响股息率的最终确定。

2.【解析】（1）Y公司由3个业务组成，那么Y公司的无杠杆权益β_S就是三个业务的无杠杆β_u，则$\beta_u = 20/40 \times 1 + 10/40 \times 1.25 + 10/40 \times 0.6 = 0.9625$。

（2）计算加权资本成本，要知道资本结构比例、债务收益率和权益收益率。公司总价值40亿元，权益价值20亿元，则债务是20亿元。债务收益率$R_B = 4\% + 4\% = 8\%$。

全权益时，$R_S^U = 4\% + 0.9625 \times 8\% = 0.1170$；有债务时，$R_S^L = R_0 + (B/S) \times (R_0 - R_B) \times (1 - t_c) = 0.1448$。则$B:S = 1:1$。

因此，$R_{WACC} = 0.5 \times 0.1448 + 0.5 \times 0.08 \times (1 - 0.25) = 0.1024$。

（3）还债10亿元，则债务税盾的价值下降$10 \times 0.25 = 2.5$（亿元）。

因此，资本结构调整后，债务变为10亿元，权益变为17.5亿元，新的债务收益率$R_B = 4\% + 2\% = 6\%$。

新的Y公司的无杠杆$\beta_u = 1 \times 2/3 + 1.25 \times 1/3 = 1.0833$。

新的Y公司的$R_0 = 4\% + 1.0833 \times 8\% = 0.1267$。

新的Y公司的$R_S^L = R_0 + (B/S) \times (R_0 - R_B) \times (1 - t_c) = 0.1553$。

因此，新的$R_{WACC} = 10/27.5 \times 0.06 \times (1 - 0.25) + 17.5/27.5 \times 0.1553 = 0.1152$。

3.【解析】（1）2013年的固定资产投资额＝期末－期初＋折旧＝80 000－75 000＋2 000＝7 000（万元）。

（2）2013年，权益增加额＝72 000－65 000＝7 000（万元）。

因此，现金股利支付额＝净利润－权益增加额＝15 000－7 000＝8 000（万元）。

（3）题目给的条件欠缺项目的折现率，选择与其风险相当的折现率进行折现，直接用CAPM模型算出折现率，对永续的税前现金流量折现算出现值，再减去初始投资额，最后A、C项目的NPV大于零，可以投资。B、D项目的NPV小于零，不可以投资。

对于A项目：
$$R_A = R_f + \beta_A (R_M - R_f) = 4\% + 1.2 \times 8\% = 13.6\%$$
$$NPV_A = -3\,000 + 600 \times (1 - 25\%)/R_A = 308.82 > 0$$

对于B项目：
$$R_B = R_f + \beta_B (R_M - R_f) = 4\% + 1 \times 8\% = 12\%$$

$$NPV_B = -2\,000 + 300 \times (1-25\%)/R_B = -125 < 0$$

对于 C 项目：
$$R_C = R_f + \beta_C(R_M - R_f) = 4\% + 1.1 \times 8\% = 12.8\%$$
$$NPV_C = -2\,000 + 400 \times (1-25\%)/R_C = 343.75 > 0$$

对于 D 项目：
$$R_D = R_f + \beta_D(R_M - R_f) = 4\% + 2 \times 8\% = 20\%$$
$$NPV_D = -3\,500 + 800 \times (1-25\%)/R_D = -500 > 0$$

(4) 企业自由现金流 ＝ OCF － ΔNWC － 资本性支出（或者新项目投资）
         ＝ 流向债权人和股东的现金流。

净利润 ＝ 15 000 × (1＋10%) ＝ 16 500（万元）。

折旧 ＝ 2 000 × (1＋10%) ＝ 2 200（万元）。

OCF ＝ 净利润＋折旧 ＝ 18 700（万元）。

净营运资本增加额 ＝ (22 000 － 6 000) × 10% ＝ 1 600（万元）。

A、C 两个项目的固定资产投资额 ＝ 5 000（万元）。

所以，企业自由现金流 ＝ 18 700 － 1 600 － 5 000 ＝ 12 100（万元），因为没有说明债务的付息和还本情况，所以默认可以全部用来流向股东，即可以用来发放股利。

中央财经大学 431 金融硕士初试真题超精细解读

宏观数据速递

一、分值一览表

分布类型	题型/科目	2014 年	2015 年	2016 年	2017 年	2018 年
题型分值	选择题	(20×1=)20 分	(20×1=)20 分	(20×1=)20 分	(20×1=)20 分	(30×1=)30 分（单选） (5×2=)10 分（多选）
	判断题	(20×1=)20 分	(20×1=)20 分	(20×1=)20 分	(20×1=)20 分	0 分
	计算题	(3×10=)30 分	(3×10=)30 分	(3×10=)30 分	(3×10=)30 分	(3×10=)30 分
	名词解释	(5×4=)20 分	(5×4=)20 分	(5×4=)20 分	(5×4=)20 分	(5×4=)20 分
	简答题	(4×8=)32 分	(4×8=)32 分	(4×8=)32 分	(4×8=)32 分	(4×8=)32 分
	论述题	(2×14=)28 分	(2×14=)28 分	(2×14=)28 分	(2×14=)28 分	(2×14=)28 分
学科分值	金融学	90 分	90 分	90 分	90 分	90 分
	公司财务	60 分	60 分	60 分	60 分	60 分

二、难度点评和总体走势

2014 年初试难度较小。2015 年难度明显上升，达到近几年的难度峰值。2016 年难度略有下降。2017 年难度基本持平。2018 年难度略微上升。

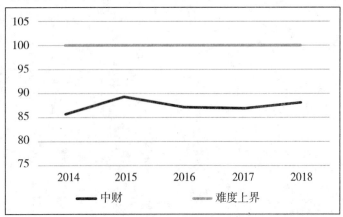

三、分数线及录取情况

指标		2014年	2015年	2016年	2017年	2018年
初试要求	单科要求	≥45分（100分）；≥68分（150分）	≥45分（100分）；≥68分（150分）	≥45分（100分）；≥68分（150分）	≥46分（100分）；≥69分（150分）	≥46分（100分）；≥69分（150分）
	总分要求	355分	341分	379分	371分	374分
人数要求	报考人数	502人	675人	1 018人	—	—
	招生人数	88人	69人	94人	106人	71人
录取信息	录取分数最高分	431分	388分	424分	416分	418分
	录取分数最低分	355分	341分	379分	371分	374分
	录取分数平均数	374分	368分	387分	385分	392分

四、真题指导教材复习顺序及重点章节

（一）复习顺序

先金融学，后公司财务。

（二）重点章节

李健《金融学》，全部章节。

刘力《公司财务》，全部章节。

2018年中央财经大学431金融硕士初试真题

一、单项选择题

1. 下列关于货币形式的阐述，正确的是（   ）。
   A. 与实物货币相比，金属货币具有易于保存的优点
   B. 金属货币的价值随着金银开采量的增减而频繁变动，因此被纸币所取代
   C. 纸币和存款货币都是中央银行产生后创造的货币形式
   D. 存款货币都是由商业银行业务派生出来的

2. 下列关于目前的国际货币制度的阐述，正确的是（   ）。
   A. 由于国际储备货币多元化，会产生"劣币驱逐良币"现象
   B. 美元与黄金保持固定比价，因此产生了"特里芬难题"
   C. 从汇率制度角度看，欧元区属于固定汇率制
   D. 目前人民币汇率制度属于有管理的独立浮动制度

3. 下列关于汇率变化对证券市场影响的说法，正确的是（   ）。
   A. 本币升值，国际资金流出，股票价格上升
   B. 本币升值，出口企业业绩下滑，引起股票价格下降
   C. 本币贬值，使本国企业的国际竞争力下降，引起股票价格下降
   D. 本币贬值，吸引国际投资资金流入，引起股票价格上升

4. 与古典利率理论的观点相吻合的是（   ）。
   A. 货币需求增加会引起利率上升
   B. 利息是剩余价值的一部分
   C. 利率不会高于平均利润率
   D. 边际储蓄倾向提高会引起利率下降

5. 远期合约的主要优点是（   ）。
   A. 可以灵活地依据交易双方的需要订立
   B. 标准化合约，可以减少交易成本
   C. 不受金融监管机构监管
   D. 没有违约风险

6. 下列关于金融市场的阐述，正确的是（   ）。
   A. 期货交易属于场外交易
   B. 黄金市场属于离岸金融市场
   C. 外汇市场是外汇买卖和借贷的市场
   D. 中央银行参与资本市场交易活动

7. 与同类企业相比，如果某上市公司市盈率偏低，则意味着（   ）。
   A. 其企业价值被低估　　　　　　　B. 其企业价值被高估
   C. 股票市场泡沫过大　　　　　　　D. 股票市场交易低迷

8. 在我国，不能创造派生存款的金融机构是（　　）。
   A. 财务公司　　　B. 商业银行　　　C. 信用社　　　D. 信托公司
9. 组织签署《巴塞尔协议》的国际金融机构是（　　）。
   A. 国际货币基金组织　　　　　　B. 世界银行
   C. 国际清算银行　　　　　　　　D. 亚洲开发银行
10. 下列关于利率类型的阐述，正确的是（　　）。
    A. 我国商业银行公布的存贷款利率都是名义利率
    B. 长期利率都是浮动利率，短期利率都是固定利率
    C. 市场利率都是浮动利率，官定利率都是固定利率
    D. 基准利率是在短期借贷活动中产生的实际利率
11. 下列关于商业银行的阐述，正确的是（　　）。
    A. 商业银行的经营原则是安全性、流动性和盈利性，其中盈利性是前提
    B. 商业银行的中间业务与创新的表外业务都是无风险业务
    C. 商业银行的资本充足率越高，其抵御风险的能力越强
    D. 单个银行的盈利性要求越高，整个银行部门越稳健
12. 我国中央银行发行债券的目的主要是（　　）。
    A. 调控基础货币量　　　　　　　B. 筹集长期资金
    C. 主动进行负债管理　　　　　　D. 降低融资成本
13. 下列关于信用货币供给机制的阐述，正确的是（　　）。
    A. 其他条件不变，法定存款准备金率提高，商业银行派生存款增加
    B. 其他条件不变，超额准备金率提高，商业银行派生存款减少
    C. 其他条件不变，通货－存款比提高，货币乘数不变
    D. 其他条件不变，准备－存款比降低，货币乘数减小
14. 凯恩斯的货币需求理论认为（　　）。
    A. 市场利率越低，交易动机的货币需求越大
    B. 市场利率越低，投机动机的货币需求越大
    C. 收入水平越低，交易动机的货币需求越大
    D. 市场利率越低，预防动机的货币需求越大
15. 中央银行资产负债业务对基础货币的影响是（　　）。
    A. 其他存款性公司存款增加，基础货币减少
    B. 国外资产减少，基础货币增加
    C. 对政府债权增加，基础货币增加
    D. 再贷款减少，基础货币增加
16. 属于国际收支平衡表中资本与金融账户的子项目是（　　）。
    A. 金融服务　　　B. 投资捐赠　　　C. 二次收入　　　D. 投资收益
17. 国际收支平衡表的借方项目记录的交易是（　　）。
    A. 货物的出口　　　　　　　　　B. 本国在国外的直接投资
    C. 外国在本国的直接投资　　　　D. 外国支付给居民的报酬
18. 再贴现政策的优点是（　　）。
    A. 中央银行主动性强，不受其他因素干扰

B. 直接影响货币乘数，调控效果猛烈

C. 调控的灵活性强，可用于日常微调

D. 具有告示效应，引导市场利率变化

19. 某可转换债券的面值为1 000元，发行价格为1 100元，转换比率为20，发行时对应的股票价格为每股52元，则该可转换债券的转换价格为（　　）。

　　A. 50元　　　　　B. 52元　　　　　C. 55元　　　　　D. 60元

20. 采用销售百分比法预测资金需要量时，下列项目中被视为不随销售收入的变动而变动的是（　　）。

　　A. 现金　　　　　B. 存货　　　　　C. 应收账款　　　　　D. 公司债券

21. 某投资项目，当贴现率为12%时，其净现值为478；当贴现率为14%时，净现值为－22。利用插值法，该项目的内部收益率为（　　）。

　　A. 12.91%　　　　B. 13.59%　　　　C. 13.91%　　　　D. 14.29%

22. 某投资项目的年营业收入为100 000元，年营业成本（含新旧）为60 000元，其中折旧额10 000元，所得税税率为33%，该方案的每年营业现金净流量为（　　）。

　　A. 26 800元　　　B. 36 800元　　　C. 16 800元　　　D. 43 200元

23. 在其他条件不变的情况下，若企业提高折现率，数值大小不会因此受到影响的指标是（　　）。

　　A. 净现值　　　　　　　　　　　B. 现值指数

　　C. 修正的内部收益率　　　　　　D. 内部收益率

24. 比较X和Y两个储蓄方案，X方案在未来3年中每年年初存入1 000元，Y方案在未来3年中每年年末存入1 000元。假设利率为10%，则X和Y方案在第三年年末时的终值之差为（　　）。

　　A. 331元　　　　B. 313元　　　　C. 133元　　　　D. 1 331元

25. 在个别资金成本的计算中，不必考虑筹资费用这个影响因素的是（　　）。

　　A. 长期借款成本　　　　　　　B. 债券成本

　　C. 留存收益成本　　　　　　　D. 普通股成本

26. 某公司的经营杠杆系数为1.8，财务杠杆系数为1.5，则该公司销售额每增长1倍，就会造成每股利润增加（　　）。

　　A. 1.2倍　　　　B. 1.5倍　　　　C. 1.3倍　　　　D. 2.7倍

27. 某公司2017年的税后利润为2 000万元，普通股股份数为1 000万股，2018年的计划投资需要资金2 200万元，公司的目标负债权益比为2∶3。如果该公司实行剩余股利政策，那么2017年的每股股利为（　　）。

　　A. 0.80元　　　　B. 0.75元　　　　C. 0.68元　　　　D. 0.37元

28. 下列有关股票分割的表述中，正确的是（　　）。

　　A. 股票分割不影响股票面值

　　B. 股票分割的结果会使负债比重下降

　　C. 股票分割会使每股收益和每股市价下降

　　D. 股票分割的结果会使股数增加，股东权益增加

29. 从看涨期权的角度出发，下列对股权和债券的分析正确的是（　　）。

　　A. 公司股东拥有公司，并卖出一个公司市场价值为标的资产、以债务偿还额为执行

价格的看涨期权

B. 公司股东持有以公司市场价值为标的资产、以债务偿还额为执行价格的看涨期权

C. 公司债权人拥有公司，并持有一个以公司市场价值为标的资产、以债务偿还额为执行价格的看涨期权

D. 公司债权人卖出一个以公司市场价值为标的资产、以债务偿还额为执行价格的看涨期权

30. 在 CAPM 的框架下，考虑一个有效投资组合 j，给定条件：$E(R_j)=20\%$，$E(R_m)=15\%$，$R_f=5\%$，$\sigma_m=20\%$。该投资组合的回报率标准差为（　　）。
A. 20%　　　　B. 30%　　　　C. 40%　　　　D. 50%

二、多项选择题（每题的备选项中，至少有两个符合题意，少选、错选、多选均不得分）

1. 外汇的基本特征有（　　）。
   A. 以外币表示的金融资产　　　　B. 国际的结算支付手段
   C. 充分的可兑换性　　　　　　　D. 政府发行的货币
   E. 必须有黄金做准备

2. 属于金融市场非系统性风险的是（　　）。
   A. 某公司没有按要求披露信息
   B. 单只股票出现跌停板
   C. 股票指数触及熔断机制暂停交易
   D. 中央银行加息导致股指下跌
   E. 交易者报价失误导致投资亏损

3. 下列关于利率期限结构理论的阐述，正确的是（　　）。
   A. 预期理论可以解释收益率曲线一般向上倾斜
   B. 市场分割理论主要解释了收益率曲线的同向波动特征
   C. 预期理论和市场分割理论的主要不同之处在于它们对不同期限债券的替代弹性有着完全不同的假设
   D. 流动性溢价和期限选择理论综合了预期理论和市场分割理论，能很好地解释收益率曲线的三个典型特征
   E. 收益率曲线向下倾斜往往意味着公众对未来经济的预期较为悲观

4. 在其他条件不变的情况下，会引起总资产周转率指标上升的业务是（　　）。
   A. 用现金偿还负债　　　　　　　B. 借入一笔短期贷款
   C. 用银行存款购入一台设备　　　D. 用银行存款支付一年的电话费
   E. 用现金买入有价证券

5. 下列关于资本结构与资本成本的说法，正确的是（　　）。
   A. 在无税收的 MM 定理中，由于负债总是无风险的，所以负债公司的股东所要求回报率与无负债公司相同
   B. 在无税收的 MM 定理中，如果公司负债，那么由于股东仅享有剩余索取权，其收益的波动性要大于无负债公司，所以负债公司的股东所要求回报率大于无负债公司
   C. 在有公司所得税的 MM 定理中，负债公司的股东所要求回报率随着资本结构中负

债的增加而上升,但公司的加权平均资本成本保持不变

D. 在有公司所得税的 MM 定理中,负债公司的股东所要求回报率随着资本结构中负债的增加而上升,公司的加权平均资本成本也会上升

E. 不管是否存在公司所得税,由于负债会导致股东承担财务风险,因此股东要求更高的回报

三、计算题

1. 某企业计划用新设备替换旧设备,旧设备账面折余价值为 60 000 元,税法规定的使用年限为 10 年,该设备已经使用 5 年,预计还可以使用 5 年,目前变现收入 60 000 元。新设备投资额为 150 000 元,预计使用 5 年。第 5 年,新、旧设备的预计残值相等。使用新设备可使企业在未来 5 年内每年增加营业收入 16 000 元,降低营业成本 9 000 元。该企业按直线法计提折旧,适用的所得税税率为 33%。

(1) 计算使用新设备比旧设备增加的净现金流量。

(2) 若投资人要求的必要报酬率为 8%,是否应采用新设备替换旧设备?利率为 8% 时的复利现值系数和年金现值系数见表 1。

表 1 利率为 8% 时的复利现值系数和年金现值系数

T	1	2	3	4	5	6	7	8
复利现值系数	0.925 9	0.857 3	0.793 8	0.735 0	0.680 6	0.630 2	0.583 5	0.540 3
年金现值系数	0.925 9	1.783 3	2.577 1	3.312 1	3.992 7	4.622 9	5.206 4	5.746 6

2. 已知某无负债公司的总资产价值为 10 000 元,发行在外的普通股股票为 500 股,息税前收益 EBIT 为 2 000 元,公司所得税税率为 40%,股权资本成本为 12%。该公司决定发行价值为 5 000 元,年利息率为 8% 的公司债赎回同等价值的公司股票。计算股票的赎回价格和赎回后公司的价值及其资本成本(杠杆公司的股权资本成本和加权平均资本成本)。

3. C 公司年终利润分配前的股东权益项目资料如下:

股本——普通股(每股面值 2 元,2 000 万股)4 000 万元;

资本公积 1 600 万元;

未分配利润 14 400 万元;

所有者权益合计 20 000 万元;

公司股票的每股现行市价为 22 元。

回答下列互不相关的问题:

(1) 计划按每 10 股送 1 股的方案发放股票股利,并按发放股票股利后的股数派发每股现金股利 0.5 元,股票股利的金额按现行市价计算。计算完成这一分配方案后的股东权益各项目数额。

(2) 如若按 1 股换 2 股的比例进行股票分割,计算股东权益各项目数额和普通股股数。

(3) 假设利润分配不改变市净率（每股市价/每股净资产），公司按每 10 股送 1 股的方案发放股票股利，股票股利按现行市价计算，并按新股数发放现金股利，且希望普通股市价达到每股 19.8 元，计算每股现金股利。

四、名词解释

1. 直接融资
2. 政策性金融机构
3. 功能监管
4. 财务危机成本
5. 认股权证

五、简答题

1. 从市场功能上看，金融市场中的一级市场与二级市场有何不同？
2. 简述消费信用的内涵、形式与作用。
3. 中央银行的产生与商业银行有哪些联系？
4. 简述优序融资理论的主要内容及其推论。

六、论述题

1. 2001—2016 年，我国国际收支经历了两个不同的阶段：先是国际收支持续双顺差，国际储备大幅增长；此后是非储备性质的金融账户逆差，导致国际收支总逆差，国际储备大幅减少。请阐述在国际收支顺差、国际储备增长和国际收支逆差、国际储备减少的两种情景下，我国中央银行的基础货币投放方式有何不同，以及为实现货币政策目标而进行的货币政策操作有何不同。

2. 2017 年我国金融监管部门针对监管市场发展中的问题出台了一系列监管新政，运用金融创新与金融监管的关系原理梳理监管政策，并分析构建有效的金融风险监管体系的路径。

2017年中央财经大学431金融硕士初试真题

一、单项选择题

1. 以下关于国际货币制度的描述，正确的是（　　）。
   A. 国际金本位制和布雷顿森林体系都属于黄金货币化
   B. 国际金本位制和布雷顿森林体系都是以金平价为基础、具有自动调节机制的固定汇率制
   C. 布雷顿森林体系和牙买加体系都是黄金非货币化
   D. 布雷顿森林体系和牙买加体系下的固定汇率都由金平价决定

2. 以下关于金本位制的描述，正确的是（　　）。
   A. 金本位制下的货币都是通过信用方式发行的
   B. 金本位制都具有货币流通的自动调节机制
   C. 金本位制下流通中的货币都是金铸币
   D. 金本位制下的货币材料都是黄金

3. 关于汇率理论，以下描述正确的是（　　）。
   A. 购买力平价学说是以一价定律为假设前提的
   B. 汇兑心理学说侧重于分析长期汇率水平的决定因素
   C. 利率平价理论认为利率高的国家其货币的远期汇率会升水
   D. 换汇成本学说是以国际借贷理论为基础发展起来的

4. 关于汇率的影响，以下描述正确的是（　　）。
   A. 本币贬值有利于吸引资本流入
   B. 马歇尔—勒纳条件是指当进出口商品需求弹性等于1时，本币贬值才能改善国际收支
   C. J曲线效应说明本币升值使出口出现先降后升的变化
   D. 本币升值会增加对本币金融资产的需求

5. 关于商业信用，以下描述正确的是（　　）。
   A. 商业票据可以发挥价值尺度的职能
   B. 商业信用属于间接融资形式
   C. 商业信用规模大，是长期融资形式
   D. 商业信用一般由卖方企业向买方企业提供

6. 宏观经济周期对利率的影响表现为（　　）。
   A. 经济危机阶段，利率急剧下跌
   B. 经济萧条阶段，利率开始上涨
   C. 经济复苏阶段，利率逐渐提高
   D. 经济繁荣阶段，利率开始下跌

7. 对债权人而言，下列哪种情况最有利？（　　）
   A. 名义利率为6.12%，通货膨胀率为6.4%
   B. 名义利率为5.22%，通货膨胀率为−0.8%
   C. 名义利率为2.25%，通货膨胀率为0.4%
   D. 名义利率为2.52%，通货膨胀率为2.0%

8. 以下不属于金融资产的金融工具的是(　　)。
   A. 通货和存款　　　　　　　　　B. 股票和投资基金证券
   C. 贷款承诺和信用证　　　　　　D. 贷款和债券
9. 以下关于资本市场的描述，正确的是(　　)。
   A. 从发行方式看，我国IPO既是公募发行，也是直接发行
   B. 证券交易所内交易的股票都是上市证券
   C. 证券交易所内的交易采用议价方式成交
   D. 高科技企业的股票都在创业板市场发行
10. 以下关于衍生金融工具市场的描述，正确的是(　　)。
    A. 远期交易合约的交易单位是交易所规定的标准化单位
    B. 期货交易既可以在场内市场进行，也可以在场外市场进行
    C. 期权交易中看跌期权的买方具有决定是否买入合同标的物的权利
    D. 期货是在远期的基础上产生的，期权是在期货的基础上产生的
11. 在我国，经营过程中会面临存款挤兑风险的金融机构是(　　)。
    A. 证券公司　　　B. 保险公司　　　C. 投资基金　　　D. 信用合作社
12. 凯恩斯的货币需求理论认为(　　)。
    A. 商品价格取决于商品价值和黄金的价值
    B. 货币需求仅指作为交易媒介的流通中货币的需求
    C. 交易性动机的货币需求与收入水平存在正相关关系
    D. 货币需求具有稳定性的特点
13. 以下关于中央银行再贴现政策的描述，正确的是(　　)。
    A. 中央银行可以自主决定再贴现率，因此具有充分的主动性
    B. 再贴现政策调控效果和缓，对市场震动小
    C. 再贴现政策既可用于结构调整，也可用于规模调整
    D. 再贴现政策实施效果不受经济周期的影响
14. 下列关于资产负债率、权益乘数和产权比率之间关系的表达式中，正确的是(　　)。
    A. 资产负债率+权益乘数=产权比率　　　B. 资产负债率-权益乘数=产权比率
    C. 资产负债率×权益乘数=产权比率　　　D. 资产负债率÷权益乘数=产权比率
15. 某项目每半年支付1 000元现金流，并按照同样的模式持续到永远（假定年利率为16%）。该项目的当前价值最接近(　　)元。
    A. 6 250　　　　B. 12 981　　　　C. 12 336　　　　D. 13 560
16. A和B是两个互斥项目，投资额均为100万元，两个项目后续的现金流如表1所示。

表1　A、B两个项目的后续现金流

时间	A	B
1	20	50
2	30	40
3	40	30
4	50	10

下列说法中正确的是(　　)。

A. 当贴现率为10%时，A项目的净现值为7.88万元
B. 当贴现率为10%时，B项目的净现值为7.18万元
C. 当贴现率低于两个项目净现值线的交叉点时，B项目的净现值更高
D. 当贴现率高于两个项目净现值线的交叉点时，B项目的净现值更高

17. 李先生购买一处房产价值为100万元，首付金额为20万，其余向银行贷款。贷款年利率为12%（年度百分率），按月还款，贷款期限为20年。如果按照等额本金的方式还款，则李先生各月偿还额加总为（　　）。
A. 964 000元　　B. 1 264 000元　　C. 1 764 000元　　D. 1 894 000元

18. 以下关于资本结构与资本成本的说法，正确的是（　　）。
A. 在无税收的MM定理中，由于负债总是无风险的，所以负债公司的股东所要求回报率与无负债公司相同
B. 在无税收的MM定理中，由于负债总是无风险的，所以公司的加权平均资本成本随着公司杠杆比例上升而下降
C. 在有公司所得税的MM定理中，负债公司股东所要求回报率随着资本结构中负债的增加而上升，但公司的加权平均资本成本保持不变
D. 在有公司所得税的MM定理中，负债公司股东所要求回报率随着资本结构中负债的增加而上升，但公司的加权平均资本成本却随着公司杠杆比例上升而下降

19. 某公司EBIT为2 000万元，在负债为500万元，利率为8%的情况下，公司的财务杠杆为（　　）。
A. 4　　B. 50　　C. 2.05　　D. 1.02

20. 公司对外发行面值为100元的优先股，发行价格为120元，股息率为10%，发行费率为5%，则该优先股的资本成本为（　　）。
A. 5.00%　　B. 8.77%　　C. 10.53%　　D. 12%

二、判断题

1. 根据利率期限结构理论中的预期假说，收益率曲线向下倾斜说明人们预期未来短期利率上涨。
2. 固定汇率制度的优点是有助于发挥汇率对国际收支的自动调节作用。
3. 远期利率隐含在即期利率中，并且是利用即期利率套算出来的。
4. 基准利率是在商业票据市场和同业拆借市场的交易中产生的。
5. 中央银行实施公开市场操作影响货币乘数，进而影响货币供给。
6. 我国目前货币层次中的狭义货币包括流通中的现金、企业活期存款和居民活期存款。
7. 正回购是融出资金的方式，逆回购是融入资金的方式。
8. 流动性偏好理论认为若出现流动性陷阱，货币供给的变动不会再影响利率水平。
9. 商业银行和中央银行都是存款性金融机构，都要依据《巴塞尔协议》的规定，达到资本充足率的要求。
10. 真实票据理论认为商业银行的资产业务应以短期和商业性贷款为主。
11. 政策性银行的经营原则是安全性、流动性和盈利性。
12. 在货币政策和财政政策的配合上，"双松"或"双紧"用于结构调整，"一松一紧"用于总量调控。
13. 衍生金融工具期限短，主要用于短期融资、套期保值和投机。

14. 在资本预算中，修正的内部收益率（MIRR）不会出现多重解。

15. 计算WACC时，权重应该选择以账面价值衡量的目标资本结构。

16. 在有限合伙制企业中，并不是所有合伙人都只承担有限责任。

17. 如果公司预测未来市场利率会下降，则公司应该发行可赎回债券，这样未来利率下降时，公司可以按事先约定的价格赎回债券，从而获得收益。

18. 一般而言，处于成长中的企业为了吸引投资者，多采取高股利政策。

19. 从看涨期权的角度看，公司债权人持有的头寸是拥有公司和一份以公司为标的物、执行价格为负债到期支付额的看涨期权空头。

20. 垃圾债券是指评级在投资级别以下（即标准普尔评级BBB级及以下）的债券。

三、计算题

1. 贝克曼工程公司正在考虑进行资本结构的调整。公司目前负债为2 000万元，利率为8%，当前发行在外的股份为200万股，每股价格为40元。该公司是一家零增长的公司，将利润全部作为红利分配。公司的EBIT为1 493.3万元，税率为40%。无风险利率为6%，市场风险溢价为4%。公司考虑将负债率提高到40%（按市场价值计算），并利用增加的负债资金回购股票。如果增加负债，贝克曼公司需要将旧债全部赎回，替换为利率为9%的新债。公司当前的贝塔系数为1。

（1）如果贝克曼公司没有负债，贝塔系数是多少？

（2）如果公司负债比率提高到40%，公司的贝塔系数会变成多少？并求此时的股权资本成本。

（3）当负债率提高到40%时，求公司的WACC和公司总价值。

2. 沙河公司提供了如下财务数据：

①目标资本结构是50%负债和50%股东权益；

②税后债务成本为8%；

③保留盈余的成本估计为13.5%；

④股权融资成本估计为20%，如果公司发行新股票；

⑤净收入为2 500。

公司现有五个可供选择的项目，项目情况如表2所示。如果公司执行剩余红利政策，其股利支付比率是多少？

表2 项目的规模和IRR

项目	项目规模/万元	IRR/%
A	1 000	12.00
B	1 200	11.50
C	1 200	11.00
D	1 200	10.50
E	1 000	10.00

3. 通达公司正在考虑两个项目，现金流如表3所示。由于两个项目风险相当，适用相同的资本成本。当公司资本成本为多少时，两个项目的净现值相等？

表 3　项目的现金流　　　　　　　　　　　　万元

年份	项目 1	项目 2
0	−43	−80
1	50	50
2	30	30
3	20	70

四、名词解释

1. 社会融资规模
2. 量化宽松货币政策
3. 表外业务
4. IPO 折价
5. 红利的客户效应

五、简答题

1. 简述存款扩张倍数与货币乘数的区别及联系。
2. 简述一国国际收支持续失衡对国内经济的影响。
3. 简述平方根定律、立方根定律和资产组合理论的异同。
4. "当公司事实上资不抵债时，股东可能会采取冒险的操作，投资于风险很大、净现值为负的项目"，如何理解这句话？

六、论述题

1. 图 1 至图 3 分别给出了 1 周 Shibor 利率与国债指数（净价）、中高企债指数以及沪深 300 指数的历史行情数据（其中 1 周 Shibor 利率数据对应右坐标轴）。请问：

（1）什么是 Shibor 利率？
（2）请描述图 1、图 2、图 3 中利率与资产价格之间的关系及其差异。
（3）什么是现金流贴现模型？
（4）请结合现金流贴现模型等相关金融学理论对总结的图形规律进行解释。

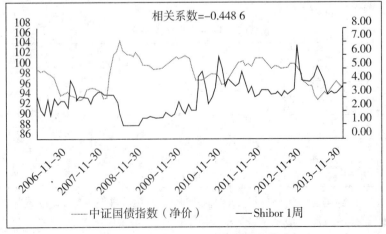

图 1　1 周 Shibor 利率与国债指数

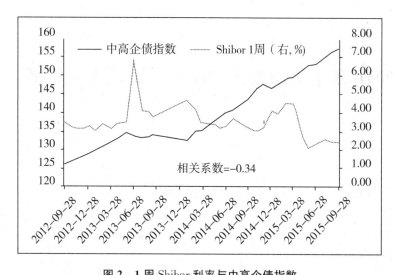

图 2　1 周 Shibor 利率与中高企债指数

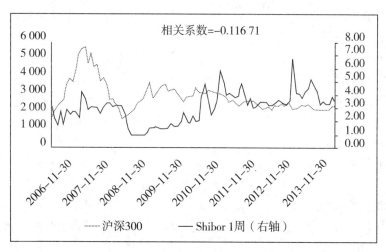

图 3　1 周 Shibor 利率与沪深 300 指数

2. 论述人民币加入 SDR 的意义与影响。

2016年中央财经大学431金融硕士初试真题

一、单项选择题

1. 以下哪位人物认为货币是为解决直接物物交换的困难而产生的?(　　)
   A. 古罗马法学家鲍鲁斯　　　　　　B. 英国经济学家亚当·斯密
   C. 法国经济学家西斯蒙第　　　　　D. 中国春秋时期法家代表管子

2. 利率由储蓄投资决定的理论是(　　)。
   A. 古典利率决定论　　　　　　　　B. 凯恩斯利率决定理论
   C. 可贷款资金论　　　　　　　　　D. 新古典综合派利率决定论

3. 我国现行的人民币汇率是(　　)。
   A. 自由浮动汇率　　　　　　　　　B. 联系美元的管理浮动汇率
   C. 盯住美元的固定汇率　　　　　　D. 参考一篮子货币调整的管理浮动汇率

4. 金融资产投资管理的核心是(　　)。
   A. 有效的投资收益与风险管理　　　B. 在时间维度配置资产
   C. 在风险维度配置资产　　　　　　D. 在时间和风险两个维度配置资产

5. 创业板市场可以促进高新技术创业和中小企业的发展,这是体现资本市场的(　　)。
   A. 资源配置与转化功能　　　　　　B. 价格发现功能
   C. 宏观调控传导功能　　　　　　　D. 风险分散与规避功能

6. 利率互换的目的是(　　)。
   A. 降低融资成本　　　　　　　　　B. 管理流动性
   C. 获得目标货币债务　　　　　　　D. 规避利率风险

7. 下列属于存款类金融机构的是(　　)。
   A. 金融租赁公司　　　　　　　　　B. 财务公司
   C. 资产管理公司　　　　　　　　　D. 小额贷款公司

8. 下列实行准中央银行制度的国家是(　　)。
   A. 马尔代夫　　B. 美国　　C. 法国　　D. 印度

9. 以下体现中央银行"银行的银行"职能的是(　　)。
   A. 集中存款准备金和充当最后贷款人
   B. 充当最后贷款人和制定货币政策
   C. 监督管理金融业和垄断货币发行
   D. 组织管理清算业务和为政府提供融资

10. 国际收支出现大量顺差时会引起的经济现象是(　　)。
    A. 本币汇率上浮,出口增加
    B. 本币汇率上浮,出口减少

C. 本币汇率下浮，出口增加
D. 本币汇率下浮，出口减少

11. 以下不属于现代货币供给条件的是（　　）。
A. 信用货币流通　　　　　　　　B. 部分存款准备金制度
C. 非现金结算　　　　　　　　　D. 现金结算

12. 中央银行选择性货币政策工具是（　　）。
A. 消费者信用控制　　　　　　　B. 公开市场操作
C. 道义劝告　　　　　　　　　　D. 信用配额

13. 属于我国证监会监管的金融机构是（　　）。
A. 信托投资公司　　　　　　　　B. 金融租赁公司
C. 期货公司　　　　　　　　　　D. 融资担保公司

14. 某企业流动比率为2，速动比率为1，现金与有价证券占流动负债的比率为0.5，流动负债为1 000万元。该企业流动资产只有现金、有价证券、应收账款和存货四个项目，则该公司的存货为（　　）。
A. 500 万元　　　B. 1 000 万元　　　C. 1 500 万元　　　D. 2 000 万元

15. 下列哪项是在计算相关现金流时需要计算的？（　　）
A. 前期研发费用　　　　　　　　B. 营运资本的变化
C. 筹资成本　　　　　　　　　　D. 市场调查费用

16. 李先生购买了一处价值为100万元的房产，首付金额为20万元，其余向银行贷款。贷款年利率为12%（年度百分率），按月还款，贷款期限为20年。如果按照等额本金的方式还款，则李先生第一个月大约需要向银行偿还（　　）。
A. 11 333 元　　　B. 12 333 元　　　C. 13 333 元　　　D. 14 333 元

17. 假设 P_0 是股票除息前的价格，P_X 是除息价格，D 是每股现金股利，T_P 是个人边际税率，T_G 是资本利得的有效边际税率。如果 $T_P=T_G=0$，则股票除息时价格将下跌多少？（　　）
A. $1\times D$　　　B. $0.875\times D$　　　C. $0.8\times D$　　　D. $0.5\times D$

18. 公司发行在外的期限10年，面值为1 000元，息票利率为8%的债券，目前出售价格为1 000元，公司所得税税率为30%，则该债券的税后资本成本为（　　）。
A. 4.2%　　　B. 5.1%　　　C. 5.6%　　　D. 6.4%

19. R公司目前有1 000万元的资金可用于投资，因此需要从10个期限均为5年，投资额均为200万元，且净现值均大于0的项目中选择5个项目进行投资。那么公司应该按照哪一种标准进行选择？（　　）
A. 内部收益率最高　　　　　　　B. 回收期之和最短
C. 盈利指数之和最大　　　　　　D. 贴现回收期之和最短

20. 已知某无负债公司的总资产价值为10 000，发行在外的普通股股票500股，息税前收益EBIT为2 000，公司所得税税率为40%。该公司决定发行价值5 000、年利息率8%的公司债赎回同等价值的公司股票，则该公司股票的赎回价格为（　　）。
A. 20　　　B. 22　　　C. 24　　　D. 26

二、判断题

1. 准货币的流动性小于狭义货币，反映的是整个社会的潜在购买力。
2. 在浮动汇率制度下，由于存在货币纪律约束，中央银行不可能超发货币。
3. 利息转化为收益的一般形态导致了收益资本化。
4. 有效边界线上的资产组合为最佳资产组合。
5. 货币市场利率是一国利率体系中的基准指标，是影响其他金融和经济指标的基础性变量。
6. 风险中性的市场环境中，不存在套利的可能。
7. 非存款类金融机构是一种高杠杆企业，自有资本低。
8. 与封闭式基金相比，开放式基金经理的经营压力比较小。
9. 货币主义认为，货币需求函数在长期内是稳定的。
10. 基础货币等于库存现金与银行体系存款准备金之和。
11. 按照菲利普斯曲线，在长期内，通货膨胀与失业率之间存在替换关系。
12. 超额准备金是可控性和抗干扰性较好的货币政策操作工具。
13. 美国金融监管体制是功能监管与机构监管的混合体制。
14. 某人欲购房，若现在一次性结清，需付款 100 万元；若分三次付款，每年初分别付款 30 万元、40 万元、50 万元。假定利率为 10%，则投资者采用分期付款方式更为划算。
15. 在资本预算过程中，因为折旧不是现金成本支出，因此计算现金流时不用考虑折旧。
16. 在不考虑税收、交易成本和财务危机成本的情况下，如果公司通过发行股票的方式来赎回其债务，那么之后的股票价格会上升，因为此时股东的风险下降了。
17. 股票分拆有助于提高高价股的流动性，并且一般对外传递了利好的信号。
18. 期初年金的现值大于期末年金的现值，但期初年金的终值要小于期末年金的终值。
19. 可赎回债券票面利率较高，因此其利率风险往往低于普通债券。
20. 在无税收的情况下，MM 定理的结论是资本结构对企业价值没有影响，因此也不影响企业的股权资本成本。

三、计算题

1. 公司正在考虑两个互斥项目 A 和 B，两个项目的现金流如表 1 所示。

表 1 项目的现金流

年份	A	B
0	−5 000	−5 000
1	3 000	3 500
2	4 000	3 000

两个项目的风险大致相同，因此资本成本均为 12%，如果基于修正的内部收益率（MIRR）对该项目进行评估，应该选择哪个项目？（计算结果如遇到小数，保留至小数点后 2 位）

2. 某股票当前价格是 100 元，一年之后预期股价上涨 10% 或下跌 10%，市场无风险利率为 8%，运用二叉树模型计算执行价格为 105 元，期限为一年的欧式看涨期权的价值。

3. A 公司目前有 5 000 元的负债，发行在外 200 股股票，每股价格为 50 元，公司税率 40%。如果公司不负债，则该公司股权的贝塔系数等于 1.2。该公司负债为无风险负债，利率为 4%，市场组合的收益率为 14%。在 MM 定理的框架下分析如下问题：

（1）计算 A 公司目前的 WACC。

（2）公司考虑进行资本结构调整，在现有债务的基础上再发行 2 000 元的负债（利率仍然保持 4% 不变），利用负债融资回购股票，那么回购之后公司的每股价格会变成多少？

四、名词解释

1. 常备借贷便利（SLF）
2. 双重期权
3. 强制储蓄效应
4. 累积优先股
5. 财务协同效应

五、简答题

1. 简述汇率变化对金融资产价格的影响机制。
2. 简述直接融资与间接融资的优缺点。
3. 简述利率决定理论的不同学派观点及其政策主张。
4. 优先股的股权特性和债权特性体现在哪些方面？哪些企业适合采用优先股融资？

六、论述题

1. 资本市场国际化的意义、条件与风险是什么？评价我国资本市场国际化的进程以及政府推进资本市场国际化的策略。
2. 金融创新的动力是什么？运用金融创新原理，结合"大众创业、万众创新"，分析基于大数据的金融创新机制及其效果。

2015年中央财经大学431金融硕士初试真题

一、单项选择题

1. 金银复本位制的不稳定性源于（   ）。
   A. 金银的稀缺   B. 生产力的提高
   C. 货币发行管理混乱   D. 金银同为本位币

2. 单纯从物价和货币购买力的关系看，物价指数上升25%，则货币购买力（   ）。
   A. 上升20%   B. 下降20%   C. 上升25%   D. 下降25%

3. 信用的基本特征是（   ）。
   A. 无条件的价值单方面让渡   B. 以偿还为条件的价值单方面让渡
   C. 无偿的赠予或援助   D. 平等的价值交换

4. 认为利率纯粹是一种货币现象，利率水平由货币供给与货币需求的均衡点决定的理论是（   ）。
   A. 马克思的利率决定理论   B. 实际利率理论
   C. 可贷资金理论   D. 凯恩斯的利率决定理论

5. 我国习惯上将年息、月息、日息都以"厘"作单位，但实际含义却不同，若年息6厘、月息4厘、日息2厘，则分别是指（   ）。
   A. 年利率为6%，月利率为4%，日利率为2%
   B. 年利率为0.6%，月利率为0.4%，日利率为0.02%
   C. 年利率为0.6%，月利率为0.04%，日利率为2%
   D. 年利率为6%，月利率为0.4%，日利率为0.02%

6. 一张差半年到期的面额为2 000元的票据，到银行得到1 900元的贴现金额，则年贴现率为（   ）。
   A. 5%   B. 10%   C. 2.56%   D. 5.12%

7. 以下属于利率衍生工具的是（   ）。
   A. 债券期货   B. 货币互换   C. 外汇期货   D. 外汇期权

8. 同早期的银行相比，现代商业银行的本质特征是（   ）。
   A. 信用中介   B. 支付中介   C. 融通资金   D. 信用创造

9. 假设黄金现货的价格为200元/克，市场无风险利率为4%，那么不考虑黄金仓储成本，6个月后交割的黄金期货合约理论价格应该是（   ）。
   A. 200元/克   B. 204元/克   C. 198元/克   D. 202元/克

10. 假设今天沪深300指数收盘于3 200点，指数期望收益率为8%，无风险利率为4%，那么一年后交割的沪深300指数期货合约理论点位是（   ）。
    A. 3 200.04   B. 3 300.59   C. 3 328.01   D. 3 074.53

11. 弗里德曼认为货币需求函数的特点是（   ）。
    A. 不稳定   B. 不确定   C. 相对稳定   D. 稳定

12. 本币汇率下跌会引起下列哪个现象？（　　）
   A. 出口减少、进口增加　　　　　B. 出口增加、进口减少
   C. 进出口不发生变化　　　　　　D. 进出口同时增加
13. 国际收支失衡是指（　　）。
   A. 贸易项目失衡
   B. 经常项目失衡
   C. 经常项目、资本与金融项目总体失衡
   D. 自主性交易项目失衡
14. 从看跌期权的视角，公司债权人所拥有的债权可以理解为（　　）。
   A. 持有以公司资产为标的物的看跌期权
   B. 向股东出售以公司资产为标的物的看跌期权
   C. 拥有公司，并持有以公司资产为标的物的看跌期权
   D. 持有无风险债权，并向股东出售以公司资产为标的物的看跌期权
15. 某项目的现金流如表1所示。

表1　项目的现金流

年份	0	1	2	3	4
现金流	−5 000	1 900	1 900	2 500	2 000

那么，该项目的回收期最接近（　　）。
   A. 2 年　　　　B. 2.5 年　　　　C. 3 年　　　　D. 3.5 年
16. A 公司普通股刚刚支付了每股 2 元的红利，股票价格当前为 100 元每股，可持续增长率为 6%，则该公司普通股的资本成本为（　　）。
   A. 6.4%　　　　B. 7.3%　　　　C. 8.1%　　　　D. 8.8%
17. 在资本预算中，下列现金流中最不应该考虑的是（　　）。
   A. 沉没成本　　　　　　　　B. 税收影响
   C. 机会成本　　　　　　　　D. 新项目对旧项目的替代效应
18. P 公司 2015 年的资本预算为 500 万元，该公司的目标资本结构包括 60% 的负债和 40% 的股权。公司预测 2015 年将有 300 万元的净利润。如果该公司遵循剩余红利分配政策，则其目标股利支付率为（　　）。
   A. 25%　　　　B. 33%　　　　C. 38%　　　　D. 42%
19. 以下不属于资产运用能力指标的是（　　）。
   A. 存货周转率　　　　　　　B. 应收账款周转期
   C. 利息保障倍数　　　　　　D. 资产周转率
20. 债券筹资的优点不包括（　　）。
   A. 债券的成本介于普通股和优先股之间
   B. 债权人不直接参与公司经营管理
   C. 债券利息在税前列支，可以带来屏蔽税收的好处
   D. 债券可以附加多种选择权，增强其吸引力

二、判断题

1. "劣币驱逐良币"规律产生于信用货币制度的不可兑换性。
2. 商业票据的背书人对票据负有连带责任。
3. 在通常情况下,如果资本边际效率大于官定利率,可以诱使厂商增加投资,反之则减少投资。
4. 信托业务由于能够使商业银行获利,所以是资产业务。
5. 基础货币等于流通中现金与商业银行的存款准备金之和。
6. 在凯恩斯看来,投机性货币需求增减的关键在于微观主体对现存利率水平的估价。
7. 公开市场业务是通过增减商业银行借款成本来调控基础货币的。
8. 从根本上说,经济体系中到底需要多少货币取决于有多少实际资源需要货币来实现其流转,并完成再生产过程。
9. 在一般性货币政策工具中,再贴现政策对中央银行而言具有较强的主动性。
10. 中央银行对利率的控制能力强于对超额准备金的控制。
11. 人民币特种股票B股属于广义外汇。
12. 一国对外负债的增加应该记录在国际收支金融账户的借方。
13. 在固定汇率制度下,一国国际收支顺差过大会引起国内物价上涨。
14. 在不考虑税收、交易成本和财务危机成本的情况下,如果公司通过发行股票的方式来赎回其债务,那么之后的股票价格会上升,因为此时股东的风险下降了。
15. 在计算公司WACC时,权重应基于公司的目标资本结构。
16. 债券的到期收益率(YTM)是使未来现金流的现值等于债券当前价格的贴现率。
17. 2012年投资者A的收益率为19%,投资者B的收益率为15%,A的投资组合β值为1.5,B的投资组合β值为1。如果无风险利率为9%,同期市场收益率15%,则A在选股方面更加出色。
18. 利用IRR对互斥项目进行评估时,假设现金流的再投资收益率为项目资本成本。
19. 有限合伙制企业的合伙人均为有限合伙人。
20. 参与优先股是指优先股股东可以参与公司股东大会并投票。

三、计算题

1. 假设你的住房抵押贷款已经偿还了5年的时间,每月还款额为12 286元,贷款的原始期限为30年,利率为10%(APR)。在这5年中利率下跌,因此你决定进行再融资,也就是说你要将当前尚未偿还的贷款余额经过重新磋商后形成一项新的贷款。新贷款为30年期,要求按月还款,利率为6.625%(APR)。

(1) 新贷款要求每个月还款多少?
(2) 如果你仍希望在25年后还清贷款,那么新贷款的月还款额为多少?
(3) 假设你想每个月还是继续偿还12 286元,并且想在25年后还清贷款,那么除了未偿还完的贷款,你还能额外借多少现金?(现值系数见表2)

表 2　现值系数

时间/月	60	120	180	240	300	360
利率为 0.833% 的年金现值系数	47.065 4	75.672 1	93.057 4	103.624 6	110.047 2	113.950 8
利率为 0.552% 的年金现值系数	50.956 1	87.577 2	113.896	132.810 9	146.404 6	156.174 1

（计算结果保留整位数）

2. 某公司资本结构中包括 70% 的债务和 30% 的股权，公司希望保持这样的目标资本结构。公司预计今年会产生 180 万元的保留盈余。公司所得税税率为 30%。

（1）基于表 3 中的信息，计算不同筹资规模下公司的 WACC。

表 3　融资情况

资金来源	成本/%	融资规模
负债融资	10	发行新债不超过 100 万元
负债融资	12	发行新债超过 100 万元，但不超过 300 万元
负债融资	15	发行新债超过 300 万元
股权融资	14	股权资金需求不超过留存收益
股权融资	16	对外发行股票融资不超过 200 万元
股权融资	18	对外发行股票融资超过 200 万元

（2）如果公司有表 4 中的独立项目可供选择，则公司对外举债和发行股票融资的数量各是多少？

表 4　可选项目

投资项目	投资额/万元	IRR/%
A	230	13.5
B	200	24.6
C	325	9.7
D	180	15.8
E	150	16.0

（计算的融资规模结果保留至整数位，WACC 结果保留至万分位）

3. G 公司目前流通在外的股票为 100 万股，市价为 6 元/股，此外还有 200 万元利率为 6% 的债券。G 公司正在考虑一个投资额为 300 万元的项目，有三种筹资方案可供选择：

a. 全部使用每股 6 元的普通股融资；

b. 按利率 8% 发行债券；

c. 按利率 9% 发行优先股。

（1）如果投资后的期望 EBIT 为 100 万元，计算各种筹资方案下的 EPS，假定税率为 25%。

(2) 计算方案 a、b 和 a、c 间的无差异点（使 EPS 相等的 EBIT 水平）。（计算 EPS 结果保留小数点后 2 位，EBIT 保留至整数位）

四、名词解释

1. 存款货币
2. 商业银行的核心资本
3. 购买力平价
4. 永续年金
5. 修正的内部收益率（MIRR）

五、简答题

1. 简述利率发挥作用的基础性条件。
2. 简述互换交易的基本功能。
3. 简述国际货币制度的主要内容。
4. 可转换债券作为筹资工具，有哪些优缺点？

六、论述题

1. 近年来，中国人民银行采用有别于传统货币政策工具的策略，创设了几种货币政策新工具。请结合中国经济运行的现实背景，分析这些政策工具与传统货币政策工具的功能与预期效果有何不同。

2. 试述影响汇率变动的因素和汇率变动对经济的影响。结合近年来人民币升值的问题，分析人民币升值的原因和人民币升值带来的经济影响。

2018年中央财经大学431金融硕士初试真题解析

一、单项选择题

1.【答案】A

【解析】与实物货币相比，金属货币坚固耐磨，不易腐蚀，既便于流通，也易于保存，选项A正确。金属货币的价值是其作为货币的交换价值，而不是其作为金或银的市场价值，而纸币取代金属货币的原因是纸币具有易于流通、不受金银开采量限制的优势，选项B错误。纸币在中央银行产生之前已经出现，如宋代交子，选项C错误。存款货币中的派生存款是商业银行业务派生出来的，而原始存款不是，选项D错误。

2.【答案】C

【解析】"劣币驱逐良币"现象是金银复本位制导致的，国际储备货币的多元化不等同于本位币的多元化，选项A错误。"特里芬难题"的产生是因为美元与黄金挂钩，其他国家货币与美元挂钩导致的，并不是因为美元与黄金保持固定比价，选项B错误。欧元区属于固定汇率制，选项C正确。目前人民币汇率制度是以市场供求为基础、参考一篮子货币进行调节、有管理的浮动汇率制度，不是有管理的独立浮动汇率制度，选项D错误。

3.【答案】B

【解析】从国际资金流动角度看，本币升值，国际资金流入，资本市场供不应求，股票价格上升，选项A和选项D错误。从进出口角度看，本币升值，出口减少，进口增多，本国商品国际竞争力下降，出口企业业绩下滑，引起出口企业的股票价格下跌，选项B正确，选项C错误。

4.【答案】D

【解析】古典利率决定理论认为储蓄和投资流量的变动引起利率的变动，边际储蓄倾向提高会引起利率下降，选项D正确。选项A是凯恩斯利率决定理论的观点。选项B和C是马克思利率决定理论的观点。

5.【答案】A

【解析】远期合约不是标准化合约，在场外交易，交易双方可以灵活根据自身需要订立，灵活性高，但流动性弱。选项A正确，选项B错误。远期合约受到金融监管机构的监管，具有违约风险。选项C和D错误。

6.【答案】B

【解析】期货交易在场内交易，选项A错误。黄金市场属于离岸金融市场，选项B正确。外汇市场是外汇买卖交易的市场，不是外汇借贷的市场，选项C错误。中央银行只能在货币市场上进行公开市场操作，选项D错误。

7.【答案】B

【解析】市盈率=每股市价/每股净利润。上市公司市盈率偏低表现为每股市价被低估或每股净利润被高估。选项C和D都是关于整个股票市场的情况，不能反映单个上市公司与其他同类企业的市盈率差别，因此 C 和 D 选项排除。在 A 和 B 选项中，选项 B 正确。公司的价值被高估，导致单个公司的市盈率与同类企业相比偏低。

8.【答案】D

【解析】只有存款类金融机构才能派生存款。四个选项中只有信托公司是非存款类金融机构，因此选 D。

9.【答案】C

【解析】组织签署《巴塞尔协议》的国际金融机构是国际清算银行。

10.【答案】A

【解析】长期利率、短期利率、官定利率都有可能是浮动利率或固定利率，选项 B 和 C 错误。基准利率是金融市场上具有普遍参照作用的利率，是市场化的利率，不是短期借贷活动中产生的实际利率，选项 D 错误。运用排除法，本题选 A。

11.【答案】C

【解析】商业银行的经营原则是安全性、流动性和盈利性，其中安全性是前提，选项 A 错误。商业银行的中间业务和创新的表外业务存在风险，选项 B 错误。资本充足率反映商业银行抵御风险的能力，选项 C 正确。单个银行的盈利性要求越高，相应的风险也会越高，如果每个商业银行都保持较高的盈利性要求，则整个银行部门的稳健性越低，选项 D 错误。

12.【答案】A

【解析】中央银行进行货币政策操作的目的是调控货币供给的总量和结构，实现货币政策目标。中央银行发行债券是其公开市场操作的一部分，目的是减少基础货币量，进而减少货币供给，实行紧缩性的货币政策，选项 A 正确。选项 B、C、D 都是商业银行的目的。

13.【答案】B

【解析】法定存款准备金率提高、超额准备金率提高、现金漏损率提高都会导致存款派生倍数下降，商业银行派生存款减少，选项 A 错误，选项 B 正确。通货-存款比率提高、准备-存款比率提高都会导致货币乘数下降，选项 C 和选项 D 错误。

14.【答案】B

【解析】凯恩斯的货币需求理论认为交易动机和预防动机都与收入正相关，与利率无关，投机动机的货币需求与利率负相关。选项 A、C、D 错误，选项 B 正确。

15.【答案】C

【解析】中央银行的资产决定中央银行的负债。基础货币是中央银行的负债，中央银行对政府、商业银行等金融机构、外国部门的债权增加，会导致基础货币的增加。其他存款性公司存款增加，基础货币增加，选项 A 错误。国外资产减少，基础货币减少，选项 B 错误。对政府债权增加，基础货币增加，选项 C 正确。再贷款减少，中央银行对商业银行的债权减少，基础货币减少，选项 D 错误。

16.【答案】B

【解析】资本项目包括资本转移（投资捐赠和债务注销）、非生产、非金融等资产的收买或出售。金融项目包括本国对外资产和负债的所有权变动的所有交易——直接投资、证券投资、其他投资。选项中只有投资捐赠属于资本与金融账户里的子项目，选项 B 正确。金融服务、二次收入和投资收益都是经常项目里的子项目。

17. 【答案】B

【解析】国际收支平衡表的借方表示资产的增加与负债的减少。选项 B 正确。

18. 【答案】D

【解析】再贴现政策的缺点是中央银行主动性弱，受商业银行再贴现意愿以及金融经济周期的影响，选项 A 错误。选项 B 是法定存款准备金政策的特点，错误。选项 C 是公开市场操作的特点，错误。运用排除法，本题选 D。

19. 【答案】A

【解析】可转换债券的转换比率＝债券面值/转换价格，因此转换价格＝债券面值/转换比率＝1 000/20＝50（元），答案选 A。

20. 【答案】D

【解析】采用销售百分比法预测资金需要量时，现金、存货和应收账款都被认为与销售收入等比例增减，因此应该选 D。

21. 【答案】C

【解析】14%－[22/(22＋478)]×(14%－12%)＝13.912%，则内部收益率为 13.91%。

22. 【答案】B

【解析】50 000×0.67＋10 000×0.33＝36 800（元），则营业现金净流量为 36 800 元。

23. 【答案】D

【解析】因为 IRR 法的贴现率为项目的内部报酬率，所以企业提高折现率不会影响 IRR 法的结果。选项 D 正确。

24. 【答案】A

【解析】1 000×(1＋0.1)³－1 000＝331（元），则终值之差为 331 元。

25. 【答案】C

【解析】只有留存收益成本不需要考虑筹资费用，选项 C 正确。

26. 【答案】D

【解析】1.5×1.8＝2.7（倍），每股利润增加 2.7 倍。

27. 【答案】C

【解析】(2 000－2 200×3/5)/1 000＝0.68（元），则每股股利为 0.68 元。

28. 【答案】C

【解析】股票分割会使面值等比例减小，选项 A 错误。股票分割不会使资产负债表里的项目发生改变，选项 B 和 D 错误。股票分割会使股数等比例增加，因此每股收益与每股市价会相应减少，选项 C 正确。

29. 【答案】B

【解析】从看涨期权的角度出发，公司股东持有以公司市场价值为标的资产、以债务偿还额为执行价格的看涨期权；债权人拥有公司，并出售了一个以公司市场价值为标的资产、以债务偿还额为执行价格的看涨期权。选项 B 正确。

30. 【答案】B

【解析】根据 CML，$\sigma_j=[E(R_j)-R_f]/[(E(R_m)-R_f)/\sigma_m]=(0.2-0.05)/[(0.15-0.05)/0.2]=0.3=30\%$。

二、多项选择题

1. 【答案】ABC

   【解析】外汇的基本特征有三个：①以外币表示的金融资产；②能充当国际的结算支付手段；③可兑换。应该选 A、B、C。

2. 【答案】ABE

   【解析】金融市场的系统性风险是指影响整个金融市场大部分参与者的风险，非系统性风险是指仅仅影响个别参与者的金融风险。选项 C、D 都属于金融市场的系统性风险，应该选 A、B、E。

3. 【答案】CD

   【解析】预期理论不能解释收益率曲线一般向上倾斜，选项 A 错误。市场分割理论只解释了收益率曲线一般向上倾斜的特征，选项 B 错误。收益率曲线向下倾斜意味着在当前时刻，人们对长期债券的需求增加，意味着人们对长期经济乐观，选项 E 错误。运用排除法，本题选 C、D。

4. 【答案】AD

   【解析】总资产周转率=营业收入/总资产平均余额，总资产周转率上升表现为营业收入上升或总资产平均余额下降。用现金偿还负债，资产和负债等额下降，选项 A 正确。借入短期贷款，资产和负债等额增加，选项 B 错误。用银行存款购入设备、用现金买入有价证券，总资产不变，选项 C 和选项 E 错误。用银行存款支付话费，资产和负债等额下降，选项 D 正确。

5. 【答案】BE

   【解析】无税的 MM 定理中，负债公司与无负债公司的公司价值和加权平均资本成本相等，但负债公司的股东所要求回报率大于无负债公司的股东所要求回报率，选项 A 错误，选项 B 正确。在有公司所得税的 MM 定理中，负债公司的加权平均资本成本小于无负债公司的加权平均资本成本，负债公司的股东所要求回报率大于无负债公司的股东所要求回报率，选项 C、D 错误，选项 E 正确。

三、计算题

1. 【解析】(1) 每年增加营业利润=(16 000+9 000)×(1−33%)=16 750（元）。

   增加折旧的税盾效应=(150 000/5−60 000/5)×33%=5 940（元）。

   使用新设备比使用旧设备，每年增加 CF=16 750+5 940=22 690（元）。

   (2) 出售旧设备 CF=60 000 元，购买新设备 CF=−150 000 元。

   综上得 NPV=60 000−150 000+22 690×3.992 7=594.363（元）>0。

   应该用新设备替代旧设备。

2. 【解析】已知 $V_U=10\,000$，$N=500$，EBIT=2 000，$T=40\%$，$R_0=12\%$。

   赎回价格=(10 000+5 000×40%)/500=24（元/股）。

   赎回后公司价值 $V_L=V_U+TD=12\,000$（元）。

   公司的资本成本 $R_S=R_0+B/S\,(R_0-R_B)\times(1-T)=13.71\%$。

3. 【解析】(1) 发放股票股利后增加的股票数量 $N=200$ 万股，现金股利从未分配利润中发放，发放金额=2200×0.5=1 100（万元）。

股本（每股面值2元，2 200万股）　　　　　　　　　4 400万元
资本公积 [＝1 600＋200×(22－2)＝5 600]　　　　　5 600万元
未分配利润 [＝14 400－200×22－1 100＝8 900]　　8 900万元
所有者权益合计　　　　　　　　　　　　　　　　　18 900万元
（2）股本（每股面值1元，4 000万股）　　　　　　　4 000万元
资本公积　　　　　　　　　　　　　　　　　　　　1 600万元
未分配利润　　　　　　　　　　　　　　　　　　　14 400万元
所有者权益合计　　　　　　　　　　　　　　　　　20 000万元

综上可知，普通股股数为4 000万股。

（3）分配前市盈率＝22/(20 000/2 000)＝2.2，发放股票股利后，总股数 N_2＝2 000＋200＝2 200（万股）。

设每股现金股利为 d，则分配后市盈率＝19.8/[(20 000－2 200×d)/2 200]＝2.2，解得 d＝0.09元/股。

四、名词解释

1.【解析】直接融资是盈余方直接把资金贷给赤字方使用，即赤字方通过发行所有权凭证或债权债务凭证融入资金，而盈余方则通过购买这些凭证向赤字方提供资金。与银行作为中介的间接融资相对应，证券市场的投融资活动通常被视为直接融资的典型代表。在直接融资中，金融机构的作用仅仅是牵线搭桥并提供相关的服务，并没有在其中扮演债务人和债权人的双重角色。直接融资只需要一种金融工具就可以完成融资活动，金融中介的参与不会改变该金融工具的特性。

2.【解析】政策性金融机构是指由政府发起或出资建立，按照国家宏观政策要求，在限定的业务领域从事银行业务的政策性金融机构。其业务经营目标是配合并服务于政府的产业政策和经济社会发展规划，推动经济的可持续和协调发展，促进社会和谐。政策性金融机构不以盈利为经营目标，只对那些经济社会发展急需而又难以获得商业性融资的行业或项目提供支持，资金来源主要是国家预算拨款、发行债券筹资或中央银行再贷款，以发放长期贷款为主，资金运作受制于特定的法律法规。我国的政策性金融机构有国家开发银行、中国农业发展银行和中国进出口银行等。

3.【解析】功能监管是指按照经营业务的性质来划分监管对象的监管模式，如将金融机构划分为银行业务、证券业务和保险业务，监管机构针对不同业务进行监管，而不管从事这些业务经营的机构性质如何。其优势在于：监管的协调性高，能及时处理和解决监管中发现的问题；金融机构资产组合的总体风险容易判断；可以避免重复和交叉监管现象的出现，为金融机构创造公平竞争的市场环境。

4.【解析】财务危机成本是指企业在履行偿债义务方面遇到极大困难，暂时或永久无法履行某些偿债义务时的成本。财务危机成本由公司股东承担，主要分为直接成本和间接成本。其中直接成本是指企业破产与进行清算或重组时发生的法律费用和管理费用，一般只占公司价值的很小一部分。间接成本有三个方面：①当企业陷于财务困境时，由于客户担心服务受到影响及信心丧失，通常会转向其他企业，致使公司经营能力受损；②企业一旦陷入财务困境，债权人为了保护自身利益不受损失，纷纷上门讨债，导致股东被迫采取

一些短期行为，这些行为将有损企业长期发展潜力、降低企业价值；③当公司拥有债务时，股东和债权人之间产生利益冲突，这时股东会寻求利己策略，给公司增加代理成本。

5.【解析】认股权证是公司发行的一种长期股票买入选择权，它本身不是股票，既不享受股利收益，也没有投票权，但它的持有者可以在规定的时间内按照事先确定的价格从发行股票的公司购买一定数量的股票。认股权证主要有以下特征：①认股权证是一种股票购买权，它的发行目的主要是吸引广大投资者购买公司发行的债券或优先股，但认股权证不是一般的股票购买权，认股权证的行权会增加公司流通在外的股票数量；②每份认股权证能认购的普通股股数是固定的；③认股权证上规定了认购普通股票的价格；④认股权证上载明了认股权证的有效期限。

五、简答题

1.【解析】一级市场是证券发行市场，是发行人向投资者出售证券的市场，由于证券是在发行市场上首次作为商品进入资本市场的，因此称为一级市场。二级市场是证券流通市场，是对已经发行的证券进行买卖、转让和流通的市场。证券一级市场和二级市场相辅相成，构成统一的证券市场。二者的主要区别及各自的特点如下：

(1) 参与主体不同。

一级市场的参与主体为证券发行人、证券投资者和证券中介机构。其中证券发行人是构成一级市场的首要因素。创设证券在本质上是证券发行人向投资者募集资金的筹资行为，鉴于一级市场参与者的特殊结构，其市场功能的核心是协调证券发行人与证券投资者之间的关系。

二级市场的参与主体为证券持有人以及准备购买证券的货币持有人。此外，证券发行人和证券中介机构也是二级市场的参与者，但其职责在于辅助投资者进行和完成交易，而不是证券交易活动的独立参加者。作为例外情况，证券中介机构也可能会充当投资者。

(2) 金融中介的角色不同。

一级市场的金融中介机构主要是指作为证券发行人与投资人交易媒介的证券承销人，它通常是负担承销义务的投资银行、证券公司或信托投资公司，主要在一级市场上起着沟通买卖、连接供求的重要的桥梁作用。

二级市场的中介人主要有证券经纪人、证券商和第二经纪人。其中证券经纪人是在证券交易所充当交易中介而收取佣金的商人，必须是交易所会员；证券商是指买卖证券的自营证券、自负盈亏的商人；第二经纪人是指交易所经纪人与外界证券商或客户的中介人。

(3) 市场组织形式不同。

一级市场通常无固定场所，是一个无形市场。二级市场的组织方式可分为证券交易所交易、柜台交易和无形市场。证券交易所是高度组织化、制度化的市场，柜台交易和无形市场是松散、无组织的市场。

2.【解析】(1) 消费信用的内涵与形式。

消费信用是工商企业、银行和其他金融机构提供给消费者用于消费支出的一种信用形式。消费信用主要包括以下三种形式：

①赊销：工商企业对消费者提供的短期信用，即以延期付款的方式进行销售，到期后一次性付清货款。

②分期付款：消费者购买消费品或享受相关服务时，只需支付一部分货款，然后按合同条款分期支付其余货款的本金和利息，属于中长期消费信用。

③消费贷款：银行及其他金融机构采用信用放款或抵押放款的方式对消费者发放贷款。消费贷款的期限一般比较长，属于长期消费信用。

（2）消费信用的积极作用。

在宏观层面，消费信用的重要意义集中体现在其对宏观经济的调节作用；在微观层面，消费信用是帮助个人实现生命周期内财务安排的最有效的途径。

①消费信用与宏观经济调节。消费信用是扩大有效需求、促进商品销售的一种有效手段，通过调整消费信用的规模和投向，能够在一定程度上调节消费需求的总量和结构，有利于市场供求在总量和结构上的平衡。消费信用还能针对某些领域和部门进行结构上的调节，从而起到促进或者限制某些领域或经济部门发展的作用。

②消费信用与生命周期内的财务安排。金融学需要解决的核心问题是研究人们在不确定的环境中如何进行资源的时间配置。消费信用的介入提供了将未来的预期收入用于当前消费的有效途径，为人们在生命周期内进行财务安排提供了可能。

（3）消费信用的消极作用。

①消费信用的过度发展会倾向于掩盖消费品的供求矛盾，容易导致虚假需求，传递错误信息，导致某些消费品的生产盲目发展，严重时可能导致产能过剩和产品的大量积压。

②消费信用的过度发展很容易导致信用膨胀。由于消费信贷是基于未来的收入预期，是将未来的收入拿到当前来集中消费，如果对消费信贷发放的规模和节奏控制不当，很容易导致某一时期信贷投放规模过大，从而导致通货膨胀的压力，这在经济繁荣时期尤其明显。

③由于消费信用对未来购买力的预支，如果消费信贷的借款人对未来预期收入发生了严重的误判，则会使借款人的债务负担过重，甚至会导致其生活水平下降，从而增加社会的不稳定因素。

3.【解析】中央银行的产生基本上有两条渠道：①由信誉好、实力强的大银行逐步演变而成，在其发展过程中，根据不同阶段的需要，由政府不断赋予一定的特权并最终发展为中央银行。②由政府出面直接组建中央银行。总体而言，中央银行是在商业银行的基础上，经过长期发展逐步形成的，随着银行数量的迅速增加以及资本主义经济的高速发展，客观上要求中央银行的产生。

（1）银行券的发行问题。

在中央银行形成以前，没有专门的发行银行，每个商业银行都有发行银行券的权力。随着资本主义经济和银行业的快速发展，分散发行制度的缺陷逐渐暴露，大量资金实力薄弱的小银行发行的银行券往往不能兑现，加剧了货币流通的混乱和危机。与此同时，小银行的活动范围由于受到地区限制，其发行的银行券只能在很小的范围内流通，给生产和流通造成了很多困难。这从客观上要求在全国范围内由享有较高信誉的大银行来集中发行货币，以克服分散发行造成的混乱。

（2）票据交换和清算问题。

随着银行业务的不断发展，债权债务关系错综复杂，银行每天收售票据的数量也日益增多，由各家银行自行轧差进行当日结清发生困难，客观上要求建立一个全国统一的、权威的、公正的清算机构为之服务。

(3) 银行的支付保证能力问题。

银行的大量发展，一方面要防止一些银行为了逐利而无限扩大贷款，产生流动性不足的隐患，甚至导致挤兑；另一方面要保证每个银行体系的支付能力，防止个别银行支付风险的传递和扩散，产生金融危机。这就从客观上要求有一家权威性的银行机构，能够在商业银行发生资金困难时，给予必要的贷款支持，发挥"最后贷款人"的功能。

(4) 金融监管问题。

以营利为目的的金融企业之间存在激烈的竞争，但是与一般企业不同，金融企业联系着千家万户，因而它在竞争中的破产、倒闭给经济造成的震荡比普通企业大得多，因此客观上需要有一个代表政府意志的超然于所有金融企业之上的专门机构从事对金融业的监督和管理，以保证金融业的安全与规范化经济。

(5) 政府融资问题。

在资本主义制度确立和发展的过程中，政府的作用越来越突出。政府职责的强化增加了开支，其融资便成为一个重要问题。为保证和方便政府融资，发展或建立一个与政府有密切联系、能够直接或变相为政府筹资或融资的银行机构，也是中央银行产生的客观要求之一。

4.【解析】(1) 理论主要内容。

Myers 和 Majluf 采用逆向选择模型剖析公司的再融资行为，假设公司经理和外部投资者之间存在信息不对称，分析了信息不对称对公司融资选择的影响，提出了优序融资理论。

该理论假设市场上有两类公司，价值分别为 H 和 L，假设公司经理清楚地了解自己公司的权益价值；但是外部投资者不知道各个公司的股权价值，因而无法区分两类公司；公司的管理目标是老股东的权益价值最大化。在这些假设下，市场将出现分离均衡，即 L 类公司选择发行股票筹集项目所需资金，而 H 类公司选择不发行股票并放弃项目投资机会。

分离均衡的出现说明，公司的融资行为具有向市场发送信号的作用。通过观察公司是否发行股票，外部投资者能够辨别 H 类公司和 L 类公司。而 H 类公司之所以放弃发行股票，是因为股票是信息敏感工具，信息不对称导致发行股票会稀释老股东的权益价值，且稀释作用大于项目净现值。

(2) 主要推论。

只要是信息敏感工具，其发行就会对老股东的权益价值产生稀释作用，因而会存在分离均衡。由于不同金融工具对信息的敏感程度不同，因此，在信息不对称的情况下，发行不同金融工具产生的稀释作用也不同。一种金融工具对信息越敏感，其发行产生的稀释作用就越大，公司也就越不愿意发行这种工具。

所以公司在为投资项目筹集资金时，首先选择内部融资，其次才考虑外部融资；如果需要进行外部筹资，公司将首先选择高级债务工具，然后选择低级债务工具，例如可转换债券与可转换优先股，最后才选择普通股票。

六、论述题

1.【解析】(1) 在国际收支顺差、国际储备增长的背景下，外汇占款导致基础货币被动投放，人民币对外有升值压力，对内有通货膨胀压力。而稳定币值与物价是中央银行的货币政策目标之一，为实现该目标，中央银行需要采取紧缩的货币政策手段，如提高法定存款准备金率，提高再贷款、再贴现率或在公开市场上出售债券等。

在国际收支逆差、国际储备减少的背景下，基础货币量下降，人民币对外有贬值压力。为实现稳定币值与物价的货币政策目标，中央银行此时需采取扩张的货币政策，如降低法定存款准备金率，降低再贷款、再贴现率或在公开市场上购买债券等。

（2）过去五年，中国始终注重处理好保持经济平稳较快发展、调整经济结构和管理通货膨胀预期的关系，增强宏观政策的前瞻性、科学性、有效性，注意把握好政策的取向、力度和重点。在国际金融危机冲击最严重时，实施积极的财政政策和适度宽松的货币政策，此后根据宏观经济走势的变化，及时调整政策力度，适时退出刺激政策，实施积极的财政政策和稳健的货币政策。在货币政策运用方面，始终注意把握稳增长、控物价和防风险之间的平衡。

目前，中国的货币政策实行多目标制，为四项目标共同服务。一是保持低通货膨胀；二是促进经济增长；三是促进就业；四是保持国际收支基本平衡。要优化货币政策目标体系，在最终目标方面，更加突出价格稳定目标，关注更广泛意义的整体价格水平稳定。这就意味着，在防通货膨胀、稳增长、促就业、保持国际收支基本平衡的四大货币政策目标中，控制通货膨胀（即稳定物价）的权重将高于其他三个目标。

综合当前国内外经济形势，要在货币政策几大目标中取得平衡，就需要做到以下几点：

①在保持稳健货币政策的连续性和稳定性的前提下，增强前瞻性、针对性和灵活性，健全宏观审慎政策框架，发挥货币政策逆周期调节作用，促进金融资源优化配置，守住不发生系统性和区域性金融风险的底线。

②坚持新发展理念，抓住主要矛盾，货币政策要在多目标中把握好综合平衡。在实施稳健中性货币政策、增强微观主体活力和发挥好资本市场功能三者之间形成三角形支撑框架，促进国民经济整体良性循环。

③健全货币政策和宏观审慎政策双支柱调控框架。

④保持货币信贷和社会融资规模合理增长。

⑤用好结构性货币政策工具，定向滴灌。

⑥加强货币政策工具创新，实施好民营企业债券融资支持工具。

⑦按照市场化原则加大对民营企业的融资支持。

⑧用好定向降准、再贷款再贴现、抵押补充贷款等政策工具，扩大中期借贷便利合格担保品范围，加大对小微企业等重点领域和薄弱环节的金融支持。

⑨要推动利率体系逐步"两轨合一轨"，增强人民币汇率双向浮动弹性，并在必要时加强宏观审慎管理。支持人民币在跨境贸易和投资中的使用，推进人民币对其他货币直接交易市场的发展，更好地为跨境贸易人民币结算业务的发展服务。

2.【解析】（1）金融监管和金融创新的关系。

金融监管与金融创新二者之间相互影响、相互作用、相互促进。

①金融监管刺激了金融创新的产生。随着经济的发展和金融环境的变化，许多对金融机构业务活动的限制已经过时，成为金融机构开展正常业务的障碍，甚至成为影响金融体系稳定的因素。金融机构为了绕开金融监管而求得自身的自由和发展，千方百计地创造了很多新的金融工具和交易品种，如 NOW、SuperNOW、MMDA、CDs、ATS 等。

②金融创新对传统金融监管提出了挑战。

第一,金融创新使货币政策失灵。近年来,大量同时具有结算和增值功能的新型金融商品的涌现,使中央银行失去了观测本国金融流量结构的稳定基准,传统的三大货币政策,除公开市场业务外,再贴现政策和法定存款准备金政策都难以发挥作用。

第二,金融创新使金融机构面临的风险加大。金融创新在转移和分散金融风险方面起到很大作用,但是从全球或全国的角度看,金融创新仅仅是转移或分散了某种风险,并不意味着减少风险;相反,金融机构在利益驱动下会在更广的范围内和更大的数量上承担风险,一旦潜在风险转变为现实损失,其破坏性将远远超出传统意义上的金融风险。另外,金融创新还有可能增加金融业的系统风险,一方面是因为创新加大了原有的系统风险,另一方面是创新中产生了新的金融风险。

第三,金融创新加大了金融监管的难度。活跃的创新在提高金融运作速度和效率的同时,带来了诸多风险和问题,导致金融监管难度加大。风险大了,货币政策多变,支付和信息系统创新,监管更难。

(2) 我国金融监管体制的发展演变。

①1984—1992年,集中监管体制。

②1992—2003年,分业监管体制形成和发展。

③2003年至今,混业经营趋势下的监管体制改革新动向(货币政策+宏观审慎监管双支柱模型、金融稳定委员会的建立、资管新规)。

(3) 构建有效的金融风险监管体系的路径。

①坚持问题导向,推进金融机构和金融市场改革开放。

一是增强金融服务实体经济的能力。金融和实体经济是共生共荣的关系,服务实体经济是金融立业之本,也是防范金融风险的根本举措。为了给实体经济发展创造良好的货币金融环境,要着力加强和改进金融调控,坚持以供给侧结构性改革为主线,以解决融资难、融资贵的问题为抓手,加强货币政策与其他相关政策协调配合,在稳增长、促改革、调结构、惠民生、防风险等方面形成调控合力。回归金融服务实体经济本源。金融业要专注主业,注重发展普惠金融、科技金融和绿色金融,引导更多金融资源配置到经济社会发展的重点领域和薄弱环节。强化金融机构防范风险主体责任。既要保证金融机构资产负债表的健康,也要促进公司治理、内控体系、复杂金融产品交易清算的健康。要严把市场准入关,加强金融机构股东资质管理,防止利益输送、内部交易、干预金融机构经营等行为。建立健全金融控股公司规制和监管,严格限制和规范非金融企业投资金融机构,从制度上隔离实业板块和金融板块。推进金融机构公司治理改革,切实承担起风险管理、遏制大案要案滋生的主体责任。

二是深化金融市场改革,优化社会融资结构。积极有序发展股权融资,稳步提高直接融资比重。拓展多层次、多元化、互补型股权融资渠道,改革股票发行制度,减少市场价格指数干预,从根本上消除利益输送和腐败滋生。加强对中小投资者权益的保护,完善市场化并购重组机制。用好市场化法治化债转股利器,发展私募股权投资基金等多元化投资主体,切实帮助企业降低杠杆率,推动"僵尸企业"市场出清。积极发展债券市场,扩大债券融资规模,丰富债券市场品种,统一监管标准,以更好满足不同企业的发债融资需求。深化市场互联互通,完善金融基础设施。拓展保险市场的风险保障功能,引导期货市场健康发展。

三是不断扩大金融对外开放,以竞争促进优化与繁荣。从更高层面认识对外开放的意义,坚持扩大对外开放的大方向,不断推动有关政策改革,更好实现"三驾马车"的对外开放:a.贸易投资的对外开放;b.深化人民币汇率形成机制改革,既要积极有为、扎实推进,又要顺势而为、水到渠成;c.减少外汇管制,稳步推进人民币国际化,便利对外经济活动,稳妥有序地实现资本项目可兑换。同时,在维护金融安全的前提下,放宽境外金融机构的市场准入限制,在立足国情的基础上促进金融市场规制与国际标准进一步接轨。

②坚持底线思维,完善金融管理制度。

一是加强和改进中央银行宏观调控职能,健全货币政策和宏观审慎政策双支柱调控框架。随着我国金融体系的杠杆率、关联性和复杂性不断提升,要更好地将币值稳定和金融稳定结合起来。货币政策主要针对整体经济和总量问题,保持经济稳定增长和物价水平基本稳定。宏观审慎政策则直接集中作用于金融体系,着力减缓因金融体系顺周期波动和跨市场风险传染所导致的系统性金融风险。

二是健全金融监管体系,加强统筹协调。中央监管部门要统筹协调,建立国务院金融稳定发展委员会,强化中央银行宏观审慎管理和系统性风险防范职责,切实落实部门监管职责。充分利用中央银行的机构和力量,统筹系统性风险防控与重要金融机构监管,对综合经营的金融控股公司、跨市场跨业态跨区域金融产品,明确监管主体,落实监管责任,统筹监管重要金融基础设施,统筹金融业综合统计,全面建立功能监管和行为监管框架,强化综合监管。统筹政策力度和节奏,防止叠加共振。中央和地方金融管理要统筹协调,发挥中央和地方两个积极性,全国一盘棋,监管无死角。中央金融监管部门进行统一监管指导,制定统一的金融市场和金融业务监管规则,对地方金融监管有效监督,纠偏问责。地方金融监管部门负责地方金融机构风险防范处置,维护属地金融稳定,不得干预金融机构自主经营,严格监管持牌机构和坚决取缔非法金融活动。金融监管部门和地方政府要强化金融风险源头管控,坚持金融是特许经营行业,不得无证经营或超范围经营。一手抓金融机构乱搞同业、乱加杠杆、乱做表外业务、违法违规套利等行为,一手抓非法集资、乱办交易场所等严重扰乱金融市场秩序的非法金融活动。稳妥有序地推进互联网金融风险专项整治工作。监管权力和责任要统筹协调,建立层层负责的业务监督和履职问责制度。

③加强党的领导,确保金融改革发展的正确方向。

党的十九大对金融改革开放和防范系统性风险明确了顶层设计。坚持党中央对金融工作的集中统一领导,增强"四个意识",落实全面从严治党要求,确保国家金融安全。

一是按照党中央决策落实各项工作部署。树立全局观念,相互配合支持,坚决贯彻落实金融领域重大方针政策、重大改革开放战略及规划,精心组织实施金融监管改革、金融机构改革、金融市场改革和防控金融风险的各项措施。

二是加强党对金融系统的领导和建设。党的领导同金融企业法人治理必须一体化,必须贯彻到公司治理的全过程中。二十国集团领导人安塔利亚峰会审议通过了《二十国集团经济合作与发展组织公司治理原则》,我们有条件推进改革与创新,形成符合我国国情的金融企业公司治理机制。

三是贯彻党管干部原则,发挥党管人才优势。金融业是人才和智力密集的行业。有优秀的经营人才队伍,金融资源配置和风险管理效率就可以得到提高。有优秀的监管人才队伍,金融安全就能得到保障。建设好金融系统领导班子,建设一支政治过硬、作风优良、业务精通的高素质金融人才队伍。

2017年中央财经大学431金融硕士初试真题解析

一、单项选择题

1. 【答案】A
【解析】关于国际货币制度：国际金本位制下黄金为本位币，是完全的黄金货币化，汇率决定基础是金平价，是具有自动调节机制的固定汇率制；布雷顿森林体系本质上是金汇兑制度，黄金仍与货币挂钩，不属于信用货币制度，汇率决定基础是法定平价，不具备国际收支的自动调节机制，各国政府有义务在外汇市场上实施干预以维持汇率的相对稳定；牙买加体系是信用货币制度，黄金完全非货币化，牙买加体系可以采用固定汇率制或浮动汇率制，但如果采用平价，则不能为金平价。故本题选A。

2. 【答案】B
【解析】金本位制的典型是金币本位制。其基本特点是：只有金币可以自由铸造，有无限法偿能力；辅币和银行券同时流通，并可按其面值自由兑换为金币；黄金可以自由输出、输入；货币发行准备全部是黄金。除金币本位制外，金本位制还包括金块本位制和金汇兑本位制两种形式。金本位制被认为是一种稳定有效的货币制度，具有货币流通的自动调节机制。故本题选B。

3. 【答案】A
【解析】购买力平价学说是以一价定律为假设前提的，选项A正确；汇兑心理学说侧重于分析主观心理因素对汇率的决定作用，选项B错误；利率平价理论认为利率高的国家其货币在远期外汇市场上贴水，选项C错误；换汇成本学说是在购买力平价说的基础上发展起来的，选项D错误。

4. 【答案】D
【解析】本币贬值会增加对国外金融资产的需求，引起资本外流，选项A错误；本币升值会增加对本币金融资产的需求，选项D正确；马歇尔—勒纳条件指的是当进出口商品需求弹性之和大于1时，本币贬值才能改善国际收支，选项B错误；J曲线效应说明本币贬值使出口出现先降后升的变化，选项C错误。

5. 【答案】D
【解析】商业票据只有流通手段和支付手段的职能（通过背书实现）；商业信用是商品买卖双方之间的直接融资形式；商业信用的规模仅限于购买商品的大小，时间短；商业信用一般由卖方企业向买方企业提供。故本题选D。

6. 【答案】C
【解析】危机阶段，利率上升；萧条阶段，利率下降甚至出现零利率；复苏阶段，利率逐渐升高；繁荣阶段，利率加速上升。故本题选C。

7. 【答案】B
【解析】实际利率=名义利率－通货膨胀率，实际利率越高，对债权人越有利。选项

B，实际利率＝5.22％－(－0.8％)＝6.02％，比较可知其为最大结果。

8.【答案】C

【解析】金融工具包括经济活动主体之间签订的各种金融合约，可以分为金融资产和其他金融工具。金融资产的范围小于金融工具的范围，也被人们习惯地称为金融工具或金融产品，一般具有内在价值。根据 IMF 发布的《货币与金融统计手册（2000）》，金融工具（这里指的是金融资产）包括通货与存款、股票和其他权益类工具、贷款和债券等，贷款承诺和信用证不属于金融资产。故本题选 C。

9.【答案】B

【解析】从发行方式看，我国 IPO 属于公募发行，一般而言，以直接筹资为目的的证券发行都不轻易采用直接发行方式，根据我国《公司法》的规定，募集设立股份有限公司而发行股票，只允许采用间接发行的方式，选项 A 错误；证券交易所内交易的股票都是上市证券，非上市证券不能在证券交易所流通转让，选项 B 正确；证券交易所内的交易采用竞价方式成交，选项 C 错误；上市高科技企业的股票可以在主板市场上发行交易，选项 D 错误。

10.【答案】D

【解析】远期合约一般是场外交易的非标准化合约，期货交易则是交易所内（场内市场）交易的标准化合约；看跌期权买方具有决定是否卖出合同标的物的权利；期货是在远期的基础上产生的，期权是在期货的基础上产生的。故本题选 D。

11.【答案】D

【解析】存款类金融机构在经营过程中才会面临存款挤兑风险，证券公司、保险公司和投资基金机构都属于非存款类金融机构。故本题选 D。

12.【答案】C

【解析】凯恩斯的货币需求理论将货币需求动机分为交易性动机、预防性动机和投机性动机三类，其中，交易性动机和预防性动机与收入呈正相关关系，投机性动机和利率呈负相关关系。选项 A 是马克思货币需求理论的内容，选项 B 是古典学派费雪方程式体现的内容，选项 D 是弗里德曼货币需求函数的特点。故本题选 C。

13.【答案】C

【解析】再贴现政策内容包括：①再贴现率的调整，即短期市场资金规模的调整；②再贴现资格的调整，即长期结构调整，所以再贴现政策可以用于结构和规模的调整。再贴现政策主动权并非只在中央银行，市场的变化甚至可能违背中央银行的意愿，因此主动性较差；再贴现率是中央银行利率，随时调整会引起市场利率的大幅波动，加大利率风险，干扰市场机制；再贴现政策的调节作用是有限的，受到经济周期的影响。故本题选 C。

14.【答案】C

【解析】资产负债率＝D/A；权益乘数＝A/E；产权比率＝D/E。所以，产权比率＝资产负债率×权益乘数。本题选 C。

15.【答案】B

【解析】本题考查现金流贴现模型，非常基础，因为半年为一期，所以要注意贴现率的计算。$(1+R_{半年})^2=1+16\%$，$P=1\,000/R_{半年}=12\,981$（元），故本题选 B。

16.【答案】D

【解析】当贴现率为 10％时，A 项目 NPV＝7.18 万元，B 项目 NPV＝7.88 万元，选项 A、B 均错误。当贴现率相对较高时，现金流分布靠后的项目价值更低（贴现的损失较大，现金流越早实现，项目净现值越高），选项 C 错误，选项 D 正确。

17. 【答案】C

【解析】注意区分等额本金还款和等额本息还款之间的区别，等额本金还款法还款公式：$M = L/n + (L-S) \times R$，式中，M 为每月还款额，L 为贷款本金，R 为月利率，n 为还款期数，S 为累计已还本金。该题的计算过程为：总利息＝总贷款数×月利率×（还款次数＋1）÷2＝96.4，则还款额加总为 96.4＋80＝176.4（万元）。故本题选 C。

18. 【答案】D

【解析】在无税收的 MM 定理中，负债是无风险的，但是引入负债后增加了股东的财务风险，所以，负债公司的股东所要求的回报率大于无负债公司，但公司的加权平均资本成本不随公司杠杆比例的变动而变动，亦即公司的价值不随资本结构的变动而变动。在有公司所得税的 MM 定理中，负债公司股东所要求的回报率随着负债的上升而上升，公司的加权平均资本成本随杠杆比例的上升而下降，税盾作用的存在使公司价值随负债增加而上升。故本题选 D。

19. 【答案】D

【解析】DFL＝EBIT/(EBIT－I)＝2 000/(2 000－500×8%)＝1.02。故本题选 D。

20. 【答案】B

【解析】120×(1－5%)＝100×10%/r，r＝8.77%。故本题选 B。

二、判断题

1. × 【解析】根据利率期限结构理论中的预期假说，如果短期利率处于高位，则未来各年度远期利率下降的可能性要远高于上升的可能性，从而使得长期债券的到期收益率要低于短期债券的到期收益率，收益率曲线倾向于向下倾斜。

2. × 【解析】浮动汇率制度的优点之一是有助于发挥汇率对国际收支的自动调节作用。

3. √ 【解析】远期利率是指隐含在给定即期利率中的从未来某一时点到另一时点的利率，可用即期利率套算得到。

4. × 【解析】商业票据市场中通常不会产生基准利率。

5. × 【解析】公开市场业务是指通过调节金融机构的准备金和基础货币，进而影响市场利率和货币量的政策行为。

6. × 【解析】我国 M1(狭义货币)＝M0＋活期存款（指企业），不包括城乡居民储蓄存款。

7. × 【解析】正回购先卖后买，是融入资金的方式，逆回购是融出资金的方式。

8. × 【解析】流动性陷阱指货币供给增加，不会导致利率水平的进一步下降，而如果收紧货币，利率可能会上升。

9. × 【解析】《巴塞尔协议》只对商业银行的资本充足率做出要求，对中央银行的资本充足率没有要求。

10. √ 【解析】真实票据理论主张商业银行以真实票据为依据，主要应发放短期和商业性贷款，以保持资产的流动性。

11. × 【解析】政策性银行的运作特征是不以盈利为经营目标、具有特定的业务领域和对象、基金运作具有特殊性；商业银行的经营原则是安全性、流动性和盈利性。

12. × 【解析】在货币政策和财政政策的配合上，"双松"或"双紧"用于总量调控，"一松一紧"用于结构调整。

13. × 【解析】衍生金融工具的作用主要包括套期保值、价格发现和投机套利，不具备短期融资功能。

14. √ 【解析】修正的内部收益率解决了内部收益率多重解的问题（直观理解：只出现在分母中一次）。

15. × 【解析】计算 WACC 时，权重应该选择以市场价值衡量的目标资本结构。

16. √ 【解析】在有限合伙制企业中，普通合伙人承担无限连带责任，有限合伙人仅以出资额为限承担有限责任。

17. √ 【解析】公司发行可赎回债券，可以在利率下降时按约定价格而非市场价格赎回债券，对公司有利。

18. × 【解析】成长中的企业应少发股利，将资金用于内源融资，从而实现增长。

19. √ 【解析】从买权的角度出发，股东拥有一份以公司资产为标的、行权价格为债权价值的买权多头；债权人拥有公司和一份以公司资产为标的的买权空头。

20. × 【解析】垃圾债券是指评级在投资级别以下（即标准普尔评级 BB 级及以下）的债券。

三、计算题

1. 【解析】（1）已知 $\beta_{权益} = [1+(1-t_c)\times(B/S)]\times\beta_u = 1$，故 $\beta_u = \beta_{权益}/[1+(1-40\%)\times(2\,000/200\times40)] = 20/23 = 0.87$。

（2）负债比率 40%，即 $B/(B+S)=40\%$，故 $B/S=2/3$。
$\beta'_{权益} = [1+(1-40\%)\times(2/3)]\times\beta_u = 28/23 = 1.22$。
$R_S = R_f + \beta\times[E(R_M)-R_f] = 6\% + 4.88\% = 10.88\%$。

（3）$R_{WACC} = \dfrac{B}{B+S}\times R_B\times(1-t) + \dfrac{S}{B+S}\times R_S$，$R_S = R_f + \beta[E(R_M)-R_f] = 6\% + 1.22\times 4\% = 10.88\%$，则 $R_{WACC} = 40\%\times 9\%\times 60\% + 60\%\times 10.88\% = 8.688\%$。

公司总价值为 $V = [EBIT(1-T)]/R_{WACC} = [1\,493.3\times(1-40\%)]/8.688\% = 10\,312.85$（万元）。

2. 【解析】$R_{WACC} = \dfrac{B}{B+S}\times R_B\times(1-t) + \dfrac{S}{B+S}\times R_S$
$= 50\%\times 8\% + 50\%\times 13.5\%$
$= 10.75\%$。

根据表格可知，R_A、R_B、R_C 均大于 R_{WACC}，因此选择 A、B、C 三个项目。

留存收益用于再投资：$(1\,000+1\,200+1\,200)\times 50\% = 1\,700$。

发放股利：$2\,500 - 1\,700 = 800$。

股利支付比率：$\dfrac{800}{2\,500} = 32\%$。

3. 【解析】$NPV_A = -43 + \dfrac{50}{1+r} + \dfrac{30}{(1+r)^2} + \dfrac{20}{(1+r)^3}$。

$$\text{NPV}_B = -80 + \frac{50}{1+r} + \frac{30}{(1+r)^2} + \frac{70}{(1+r)^3}。$$

令 $\text{NPV}_A = \text{NPV}_B$，则 $-43 + \frac{20}{(1+r)^3} = -80 + \frac{70}{(1+r)^3}$，得 $r = 10.56\%$。

四、名词解释

1.【解析】社会融资规模是指一定时期内（每月、每季或每年）实体经济（即企业和个人）从金融体系获得的全部资金总额。目前社会融资规模包括人民币贷款、外币贷款、委托贷款、信托贷款、银行承兑汇票、企业债券、非金融企业境内股票融资和其他金融工具融资八项指标。社会融资规模是一个能够全面反映金融与经济关系的货币政策中间指标。

2.【解析】量化宽松货币政策主要是指中央银行在实行零利率或近似零利率政策后，通过购买国债等中长期债券，增加基础货币供给，向市场注入大量流动性的干预方式。量化宽松通常被视为一种非常规的货币政策工具，美国曾实施多轮量化宽松政策，向市场中投放流动性。

3.【解析】表外业务是指不直接进入资产负债表内的业务，主要包括中间业务和创新的表外业务两类。其中，中间业务的特点是业务活动不需要动用资金，与客户之间不发生借贷性的信用关系，而是利用自身的技术、信誉和业务优势为客户提供金融服务，并从中获利，主要包括结算、代理、信托、理财、信息咨询等业务。创新的表外业务是指不直接列入资产负债表内，但同表内的资产业务或负债业务关系密切的业务，又可称为或有资产业务与或有负债业务，如贷款承诺、担保、回购协议、票据发行便利和衍生性的互换、期货、期权、远期合约等。

4.【解析】IPO折价是指新股上市的首日收益率平均超过10%的现象，IPO折价是一个国际、国内股票市场普遍存在的问题，赢者诅咒理论、公司质量信号传递模型和行为金融学都对该现象做出过解释。

5.【解析】红利的客户效应理论认为投资者不仅仅是对资本利得和股利收益有偏好，即使是投资者本身，因其所处不同等级的边际税率，对企业股利政策的偏好也是不同的。收入高的投资者因其拥有较高的税率，故表现出偏好低股利支付率的股票，希望少分现金股利或不分现金股利，以更多的留存收益进行再投资，从而提高所持有股票的价格。而收入低的投资者以及享有税收优惠的养老基金投资者表现出偏好高股利支付率的股票，希望支付较高而且稳定的现金股利。

五、简答题

1.【解析】(1) 存款扩张倍数是指总存款与原始存款之间的比率，又称存款乘数。货币乘数是指货币供给量与基础货币的倍数关系，即基础货币每增加或减少一个单位所引起的货币供给量增加或减少的倍数。

(2) 区别：一是货币乘数和存款扩张倍数的分子、分母构成不同。货币乘数是以货币供应量为分子、基础货币为分母的比值；存款扩张倍数是以总存款为分子、原始存款为分母的比值。二是分析的角度和着力说明的问题不同。货币乘数是从中央银行的角度进行的宏观分析，关注的是中央银行提供的基础货币与全社会货币供应量之间的倍数关系；而存款扩张倍数是从商业银行的角度进行的微观分析，主要揭示了银行体系是如何通过吸收原始存款、发放贷款和办理转账结算等信用活动创造出数倍存款货币的。

（3）相同之处：二者都可用以阐明现代信用货币具有扩张性的特点。

2.【解析】（1）国际收支逆差对经济的影响。

①由于外汇供给短缺，将导致本币汇率有贬值压力，短期资本就要大量外流，从而进一步恶化国际收支状况，甚至会导致货币危机。

②如果一国政府为保持其货币汇率稳定而动用国际储备，又将导致对内货币供给的减少，迫使国内经济紧缩，从而最终导致产出的下降和失业率的提高。同时，国内经济的紧缩会导致资本的大量流出，进一步加剧本国资金的稀缺性，促使利率上升、投资下降，导致对商品市场的需求进一步下降。

③以国际储备来弥补长期性的逆差，将导致一国对外资产的持续减少，有损国家的对外信用。

（2）国际收支顺差对经济的影响。

①顺差给本币带来升值压力，为对冲升值压力，中央银行将以外汇占款的形式被动投放基础货币，导致国内货币供给增长过快，进而带来通货膨胀的压力，对货币调控的自主性和有效性形成一定的制约。

②对于我国来说，国际收支的大量顺差也意味着大量资源流向外向型经济部门，不利于产业结构和地区结构的调整。

③贸易伙伴国出现国际收支赤字，容易引起国际经济交往中的贸易摩擦和冲突，从而导致国际交易成本的上升。

从总体上看，国际收支持续的高额顺差或逆差会产生诸多不利影响，故各国都把国际收支平衡作为宏观经济的目标，会采取多种措施调节国际收支失衡。

3.【解析】（1）平方根定律：鲍莫尔从人们保持适度的现金用于交易，而将暂时闲置的部分用以获利的角度出发，得出交易性货币需求在很大程度上受利率变动影响的结论，即当利率上升时，交易性货币需求会下降，发展了凯恩斯的交易性货币需求理论。

（2）立方根定律：惠伦等人提出，利率上升，持有预防性货币余额的机会成本上升，预防性货币需求随之下降；反之则相反。预防性货币需求与利率之间存在反向变动关系。

（3）资产组合理论：托宾用投资者避免风险的行为动机重新解释流动性偏好理论，首次将资产选择引入货币需求分析，提出资产组合理论，在说明了投机性货币需求与利率反方向变动的同时解释了凯恩斯没能解释的货币与债券同时被持有的现象，发展了凯恩斯的投机性货币需求理论。

（4）异同：相同之处在于都发展了凯恩斯的货币需求理论，不同之处在于对货币需求动机研究和完善等方面有所差异。

4.【解析】（1）这种现象被称为资产替代或风险转移，即当企业濒临破产时，由于股东与债权人在破产时会产生利益冲突，掌握企业控制权的股东可能更愿意选择对企业价值存在不利影响的高风险投资。

（2）例如，当公司资不抵债时，股东放弃投资净现值为正的项目，反而投资净现值为负的高风险项目。此时，若高风险项目获得收益，则收益超过负债的部分全部归股东所有，而高风险项目的成本全部由债权人承担。

（3）结果分析：股东用债权人的资金进行投资，如果经济形势好，项目收益超过负债的部分归股东所有；如果经济形势差，项目的亏损几乎都由债权人承担。正是权利与义务的不对称性导致股东选择高风险项目。

六、论述题

1.【解析】（1）Shibor：上海银行间拆借利率，2007年建立，是由信用等级较高的银行组成报价团自主报出的人民币同业拆出利率计算确定的算术平均利率，属于单利、无担保、批发性利率，包括从隔夜到一年的16个期限品种，目前对社会公布8个品种，由作为第三方机构的全国银行间同业拆借中心对外发布。

（2）题目中图1、图2、图3都表明利率与资产价格之间呈负相关关系，总体而言，利率上升，资产价格下降。但Shibor利率与国债指数、中高企债指数和沪深300指数之间的负相关程度不一样，利率与国债指数的负相关程度最强，其次是中高企债指数，与沪深300指数的负相关程度最弱。

（3）现金流贴现模型：将未来现金流按相应的贴现率折算成现值后与初始投资额求差，反映了项目或资产的净经济价值。如果一个项目的NPV是正数，就采纳它；如果一个项目的NPV是负数，就不采纳。

（4）根据现金流贴现模型，资产价格是资产未来收益率的贴现值，其中贴现率为利率。因此，利率上升，资产价格下降；利率下降，资产价格上升。利率变化对资产价格的影响机制如下：

①预期的作用：利率作为宏观调控的工具，具有经济运行风向标的功能。

②供求对比变化：当利率上升时，交易性货币机会成本上升，会导致一部分货币回流到银行体系，金融资产交易的供求力量发生变化，供给相对需求过剩，价格下跌；利率下降则反之。

③无套利均衡机制：在利率变动之前，各资产的收益对比处于均衡水平，它们之间不存在套利的空间。当利率上升以后，产生套利空间，并引起套利行为，直至套利空间消失。

2.【解析】（1）人民币加入SDR的直接影响。

①人民币资产自动配置需求会增加。国际货币基金组织（IMF）、国际清算银行（BIS）、世界银行（WB）等国际组织管理着以SDR计价的资产，它们需要根据SDR篮子货币权重进行资产配置。人民币加入SDR后，SDR篮子的币种和权重会相应调整，这些机构也会相应增加人民币资产。同时，许多国际金融机构和开发机构的贷款以及不少国家的负债都是以SDR来计价的，这些机构和国家通常都有对冲SDR篮子货币利率和汇率风险的需求，人民币加入SDR后就会增加对冲人民币利率和汇率风险的需求，从而引发它们在人民币在岸市场和离岸市场配置人民币资产。

②人民币的储备货币地位获得正式认定。人民币加入SDR后，人民币作为储备货币的地位就被认定，中央银行或货币当局持有的人民币资产将无可争议地被统一认定为外汇储备。

③人民币将成为IMF官方交易货币。人民币加入SDR意味着人民币是IMF认定的五

种"可自由使用"的货币之一。根据 IMF 的规定，IMF 官方交易使用 SDR 或可自由使用货币来进行，这些交易包括向 IMF 缴纳份额、IMF 向成员国提供贷款和成员国向 IMF 还款、IMF 向成员国支付利息等。人民币加入 SDR 后，我国就可以用人民币直接向 IMF 缴纳份额，其他各成员国也都可选择用人民币向 IMF 缴纳份额。

(2) 人民币加入 SDR 对人民币国际化的影响。

①官方使用人民币的动力将会增强。人民币加入 SDR 后，其储备货币的地位获得正式认定，而在此过程中我国也采取一系列措施提高中央银行或货币当局持有人民币的便利程度，因此各国将人民币纳入外汇储备的意愿也大幅增强。

②有助于我国企业和个人在跨境贸易和投资中使用人民币。随着人民币加入 SDR，国际上对人民币的认知度得到提高，市场对人民币的信心将增强，这会减少境外使用人民币的阻力、增强使用人民币的意愿，国外企业和个人对人民币的接受程度也会提高，从而推动人民币被越来越广泛地用在出境旅游、留学、贸易和投融资等跨境交易中。

(3) 进一步激励中国改革开放。

①对我国货币政策框架和汇率制度提出更高要求。人民币成为国际储备货币意味着国际社会对我国会像对待美国、英国等其他储备货币发行国一样有同等期待。同时，随着人民币被广泛使用，我国货币政策特别是汇率政策的制定和执行将不可避免地产生"外溢效应"，对其他国家及使用人民币的企业和个人造成影响。因此，国际社会希望我国的货币政策框架和汇率制度更加市场化、更加灵活，政策透明度更高，政策沟通更有效。

②对我国资本项目和资本市场开放提出更高要求。尽管人民币已经加入 SDR，但我国在跨境交易便利程度、资本账户可兑换、金融市场开放等领域与美国、英国等其他储备货币发行国仍有一定差距，这都会阻碍人民币被更广泛使用及更好地发挥储备货币的功能。未来，我国应有序实现人民币资本项目可兑换，推进资本市场双向开放，同时，发展多层次的金融市场，拓展人民币资产市场的广度和深度。

③对我国金融监管提出更高要求。人民币储备货币功能的发挥需要稳健的金融体系作为支撑，这离不开有效的金融监管特别是宏观审慎管理，包括进一步提高监管标准、完善宏观审慎框架下的外债和资本流动管理体系等，从而在开放的宏观经济格局和更趋复杂的金融市场环境下增强我国金融管理的主动性和有效性。

④对我国综合宏观调控能力提出更高要求。国际社会将人民币作为外汇储备是对我国综合国力的认可。随着人民币储备货币地位的提升，中国也需逐步承担起一个储备货币发行国的责任，这对我国综合宏观调控能力提出了更高的要求。

(4) 对全球经济治理和国际货币体系的演进意义重大。

①体现了新兴市场经济体国际地位的提升。人民币加入 SDR 说明，近年来新兴市场经济体在全球经济治理中的发言权和代表性正在提高，在重要国际组织中的制度性话语权得到不断提升，在国际金融规则讨论和制定的过程中发挥着更加积极的作用。

②有助于进一步完善国际货币体系。人民币加入 SDR 后，会逐渐发展成为全球主要币种之一，未来可能出现美元、欧元、人民币"三足鼎立"的局面，这将有助于促进国际货币体系的多元化，提高国际货币体系的稳定性和韧性。

总的来说，人民币加入 SDR 及相关改革对中国和世界都影响深远、意义重大。短期来看，人民币加入 SDR 会产生一些立竿见影的影响，但更深远的意义在于，对中国来说，这为人民币国际化注入了新的动力，并且有利于促进国内进一步的改革开放；对世界来说，这反映了国际金融体系正向更加合理、均衡和公平的方向发展，并将推动国际货币体系的进一步完善。中国应以加入 SDR 为契机，进一步激发市场活力，释放改革红利，为促进全球经济增长、维护全球金融稳定、完善全球经济治理做出积极贡献。

2016年中央财经大学431金融硕士初试真题解析

一、单项选择题

1. 【答案】B

【解析】亚当·斯密认为货币是为解决直接物物交换的困难而产生的。故本题选B。

2. 【答案】A

【解析】本题考查古典学派的实际利率决定理论，根据题意可知答案为A项。

3. 【答案】D

【解析】我国现行的人民币汇率制度是以市场供求为基础、参考一篮子货币进行调节、有管理的浮动汇率制度。故本题选D。

4. 【答案】D

【解析】时间维度和风险维度是投资者在配置资产时需要考虑的两个因素。故本题选D。

5. 【答案】A

【解析】资源配置与转化功能。创业板市场获得资本市场投资者的参与，社会闲散资源得以有效配置于中小和高科技企业的实业发展。资本市场还可促进并购与重组，加速产业结构的升级，实现功能转换。

6. 【答案】A

【解析】利率互换利用比较优势，使互换双方降低了融资成本。故本题选A。

7. 【答案】B

【解析】存款类金融机构由中央银行、商业银行、政策性银行、专业银行、信用合作社、财务公司构成。故本题选B。

8. 【答案】A

【解析】实行准中央银行制的国家和地区有新加坡、斐济、马尔代夫、莱索托、利比里亚等。故本题选A。

9. 【答案】A

【解析】"银行的银行"主要体现在集中存款准备金，充当最后贷款人，组织、参与和管理全国清算业务，监督管理金融业上。故本题选A。

10. 【答案】B

【解析】顺差导致本币需求增加，推动本币汇率上升，本币升值导致出口减少。本题选B。

11. 【答案】D

【解析】根据所学知识可知，选项A、B、C都属于三个基本条件，故答案选D。

12. 【答案】A

【解析】选择性货币政策工具有消费者信用控制、证券市场信用控制、不动产信用控制、优惠率、预交进口保证金。本题选 A。

13. 【答案】C

【解析】选项 A、B、D 都属于银监会监管，答案为 C。

14. 【答案】B

【解析】流动比率=流动资产/流动负债=2，速动比率=（流动资产－存货）/流动负债=1，流动负债为 1 000 万元，则流动资产为 2 000 万元，存货为 1 000 万元。故本题选 B。

15. 【答案】B

【解析】在计算初始现金流时，要考虑营运资本投入。故本题选 B。

16. 【答案】A

【解析】注意区分等额本金还款和等额本息还款区别，李先生第一个月还款=第一个月偿还本金＋利息=800 000/240＋(800 000×12%)/12=11 333（元）。故本题选 A。

17. 【答案】A

【解析】本题考查公司财务的知识点。运用公式计算可得 $(P_0-P_X)/\text{DIV}=(1-T_P)/(1-T_G)$。故本题选 A。

18. 【答案】C

【解析】市场价格等于票面价格，则市场利率等于票面利率 8%，则税后实际成本=8%×70%=5.6%。故本题选 C。

19. 【答案】C

【解析】资本限量决策的决策标准是选择盈利指数（现值指数）的加权平均值最大的项目组合。故本题选 C。

20. 【答案】C

【解析】发行债务会带来税盾从而增大股东权益。本题计算公式为 (10 000＋2 000)/500＝24。答案为 C。

二、判断题

1. √【解析】货币层次划分的标准是流动性。准货币=广义货币－狭义货币。准货币反映潜在购买力，狭义货币反映现实购买力。

2. ×【解析】在固定汇率制度下，政府为了维持汇率的稳定而不能过度增发货币，这就是货币纪律约束。

3. √【解析】收益资本化就是指利息转化为收益的一般形态。

4. ×【解析】资本市场线上的组合才是最佳资产组合，有效边界上的组合是有效组合。

5. √【解析】货币市场是市场基准利率生成的场所，基准利率是一种市场化的无风险利率，被广泛用作定价标准，是市场利率的风向标。高安全性决定了基准利率的地位。

6. √【解析】风险中性环境中，所有资产的收益率都是无风险收益率。

7. ×【解析】存款类金融机构自有资本低，是一种高杠杆企业。

8. ×【解析】开放式基金经理压力大，因为开放式基金有赎回风险。

9. √ 【解析】货币主义认为货币需求函数在长期内是稳定的。

10. × 【解析】基础货币还包括流通中的现金。

11. × 【解析】在长期内，菲利普斯曲线是竖直的，不存在替换关系。

12. × 【解析】超额准备金的高低在很大程度上取决于商业银行等金融机构的财务状况和意愿，可控性和抗干扰性差。

13. √ 【解析】美国金融监管体制是功能监管与机构监管的混合体制，题干表述正确。

14. √ 【解析】分期付款的现值之和等于107.69，大于100。

15. × 【解析】折旧必须考虑在现金流中。折旧虽然不是现金流，但是可以通过减少税收支出增加公司的现金流。

16. × 【解析】根据无税时的 MM 定理Ⅰ，改变资本结构不会改变公司价值，股票价格不变。实际上根据 MM 定理Ⅱ，股东的收益也会下降，在股东收益和风险都下降的情况下，也推不出股价会上升的结论。

17. √ 【解析】股票分拆可以向投资者传递公司发展前景良好的信息，一般对外传递了利好的信号。

18. × 【解析】期初年金（即先付年金）的现值和终值都大于期末年金。

19. × 【解析】同等条件下，息票率越低，利率风险越大。

20. × 【解析】无税收情况下，负债不会导致公司价值变化，因为不存在税盾作用，但是股东的财务风险会变化，根据 MM 定理Ⅱ，股东的权益资本成本会发生相应的改变。

三、计算题

1. 【解析】$FV_A = 3\,000 \times (1+0.12) + 4\,000 = 7\,360$，$5\,000 = \dfrac{7\,360}{(1+MIRR_A)^2}$，$MIRR_A = 21.32\%$。

同理可算出 $MIRR_B = 17.64\%$，故应该选择 A 项目。

2. 【解析】$W_H = \dfrac{100 \times (1+0.08) - 90}{110 - 90} = 0.9$，故风险中性概率为 0.9。

$C_0 = \dfrac{0.9 \times 5 - 0}{1 + 0.08} = 4.17$（元），故该欧式看涨期权的价格为 4.17 元。

3. 【解析】(1) $R_0 = 4\% + 1.2 \times (14\% - 4\%) = 16\%$，

$R_S = R_0 + (5\,000/10\,000) \times (R_0 - 4\%) \times (1 - 40\%) = 19.6\%$，

$WACC = (5\,000/15\,000) \times 4\% \times (1 - 40\%) + (10\,000/15\,000) \times 19.6\% = 13.87\%$。

(2) 方法 1：$P = \dfrac{200 \times 50 - 2\,000 + 2\,000 \times 40\%}{200 - \dfrac{200}{P}}$，$200P - 200 = 200 \times 50 - 2\,000 + 800$，得 $P = 54$ 元。

方法 2：$P = \dfrac{10\,000 + 2\,000 \times 40\%}{200} = 54$（元）。

借入债务回购股票实际上是两个过程：①借入债务；②回购股票。根据有税时的 MM 定理，借入债务可以带来税盾，给股东带来好处，会改变股价；而回购股票不会增加股东权益，回购价格和回购后的价格是相同的，股价不变。因此计算出第一个过程后的股价便

是最终的股价。

四、名词解释

1.【解析】中国人民银行于2013年年初创设了常备借贷便利（SLF）。它是中国人民银行正常的流动性供给渠道，主要功能是满足金融机构期限较长的大额流动性需求。对象主要为政策性银行和全国性商业银行，期限为1～3个月。利率水平根据货币政策调控、引导市场利率的需要等综合确定。常备借贷便利以抵押方式发放，合格抵押品包括高信用评级的债券类资产及优质信贷资产等。其主要特点有：①由金融机构主动发起，金融机构可根据自身流动性需求申请常备借贷便利；②常备借贷便利由中央银行与金融机构"一对一"交易，针对性强；③常备借贷便利的交易对手覆盖面广，通常覆盖存款金融机构。

2.【解析】双重期权是指期权买方在一定时期内有权选择以预先确定的价格买进，也有权以该价格卖出约定数量标的物的合约。因为该种期权给予了投资者较大的选择权，因此，该种期权的价格相应较高。

3.【解析】强制储蓄是指当支出不变时，由于物价上涨而导致家庭部门实际消费和储蓄的减少。一般情形下，国民经济中的家庭部门、企业部门和政府部门储蓄均由其正常收入形成。家庭部门储蓄由收入扣除消费支出形成，企业储蓄由用于扩张性生产的利润和折旧基金形成。对于政府部门来说，如果出于扩张性政策的目的，选择向中央银行借债来筹资增加支出，就会强制增加全社会的投资需求，最终往往会引起货币增发和通货膨胀。在名义收入不变的条件下，公众按原来的模式和数量进行的消费和储蓄，因为通货膨胀的存在，其实际数额却是减少的，减少部分等于被强制储蓄了，大体上相当于政府制造通货膨胀实现的政府储蓄增加，全社会的储蓄总量并未增加。

4.【解析】累积优先股是指当公司在某个时期内的盈利不足以支付优先股股息时，则累积到次年或以后某一年盈利时，在普通股的红利发放之前，连同本年优先股的股息一并发放。股份公司发行累积优先股票的目的，主要是保障优先股股东的收益不致因公司盈利状况的波动而减少。由于规定未发放的股息可以累积起来，待以后年度一起支付，因此，对于股东来说，股息收入只是时间迟早的问题，这就有利于保护优先股投资者的利益。

5.【解析】财务协同效应是企业并购效益来源之一，体现在以下几个方面：第一，并购导致企业用内部融资替代外部融资，从而降低资本成本；第二，并购可以更好地利用财务方面的规模效应，也可以降低所得税支出。

五、简答题

1.【解析】汇率变化对金融资产价格的影响机制有以下几个方面：
（1）预期机制。
预期机制是指汇率通过市场预期作用于金融价格，在外贸依存度高的国家中，该传导机制有效。
（2）资本与资产供求均衡机制。
对于资本账户开放程度高、货币可以自由兑换的国家，由于国际投机资本进出便利，故该传导机制有效。

2. 【解析】直接融资与间接融资的优缺点如表 1 所示。

表 1 直接融资与间接融资

	定义	优点（缺点反之）
直接融资	融资双方通过金融工具实现债权债务关系或者所有权关系的融资方式	资金供求双方联系紧密，有利于促进资金快速合理配置和提高资金使用效益
		没有中间环节，筹资成本低，投资收益高
		资金供求双方直接联系，根据各自不同的融资要求或条件进行组合
间接融资	融资双方通过金融中介实现资金融通的融资方式	灵活便利：提供不同数量及期限的资金、采用多种金融工具和借贷方式
		安全：金融机构通过资产负债的多样化分散风险
		规模经济：金融机构规模大、资金实力强
关系	直接融资先于间接融资，是间接融资的基础，二者相互补充、相互发展	

3. 【解析】（1）马克思的利率决定理论：剩余价值以不同资本家中的分割作为起点，利息率在零和平均利润率之间变化，资金紧张时利率上升，资金宽裕时利率下降。这一理论适用于社会化大生产条件下的利率决定问题。利息来源于利润，利息率取决于总利润在贷款人和借款人之间的分配比例。

（2）古典学派利率决定理论：投资流量导致资金需求与利率负相关，储蓄流量导致资金供给与利率正相关，二者共同决定利率。

（3）凯恩斯流动性偏好理论：利率取决于货币供求数量的对比，货币供给量由货币当局决定，而货币需求取决于人们的流动性偏好。在供给不变的情况下，流动性偏好增强，货币需求上升，利率上升，反之亦然。该理论从货币供求角度分析利率，适用于短期利率变化。

（4）新剑桥学派可贷资金利率理论：利率是借贷资金的价格，取决于可贷资金的供求状况，供给与利率正相关，需求与利率负相关。供求对比导致利率变化，与中央银行的货币政策有关。该理论综合了古典学派的实际因素和凯恩斯学派的货币因素，认为利率是借贷资金的价格，取决于可贷资金的供求状况。$S+\Delta M_s=I+\Delta M_d$，式中 S 是储蓄流量，ΔM_s 是货币的供给增量，此两项之和代表货币的供给量；I 是投资量，ΔM_d 是人们的持币意愿的变化，此两项之和代表货币的需求量。等式左右均衡时得到利率。

（5）新古典综合派 IS-LM 模型：利率由既定国民收入下的商品市场和货币市场共同决定，均衡利率是商品市场和货币市场同时达到均衡时的利率。

（注：还要简单概括一下政策主张。）

4. 【解析】优先股的股权性和债权性体现在以下几个方面：

（1）股权性：没有到期期限；没有还本付息的义务；清偿顺序在债务之后；可以参与优先股股东权益相关的股东大会。

（2）债券性：定期支付优先股股利，形成企业的财务负担；清偿顺序在普通股之前。

根据优先股的特性可知，现金流较为充裕的企业适合发行优先股。另外，银行也可发行优先股作为二级资本，以满足资本充足率要求。

六、论述题

1. 【解析】资本市场国际化是指资本市场活动在全球范围内进行，资本可以在市场上自由流入或流出。

意义：第一，资本市场国际化是促进金融发展、有效配置资源的需要。目前中国的金融体系依然不完善，表现为金融机构的生存和竞争能力弱、金融市场还很不发达、金融工具还十分单调等。十八大报告明确提出要"推进金融创新"，历史经验表明，金融创新的需求往往就是国际竞争和对外开放促成的。开放资本市场能够大大推动中国金融体系更快速有效地发展，我国会真正融入国际金融市场中，从而降低融资成本，提高资金收益率。此外，也能增加国内投资品种、分散风险及提高投资收益。

第二，资本流动促进贸易进出口的增长。贸易发展促进了资本流动，资本流动加速了贸易发展，两者实现良性循环。通过开放资本市场，外资进入的行业、产业会大大拓宽，特别是在人民币地位日益提升的背景下，资本市场国际化可以为人民币国际化创造有利的条件。人民币的国际化对我国的贸易发展、对外投资、经济的全面国际化和经济实力的增强都有重要意义。

条件：健康的宏观经济环境；健全的市场价格机制；完善的国内金融市场；高效的微观企业主体；完备的金融监管体系；灵活的汇率调节机制；充足的国际清偿手段。

风险：资本市场国际化会带来溢出效应风险和波动性风险。

在资本市场开放条件下，本国市场和外国市场在资金流动、组合管理等方面的联系加强使本国市场与外国市场的相关性增加，并且随着资本市场开放进程的深化，这种相关性将愈加显著。因此，外国资本市场出现的波动可能通过外国投资者在本国市场上投资行为的改变，以及本国投资者心理预期和投资行为的变化等渠道传导到本国市场，这就是所谓的联动效应或溢出效应。

所谓波动性风险，是指在资本市场对外开放的条件下，外国投资者的投资活动将造成或者加剧本国资本市场资产价格波动的风险。

进程：从投资者的国际化、金融中介的国际化、跨国并购活动的开展这三个方面讨论现状。例如：沪港通，合格境外投资者，合格境内投资者，相关跨国并购活动，在伦敦发行人民币计价的债券，等等。

策略：①完善信息披露制度，增加市场透明度。②扩大市场容量，提高市场流动性。③渐进有序地开放资本账户。④大力发展金融衍生品市场，以对冲风险。

2. 【解析】（1）动力主要有4点：①经济思潮的变迁。②需求刺激与供给的推动。③对不合理的金融管制的回避。④新科技革命的推动。

（2）可以从大数据背景下金融机构的以下几个方面展开论述：①数据的挖掘和精确服务。②数据的驱动和高效运营。③数据的融合和价值的提升。④大数据对信用管理、风险识别和风险管理的推动等。另外，还可以结合中央银行的货币政策、金融体系的创新、资本市场投资决策、企业决策等展开分析。金融创新机制提高了金融机构和金融市场的运作效率以及金融产业的发展能力，金融作用力大为增强。

2015年中央财经大学431金融硕士初试真题解析

一、单项选择题

1. 【答案】D
   【解析】金银复本位制是一种不稳定的"平行本位"货币制度，当金银铸币各按其自身所包含的价值并行流通时，市场上的商品就出现了金价、银价两种价格，容易引起价格混乱，给商品流通带来许多困难。故本题选D。

2. 【答案】B
   【解析】由于货币购买力是用价格反映的，价格越高，货币的购买力越低，二者之间呈反向关系，货币的购买力是价格的倒数，即物价指数的倒数。设初始物价指数为1，上升25%后为1.25，则购买力从1下降为1/1.25，下降了 $1-1/1.25=20\%$。故本题选B。

3. 【答案】B
   【解析】信用是以还本付息为条件的价值单方面让渡，与"一手交钱，一手交货"的商品买卖具有本质区别。故本题选B。

4. 【答案】D
   【解析】凯恩斯的流动性偏好理论更加重视货币因素对利率决定的影响。凯恩斯认为，利率取决于货币供求数量的对比，货币供给量由货币当局决定，而货币需求量取决于人们的流动性偏好。本题选D。

5. 【答案】D
   【解析】中国传统喜欢用"厘"作单位，年息1厘是指年利率为1%，月息1厘是指月利率为1‰，日拆1厘则是指日利率为0.1‰。在民间，经常被使用的利率单位还有"分"，分为厘的10倍，如月息3分是指月利率为30‰（即3%）。本题选D。

6. 【答案】B
   【解析】考查短期票据单利计息，即 $100=2\,000\times$ 贴现率 $\times 0.5$，贴现率 $=10\%$，选B。

7. 【答案】A
   【解析】利率衍生工具是以利率或利率载体为基础的工具，包括远期利率协议、利率期货、利率期权、利率互换等，其中债券期货是以利率载体为基础工具的衍生工具。本题选A。

8. 【答案】D
   【解析】传统意义上的商业银行专门指以存款为主要负债、以贷款为主要资产、以支付结算为主要中间业务，并直接参与存款货币创造的金融机构。随着经济社会的发展和金融业的创新，现代商业银行已成为全面经营货币信用商品和提供金融服务的特殊企业。本题选D。

9. 【答案】B
   【解析】$F=200\times e^{4\%\times 0.5}=204$（元/克），选B。

10. 【答案】D

【解析】已知收益率的资产现货远期合约平价公式为 $F=3\,200\times e^{(4\%-8\%)\times 1}=3\,074.53$，而且只有选项 D 比 3 200 小。

11. 【答案】D

【解析】对于货币需求，弗雷德曼最具概括性的论断是：由于持久性收入的波动幅度比现期收入小得多，且货币流通速度也相对稳定，因而，货币需求也是比较稳定的。认为货币流通速度稳定和货币需求对利率不敏感，是弗里德曼的货币需求理论与凯恩斯的货币需求理论之间的主要差异。本题选 D。

12. 【答案】B

【解析】一般来说，本币贬值，意味着可以提高本国商品的国际竞争力，能起到促进出口、抑制进口的作用；若本币升值，则有利于进口，不利于出口。本题选 B。

13. 【答案】D

【解析】这里的 A、B、C 三项都包含在选项 D 中，自主性交易项目包含经常性项目和资本与金融项目，故选 D。自主性交易是指基于交易者自身利益或其他考虑而独立发生的交易，而调剂性交易是在自主不平衡的情况下的弥补性交易，以使国际收支平衡表满足复式会计记账原则。

14. 【答案】D

【解析】公司资产高于债权价值时，债权人可以收回所有本息。公司资产低于债权价值时，债权人只能收回公司资产。从卖权的角度看，相当于债权人拥有一个价值为 D 的无风险债权，并向公司股东出售了一个以公司资产为标的物、行使价格为 D 的终值的卖权。本题选 D。

15. 【答案】B

【解析】投资回收期是指收回全部初始投资所需要的时间，其计算公式为 $\sum_{t=1}^{T}CF_t-CF_0=0$，式中，$T$ 为投资回收期；CF_t 为 t 时期的现金流；CF_0 为初始投资额。故回收期 $=2+(5\,000-1\,900-1\,900)/2\,500=2.48$。本题选 B。

16. 【答案】C

【解析】运用股利增长模型可知 $r=\dfrac{DIV_1}{P_0}+g$，故 $r=2\times(1+6\%)/100+6\%=8.12\%$。本题选 C。

17. 【答案】A

【解析】沉没成本是指已经使用掉且无法收回的成本。根据增量现金流原则，沉没成本不影响项目的现金流，因此不影响项目的投资决策。本题选 A。

18. 【答案】B

【解析】剩余股利政策就是以首先满足公司资金需求为出发点的股利政策。2015 年股权资本的增加量为 $500\times 40\%=200$（万元），即留存收益率为 200/300=66.7%，故股利支付率为 33%，选 B。

19. 【答案】C

【解析】资产运用能力是指企业对各项资产的运用效率，常用的反映资产运用能力的财务指标有以下几个：①存货周转率与存货周转天数；②应收账款周转率和应收账款周转天数；③资产周转率。C 项，利息保障倍数是指企业生产经营所获得的息税前利润与利息费用的比率，它是长期偿债能力指标。

20. 【答案】A

【解析】债券筹资的优点之一就是债券筹资的成本远低于股权筹资，包括普通股和优先股。本题选 A。

二、判断题

1. × 【解析】"劣币驱逐良币"的现象，即两种实际价值不同而法定价格相同的货币同时流通时，市场价格偏高的货币（良币）就会被市场价格偏低的货币（劣币）所排斥，在价值规律的作用下，良币退出流通而劣币充斥市场。

2. √ 【解析】所有背书人都要对该商业票据承担连带责任，而任何一位背书人因受到追索而偿还了债务，他也同时拥有了向其前面的任一背书人进行追索的权利。

3. √ 【解析】当资本边际效率大于官定利率时，投资者的边际收益大于零，投资者会增加投资，反之则会减少投资。

4. × 【解析】中间业务是商业银行最古老的服务性业务。早期主要集中于货币的鉴定、兑换、保管、汇兑等种类，到现代则发展为结算、代理、信托、理财、信息咨询等业务。所以，信托业务属于中间业务。

5. √ 【解析】基础货币又称强力货币或高能货币，是指处于流通中由社会公众所持有的现金及银行体系准备金（包括法定存款准备金和超额准备金）的总和。

6. √ 【解析】凯恩斯认为，人们持有货币除了满足交易需求和应付意外支出外，还有一个重要动机，即保存价值或财富。凯恩斯把用于保存财富的资产分为货币和债券两大类，而人们对现存利率水平的估价就成为人们在货币和债券两种资产间进行选择的关键。

7. × 【解析】公开市场业务是指中央银行在金融市场上公开买卖有价证券，以此来调节金融机构的准备金和基础货币，进而影响市场利率和货币量的政策行为。再贴现率是通过增减商业银行借款成本来调控基础货币的。

8. × 【解析】货币需求界定为在一定的资源（如财富拥有额、收入、国民生产总值等）制约条件下，微观经济主体和宏观经济运行对执行交易媒介和资产职能的货币产生的总需求。

9. × 【解析】再贴现政策存在一定的局限性：主动权并非只在中央银行，由于市场的变化甚至可能会违背中央银行的政策意愿，中央银行的主动性较差。因为商业银行是否申请再贴现或再贴现多少，取决于商业银行的行为，由商业银行自主判断和选择。

10. × 【解析】影响利率的因素有很多，由货币的供求决定。虽然中央银行可以通过货币政策工具影响货币供给，但很难影响货币需求，利率不易控制。超额准备金一般包括借入准备金和非借入准备金。借入准备金是商业银行由于准备金不足向拥有超额准备金的银行借入的货币资金。超额准备金中扣除借入准备金，即为非借入准备金，又称自有准备金。中央银行可以通过调整再贴现率、银行资本充足率从而控制超额准备金。

11. × 【解析】广义外汇泛指以外币标价的金融资产，而 B 股是以人民币标明面值，以外币认购和买卖，在中国境内（上海、深圳）证券交易所上市交易的外资股。

12. × 【解析】金融项目主要包括直接投资、证券投资和其他投资。本国在外国的直接投资、证券投资和其他投资的增加记入借方项目，外国在本国的直接投资、证券投资和其他投资的增加则应记入贷方项目。

13. √【解析】顺差给本币带来升值压力，导致中央银行以外汇占款的形式被动投放基础货币，带来国内货币供应增长过快和通货膨胀的压力，对货币调控的自主性和有效性形成一定的制约。

14. ×【解析】根据 MM 定理，股票价格不变。

15. √【解析】在讨论加权平均资本成本时，总是假定企业已确定了目标资本结构，并且保持资本结构的稳定。

16. √【解析】到期收益率是衡量债券投资收益最常用的指标，是在投资者购买债券并持有到期的前提下，使未来各期利息收入、到期本金收入的现值之和等于债券购买价格的贴现率。

17. √【解析】A 的詹森指数为 $19\% - [9\% + 1.5 \times (15\% - 9\%)] = 1\%$；B 的詹森指数为 $15\% - [9\% + 1 \times (15\% - 9\%)] = 0$。因此，A 在选股方面更加出色。

18. ×【解析】利用 IRR 对互斥项目进行评估时，假设现金流的再投资收益率为 IRR。

19. ×【解析】有限合伙制企业中，一个或多个普通合伙人负责经营企业并承担无限责任，同时有一个或多个有限合伙人，他们并不参与企业的实际经营活动，仅以出资额为限对企业的债务承担有限责任。

20. ×【解析】当企业利润增大时，除享受既定比率的利息外，还可以跟普通股共同参与利润分配的优先股，称为"参与优先股"。除了既定股息外，不再参与利润分配的优先股，称为"非参与优先股"。

三、计算题

1. 【解析】（1）原贷款每月利率为 $10\%/12 = 0.833\%$；新贷款每月利率为 $6.625\%/12 = 0.552\%$。

住房抵押贷款还需偿还的金额为

$12\ 286 \times \text{PVIFA}_{0.833\%, 300} = 12\ 286 \times 110.047\ 2 = 1\ 352\ 039.899\ 2$（元）

新贷款要求每个月还款为

$1\ 352\ 039.899\ 2/\text{PVIFA}_{0.552\%, 360} = 1\ 352\ 039.899\ 2/156.174\ 1 = 8\ 657$（元）

（2）如果仍希望在 25 年后还清贷款，那么新贷款的月还款为

$1\ 352\ 039.899\ 2/\text{PVIFA}_{0.552\%, 300} = 1\ 352\ 039.899\ 2/146.404\ 6 = 9\ 235$（元）

（3）如果每个月继续偿还 12 286 元，并且在 25 年后还清贷款，则该笔现金流的现值为 $12\ 286 \times \text{PVIFA}_{0.552\%, 300} = 12\ 286 \times 146.404\ 6 = 1\ 798\ 726.915\ 6$（元）。

除了未偿还完的贷款，还能额外借的现金为

$1\ 798\ 726.915\ 6 - 1\ 352\ 039.899\ 2 \approx 446\ 687$（元）

2. 【解析】（1）$100/70\% = 142.86$（万元），当融资规模不超过 143 万元时，WACC $= 14\% \times 30\% + 10\% \times 70\% \times (1 - 30\%) = 9.1\%$。

$300/70\% = 428.57$（万元），当融资规模超过 143 万元，不超过 429 万元时，WACC $= 14\% \times 30\% + 12\% \times 70\% \times (1 - 30\%) = 10.08\%$。

$180/30\% = 600$（万元），当融资规模超过 429 万元，不超过 600 万元时，WACC $= 14\% \times 30\% + 15\% \times 70\% \times (1 - 30\%) = 11.55\%$。

（180+200）/30%=1 266.67（万元），当融资规模超过 600 万元，不超过 1 267 万元时，WACC=16%×30%+15%×70%×（1-30%）=12.15%。

当融资规模超过 1 267 万元时，WACC=18%×30%+15%×70%×（1-30%）=12.75%。

（2）按照 IRR 对上述独立项目进行选择，则最后投资 A、B、D、E 四个项目，所需资金为 230+200+180+150=760（万元），此时对外举债 760×70%=532（万元），发行股票融资 760-532-180=48（万元）。

3.【解析】（1）a 方案：EPS=（1-25%）×（100-200×6%）/（100+300/6）=0.44（元/股）；

b 方案：EPS=（1-25%）×（100-200×6%-300×8%）/100=0.48（元/股）；

c 方案：EPS=[（1-25%）×（100-200×6%）-300×9%]/100=0.39（元/股）。

（2）a、b 的无差异点：(1-25%)×（EBIT-200×6%）/（100+300/6）=（1-25%）×（EBIT-200×6%-300×8%）/100，得 EBIT=84 万元。

a、c 的无差异点：(1-25%)×（EBIT-200×6%）/（100+300/6）=[（1-25%）×（EBIT-200×6%）-300×9%]/100，得 EBIT=120 万元。

四、名词解释

1.【解析】存款货币是信用货币的一种主要形式，它体现为各单位、个人在银行账户上的存款。存款货币中的活期存款可以直接用于转账结算，发挥货币流通手段和支付手段的职能，因此，活期存款和现金一样，都是社会经济中的现实购买力，其流动性略次于现金。存款货币中的定期存款是一种潜在购买力，它只有转化成活期存款或被提取成现金后才成为现实的购买力，故又被称为"潜在货币"，其流动性明显要小于活期存款。存款货币既来源于现金的存入，还来源于银行贷款的派生机制。除流动性区别外，存款货币不同于现金货币的另一个特点是存款货币具有收益性，可依据数量、时间的不同获得不同的利息收入。存款货币由银行经营和管理，是国家宏观调控管理的重要内容。

2.【解析】商业银行的核心资本是指商业银行资本构成的主要部分，又称一级资本。根据《巴塞尔协议》的规定，核心资本由两部分构成：①实收资本，即已发行并完全缴足的普通股和永久性非累积的优先股；②公开储备，即通过保留盈余或其他盈余形成的储备，例如股票发行溢价、保留利润、普通储备金和法定储备金的增值所创造和增加的储备等。我国国有商业银行的核心资本包括：①实收资本，即股本和财政拨入资金，后者为银行创办时财政拨入的创业资金和以后财政每年增拨的信贷资金；②资本公积，即资本盈余，指股票发行的溢价部分；③盈余公积，又称营业盈余，即每年从营业利润中积累起来的部分；④未分配利润，即当年利润缴税并扣除股息以后的多余部分。

3.【解析】购买力平价是一种传统的，但在实际中不太成立的汇率决定理论。它认为货币如果在各国间具有相等的购买力，那么这时的汇率就是均衡汇率。如果 2 美元和 1 英镑在各自的国内可以购买等量的货物，则 2 美元兑换 1 英镑便存在购买力平价。

购买力平价理论的思想基础是如果一国的货物相对便宜，那么人们就会购买该国货币并在那里购买商品，购买力平价成立的前提是一价定律，即同一商品在不同国家的价格是相同的。此外，购买力平价成立还需要一些其他的条件：①经济的变动来自货币方面；②价格水平与货币供给成正比；③国内相对价格结构比较稳定；④经济中如技术、消费倾向等实际因素不变,也不对经济结构产生实质影响。

购买力平价存在两种形式:①绝对购买力平价,即两国货币的兑换比率等于两国价格水平的比率;②相对购买力平价,指两国货币兑换比率的变动等于两国价格水平变动的比率。

4.【解析】永续年金是指无限期地收入或支出相等金额的年金,即一系列没有到期日的现金流,也称永久年金。它是普通年金的一种特殊形式,永续年金的期限趋于无限,没有终止时间,也没有终止值,只有现值。

5.【解析】修正的内部收益率(MIRR)是为了使内部收益率指标能更好地用于投资决策,而引入修正的(或调整的)内部收益率指标。与普通内部收益率(IRR)相比,修正的内部收益率假设所有的投资收益均按照投资所要求的贴现率进行再投资,从而使其关于再投资收益率的假设变得更加合理,同时,MIRR 也解决了有多个 IRR 同时存在的问题。但是,经过修正后的这一指标,仍然没有办法解决因为投资规模不同而产生的与 NPV 指标相矛盾的问题。

五、简答题

1.【解析】利率发挥作用的基础性条件包括:

(1)独立决策的市场主体。利率要想发挥应有的作用,首先需要各个微观行为主体是能够独立决策、独立承担责任的市场行为主体,即所谓的理性经济人。

(2)市场化的利率决定机制。市场化的利率体系与利率决定机制,意味着资金供求状况能够对利率水平产生影响,利率变动也会反过来调节资金供求。此时,利率高低能够真实地反映资金的稀缺程度及其机会成本。

(3)合理的利率弹性。所谓利率弹性,就是其他经济变量对利率变化的敏感程度,通常用单位百分比的利率变化所导致的其他经济变量变化的百分比来表示。该比率越大,亦即某经济变量对利率越富有弹性,该经济变量就会对利率的变化越敏感,通过利率变动引导其朝着预期目标变化的意图也就更容易实现。反之,如果经济变量对利率缺乏弹性,对利率变动不敏感,利率变动对经济变量的影响就极其微弱,通过利率变动就很难达到预期的目标。

2.【解析】互换是交易双方通过签订合约的形式在规定的时间调换货币或利率,或者货币与利率同时交换,达到规避管制、降低融资成本的目的。互换交易主要指对相同货币的债务和不同货币的债务通过金融中介进行调换的行为,其主要的功能包括:

(1)保值功能,体现在应对汇率与利率风险方面,由于国际性企业的资产和负债以多种货币计价,货币互换可使与计价货币相关的汇率风险最小化。在防范利率风险方面,对于一种货币来说,无论是固定利率还是浮动利率债权债务的持有者,都面临着利率变化的风险,利率互换可以实现降低利率风险的目标。

(2)降低融资成本功能,有些投资者或融资者的信用等级比较低,难以获得低利率成本的融资,通过货币互换和利率互换可以得到比直接融资成本更低的资金,节约了费用。

(3)财务结构调整功能,互换交易可以使国际性公司的资产与负债货币实现匹配,减少货币暴露,降低汇率波动造成的资产与负债不对称的风险。

(4)规避管制功能,许多国家都实行外汇管制,在外汇管制比较严格的国家获得贷款、发行债券融资是比较困难的,资金汇出、汇入的成本比较高。通过货币互换,可以避开部分外汇管制，降低交易成本。

3.【解析】国际货币制度亦称国际货币体系，是支配各国货币关系的规则以及各国间进行各种交易支付所依据的一套安排和惯例。国际货币制度通常是由参与的各国政府磋商而定，一旦商定，各参与国都应自觉遵守。

国际货币制度一般包括三个方面的内容：

（1）确定国际储备资产，包括使用何种货币作为国际支付货币，哪些资产可用作国际储备资产。

（2）安排汇率制度，即采用何种汇率制度，是固定汇率制还是浮动汇率制。

（3）选择国际收支的调节方式，即出现国际收支不平衡时，各国政府应采取什么方法进行弥补，各国之间的政策措施如何协调等。

理想的国际货币制度应该能够促进国际贸易和国际经济活动的发展，主要体现在国际货币秩序的稳定、能够提供足够的国际清偿能力并保持国际储备资产的信心、保证国际收支的失衡能够得到有效的调节。迄今为止，国际货币制度经历了从国际金本位制到布雷顿森林体系再到牙买加体系的演变过程。

4.【解析】可转换债券是指由股份公司发行的，可以按一定条件转换为一定数量的公司普通股的债券，可转换债券的可转股性实质上是内嵌于债券或优先股的认股权证。

可转换债券作为筹资工具，有以下优点：

（1）可转换债券票面利率较低，从而可以在可转换债券的存续期内节约利息支出。

（2）利用可转换债券的可转换性进行推迟的股权融资，一般来讲，可转换债券发行者发行可转换债券的真正目的不是发行公司债券，而是要发行公司股票，但是由于种种原因，在公司需要资金的时候恰恰不宜进行股票筹资。

（3）对于外部投资者而言，一方面可转换债券的债券性质使投资者避免了直接进行股权投资的高风险，得到了比股东更可靠的保护；另一方面，可转换债券的可转股性质使得投资者在公司取得成功时可与股东一起分享收益，具有股权投资获取高额剩余收益的潜力。

可转换债券作为筹资工具，有以下缺点：

（1）与普通债券相比，虽然可转换债券的利息成本较低，但是发行人为此付出了代价，给予了投资者认股权证。

（2）与直接发行股票相比，虽然可转换债券的转股价格高于发行时的股价，但是发行人给予了投资者转股的选择权，相当于给投资者的投资提供了保险。

六、论述题

1.【解析】传统货币政策工具主要包括法定存款准备金率、再贴现政策和公开市场业务，这三大传统的政策工具有时也被称为"三大法宝"，主要用于调节货币总量。

（1）法定存款准备金率通常被认为是最猛烈的货币政策工具之一，因为法定存款准备金率是通过决定或改变货币乘数来影响货币供给的，即使法定存款准备金率调整的幅度很小，也会引起货币供应量的巨大波动。其优点主要在于作用力大，主动性强，见效快。

（2）再贴现政策是指中央银行对商业银行向中央银行申请再贴现所做出的政策性规定。其一般包括两方面的内容：①再贴现率的确定与调整；②申请再贴现资格的规定与调整。中央银行对再贴现资格条件的规定（包括对贴现票据的规定和对申请机构的规定）与调整，能够改变或引导资金流向，可以发挥抑制或扶持作用，主要着眼于长期的结构调整。再贴现政策还是中央银行扮演"最后贷款人"角色的途径，在保持金融稳定方面发挥着重要的作用。但是，再贴现政策也存在一定的局限性：①主动权并非只在中央银行；②再贴现率的调节作用是有限度的；③相较于法定存款准备金率，再贴现率易于调整，但由于它是中央银行利率，随时调整会引起市场利率的大幅波动，加大利率风险，干扰市场机制；④中央银行通过再贴现充当"最后贷款人"，有可能加大金融机构的道德风险。

(3) 公开市场业务是指中央银行在金融市场上公开买卖有价证券，以此来调节金融机构的准备金和基础货币，进而影响市场利率和货币量的政策行为。同前两种货币政策工具相比，公开市场业务有明显的优越性：①主动性强；②灵活性强；③调控效果和缓，震动性小；④告示效应强，影响范围广。

而近年来，中国人民银行采用有别于传统货币政策工具的策略，所使用的货币政策新工具主要包括公开市场短期流动性调节工具（SLO）、常设借贷便利（SLF）、中期借贷便利（MLF）以及抵押补充贷款（PSL）等。

(1) SLO 是中央银行公开市场常规操作的补充，以 7 天期内短期回购为主。

(2) SLF 是金融机构根据自身的流动性需求提出申请，主要由中央银行以抵押贷款的方式发放，期限为 1~3 个月。由于 SLF 特有的"按需配给"的原则，意味着其利率将成为短期资金利率上限，通过配合中央银行公开市场逆回购及 SLO 等操作利率，共同构成了货币市场利率的运行"走廊"。

(3) MLF 类似于 SLF，期限为 3 个月，但临近到期可能会重新约定利率并展期。商业银行可通过质押利率债和信用债获取借贷便利工具的投放。

(4) PSL 则可被视为是有抵押的再贷款，是一个既能够大量投放基础货币，又能更好地调配基础货币数量和流向，从而影响中期资金价格的政策工具。

从金融市场情况看，近期信用紧缩情况依然突出，实体经济的融资需求仍然偏弱。在此背景下，货币政策新工具的使用可视为用定向"松信用"的方式将中央政府的财务杠杆放大化。

但是这些货币政策新工具的使用可能未达到推动信贷扩张、引导利率（特别是中长期无风险利率）下行的政策目的。原因可能在于，当贷款从中央银行投放到其他金融机构时，贷款利率虽然实际上低于市场利率，但贷款与资金流动领域的其他部分投向划分较为明确，难以作用于整个资金市场。同时，抵押品价值下降、企业缺乏现金流等因素，也导致银行信贷扩张意愿受限。因此，尽管上述货币政策新工具的投放规模还将扩张，但在短期内，宏观经济面临的下行风险和企业的融资压力仍不易得到根本解决。

2.【解析】(1) 汇率作为联系经济体内部和外部的重要变量，具有双重性质。一方面它是用一种货币表示的另一种货币的价格，属于货币层面的一个变量，因此必然要受到各种货币层面因素的影响；另一方面，汇率又取决于实体经济的状况，要对实体经济层面因素的变化做出反应。因此影响汇率变动的因素包括：

①外汇供给与需求的对比变动。汇率受外汇供求的影响，而外汇供求状况又取决于由国际贸易往来和资本流动所引起的债权债务关系。

②货币购买力。人们之所以需要外国货币，是因为外币在其发行国具有购买力，相应地人们需要本币也是因为本币在本国具有购买力，因此两国货币汇率的决定基础应是两国货币所代表的购买力之比。

③外汇交易者的心理预期。外汇市场上交易者的心理预期对汇率变化有显著影响。

④套利性的短期资本流动会驱使高利率国家的货币在远期外汇市场上贴水，而低利率国家货币将在远期外汇市场上升水，并且升贴水率等于两国间的利率差。

（2）汇率是重要的价格指标，影响经济主体的行为，影响本国及贸易伙伴的国际竞争力水平，影响进出口、资本流出入和国际收支状况，影响一国的产出和就业，进而对整体的宏观经济状况都产生重要影响。

①本币贬值意味着可以提高本国商品的国际竞争力，能起到促进出口、抑制进口的作用；若本币升值，则有利于进口、不利于出口。

②真实汇率体现了物价变动对汇率的影响。反过来，汇率也会影响一国的物价水平。汇率的变动导致物价总水平的波动，其后果就不仅限于进出口，而是将影响整体经济。

③由于长期资本的流动主要以利润和风险为转移，汇率的变动对长期资本流动的影响较小。短期资本的流动则常常受到汇率的较大影响。

④汇率变动对金融资产的选择有重要影响。由于汇率的变动影响本外币资产的收益率，因此本币汇率升值，将促使投资者更加倾向于持有本币资产；相反，外币汇率的升值，则会导致投资者将本币资产转换为外币资产。

（3）人民币升值的原因。

①我国国民经济飞速发展，国际地位逐步提高。在经济快速增长的背景下，我国的经济实力和竞争力发生了巨大的变化，汇率作为经济发展的反映，必将根据中国经济在国际上的地位，以及国内经济自身发展周期做出适当调整。

②对外贸易高速增长，热钱流入，使人民币需求增加，也会给人民币升值带来压力。同时，汇率与国际收支有着密切的联系，国际收支理论表明，当一国有较大的国际收支逆差时，对外汇的需求大于外汇的供给，本币对外贬值，反之则会造成本币升值。我国的巨额贸易顺差作用于人民币汇率，使之遵循国际收支理论而产生上升趋势。

③我国持有巨额的外汇储备。根据"国际收支决定论"，一国的国际收支状况是影响汇率最直接的因素之一。当一国有较大的国际收支逆差时，对外汇的需求大于外汇的供给，本币贬值；反之则会造成本币升值。而我国目前经常项目和资本项目面临双顺差的现状，国内的外汇储备节节上升，因此人民币面临着潜在的升值压力。

（4）人民币升值的积极影响。

①改善产业结构。人民币升值会导致劳动力和资源成本增加，从而使中国原本依靠廉价劳动力和资源获取利润的低端产业规模减小，并推动这些资源从低端产业中流出，流向高端产业。在市场竞争机制下，高端产业产品通过购买先进设备，采用先进技术，提高产品档次，推动我国产业结构从劳动密集型向资本密集型发展，改善我国在国际分工中的地位。

②促进国内资源节约。当人民币升值时，如果出口产品定价能够相应提高，国外原材料价格就会相对便宜，我国企业会在价格机制的作用下购买更多国外原材料，那么我国出口同等数量的资源能够换回更多的国外资源，节约了我国原本紧张的资源，有利于国内资源的可持续发展。同时，本币升值所带来的产业结构的转变也会在技术上降低对资源的浪费，从而减少国内资源消耗。

③减少与外国的贸易摩擦。当前美国政府极力促进人民币升值，人民币升值虽然不能解决中美贸易巨大的差额问题，但也会间接起到缓解与美国、日本等主要贸易伙伴国在低

价反倾销上的贸易摩擦的作用,而对于一个国家而言,"强币"是经济实力的重要体现,人民币升值必将会大大增强人民币在国际社会中的接受度。

④有利于提高人民币购买力。人民币的汇率提升,使同样数量的人民币能够换得更多外汇,意味着人民的财富增加。同时,人民币升值使进口商品价格下降,人们能够花同样多的钱购买更多的进口商品。人民出国深造、旅游、购物等需消耗的费用也会下降,增加了人们出国的机会,提高了人们的生活质量。对企业而言,人民币升值减少了进口原材料的费用,节约了企业成本,增强了企业竞争力。

⑤人民币升值对抑制通货膨胀有利。国家的潜在 GDP 能力由自然资源、人力资源、资本、技术水平决定。当需求强劲,使国家的经济达到潜在 GDP 能力时,再有增量的需求就只能带动物价的上涨而不能再促进实际 GDP 的增长。因此,当总需求过于旺盛时,政府就应采取必要的措施给经济降温,从而降低通货膨胀的压力。因为 $GDP=C+I+G+NX$,如果人民币升值,则国内产品的国际竞争力将下降,从而净出口将减少,实际 GDP 将回到潜在 GDP 能力以下,国内通货膨胀的压力也将降低。

(5) 人民币升值的消极影响。

①抑制出口,增加进口。我国经济的发展依赖于出口的不断上涨,而人民币升值必然会增加出口企业的生产成本和劳动力成本,降低出口产品在国际市场上的竞争力,势必导致出口行业的不景气,从而影响国内经济。同时,进口产品增多,不仅会使贸易顺差转逆差,还会给国内企业带来强大的竞争力。

②外汇储备面临缩水。充足的外汇储备是我国综合实力的重要标志,有利于我国开展多种国际贸易活动。然而,人民币的升值必将会使美元储备大幅缩水,国家也将会遭受巨大的外汇损失。

③人民币升值将导致中国产品的出口价格大幅提高,失去价格竞争力,对出口行业和外商投资造成影响,最终将使我国失业率上升。

④容易助长经济中的泡沫和投机行为,加大金融风险。出于资本逐利的本能,在人民币升值预期的作用下,国际游资大量流入,短期套利动机非常明显,将导致投机不可避免地盛行,扰乱了金融市场秩序。我国金融监管体系还不健全,有可能导致金融风险。同时,我国居民在人民币升值的呼声下,将资金大量投资于股市和房地产等行业进行投机活动,助长了经济中的泡沫。

对外经济贸易大学 431 金融硕士初试真题超精细解读

宏观数据速递

一、分值一览表

分布类型	题型/科目	2014 年	2015 年	2016 年	2017 年	2018 年
题型分值	选择题	(10×1=)10 分	(10×2=)20 分	(10×2=)20 分	(10×2=)20 分	(10×2=)20 分
	判断题	(10×1=)10 分	(15×1=)15 分	(15×1=)15 分	(15×1=)15 分	(15×1=)15 分
	名词解释	(5×4=)20 分	(5×4=)20 分	(5×4=)20 分	(5×4=)20 分	(5×4=)20 分
	计算题	(2×8=)16 分	(2×10=)20 分	(2×10=)20 分	(2×10=)20 分	(2×10=)20 分
	简答题	(2×8=)16 分	(5×6=)30 分	(5×6=)30 分	(5×6=)30 分	(5×6=)30 分
	论述题	(2×14=)28 分	(15×3=)45 分	(15×3=)45 分	(15×3=)45 分	(15×3=)45 分
	英译中	(10+15+25=)50 分	—	—	—	—
学科分值	金融学	60 分	90 分	90 分	90 分	90 分
	公司财务	40 分	60 分	60 分	60 分	60 分
	专业英语	50 分	0 分	0 分	0 分	0 分

二、难度点评和总体走势

2014 年招生人数较多，初试难度较小。2015 年难度小幅下降，处于中等难度。2016 年由于报录比下降，难度小幅攀升。2017 年难度基本持平。2018 年难度和阅卷严格程度再创新高。

三、分数线及录取情况

指标		2014 年	2015 年	2016 年	2017 年	2018 年
初试要求	单科要求	≥45 分（100 分）；≥68 分（150 分）	≥45 分（100 分）；≥68 分（150 分）	≥45 分（100 分）；≥68 分（150 分）	≥46 分（100 分）；≥69 分（150 分）	≥45 分（100 分）；≥68 分（150 分）
	总分要求	370 分	330 分	372 分	346 分	354 分
人数要求	进复试人数	137 人	110 人	144 人	206 人	358 人
	招生人数	127 人	106 人	126 人	152 人	284 人
录取信息	录取分数最高分	412 分	413 分	415 分	400 分	415 分
	录取分数最低分	367 分	370 分	372 分	346 分	354 分
	录取分数平均数	383 分	393 分	392 分	371 分	377 分

四、真题指导教材复习顺序及重点章节

（一）复习顺序

先金融学，后公司财务。

（二）重点章节

①米什金《货币金融学》（第九版）。

②罗斯《公司理财》（第九版）。

③蒋先玲《货币金融学》（新版），机械工业出版社。

④蒋先玲《货币金融学学习题集》（新版），机械工业出版社。

⑤姜波克《国际金融学》。国际金融不是对外经济贸易大学历年的考试重点部分，但是必须给予重视，一旦考查就必须拿分；但是具体内容不需要全篇掌握，一般可以省略太

难的偏计算的理论部分。

⑥黄达《金融学》第四版的国际金融部分。

总结：①、②为官方指定参考书，其余书籍建议用作知识的补充和查漏补缺。该学校①、②两本教材需要全面学习，均为重点。其余教材没有指定重点章节，进行参考。

2018年对外经济贸易大学431金融硕士初试真题

一、单项选择题

1. 国际货币基金组织（IMF）定义的准货币相当于各国货币口径的（　　）之差。
   A. M1 与 M2　　　B. M3 与 M2　　　C. M2 与 M1　　　D. M3 与 M1

2. 按照《巴塞尔协议Ⅲ》的要求，为了防止银行信贷增长过快并导致系统性风险的积累，要求银行在经济上行期提取一定比例的（　　），以便经济下行时释放。
   A. 流动性资产　　　　　　　　　　B. 核心资本
   C. 逆周期缓冲资本　　　　　　　　D. 净稳定融资额

3. 根据泰勒规则的思想，当出现（　　）时，中央银行应提高短期利率。
   A. 产出缺口为负　　　　　　　　　B. 产出缺口为正
   C. 通货膨胀缺口为零　　　　　　　D. 通货膨胀缺口为负

4. 利率期限结构理论认为收益率曲线向上倾斜的原因是（　　）。
   A. 存在风险溢价　　　　　　　　　B. 存在流动性溢价
   C. 未来短期利率都是上升的　　　　D. 未来长期利率都是上升的

5. 以下选项中，不属于货币政策中介目标的选择标准的是（　　）。
   A. 可测性　　　B. 可控性　　　C. 相关性　　　D. 稳定性

6. 以下选项中，属于自2011年10月之后被纳入广义货币的是（　　）。
   A. 委托存款
   B. 信托存款
   C. 证券公司存放在金融机构的客户保证金
   D. 非存款类金融机构在存款类金融机构中的存款

7. 根据IMF公布的第六版《国际收支手册》，本国居民在外国所持股票获得的红利收入应被计入的账户是（　　）。
   A. 资本转移　　　B. 证券投资　　　C. 初次收入　　　D. 二次收入

8. 关于基础货币，以下说法不正确的是（　　）。
   A. 能为中央银行所直接控制
   B. 是其他存款性公司的负债
   C. 具有放大货币供应的特点
   D. 是其他存款性公司负债产生的基础

9. 发行额外股份的决定与（　　）最相关。
   A. 营运资本管理　　B. 资本预算　　C. 管理层的职责　　D. 资本结构

10. 以下均为某项目预计现金流，那么，被包含在项目初始净营运资本变动的是（　　）。
    Ⅰ. 存货减少5 000元　　　　　　Ⅱ. 应收账款增加1 500元
    Ⅲ. 固定资产增加7 600元　　　　Ⅳ. 应付账款减少2 100元

A. 只有Ⅰ和Ⅱ B. 只有Ⅰ和Ⅲ
C. 只有Ⅱ和Ⅳ D. 只有Ⅰ、Ⅱ和Ⅳ

二、判断题

1. 特别提款权是国际货币基金组织创设的一种国际储备资产，随着人民币的加入，特别提款权将由5种货币加权平均定值。
2. 相比固定汇率制度，浮动汇率制度增强了一国货币政策的独立性。
3. 中央银行的金融稳定目标与物价稳定目标不会发生冲突。
4. 罗纳得·麦金农提出以低程度的产品多样化为确定最适度通货区的标准。
5. 当人们用存款购买债券时，意味着存款转移到债券市场，从而导致银行存款同等规模减小。
6. 因为企业在中央银行没有结算账户，故商业银行不能直接将其超额准备金贷给一般企业。
7. 在利率走廊模式下，中央银行通过设置M2的上限和下限给予市场明确预期。
8. 根据持续期缺口管理思想，当银行持续期缺口为正时，市场利率下降将会降低银行的市场价值。
9. 反映通货膨胀率与经济增长率之间此消彼长的关系的曲线通常被称为菲利普斯曲线。
10. 传统货币数量论的现金余额说公式通常表述为 $M=kPY$。
11. 布雷顿森林体系下，汇率波动幅度被限定在黄金输送点的范围内。
12. 当实际利率为负时，今天收到的1万元现金流的价值要小于1年后收到的1万元现金流的价值。
13. 标准差用于测度系统性风险，β 用于测量非系统性风险。
14. 假定你在年初购买了M公司100股股票，每股价格为30美元。到年末，公司向股东发放每股2美元的现金股利，年末股票价格上升到每股35美元。如果你出售股票，你的收益率就等于23.33%；如果你不出售股票，收益率就是6.67%。
15. 进行资本预算时，机会成本应该作为增量现金流被考虑进来。

三、名词解释

1. 影子银行
2. 久期分析
3. 成本推进型通货膨胀
4. 优先股
5. 资本预算

四、计算题

1. 已知一国经济体中存款 $D=5\,000$ 亿元，现金 $C=1\,000$ 亿元，准备金700亿元，法定存款准备金率为10%，请计算（要求写出详细步骤，保留小数点后两位）：
（1）超额存款准备金、基础货币和货币乘数。
（2）假定中央银行将法定存款准备金率调高25个基点，超额存款准备率和现金比率不变，计算新的基础货币和货币乘数。

2. 公司经理要求你对即将购买的磨碎机进行评估。这台机器的价格是 600 000 元，运输及安装费为 4 000 元，为专门的需要花去调研费 6 000 元。这台机器预计使用年限为 10 年，按 10 年直线折旧法计提折旧，账面价值为 0。预计 10 年后该机器可按 50 000 元的价格售出。使用该机器最初需要增加库存零件，价值为 30 000 元。使用这台机器后，每年销售收入为 20 000 元，减少人工成本 150 000 元，另外每年维修费用为 20 000 元。若该公司边际税率是 33%，请编制项目净现金流量表。如果此项目的资本成本是 10%，是否应该购买这台机器？

五、简答题

1. 简述通货膨胀目标制的优缺点。
2. 中央银行有哪些业务手段发挥最终贷款人职能？
3. 请写出 CML 和 SML 各自的方程并绘出图形，说明这两者有何区别。
4. 为什么销售权益的成本比销售债券的成本更高？
5. 为什么有些公司会选择股票回购而不是发放股利？请列举至少三个原因。

六、论述题

1. 2008 年全球金融危机使金融系统的传导机制受到破坏，传统货币政策不能修复金融市场的信贷功能，无法阻止金融危机的进一步恶化和蔓延。为此，美国等发达国家以及发展中国家相继启动了非常规货币政策工具，对通货膨胀和失业率等货币政策最终目标进行直接干预。请回答以下问题：

（1）什么是非常规货币政策工具？主要有哪些种类？
（2）非常规货币政策工具有何优点和不足？

2. 2017 年 5 月 26 日，外汇市场自律机制秘书处宣布，人民币汇率中间价的报价模型由原来的"收盘价＋一篮子货币汇率变化"调整为"收盘价＋一篮子货币汇率变化＋逆周期因子"。自律机制秘书处在答记者问中指出：当前我国外汇市场可能仍存在一定的顺周期性，容易受到非理性预期的惯性驱使，放大单边市场预期，进而导致市场供求出现一定程度的"失真"，增大市场汇率超调的风险。另据中国人民银行公布的 2017 年第二季度货币政策执行报告：在计算逆周期因子时，可先从上一日收盘价较中间价的波幅中剔除篮子货币变动的影响，由此得到主要反映市场供求的汇率变化，再通过逆周期系数调整得到"逆周期因子"。逆周期系数由各报价行根据经济基本面变化、外汇市场周期程度等自行设定。

请回答以下问题：
（1）汇率的逆周期性指的是什么？举例说明。
（2）为什么说我国外汇市场存在"顺周期性"？
（3）材料中所称的"汇率超调"指的是什么？
（4）结合所学知识，中央银行可采取哪些措施避免该种"汇率超调"？

3. 安德鲁·施莱弗（Andrei shleifer）教授提出的使市场有效的三个条件是什么？行为金融如何从这三个方面对市场有效性提出挑战？

2017年对外经济贸易大学431金融硕士初试真题

一、单项选择题

1. 根据多恩布什的汇率超调模型，当本国货币供给增加时，本币汇率将按照先贬值后升值的路径达到新的均衡水平，导致这一现象发生的根本原因是(   )。
   A. 利率和商品价格的调整速度快于汇率
   B. 汇率的调整速度快于利率和商品价格
   C. 商品价格的调整速度快于利率和汇率
   D. 汇率和利率的调整速度快于商品价格

2. 货币和资产的区别是(   )。
   A. 货币是流量，资产是存量
   B. 货币不计入个人财富，资产计入个人财富
   C. 货币体现选择权，资产体现所有权
   D. 货币是交易工具，资产是贮藏手段

3. 商业银行对企业发放贷款的过程是(   )。
   A. 将其在中央银行的超额准备金转入企业账户中
   B. 直接增加企业在本行结算账户的存款
   C. 将其在中央银行的法定准备金转入企业账户
   D. 直接增加企业在中央银行结算账户的存款

4. 为使票据法律关系得以确定，需要付款人进行"承兑"才能有效的工具是(   )。
   A. 本票   B. 支票   C. 债券   D. 汇票

5. 货币政策四大目标之间存在相互矛盾，任何一个国家想要同时实现是很难的，但其中(   )是一致的。
   A. 充分就业和经济增长   B. 经济增长和国际收支平衡
   C. 物价稳定和经济增长   D. 充分就业和物价稳定

6. 可贷资金利率决定理论认为，利率是由(   )的供求决定的。
   A. 货币资金   B. 借贷资本   C. 可贷资金   D. 商品资本

7. 零贝塔证券的预期收益率是(   )。
   A. 市场收益率   B. 零收益率   C. 负收益率   D. 无风险收益率

8. 康泰成长公司发展十分迅速，股利在今后三年预期将以每年25%的速率增长，其后增长率下降到每年7%。假如要求的必要收益率是11%，而且公司当前支付每股2.25元的股利，则当前的价格是(   )元。
   A.94.55   B.8.6   C.109   D.126.15

9. 内部收益率法（IRR）的主要缺点在于(   )。
   A. 没有充分考虑货币的时间价值

B. 没有给所有现金流一个合适的权重

C. 用百分比来表示

D. 对于再投资收益率的假设有时候不太现实

10. 以下哪种情况下，股东和管理层的代理问题最大？（　　）

A. 普通股全部由公司创始人持有，创始人已退休并聘用职业经理人代为经营企业

B. 公司的普通股由很多分散的股东所有，没有股东持股超过1%

C. 某家族企业，家族持股50%，其他50%由5个共同基金持有

D. 公司的高管团队持有较高比例的股票和期权

二、判断题

1. 格雷欣法则证明了在货币选择上的优胜劣汰原理。
2. 从融资方式看，人寿保单属于一种间接融资工具。
3. 信用卡属于信用货币的一种表现形式。
4. 根据利率敏感性缺口理论，当银行出现资产缺口时，利率下降将会使银行的收入增加。
5. 中央银行在公开市场上买进证券，只是等额地投放基础货币，而不是等额地投放货币供应量。
6. 根据购买力平价理论，汇率变动主要是由两国通货膨胀率差异导致的，本国相对于外国通货膨胀率提高5%，则在直接标价法下外汇升值5%。
7. 在资产回报率给定的情况下，银行的杠杆比率越低，股东的回报率越高。
8. 货币政策以通货膨胀为指标会增加产出波动的可能性。
9. 当预期利率上升时，商业银行应该实施缺口率大于1的策略。
10. 根据资本资产定价模型，当某证券的贝塔增加1时，该资产的要求报酬率增加值等于市场回报率。
11. 优先股和普通股的股利均可以在税前扣除。
12. 如果两个证券在期望收益－方差坐标系中处于同样的高度，那么这两个证券有同样的期望收益和非系统性风险。
13. 企业的最佳资本结构应该最小化企业资本成本。
14. 某公司在评价A、B两个项目时，使用的加权平均资本成本为15%，A项目的内部收益率为16%，β系数为1.2；B项目的内部收益率为14%，β系数为0.6。当时的无风险收益率为7%，市场风险溢酬为8%。总经理认为B项目应该舍弃，因为其内部收益率小于公司的加权平均资本成本。
15. 由于经营杠杆的作用，当息税前盈余下降时，普通股每股盈余会下降得更快。

三、名词解释

1. 贷款五级分类法
2. 债券到期收益率
3. 特别提款权
4. 两基金分离定理
5. 配股（Rights Offering）

四、计算题

1. 假定一家上市公司希望通过股票融资筹集 10 000 000 美元。公司目前已有 5 000 000 股股票流通在外，市价为每股 25 美元，拟发行股票的发行价格为每股 20 美元。请回答以下问题：
   （1）公司需要再发行多少股票？
   （2）为了能认购 1 股新发行的股票，需要有多少份认股权？
   （3）1 份认股权的价值为多少？

2. 估计一个项目投资成本为 896 000 美元，期限 8 年，没有残余价值。假设计提折旧采用直线折旧法，折旧年限是 8 年，无残值。每年销售量为 100 000 件，每件价格 38 美元，可变成本为每件 25 美元，固定成本为每年 900 000 美元，税率为 35%，并且要求这个项目的投资报酬率为 15%。假定项目所给定的价格、数量、可变成本以及固定成本都在正负 10% 的范围内浮动，写出最优与最差的 NPV 值表达式。

五、简答题

1. 简述金融中介机构存在的经济学原理。
2. 简述流动性升水假说的主要内容。
3. 简述银行贴现与贷款业务的异同点。
4. 公开发行股票的成本有哪些？
5. 套利定价理论与资本资产定价理论最重要的区别有哪些？

六、论述题

1. 结合相关理论，分析美联储提高利率目标：
   （1）将通过哪些渠道影响新兴市场和发展中经济体？
   （2）具有何种经济特征的国家更容易遭受美联储提高利率的不利影响？

2. 2008 年国际金融危机以来，各国中央银行纷纷采取扩张性的货币政策，大幅降低本国利率水平，请回答以下问题：
   （1）运用费雪效应和预期利率理论解释，在利率水平很低的条件下，扩张性货币政策影响投资和消费的传导机制是什么？
   （2）中央银行能够运用哪些工具实施扩张性的货币政策？

3. 请结合资本结构相关理论，论述企业在做资本结构决策时需要考虑的因素。

2016年对外经济贸易大学431金融硕士初试真题

一、单项选择题

1. 下列活动中，货币执行流通手段的职能是(   )。
   A. 学校财务人员向教师发工资   B. 张三偿还李四5 000元借款
   C. 李教授向学校捐款10 000元   D. 王五用打工所得购买手机一部

2. 《巴塞尔协议》的核心内容是通过资本金管理来控制金融风险，下列(   )是国际金融危机后实行的《巴塞尔协议Ⅲ》中被明确纳入风险管理框架之中的。
   A. 信用风险   B. 市场风险   C. 流动性风险   D. 操作风险

3. 收益率曲线所描述的是(   )。
   A. 债券的到期收益率与债券的到期期限之间的关系
   B. 债券的当期收益率与债券的到期期限之间的关系
   C. 债券的息票收益率与债券的到期期限之间的关系
   D. 债券的持有期收益率与债券的到期期限之间的关系

4. 在下列货币政策工具之中，由于(   )对经济具有巨大的冲击力，中央银行在使用时一般比较谨慎。
   A. 公开市场操作   B. 窗口指导
   C. 再贴现率政策   D. 法定存款准备金政策

5. (   )不属于资本与金融账户。
   A. 直接投资   B. 投资收益   C. 证券投资   D. 其他投资

6. 自然失业率是指(   )。
   A. 长期内使劳动力供给等于劳动力需求的失业率
   B. 当通货膨胀没有变化倾向时的失业率
   C. 商品市场处于均衡状态时的失业率
   D. 经济处于内外均衡时的失业率

7. 一个价格被低估的证券将(   )。
   A. 在证券市场线上
   B. 在证券市场线下方
   C. 在证券市场线上方
   D. 随着它与市场组合协方差的不同，在证券市场线下方或上方

8. 在公司制企业中，管理权与所有权的分离提供了以下哪个好处？(   )
   A. 减轻代理问题   B. 股权容易转移
   C. 股东对公司盈亏负有无限责任   D. 以上皆不是

9. 在决定接受项目时，(   )对投资决策方案无影响。
   A. 沉没成本   B. 相关成本   C. 机会成本   D. 重置成本

10. 一家公司估计其平均风险的项目的 WACC 为 10%，低于平均风险的项目的 WACC 为 8%，高于平均风险的项目的 WACC 为 12%。假设以下项目相互独立，请判断该公司应该接受哪个项目？（　　）

  A. 项目 X 风险低于平均值，内部收益率（IRR）为 9%

  B. 项目 Y 具有平均水平的风险，内部收益率（IRR）为 9%

  C. 项目 Z 风险高于平均水平，内部收益率（IRR）为 11%

  D. 以上项目均不能被接受

二、判断题

1. 我国商业银行贷款发放应当遵循的原则是安全性、流动性和盈利性。
2. 中央银行发放货币（现金通货），中央银行的总负债增加，货币供应量 M1 扩张。
3. 票据发行便利是一种有法律约束力的中期周转性票据发行融资的承诺。
4. 企业之间的商业信用属于直接融资的一种。
5. 以弗里德曼为代表的现代货币主义认为，影响人们货币需求的主要因素是当期收入水平。
6. 商业银行负债业务创新的最终目的是创造存款账户的灵活性。
7. 费雪方程式表明名义利率等于实际利率加上通货膨胀率。
8. 布雷顿森林体系实际上实行的是可调整的固定汇率制度。
9. 根据《巴塞尔协议 III》的最低资本充足率要求，商业银行的总资本充足率应为 8%，其中核心一级资本（普通股）充足率提高到 4.5%，一级资本充足率 6%。
10. 多因素的套利定价理论对单一因素的模型进行了拓展，囊括了许多系统性风险的来源。
11. 公司财务杠杆越大，破产概率就越大。
12. 企业应持有尽量多的现金来保持流动性。
13. 优先股股东一般没有投票权。
14. 投资组合的系统性风险可以通过持有更多股票进行分散。
15. 按照 MM 公司有税模型分析，当财务杠杆增加时公司的价值就会增长，这是由于杠杆作用使 ROE 增加。

三、名词解释

1. 布雷顿森林体系
2. 流动性陷阱
3. 三元悖论
4. 套利
5. 净资产收益率

四、计算题

1. 已知 2015 年 10 月 30 日美元兑人民币汇率为 6.349 5，当日欧元兑人民币汇率为 6.977 1。2008 年 10 月 30 日美元兑人民币汇率为 6.827 0，当日欧元兑人民币汇率为 8.929 7。

(1) 计算2008年10月30日至2015年10月30日期间人民币兑美元的汇率变动率和人民币兑欧元的汇率变动率。

(2) 计算欧元兑美元在2008年10月30日至2015年10月30日期间的汇率变动率，欧元相对美元是升值了还是贬值了？

2. 某股票每年支付一次固定红利，直至永远，其市场价格为50元，年化预期收益率为14%，市场组合的年化风险溢价为5%，年化无风险利率为6%。

(1) 假设CAPM模型成立，求此股票的β值。

(2) 该股票每年每股支付多少固定红利？

(3) 如果该股票收益率与市场组合收益率的协方差变成原来的两倍（其他条件不变），该股票的市场价格应为多少？

五、简答题

1. 简述"特里芬难题"的含义和影响。
2. 简述凯恩斯货币需求理论与弗里德曼货币需求理论的差异。
3. 简述利率的风险结构的主要内容。
4. 什么是系统性风险和非系统性风险？
5. 公司金融主要解决哪三个方面的问题？

六、论述题

1. 什么是"稳健的货币政策"？为什么在经济下行的新常态下中央银行要继续实施稳健的货币政策？

2. 面对国内经济步入"新常态"，利率市场化改革，汇率形成机制改革，人民币国际化以及新资本管理办法实施和互联网金融的兴起，创新驱动已经成为商业银行面对市场竞争的新常态。面对经济转型升级，商业银行要创新经营方式，从主要发行信贷资产迈向全资产经营，经营方式也将更加多样化。全资产经营强调各类资产的组合配置，注重发挥资产负债管理作为盈利性风险管理工具的作用。

请回答以下问题：

(1) 商业银行资产管理理论经历了哪些发展阶段？其主要观点是什么？

(2) 资产管理理论如何推进商业银行资产业务的多样化？

3. 公司的股利政策受哪些因素的影响？

2015年对外经济贸易大学431金融硕士初试真题

一、单项选择题

1. $M=kPY$ 是属于（　　）的理论。
   A. 现金交易说　　　　　　　　　B. 现金余额说
   C. 可贷资金说　　　　　　　　　D. 流动性偏好说

2. 以下产品进行场外交易的是（　　）。
   A. 国债期货　　B. 股指期货　　C. ETF基金　　D. 外汇远期

3. 中国人民银行发行1 000亿元的现金，那么货币当局资产负债表的变化是（　　）。
   A. 货币发行增加1 000亿元，存款准备金增加1 000亿元，资产负债表规模扩张
   B. 货币发行增加1 000亿元，存款准备金减少1 000亿元，资产负债表规模不变
   C. 货币发行减少1 000亿元，存款准备金增加1 000亿元，资产负债表规模收缩
   D. 货币发行减少1 000亿元，存款准备金减少1 000亿元，资产负债表规模不变

4. 弗里德曼将货币定义为（　　）。
   A. 狭义货币　　　　　　　　　　B. 购买力的暂栖所
   C. 准货币　　　　　　　　　　　D. 广义货币

5. 以下（　　）是赞成固定汇率制的理由。
   A. 可稳定国际贸易和投资
   B. 可避免通货膨胀的国际传导
   C. 可增强本国货币政策的自主性
   D. 可提高国际货币制度的稳定性

6. 对于国际收支，以下说法中正确的是（　　）。
   A. 国际收支是一个存量的概念
   B. 对未涉及货币收支的交易不予记录
   C. 国际收支并非国际投资头寸变动的唯一原因
   D. 它是本国居民与非居民之间货币交易的总和

7. 以下关于资本市场线CML与证券市场线SML的表述中，（　　）是错误的。
   A. 在SML上方的点是被低估的资产
   B. 投资者应该为承担系统性风险而获得补偿
   C. CML能为均衡时的任意证券或组合定价
   D. 市场组合应该包括经济中所有的风险资产

8. 根据CAPM模型，假定市场期望收益率为9%，无风险利率为5%，X公司股票的期望收益率为11%，β值为1.5。以下说法中正确的是（　　）。
   A. X股价被高估　　　　　　　　　B. X股票被公平定价
   C. X股价被低估　　　　　　　　　D. 无法判断

9. 金融机构分析企业财务报表的重点是（　　）。
   A. 营业能力　　　B. 获利能力　　　C. 偿债能力　　　D. 资产管理能力
10. 某企业的资本总额为150万元，权益资本占55%，负债利率为12%，当前销售额为100万元，息税前收益为20万元，则财务杠杆系数为（　　）。
    A. 2.5　　　　　B. 1.68　　　　　C. 1.15　　　　　D. 2.0

二、判断题

1. 货币的非中性是指货币能够影响实体经济，并对实体经济产生积极或消极的影响。
2. 理财业务是商业银行新型的资产业务。
3. 当人们预期利率将上升时，货币需求会大量增加，甚至形成流动性陷阱。
4. 中国人民银行发行中央银行票据是为了举借债务、弥补自身头寸不足。
5. 在其他因素不变的情况下，本国价格水平提高将引起本币发生实际贬值。
6. 特里芬难题解释了国际金本位制崩溃的原因。
7. 根据均衡信贷配给理论，银行存款利率相对于市场利率具有黏性，即利率市场化后银行贷款利率会是一个比均衡利率更低的利率。
8. 目前国际上使用比较广泛的是"五类分级方法"，该方法将银行的贷款资产分为正常、关注、次级、可疑和损失，除前三类外，后两类为不良资产。
9. IPO折价，即IPO低于定价发行，对发行公司来说是一项成本。
10. 在做资本预算时，我们只关注相关税后增量现金流量，由于折旧是非付现费用，所以在做预算的时候可以忽略折旧。
11. 如果企业没有固定成本，则企业的经营杠杆为1。
12. 某企业正在讨论更新现有的生产线，有两个备选的方案：A方案的NPV为400万元，IRR为10%；B方案的NPV为300万元，IRR为15%。据此可以认为A方案更好。
13. 公司权益的账面价值和市场价值一般不相等。
14. β值为零的股票其期望收益率也为零。
15. 因素模型中，证券收益率方差的大小只取决于因素的方差大小。

三、名词解释

1. 监管套利
2. 影子银行
3. 欧式期权
4. 绿鞋条款
5. 边际资本成本

四、计算题

1. 假设某公司债券面值为100元，票面利率为8%，5年到期，发行价格为105元。如果李某购买了该债券并持有3年，假定3年后以117元卖出。（保留小数点后两位数）
   （1）计算当期收益率。

(2) 计算持有期收益率。
(3) 计算到期收益率。(按单利计算)
(4) 到期收益率与发行价格呈何种关系?

2. 根据过去 5 年的月度数据,用公司的超额收益对市场组合(标准普尔 500 指数)的超额收益回归,得到表 1 中的估计结果。

表 1 估计结果

公司	α_1(截距)	σ_1(标准差)/%	ρ_{IM}(相关系数)
INTEL	0.22	12.0	0.7
FORD	0.10	14.0	0.3
MERCK	0.05	10.0	0.6
标准普尔 500 指数	0.00	5.0	1.0

(1) 计算每只股票的 β 值。
(2) 假设无风险收益率为 5%,市场组合的预期收益率为 15%,计算这些股票的预期收益率,并在证券市场线(SML)上画出这三只股票对应的位置。
(3) 假设这三只股票未来一年的估计收益率分别如下:INTEL 为 20%,FORD 为 15%,MERCK 为 10%,请在 SML 图上画出三只股票对应的位置,指出哪些股票被高估,哪些股票被低估。

五、简答题

1. 简述中央银行控制基础货币的主要方法。
2. 什么是成本推进型通货膨胀?
3. 简述股票回购的三种方式。
4. 证券组合通常要满足哪三种条件才可成为套利证券组合?
5. 净现值法和内部收益率法所隐含的关于再投资收益率的假设分别是什么?哪一个更合理?

六、论述题

1. 按照购买力平价(PPP)计算,IMF 估计 2014 年中国 GDP 将达到 17.6 万亿美元,超过美国 17.4 万亿美元的 GDP 规模,成为全球第一大经济体。而根据世界银行统计数据,2013 年我国 GDP 总量只有 9.24 万亿美元。基于上述材料回答:
(1) 什么是购买力平价理论?
(2) 购买力平价理论的合理之处是什么?
(3) 购买力平价理论的缺陷是什么?

2. 2014 年 9 月 23 日,中国银行和农业银行先后发布公告,称证监会已核准其非公开发行优先股。10 月 16 日,中国银行在香港发行我国首单优先股。这标志着我国金融改革又向前迈出了一大步。请回答以下问题:

（1）优先股有哪些基本特征？
（2）商业银行发行优先股的动机与作用是什么？
（3）考虑境内外证券市场状况，银行为什么选择在境外发行优先股？

3. 企业资本结构的选择会受到哪些因素影响？为什么？

2018年对外经济贸易大学431金融硕士初试真题解析

一、单项选择题

1.【答案】C

【解析】中国划分口径：M0＝流通于银行体系以外的现金；M1＝M0＋活期存款；M2＝M1＋准货币（储蓄存款＋定期存款）；M3＝M2＋非银行金融机构存款；M4＝M3＋短期信用工具。根据分析，准货币＝储蓄存款＋定期存款＝M2－M1，因此正确答案为C项。

2.【答案】C

【解析】A项，流动性资产来自流动性资产比率。D项，净稳定融资额来自净稳定融资比率，这两个比率属于流动性风险和期限错配内容。B项，核心资本来自资本充足率，目的是防范持续经营的损失。C项，逆周期缓冲资本来自逆周期资本缓冲，目的是满足资本充足率监管的顺周期效应。因此正确答案为C项。

3.【答案】B

【解析】A项，产出缺口为负则联邦基金利率降低。B项，产出缺口为正则联邦基金利率上升。C项，通货膨胀缺口为零则利率短期不变。D项，通货膨胀缺口为负则利率下降。因此正确答案为B项。

4.【答案】C

【解析】如果未来短期利率上升（大于当期的短期利率），根据预期理论和流动性溢价理论，长期利率是短期利率的平均值（或再加流动性溢价），利率期限结构向上倾斜。因此正确答案为C项。A、B项本质上没有太大区别，D项没有未来长期利率这个定义。

5.【答案】D

【解析】A项，可测性对中介目标变量进行迅速和准确的测量是十分重要的。B项，可控性是指能够准确地控制中介目标变量的变化情况和变动趋势。C项，相关性反映了中介目标对最终目标的影响力，相关性程度越大，这种影响力就越大，中央银行通过控制中介目标变量来控制最终目标变量的效力就越大。D项，稳定性不是货币政策中介目标的选择标准。

6.【答案】D

【解析】中央银行自2011年10月起已经完善和修订了广义货币供应量（M2）的统计口径，将非存款类金融机构在存款类金融机构中的存款和住房公积金存款纳入了M2的统计范围。因此正确答案为D项。

7.【答案】C

【解析】投资收益指债券的息票收益和股票的股利收益，属于经常账户初次收入范围。经常转移属于二次收入范围。因此正确答案为C项。

8.【答案】D

【解析】A、B、C三项都是基础货币的性质。D项，存款性公司负债产生的基础是原始存款，原始存款通过存款乘数扩张为存款性公司负债。

9.【答案】C

【解析】A项的营运资本管理和B项的资本预算都来自资产负债表不同的位置，与权益融资没有关系。D项的资本结构有一定关系，但额外股份一般规模较小，不能对资本机构产生很大的影响。C项的管理层的职责，一般管理层都配有期权，因此，若股价超过承诺的价格，管理层选择行权，公司需要额外发行股份。正确答案为C项。

10.【答案】D

【解析】Ⅰ存货、Ⅱ应收账款、Ⅳ应付账款属于营运资金范围，固定资产不属于营运资金。因此正确答案为D项。

二、判断题

1.√【解析】特别提款权的价值由美元、欧元、人民币、日元和英镑组成的一篮子储备货币决定。因此本题表述正确。

2.√【解析】浮动汇率制下，各国不承担维护汇率稳定的义务，可根据本国的情况，自主地采取有利于本国的货币政策。因此本题表述正确。

3.×【解析】一般认为当货币供给量上升时，市场流动性宽松，金融系统性风险下降，金融稳定性加强。但随着货币供给量的上升，通货膨胀率上升。因此金融稳定目标与通货膨胀会发生冲突，本题表述不正确。

4.×【解析】彼得·凯南主张采用出口商品多样化的准则，罗纳得·麦金农则强调以一国的经济开放程度作为最适度通货区的确定标准。因此本题表述不正确。

5.×【解析】当人们用存款购买债券时，中央银行资产债券减少，负债基础货币中的存款准备金减少，存款准备金大体等于原始存款，银行存款通过存款乘数成倍地减少。因此本题表述不正确。

6.√【解析】存款准备金账户是商业银行在中央银行的存款账户，是商业银行的资产、中央银行的负债。其他企业在中央银行没有账户，因此中央银行体现"银行的银行"职能。本题表述正确。

7.×【解析】利率走廊模式通过设置联邦基金利率的上下限，对市场利率进行调节。因此本题表述错误。

8.×【解析】当持续期缺口为正时，商业银行资产的持续期大于负债的持续期，利率下行且资产与负债的价格同时上升，并且资产的上升幅度大于负债的上升幅度，权益价值会上升。本题表述错误。

9.×【解析】菲利普斯曲线描述的是通货膨胀率和失业率之间此消彼长的关系。通货膨胀率和经济增长率之间的关系一般由"促进论""促退论"和"中性论"表述，因此本题表述错误。

10.√【解析】现金余额说的公式为 $M=kPY$（剑桥方程式），式中 M 为货币数量，k 为货币形态保有的财富占名义总收入的比例，P 为一般价格水平，Y 为一定时期内按不变价格计算的实际产出。因此本题表述正确。

11.×【解析】国际金本位制度中，金币本位制的汇率波动幅度被限定在黄金输送点的范围内。因此本题表述错误。

12. × 【解析】当实际利率为负时，PV＞FV，现值的价值要大于终值，本题表述错误。

13. × 【解析】β衡量的是系统性风险，因此本题表述错误。

14. × 【解析】无论出售或不出售股票，持有期的收益率均等于23.33%。

15. √ 【解析】增量现金流包含机会成本，本题表述正确。

三、名词解释

1.【解析】(1) 影子银行是指经营银行业务但是游离于金融监管之外的机构（有银行之实、无银行之名）。(2) 影子银行形成的原因：①银行主导的金融体系和利率非市场化；②银行为了保证满足某些监管指标，将贷款做出表外；③金融监管存在问题等。(3) 影子银行出现的积极方面：对金融体系起到了补充作用，提高了将储蓄转换成投资的效率，从而在一定程度上支持了实体经济的发展。(4) 影子银行出现的消极方面：①由于金融机构一定要承担流动性风险和信用风险，本身也有操作风险，同时外部也存在市场风险，监管的不透明会造成金融体系风险，从而导致金融体系的不稳定，危害实体经济和社会稳定；②放大杠杆，进而放大资产价格波动（股灾的场外配资通过影子银行操作）；③降低货币政策传导效率。(5) 对于影子银行的政策建议：①建立更加完善的监管框架，更多地纳入对影子银行的监管；②完善信息披露，使影子银行规范化、透明化。

2.【解析】(1) 久期分析也称为持续期分析或期限弹性分析，是衡量利率变动对银行经济价值影响的一种方法。(2) "久期缺口"定义为$D_{\text{gap}} = \left(D_A - D_B \frac{B}{A}\right)$，权益的变动与利率的关系为$\Delta E = \Delta A - \Delta D = -\frac{\Delta r}{1+r} \times D_{\text{gap}} \times A$，式中$A$与$B$表示资产与负债规模。(3) 当利率上升时，久期缺口为正，则权益价值下降，因此利率上行时商业银行应当减少对利率敏感的资产规模，从而实现获利。

3.【解析】(1) 成本推进型通货膨胀是指在总需求不变的情况下，由生产要素价格上涨引起生产成本上升，进而导致物价总水平持续上涨的情况。(2) 成本推进型通货膨胀主要分为工资推进型和利润推进型。①工资推进型通货膨胀是由过度的工资上涨导致生产成本上升，从而推动总供给曲线（总成本线）上移而形成的。在现代经济生活中，当强大的工会组织迫使企业主提高工资，使工资的增长速度快于劳动生产率的增长时，生产成本就会提高，导致产品价格上升；而物价的上涨又会使工会再一次要求提高工资，又一次对物价上涨形成压力。这样，工资的增长和价格的上涨形成了螺旋式的上升运动。②利润推进型通货膨胀是指垄断企业凭借其垄断地位，通过提高垄断产品的价格来获得垄断利润，使总供给曲线（总成本线）上移，从而引起的通货膨胀。利润推进型通货膨胀以行业垄断的存在为前提。没有行业垄断，不存在大型的可以操纵市场价格的垄断企业，就不可能产生利润推进型通货膨胀。

4.【解析】(1) 优先股是相对于普通股股票而言的，即优先于普通股股票分取公司收益和剩余资产的股票。优先股股票一般在票面上注明"优先股"字样，具体的优先条件必须由公司章程加以明确规定。(2) 优先股股票的主要特征如下：①优先按规定方式领取股息。公司在支付普通股股息之前必须先按事先约定的方法计算优先股股息，并支付给优先股股东。②优先按面额清偿。当公司面临破产或解散清算时，优先股有权在公司偿还债务后按照票面金额先于普通股从清算资金中得到补偿。③限制参与经营决策。优先股股东一般没有投票权,因而不能参与公司的经营决策。只有当表决直接关系到优先股股东的利益时,优先股股东才能行使表决权,或是在对优先股股息积欠达到一定数额后,可以选举一定人数的董事。④一般不享有公司利润增长的收益。通常情况下,优先股股东只能按事先规定的方式领取股息,而不能因为公司利润增长而增加股息收入。(3)优先股按照股息是否累积可分为累积优先股和非累积优先股。

5.【解析】资本预算是对长期项目投资进行规划、评价和取舍的过程,是公司的一项重要财务活动。首先,长期项目投资占用资金的数额大、时间长、流动性小,对公司的影响往往要持续很长一段时间,一旦决策失误,公司的损失也会很大,所以在投资前必须做好预算工作。其次,公司只有投资于净现值为正的项目,才能使公司的价值增大,增加股东的财富,这就要求公司对项目现金流的风险及收益进行全面估算。通过资本预算,可以确定长期项目的最佳投资时机和最佳收益。另外,资本预算可以使公司对于资金投入有足够的准备,提早做好有关投资项目的融资规划,以防错失良机。

四、计算题

1.【解析】(1) 现金比率 $=\dfrac{C}{D}=\dfrac{1\,000}{5\,000}=20\%$。

基础货币 $MB=C+R=1\,000+700=1\,700$(亿元)。

法定存款准备金 $RR=r_d\times D=10\%\times 5\,000=500$(亿元)。

超额存款准备金 $ER=R-RR=700-500=200$(亿元)。

超额存款准备金率 $e=\dfrac{ER}{D}=\dfrac{200}{5\,000}=4\%$。

货币乘数 $m=\dfrac{1+c}{c+e+r_d}=\dfrac{1+20\%}{20\%+4\%+10\%}=3.53$。

(2) 新的基础货币 $MB=1\,700$(亿元)。

新的货币乘数 $m=\dfrac{1+c}{c+e+r_d}=\dfrac{1+20\%}{20\%+4\%+10.25\%}=3.50$。

2.【解析】(1) $CF_0=600\,000+4\,000+30\,000=-634\,000$(元)。

$CF_i=(Sales-COGS)\times(1-t_c)+dep\times t_c=(20\,000+150\,000-20\,000)\times 67\%+60\,400\times 33\%=120\,432$(元)。

$CF_t=50\,000-50\,000\times 33\%+30\,000=63\,500$(元)。

各期的现金流如表1所示。

表1 各期的现金流

	0期/元	1~9期/元	10期/元
期初购置成本	-604 000	0	0
税后营业收入: $Q\times(1-t_c)$	0	$20\,000\times 67\%=13\,400$	$20\,000\times 67\%=13\,400$
税后营运成本: $(V\times Q+F)\times(1-t_c)$	0	$(150\,000-20\,000)\times 67\%=87\,100$	$(150\,000-20\,000)\times 67\%=87\,100$
折旧抵税:$dep\times t$	0	19 932	19 932

	0 期/元	1～9 期/元	10 期/元
营运资本增加：ΔNWC	$-30\,000$	0	$30\,000$
期末变现价值 P	0	0	$50\,000$
期末变现交/节税：$-(P-B)\times t_c$	0	0	$-50\,000\times 33\% = -16\,500$
增量现金流（相加）	$-634\,000$	$120\,432$	$183\,932$

(2) $NPV = -634\,000 + 120\,432 \times A_{10}^{9}\% + \dfrac{183\,932}{(1+10\%)^{10}} = 121\,484.50$（元），因此应当购买这个设备。

五、简答题

1.【解析】(1) 优点：①通货膨胀目标制实现了规则性与灵活性的高度统一，克服了传统货币政策框架下单纯盯住某种经济、金融变量的弊端，实现了规则性与灵活性的高度统一。通货膨胀目标制是建立在一定的规则之上的，货币当局一旦公布了通货膨胀目标，中央银行就要在政策连贯性方面做出承诺，维持实际通货膨胀率与目标通货膨胀率的基本一致；与此同时，中央银行有权自主决定使用何种货币政策工具来实现通货膨胀目标，并且这个目标是一个区间值，当发生无法预见的经济危机时，通货膨胀率允许超出这个区间范围。这样，通货膨胀目标制就实现了规则性与灵活性的高度统一。②通货膨胀目标制提高了货币政策的透明度。在那些实行通货膨胀目标制的国家，中央银行不但预先公布明确的通货膨胀目标或目标区间，而且还定期向政府和公众解释当前的通货膨胀状况和应对措施。这样，中央银行、政府和公众之间就形成了一个开放、透明的沟通机制与监督机制。通过与公众的交流，一方面有利于增强公众对货币政策的信心；另一方面也有利于公众评估中央银行货币政策的效果。③通货膨胀目标制有助于经济的稳定。盯住通货膨胀目标的货币政策是以国内经济均衡作为首要目标的货币政策，它可以直接缓和经济的波动，有利于经济的稳定。

(2) 缺陷：①实行通货膨胀目标制可能会导致失业的增加。通货膨胀目标制下，中央银行只对通货膨胀率负责而不需要考虑其他变量。当通货膨胀率的预测结果高于目标通货膨胀率时，则采取紧缩性货币政策。根据传统的凯恩斯主义理论，如果这种价格的上涨是由过度需求引起的，那么紧缩性货币政策就是正确的；如果这种价格的上涨是由供给条件恶化引起的，那么紧缩性货币政策就是错误的，它将进一步减少产出，增加失业。②通货膨胀目标制容易导致货币政策工具的过度波动。由于当今各国均以利率为货币政策的主要工具，因而实行通货膨胀目标制必然造成利率水平的过度波动。利率的频繁变化不但增加了公众对未来的不确定性预期，提高了金融中介的成本，而且还降低了产出的增长率，使这些国家的失业率长期居高不下，阻碍了经济的进一步繁荣。

2.【解析】(1) 关于最终贷款人的援助方式存在两种争论：通过公开市场业务向整个金融市场提供流动性的货币观点和通过贴现窗口直接贷款给个别金融机构的银行观点。

(2) 货币观点认为，公开市场业务相对于贴现方式而言，在充当最终贷款人方面具有比较优势。一是公开市场业务在中央银行的工具体系中所占据的地位远胜于贴现方式。再贴现在西方国家中央银行工具体系中的分量已经大大降低，而公开市场业务几乎成为主要的甚至是唯一的货币管理方法。二是公开市场业务无须借款者清偿力状况的信息。贴现贷款形式的有效性取决于最终贷款人关于危机本质、借款者清偿力状况等信息的全面性和准确性的掌握，但由于信息不对称的存在，使之不能对特定机构进行充分鉴别。三是公开市场业务避免了最终贷款人准确定价（援助利率）的难题。因为公开市场业务是市场定价，而通过贴现窗口则是行政定价，行政定价难免产生定价过高或过低的问题。如果定价过低，太多的援助可能被提供，结果鼓励银行冒险；若定价过高，提供的援助可能不足，结果不能有效地制止危机。

（3）银行观点认为，最终贷款人只能向特定金融机构提供流动性支持。在高度不确定与信息不对称的情况下，最终贷款人应该向问题金融机构直接提供贷款，公开市场业务不能代替向特定机构的直接贷款。公开市场业务能够应对所有类型金融机构流动性问题的前提条件是私人信贷市场在金融危机时也能够运行良好。借助公开市场业务，中央银行向同业市场注入流动性，然后通过同业市场来向单个机构分配资金，但事实并非如此。事实上，金融机构需要最终贷款人的原因之一就是同业市场失效。另外，公开市场业务充当最终贷款人则难以与货币政策职能区分开。公开市场业务是货币政策中最为基础，几乎每天都在使用的工具。如果公开市场业务充当最终贷款人，则实践中要区分作为最终贷款人的公开市场业务和非最终贷款人的公开市场业务几乎不可能，而这将直接影响货币政策的操作及其有效性。

（4）鉴于此，中央银行在发挥最终贷款人职能时，可以将贴现窗口与公开市场业务结合起来进行。

3.【解析】（1）资本市场线描述了风险资产与无风险资产之间的最有效组合。CML的斜率等于市场证券组合和无风险证券两者的期望收益率之差，即 $E(r_M)-r_f$，除以两者的风险之差，即 σ_M-0。因为 CML 的截距为 r_f，则 CML 的直线方程为 $E(r_P)=r_f+\left[\dfrac{E(r_M)-r_f}{\sigma_M}\right]\sigma_P$，式中 $E(r_P)$ 和 σ_P 分别表示有效证券组合的期望收益率和标准差，r_f 是无风险收益率，$E(r_M)$ 和 σ_M 分别表示市场组合的期望收益率和标准差。证券市场线解释了市场上所有风险资产的均衡收益率与风险之间的关系，其公式为 $E(r_P)=r_f+\beta_p\times[E(r_M)-r_f]$。

（2）具体图形见图 1。

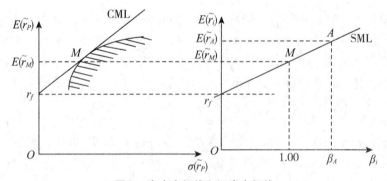

图 1 资本市场线和证券市场线

（3）具体来说，它们在以下方面有所不同：第一，描述对象不同。资本市场线描述的是有效证券组合（由无风险资产和市场组合 M 构成的证券组合）的预期收益率与证券组合的总风险（用证券组合预期收益率的标准差表示）之间的线性关系。不同的投资者依据自己风险偏好的不同，投资在资本市场线上的不同位置，预期收益率越高，证券组合的风险越大。证券市场线描述的是构成市场组合 M 的单个风险资产或某个证券组合的预期收益率和风险之间的关系，既包括有效组合又包括非有效组合。第二，描述风险的指标不同。资本市场线采用标准差，即以有效组合收益率的标准差作为风险度量指标。证券市场线中采用系数 β 作为风险度量指标，它表明决定单个资产预期收益率波动性的不是单个资产的风险，而是这个资产与市场组合 M 之间的相关性，即系统性风险，用 β 来度量。

4.【解析】(1) 债券和股票发行成本分为直接费用和间接费用。两者的直接费用中承销费用、印刷费用和其他中介费用大致相同。但权益融资的直接费用还包括保荐费用，即公开发行股票依法采取的承销方式，应当聘请具有保荐资格的机构担任保荐人。保荐费用为发行公司委托保荐机构推荐股票发行上市所支付的费用和宣传费用等额外的费用。因此股票的销售直接费用高于债券的销售直接费用。

(2) 相比于直接费用，股票销售的间接费用更高。债券的发行按照市场价格和利率进行发行，每期的固定利息较为明确，间接成本较小。而股权的发行存在绿鞋条款和 IPO 折价现象，会令发行成本增加。"绿鞋机制"的目的是防止新股发行上市后股价下跌至发行价或发行价以下，增强参与一级市场认购的投资者的信心，实现新股股价由一级市场向二级市场的平稳过渡。采用"绿鞋"可根据市场情况调节融资规模，使供求平衡。这一功能的作用体现在：如果发行人股票上市之后的价格低于发行价，主承销商用事先超额发售股票获得的资金（事先认购超额发售投资者的资金），按不高于发行价的价格从二级市场买入，然后分配给提出超额认购申请的投资者；如果发行人股票上市后的价格高于发行价，主承销商就要求发行人增发 15% 的股票，分配给事先提出认购申请的投资者，增发新股资金归发行人所有，增发部分计入本次发行股数量的一部分。因此对于发行方而言，绿鞋条款是一种费用，对于承销方则是一项收入。IPO 折价则是由于信息不对称逆向选择和保证股票的顺利发行，发行方对所发行的股票进行折价，因此会造成股票首次公开发行后，上市第一天的收盘价高出发行价的现象。因此也属于间接费用的范畴。

5.【解析】(1) 弹性：公司通常将股利视为对股东的承诺，轻易不愿意减少现有股利，而股票回购则不被看作类似的承诺。因此当公司的现金流量长期稳定增长时，公司可能会提高股利；相反，如果公司现金流的增长只是暂时的，公司通常会回购其股票。

(2) 管理层激励：公司发放股利，会降低股票当期价格。由于代理问题存在，管理层都赋予公司股票期权。因此管理层显然更喜欢股票回购。与发放股利相比，股票回购的股票价格通常较高，因此回购股票时期权价值更高。

(3) 对冲稀释：股票期权行权后将增加流通在外的股票数量，从而稀释股权。为此，公司常常回购其股票以对冲稀释。

(4) 价值低估：很多公司回购其股票是因为他们认为回购是最好的投资，当管理层认为股价暂时被低估时可能发生回购。

(5) 税收因素：当股东的资本利得税低于股利所得税时，公司一般选择回购股票，让股东的收益最大化。

六、论述题

1.【解析】(1) 非常规货币政策工具 (Nonconventional Monetary Policy Tools)，随着大规模的金融危机和零利率下限问题（债券的收益总会高于货币的收益，因此名义利率不能为负，但长期的宽松货币政策使短期的利率水平非常低，从而造成利率水平接近于零或者负），传统的货币政策工具已经不能发挥作用了，因此使用利率以外的工具来刺激经济。非常规货币政策工具有三种形式：①提供流动性，购买资产，对未来货币政策行动的承诺。美国工具包括扩张贴现窗口、短期资金标售工具等，为了鼓励银行借款，美联储2007年通过竞争拍卖的方式来确定贷款利率，该利率低于贴现利率，银行更愿意借款，从而对特定市场提供流动性。新的贷款项目向特定的金融市场分支或者机构提供流动性。中国工具包括 SLO、SLF、MLF、PSL 等。②大规模购买资产，量化宽松。通常情况下美联储公开市场操作是购入短期国债，使短期的利率处在零利率水平下限。因此美国进行了三轮的量化宽松，主要针对长期的债券市场和长期利率。2008年12月，美联储发起机构购买项目，购入房利美和房地美 ABS 产品1.25万亿美元，刺激抵押支持的证券市场，降低住房抵押贷款的利率，推动房地产市场发展。2010年12月，美联储购买6 000亿美元长期国债，为了降低长期利率。2012年9月，结合 QE1 和 QE2 推出 QE3，购买了400亿美元的抵押支持证券和450亿美元的长期国债，并承诺不购买指定金额的资产，而是开放性的，只要劳动力市场没有显著改善，则购买计划持续下去。③前瞻性指引和对未来货币政策行动的承诺。中央银行通过承诺对未来一定时间内的货币政策将保持短期利率的零水平，从而降低市场对未来短期利率的预期，拉动长期利率下降，这种策略为预期管理，或者前瞻性指引。前瞻性指引包括附加条件的和不附加条件的两种。

（2）①量化宽松的优点：会引起美联储的资产负债表大规模扩张，引起基础货币的大幅增加，导致货币供给的扩张；短期内会对经济产生巨大的推动力。减少长短期利率的溢价，降低长期利率，刺激投资，从而增加产出，增加就业。对特定市场投放流动性，有助于解决个别市场资产配置失衡问题，提高资本的使用效率。②量化宽松的缺点：美联储资产负债表和基础货币的大幅度扩张并不一定会引起货币供给的大幅扩张，因为大部分增加的基础货币都转化为持有的超额准备金。其次，因为公积金利率已经下降到了零利率的下限，基础货币和资产负债表的扩张无法进一步降低短期利率和刺激经济。最后，基础货币的大幅度扩张引起超额准备金的迅速扩张，贷款没有增加，从而不能刺激投资，扩大产出。③前瞻性指引的优点：中央银行通过承诺对未来一定时间内的货币政策将保持短期利率的零水平，从而降低市场对未来短期利率的预期，拉动长期利率下降。④前瞻性指引的缺点：附加条件的前瞻性指引承诺在未来一定时间内保持联邦基金利率的零水平，如果经济环境发生变化，联邦公开市场委员会就会放弃这一承诺（经济不再疲软）。这会削弱预期的管理，从而不能达到预期的效果。不附加条件的前瞻性指引意味着不会违反承诺，效率会强于附加条件的承诺，会对长期利率产生更大的影响，但如果环境发生变化，放弃该承诺会产生更好的效果，但不得不履行这一承诺，从而增加货币政策实施的成本，丧失货币政策实施效果。

2.【解析】（1）逆周期调节因素的运行机制：假设人民币正处于贬值环境中。第一天，市场的开盘价（美元兑人民币的汇率）为6.790 0。日间，由于人民币贬值100个点，收盘价变为6.800 0。这时，中央银行认为美元兑人民币的价格太高了，要降一点，于是中央银行就通过"逆周期因子"来让第二天汇率的中间价（开盘价）变为6.793 0（相当于人民币升值70个点）。第二天，各做市商银行就会以6.793 0为价格基础向市场卖出美元，从而拉升人民币的汇率。一个短期做空人民币的空头在第一天开盘时用6.790 0的价格买入1万美元（成本是6.79万元人民币）。在收盘前一刻，由于美元已经涨到了6.800 0

（人民币贬值 100 个点），空头如果选择在此时将美元卖出，就可以兑换 6.80 万元人民币，相当于净赚 100 元（0.01 万元）人民币。由于"逆周期因子"的存在，第二天美元兑人民币的开盘价会从前一天收盘价的 6.800 0 减为 6.793 0，相当于人民币被"人为地"升值 70 个点。空头如果继续持有美元并且在第二天才将美元卖出，就仅可以兑换 6.793 万元人民币，相当于净赚 30 元人民币，比前一天少赚 70 元。这时，聪明的空头都会选择在第一天结束前将美元卖出，买入人民币，从而多赚 70 元。汇率市场的每一个空头都会赶在第一天结束前卖出美元，买入人民币。这一行为无形之中就会推高人民币的价格，从而起到抑制人民币贬值的作用。

（2）我国外汇市场汇率存在的顺周期性：预期汇率的变动会造成汇率的进一步贬值。如果市场大量抛售人民币，买入外币，外币的需求上升，本币的需求下降，其他条件不变的情况下外币由于需求上升，故比值上升、供给上升，而需求下降会造成两者的比率上升，即在直接标价法下汇率上升，本币贬值。套期保值者为了避免未来以美元计价的采购合约，因为美元升值造成的成本上升，即期会买入外汇远期合约锁定汇率，从而即期美元的需求进一步上升。套利者认为贬值的预期做空人民币，从而人民币供给进一步上升，需求下降，从而造成汇率的进一步贬值。

（3）出现汇率超调：货币的本质是购买力，根据购买力平价理论，作为两国货币价值的比值，汇率是两国货币购买力之比。但随着资本账户的开放、非理性因素的驱使、市场单边预期的放大，汇率的大小又受到外汇需求的大小、货币市场波动和经济基本面变化的影响。首先，由于 2008 年以后的量化宽松和经济金融改革，美国的经济基本面较为良好，市场出现价格泡沫。美联储今年度采取缩表的货币政策，使美国货币市场利率太高，人民币相对比美元有所贬值。其次，由于市场的单边预期和非理性因素的惯性，投资者对已经贬值的人民币产生进一步的贬值预期，从而导致外汇市场美元需求上升，人民币供给上升，形成进一步贬值。最后，影响汇率的因素主要有国际收支、经常账户顺差、一般物价水平等短期因素，也有货币市场利率、中央银行干预和汇率的预期等短期因素。根据材料，主要是短期因素造成的贬值预期使人民币的币值偏离了长期因素所决定的汇率水平，因此出现超调情况。

（4）中央银行采取的行动：首先，在短期，中央银行可以使用短期的货币政策工具，非常规的货币政策工具向市场传达信号，干预外汇市场买卖，使人民币贬值预期降到最低，减少单边的市场预期。其次，在中长期，培育良好的外汇市场管理机制，减少非理性投资者在外汇市场的作用。最后，在长期，使用稳健的货币政策改善市场流动性，实现物价稳定、经济增长等最终目标，从而实现人民币币值的稳定性。

3.【解析】（1）有效市场理论由三个逐渐弱化的假设组成：第一，假设投资者是理性的，因此投资者可以更理性地评估资产价值；第二，即使有些投资者不是理性的，但由于他们交易随机产生，交易相互抵消，不至于影响资产价格；第三，即使投资者的非理性行为并非随机而是具有相关性，他们在市场中将会遇到理性的套期保值者，后者将消除前者对价格的影响。实际上，有效市场假说三个方面的假设在理论上存在着较严重的缺陷。

（2）首先，"理性人"假设的合理性一直受到许多经济学家的质疑。现实世界中，人类理性的普遍性是不存在的，人类认知的局限决定了人类存在着许多理性之外的情绪和决策。即使在有限理性的条件下，因为外在条件的限制，有时候也未必能够实践理性行为。真实的金融市场中往往存在着不可逾越的客观障碍，这种障碍局限了行为人的理性最大化的行为。比如信息的收集与消化受到行为人用于投资的精力与时间的限制，投资人的投资期限和投资成本也会局限其理性决策的现实运用，他们在行为中往往是追求最满意的方案而不是最优的方案。

其次，有效市场理论认为缺乏理性的投资者之间的交易将会随机进行，他们的错误会相互抵消。心理学的研究推翻了这一论点，表明人们并不只是偶然偏离理性，而是经常以同样的方式偏离，无论是个人投资者还是机构投资者，他们的投资策略都表现出明显的趋同性，而不是相互抵消。个人投资者的交易行为之间有很大的相关性，而非随机进行。即使是专业的机构投资者，他们受托理财的角色使他们在决策时更易出错。例如，这些职业经理们选择的投资组合非常接近用于评估基金业绩的指数所使用的资产组合，从而最大限度地避免业绩低于该标准组合造成的风险。他们会买进其他基金经理买进的组合，以免落在别人后面，在公布组合报告时留给投资者良好的印象，等等。

最后，有效市场假说认为理性的套利者将消除非理性投资者对证券价格的影响，从而将价格稳定在基本价值上。但事实上，现实中的套利不仅充满风险，而且作用有限。一方面，套利作用是否有效，关键要看能否找到非理性投资者。对于期权、期货等衍生产品，替代品比较容易找到。但大多数情况下，证券并没有明显合适的替代品，所以一旦由于某种原因出现"定价偏差"，套利者将无法进行无风险的对冲交易。由于没有完全的替代品，套利活动也就充满了风险，而并不是有效市场假说所认为的无风险套利。另一方面，即使能找到完全的替代品，套利者也面临其他更多的风险。这种风险来自未来卖出股票时价格的不可预知性，价格偏差有可能在消失前继续错下去，但套利者在这种交易中将不得不遭受暂时的损失，套利将面临很大的约束。因此，表面上看起来近乎完美的套利，实质上风险重重，所以作用也相当一般。

2017年对外经济贸易大学431金融硕士初试真题解析

一、单项选择题

1.【答案】D

【解析】汇率超调是指汇率对货币供给变动的短期反应超过其长期应有的反应水平的现象。在国内产出水平不变的情况下,一国货币供给的永久性增加将导致该国货币的贬值,并且短期贬值的幅度大于它在长期应该贬值的幅度。随后,随着该国价格水平的逐渐上升和货币供给增加对国内利率水平影响的消除,该国的货币将逐渐向着其长期汇率水平升值,并最终稳定在长期均衡汇率水平上。汇率超调现象是短期价格刚性和利率平价条件共同作用的结果。如果价格是完全灵活的,那么就不会出现汇率超调现象,汇率的变动将始终能够维持外汇市场的均衡。

2.【答案】C

【解析】货币是存量,计入财富,既是交易手段(体现选择权),也是贮藏手段(体现所有权)。资产也是存量,计入财富,体现所有权,但不能充当一般等价物,不是交易工具。因此正确答案是C项。

3.【答案】A

【解析】商业银行对企业发放贷款的过程是将其在中央银行的超额准备金转入企业账户中。

4.【答案】D

【解析】本票、支票、债券都不需要承兑。承兑是指汇票付款人承诺在汇票到期日支付汇票金额的票据行为。承兑是汇票特有的一种制度。因为汇票的出票人在出票时,是委托他人(付款人)代替其支付票据金额,而该付款人在出票时并未在票据上签章,并非票据债务人,无当然的支付义务。为使票据法律关系得以确定,就需要确认付款人能否进行付款,于是就设计了汇票的承兑制度。

5.【答案】A

【解析】货币政策四大目标之间存在相互矛盾,但其中充分就业和经济增长是一致的。经济增长才能创造更多就业岗位,通过经济增长促进就业是世界上多数国家在解决失业问题时所共同采取的一种重要手段。

6.【答案】C

【解析】可贷资金利率决定理论认为,利率不是由储蓄与投资所决定的,而是由可贷资金的供给与需求的均衡点所决定的。利率是使用借贷资金的代价,影响借贷资金供求水平的因素就是影响利率变动的因素。借贷资金的供给因此与利率成正函数关系,而借贷资金的需求则与利率成反函数关系,两者的均衡决定利率水平。

7.【答案】D

【解析】根据资本资产定价模型,$\beta=0$时,预期收益率等于无风险收益率。

8. 【答案】A

【解析】已知 $D_0 = 2.25$，则 $D_1 = D_0 \times 1.25 = 2.25 \times 1.25 = 2.81$，$D_2 = D_0 \times 1.25^2 = 3.52$，$D_3 = D_0 \times 1.25^3 = 4.39$，$D_4 = D_3 \times 1.07 = 4.70$，$P_3 = \dfrac{4.70}{11\% - 7\%} = 117.55$，$P_0 = \dfrac{D_1}{1.11} + \dfrac{D_2}{1.11^2} + \dfrac{D_3 + P_3}{1.11^3} = 94.55$。

9. 【答案】D

【解析】内部收益率法假设再投资收益率为 IRR 本身，这个假设有时候不太现实。

10. 【答案】B

【解析】选项 A，聘用经理人存在代理问题，但普通股全部由公司创始人持有，可以通过股东大会对经理人行为进行约束。选项 B，公司的普通股由很多分散的股东所有，没有股东持股超过 1%，很难组织起有效的股东大会控制经理人行为。选项 C 与选项 A 类似，家族持股 50%，只要与共同基金统一投票权，便可控制经理人行为。选项 D，公司的高管团队持有较高比例的股票和期权，可以激励管理层，统一股东与管理层的目标，缓解代理问题。

二、判断题

1. × 【解析】"劣币驱逐良币"的现象为格雷欣法则，并非优胜劣汰。

2. √ 【解析】人寿保险属于保险公司产品，保险公司属于契约性储蓄金融机构，是间接金融的一种形式。因此本题表述正确。

3. × 【解析】信用卡是指持有者可在发行主体规定的信用额度内贷款消费，之后于规定时间还款。例如，贷记卡是指银行承诺向持卡人贷款以便实现购买行为的一种安排。但是，严格地讲，贷记卡本质上是信用卡，并不是真正意义上的货币。所以信用卡本身并不是作为交换媒介的货币，本题表述错误。

4. × 【解析】根据利率敏感性理论内容可知，银行处于利率敏感性正缺口时，浮动利率资产大于浮动利率负债。当利率下降时，浮动利率资产所带来的收益减少程度大于浮动利率负债成本减少的幅度，因此收入减少，本题表述错误。

5. × 【解析】公开市场上买进证券，投放货币，基础货币等额增加，货币供给量成倍增加。本题表述错误。

6. √ 【解析】根据相对购买力平价理论，汇率变动主要是由两国通货膨胀率差异导致的，本国相对于外国通货膨胀率提高 5%，则在直接标价法下（本币贬值）外汇升值 5%。本题表述正确。

7. × 【解析】根据杜邦分析法，净资产收益率＝净利润率×总资产周转率×杠杆率＝资产收益率×杠杆率，当杠杆率下降时，股东的回报率也下降。本题表述错误。

8. × 【解析】通货膨胀指标制：将物价稳定作为主要和长期的货币政策指标，当成一种制度性承诺，并且承诺实现通货膨胀目标。通货膨胀指标制的缺点：①信号迟滞；②过于僵硬；③增加产出波动的潜在可能；④缓慢的经济增长；⑤带有隐性名义锚的货币政策在具有低通货膨胀历史的工业化国家，通货膨胀的过程似乎具有巨大的惯性，例如，大型美国宏观经济模型所做的估计说明，货币政策要用一年的时间才能影响产出，两年之后才能对通货膨胀产生显著的影响。长期滞后现象的存在意味着货币政策不能等到通货膨胀已经开始以后才做出反应。为了在通货膨胀刚出现苗头时就及时扼制，货币政策需要具有前瞻性和先发制人的作用。

9. × 【解析】根据久期缺口的管理原则，当利率上升时，久期缺口为正，则权益价值下降，因此本题表述不正确。

10. × 【解析】根据资本资产定价模型，$E(r_p)=r_f+\beta_p\times[E(r_m)-r_f]$，当贝塔增加1单位时，要求报酬率增加市场收益率的风险溢价 $E(r_m)-r_f$，因此本题表述错误。

11. × 【解析】普通股和优先股股利只能利用税后利润分配，不能税前列支。

12. × 【解析】若两个证券正确定价，两个证券期望收益相同证明系统性风险相同。两者的方差不同，表明总风险水平不同，因此非系统性风险一定不同。本题表述错误。

13. √ 【解析】企业的最佳资本结构应该最小化企业资本成本或最大化公司价值。

14. × 【解析】根据资本资产定价模型，$E(r_p)=r_f+\beta_p\times[E(r_m)-r_f]$，可知 A 项目的折现率 $R_A=7\%+1.2\times8\%=16.6\%$，内部收益率为 16%，因此放弃 A 项目。B 项目的折现率 $R_B=7\%+0.6\times8\%=11.8\%$，内部收益率为 14%，接受项目。但本题表述不正确，内部收益率与公司的加权平均资本成本不可比较。

15. × 【解析】经营杠杆的作用是在固定成本不变的情况下，销售量对利润产生的作用。财务杠杆才是用来估计息税前盈余变动所引起的每股盈余的变动幅度。

三、名词解释

1. 【解析】(1)正常贷款：借款人能够履行合同，一直能正常还本付息，不存在任何影响贷款本息及时全额偿还的消极因素，银行对借款人按时足额偿还贷款本息有充分把握，贷款损失的概率为0。(2)关注贷款：尽管借款人目前有能力偿还贷款本息，但存在一些可能对偿还产生不利影响的因素，如果这些因素继续下去，借款人的偿还能力可能会受到影响，贷款损失的概率不会超过5%。(3)次级贷款：借款人的还款能力出现明显问题，完全依靠其正常营业收入无法足额偿还贷款本息，需要通过处分资产或对外融资乃至执行抵押担保来还款付息，贷款损失的概率在30%～50%。(4)可疑贷款：借款人无法足额偿还贷款本息，即使执行抵押或担保，也肯定要造成一部分损失，只是因为存在借款人重组、兼并、合并、抵押物处理和未决诉讼等待定因素，损失金额的多少还不能确定，贷款损失的概率在50%～75%。(5)损失贷款：借款人已无偿还本息的可能，无论采取什么措施和履行什么程序，贷款都注定要损失了，或者虽然能收回极少部分，但其价值也是微乎其微，从银行的角度看，没有必要再将其作为银行资产在账目上保留下来，对于这类贷款，在履行了必要的法律程序之后应立即予以注销，其贷款损失的概率在75%～100%。

2. 【解析】(1) 债券到期收益率（Yield to Maturity，YTM）指的是这样一种利率，它是使某项投资或金融工具未来所能获得的收益的现值等于其当前价格的利率。到期收益率是衡量利率最为精确的标准。(2) 就债券而言，到期收益率是指买入债券后持有至期满得到的收益（包括利息收入和资本损益）与买入债券的实际价格的比率。因此，债券的到期收益率按单利计算的公式为到期收益率＝（票面利息＋本金损益）/市场价格。(3) 当息票利率高于折现率时，债券市场价值大于面值（溢价发行）；当息票利率小于折现率时，债券市场价值小于面值（折价发行）。

3. 【解析】(1) 特别提款权（Special Drawing Right，SDR）最早发行于1969年，是国际货币基金组织根据会员国认缴的份额分配的，可用于偿还国际货币基金组织债务、弥补会员国政府之间国际收支逆差的一种账面资产。(2) 其价值目前由美元、欧元、人民币、日元和英镑组成的一篮子储备货币决定。会员国在发生国际收支逆差时，可用它向基金组织指定的其他会员国换取外汇，以偿付国际收支逆差或偿还国际货币基金组织的贷款，还可与黄金、自由兑换货币一样充当国际储备。因为它是国际货币基金组织原有的普通提款权以外的一种补充，所以称为特别提款权。

4.【解析】(1) 分离定理指在投资组合中可以以无风险利率自由借贷的情况下，投资人选择投资组合时都会选择无风险资产和风险投资组合的最优组合点，因为这一点相对于其他的投资组合在风险或报酬上都具有优势，所以任何投资都会选择这一点。投资人对风险的态度，只会影响投入的资金数量，而不会影响最优组合点。(2) 分离定理也可以表述为最佳风险资产组合的、确定独立于投资者的风险偏好，它取决于各种可能风险组合的期望报酬率和标准差。个人的投资行为可分为两个阶段：先确定最佳风险资产组合；后考虑无风险资产和最佳风险资产组合的理想组合。只有第二阶段受投资人风险反感程度的影响，只有在第二个阶段中投资人才决定是否融资，第一阶段确定最佳风险资产组合时不受投资者风险反感程度的影响。因此证券选择和资产分配可完全分离。

5.【解析】(1) 配股是指向原普通股股东按其持股比例、以低于市场价格的某一特定价格配售一定数量新发行股票的融资行为，是普通股股东的优惠权，其实质是短期的看涨期权。(2) 配股的目的是不改变原控股股东对公司的控制权和享有的各种权利，因发行新股票将导致每股收益稀释，通过折价配售的方式给老股东一定的补偿，并鼓励老股东认购新股，以增加发行量。

四、计算题

1.【解析】(1) 发行新股数量 $=\dfrac{10\,000\,000}{20}=500\,000$（股）。

(2) 股份变动比率 $=\dfrac{\text{新增股票数量}}{\text{原有股数}}=\dfrac{500\,000}{5\,000\,000}=10\%$，即 10 份股票配一个认股权。

(3) 配股除权价格 $=\dfrac{\text{配股后市值}}{\text{配股后股数}}=\dfrac{(\text{配股前股票市值}+\text{股票价格}\times\text{配股数量})}{(\text{配股前股数}+\text{配股数量})}=\dfrac{(\text{配股前价格}+\text{配股价格}\times\text{股份变动率})}{(1+\text{股份变动率})}=\dfrac{(25+20\times10\%)}{(1+10\%)}=24.55$（美元）。

配股权价值 $=(\text{配股除权价格}-\text{配股价格})\times\text{股份变动率}=(24.55-20)\times10\%=0.455$（美元）。

2.【解析】根据资本预算理论，净现值 $=-$期初投资 $+$ 经营现金流 $\times$ 年金系数，而经营现金流 $=[(\text{产品价格}-\text{可变成本})\times\text{生产数量}-\text{固定成本}]\times(1-\text{公司税率})+\text{折旧抵税}$。由此可知：

$$NPV_{\text{最优}}=-89\,600+\left\{[(38\times110\%-24\times90\%)\times100\,000\times110\%-90\,000\times90\%]\times(1-35\%)+\dfrac{89\,600}{8}\times35\%\right\}\times(P/A,15\%,8)$$

$$NPV_{\text{最差}}=-89\,600+\left\{[(38\times90\%-24\times110\%)\times100\,000\times90\%-90\,000\times110\%]\times(1-35\%)+\dfrac{89\,600}{8}\times35\%\right\}\times(P/A,15\%,8)$$

五、简答题

1.【解析】金融中介机构存在的经济学原理主要包括降低交易成本和缓解信息不对称两个方面。

(1) 降低交易成本。在交易发生之前，资金供求双方相互之间寻找到对方需要搜寻成本、鉴别对方交易信息真假的鉴别成本以及谈判所需的谈判成本。在交易发生之后，还有监控合约执行的监管成本以及可能发生违约而需要付出的诉讼成本。金融机构的存在可以发挥规模经济优势，很方便地将供求双方吸引过来，节约搜寻成本。金融机构所具有的专业化经营优势可降低和节约其他交易费用，从而使资金交易规模扩大，使各方获得更有利的交易条件。

(2) 缓解信息不对称。金融市场上，资金的供求双方普遍存在道德风险和逆向选择，从而影响市场效率。即使有专门的公司生产和销售信息，以此来缓解信息不对称，但依然会存在"搭便车问题""可信度问题"和"剽窃问题"。而金融机构，如商业银行，可通过规模化操作鉴别资金供求双方的质量。而且，由于商业银行的业务非公开进行，具有一定的保密性，故避免了其他人在信息上的搭便车问题。

2.【解析】(1) 流动性升水假说认为，不同期限的债券一定程度上可以相互替代，这就决定了一种期限债券的预期回报率可以影响其他不同期限债券的预期回报率。同时，该理论也承认投资者对不同期限债券的偏好，换句话说，不同期限债券可以相互替代，但不是完全替代。也就是说，投资者对一种期限债券的偏好大于另一种期限债券，所以他习惯于投资某一特定期限的债券市场，但是，投资者仍然关心那些期限非偏好债券的预期回报率，所以，如果两种债券的预期回报率高于其期限偏好债券的预期回报率到一定程度时，他们也愿意购买期限非偏好债券。

(2) 长期利率与短期利率的关系。该理论在纯粹预期假说的基础上，充分考虑了债券的流动性风险，认为长期债券的流动性低于短期债券，因而，持有长期债券是有风险的。如果不向长期债券持有人进行补偿，则投资者将偏好于短期债券。但从借贷的角度来看，借款者却又偏好长期借款，以保证他们有稳定的资金来源，这就导致了对不同期限债券的供给和需求形式上的不平衡。因此，必须支付一份流动性升水才能使投资者愿意持有长期债券。长期债券的利率应等于该债券到期前预期的短期利率的平均值加上该债券的期限升水（流动性升水或期限补偿），用公式表示为 $i_{nt} = \dfrac{i_t + i^e_{t+1} + i^e_{t+1} + i^e_{t+2} + \cdots + i^e_{t+(n-1)}}{2} + L_{nt}$，式中 L_{nt} 为 n 年期债券的流动性升水，它是时间的递增函数，具有期限越长数值越大的特点。

(3) 收益率曲线对经验法则的解释。根据流动性升水假说可以解释第一个事实：短期利率上升，则会导致未来短期利率平均值更高，长期利率随之上升，因而，不同期限债券的利率随着时间一起波动。该假说也能对第二个事实做出解释，即预期未来短期利率上升，加上期限升水，长期利率将大大高于当前短期利率，因此，收益曲线随之陡直地向上倾斜；相反，如果短期利率偏高，人们通常预期其将大幅下降，使短期利率预期平均值大大低于当前短期利率，即使加上期限升水，长期利率仍然低于当前短期利率，收益曲线向下倾斜。该假说还能解释第三个事实，即典型的收益曲线总是向上倾斜的。因为，投资偏好短期债券，故随着债券期限延长，期限补偿也相应增加，即使未来短期利率预期平均值保持不变，长期利率也将高于短期利率，从而使收益曲线向上倾斜。

3.【解析】首先贴现业务和贷款业务都是商业银行资产业务，两者均是以某项资产作为抵押向企业提供贷款。但两者有很多不同，具体体现在：①利息收取时间不同。贷款是每个利息收取期末收取利息，而票据贴现实行预收利息的方法，买进票据时即从票据面额中预扣利息。②借款人身份不同。贷款通常以购货人（付款人）为贷款对象，而票据贴现通常以持票人（收款人）为贷款对象。③融资期限不同。贷款的期限可长可短，而票据贴现的期限一般比较短，通常一年以下。④流动性不同。贷款只有到期才能收回本息，流动性较差。而通过商业银行贴现的票据还可以通过转贴现、再贴现流通起来，因此流动性更强。⑤风险性不同。银行一般只对承兑过的票据办理贴现业务，因此，保留了对票据出售人的追索权，实际上保留了对承兑银行的追索权，因而风险较低。而贷款到期时，若借款人无力还贷，银行只能对借款人行使抵押权，一般抵押权的行使成本高于索取权。因此贷款的风险高于票据贴现。⑥相对收益不同。一般贷款由于流动性较差，存在潜在的信用风险等，其相对收益要高于贴现票据，因此是商业银行的主要收入来源。

4.【解析】(1)公开股发行费用主要包括直接费用和间接费用。

(2)直接费用包括承销费用和其他费用。①发行费用：a.承销费用。股票承销费用又称发行手续费，是指发行公司委托证券承销机构发行股票时支付给后者的佣金，通常在股票发行费用中所占的比重最大。承销费用一般按企业募集资金总额的一定百分比计算，由承销商在投资者付给企业的股款中扣除。b.保荐费用。公开发行股票依法采取承销方式的，应当聘请具有保荐资格的机构担任保荐人。保荐费用为发行公司委托保荐机构推荐股票发行上市所支付的费用。c.其他中介机构费用。股票发行过程中必然会涉及评估、财务和复杂的法律问题。因此，企业自股票发行准备阶段起就必须聘请具有证券从业资格的资产评估机构、会计师事务所以及律师事务所参与发行工作。此类中介机构的费用也是股票发行过程中必须支付的，收费标准基本上按企业规模大小和工作难易程度来确定。②其他费用：a.印刷费用。企业必须为发行申报材料、招股说明书和上市公告书等文件的印刷付出印刷费用，这笔费用将依印刷频率、数量和质量而定。b.宣传广告费。在发行股票时为了使股票能顺利发售出去，实现预定的筹资目标，发行公司往往会做一些广告。宣传工作无疑需要支出一定的费用。除上述费用外，发行人在股票发行过程中可能还需支付一些其他费用，如采用上网定价发行方式的公司需支付上网发行费和审计费，这些费用将计入管理费用。

(3)间接费用主要包括公开股发行的折价。①绿鞋条款：是超额配售选择权制度的俗称。"绿鞋机制"的目的是防止新股发行上市后股价下跌至发行价或发行价以下，增强参与一级市场认购的投资者的信心，实现新股股价由一级市场向二级市场的平稳过渡。采用"绿鞋"可根据市场情况调节融资规模，使供求平衡。这一功能的作用体现在：如果发行人股票上市之后的价格低于发行价，主承销商用事先超额发售股票获得的资金（事先认购超额发售投资者的资金），按不高于发行价的价格从二级市场买入，然后分配给提出超额认购申请的投资者；如果发行人股票上市后的价格高于发行价，主承销商就要求发行人增发15%的股票，分配给事先提出认购申请的投资者，增发新股资金归发行人所有，增发部分计入本次发行股数量的一部分。因此对于发行方而言，绿鞋条款是一种费用，而对于承销方而言，是一项收入。②IPO折价：由于信息不对称逆向选择和保证股票的顺利发行，发行方对所发行的股票进行折价，因此会造成股票首次公开发行后，上市第一天的收盘价高出发行价的现象。因此也属于间接费用的范畴。

5. 【解析】（1）前提假设不同。相对于资本资产定价模型，套利定价模型的前提假设条件要宽松了很多。资本资产定价模型假设条件中最重要的为同质预期、均值方差准则。套利定价模型要求当逃离机会出现时，投资者会构造套利证券组合来增加自己的财富，并追求效用最大化。

（2）考虑因素不同。资本资产定价模型所考虑的是单因素市场溢价，而套利定价模型可以由 K 个因素构成的线性模型来表示。

（3）使用期限不同。资本资产定价模型为单期投资，而套利定价模型可多期。

（4）资本资产定价模型假设没有通货膨胀，当存在通货膨胀时 SML 曲线将上移，而套利定价模型无须考虑通货膨胀。

（5）资本资产定价模型只能对资本资产进行定价，其适用范围较窄，而套利定价模型可使用与所有符合假设条件的资产，例如人力资本、实体资产等。

（6）市场保持平衡的均衡原理不同。在资本资产定价模型下它已基本假定了投资者都为理性投资者，所有人都会选择高收益、低风险的组合，而放弃低收益、高风险的投资项目，直到被所有投资者放弃的投资项目的预期收益达到或超过市场平均水平为止；而在套利定价模型中，它允许投资者为各种类型的人，所以他们选择各自投资项目的观点不尽相同，但由于部分理性的投资者会使用无风险套利的机会，卖出高价资产、证券，买入低价资产、证券，而促使市场恢复到均衡状态。

六、论述题

1. 【解析】（1）美联储提高利率，主要通过外汇市场、实体市场、货币市场和资本市场影响新兴市场和发展中的经济体。①外汇市场的影响。经常账户的影响：美元的走强有利于新兴发展中国家出口商品在国际市场的竞争力，从而提高出口刺激经济。美元的加息，总体会造成美国市场流动性充裕，从而对新兴发展中国家出口商品的外需增强，进一步影响经常账户的顺差。资本账户的影响：利率（美联储加息）、基本面（美国基本面相比新兴发展中国家要更好一些），都会造成资本账户的逆差和资本的流出，总体来讲会使新兴发展中国家的货币市场和资本市场流动性收紧，存在一定的资本流出现象，并伴随着外汇储备的下降。②对实体市场的影响：美元的持续走高，会造成大宗商品价格的下跌，新兴发展中国家作为最大的大宗商品进口国，对国内的总供给有正面的冲击，总供给曲线向外移动，是一个利好信息。但由于流动性收紧会使得利率上升，通过期限结构影响长期利率，抑制投资。③货币市场和资本市场：利率的提升会使货币市场流动性下降，证券价格上升，并伴随着系统性风险的上升。

（2）第一，浮动汇率制国家的汇率会受到汇率波动的影响。从新兴市场国家来看，年初以来，美元的走强使新兴国家货币呈多米诺骨牌式贬值。俄罗斯卢布、阿根廷比索、土耳其里拉、巴西雷亚尔、菲律宾比索等货币相继大幅贬值，其中阿根廷比索兑美元已跌 36%，引发资本剧烈流出和股市震荡。第二，固定汇率制国家外汇储备和资本账户会受到影响。新兴市场资本流出 123 亿美元，其中债市和股市资金流出 60 亿美元左右，亚洲资金流出 80 亿美元，南非和中东资金流出 47 亿美元。受损的国家是一些基本面比较差的，如 KA 账户的逆差，美联储的加息会造成资本的大量流出和流动性下降，从而增加系统性风险，对本国会有强烈的紧缩作用。MSCI 新兴市场货币指数 4 月中下旬以来已累计下跌 2.8%，为 2016 年 11 月以来最大的两个月跌幅。面临货币危机的新兴市场，各国中央银行纷纷以大幅加息挽回外流资金,然而由于各国内部经济差异,调控结果差别很大。另外,外债较多的国家债务负担加重。

2.【解析】(1)根据费雪效应,随着各国纷纷采取扩张性的货币政策,大幅度降低本国名义利率水平,提高了通货膨胀预期,造成实际利率水平非常低,甚至是负的。而影响消费和投资的是实际利率,因此凯恩斯以利率为中介目标的传导机制对最终目标的影响将受到影响。但以弗里德曼为代表的现代货币主义学派认为,利率在货币政策传导机制中的作用不是主要的,通过其他渠道也可以影响投资和消费。具体说来:

①资产价格渠道。托宾 q 理论反映了股票价格与投资的相互关系,强调了资产结构调整在货币政策传导过程中的作用。所谓的 q 是指一个比值,它等于企业的市场价值与企业的资本重置成本的比值。假如货币供给量上升,则市场流动性增加,从而引起公众调节资产组合并促使股票价格上升,导致 q 值上升,企业投资支出增加。这一过程可以用符号表述为 $M_s\uparrow \to P^e\uparrow \to q>1\uparrow \to I\uparrow$。

②财富效应渠道。莫迪利安尼的生命周期理论补充了货币供应量的变化对私人消费的影响,提出了货币政策传导的财富效应渠道。当实施扩张性的货币政策时,货币供应量增加,使股票价格上升,当金融资产的市场价值上升时,消费者的毕生财富(用 W 表示)也增加,进而消费增加(用 C 表示)。财富效应的货币政策传导机制用符号表示为 $M_s\uparrow \to P^e\uparrow \to W\uparrow \to C\uparrow$。

③银行借贷渠道。银行借贷渠道认为,在信息不对称的环境下,银行贷款与其他金融资产不完全可替代,特定借款人的融资需求只能通过银行贷款满足,因此,货币政策可通过改变银行信贷规模来影响投资和消费,从而实现调控宏观经济的目的。以紧缩货币政策为例,假定中央银行通过货币政策工具,导致货币供应量(M_s)下降,使得银行存款(D)相应减少,进而使得银行贷款(L)下降。银行贷款的下降,使那些依赖银行贷款融资的特定借款者必须削减投资和消费,带动总支出下降,总产出 Y 下降。用符号表示为 $M_s\downarrow \to D\downarrow \to L\downarrow \to I\downarrow$。

④资产负债表渠道。所谓资产负债表渠道,是指货币政策通过影响股票等金融资产价格,导致企业净值、现金流量及个人金融财富的变化,存在逆向选择和道德风险的情况下,导致银行贷款、投资规模及收入水平都受到影响,从而发挥政策传导作用。因此,货币政策资产负债表传导渠道又分为公司资产负债表传导渠道和个人资产负债表传导渠道。其中,公司资产负债表传导渠道意味着货币政策可以通过多种途径来影响公司的资产负债表。一是通过影响公司净值来发挥传导作用。在这种渠道下,货币政策通过影响借款者的受信能力达到发挥货币政策影响力的作用。由于公司资本净值可以作为借款时的担保品,因此,当资本净值下降时,意味着借款者提供的担保品价值下降,借款者的逆向选择和道德风险就会增加(因为较少的资本净值意味着借款者在他们的企业中拥有更低的股本回报,便刺激他们投资于风险项目),投资支出减少。由于公司资本净值可以用公司股票市值来代替,货币政策可以通过改变货币供应量来影响股票市值变动,从而导致公司资本净值发生相应变动,以此发挥其政策作用。以紧缩性的货币政策为例,当中央银行实施紧缩性的货币政策时,货币供应量下降,引起证券价格下降,从而使公司的资本净值下降,由于逆向选择和道德风险问题的增加,导致贷款量减少,进而导致投资支出和总产出下降。其传导过程为 $M_s\downarrow \to P^e\downarrow \to$ 资本净值 $\downarrow \to$ 逆向选择和道德风险 $\uparrow \to L\downarrow \to I\downarrow$。二是通过影响公司现金流量来发挥传导作用。该理论认为,货币供应量的变动,可以通过影响借款

者的净现金流（NCF）的变化来发挥货币政策的调控作用。例如，紧缩性的货币政策使名义利率上升，利率的上升将直接导致利息等费用支出的增加，从而会减少净现金流，同时又间接导致销售收入下降，也会减少净现金流。公司现金流量越小，其偿债能力越差，同样会引起逆向选择和道德风险问题的增加，从而导致银行贷款量的减少，投资下降，产出回落。其传导过程为 $M_s\downarrow \to P^e\downarrow \to NCF\downarrow \to$ 逆向选择和道德风险 $\uparrow \to L\downarrow \to I\downarrow$。

另外，个人资产负债表传导渠道不仅对企业的支出起作用，同样也适用于消费支出。由货币紧缩引起的银行贷款下降势必引起消费者对耐用消费品和住房购买的下降，因为他们没有其他的信用来源。同样，利率的提高也会引起家庭收支表的恶化。具体表现如下：
a. 通过耐用消费品支出的传递。货币政策通过耐用消费品支出的传递，是指货币政策通过引起利率的变动来影响消费者对耐用消费品支出的决策，进而影响总需求的效应。由于消费者用于耐用消费品的支出常常是通过银行借贷的方式来筹措的（如贷款买房、贷款买车等），利率变动会使在这方面的筹资成本发生相应变动，从而调节消费者对耐用消费品的支出行为，达到调控经济活动的目的。例如，扩张性货币政策导致利率降低，消费者通过贷款或延期支付等方式购买汽车等耐用消费品的利息支出便会下降，因而对耐用消费品的购买将更为踊跃，从而刺激耐用消费品支出增加，进而引起国民收入增加。这一货币传导机制可以表述为 $M_s\uparrow \to r\downarrow \to$ 耐用品消费品和住房支出 $\uparrow \to C\uparrow$。b. 流动性效应的传递。流动性效应是指货币政策通过影响股票价格，使消费者持有的金融资产价值及其资产的流动性发生变化，从而影响其耐用消费品支出变化的政策效应。人们在进行耐用消费品消费时，通常会根据自己的资产负债状况得出一个关于资产流动性或财务约束的判断，若流动性高，财务约束小，人们会增加对耐用消费品的支出，而流动性小则会减少对耐用消费品的支出。货币政策可以通过影响消费者的财务状况来传导货币政策意图。一般地，当消费者持有的金融资产价值大于其债务时，他们对未来发生财务困难的可能性的估计会很低，因而会较愿意购买耐用消费品。因此，当实施扩张性货币政策时，股票价格上升，金融资产价值也会上升，人们对发生财务困难的可能性的估计会降低，就会愿意增加对耐用消费品的支出。而且，随着消费水平的上升，物价水平随之上升，消费者的实际债务负担下降，使财务困难发生的可能性大大降低，于是消费者用于购买耐用消费品的支出大幅增加，从而导致社会总产出增加。这一流动性效应的传导机制可以表述为 $M_s\uparrow \to P^e\downarrow \to$ 金融资产价值 $\downarrow \to$ 财务困难的可能性 $\downarrow \to C\uparrow$。

（2）央行在扩张方面可以动用的货币政策工具分为常规性工具和非常规性工具。常规货币政策工具就足以稳定经济了，在金融危机时，中央银行需要非常规货币政策工具，即使用利率以外的工具来刺激经济。本题背景为 2008 年金融危机，我们提供 3 大类非常规的货币政策工具：

①提供流动性，购买资产，对未来货币政策行动的承诺。其中，美国的工具包括扩张贴现窗口、短期资金标售工具等，中国的工具包括 SLO、SLF、MLF 和 PSL。

②大规模购买资产，量化宽松。通常情况下美联储公开市场操作之购入短期国债，使得短期的利率处在零利率水平下限。因此美国进行了三轮的量化宽松，主要针对长期的债券市场和长期利率。2012 年 9 月，结合 QE1 和 QE2 推出 QE3，购买了 400 亿美元的抵押支持证券和 450 亿美元的长期国债，并承诺不购买指定金额的资产，而是开放性的，只要劳动力市场没有显著改善，购买计划就会持续下去。

③前瞻性指引和对未来货币政策行动的承诺。中央银行通过承诺对未来一定时间内的

货币政策将保持短期利率的零水平，从而降低市场对未来短期利率的预期，拉动长期利率下降。前瞻性指引包括附加条件的和不附加条件的两种。

3.【解析】(1) MM定理。无税的MM定理认为企业的价值在无税情况下只同未来收入息税前利润有关，资本结构不能带来额外的价值。因此认为不存在最优的资本结构。有税的MM定理认为利息支出有税盾效应，因此企业应当提高杠杆从而获取企业价值。企业在所得税因素下的资本结构，如负债权益比应当无穷大。

(2) 权衡理论。该理论强调在平衡债务利息的抵税收益与财务困境成本的基础上，实现企业价值最大化时的最佳资本结构，即 $V_L = V_U + PV$（利息抵税）$- PV$（财务困境成本）。此时所确定的债务比率是债务抵税收益的边际价值等于增加的财务困境成本的现值，所考虑的因素主要包括财务困境成本中的直接成本和间接成本。直接成本是指企业因破产、进行清算或重组所发生的法律费用和管理费用等。间接成本是指企业资信状况恶化以及持续经营能力下降而导致的企业价值损失。

(3) 代理理论。代理理论认为当企业陷入财务困境时，容易引起过度投资问题与投资不足问题，导致发生债务代理成本。因此，企业价值应为 $V_L = V_U + PV$（利息抵税）$- PV$（代理成本）$+ PV$（代理收益）。该理论下公司应当考虑影响代理成本和收益的因素，如管理层偏好、财务灵活性以及股权结构等。

(4) 优序融资理论。优序融资理论认为由于信息不对称和融资渠道的成本差异，企业应当首先选择内源融资，再考虑发行稳健的债券，最后才考虑股权融资。优序融资理论并没有强调最优的资本结构，而是提出融资的顺序。其中应当考虑的因素包括市场的外部环境、利率、发行费用以及债券和股票的报酬率等。

(5) 自由现金流量假说。自由现金流量假说源于代理问题。自由现金流量的减少可以缓解公司所有者与经营者之间的冲突，所谓自由现金流量是指公司现金在支付了所有净现值（NPV）为正的投资计划后所剩余的现金量。自由现金流量应完全交付股东，这将降低代理人的权力，同时再度进行投资计划所需的资金在资本市场上更新筹集将受到控制，由此可以降低代理成本，避免代理问题的产生。因此，自由现金流假说认为应当多支付股利，以降低自由现金流从而降低可能造成的代理成本，有利于提高公司价值。

2016年对外经济贸易大学431金融硕士初试真题解析

一、单项选择题

1. 【答案】D
【解析】据分析，A项，发放工资属于支付手段。B项，偿还债务属于支付手段。C项，捐款属于单方面转移的支付手段。D项，现实的交易（一手交钱，一手交货）属于流通手段。因此正确答案为D项。

2. 【答案】C
【解析】《巴塞尔协议Ⅲ》将流动性风险纳入风险管理框架之中，因此正确答案为C项。A项信用风险是《巴塞尔协议Ⅰ》纳入风险管理框架之中的，B项和D项是《巴塞尔协议Ⅱ》纳入风险管理框架之中的。

3. 【答案】A
【解析】收益率曲线的含义是期限不同的同类债券其到期时间和收益率之间的关系。图形表示中，横轴是到期时间，纵轴是债券的到期收益率或即期利率，因此正确答案是A项。

4. 【答案】D
【解析】法定存款准备金存在的局限性是效果过于强烈，不宜作为中央银行日常调控的货币供给工具。正确选项为D。

5. 【答案】B
【解析】资本和金融账户包括直接投资、证券投资和其他投资，因此A、C、D项均不是正确答案。B项投资收益指债券的息票收益和股票的股利收益，属于经常账户范围。

6. 【答案】A
【解析】自然失业率是一个不会造成通货膨胀的失业率，也是劳动市场处于供求稳定状态的失业率。因此正确答案为A项。

7. 【答案】C
【解析】被低估的证券位于证券市场线的上方，正确选项为C。

8. 【答案】B
【解析】A选项，公司制会带来代理问题，因此不正确。C选项，股东对公司负有有限责任，因此不正确。正确答案为B选项。

9. 【答案】A
【解析】考生需要掌握增量现金流的概念和其包含的具体内容。增量现金流是指当项目发生时所相关的税后现金流，其中包括机会成本、公司自由现金流和协同效应，而不包括沉没成本。

10. 【答案】A
【解析】A项，项目X风险低于平均值，低于平均风险的项目的WACC为8%，内部收益率（IRR）为9%，因此接受该项目。B项，项目Y具有平均水平的风险，内部收益率（IRR）为9%，平均风险的项目的WACC为10%，因此放弃Y项目。C项，项目Z风险高于平均水平，内部收益率（IRR）为11%，高于平均风险的项目的WACC为12%，因此放弃该项目。正确选项为A。

二、判断题

1. × 【解析】商业银行发放贷款主要遵循6C原则，而我国的商业银行发放贷款的原则主要有安全性原则、流动性原则和社会性原则。因此表述错误。

2. √ 【解析】如果中央银行发放货币，负债端的基础货币增加，货币供给量增加。表述正确。但值得注意的是，货币供给量是否成倍增加，取决于流通中的现金最终的形式。若公众始终持有现金，货币供给量的增加量等于发放通货的数量。而公众将现金退出流通领域而存入商业银行，货币供给量将成倍地扩张。

3. × 【解析】票据发行便利是发行短期周转性票据获得中长期融资能力的商业银行表外业务，因此本题表述不正确。

4. √ 【解析】商业信用的主体是厂商。既然商业信用是工商企业之间相互提供的信用，所以，其债权人和债务人都是厂商，因此，商业信用属于直接信用形式。本题表述正确。

5. × 【解析】弗里德曼提出"恒久性收入"影响货币需求。所谓恒久性收入，是指预期在未来年份中获得的平均收入，因而恒久性收入比较稳定，它不同于带有偶然性和临时性的当期收入。弗里德曼认为，当期收入极不稳定，对于货币需求影响更大的是恒久性收入。也就是说，人们是依据其恒久性收入做出相应的支出安排，从而产生对货币的相应需求。因此本题表述不正确。

6. × 【解析】商业银行的负债创新最终目的是实现股东利益最大化，因此本题表述错误。

7. √ 【解析】根据费雪方程式，名义利率等于实际利率加上预期通货膨胀率（或者通货膨胀率），本表述正确。考生可总结，若考题没有明确提出是当前的通货膨胀率，则类似表述均正确。

8. √ 【解析】布雷顿森林体系的实质其实就是金汇兑本位制，而汇率政策上实行的是可调整的固定汇率制度。本题表述正确。

9. √ 【解析】《巴塞尔协议Ⅲ》关于资本金的要求：核心一级资本充足率4.5%、一级资本充足率6%、总资本充足率8%。因此本题表述正确。

10. √ 【解析】由罗斯在1976年提出，实际上也是有关资本资产定价的模型。模型表明，资本资产的收益率是各种因素综合作用的结果，诸如GDP的增长、通货膨胀水平等因素的影响，并不仅仅只受到证券组合内部风险因素的影响。本题表述正确。

11. √ 【解析】公司财务杠杆越大，表明税息前利润下降或利息支出增加。因此税息前利润对利息的保障倍数 $\frac{EBIT}{I}$ 会下降，表明公司的长期偿债能力下降，公司的破产概率就会上升。

12. × 【解析】企业保持流动性的方式主要体现在流动性资产的管理方面，流动性资产包括货币基金、应收账款、存货和变现能力较强的证券。公司保持流动性应当根据公司资产负债表，对短期和长期负债的规模匹配公司资产。持有过多的货币基金可以保证流动性，但丧失了盈利能力。因此本题表述并不正确。

13.√【解析】优先股股东一般没有投票权，从而不能参与公司的经营决策。只有在直接关系到优先股股东利益的表决时，才能行使表决权，或是在对优先股股息积欠达到一定数额后，可以选举一定人数的董事。因此本题表述正确。

14.×【解析】非系统性风险可以通过持有更多的股票分散，总风险可以通过充分分散降低，但系统性风险不能分散。本题表述不正确。

15.×【解析】随着负债的增加，公司负债的税盾增加，公司价值增加，杠杆公司收益率上升。因此，税盾是因，公司价值和杠杆收益率变化是果。本题表述不正确。

三、名词解释

1.【解析】（1）布雷顿森林货币体系是指第二次世界大战后以美元为中心的国际货币体系。（2）布雷顿森林体系的主要内容包括以下几点：第一，美元与黄金挂钩。各国确认1944年1月美国规定的35美元一盎司的黄金官价。各国政府或中央银行可按官价用美元向美国兑换黄金。为使黄金官价不受自由市场金价冲击，各国政府需协同美国政府在国际金融市场上维持这一黄金官价。第二，其他国家货币与美元挂钩，其他国家政府规定各自货币的含金量，通过含金量的比例确定同美元的汇率。第三，实行可调整的固定汇率。《国际货币基金协定》规定，各国货币对美元的汇率，只能在法定汇率上下各1%的幅度内波动。若市场汇率超过法定汇率1%的波动幅度，各国政府有义务在外汇市场上进行干预，以维持汇率的稳定。若会员国法定汇率的变动超过10%，就必须得到国际货币基金组织的批准。

2.【解析】概念：在凯恩斯流动性偏好理论中存在一种特殊的极端情况，即"流动性陷阱"。它是凯恩斯提出的一种假说，是指当一定时期的利率水平降低到不能再低时，人们就会产生利率上升而债券价格下降的预期，货币需求弹性就会变得无限大。即无论增加多少货币，都会被人们储存起来。因此，即使货币供给增加，也不会导致利率下降。当利率降到一定水平时，投资者对货币的需求趋于无限大，货币需求曲线的尾端逐渐变成一条水平线，这就是"流动性陷阱"。如图1所示。

学派：凯恩斯认为，"流动性陷阱"往往发生在经济萧条时期，此时不管货币供给增加多少，利率都不会下降。所以，扩张性货币政策对投资、就业和产出都没有影响。凯恩斯认为，经济危机时期货币政策无效，只有财政政策才能促使经济走出困境。

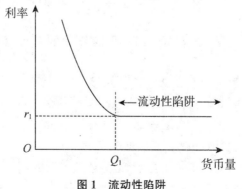

图1 流动性陷阱

3.【解析】（1）三元悖论也称三难选择，它是由美国经济学家保罗·克鲁格曼就开放经济下的政策选择问题所提出的，其含义是在开放经济条件下，本国货币政策的独立性、固定汇率和资本的自由流动不能同时实现，最多只能同时满足两个目标，因此必须放弃另外一个目标来实现调控的目的。(2) 举例说明：第一，实行固定汇率制度和资本自由流动，必须牺牲货币政策的独立性，例如中国的香港地区和新加坡。第二，实行固定汇率制度和保持货币政策独立性，必须牺牲资本的自由流动。第三，实现货币政策独立性和资本的自由流动，必然实行浮动的汇率制度，例如以美国为首的西方国家。

4.【解析】(1) 套利也叫价差交易，指的是在买入或卖出某种合约的同时，卖出或买入相关的另一种合约。套利交易是指利用相关市场的价差变化，在市场上进行交易方向相反的交易，以期望价差发生变化而获利的交易行为。(2) 套利组合应该满足以下条件：a. 投资者不需要额外追加投资，即投资比例变化而总投资不变。b. 套利组合的风险为零，即既没有非系统性风险，也没有系统性风险。c. 套利预期收益为非负。当市场达到均衡时，套利组合的预期收益率为零。(3) 若市场有效，一旦市场出现了套利机会，套利者会尽可能建立大额的套利头寸，推动市场价格恢复均衡，迅速消除套利机会。

5.【解析】(1) 净资产收益率又称股东权益报酬率、净值报酬率、权益利润率等，是净利润与平均股东权益的百分比，也是公司税后利润除以净资产得到的百分比率，该指标反映股东权益的收益水平，用以衡量公司运用自有资本的效率。指标值越高，说明投资带来的收益越高。该指标体现了自有资本获得净收益的能力。(2) 根据杜邦分析法可知，净资产收益率＝净利润率×总资产周转率×杠杆率。因此认为影响权益收益率的因素主要来自这三个方面。

四、计算题

1.【解析】(1) 2015 年 10 月 30 日美元兑人民币汇率为 6.349 5 人民币/美元，因此人民币兑换美元的汇率为 $\frac{1}{6.3495}=0.1575$ 美元/人民币。2015 年 10 月 30 日欧元兑人民币汇率为 6.977 1 人民币/欧元，因此人民币兑换欧元的汇率为 $\frac{1}{6.9771}=0.1433$ 欧元/人民币。2008 年 10 月 30 日美元兑人民币汇率 6.827 0 人民币/美元，因此人民币兑换美元的汇率为 $\frac{1}{6.8270}=0.1465$ 美元/人民币。2008 年 10 月 30 日欧元兑人民币汇率为 8.929 7 人民币/欧元，因此人民币兑换欧元的汇率为 $\frac{1}{8.9297}=0.1120$ 欧元/人民币。2008 年 10 月 30 日至 2018 年 10 月 30 日期间人民币兑美元的汇率变动率 $\frac{\Delta e}{e}=\frac{e_{2015}-e_{2008}}{e_{2008}}=\frac{0.1575-0.1465}{0.1465}=7.51\%$。2008 年 10 月 30 日至 2015 年 10 月 30 日期间人民币兑欧元的汇率变动率 $\frac{\Delta e}{e}=\frac{e_{2015}-e_{2008}}{e_{2008}}=\frac{0.1433-0.1120}{0.1120}=27.95\%$。

(2) 2015 年 10 月 30 日欧元兑美元的汇率 6.977 1 人民币/欧元÷6.349 5 人民币/美元＝1.098 4 美元/欧元，2008 年 10 月 30 日欧元兑美元的汇率 8.929 7 人民币/欧元÷6.827 0 人民币/美元＝1.306 5 美元/欧元。欧元兑美元的汇率在直接标价法下，美元是本币，欧元是外币，根据上述计算可知汇率 e 下降，本币升值，外币贬值。因此 2008 年至

2015年欧元相对于美元贬值。

2.【解析】(1) 根据CAPM模型 $E(r_p)=r_f+\beta_p\times[E(r_m)-r_f]$，$14\%=6\%+\beta\times5\%$，解方程可得 $\beta=1.6$。

(2) 根据DDM公式 $P_0=\dfrac{D_1}{R-g}$，式中 $g=0$，$D=P_0\times R=50\times 14\%=7$（元）。

(3) 根据 β 与协方差的关系 $\beta_i=\dfrac{\text{cov}(m,i)}{\sigma_m^2}$，当其他因素不变，该股票收益率与市场组合收益率协方差变成原来的两倍时，则 β 系数也将增加两倍，因此折现率 $R=r_f+\beta_p\times[E(r_m)-r_f]=6\%+1.6\times2\times5\%=22\%$。根据DDM公式得 $P_0=\dfrac{D_1}{R-g}=\dfrac{7}{22\%}=31.82$（元）。

五、简答题

1.【解析】(1) 布雷顿森林体系是指第二次世界大战后以美元为中心的国际货币体系协定。布雷顿森林体系主张"双挂钩"原则，即美元与黄金挂钩规定的35美元一盎司的黄金官价，各国政府或中央银行可按官价用美元向美国兑换黄金。其次，其他国家货币与美元挂钩，其他国家政府规定各自货币的含金量，通过含金量的比例确定同美元的汇率。(2)"特里芬两难"可解释为"信心"与"清偿力"之间的矛盾。作为建立在黄金-美元本位基础上的布雷顿森林体系，其根本缺陷还在于美元既是一国货币，又是世界货币。它的发行必须受制于美国的货币政策和黄金储备。由于黄金产量和黄金储备量增长跟不上世界经济发展的需要，在"双挂钩"原则下，美元便出现了一种进退两难的境地：世界经济增长对国际支付手段和储备货币的增长需要，美元的供应应当不断地增长；但这又会导致美元同黄金的兑换性日益难以维持。正是由于上述问题和缺陷，导致该货币体系基础的不稳定性，当该货币体系的重要支柱——美元出现危机时，必然带来这一货币体系危机的相应出现。(3) 根据"特里芬难题"可知，依靠主权国家货币来充当国际清偿能力的货币体系必然会陷入"特里芬难题"而走向崩溃。不论这种货币能否兑换黄金，不论是哪一国货币，也不论是以一国货币为主还是平均的几国货币，这对于我们分析未来国际货币体系的发展无疑有着重要的启示作用。

2.【解析】虽然弗里德曼的现代货币数量论与凯恩斯的货币需求理论都将货币视为一种资产，并从资产选择的角度入手分析货币需求，但二者还是有着明显的不同。主要表现在以下几点：

(1)"资产"的范围不同。弗里德曼的"资产"概念要宽泛得多。凯恩斯所考虑的仅仅是货币与作为生息资产的债券之间的选择；而弗里德曼关注的资产除货币以外还有股票、债券和实物资产。与凯恩斯不同，弗里德曼认为货币与实物资产是相互替代的，因此，他将实物资产的预期收益率作为影响货币需求的一个因素。这暗示着货币供应量的变化会直接影响社会总支出的变化。

(2) 货币的预期收益率的看法不同。凯恩斯认为，货币的预期收益率为零（在他所生活的年代，支票存款是没有利息的）。而弗里德曼则把它当作一个会随着其他资产预期报酬率的变化而变化的量，因为弗里德曼所指的货币包括现金和银行存款。例如，当市场利率上升引起其他资产预期收益率上升时，银行就会提高存款利率以吸引更多的存款来发放贷款，从而货币的预期报酬率也就随之上升。

(3) "收入"的内涵不同。凯恩斯货币需求函数中的收入，是指"当期收入水平"，是一个不稳定的量；而弗里德曼货币需求函数中的收入是指"恒久收入水平"，即一定时间内的平均收入水平是相对稳定的。

(4) 货币需求函数的稳定性不同。凯恩斯认为货币需求函数受利率波动的影响，因而是不稳定的，因为利率是受多种因素影响而经常上下波动的。弗里德曼认为，由于作为财富代表的恒久收入在长期内取决于真实生产因素的状况，故其变动是相对稳定的；银行竞争使利率变化对货币需求的影响很少，货币需求对利率不敏感。因而，货币需求函数是稳定的，是可以预测的。

(5) 影响货币需求的侧重点不同。凯恩斯货币需求理论非常强调利率的主导作用，凯恩斯认为，利率的变动会直接影响到就业和国民收入的变动，最终必然影响到货币需求量；而弗里德曼强调恒久收入对货币需求的重要性，认为利率对货币需求的影响是微不足道的。

(6) 关于货币流通速度稳定与否的看法不同。凯恩斯的货币需求理论认为，货币流通速度是经常波动的。弗里德曼的货币需求理论认为货币流通速度是相对可预测和稳定的。

3.【解析】利率的风险结构是指期限相同的各种债券因风险不同而产生的利率差异。造成这种利率差异的原因主要有以下几种：

(1) 违约风险，是指当债券到期时债券发行人无力或不愿意兑现债券本息而给投资者带来损失的可能性。不同的发行主体发行的债券，违约风险不尽相同，因而利率水平自然就会存在差异。违约风险主要取决于发行人的信誉，而违约风险影响债券利率的原因是风险补偿。通常，将违约风险债券与无违约风险债券的利率之间的差额称为风险补偿或风险升水（Risk Premium），它是投资者承担风险的额外收益。违约风险越大，风险补偿越大，因而利率越高。

(2) 流动性。影响债券利率风险结构的第二个因素就是它的流动性，流动性不同的债券具有不同的利率。由于存在流动性偏好，资产的流动性越大，就越受投资者欢迎。由于政府债券交易活跃，最容易出手，且交易费用低廉，所以，政府债券是流动性最强的资产。公司债券的交易量小于政府债券，寻找买主相对困难，交易成本相对较高，其流动性就小于政府债券。因此，公司债券的利率高于政府债券的利率。流动性因素影响利率的原因是流动性升水。流动性升水（Liquidity Premium）是指由于流动性风险而产生的利率差额。公司债券的流动性较低，当投资者需要资金时很难将其迅速出售，由此会给投资者带来一定损失。因此，对于流动性低的公司债券，为了吸引投资者购买，就必须对投资者给予一定的补偿，这种补偿就是流动性升水，具体表现为公司债券与政府债券的利率。通常，流动性越高，利率越低（价格较高）。公司债券与政府债券的利率差额扩大，因此，金融资产的流动性与利率反方向变动，即凡是流动性高的金融资产通常要求的流动性升水较低，从而利率也低。

(3) 税收差异因素。相同期限债券之间的利率差异，除了受债券的违约风险、流动性因素影响外，还要受到税收因素的影响。因为，债券持有者真正关心的是债券的税后实际利率。如果不同种类债券利息收入的税率不同，这种差异就必然要反映到税前利率上来。通常，享受免税待遇越高，利率越低。美国联邦政府债券的利率一直比美国许多州和地方政府发行的市政债券的利率要高。因为根据美国税法的规定，市政债券的利息收入可以免交联邦所得税，因而其税前利率自然要低于利息收入需缴纳联邦所得税的联邦政府债券。当然，总体来讲，政府债券的利息收入可以免税，公司债券的利息收入则要缴纳一定比例的所得税。所以，在期限和风险相同的条件下，公司债券的利率要高于政府债券的利率。

4.【解析】(1) 资产组合的风险分为两类：系统性风险（Systematic Risk）和非系统性风险（Nonsystematic Risk）。所谓非系统性风险，是指通过增加持有资产的种类数量就可以相互抵消的风险。经验数据证明，如果持有的资产种类数超过 20 种，资产组合中的非系统性风险就会被完全抵消掉。显然，可以相互抵消的风险是分别由各资产自身的原因引起的。如某上市公司更换总经理，可能使股票价格下降。

(2) 系统性风险则是无法通过增加持有资产的种类数量而消除的风险。比如，经济衰退的预期可能使所有股票的价格下跌。这时，整个资产组合的价值会贬值，投资收益率必然下降。

(3) 资本成本理论认为，通过组合风险分散，资本资产的成本对系统性风险进行风险补偿，而公司特有风险由于可以充分分散，市场不会对其进行风险补偿。

5.【解析】公司金融主要解决的问题有三个方面：投资决策（资本预算）、融资决策（资本结构）和短期财务问题（营运资本）。

(1) 资本预算（Capital Budgeting）描述长期资产的投资和管理过程。它是综合反映建设资金来源与运用的预算，其支出主要用于经济建设，其收入主要是债务收入。资本预算是复式预算的组成部分。资本预算理论主要包括投资评价方式，即净现值法、内部收益率法、回收期法则、折现回收期法则、盈利指数法则等。

(2) 资本结构（Capital Structure）即公司短期及长期负债与所有者权益的比率问题，是企业一定时期筹资组合的结果。广义的资本结构是指企业全部资本的构成及其比例关系。企业一定时期的资本可分为债务资本和股权资本，也可分为短期资本和长期资本。狭义的资本结构是指企业各种长期资本的构成及其比例关系，尤其是指长期债务资本与（长期）股权资本之间的构成及其比例关系。最佳资本结构便是使股东财富最大或股价最大的资本结构，亦即令公司资金成本最小的资本结构。它在很大程度上决定着企业的偿债和再融资能力，以及企业未来的盈利能力，是企业财务状况的一项重要指标。合理的融资结构可以降低融资成本，发挥财务杠杆的调节作用，使企业获得更大的自有资金收益率。

(3) 营运资本是指流动资产（短期资产）和流动负债（短期负债），营运资本管理分为营运资本投资和营运资本筹资两部分。营运资本投资管理主要是制定营运资本投资政策，决定分配多少资本用于应收账款和存货、保留多少现金以备支付，以及对这些资本进行日常管理。营运资本筹资管理主要是制定营运资本筹资政策，决定向谁借入短期资本、借入多少短期资本、是否需要采用赊购融资等。营运资本管理与营业现金流有密切关系。由于营业现金流的时间和数量具有不确定性，以及现金流入和流出在时间上不匹配，使得公司经常会出现现金流的缺口。公司配置较多的营运资本成本会导致资本成本增加；公司持有较少的营运资本，有利于节约资本成本，但会增加不能及时偿债的风险。因此，公司需要根据具体情况权衡风险和报酬，制定适当的营运资本政策。

六、论述题

1.【解析】(1) 首先，稳健的货币政策是使本国币值稳定的国家经济政策与宏观调控手段。使本国币值稳定的根本是货币发行量与国家有效经济总量等比增长。利率稳定、汇率稳定、进出口持平及以直接投融资为主导的金融体制，也是使本国币值稳定的必要手段。稳健的货币政策不是稳步通货膨胀政策，不承认任何合理的通货膨胀率。因此所谓环比同比物价上涨、物价上涨不太快等，都不符合稳健的货币政策。稳健的货币政策禁止用货币手段（超发基础货币、利率手段）调节经济，禁止以物价适度上涨促进经济增长。稳健的货币政策不但避免因货币政策造成物价上涨，而且对非货币政策造成的物价上涨（如投机垄断、经济结构失衡、消费预期误导）也用宏观调控手段加以控制。稳健的货币政策是经济稳定发展、人民生活水平稳步提高的必要前提，是社会主义市场经济的重要特征。其次，我国当前采取的货币政策是稳健的中性货币政策，通常通过适当降息来提高市场流动性。目前的最终目标的设定表明，当前的货币政策为中性。各操作目标的目的：降息是为了对冲实际通货膨胀率预期下降导致的实际利率的上升；降准是为了对冲外汇占款的下降，从而补充流动性。从这两个操作来看都是补充性的货币政策调控，并非主动释放流动性的宽松的货币政策，从而可以表明当前的货币政策是稳健的货币政策基调。

(2) 首先，经济下行的原因主要有两种，即结构性的经济下行和周期性的经济下行。周期性下行同经济周期有关，主要是因为总需求的不足而导致居民产出的下降，而结构性的经济下行是因为我国当前进行的结构调整、经济金融领域的改革导致的总供给不足，对这部分下行压力如果通过增发货币、压低市场利率等宽松的货币政策，将会导致金融市场、房地产市场（泡沫）、商品市场等产品价格的增加，不利于整体经济的发展。总体来说，货币政策是一个需求管理型政策，在短期可以调节经济，在长期只能导致整体价格水平的增加，不能提高产出，在长期只有通过优化产业结构、创新等因素才能提高总体产出水平，使得经济繁荣。其次，稳健的货币政策是宏观调控政策的一个主要组成部分，它基本上是进行总量调节。然而，我国经济的失衡原因主要是结构性问题。从我国的经验看，当前出现的各种经济困境都是由一个或几个行业、地区表现出来的结构性问题最终导致宏观经济失衡的现实例子。货币政策对这种失衡的调控发挥了很好的作用，使经济逐渐实现软着陆。最后，稳健的货币政策在宏观调控中的作用很重要，但它并非单独发挥作用，货币政策不能包打天下。在我国经济转轨过程中，国家的产业政策指引也是商业银行信贷的重要依据，通常通过这样的指引来实现资金支持的有保有压。税收政策的调整等也在某些方面起到了调控作用。这就是说，宏观经济政策不应依赖于单一政策，而应通过货币政策、财政政策、税收政策以及产业政策的组合，使经济进入良性循环周期。但宏观调控的发展方向是明确的：随着社会主义市场经济的发展，调控中行政手段的使用会越来越少，将更多地依靠经济手段来调节。

2. 【解析】(1) 资产管理理论认为银行资金来源的规模和结构是银行自身无法控制的外生变量，它完全取决于客户存款的意愿和能力；银行不能能动地扩大资金来源，而资产业务的规模与结构则是其自身能够控制的变量，银行应主要通过对资产规模、结构和层次的管理来保持适当的流动性，实现其经营管理目标。资产管理相继出现过商业性贷款理论、可转换理论和预期收入理论等三个发展阶段。①商业性贷款理论，又称真实票据理论，是在18世纪英国银行管理经验的基础上发展起来的，最早见于亚当·斯密的《国富论》。该理论认为银行的资金来源于客户的存款，尤其是易于波动的活期存款，为应付存款人难以预料的提存，银行资产必须保持一定的流动性。对此，银行只能将资金短期使用，而不能发放长期贷款或进行长期投资。②可转换理论也称资产转换理论，该理论认为为了保持银行资产的流动性，银行的贷款不能仅依赖于短期性和自偿性，商业银行可以将其资金的一部分投资于具备转让条件的证券上，只要这些证券资产能够随时出售，转换为现金，同样能保证银行资产的流动性。③预期收入理论产生于第二次世界大战后，当时，在经济重建和恢复过程中，政府实施鼓励消费的经济政策，人们对中长期贷款的需求增加。银行看到了新的发展机会，逐渐认识到，银行贷款能否如期收回，归根结底是由借款人的未来收入来保证的。在这样的背景下，预期收入理论应运而生。这一理论认为商业银行的贷款应当根据借款者预期收入而制订的还款计划为基础。只要借款者的预期收入有保证，即使它是长期贷款，或是不能很快转换的资产，银行也可以放心地予以贷款，并可以要求分期偿还。

(2) ①商业性贷款理论认为贷款必须是短期的和商业性的，是用于商品的生产过程和流通过程中的，是自偿性贷款，如票据贴现和商品抵押贷款。可转换理论不仅满足了政府发行债券的需要，也有益于银行流动性管理的改善。时至今日，银行主要的流动性资产仍是政府债券。这一理论为我国商业银行从事债券业务提供了理论依据。预期收入理论的提出推动了商业银行业务向经营中长期设备贷款、消费贷款和房屋抵押贷款等方面扩展，盈利能力大大提高。但它显然也有缺陷：第一，对借款者未来收入的预测无法保证总是准确的；第二，期限长对流动性仍有影响，在其他条件相同的情况下，单从流动性来讲，仍然是短期优于长期。②以上三种资产管理理论，分别反映了商业银行在不同发展阶段经营管理的特点，在保证银行资产流动性方面各有侧重。商业性贷款理论建议通过发放短期贷款来保证流动性；可转换理论建议通过金融资产的转让程度来保证流动性，强调了资产转让性的作用；而预期收入理论则主要是从借款者的未来收入来考虑保证资产的安全性与流动性。不论商业银行以什么样的经营理论为指导，短期放款仍然是商业银行的重要资产业务。因此，资产管理的各种理论之间并不是相互排斥的，而是一种相互补充的关系，反映了一种不断完善和发展的演进过程。各种理论的产生都为银行的资产管理提供了新的思路，并推动了资产业务的不断拓展。

3.【解析】(1) 股利发放的限制条件：①法律性限制。法律为股利政策限定了一个范围，在这个范围内，决策者再根据其他因素决定其具体的股利政策。法律对股利政策的规定是很复杂的，国与国之间的条例也有差别。如美国法律对股利分配的规定有三项原则：a. 股利必须从公司现在或过去的盈利中付出。b. 股息不可用公司的资本支付。c. 当公司的债务超过其资产而无力偿付债务时，公司不得派发股息。除此之外，一些国家为了防范企业低额发放股利而超额累积利润，帮助股东避税，往往从法律上规定超额累积要加征额外税款。我国目前有关的法规没有关于超额累积利润的限制，对股利发放的规定与美国基本相同。②契约限制。当公司通过长期借款、债券、优先股、租赁合约等形式向外部筹资时，常应对方要求，接受一些约束公司派息行为的限制条款。例如规定只有在流动比率和其他安全比率超过规定的最小值后，才可支付股利。优先股的契约通常也会申明在累积的优先股股息付清之前，公司不得派发普通股股息。这些契约的限制都将影响公司的股利政策。确立这些限制性条款，限制企业股利支付，其目的在于促使企业把利润的一部分按有关条款的要求进行再投资，以增强企业的经济实力，保障债款的如期偿还。

(2) 企业内部因素的影响：①变现能力。公司的变现能力是影响股利政策的一个重要因素。公司资金的灵活周转是企业生产经营得以正常进行的必要条件。公司现金股利的分配自然也应以不危及企业经营资金的流动性为前提。如果公司的现金充足，资产有较强的变现能力，则支付股利的能力也比较强。如果公司因扩充或偿债已消耗大量现金，资产的变现能力较差，大幅度支付现金股利则非明智之举。由此可见，企业现金股利的支付能力在很大程度上受其资产变现能力的限制。②筹资能力。公司如果有较强的筹资能力，则可考虑发放较高股利，并以再筹资来满足企业经营对货币资金的需求。反之，则要考虑保留更多的资金用于内部周转或偿还将要到期的债务。一般而言，规模大、获利丰厚的大公司能较容易地筹集到所需资金，因此，它们较倾向于多支付现金股利；而创办时间短、规模小、风险大的企业，通常需要经营一段时间以后，才能从外部取得资金，因而往往要限制股利的支付。③资本结构和资金成本。公司债务和权益资本之间应该有一个最优的比例，即最优化资本结构，在这个比例上，公司价值最大，资金成本最低。由于股利政策不同，留存收益也不同，这便使公司资本结构中权益资本比例偏离最优资本结构，从而对公司股利政策的选择产生制约。另外，不同的股利政策还会影响公司的未来筹资成本。留存收益是企业内部筹资的一种重要方式，同发行新股或举债相比，成本较低。但股利支付与企业未来筹资成本之间存在着矛盾，这就要求企业的财务人员权衡股利支付与筹资要求之间的得失，制定出适合企业实际需要的股利政策。④投资机会的制约。从股东财富最大化出发，企业之所以能将税后利润部分或全部留下来用于企业内部积累，其前提是这一部分属于股东的净收益，可以使股东获得高于股东投资必要报酬率的再投资收益。因此，如果公司有较多的有利可图的投资机会，往往采用低股利政策。反之，如果它的投资机会较少，就可采用高股利政策。

(3) 股东因素：①股权控制要求。如果公司大量支付现金股利，再发行新的普通股以融通所需资金，现有股东的控股权就有可能被稀释。另外，随着新普通股的发行，流通在外的普通股股数必将增加，最终会导致普通股的每股盈利和每股市价下降，从而影响现有股东的利益。②所得税税负。公司股东大致有两类：一类是希望公司能够支付稳定的股利，来维持日常生活；另一类是希望公司多留利而少发放股利，以求少缴个人所得税。因此，公司到底采取什么样的股利政策，还应分析研究公司股东的构成，了解他们的利益愿望。

2015 年对外经济贸易大学 431 金融硕士初试真题解析

一、单项选择题

1. 【答案】B
【解析】现金余额说的公式为 $M=kPY$（剑桥方程式），式中 M 为货币数量，k 为货币形态保有的财富占名义总收入的比例，P 为一般价格水平，Y 为一定时期内按不变价格计算的实际产出。因此正确答案为现金余额说。

2. 【答案】D
【解析】A 选项国债期货和 B 选项股指期货都属于期货范围，期货是标准化的合约，在市场内交易。C 选项，ETF 基金是交易所基金，因此在交易所进行交易，属于场内交易。D 选项，外汇远期是企业与银行间签订的远期合约，因此是场外交易。

3. 【答案】A
【解析】中央银行发行现金，则中央银行负债端现金增加，资产负债表扩张。现金进入流通中，居民将货币余额存入银行，则通过双层次货币创造机制，最终会增加中央银行的存款准备金。此时，现金下降到原来水平，而存款准备金等额上升。根据上述分析，中国人民银行发行 1 000 亿元的现金，则货币发行增加 1 000 亿元，存款准备金增加 1 000 亿元，资产负债表规模扩张。

4. 【答案】B
【解析】A 选项狭义货币、C 选项准货币和 D 选项广义货币都来自货币的分层，不属于本题考查内容。正确答案为 B 选项。

5. 【答案】A
【解析】使用固定汇率制度会稳定国际贸易、国际投资和国际清偿力，但容易造成本国的通货膨胀，影响货币制度的自由度和货币供给量的稳定性。因此正确答案为 A 项。

6. 【答案】C
【解析】国际收支是流量的概念，因此 A 项错误。国际收支对未涉及货币收支的交易须折算成货币加以记录，因此 B 项错误。国际投资头寸的变化有时也可能是汇率、价格变化或其他调整引起的计价变化所造成的，因此 C 项正确。国际收支是一国居民和非居民交易的综合，体现交易的货币价值总和，并非货币交易，因此 D 项错误。

7. 【答案】C
【解析】A 项，SML 线上方的证券实际收益率高于资本资产定价模型定价，因此是被低估的证券。B 项，投资者应当根据资本资产定价模型得到补偿，即系统性风险得到补偿。C 项，CML 可以对所有充分分散的组合进行定价，但对单个证券无法定价。D 项，市场组合的含义是所有风险资产按照其市场权重求和所得，因此包括了所有的风险资产。正确答案是 C，表述不正确。

8. 【答案】B
【解析】X 股票的期望收益率 $E(r_X)=5\%+1.5\times(9\%-5\%)=11\%$，通过资本资产

定价模型所得的期望收益率与当前的期望收益率相同，因此 X 股票被正确定价，B 项正确。

9.【答案】C

【解析】金融机构的主体是间接金融，商业银行占据融资市场的绝大比重。商业银行关注公司的长期偿债能力。因此 C 项为正确答案。

10.【答案】B

【解析】根据分析，息税前利润 = 20 万元，公司负债 $D = (1-55\%) \times 150 = 67.5$（万元），利息支出 int $= D \times$ 利息率 $= 67.5 \times 12\% = 8.1$（万元）。财务杠杆系数 DFL $= \dfrac{\text{EBIT}}{\text{EBIT}-I} = \dfrac{20}{20-8.1} = 1.68$。因此，正确答案为 B 项。

二、判断题

1. √【解析】货币"非中性"指货币能够影响实体经济，因此本题表述正确。

2. ×【解析】商业银行的新型资产业务包括保理、资产证券化等资产管理业务，而理财业务属于中间业务，不进入资产负债表，因此本题表述错误。

3. √【解析】根据凯恩斯流动性偏好理论，人们以债券和货币两种形式持有财富，且心中有个安全的利率水准。当利率下降到一定水平时，人们预期利率上升且债券价格下降，因此人们会以货币的形式持有财富，不能刺激到经济。本题表述正确。

4. ×【解析】根据题目分析，中央银行发行央票是为了回收流动性，并增加公开市场操作的工具，因此本题表述不正确。

5. √【解析】根据购买力平价理论，当本国价格水平提高，则本币贬值，汇率升高。因此本题表述正确。

6. ×【解析】特里芬难题是指"信心"与"清偿力"之间的矛盾，是布雷顿森林体系崩溃的原因。因此本题表述错误。

7. √【解析】根据均衡"信贷配给"理论，银行贷款利率相对于市场利率具有黏性，即利率市场化后银行贷款利率会是一个比均衡利率更低的利率，出现更多的资金需求方。因此本题表述正确。

8. ×【解析】贷款的五级分类法中次级、可疑、损失三类称为不良贷款。因此本题表述不正确。

9. √【解析】IPO 折价主要是为了补偿市场流动性和风险，因此对发行方来讲是发行的一种成本。本题表述正确。

10. ×【解析】根据教材，折旧不是实际现金流的支出，但折旧会影响公司的税负。当公司的折旧发生变化时公司的经营现金流将发生变化，税盾法下的经营现金流：OCF $=$ EBIT $\times (1-t_c) + \text{dep} \times t_c$，因此折旧上升时经营现金流将上升。故该表述不正确。

11. √【解析】如果没有固定成本支出则 DOL $=1$，本题表述正确。

12. √【解析】在互斥项目中内部收益率法则由于规模问题会出现决策错误。A 方案的净现值高于 B 方案，因此应当选择 A 方案。本题表述正确。

13. √【解析】成长型股票的市场价值大于账面价值，市账率会高于 1，本题表述正确。

14. ×【解析】根据资本资产定价模型：$E(r_p) = r_f + \beta_p \times [E(r_m) - r_f]$，当 β_p 为 0

时，$E(r_p)=r_f\neq 0$。因此本题表述不正确。

15. ×【解析】根据单因素模型，证券收益率的方差 $\sigma_i^2=\beta_i^2\sigma_F^2+\sigma_{\varepsilon_i}^2$，其中 $\beta_i^2\sigma_F^2$ 代表因素 F 所带来的系统性风险，$\sigma_{\varepsilon_i}^2$ 代表公司特有风险。因此证券收益率的方差大小取决于因素方差的大小和公司特有风险方差的大小，本题表述不正确。

三、名词解释

1.【解析】(1) 监管套利是指各种金融市场参与主体通过注册地转换、金融产品异地销售等途径，从监管要求较高的市场转移到监管要求较低的市场，从而全部或者部分地规避监管、谋取超额利益的行为。(2) 监管套利的存在造成各国商业银行的利润水平不同，加剧了国际市场的系统性风险。因此巴塞尔银行监管委员会提出了一系列的重要银行监管规定，1988 年的《巴塞尔资本协议》也由此诞生。

2.【解析】(1) 影子银行是指经营银行业务但是游离于金融监管之外的机构（有银行之实、无银行之名）。(2) 影子银行形成的原因：①银行主导的金融体系和利率非市场化。②银行为了保证某些监管指标将贷款做出表外有着很强的动力。③金融监管存在问题等。(3) 影子银行出现的积极方面：对金融体系起到了补充作用，提高了将储蓄转换成投资的效率，从而在一定程度上支持了实体经济的发展。(4) 影子银行出现的消极方面：①由于金融机构一定要承担流动性风险和信用风险，本身也有操作风险，外部有市场风险，监管的不透明引发金融体系风险，故会造成金融体系的不稳定，危害实体经济和社会稳定。②放大杠杆，进而放大资产价格波动（股灾的场外配资通过影子银行操作）。③降低货币政策传导效率。(5) 对于影子银行的政策建议：建立更加完善的监管框架，更多地纳入对影子银行的监管。完善信息披露，使得影子银行规范化、透明化。

3.【解析】(1) 期权是给予卖方在特定的日期交易特定标的物的权力，按照其执行日前可否提前行权分为欧式期权和美式期权。(2) 欧式期权（European Option）是指期权买方只能在期权到期日当天行使权力，因此在欧式期权交易中合约的交割日就等于合约的到期日。(3) 通过比较，欧式期权本少利大，但在获利的时间上不具灵活性；美式期权虽然灵活，但付费十分昂贵。因此，国际上大部分的期权交易都是欧式期权。

4.【解析】(1) 绿鞋条款是指承销合同中给予承销团成员按照发行价增购证券的选择权的一种条款。(2) 绿鞋条款是为了满足过多的需求和超额的认购，它一般延续大约 30 天的时间，包括增购不超过 15% 的新发行权证。(3) 对承销团来说，绿鞋条款是一种好处；而对于发行人来说，它是一项成本。

5.【解析】(1) 边际资本成本是指公司每增加一个单位量的资产而形成的追加资本的成本。通常资本成本率在一定范围内不会改变，而在保持该资本成本率的条件下，可以筹集到的资金总额度成为保持现有资本结构下的筹资突破点，一旦筹资额超过该点，即使维持现有的资本结构，其资本成本率也会增加。(2) 由于筹集新资本都按一定的数额批量进行，故其边际资本成本可以绘成一条有间断点的曲线。若将该曲线与投资机会曲线置于同一图中，则可进行投资决策。应接受内部收益率高于资本成本的投资项目；反之则拒绝。两者相等时则是最优的资本预算。

四、计算题

1. 【解析】(1) 当期收益率 $CY = \dfrac{C}{P_0} = \dfrac{100 \times 8\%}{105} = 7.62\%$。

(2) 单利下的持有期收益率（年化）$HPR_3 = \dfrac{P_3 - P_0 + 3C}{P_0} \times \dfrac{1}{3} = \dfrac{117 - 105 + 3 \times 8}{105} \times \dfrac{1}{3} = 11.43\%$。

(3) 单利的到期收益率 $YTM = \dfrac{\text{票面利息} + \text{本金损益}}{\text{市场价格}} = \dfrac{C + \dfrac{F - P_0}{T}}{P_0} = \dfrac{8 + \dfrac{100 - 105}{5}}{105} = 6.67\%$。

(4) 到期收益率与发行价格之间的关系：当到期收益率大于票面利率时，债券折价发行；当到期收益率小于票面利率时，债券溢价发行。由于债券是未来现金流按照到期收益率折价期初市场价格，因此当到期收益上升时，发行价格将下降，反之亦然。

2. 【解析】(1) 由 $\beta_i = \dfrac{\text{cov}(m, i)}{\sigma_m^2} = \rho \times \dfrac{\sigma_i}{\sigma_m}$，可知

$$\beta_{\text{INTEL}} = \dfrac{\text{cov}(m, \text{INTEL})}{\sigma_m^2} = \rho \times \dfrac{\sigma_{\text{INTEL}}}{\sigma_m} = 0.7 \times \dfrac{12\%}{5\%} = 1.68$$

$$\beta_{\text{FORD}} = \dfrac{\text{cov}(m, \text{FORD})}{\sigma_m^2} = \rho \times \dfrac{\sigma_{\text{FORD}}}{\sigma_m} = 0.3 \times \dfrac{14\%}{5\%} = 0.84$$

$$\beta_{\text{MERCK}} = \dfrac{\text{cov}(m, \text{MERCK})}{\sigma_m^2} = \rho \times \dfrac{\sigma_{\text{MERCK}}}{\sigma_m} = 0.6 \times \dfrac{10\%}{5\%} = 1.2$$

(2) 根据资本资产定价模型 $E(r_p) = r_f + \beta_p \times [E(r_m) - r_f]$，则

$$E(r_{\text{INTEL}}) = r_f + \beta_{\text{INTEL}} \times [E(r_m) - r_f] = 5\% + 1.68 \times (15\% - 5\%) = 21.80\%$$

$$E(r_{\text{FORD}}) = r_f + \beta_{\text{FORD}} \times [E(r_m) - r_f] = 5\% + 0.84 \times (15\% - 5\%) = 13.40\%$$

$$E(r_{\text{MERCK}}) = r_f + \beta_{\text{MERCK}} \times [E(r_m) - r_f] = 5\% + 1.2 \times (15\% - 5\%) = 17.00\%$$

关于 SML 曲线的图像如图 1 所示。

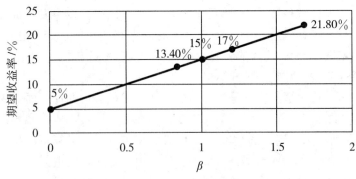

图 1　SML 曲线

(3) 根据 CAPM 模型，在 SML 上方的股票是被低估的股票，在 SML 下方的股票是被高估的股票。易得 FORD 被低估，INTEL 和 MERCK 被高估。

将预期的实际收益率标注在 SML 曲线之上，如图 2 所示。

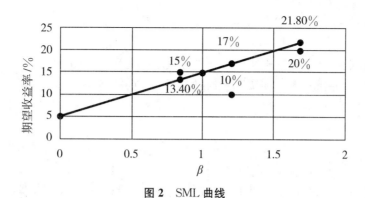

图 2　SML 曲线

FORD 公司股票实际收益率大于预期收益率，因此股票被低估。
MERCK 公司股票实际收益率小于预期收益率，因此股票被高估。
INTEL 公司股票实际收益率小于预期收益率，因此股票被高估。

五、简答题

1.【解析】（1）基础货币的定义：基础货币又称高能货币，结构为 $MB=C+R$，式中 MB 为基础货币，C 为流通中的现金，R 为银行体系的准备金总额。

（2）央行控制货币供给一般有三种方法：公开市场操作、贴现政策和法定存款准备金率。其中公开市场操作和贴现政策是对基础货币的直接控制，而法定存款准备金率是通过控制货币乘数，间接控制基础货币。

三种方法的具体操作：①公开市场操作是中央银行控制基础货币，调节市场流动性的主要货币政策工具，通过中央银行与指定交易商进行有价证券和外汇交易，实现货币政策的调控目标，中央银行购买债券被称为公开市场购买，该行为会导致基础货币的增加，反向操作会导致基础货币减少。②贴现政策是指货币当局通过变动自己对商业银行所持票据再贴现的再贴现率来影响贷款的数量和基础货币量的政策。贴现率提高，商业银行从中央银行借款的成本随之提高，商业银行会减少贷款数量，基础货币的投放也会减少。但是，贴现率的调节作用则是相对有限的。③法定存款准备金率是法律规定的商业银行准备金与商业银行吸收存款的比率。法定存款准备金率的调整将直接影响商业银行等存款货币机构创造派生存款的能力，从而影响货币乘数，反之则会提高商业银行的存款创造能力。

2.【解析】（1）成本推进型通货膨胀（Cost－Push Inflation）是指在总需求不变的情况下，由于成本上升引起了总供给曲线的上移，生产要素价格上升与引起生产成本上升所导致的物价总水平持续上涨的情况。

（2）引起成本上升的原因很多，成本推进型通货膨胀主要分为工资推进型和利润推进型。①工资推进型通货膨胀。这种通货膨胀是由过度的工资上涨导致生产成本上升，从而推动总供给曲线（总成本线）上移而形成的。在现代经济生活中，当强大的工会组织迫使企业提高工资，使得工资的增长快于劳动生产率的增长时，生产成本就会提高，导致产品价格上升；而物价的上涨又会使工会再一次要求提高工资，又一次对物价上涨形成压力。这样，工资的增长和价格的上涨形成了螺旋式的上升运动。②利润推进型通货膨胀。它是指垄断企业凭借其垄断地位，通过提高垄断产品的价格来获得垄断利润，使得总供给曲线（总成本线）上移，从而引起的通货膨胀。利润推进型通货膨胀以行业垄断的存在为前提。

没有行业垄断，不存在大型的可以操纵市场价格的垄断企业，就不可能产生利润推进型通货膨胀。

3.【解析】股票回购通常采用以下三种方法之一进行：

（1）公司像普通投资者一样按照公司股票当前市场价格购买自己的股票。在这种公开市场回购中，公司无须披露其购买身份。因此，股票卖方根本无法判断其股票是回售给公司还是其他的投资者。

（2）要约回购。在这种情况下，公司向所有股东宣布将以某一价格回购一定数量的股票。实际上，如果要约价格足够高，股东打算卖出的股票数量会多于公司计划收购的股数。在极端情况下，所有流通在外的股票都接受要约。另一方面，如果股东并未收购足够的股份，那么要约可以撤销。与要约收购有关的一种方法就是荷兰式拍卖，这时公司并未对待售股票制定一个固定的价格，取而代之的是，公司组织一场拍卖为股票竞价。公司将宣布其在多个不同的价格下愿意购回的股份数量，而股东则指出他们在不同价格下愿意卖出的股份数量，公司进而选择能够实现既定目标的最低价格。

（3）目标回购。在这种情况下，公司向特定股东回购一定数量的股票。公司之所以采用目标回购的方式，可能是出于以下原因：向个别大股东回购股票的价格通常低于要约回购价格，法律费用也较低；回购大股东的股票还可以避免对管理层不利的收购兼并。

4.【解析】（1）一个套利组合应该满足以下条件：

①投资者不需要额外追加投资，即投资比例变化而总投资不变。

②套利组合的风险为零，即既没有非系统性风险，也没有系统性风险。

③套利预期收益为非负。当市场达到均衡时，套利组合的预期收益率为零。因此，套利定价模型表明市场处于均衡状态时，套利机会不存在。

（2）套利定价理论的核心思想：一旦市场出现了套利机会，套利者会尽可能建立大额的套利头寸，推动市场价格恢复均衡，迅速消除套利机会。

5.【解析】（1）净现值法假定投资率为项目的折现率，而内部收益率法则假定项目按照内部收益率进行再投资，两者并不相同。

（2）净现值法假定投资期间产生的现金流再投资时会产生企业资本成本的利润率。而内部收益率法则假定投资期间产生的现金流再投资时产生的利润与此项目特定产生的内部收益率相同。再投资收益率实质上是一种机会成本假定，也就是说产生差异的原因是两者对投资期间现金流的机会成本假定不同。现在我们假定某几个方案投资者的预期投资报酬率都是 $R\%$，即 $R\%$ 是假定风险程度的适当的资本机会成本。那么，我们以 $R\%$ 的贴现率对现金流量贴现。除非项目具有更高的风险，否则不应该用更高的贴现率对现金流量贴现。可是内部收益率法却并非如此，虽然几个方案有共同的风险，内部收益率法却以不同的贴现率贴现，这些贴现率都不是既定的项目风险的正确资本机会成本。而净现值法对项目风险相同的各个方案的资本机会成本相同。所以内部收益率法的假定是不适宜的，而净现值法的资本机会成本假定是正确的。

六、论述题

1.【解析】（1）购买力平价理论的基本思想是货币的价值在于其购买力，因此不同货币之间的兑换率取决于其购买力之比。也就是说，任何两种货币的汇率变动都应当反映两国物价水平的变化。购买力平价理论又分为绝对购买力平价和相对购买力平价。绝对购买力平价的一般形式为 $e=\dfrac{P}{P^*}$。它意味着汇率取决于以不同货币衡量的两国一般物价水平之比，即不同货币的购买力之比。绝对购买力平价成立意味着，以两国物价水平之比表示的实际汇率 $q=\dfrac{eP^*}{P}=1$。相对购买力平价把汇率变动的幅度和物价变动的幅度联系起来，其公式为 $\dfrac{\Delta e}{e}=\dfrac{\Delta P}{P}-\dfrac{\Delta P^*}{P^*}$，表明两国通货膨胀率之差可以造成本币的升贬值。

（2）购买力平价理论的合理之处：①购买力平价反映了无套利情况下两国价格水平之间的关系，因此在商品市场上套利机制能够有效发挥作用的情况下，它具有合理成分。②在两国商品篮子一致（篮子内的商品质量、结构相同）、两国配置资源的方式（包括制度）、市场结构以及收入分配方式等一致的情况下，它也能够在一定程度上以货币购买力的方式衡量两国居民的福利水平对比。③它从货币的基本功能（具有购买力）出发来分析货币的交换问题，非常易于理解。④它的表达形式也最为简单。

（3）购买力平价理论的不足：①购买力平价在分析中假定只存在经常账户交易，如果也存在着资本与金融账户交易，尤其是这一交易在短期内主导了汇率的变动时，现实中的汇率也很难通过商品套利机制使之满足购买力平价。②并非所有商品和服务（其价格被包括在一国的物价水平当中）都可以跨境交易，现实中存在不可贸易品，如住宅、土地以及餐饮、理发和高尔夫等服务。购买力平价理论忽视了不可贸易品的存在及其对物价的影响。③购买力平价理论基于两国所有商品同质与运输成本和贸易壁垒很低的假定，但现实中贸易成本和贸易壁垒对国际商品套购存在制约。④一价定律并不适用于所有商品，现实中存在着市场势力。购买力平价理论没有考虑垄断因素对两国价格所产生的歧视性影响。⑤理论隐含假定了衡量两国物价的商品篮子在商品质量、种类、结构权重上都是一致的，但这显然是不合理的。⑥购买力平价的分析是以物价水平可以灵活调整作为前提的，如果存在价格黏性导致其不能在短期内及时调整，汇率就会暂时偏离购买力平价。⑦购买力平价说把汇率的变动完全看成一种货币现象，购买力平价的成立意味着反映一国产品国际竞争力的实际汇率不发生变动，这是不符合现实的。从长期看，实际因素的变动会引起实际汇率以及相应的名义汇率的调整，从而使名义汇率与购买力平价产生长久性的偏离。其主要的实际因素包括：生产率的变动、消费偏好的变动、自然资源的发现、各国自然禀赋和经济禀赋的不同、各国经济政策的不同、本国对外国资产的积累、垄断性的市场结构、对国际贸易管制的变动等。

2.【解析】（1）①优先股是相对于普通股股票而言的。它是指优先于普通股股票分取公司收益和剩余资产的股票；优先股股票一般在票面上注明"优先股"字样。具体的优先条件必须由公司章程加以明确规定。②优先股股票的主要特征：a. 优先按规定方式领取股息。公司在支付普通股股息之前必须先按事先约定的方法计算优先股股息，并支付给优先股股东。b. 优先按面额清偿。在公司破产或解散清算时，优先股有权在公司偿还债务后按照票面金额先于普通股从清算资金中得到补偿。c. 限制参与经营决策。优先股股东一般没有投票权，从而不能参与公司的经营决策。只有在直接关系到优先股股东利益的表决时，才能行使表决权，或是在对优先股股息积欠达到一定数额后，可以选举一定人数的董事。d. 一般不享有公司利润增长的收益。通常情况下，优先股股东只能按事先规定的方式领取股息，而不能因为公司利润增长而增加股息收入。

(2) 商业银行发行优先股的动机与作用。①资本提高的需要。2013年1月1日，银监会正式实施《商业银行资本管理办法》，对资本金的定义和数量提出了新要求，商业银行面临资本金补充的压力。其中，优先股所在的一级非核心资本的补充压力最大。②拓宽银行筹资渠道。长期以来，商业银行资本提升策略单一，资本工具相对匮乏，仅限于普通股、次级债、可转债三类。融资工具单一造成了银行资本结构的"扭曲"：一级核心资本和二级资本占比过高，而一级非核心资本长期处于空白状态。③有利于缓解由于资产质量下滑造成的资本金压力。目前，银行风险不断释放，资本消耗或将提高。银行业正面临资产质量下滑的风险，使用优先股融资有利于缓解由于资产质量下滑造成的资本金压力；同时，通过提高非一级核心资本的占比，强化市场约束，降低银行风险承担水平。④银行业股价低估，股票增发困难。目前，我国银行业整体估值水平较低。利用优先股融资，可缓解股市低迷下银行的资本压力；同时，利用优先股融资回购普通股，也可起到稳定股价的作用。

(3) 银行选择在境外发行优先股的原因。①优先股大多为私募发行，由机构投资者购买，而国内证券市场机构投资者培育不足。②国内资本市场对优先股不熟知。国外市场相对发达，资本补充手段较为多元化，而我国目前商业银行的资本构成较为单一。③受银行估值的影响。银行估值一直很低，很重要的一个原因是银行通过二级市场增发股票进行巨额融资，对其股价造成了负面影响。如果通过发行优先股来满足融资需求，对二级市场的股价冲击就会比较小。

3.【解析】资本结构是指企业各种资本的构成及其比例关系。资本结构是企业筹资决策的核心问题，企业应综合考虑有关影响因素，运用适当的方法确定最优资本结构，并在以后追加筹资中继续保持。企业资本结构的选择会受到以下因素的影响：

(1) 税收。MM理论认为在考虑所得税的情况下，由于利息的税盾存在，企业价值会随负债程度的提高而增加，股东也可获得更多好处。于是，负债越多，企业价值也会越大。所以，有高应税收入的公司应比低应税收入的公司更依赖债务。因为负债具有节税效果，可使公司合理避税。

(2) 资产的类型。拥有高比例无形资产的公司（如研究和开发的公司）应该持有低负债，主要拥有有形资产的公司应该持有较高负债，这是因为其财务困境成本远远小于拥有高比例无形资产的公司。

(3) 经营收入的不确定性。经营收入具有显著不确定性的公司应该主要依赖权益，这是因为有不确定经营收入的公司经历财务困境的可能性较高，即使其没有负债。

(4) 企业控制权。债务资本与权益资本不仅在收益分配上有区别，在控制权的安排上也是不一样的。对债务融资而言，如果经营者按期还本付息，则经营者拥有企业的日常控制权，所有者获得财产的终极控制权；当企业经营状况不佳、资不抵债时，债权人就可接管企业控制权，经营者和所有者丧失控制权。若想保持较高的企业控制权，则其资本结构更应依赖债务，以免企业控制权的分散，但同时也要注意避免破产，彻底丧失控制权。

(5) 利率水平的变化趋势。利率的变化直接影响企业的债务融资成本，若预期未来利率上涨，企业应选择发行期限较长的固定利率债券。

(6) 贷款人和信用评级机构的态度。企业的借款成本与贷款人及信用评级机构对企业的评级密切相关，若评级较高，借款成本低；若评级较低，则借款成本高。评级较高的企业可选择债务融资。

（7）企业当前的杠杆水平。债务为公司带来了税收上的好处。然而，破产成本或更为普遍的财务困境成本会在一定程度上抵消借债带来的好处。当企业在进行资本结构的选择时，要考虑当前的负债率，若企业的负债率较低，则可考虑利用杠杆。

（8）代理成本。代理理论认为，债权筹资有很强的激励作用，并将债务视为一种担保机制。这种机制能够促使经理多努力工作，少个人享受，并且做出更好的投资决策，从而降低由于两权分离而产生的代理成本；但是，负债筹资可能导致另一种代理成本，即企业接受债权人监督而产生的成本。均衡的企业所有权结构是由股权代理成本和债权代理成本之间的平衡关系来决定的。

（9）信号。根据优序融资理论，债务融资与股票融资相比，债务融资的硬性约束特点能向投资者传递积极的信号，有可能提高股价，促进企业价值增值；股票融资往往意味着企业筹资乏力、前景黯淡，使投资者对企业发展失去信心，从而低估企业的市场价值。内部融资与债务融资相比，内部融资预示着企业良好的成长趋势，能增强投资者的积极性，进而提高股票价格。所以，企业可能的融资顺序是：内部融资＞债务融资＞股票融资。

首都经济贸易大学 431 金融硕士初试真题超精细解读

宏观数据速递

一、分值一览表

分布类型	题型/科目	2014 年	2015 年	2016 年	2017 年	2018 年
题型分值	名词解释	金融(8×2=)16 分 公司理财(8×3=)24 分	金融(8×4=)32 分 公司理财(8×1=)8 分	金融(8×3=)24 分 公司理财(8×2=)16 分	金融(5×5=)25 分 公司理财(5×3=)15 分	金融(6×4=)24 分 公司理财(6×2=)12 分
	简答题	金融(10×4=)40 分 公司理财(10×2=)20 分	金融(10×4=)40 分 公司理财(10×2=)20 分	金融(10×4=)40 分 公司理财(10×2=)20 分	金融(10×2=)20 分 公司理财(10×3=)30 分	金融(8×2=)16 分 公司理财(8×4=)32 分
	论述题	金融(25×2=)50 分	金融(25×2=)50 分	金融(25×2=)50 分	金融(20×2=)40 分	金融(18×2=)36 分
	计算题	—	—	—	公司理财(10×2=)20 分	金融(10×1=)10 分 公司理财(10×2=)20 分
学科分值	货币金融学	106 分	122 分	114 分	85 分	86 分
	公司理财	44 分	28 分	36 分	65 分	64 分

二、难度点评和总体走势

2015 年初试专业课难度略微偏难,公司理财分值占比也较低;2016 年难度有所下降,处于中等难度,考试内容较为常规;2017 年更改和变动了专业课大纲,并由数三改为经济类联考,专业课难度有小幅上升,公司理财分值比重上升明显,同时录取分数线突增至 370 分;2018 年难度再次上升,公司理财维持较大比重且出题较为灵活,报录比也随之逐年上升,录取分数线仍与去年持平。

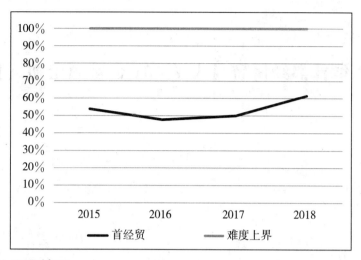

三、分数线及录取情况

	指标	2014 年	2015 年	2016 年	2017 年	2018 年
初试要求	单科要求	≥45 分（100 分）；≥68 分（150 分）	≥45 分（100 分）；≥68 分（150 分）	≥45 分（100 分）；≥68 分（150 分）	≥46 分（100 分）；≥69 分（150 分）	≥44 分（100 分）；≥66 分（150 分）
	总分要求	336 分	343 分	330 分	370 分	370 分
人数要求	进复试人数	—	—	—	62 人	78 人
	录取人数	44 人	55 人	65 人	50 人	60 人
录取信息	录取分数最高分	—	—	—	406 分	412 分
	录取分数最低分	—	—	—	370 分	370 分

四、真题指导教材复习顺序及重点章节

（一）复习顺序

先金融学，后公司财务。

（二）重点章节

李健的《金融学》，全部章节。

刘力的《公司财务》，全部章节。

2018年首都经济贸易大学431金融硕士初试真题

一、名词解释

1. 系统性风险
2. 风险溢价
3. 配股
4. 债券溢价发行
5. 信息不对称
6. 货币职能

二、简答题

1. 简述企业融资活动中现金流变化对企业价值的影响。
2. 简述债权融资的特征。
3. 简述可转换债券的投资价值。
4. 用有效市场假说简要分析股价上涨。
5. 简述中央银行的职能。
6. 简述三大货币政策工具的特点。

三、计算题

1. 准备金比率0.2,现金6万亿元,存款150万亿元,超额准备金20万亿元。
   (1) 求现金比率和超额准备金率。
   (2) 求货币乘数。
   (3) 求基础货币和货币供给。

2. 某公司进行融资活动,国库券的收益率是8%,市场组合的预期收益率是13%,公司的$\beta=1.3$,求公司的预期收益率。当$\beta=1$时预期收益率是多少?你能得到什么规律?

3. 公司正在考虑两个互斥项目A和B,两个项目的现金流如下表所示:

时间	A项目	B项目
0	−20 000	−20 000
1	30 000	15 000
2	15 000	30 000

其中$r=12\%$,通货膨胀率为2%,请问应该投资哪个项目?

四、论述题

1. 什么是货币政策传导机制？论述我国货币政策传导的实践。
2. 近年来我国债券市场屡次出现违约问题并有加重趋势，分析其原因和影响，并提出政策建议。

2017年首都经济贸易大学431金融硕士初试真题

一、名词解释

1. CAPM
2. 指数化投资策略
3. 交易成本
4. 期权合约
5. 购买力平价理论
6. 信息不对称
7. 有效市场假说
8. 汇率超调

二、计算题

1. 100元购入的股票,期间红利为1元,期末价格分别为106元和95元时,持有期收益率是多少?两种情况给你什么启示?

2. 公司有两个项目。第一个项目,投入10 000,第一年回收6 500,第二年回收4 000,第三年回收3 000;第二个项目,投入12 000,第一年回收7 500,第二年回收4 000,第三年回收5 000。

(1) 如果公司回收期只有两年,应该选择哪个项目投资?
(2) 按照净现值折现法,应该投资哪个项目?($r=10\%$)

三、简答题

1. 中央银行的职能有哪些?
2. 简述利率期限结构理论的内容。
3. 简述MM定理的内容。
4. 简述ROA与ROE的定义,判断哪个指标更好?为什么?
5. 简述优序融资理论的内容。

四、论述题

1. 结合我国的实际情况,说明货币政策工具如何影响利率。
2. 针对2015年股市带来的经验教训,提出你自己的建议(包括对个人投资者)。

2016年首都经济贸易大学431金融硕士初试真题

一、名词解释

1. 金融深化
2. 保险最大诚信原则
3. SDR
4. 证券投资基金
5. 久期

二、简答题

1. 一般情况下,不对称信息条件下的融资顺序是什么?
2. 什么是股指期货?谈谈你对2015年行情中股指期货作用的认识。
3. 汇率的决定因素有哪些?
4. 金融创新的主要内容有哪些?
5. 简述套利定价理论。
6. 金融风险包括哪些类型?

三、论述题(三选二)

1. 什么是人民币国际化?人民币国际化存在哪些利弊?
2. 亚投行是什么性质的金融机构?我国建设亚投行的意义何在?
3. 2015年三季度末,16家上市银行不良贷款余额接近9 080亿元,较年初新增2 396亿元,已经接近2014年全年新增量,应如何看待我国银行不良资产的现状?给出应对的对策和建议。

2015年首都经济贸易大学431金融硕士初试真题

一、名词解释

1. 基准利率和市场利率
2. 货币制度和国际货币制度
3. 金融工具和信用工具
4. 金融脆弱性和金融监管
5. 通货膨胀和货币供给

二、简答题

1. 商业银行的业务分为几大类？分别说明几大类下具体的业务。
2. 简要分析中央银行的资产负债表，分析其中各项与货币供给的关系。
3. 货币政策工具有哪几大类？简要介绍几大类下的工具。
4. 简述股票价格的基本面分析框架所包含的内容，并与巴菲特的基本价值（Fundamental Value）做比较。
5. 简述国际收支平衡表的内容以及主要分析方法。

三、论述题（1必做，2、3选做一个）

1. 论述我国利率市场化的进程以及当今我国利率市场化的条件。
2. 简述国际货币制度的内容，并说出我国主张的国际货币制度的内容，总结2008年以来我国在国际货币制度中采取的主要措施。
3. 比较当今的互联网金融和几年前的网络金融的区别和联系，举例说明当今互联网金融的主要形式并分析其风险。

2018年首都经济贸易大学431金融硕士初试真题解析

一、名词解释

1.【解析】系统性风险是金融机构整个系统因外部因素的冲击和内部因素的牵连发生的剧烈波动、危机或瘫痪，使单个金融机构难以幸免，从而遭受经济损失的可能性。系统性风险包括政策风险、经济周期性波动风险、利率风险、汇率风险、购买力风险等。一项金融资产的系统性风险描述了该金融资产与市场组合的相关性，或者受到市场的影响程度。系统性风险无法被多样化的策略消除，所以又被称为不可分散风险。只有系统性风险可以得到风险溢酬。在CAPM模型中，系统性风险用β表示。

2.【解析】风险溢酬即投资人要求较高的收益以抵消更大的风险，是投资人在面对不同风险的高低且清楚高风险高报酬、低风险低报酬的情况下，对风险的承受度影响其是否要冒风险获得较高的报酬，或是只接受已经确定的收入，而承受风险可能得到的较高报酬。确定的收入与较高的报酬之间的差，即为风险溢价。风险溢价有两种含义：一是事后的或者已经实现的风险溢价，这是实际的、通过历史数据观察得到的市场收益率和无风险利率之间的差值；二是事前的或者预期的风险溢价，这是一个前瞻性的溢价，即预期未来的。

3.【解析】配股是指向原股票股东按其持股比例、以低于市价的某一特定价格配售一定数量新发行股票的融资行为。在股权登记日前持有该股票的人，有权在"配股实施日"当天，按照公布的配股比例和规定的代码买进该配股，这是追加投资后的一种凭证。当股票再次发行时，可以选用优先认股权的方式，它给予现有股东以低于市场价值的价格优先购买一部分新发行的股票，其优点是发行费用低，并可维持现有股东在公司的权益比例不变。现有股东也可以在市场上出售优先认股权，其价值取决于市场价格、新股出售价和购买一股所需的权数。当然，如果股东认为新发行的普通股无利可图，则他也可以放弃这种权利。

4.【解析】债券溢价是债券价格大于票面价值的差额。债券溢价受两方面因素的影响：一是受市场利率的影响。当债券的票面利率高于金融市场的通行利率即市场利率时，债券就会溢价。二是受债券兑付期的影响，距兑付期越近，购买债券所支付的款项就越多，溢价额就越高。债券溢价发售是指债券以高于其面值的价格发行，折价发售指债券以低于其面值的价格发行，在我国债券可以溢价发行，但不允许折价发行。其实，债券溢价或折价发行是对票面利率与市场利率之间的差异所做的调整，其差异的值就是一种利息费用。发行企业多收的溢价是债券购买人因票面利率比市场利率高而对发行企业的一种补偿，而折价则是企业因为票面利率比市场利率低而对购买者做的利息补偿。

5.【解析】信息不对称是指在市场经济活动中，各类人员对有关信息的了解是有差异的。掌握信息比较充分的人员往往处于比较有利的地位，而信息贫乏的人员则处于比较不利的地位。市场中卖方比买方更了解有关商品的各种信息，掌握更多信息的一方可以通过向信息贫乏的一方传递可靠信息而在市场中获益，买卖双方中拥有信息较少的一方会努力从另一方获取信息，市场信号显示在一定程度上可以弥补信息不对称的问题。信息不对称是市场经济的弊病，要想减少信息不对称对经济产生的危害，政府应在市场体系中发挥强有力的作用。信息不对称在金融市场上主要表现为交易之前的逆向选择和交易之后的道德风险。逆向选择是因为潜在的不良贷款风险来自积极寻找贷款的人，故最可能导致不良后果的人往往是最希望从事这笔交易的人。道德风险是由于借款人从事了与贷款人意愿相违背的活动，增大了贷款违约的可能性，故导致贷款人承担较大的风险。

6.【解析】货币职能是指货币本质的具体体现。在发达的商品经济条件下，货币主要职能包括：交易媒介、记账单位和价值储藏。

(1) 交易媒介。对于经济中所有的市场交易而言，以通货或者支票形式存在的货币都是一种交易媒介，用它来支付商品和劳务。货币的交易媒介功能能够极大减少花费在交换物品和劳务上的时间，从而提高了经济运行的效率。

(2) 记账单位。货币作为记账单位，是经济社会中价值衡量的手段，用来衡量产品和服务的价值，减少了需要了解的价格数目，节省了交易成本。

(3) 价值储藏。价值储藏功能即跨越时间段的购买力的储藏，利用货币价值储藏功能可以将取得收入和支出的时间分离开。同股票、债券等资产相比，货币收益较低，但流动性最高，无须转化为他物就可以直接用于购买行为，从而节省了资产转化为货币过程中要支付的交易成本，并且储藏货币可以应对由于一些意外情况产生的对货币的需求。

在现代高度发达的市场经济中，货币的作用范围和作用力度进一步扩大。表现为在微观经济活动中，产生了核算功能和资产功能。在宏观经济运作中，货币不仅发挥着促进商品生产和流通的作用，还成了反映和影响总体经济运行的主要指标。

二、简答题

1.【解析】现金流一般是指单位组织在规定会计期间内，借助相应的经济活动而引起的现金流进与流出的总量。这些经济活动不仅包括单位的经营活动，还包括投资、筹资等方面的活动。简单来说，现金流就是现金流出与流入的数量。企业价值主要指与单位财务活动相关的，能够较好地体现单位资金的时间价值、风险和持续经营能力的现值。那么在企业融资活动中，现金流的变化对企业价值将必然产生密切的关联和影响，主要表现在：

(1) 现金流直接影响企业的生存能力。随着经济全球化的发展，企业之间的竞争越来越激烈，企业要想有所发展，首先要保证自己能在竞争中生存下来，没有生存就谈不上有发展的机会。现金流一般是个短期的基础概念，它反映着企业短期的生存能力。现金流与利润都是衡量企业经营情况的重要指标。从公式来看，经营活动现金比率=经营活动产生的现金净流量/现金流量总额。由此可知，作为企业，如果其创造现金的能力越强，说明它的财务基础就越稳定，代表着其偿债能力及对外筹资能力更强。当然，如果创造现金的能力变弱，企业的财务基础也就不会那么稳定了。

(2) 现金流能够影响企业的盈利能力。在企业价值里，盈利能力是其重要的指标，而盈利能力主要是指企业获取利润的能力，通常被列为单位业务水平及业绩的重要指标。一般来说，企业可以借助现金净流量去衡量每股收益、净资产收益率的情况，企业的现金净流量越高，可以暗示企业的支付能力、创现能力较强。从企业的经营业务和销售商品的角度看，企业的现金流入比重大，能够在一定程度上体现其资产转换为现金的速度较快。假若创造现金的能力变弱，企业销售收入会缺少稳定的现金保证，容易导致企业出现较多的坏账损失。从债券利息方面看，现金流的变动可以反映单位账面投资的质量。同时，很多企业的投资者经常会利用现金流开展投资业务，意图获取更多的投资收益。

（3）现金流决定价值创造。根据公式，企业的股权自由现金流＝利润＋折旧－投资，可知现金流能够很好地衡量单位价值水平。对于一些将来成长潜力较弱、融资监管力度较弱的企业来说，现金流的波动还会降低企业股东的价值。企业股东的利益也会直接受到现金流波动性的负面干扰，一般来说，这两者呈负相关关系。而企业在市场的估值，也会随着现金流的波动而降低，因此现金流的波动性对企业的价值影响非常大。

（4）现金流的变动影响企业的投资行为。对于一些企业来说，假如出现现金流不稳定的情况，企业的投资水平会受到严重的影响。现金流的波动性将不利于企业的债券与股权融资，波动性较大的现金流甚至会干扰融资的正常进行、恶化融资的条件，最终阻碍了单位价值管理的正常运作。

（5）现金流的波动影响企业的现金和负债。现金流的波动会较大幅度地影响企业现金流保有量的多少，现实中那些主要靠外部融资的企业，现金的存量增加能够降低现金流波动给企业带来的负面影响。

（6）现金流的变动影响企业的市场风险。随着社会环境和经济环境的变化，各个企业都会面临许多的市场风险。现金流波动较大的公司出现现金流不足现象的可能性较大，面临较大的市场风险，而现金流较稳定的公司则可以降低财务风险，从而抵御市场风险，增加企业价值。

2.【解析】债权融资是指公司通过发行债券或者从银行等金融机构贷款的方式取得融资。

优点：①债务人可以利用债务的税盾效应提升公司价值。②债权融资可以避免分散股权，防止公司现有股东股权被分散，不会招致现有股东的反对和不满。

缺点：①负债经营将使公司的财务困境成本增大，提高财务杠杆将增大公司财务风险。②债权人可以设置限制性条款，会对公司的经营活动产生限制。

3.【解析】可转换债券是指发行人按照法定程序发行，赋予其持有人在一定时间内依据约定条件将其转换成一定数量股票（绝大多数情况下是发行公司的股票）权利的公司债券。其持有人可以在规定的期限内，将债券按既定的转换价格和转换比率转换为相应公司的普通股。但在持有人不执行转换权利之前，公司必须按时支付利息，如果可转换债券到期持有人仍然不愿转换，则公司必须全额偿还本金。可转换债券具有债券和股票的双重特性，是一种混合型金融工具，可以大致认为是固定收益的债券和以发行者股票为标的的认股权证的组合。

可转换债券的债性体现在，它与其他企业债券一样，规定有票面利率、发行期限、付息方式等条款。可转换债券的股性体现在，它赋予持有者按照约定的价格将其转换为标的股票的权利。可转换债券的价值主要来源于纯债券价值和期权价值，对于投资价值的分析也就相应从这两个部分展开。投资者对于可转换债券除考虑风险外，最感兴趣的是未来不确定性最多、上涨空间最大的期权价值部分，只有这一部分能给投资带来丰厚的收益，而纯债券价值只能给投资带来保底的收益。因此期权价值的投资分析成为投资价值分析的重点。

（1）纯债券价值的投资分析。纯债券价值作为投资者的收益底线，其未来的波动主要来自市场利率的变化及到期年限的缩短。在预期进入加息周期的情况下，国债和企业债券价格有下跌的趋势，市场利率上升，纯债券价值下降。到期年限的缩短减少了折现的时间，纯债券价值上升。对于不同的企业可转换债券来说，是否采用浮动利率，以及不同的票面利率、利率补偿率都会对纯债券价值的衡量产生影响。浮动利率能削弱升息对债券造成的负面影响，增加价值。较高的票面利率和利率补偿率能提高债券价值。债券投资能否安全回收也是纯债券价值投资分析的一个重要方面。从实际来看，目前没有出现不能偿还的安全隐患。但投资者，尤其是可转换债券中的长线投资者，对上市公司财务结构、收入和现金流、偿债能力等方面的分析仍不能忽视。这些方面除会影响企业的偿付能力外，也对企业未来的股价产生影响，进而影响可转换债券的投资价值。

(2) 期权价值的投资分析。股票价格是影响期权价值的重要因素。股价的上涨使期权价值增加，进而推动可转换债券价格随之上涨，特别是在超过转股价格之后，距离转股价格越远，则可转换债券越表现出股性，波动率也越接近于股票。对于股票价格未来趋势的判断是一个极其困难的问题。可转换债券不属于短期品种，特别是对于新发行的可转换债券，至少在半年之后才进入转换期，所以应当从中长期来把握股价的预期。比如，基本面分析通过评估股票的内在价值，将未来现金流用合适的折现率折为现值，以判断当前的股价是高估还是低估。遵循价值投资的理念，上市公司行业景气度的提升能带动上市公司业绩的增长，进而拉动上市公司股价的上涨，推动可转换债券价格上扬。对于股价波动率的考查可以参照历史的波动率，结合公司基本面分析和市场热点来推断未来股价可能的波动率。若公司未来存在较多的利好消息，而且很有可能成为市场热点，则股价正的波动性就大，这将提高可转换债券的期权价值。到期年限较长的公司，股价也将有较多的上涨机会。

可转换债券作为一种进可攻、退可守的投资工具，其风险收益的特点适合于厌恶风险却又想获得较高收益的投资者。目前国内发行可转债的绝大部分是业绩良好的上市公司，与发达国家的成熟市场相比，市场规模要小很多，有很大的发展空间。我国可转换债券市场的发展将会越来越受到投资者的关注。

4.【解析】有效市场假说中，衡量证券市场是否具有外在效率时，一般有两个标志：一是价格是否能自由地根据有关信息而变动；二是证券的有关信息能否充分地披露和均匀地分布，使每个投资者在同一时间内得到等量等质的信息。其主要表现为三种形态：①弱式有效市场假说，该假说认为在弱式有效的情况下，市场价格已充分反映出所有过去历史的证券价格信息，包括股票的成交价、成交量、卖空金额、融资金额等；②半强式有效市场假说，该假说认为价格已充分反映出所有已公开的有关公司营运前景的信息。这些信息有成交价、成交量、盈利情况、公司管理状况及其他公开披露的财务信息等。假如投资者能迅速获得这些信息，则股价应迅速做出反应。③强式有效市场假说，该假说认为价格已充分地反映了所有关于公司营运的信息，这些信息包括已公开的或内部未公开的信息。

若出现股价上涨的情况，那么根据有效市场假说可以得知股价已经充分包含了全部真实有效的信息，反映了其基本价值，不存在资产泡沫等非理性因素。而股价上涨的因素包括稳健增长的业绩和良好的获利预期，即成长性。具体可以表现为找到净现值为正的投资项目和创造有价值的融资项目。

(1) 找到净现值为正的投资项目：①为尚未满足的需求找到一个特定的产品或服务；②创造障碍使其他公司难以与其竞争；③以比竞争对手更低廉的成本生产产品或提供服

务；④成为首家开发某种新产品的公司。

（2）创造有价值的融资项目：①愚弄投资者，如通过包装证券或发行复杂证券，使公司获得的价值超过其公允价值。②降低成本或提高补贴，如某种类型的融资决策会具有更高的税收优惠，为了最小化税收而包装证券。③创造一种新的证券，不能通过现有证券组合来复制，但需为专门迎合一些投资者的需要而设计的证券额外付钱。

5.【解析】（1）传统的中央银行的职能。

主要表现为发行的银行、政府的银行、银行的银行。

①发行的银行。发行的银行是指中央银行垄断货币发行权、统一国内的通货形式，避免由于多头发行货币造成的货币流通的混乱，并能够根据经济形势的客观需要灵活调控货币流通量，有效地控制和执行货币政策。

②政府的银行。政府的银行是指中央银行与政府关系密切，根据国家法律授权制定和实施货币金融政策，通过办理业务为政府服务，在法律许可范围内向政府提供信用，代理政府债券，满足政府的需求。主要表现为：a.代理国库，管理政府资金。b.代理政府债券的发行与兑付。c.向政府提供信用。d.为国家持有和经营管理国际储备。e.代表国家参加国际金融活动。f.制定和实施货币政策。g.对其他金融机构进行监管。

③银行的银行。银行的银行是指中央银行向商业银行和其他金融机构提供金融服务，具体包括：a.吸收与保管存款准备金，以确保存款机构的清偿能力，中央银行可通过存款准备金率的变动来调节一国的货币供应量。b.充当最后贷款人，对商业银行提供信贷，即当商业银行和其他金融机构发生资金短缺或周转不灵时，可以向中央银行要求资金融通，一般通过票据的再贴现来实现。c.作为全国的票据清算中心，为商业银行和其他金融机构间货币的收付转账提供快捷便利的服务，解决单个银行清算难的问题。

（2）现代中央银行的综合职能。

现代中央银行的综合职能包括服务职能、调控职能和管理职能。服务职能体现为中央银行为政府、金融机构及国民经济服务。调控职能体现为中央银行通过对金融政策的制定和执行，影响和干预整个社会经济进程，实现货币政策目标。管理职能体现为中央银行制定各种法规、政策以规范管理金融机构及金融市场。

6.【解析】三大货币政策工具主要包括存款准备金政策、再贴现政策和公开市场操作。具体如下：

（1）存款准备金政策是指中央银行通过规定和调整法定存款准备金率，控制商业银行的信用创造能力，间接地调节社会货币供应量的政策。

政策效果：

①法定存款准备金率是通过货币乘数来影响货币供应量的，因此，小幅的调整也会带来较大的波动。

②法定存款准备金的调整是公开的，有着很强的宣示效应，可以进一步影响社会总需求。

局限性：

①效果过于强烈，如果频繁调整则不利于存款机构的管理，也不利于形成一个稳定、可测的准备金需求量，因此它不宜被频繁使用。

②金融机构的特点不同，且对于存款准备金调整的效应不同，因此该政策的具体效果难以把握。

(2) 再贴现政策是指中央银行通过制定或调整贴现窗口贷款的利率与条件来干预和影响市场利率及货币供应量，从而调节宏观经济的一种手段。

政策效果：

①通过影响银行的融资成本和难度来控制介入基础货币的投放，最终影响货币供给量。

②再贴现率的变动表明了政府意图与政策倾向，带有宣示效应，会改变公众预期，进一步影响总需求。

③再贴现率是一种基准利率，对市场利率有导向作用。

局限性：

①政策效果受预期、市场反应、金融市场创新等多种因素影响，因而准确性欠佳。

②缺乏主动性，政策能否奏效还要取决于商业银行的配合。

③利率的高低是有限度的，这也就约束了再贴现政策的政策力度。

④正因为再贴现率是市场利率的重要参照，如果它频繁变动，将使企业、银行变得无所适从，因此这种工具也是不宜频繁使用的。

(3) 公开市场操作是指中央银行通过在公开市场上买卖证券（主要是政府债券）以改变基础货币从而影响货币供应量来干预经济的一种货币政策工具。

政策效果：

①直接影响基础货币，作用直接。

②中央银行可以进行主动调节，而非被动等待。

③政策变动的规模和方向比较灵活，可以进行微调。

④可以频繁地进行连续性、经常性及试探性的操作以及逆向操作。

局限性：

①需要具备相当实力的中央银行和比较完善的金融市场。

②政策效果也要受到货币流通速度、现金漏损率变动等因素的影响。

三、计算题

1. 【解析】(1) 现金比率（现金漏损率）$=6/150=0.04$。

超额准备金率$=20/150=0.133$。

(2) 货币乘数$=(1+0.04)/(0.04+0.133+0.2)=3.09$。

(3) 基础货币$=6+150=156$（万亿元）。

货币供给$=156\times 3.09=482$（万亿元）。

2. 【解析】根据CAPM模型$E(R_i)=R_f+\beta_i[E(R_m-R_f)]$，已知$R_f$即国库券的收益率为$8\%$，$R_m$即市场组合的预期收益率为$13\%$，当$\beta=1.3$时，有

$$E(R_A)=8\%+1.3\times(13\%-8\%)=14.5\%$$

当$\beta=1$时，有

$$E(R_B)=8\%+1\times(13\%-8\%)=13\%$$

对比这两只股票，我们发现A股票在β系数更高的情况下对应的期望收益也越高，代表着对风险的补偿越大，即β系数和股票的期望收益成正比。同时，β系数为1的股票，其期望收益等于市场的期望收益率，即在β系数等于1的情况下，其代表着市场组合。

3. 【解析】在考虑通货膨胀因素的情况下，剔除通货膨胀因素后的贴现率为$12\%-$

2%=10%。

A 项目净现值为 30 000/1.1+15 000/1.1²−20 000=19 669.42。

B 项目净现值为 15 000/1.1+30 000/1.1²−20 000=18 429.66。

A 项目净现值大于 B 项目净现值，故应该投资 A 项目。

四、论述题

1.【解析】(1) 概念：货币政策传导机制是指货币政策通过一系列过程作用到经济目标（国民收入）的机制。

(2) 介绍每个学派的货币政策传导机制。

①传统的利率传导途径：扩张性货币政策→r↓→I↑→Y↑，这说明扩张性货币政策导致的实际利率水平的下降会降低名义利率。对支出产生重要影响的是长期实际利率，而不是短期利率。由于影响支出的是实际利率而不是名义利率，因而即使在通货紧缩时期，名义利率水平接近于零，货币政策也可通过以下利率传导途径刺激支出：扩张性货币政策→P（预期物价水平）↑→π（预期通货膨胀率）↑→r↓→I↑→Y↑。

②资产价格观点下的货币政策传导机制：

a. 汇率水平对进出口的影响。国内实际利率水平的下降，降低了国内本币资产相对于外币资产的吸引力，使本币资产的价值相对于其他外币资产的价值下降，本币贬值，国内货币价值下跌，使本国商品相对于外国同类商品更加便宜，因此导致净出口增加，总产出水平增加。该汇率发挥作用的货币传导途径表示为扩张性货币政策→r↓→E↓→NX↑→Y↑。(E 表示本币价值，NX 表示净出口)

b. 托宾 q 理论。托宾将 q 定义为企业的市场价值与资本重置成本之比，如果 q 值高，那么企业的市场价值相对于其资本重置成本较高，因而，新的厂房和设备相对于企业的市场价值来说较为便宜。因为企业发行少量股票，就可以购买到大量资本品，因此，企业的投资支出会增加；反之，在 q 值较低的情况下，企业希望增加资本，就不会购买新的资本品，而是通过低价收购其他企业、获取旧的资本品从而达到这一目的，因此投资支出会下降。当实行扩张性货币政策时，公众手中持有的货币量超过了意愿持有量，他们将货币投入股票市场，增加股票的需求，进而提高股价，而高股价会导致 q 值的升高，进而导致投资支出的增加，其传导途径为扩张性货币政策→P_s↑→q↑→I↑→Y↑。(P_s 为股票价格)

c. 财富效应。基本前提是消费者在一生中平均安排其消费支出，这里的消费指的是对非耐用消费品和服务的支出，不包括对耐用消费品的支出。在消费者一生可利用的资源中，一个重要的组成部分是消费者的金融财富，主要由普通股股票构成，当股票价格升高时，消费者的金融财富增加，因此消费者一生中可以利用的资源增加，消费随之增加，扩张性的货币政策会导致股票价格升高。因此，该传导途径表示为扩张性货币政策→P_s↑→财富↑→消费↑→Y↑。

③信用传导途径观点下的货币政策传导机制：

a. 银行贷款途径。扩张性货币政策会增加银行的准备金和存款，从而增加银行可供借贷的资金，因为许多借款人都依赖银行贷款来筹资，因此贷款增加必然会导致更多数量的投资支出，货币政策的传导途径表示为扩张性货币政策→银行存款↑→银行贷款↑→I↑→Y↑，信用传导途径观点揭示了货币政策对规模较小的企业影响较大，小企业更依赖于银行贷款,因为大企业可以直接通过股票和债券市场融资。

b. 资产负债表途径。同银行贷款途径一样,资产负债表途径也是由于信用市场信息不对称造成的,货币政策通过多种渠道影响企业的资产负债表。扩张性货币政策会导致股票价格升高,进而企业净值增加,企业净值的增加会减少逆向选择和道德风险问题,又会刺激投资支出和总需求的增加,传导途径为扩张性货币政策→$P_s\uparrow$→企业净值↑→逆向选择↓、道德风险↓→贷款↑→$I\uparrow$→$Y\uparrow$。

c. 现金流途径。所谓现金流,是指现金收入与支出的差额,扩张性货币政策会降低名义利率水平,现金流因此增加,从而改善企业的资产负债表,提高了企业或家庭的流动性,贷款人可以更容易地了解企业或家庭能否履行偿债责任,从而缓解逆向选择和道德风险问题,导致贷款总量增加并刺激经济活动,传导途径为扩张性货币政策→$i\downarrow$→企业现金流↑→逆向选择↓、道德风险↓→贷款↑→$I\uparrow$→$Y\uparrow$。

d. 意料之外的物价水平途径。意料之外的物价水平上升会降低企业的实际负债,但不会降低企业资产的实际价值,于是货币扩张,引起物价水平意料之外的上升,进而增加企业的实际净值,缓解了逆向选择和道德风险问题,这又会导致投资支出的增加和总产出水平的提高,传导途径为扩张性货币政策→意料之外的$P\uparrow$→逆向选择↓、道德风险↓→贷款↑→$I\uparrow$→$Y\uparrow$。

e. 对家庭流动性的影响。扩张性货币政策使得股票价格升高,金融资产的价值随之增加,由于这会改善消费者的资产负债表状况,并且出现财务困境的可能性较小,耐用品的支出会进一步增加,该传导机制是通过货币和股票价格之间的联系发挥作用的,传导途径为扩张性货币政策→$P_s\uparrow$→居民金融资产价值↑→遭遇财务困境的可能性↓→对耐用消费品和住宅的支出↑→$Y\uparrow$。

(3) 我国货币政策的传导。

①长期以来,我国金融市场不够成熟,在过去很长的一段时间里,中央银行曾经频繁地使用法定准备金政策,这是由特定的历史与现实条件决定的。(结合凯恩斯主义展开)

②我国的金融体系是以商业银行为主体的金融体系,直接融资市场不够发达,商业银行主导的间接融资市场占据主导地位,信贷配给等现象比较普遍。(结合信贷可得渠道展开)

③随着中央银行公开市场操作的常态化以及一系列新的非常规货币政策工具的推出、中央银行引导公众预期的能力增强以及利率市场化等工作的完成,市场主体趋于理性,对于货币政策的调整做出的反应也更为理性、及时和准确。货币政策传导机制变得更为通畅。(强调弗里德曼M_2与名义国民收入Y之间存在相关关系)

2. 【解析】第一种参考答案:

(1) 介绍信用风险。

信用风险又称违约风险,是指借款人、证券发行人或交易对方因种种原因,不愿或无力履行合同条件而构成违约,致使银行、投资者或交易对方遭受损失的可能性。银行存在的主要风险是信用风险,即交易对手不能完全履行合同的风险。这种风险不只出现在贷款中,也发生在担保、承兑和证券投资等表内、表外业务中。如果银行不能及时识别损失的资产,增加核销呆账的准备金,并在适当条件下停止利息收入确认,银行就会面临严重的风险问题。

(2) 介绍债券融资。

债券融资与股票融资一样,同属于直接融资,而信贷融资则属于间接融资。在直接融资中,需要资金的部门直接到市场上融资,借贷双方存在直接的对应关系。而在间接融资中,借贷活动必须通过银行等金融中介机构进行,由银行向社会吸收存款再贷放给需要资金的部门。

(3) 结合金融热点分析债券市场违约现象的原因。

①信用体系未完全建立,评级制度不完善。我们应普及现代市场经济的信用文化和信用意识,引导企业健全内部信用管理制度,健全并完善社会信用信息的透明和开放制度,加强信用方面的立法和执法,健全失信惩罚机制,完善政府的信用监管体系和制度,发挥行业协会在社会信用体系建设中的作用。

②我国债券市场不够完善,机构投资者比例低,众多个人投资者不够理性,缺乏足够的分析能力,可能导致资金流向低效率企业。

③信息披露制度有待改革。应健全相关法律法规、明确信息披露主体和内容、健全公司内部治理结构、改善股权结构、加强监管和惩罚力度、培养和保护投资者等。

④随着国企改革的深入,国家不再为国企的债务背书,经营不善的企业无法履约偿还本息。

⑤供给侧结构性改革与去杠杆进程的加深,冲击了一批落后产能企业,容易引发债券市场违约现象的发生。

(4) 影响:

①大量资金流向低效率企业,增大风险。当大量债券违约现象发生时,市场上极易出现逆向选择问题,那些最积极寻求贷款的人往往是最容易发生违约现象并愿意承担一定较高成本的参与者。因而这些企业愿意以承受较高的融资成本为代价来吸引投资,同时增大了信息不对称造成的违约问题,资金顺势流入这些低效率、高风险的企业,不利于金融市场的健康发展,并无法实现有效资金配置。

②投资者将直接受到损失。当债券违约现象发生时,投资者将无法按期收回本金与利息,使投资者对市场失去信心,降低投资的规模与动机,同时也会影响到市场经济与居民家庭。

③不利于我国资本市场的对外开放。债券违约现象的大量发生容易致使国际市场对中国失去信心,减少外商来华的直接投资并影响国际的金融合作,遏制了我国资本市场对外开放的规模与成效。

(5) 建议:

①完善评级制度,对发行债券的公司进行合理的评级分类。通过评级机制合理筛选出优质企业,辨别和淘汰低效率、高风险的企业。增加市场的信息透明化,减少信息不对称造成的资源浪费和效率低下,使资金无法实现有效配置。

②完善上市公司信息披露制度。通过信息披露制度,可以让投资者更好地把握和掌控公司的发展动向,及时做出调整措施,并在真实有效信息的指引下,分辨出违约概率高低不同的企业并做出明智的选择。

③逐步扩大机构投资者比重。合格的机构投资者可以引领市场走向,避免散户在投资中遭受较大损失,带领市场回归正途,实现市场的有效性。

④完善退市制度,对于不再符合债券融资条件的公司,坚决退市。只有严格要求、定期审查和审慎监管,才能有效控制债券违约现象的发生。只有从根部做好防范和监管措

施,才能维护金融市场的稳定发展。

第二种参考答案:

债券违约是指债券发行主体不能按照事先达成的债券协议履行其义务的行为。债券违约分为长期债券违约和短期债券违约。

(1) 原因分析:

债券是一种投资方式,只要是投资,就会有风险,我国债券市场违约问题逐渐增多,原因有以下几点:宏观经济环境使得企业信用下降。伴随着中国经济进入新常态,一些问题也逐渐反映出来。当企业发行债券后,其偿债渠道有三个:盈利能力、盈利变现能力和筹资能力。在经济下行的大环境下,企业的经营环境也随之变差,企业盈利能力、资金周转速度和融资成本都会比原先更差。而我国的融资渠道主要是通过银行,银行又很少会对资质浅、实力差的中小企业提供融资帮助。这无疑是对本来就处于困境中的中小企业的严厉打击。与此同时,一些对利率不敏感的企业融资又挤占了金融资源,抬高了市场利率水平。基于以上种种原因,中小企业只能通过借新还旧的方法偿债。这就很容易解释违约发生的原因,即偿债资金不能持续。债券违约问题多发生在产能过剩的行业,如煤炭、钢铁行业。

(2) 影响:

从长远角度来看,债券违约对于提升债券市场整体风险意识、完善债券市场制度体系具有积极意义。另外,它丰富了投资人的投资手段,提升了债券市场信息的透明度和有效性,有利于建立完善的信息披露制度。但目前来讲,其不利影响有以下几点:

①影响中国投资环境。债券违约,尤其是国企债券违约,会使中国投资环境产生一定的波动,因为国企债券在中国金融体系中渗透较深,一旦大规模违约,会对债券涉及的相关利益人产生很不利的影响。

②形成恶性循环债务。债券市场不再稳定后,信用债就失去了流动性,债权人不得不抛售手中那些依然有流动性的品种,而不管其是否是优质债券。这样,债券市场的风险会被进一步放大,企业的融资成本也被迫提升。随之而来的是企业难以偿还债务,那么债务违约风险又被放大,接着,债券市场的信用风险进一步增大,开始新一轮的循环。最后形成债务违约的恶性循环,这当然不是成熟的债券市场应有的现象。

③改变中国市场的融资结构。社会直接融资占比提升,其中很重要的一个原因就是债券的融资利率比贷款利率低。

(3) 对策:

伴随着中国债券市场信用风险的上升,政府也出台了相应的政策来控制金融系统风险的上升。2015年年底,政府宣布禁止用低信用评级企业债券作为投资者之间短期借贷的抵押品,这一新举措旨在控制陷入困境的企业和地方政府所发债券风险的上升。相应的解决措施有:

①明确管理与监管责任,建立有效的运作模式。建议建立一个基金代管机构,此代管机构可由证监会指定。其主要职能包括筹集、管理和安全地使用基金,并定期向证监会报告基金的使用情况等。在运作模式方面,建议在赔偿额度和偿付对象方面各有限制,例如,对投资者设定一个保护额度,并且不区分投资者的性质,不管是个人还是机构,统一进行赔偿,有效保护投资者的利益。另外,中介机构应该担负起相应的责任,而不是动辄由政府保底。

②强化信息披露制度，创新信用风险管理制度。完善的信息披露对投资利益相关者及时、准确并全面地了解企业的资金使用状况、重大事件动态和重要风险有着非常重要的作用。

我国对现行私募基金的信息披露并没有做强制性规定，这就导致了投资双方的信息不对等，对投资双方都有不利的影响。在信用风险管理制度方面，可以考虑创新使用信用风险缓释工具，这样不仅可以释放资本，也可以减少风险。对债券市场参与者提供对冲和管理风险的措施，以达到分散信用风险的目的。

③建立健全企业破产清偿制度。企业未来的经营状况存在着很大的不确定性，一旦陷入经营困境，债券持有人便可能面临损失利息甚至本金的风险，因此需要建立健全企业破产清理和追索债务的制度，强制性地保护债券持有人利益免受或少受损失。要建立健全企业破产清偿制度，完善企业的破产清算机制，强化债券合同的约束力，对企业守信形成强大的外部压力，有效化解企业债券风险。

2017年首都经济贸易大学431金融硕士初试真题解析

一、名词解释

1.【解析】CAPM即资本资产定价模型,是由美国威廉·夏普、约翰·林特纳共同提出,在投资组合理论和资本市场理论的基础上形成和发展起来的,主要研究证券市场中资产的预期收益率与风险资产之间的关系,以及均衡价格是如何形成的。资本资产定价模型假设所有投资者都按马科维茨的资产选择理论进行投资,对期望收益、方差和协方差等的估计完全相同,投资人可以自由借贷,是现代金融市场价格理论的支柱,广泛应用于投资决策和公司理财领域。

2.【解析】指数化投资策略即指数模型,是指将单一证券的风险简单地分为两部分:市场风险(系统风险)和公司特有风险。同时,相应地将证券的收益率写成包含系统风险和公司特有风险的形式,而其中的系统风险可以用主要证券指数的收益来作为一般代表,我们称这样的收益率公式为指数模型。

3.【解析】交易成本是指达成一笔交易所要花费的交易对象成本之外的成本,也指买卖过程中所花费的全部时间和货币成本。交易成本理论最早由诺贝尔经济学奖得主科斯提出。由于交易成本泛指所有为促成交易发生而形成的成本,因此很难进行明确的界定与列举,不同的交易往往涉及不同种类的交易成本。

4.【解析】期权合约是指以金融衍生产品(股票、股票指数、外汇等)作为行权品种的交易合约,期权是指在特定时间内以特定价格买卖一定数量交易品种的权利。合约买入者或持有者以支付期权费的方式拥有权利;合约卖出者或立权者收取期权费,在买入者希望行权时,必须履行义务。期权有两种基本类型,即看涨期权和看跌期权,亦称买入期权和卖出期权。看涨期权的持有者有权在某一确定时间以某一确定的价格购买标的资产,看跌期权的持有者有权在某一确定时间以某一确定的价格出售标的资产。

5.【解析】购买力平价理论是指一种研究和比较各国不同的货币之间购买力关系的理论。人们对外国货币的需求是由于用它可以购买外国的商品和劳务,外国人需要本国货币也是因为用它可以购买国内的商品和劳务。因此,本国货币与外国货币相交换,就等于本国与外国购买力的交换。所以,用本国货币表示的外国货币的价格也就是汇率,其取决于两种货币的购买力比率。由于购买力实际上是一般物价水平的倒数,因此两国之间的货币汇率可由两国物价水平之比表示,这就是购买力平价理论。从表现形式上来看,购买力平价分为绝对购买力平价和相对购买力平价。

6.【解析】信息不对称是指在市场经济活动中,各类人员对有关信息的了解是有差异的,掌握信息比较充分的人员往往处于比较有利的地位,而信息贫乏的人员则处于比较不利的地位。市场经济中信息不对称容易引起逆向选择和道德风险问题,市场信号显示在一定程度上可以弥补信息不对称的问题。信息不对称是市场经济的弊病,要想减少信息不对称对经济产生的危害,政府应在市场体系中发挥强有力的作用。

7.【解析】有效市场假说分为内部有效市场和外部有效市场。内部有效市场又称交易有效市场，它主要衡量投资者买卖证券时所支付交易费用的多少，如证券商索取的手续费、佣金与证券买卖的价差；外部有效市场又称价格有效市场，它探讨证券的价格是否迅速地反映出所有与价格有关的信息，这些信息包括有关公司、行业、国内及世界经济的所有公开可用的信息，也包括个人、群体所能得到的所有私人的、内部非公开的信息。成为有效市场的条件：(1)投资者都利用可获得的信息，力图获得更高的报酬；(2)证券市场对新的市场信息的反应迅速而准确，证券价格能完全反映全部信息；(3)市场竞争使证券价格从旧的均衡过渡到新的均衡，而与新信息相应的价格变动是相互独立的或随机的。

8.【解析】汇率超调是由美国经济学家鲁迪格·多恩布什提出的，是指当市场受到外部冲击时，货币市场和商品市场的调整速度存在很大的差异。一般情况下，由于商品市场因其自身的特点和缺乏及时准确的信息，商品市场价格的调整速度较慢，过程较长，呈黏性状态，称为黏性价格。而金融市场的价格调整速度较快，因此，汇率对冲击的反应较快，几乎是即刻完成的。汇率对外部冲击做出的过度调整，即汇率预期变动偏离了在价格完全弹性情况下调整到位后的购买力平价汇率，这种现象称为汇率超调。由此导致购买力平价在短期内不能成立。经过一段时间后，当商品市场的价格调整到位，汇率则从初始均衡水平变化到新的均衡水平，由此长期购买力平价成立。

二、计算题

1.【解析】期末价格为106元的股票持有期收益率为$(1+106-100)/100=7\%$。

期末价格为95元的股票持有期收益率为$(1+95-100)/100=-4\%$。

启示：持有期收益率不仅受红利因素的影响，而且受资本利得或资本损失因素的影响。资本利得率对股票持有期收益率影响较大，期末价格下跌至很低的股票，在一定程度上甚至可能使持有期收益率为负值。

2.【解析】(1)项目一的现金流序列：$-10\,000\quad 6\,500\quad 4\,000\quad 3\,000$。

项目二的现金流序列：$-12\,000\quad 7\,500\quad 4\,000\quad 5\,000$。

项目一中，$6\,500+4\,000>10\,000$，在两年内可以将初始投资回收完。

项目二中，$7\,500+4\,000<12\,000$，在两年内不可以将初始投资回收完。

如果回收期只有两年，应选择项目一进行投资。

(2)按照净现值折现法：

项目一的$NPV_1=-10\,000+6\,500/(1+0.1)+4\,000/(1+0.1)^2+3\,000/(1+0.1)^3=1\,468.8$。

项目二的$NPV_2=-12\,000+7\,500/(1+0.1)+4\,000/(1+0.1)^2+5\,000/(1+0.1)^3=1\,880.6$。

由于$NPV_1<NPV_2$，根据净现值贴现法，应该投资项目二。

三、简答题

1.【解析】(1)传统的中央银行的职能。

主要表现为发行的银行、政府的银行、银行的银行。

①发行的银行。发行的银行是指中央银行垄断货币发行权、统一国内的通货形式，避免由于多头发行货币造成的货币流通的混乱，并能够根据经济形势的客观需要灵活调控货

币流通量，有效地控制和执行货币政策。

②政府的银行。政府的银行是指中央银行与政府关系密切，根据国家法律授权制定和实施货币金融政策，通过办理业务为政府服务，在法律许可范围内向政府提供信用，代理政府债券，满足政府的需求。主要表现为：a. 代理国库，管理政府资金。b. 代理政府债券的发行与兑付。c. 向政府提供信用。d. 为国家持有和经营管理国际储备。e. 代表国家参加国际金融活动。f. 制定和实施货币政策。g. 对其他金融机构进行监管。

③银行的银行。银行的银行是指中央银行向商业银行和其他金融机构提供金融服务，具体包括：a. 吸收与保管存款准备金，以确保存款机构的清偿能力，中央银行可通过存款准备金率的变动来调节一国的货币供应量。b. 充当最后贷款人，对商业银行提供信贷，即当商业银行和其他金融机构发生资金短缺或周转不灵时，可以向中央银行要求资金融通，一般通过票据的再贴现来实现。c. 作为全国的票据清算中心，为商业银行和其他金融机构间货币的收付转账提供快捷便利的服务，解决单个银行清算难的问题。

（2）现代中央银行的综合职能。

现代中央银行的综合职能包括服务职能、调控职能和管理职能。服务职能体现为中央银行为政府、金融机构及国民经济服务。调控职能体现为中央银行通过对金融政策的制定和执行，影响和干预整个社会经济进程，实现货币政策目标。管理职能体现为中央银行制定各种法规、政策以规范管理金融机构及金融市场。

2.【解析】利率期限结构理论是指风险相同，到期期限不同的债券收益率之间的区别，可以用债券的收益率曲线来表示。债券的收益率曲线是由期限不同，但风险、流动性和税收等其他因素都相同的零息债券的收益率绘制而成的曲线。收益率曲线有三个特点：①当收益率曲线向上倾斜时，长期利率高于短期利率；趋于平缓时，二者相等；向下倾斜时，长期利率低于短期利率。②收益率曲线大多向上倾斜。③长期利率会随短期利率的变动而变动。

利率期限结构理论主要包括以下三种：

（1）预期理论。该理论假设债券投资者对不同的到期期限没有特别的偏好；不同期限的债券可以完全相互替代；完全替代债券具有相等的预期回报率。该理论认为，长期债券的利率等于当期利率与预期短期利率的平均数。该理论认为期限不同的债券利率不同的原因是人们对未来短期利率有着不同的预期，如果预期未来短期利率上升，则长期利率高于现实短期利率；如果预期未来短期利率下降，则长期利率低于现实短期利率，相应地就表现出不同形状的收益率曲线。该理论的缺陷是不能解释为什么大多数情况下收益率曲线向上倾斜。

（2）市场分割理论。该理论的关键假设是不同期限的债券完全不能替代，即人们对债券期限有着不同的偏好，长期债券市场的利率不会影响短期债券市场的利率。该理论把市场分为长期债券市场和短期债券市场，不同期限的债券市场之间是完全独立的，各种债券的利率由各自分割市场的供求决定。该理论的解释是若较多的投资者偏好期限较短的债券，则短期债券的需求上升，拉动其价格上升，从而使短期利率下降，长期利率相对上升，收益率曲线向上倾斜；反之，若较多投资者偏好长期债券，长期利率下降，短期利率上升，收益率曲线向下倾斜；由于人们更偏好短期利率债券，因而收益率曲线大多向上倾斜。该理论的缺陷在于各种债券收益率相互独立，无法解释不同期限债券收益率同向波动。

（3）流动性偏好理论。该理论假设不同期限的债券相互之间可以替代，但不是完全替代，即人们对不同期限债券有不同的偏好。该理论认为债券期限较长，则投资风险更大，投资者更倾向于短期债券，但借款人偏好长期借款，降低不能按期偿还的风险，为了促使投资者购买长期债券，借款人向投资者提供风险溢价，这种溢价使长期利率水平高于当期短期利率和未来短期利率的平均值。基本命题是长期债券利率水平等于整个期限预计出现的所有短期利率的平均数，加上由债券供求条件变化决定的流动性补偿（风险溢价）。由于流动性升水的存在，未来短期利率上升幅度更大；当市场预期未来短期利率保持不变或轻微下降时，利率期限结构也会稍微上倾，这就解释了收益率曲线大多情况下向上倾斜的原因。该理论是当前最受欢迎的利率期限结构理论。

3.【解析】（1）无税条件下的假设：不考虑公司税；个人借贷成本与公司借贷成本相同；不考虑财务困境成本；没有矛盾冲突；不考虑交易成本。

MM 定理Ⅰ：$V_l = V_u$（V_l 为杠杆企业价值，V_u 为无杠杆企业价值）。

推论：①通过自制的财务杠杆，个人能复制和消除公司财务杠杆的影响。②在不同资本结构下，公司的总价值相等。③公司无法通过改变资本的比例来改变在外流通的证券的总价值。④公司总资本成本与企业的资本结构无关。⑤不论公司是否计税，任何两个资本结构之间的盈亏平衡点与其他任意两个资本结构的盈亏平衡点都是相同的。⑥如果杠杆公司的价值被低估，则杠杆公司的股票会被更多地购买。

MM 定理Ⅱ：$R_S = R_0 + B/S(R_0 - R_B)$，$R_S$ 为权益资本成本，R_B 为负债资本成本，R_0 为无杠杆权益资本成本，B 为负债，S 为权益，杠杆公司的期望收益率（权益资本成本）是公司负债权益比的线性函数。一般情况下，R_0 应大于 R_B，因为即使是无杠杆权益也有风险，它具有比无风险债券更高的期望收益率。随着负债权益比的提高，权益的风险提高，期望收益率也提高。即随着公司提高负债权益比，每一单位的权益用额外的负债来代替，就增加了权益的风险，从而提高了权益的期望收益率 R_S。

（2）有税条件下：

MM 定理Ⅰ：$V_l = EBIT \times (1-t_c)/R_0 + t_c R_B B/R_B = V_u + t_c B$，即杠杆公司的价值等于无杠杆公司的价值加上税盾的现值。

MM 定理Ⅱ：$R_S = R_0 + B/S(R_0 - R_B) \times (1-t_c)$，其中税盾是指对于存在负债的公司，由于利息无须纳税，所以支付的税收将减少 $t_c R_B B$，而税盾的现值就等于 $t_c B$。

4.【解析】ROA 即资产收益率，又称资产回报率，是用来衡量每单位资产创造多少净利润的指标。计算公式为资产收益率＝净利润/资产总额。资产收益率指标将资产负债表、损益表中的相关信息有机结合起来，是银行运用其全部资金获取利润能力的集中体现。

ROE 即股东权益报酬率，又称净资产收益率，是衡量企业获利能力的重要指标。计算公式为净资产收益率＝净利润/平均净资产，其中平均净资产＝（期初净资产＋期末净资产）/2。该指标反映股东权益的收益水平，用以衡量公司运用自有资本的效率。指标值越高，说明投资带来的收益越高。该指标体现了自有资本获得净收益的能力。一般来说，负债增加会导致净资产收益率的上升。

ROE 和 ROA 同样是用来衡量企业运营能力的财务指标，其最大、最根本的区别在于两者在债权计算和财务杠杆利用上的区别：ROA 反映股东和债权人共同的资金所产生的利润率，ROE 则反映仅由股东投入的资金所产生的利润率。从损益表中我们可以发现，总资产＝负债＋股东权益，因此，如果企业没有负债，则 ROE 和 ROA 的结果相同。

由于计算 ROE 时的分母只包含股东权益，比 ROA 的分母（负债＋股东权益）小，因此反而上升得比 ROA 快。从这一点上看，如果企业大量运用财务杠杆提高 ROE 水平，却没有实实在在地经营公司，投资者很有可能被表面风光的 ROE 虚高而蒙蔽。因此，ROA 相比 ROE，更能全面反映企业对资产的利用率。

通常在衡量企业运营能力时，还要考虑高杠杆的可持续性以及对经营产生的风险和其他基本面情况。

5.【解析】优序融资理论又称啄食顺序融资理论，是在放宽 MM 理论完全信息的假定，以不对称信息理论为基础，并考虑交易成本的存在，认为权益融资会传递企业经营的负面信息，而且外部融资要多支付各种成本，因而企业融资一般会遵循内源融资、债务融资、权益融资的先后顺序。

优序融资理论的结论主要分为两点：(1) 先进行内部融资。成本最低，且不用考虑信号效应等因素来揣测市场的意图。(2) 再进行稳健证券的投资。即先进行债券融资，进而再考虑股权融资。因为如果公司不是最大程度被高估，其不会轻易发行股票融资，不然股价可能会降到真实水平之下。优序融资理论为人们提供了融资顺序的思路，具有一定的实践指导意义。

具体来说，当股票价格被高估时，企业管理者会利用其内部信息发行新股。投资者会意识到信息不对称的问题，因此当企业宣布发行股票时，投资者会调低对现有股票和新发股票的估价，导致股票价格下降、企业市场价值降低。内源融资主要来源于企业内部自然形成的现金流，它等于净利润加上折旧减去股利。由于内源融资不需要与投资者签订契约，也无须支付各种费用，所受限制少，因而是首选的融资方式，其次是低风险债券，其信息不对称的成本可以忽略，再次是高风险债券，最后在不得已的情况下才发行股票。

四、论述题

1.【解析】(一) 货币政策工具分类。

货币政策工具可以分两大类：一大类属于传统工具，被称作"三大法宝"，分别是法定存款准备金政策、再贴现政策和公开市场业务；另一大类是创新型工具，我国主要是短期流动性调节工具（SLO）、常设借贷便利（SLF）、中期借贷便利（MLF）、抵押补充贷款（PSL）。

(二) 这几种工具影响利率的方式和效果。

传统型工具：

(1) 法定存款准备金政策。

通常被认为是货币政策最猛烈的工具之一，因为法定存款准备金率是通过决定或改变货币乘数来影响货币供给，即使法定存款准备金率调整的幅度很小，也会引起货币供应量的巨大波动。其优点主要在于作用力大，主动性强，见效快。

(2) 再贴现政策。

再贴现政策是指中央银行对商业银行向中央银行申请再贴现所做的政策性规定。一般包括两方面的内容：①再贴现率的确定与调整；②申请再贴现资格的规定与调整。中央银行对再贴现资格条件的规定与调整，能够改变或引导资金流向，可以发挥抑制或扶持作用，主要着眼于长期的结构调整。再贴现政策也存在一定的局限性：①主动权并非只在中央银行；②再贴现率的调节作用是有限度的；③与法定存款准备金率比较而言，再贴现率易于调整，但由于它是中央银行利率，随时调整会引起市场利率的大幅波动，加大利率风险，干扰市场机制；④中央银行通过再贴现充当最后贷款人，有可能加大金融机构的道德风险。

(3) 公开市场业务。

公开市场业务是指中央银行在金融市场上公开买卖有价证券，以此来调节金融机构的准备金和基础货币，进而影响市场利率和货币量的政策行为。同前两种货币政策工具相比，公开市场业务有明显的优越性：①主动性强；②灵活性强；③调控效果和缓，震动性小；④告示效应强，影响范围广。

我国创新的政策工具：

(1) 公开市场短期流动性调节工具（SLO）是中央银行公开市场常规操作的补充，以7天内短期回购为主，影响短期流动性和利率。

(2) 常设借贷便利（SLF）是金融机构根据自身流动性需求提出申请，主要由中央银行以抵押贷款方式发放，期限为1～3个月。由于SLF特有的"按需配给"的原则，意味着其利率将成为短期资金利率上限，通过配合中央银行公开市场逆回购及SLO等操作利率，共同构成了货币市场利率的运行"走廊"。

(3) 中期借贷便利（MLF）类似于常设借贷便利（SLF），期限为3个月，但临近到期可能会重新约定利率并展期。商业银行可通过质押利率债和信用债获取借贷便利工具的投放。

(4) 抵押补充贷款（PSL）则可被视为是有抵押的再贷款，是一个既能够大量投放基础货币，又能更好地调配基础货币数量和流向，从而影响中期资金价格的政策工具。

2.【解析】基于经验教训给出的建议，即为对发生原因的总结，以及不良后果的反思。

原因分析如下：

(1) 随着股市上行，6月份大部分上市公司市净率过高，泡沫严重。根据近10年的市净率数据。在当前中国实体经济并未明显改善和好转的背景下，显而易见的是，这轮股市上涨之后的大部分股票价格偏高，与实际价值出现严重背离，可持续上涨动能和空间有限，出现价值回归也是理所当然。

(2) 上市公司高管大幅减持公司股票。今年5月份和6月份，上市公司高管大量减持股票套现资金。在这种高压抛盘下，如果没有后续资金填补很难持续高位或者再创新高。

(3) IPO大幅放水，扩容速度过快、分流部分资金，减弱了市场流动性。2015年上半年，沪深IPO数量及融资额领跑全球。

(4) 场内、场外配资金额不断增加，杠杆持续放大，风险被放大。大量资金采用杠杆的形式流入股市，这种短周期性质的资金如此巨大，风险之高可见一斑，一旦集中爆发，踩踏事件不可避免。

(5) 除了以上的原因外，还有机构和大户为了对冲自己的风险，在股指期货市场进行现期对冲操作，建立大量的空头头寸打压了股指，反过来又引起了股票市场的下跌。

(6) 其中还有很重要的一点就是监管层的监管问题和政策失误以及对整体情况的掌握不足。首先对融资杠杆的预估不足，其次就是在风险累积比较大的时候突然停止场外融资接口，阻断资金进入市场，引发资金流动性担忧，诱发了这次"踩踏事件"。

2015年"股灾"对我国影响以及政策建议。

（1）在这次市场大跌之后，暴露了我国资本市场的监管以及风险控制问题，让人民对政府的公信力以及官媒的信任度大打折扣，建议我国货币当局加快监管步伐。

（2）在这次"股灾"后，会引起社会财富的更加集中化，贫富差距继续扩大，阶级矛盾加剧，不利于社会稳定发展，建议我国财政当局通过税赋等手段均化利益分配。

（3）消灭了一批中产，动摇了社会稳定的基石，说严重点就是减少了社会进步的动能，使得创新减少、失业增加，建议我国发改当局加快改革扩大开放，进一步激发经济活力。

（4）由于这次市场的动荡，国企改革、注册制、人民币国际化都会受到影响和延后，给中国经济的转型增加了不确定因素，建议我国金融当局做好各方配合、提供更加稳健系统化的一揽子工具，并待时机成熟时逐步推进。

（5）这次"股灾"也给金融市场带来了不确定性，银行、证券公司、基金公司以及民间机构等增加了违约风险，债务问题更加突出，建议监管当局做好整体债务、金融债务、隐形债务的全面摸排和监管。

（6）实体经济将会更加艰难，融资渠道以及融资规模受到影响，资金成本更加高，出现经济萧条也是有可能的，建议金融当局给予中小企业和中小银行更多的融资渠道，定向释放流动性，减轻高科技行业的税赋。

2016年首都经济贸易大学431金融硕士初试真题解析

一、名词解释

1.【解析】金融深化也称金融自由化，是金融抑制的对称，该理论主张改革金融制度，改革政府对金融市场的过度干预，放松对金融机构和金融市场的限制，增强国内筹资功能，以改变对外资的过度依赖，放松对利率和汇率的管制并使其市场化，从而使利率反映资金供求，汇率反映外汇供求，最终达到抑制通货膨胀以及刺激经济增长的目的。金融深化是由美国经济学家麦金农等人针对发展中国家普遍存在的金融抑制提出的，旨在解决发展中国家因金融抑制而导致的经济问题。金融深化显然在一定程度上促进了经济增长，但如果管理不当，很可能会引发金融危机。

2.【解析】保险最大诚信原则是指当事人真诚地向对方充分而准确地告知有关保险的所有重要事实，不允许存在任何虚假、欺瞒、隐瞒行为，而且不仅在保险合同订立时要遵守此项原则，在整个合同有效期内和履行合同过程中也都要求当事人具有"最大诚信"。最大诚信原则的含义可表述为在保险合同当事人订立合同及合同有效期内，应依法向对方提供足以影响对方做出订约与履约决定的全部实质性重要事实，同时绝对信守合同订立的约定与承诺。否则，受到损害的一方，按民事立法规定可以此为由宣布合同无效，或解除合同，或不履行合同约定的义务或责任，甚至对因此受到的损害还可以要求对方予以赔偿。

3.【解析】SDR即特别提款权，亦称"纸黄金"，最早发行于1969年，是国际货币基金组织根据会员国认缴的份额分配的，可用于偿还国际货币基金组织债务、弥补会员国政府之间国际收支逆差的一种账面资产。目前其价值由美元、欧元、人民币、日元和英镑组成的一篮子储备货币决定。会员国在发生国际收支逆差时，可用它向基金组织指定的其他会员国换取外汇，以偿付国际收支逆差或偿还基金组织的贷款，还可与黄金、自由兑换货币一样充当国际储备。因为它是国际货币基金组织原有的普通提款权以外的一种补充，所以称为特别提款权。

4.【解析】证券投资基金是指通过公开发售基金份额募集资金，由基金托管人托管，保护基金管理人管理和运作资金，保护基金份额持有人的利益，以资产组合方式进行证券投资的一种利益共享、风险共担的集合投资方式。其为广大投资者提供了一种新型的金融投资选择，活跃了金融市场，丰富了金融市场的内容，促进了金融市场的完善和发展。

5.【解析】久期也称持续期，是指未来时间发生的现金流按照目前的收益率折现，再用每笔现值乘以现在距离该笔现金流发生时间点的时间年限，再进行求和，以这个总和除以债券目前的价格得到的数值就是久期。关于久期，最浅显易懂的含义就是债券价格相对于利率水平正常变动的敏感度。

二、简答题

1. 【解析】一般情况下,不对称信息条件下进行融资应采用优序融资理论。

优序融资理论又称啄食顺序融资理论,是在放宽 MM 理论完全信息的假定,以不对称信息理论为基础,并考虑交易成本的存在,认为权益融资会传递企业经营的负面信息,而且外部融资要多支付各种成本,因而企业融资一般会遵循内源融资、债务融资、权益融资这样的先后顺序。优序融资理论的主要结论是:

(1) 公司偏好于内部融资(假设信息不对称只在内部融资中有关)。

(2) 股息具有"黏性",所以公司会避免股息的突然变化,一般不用减少股息来为资本支出融资。换句话说,公司净现金流的变化一般体现了外部融资的变化。

(3) 如果需要外部融资,公司将首先发行最安全的证券,也就是说,先债务后权益。如果公司内部产生的现金流超过其投资需求,多余现金将用于偿还债务而不是回购股票。随着外部融资需求的增加,公司融资工具的选择顺序将从安全的债务到有风险的债务,比如从有抵押的高级债务到可转换债券或优先股,股权融资是最后的选择。

(4) 因此,每个公司的债务率反映了公司对外部融资的累计需求。

2. 【解析】股指期货即股票价格指数期货,是指以股价指数为标的物的标准化期货合约,双方约定在未来的某个特定日期,可以按照事先确定的股价指数的大小,进行标的指数的买卖,到期后通过现金结算差价来进行交割。作为期货交易的一种类型,股指期货交易与普通商品期货交易具有基本相同的特征和流程。股指期货是期货的一种,期货可以大致分为两大类,即商品期货与金融期货。

2014 年年末到 2015 年年初,券商股的大幅上涨引发了市场狂热,伴随着杠杆资金的运用,券商股股价和指数的波动率急剧扩大。这样的警示信号并没有引起整个市场包括各类媒体足够的重视,造成了 2015 年 6、7 月间千股跌停,股灾蔓延。

股指期货作为规避风险的金融衍生工具,在此次危机中发挥了重要作用。

(1) 价格发现功能。股指期货价格具有预期性、连续性和权威性,能较准确地反映未来整个股票市场价格的总体水平。股票现货市场和期货市场又都受相同经济因素的影响,二者的走势一致并逐渐趋合。这一关系使套期保值者、套利者和投机商能够利用股票指数期货的交易价格判定相关股票的近期和远期价格变动趋势,制定相应的投资决策。

(2) 风险转移套期保值功能。在此次股灾中,投资者持有与股票指数有相关关系的股票,为防止未来下跌造成损失,他可以卖出一定数量的股票指数期货合约,即股票指数期货空头与股票多头相配合,以达到锁定利润或规避风险的作用。

(3) 有利于投资者合理配置资产。对只想获得股票市场的平均收益或者看好某一类股票的投资者来说,如果在股票现货市场将其全部购买,无疑需要大量的资金;而购买股指期货,则只需少量的资金(一般是 10%~15% 的保证金)就能达到分享市场利润的目的,而且股指期货的期限短(一般为 3 个月),流动性较强,有利于投资人迅速改变其资产结构,进行合理的资源配置。

(4) 提供了新的交易品种。股指期货可以减缓基金或法人股套现对股票市场造成的冲击;另外,股指期货为投资者提供一种做空的工具,当投资者判断股市处于下跌趋势时,可以通过卖出一定数量的股指期货合约的操作来获利。

3. 【解析】由于纸币流通制度缺乏金币本位制的汇率稳定的基础，因此汇率经常处于频繁的波动之中，任何引起供求变化的因素都会造成外汇汇率的波动。影响因素主要有以下几个方面：

（1）国际收支状况。一国国际收支状况大体反映该国外汇供求的状况，国际收支差额是影响一国货币对外价值变化的直接因素，其中，国际收支差额又是影响汇率变化的最重要的因素。当一国有较大的国际收支逆差时，说明本国外汇收入小于外汇支出，外汇供给小于外汇需求，外汇升值，本币贬值；反之，外汇贬值，本币升值。

（2）通货膨胀差异。一国通货膨胀率高于其他国家，该国商品生产成本增加，商品出口竞争力下降，出口减少，引起贸易收支逆差，本币贬值。另外，实际利率等于名义利率减去通货膨胀率，若该国通货膨胀率高于他国，假定两国名义利率相等，则本国实际利率低于他国，本国资本外流，引起资本与金融项目逆差，本币贬值。一国的通货膨胀率高，会影响人们预期该国货币将趋于疲软，由此进行货币兑换，抛出该国货币，促使该国货币贬值。

（3）利率水平差异。在资本开放条件下，利率水平与汇率息息相关，利率对汇率的影响在短期尤其显著。①提高利率吸引资本流入，在外汇市场上形成对该国货币的需求，从而导致本币升值。由于国际游资的存在，短期内，诱发资本流动是利率影响汇率最主要的因素。②提高利率意味着银根收紧，会抑制通货膨胀和总需求，导致进口减少，有助于本币升值。③利率也会引起远期汇率的变化，当大量国际游资因为高利率吸引进入一国的同时，游资持有人为了预防将来到期时该货币贬值带来的风险和损失，在购买即期外汇的同时，进行反方向掉期交易，卖出数量相同的远期外汇，使远期汇率贴水。

（4）一国的经济实力。一国经济实力的强弱是奠定货币汇率的基础，经济实力的强弱可由多个指标来衡量，稳定适度的经济增长率、较低的通货膨胀率、均衡的国际收支、充足的外汇储备规模、合理的经济结构和合理的对外贸易等，都标志着一国的经济实力较强，这不仅构成了本币币值稳定坚挺的物质基础，而且会形成外汇市场上人们对该货币的追求，该国货币必然坚挺；反之，该国货币必然疲软。一国经济实力强弱对汇率的影响是长期的。

（5）财政政策与货币政策。一般来说，扩张性的财政政策与货币政策造成的巨额财政赤字和通货膨胀会使本国货币对外贬值；紧缩性的财政政策和货币政策会减少财政支出，稳定通货，使本国货币对外升值，这种影响是相对短期的。

（6）政府的市场干预。当外汇市场汇率波动对一国贸易产生不良影响，或政府需要调节汇率来达到一定政策目标时，货币当局便可以参与外汇买卖，改变外汇供求关系，促进汇率发生变化。这种影响一般是短期的。

（7）市场预期（心理因素）。市场对各种价格信号的预期都会影响汇率。当今金融市场上存在大量国际游资，这些游资对各国政治形势、军事形势等因素具有高度敏感性，受预期因素支配，一旦出现风吹草动，这类短期性资金为保值或为投机，短期资本会迅速流动，给外汇市场带来巨大冲击。

（8）突发因素。如战争、国家经济政策等因素。

在实际情况中，这些因素之间相互联系、相互制约，有时甚至相互抵消，现实中汇率变动是各种因素综合作用的结果，因此，只有依据具体情况对各项因素进行综合全面的分析，才能对汇率变动做出较为正确的判断。

4.【解析】(背景) 20 世纪 60 年代开始，全球金融市场环境存在如下变化：①通货膨胀率和利率迅速攀升，且越来越难以预测。②计算机技术得到大力推广。③金融界规章制度的压力越来越大。金融机构发现很多传统业务已经不具有盈利性，这种金融环境的变化推动了金融机构进行具有盈利性的金融创新。

金融创新有以下几种类型：

(1) 适应需求变化的金融创新。近年来，金融市场利率波动性越来越大，由于利率波动和回报率不确定而引起的利率风险也越来越大。利率风险的上升促进了能够降低利率风险的新金融工具的诞生，如可变利率抵押贷款和金融衍生工具。

(2) 适应供给变化的金融创新。信息技术对金融创新带来了巨大的影响：①降低处理金融交易过程的成本；②降低投资者获取信息的难度。信息技术的变化催生了如下金融工具：银行卡和借记卡、电子银行业务、垃圾债券、商业票据和证券化。

(3) 规避现存管制的金融创新。政府管制之所以会导致金融创新，是因为企业有极强的动力来规避限制它们盈利能力的规章制度，如法定准备金制度和存款利率的限制。法定准备金制度的实施导致银行利息收入的减少，相当于对银行征税；存款利率的限制会使得资金流向银行体系之外，甚至出现金融脱媒，并且存款的减少限制了银行体系能够贷放的资金规模，影响了银行利润。

5.【解析】套利定价理论 APT 是 CAPM（资本资产定价模型）的拓展形式，由 APT 给出的定价模型与 CAPM 一样，都是均衡状态下的模型。不同的是，APT 的基础是因素模型。

套利定价理论认为，套利行为是现代有效市场（即市场均衡价格）形成的一个决定因素。如果市场未达到均衡状态的话，市场上就会存在无风险套利机会。用多个因素来解释风险资产收益，根据无套利原则得到风险资产均衡收益与多个因素之间存在近似的线性关系。而前面的 CAPM 模型预测所有证券的收益率都与唯一的公共因子（市场证券组合）的收益率存在着线性关系。套利定价理论的理论基础是"一项资产的价格由不同的因素驱动，将这些因素分别乘上其对资产价格影响的 β 系数，加总后再加上无风险收益率，就可以得出该项资产的价值"。

虽然 APT 理论在形式上很完美，但是由于它没有给出具体驱动资产价格的因素，而这些因素可能数量众多，只能凭投资者的经验自行判断选择，且每项因素都要计算相应的 β，CAPM 模型只需要计算一个 β，所以在对资产价格估值的实际应用中，CAPM 比 APT 使用得更广泛。

6.【解析】金融风险是金融机构在经营过程中，由于决策失误、客观情况变化或其他原因使资金、财产、信誉有遭受损失的可能性。这种预期收入遭受损失的可能性，就是通常所说的金融风险。

最常见的遭受金融风险的金融机构是商业银行，风险主要有以下几类：

(1) 信用风险是指银行的借款人或交易对象由于不能或不愿意按事先达成的协议履行义务而给商业银行带来损失的可能性。信用风险是银行的传统风险，严重影响商业银行的资产质量。

(2) 流动性风险是指商业银行没有足够的现金来弥补客户取款需要和未满足客户合理的贷款需求或其他即时的现金需求而引起的风险。该风险具有传导性，由于不同金融机构在资产上具有复杂的债权债务关系，一旦某个金融机构资产流动性出现问题，不能保持正常的头寸，则单个金融机构的金融问题将会演变为全局性的金融动荡。

（3）利率风险是指市场利率水平变化对银行市场价值产生影响的风险。我国商业银行曾长期处于利率管制的环境下，但随着利率市场化的不断加强，利率风险也开始日益突出。

（4）汇率风险是指商业银行进行国际业务时，其持有的外汇资产或负债因汇率波动而造成价值增减的不确定性。

（5）操作风险是指金融机构中办理业务或内部管理出了差错，必须做出补偿或赔偿。如法律文书有漏洞，被人钻了空子；内部人员监守自盗，外部人员欺诈得手；电子系统硬件、软件发生故障，网络遭到黑客侵袭；通信、电力中断；地震、水灾、火灾、恐怖袭击等。所有这些都会给金融机构带来损失，统称为操作风险。

三、论述题（三选二）

1.【解析】人民币国际化是指人民币能够跨越国界，在境外流通，成为国际上普遍认可的计价、结算及储备货币的过程。尽管目前人民币在境外流通并不等于人民币已经实现了国际化，但人民币境外流通的扩大最终必然导致人民币的国际化，使其成为世界货币。

人民币国际化的含义包括三个方面：一是人民币现金在境外享有一定的流通度；二是以人民币计价的金融产品成为国际各主要金融机构包括中央银行的投资工具，为此，以人民币计价的金融市场规模不断扩大；三是国际贸易中以人民币结算的交易要达到一定的比重。这是衡量货币（包括人民币国际化）的通用标准，其中最主要的是后两点。

人民币国际化对我国的积极影响：

（1）进一步促进中国边境贸易发展。边境贸易和旅游等实体经济发生的人民币现金的跨境流动，在一定程度上缓解了双边交往中结算手段的不足，推动和扩大了双边经贸往来，加快了边境少数民族地区经济发展。另外，不少周边国家是自然资源丰富、市场供应短缺的国家，与中国的情况形成鲜明对照。人民币流出境外，这有利于缓解中国自然资源短缺、市场供应过剩。

（2）减少汇价风险，促进中国国际贸易和投资的发展。对外贸易的快速发展使外贸企业持有大量外币债权和债务。由于货币敞口风险较大，汇价波动会对企业经营产生一定的影响。人民币国际化后，对外贸易和投资可以使用本国货币计价和结算，汇率风险将大大降低，这可以进一步促进中国对外贸易和投资的发展。同时，也会促进以人民币计价的债券等金融市场的发展。

（3）获得国际铸币税收入。实现人民币国际化后最直接、最大的收益就是获得国际铸币税收入。铸币税可以理解为储备货币的发行利润，是指发行者凭借发行货币的特权所获得的纸币发行面额与纸币发行成本之间的差额。发行世界货币相当于从别国征收铸币税用之于本国，这样只需印发钞票就可购买别国的资源。

（4）提升中国国际地位，增强中国对世界经济的影响力。人民币实现国际化后，中国就拥有了一种世界货币的发行和调节权，对全球经济活动的影响和发言权也将随之增加。同时，人民币在国际货币体系中占有一席之地，可以改变目前处于被支配地位的现状，减少国际货币制度对中国的不利影响。

人民币国际化对我国的不利影响：

（1）增加宏观调控的难度。人民币国际化后，国际金融市场上将流通一定量的人民币，其在国际的流动可能会削弱中央银行对国内人民币的控制能力，从而影响国内宏观调控政策实施的效果。

（2）加大人民币现金管理和监测的难度。人民币国际化后，由于对境外人民币现金需求和流通的监测难度较大，将会加大中央银行对人民币现金管理的难度。同时人民币现金的跨境流动可能会加大一些非法活动（如走私、赌博、贩毒）的出现频率。随之而来的是不正常的人民币现金跨境流动，一方面会影响中国金融市场的稳定，另一方面也会增加反假币、反洗钱工作的困难。

（3）影响中国经济金融的稳定。人民币国际化使中国国内经济与世界经济紧密相连，国际金融市场的任何风吹草动都会对中国经济金融产生一定影响。特别是当货币国际化后，如果本币的实际汇率与名义汇率出现偏离，或是即期汇率、利率与预期汇率、利率出现偏离，都将给国际投资者带来套利的机会，刺激短期投机性资本的流动，影响中国经济金融的稳定。

在经济金融日益全球化的今天，掌握一种国际货币的发行权对于一国经济的发展具有十分重要的意义。人民币成为国际货币，既能获得巨大的经济利益，又可以增强中国在国际事务中的影响力和发言权，提高中国的国际地位。中国要想在全球金融资源的竞争与博弈中占据一席之地，就必须加入货币国际化的角逐中。同时应该认识到，货币国际化也将为本国经济带来不确定因素。如何在推进货币国际化的进程中发挥其对本国经济有利影响的同时将不利因素降至最低，是一国政府必须认真考虑的事情。可以相信，只要我们创造条件，坚定信心，发展经济，增强国力，在不远的将来，人民币就一定能够成为世界人民欢迎和接受的货币。

2.【解析】亚洲基础设施投资银行（简称亚投行，AIIB）是一个政府间性质的亚洲区域多边开发机构。其重点支持基础设施建设，成立的宗旨是促进亚洲区域建设互联互通化和经济一体化的进程，加强中国及其他亚洲国家和地区的合作。亚投行是首个由中国倡议设立的多边金融机构，总部设在北京，法定资本 1 000 亿美元。

在全球化背景下，区域合作在推动亚洲经济体持续增长及经济和社会发展方面具有重要意义，也有助于提升本地区应对未来金融危机和其他外部冲击的能力。

（1）基础设施发展在推动区域互联互通和一体化方面具有重要意义，也有助于推进亚洲经济增长和社会发展，进而为全球经济发展提供新动力。

（2）亚投行通过与现有多边开发银行开展合作，将更好地为亚洲地区长期的巨额基础设施建设融资缺口提供资金支持。

（3）亚投行的成立将有助于从亚洲区域内及区域外动员更多的资金，缓解亚洲经济体面临的融资瓶颈，与现有的多边开发银行形成互补，有助于亚洲实现持续稳定增长。

（4）中国提倡筹建亚洲基础设施投资银行，一方面能继续推动国际货币基金组织（IMF）和世界银行（WB）的进一步改革，另一方面也是对当前亚洲开发银行（ADB）在亚太地区的投融资与国际援助职能的补充。

亚投行是继提出建立金砖国家开发银行（NDB）、上合组织开发银行之后，中国试图主导国际金融体系的又一举措。这也体现出中国尝试在外交战略中发挥资本在国际金融中的力量而做出的努力。更值得期待的是亚投行将可能成为人民币国际化的制度保障，方便人民币"出海"。

亚投行正式宣告成立，是国际经济治理体系改革进程中具有里程碑意义的重大事件，标志着亚投行作为一个多边开发银行的法人地位正式确立。

3.【解析】银行的不良资产指的是银行不能按时、足额地进行资产重组，银行投放贷款后形成的银行信贷资产中不符合安全性、流动性和效益性原则，处于逾期、呆滞、呆账状态而面临风险的部分贷款。银行不能正常收回或已收不回的贷款，是指处于非良好经营状态的、不能及时给银行带来正常利息收入甚至难以收回本金的银行资产，主要指不良贷款，包括次级、可疑和损失贷款及其利息。

我国四大国有商业银行不良资产数额巨大。一方面，不良资产存量数额巨大，国有商业银行实际上处于资不抵债状态；另一方面，不良资产增量不断累加。不良资产主要集中在国有工商企业，其份额占全部不良贷款的70%以上，而且随着我国国有经济战略调整和经济体制改革不断深化，一些不适应市场竞争要求的企业将被淘汰，所以，潜在的金融资产风险环境不断释放。其现状归纳起来，主要有以下几个方面：

（1）不良贷款占比过高，贷款周转速度缓慢。

（2）无抵押、无担保或无效抵押、担保的"三无"贷款频现，银行债权难以得到保障。

（3）欠息严重，已成为典型低效资产。不良贷款欠息严重，不能创造收益，成为国有商业银行利润计划中难以实现的决定性因素。

（4）超比例企业贷款质量差。体现在：一是贷款比较集中的地方，超比例贷款企业户数多，贷款质量差；二是单户超比例严重的企业不良贷款占比高。

（5）不良贷款率差距大。

针对我国不良资产的现状，提出以下建议：

①政府要全方位整治信用环境。主要有三个角度：建立和完善企业信用制度；加强组织协调，实现企业信用监督管理社会化；强化对中介机构的监督，规范其行为，对蓄意出具虚假验资报告、资产评估报告及审计报告的中介机构，要严格按照有关规定追究责任，甚至取消其执业资格。

②强化金融监管，提高监管效率。例如：充实、培训监管人员，提高监管队伍素质；提倡适度监管，鼓励适度竞争，而不是以监管规则制约公平竞争；金融监管部门要密切监测国有商业银行信贷资产的流动性、贷款结构、存贷比例等指标，加大对国有商业银行不良贷款降比工作的考核力度。

③加快金融法制建设，完善金融法律制度，积极支持国有商业银行保全资产。在全社会大力普及宣传金融法律知识，真正树立金融法治观念。建立和完善银行债权保护的法律体系，以确保债权人权益不受侵犯，并强制债务人履行其偿债义务。加大银行债权保护的司法力度。司法机关应严格、公正执法，维护法律的权威性，使借款人利用各种形式逃避国有商业银行债务的行为得到严厉制裁，最大限度地保障国有商业银行债权的实现，维护其合法权益。

随着世界经济的快速发展，一味按过去的方式已经不能顺应时代脚步。面对目前遇到的一些问题，需要社会各界人士的一同努力，谋求更适合当前社会的经济发展模式，规制市场，从自身做起。

2015年首都经济贸易大学431金融硕士初试真题解析

一、名词解释

1.【解析】(1)基准利率是指金融市场上具有普遍参照作用的利率，其他利率水平或金融资产价格均可根据这一基准利率水平来确定。基准利率是利率市场化的重要前提之一，在利率市场化条件下，融资者衡量融资成本、投资者计算投资收益以及管理层对宏观经济的调控，客观上都要求有一个普遍公认的基准利率水平作参考。所以，从某种意义上讲，基准利率是利率市场化机制形成的核心。在中国，以中央银行对存款性金融机构的存贷款利率为基准利率。

(2)市场利率是指市场资金借贷成本的真实反映，而能够及时反映短期市场利率的指标有银行间同业拆借利率、国债回购利率等。新发行的债券利率一般也是按照当时的市场基准利率来设计的。一般来说，市场利率上升会引起债券类固定收益产品价格下降，股票价格下跌，房地产市场、外汇市场走低，但储蓄收益将增加。

2.【解析】(1)货币制度是指国家法律规定的货币流通的规则、结构和组织机构体系的总称。货币制度是随着商品经济的发展而逐步产生和发展的，到近代才形成比较规范的制度。依据货币制度作用的范围不同，货币制度包括国家货币制度、国际货币制度和区域性货币制度。根据货币的不同特性，货币制度可分为金属货币制度和不兑现的信用货币制度。

(2)国际货币制度又称国际货币体系，是指货币制度跨越国界，为了适应国际贸易和国际支付的需要，使货币在国际范围内发挥世界货币的职能，各国政府都共同遵守的有关政策规定和制度安排，一般包括三个方面的内容：①国际储备资产的确定；②汇率制度的安排；③国际收支的调节。国际货币制度的发展主要包括三个阶段：一是金本位制下的固定汇率制度；二是布雷顿森林体系下的固定汇率制度；三是牙买加体系下的浮动汇率制度。

3.【解析】(1)金融工具是指在金融市场中可交易的金融资产。人们可以用它们在市场中尤其是在不同的金融市场中发挥各种"工具"作用，以期实现不同的目的。其最基本的要素为支付的金额与支付条件，如股票、债券、期货、外汇等均属于金融工具。

(2)信用工具是指以书面形式发行和流通、借以保证债权人或投资人权利的凭证，是资金供应者和需求者之间继续进行资金融通时，用来证明债权的各种合法凭证。

4.【解析】(1)金融脆弱性有广义和狭义之分。狭义的金融脆弱性是指金融业高负债经营的行业特点决定的更易失败的本性，有时也称为"金融内在脆弱性"。广义的金融脆弱性简称为"金融脆弱"，是指一种趋于高风险的金融状态，泛指一切融资领域中的风险积聚，包括信贷融资和金融市场融资。现在通用的是广义的概念。金融脆弱性不同于金融风险，金融风险指潜在损失的可能性，而金融脆弱则不仅包括可能的损失，还包括已经发生的损失。

（2）金融监管有狭义和广义之分。狭义的金融监管是指中央银行或其他金融监管当局依据国家法律规定对整个金融业（包括金融机构和金融业务）实施的监督管理。广义的金融监管在上述含义之外，还包括了金融机构的内部控制和稽核、同业自律性组织的监管、社会中介组织的监管等内容。

5.【解析】（1）通货膨胀是指在信用货币制度下，流通中的货币数量超过经济实际需要而引起的货币贬值和物价水平全面而持续的上涨，即在一段给定的时间内，给定经济体中的物价水平普遍持续增长，从而造成货币购买力持续下降。

（2）货币供给是指某一国或货币区的银行系统向经济体中投入、创造、扩张（或收缩）货币的金融过程。货币供给指一个国家在某一特定时点上由家庭和厂商持有的政府和银行系统以外的货币总和。

二、简答题

1.【解析】（1）负债业务。负债业务是商业银行主要的资金来源，银行的负债规模和结构决定了整个银行的经营规模和经营方向。负债结构和成本的变化，极大地影响着银行的盈利水平和风险结构。

①银行资本。银行为了正常运营而自行投入的资金，它代表着股东对公司的所有权。在现代银行中，自有资本通常在商业银行资金来源中占比很小，但在保护存款人利益和保护银行业务持续发展方面具有重要作用。

②存款负债。

a. 交易存款：

无息活期存款：客户提取时不必事先通知存款机构。

有息活期存款：可转让支付命令账户、超级可转让支付命令账户、货币市场存款账户、移动应用。

b. 非交易存款：储蓄存款、定期存款、退休储蓄存款。

③借款负债。

a. 短期：同业借款（同业拆借、转贴现、转抵押）；向中央银行借款（再贴现、再贷款）；回购协议（大多以政府债券做担保）；欧洲货币市场借款。

b. 长期：主要资金来源是发行金融债券（货币性金融债券、一般性金融债券、国际金融债券）。

（2）资产业务。商业银行的资产业务是指商业银行将吸收的资金加以运用的业务，这是商业银行取得收入的主要途径。

①现金业务。现金业务是指商业银行的一级准备，满足银行流动性需要的第一道防线，包括库存现金、存放在中央银行的存款准备金、同业存款和托收过程中的资金，具有流动性强、非营利性的特点。

②贷款业务。贷款业务是商业银行最基本的资产业务，在总资产当中的比重一般占首位，并且贷款在资产组合中对银行的风险结构和收益结构影响很大，提高贷款比重会增加银行预期盈利，与此同时，银行风险也会随之增加。

③证券投资。证券投资是指商业银行将资金用于购买有价证券，如政府、企业债券，以获得利息或股息收入。证券投资业务是商业银行最重要的资产业务，也是收入来源之一。与贷款相比，证券具有更高的流动性，安全性高、收益好，可以作为银行的二级储备。

(3) 表外业务及中间业务。

①表外业务是指同表内资产业务和负债业务关系极为密切,并在一定条件下可以转化为表内资产和负债业务的经营活动,特指有风险的经营活动,应当在会计报表的附注中予以揭示。主要有担保和类似的或有负债业务(商业信用证、备用信用证、银行承兑汇票);承诺类业务(贷款承诺、票据发行便利);与利率或汇率有关的或有项目(远期利率协议、金融期货、金融期权、互换业务);信托业务;租赁业务。

②中间业务是指商业银行从事的不需要列入资产负债表中的金融服务类表外业务,包括支付结算业务、代理业务、银行卡业务、信息咨询业务。

2.【解析】(1) 资产项目:国外资产、对政府的债权、对存款货币银行的债权、对特定存款机构的债权、对其他金融机构的债权、对非金融机构的债权和其他资产。

(2) 负债项目:储备货币、发行债券、国外货币、政府存款、自有资金、其他负债。

中央银行资产负债表主要项目之间的关系:资产=负债+资本项目。因此,中央银行的资产业务对货币供应起决定性作用,由中央银行资本项目增加而相应扩大的资产业务,不会导致货币发行的增加。

资产负债表中各项与货币供给的关系:

①对金融机构债权+其他资产=对金融机构负债+货币发行+其他负债+自有资本。当中央银行的债权总额大于负债总额时,如果其他对应项目不变,那么其差额部分通常由货币发行来弥补;反之,当债权总额小于负债总额时,会相应减少货币发行量。由于中央银行对金融机构的债权比负债更具有主动性和可控性,所以中央银行对金融机构的资产业务对于货币供应具有决定性作用,因此,中央银行可以扩大或减少资产业务从而相应增减货币的供给。

②对政府债权+其他资产=对政府负债+储备货币+其他负债+自有资本。当中央银行对政府债权与政府存款总额相等时,对货币供应影响不大,但如果其他项目不变,由于政府财政赤字过大而增加的中央银行对政府的债权大于政府存款时,就会出现财政性的货币发行;反之,若政府存款大于中央银行对政府债权,则将消除来自财政方面的通货膨胀的压力,并为货币稳定提供支持。

③国外资产+国内资产=储备货币+其他负债+自有资本。当金融机构债权与金融机构负债、政府债权与政府负债通过两个对应关系不变时,如果中央银行国外资产的增加与其他存款及自有资本的增加不相对应,就会导致国内基础货币净增加,因此中央银行的国外资产业务增长是有条件限制的,不能无限制地增长,原因在于国外资产的增长,对国内基础货币的增长有着重要影响。

3.【解析】(1) 一般性货币政策工具。一般性货币政策工具是指对金融活动的影响是普遍的、总体的、没有特殊的针对性和选择性,实施对象是整体经济,而非个别部门或个别企业。包括存款准备政策、再贴现政策和公开市场操作。

①存款准备金政策是指中央银行在法律赋予的权利范围内,通过调整商业银行缴存中央银行的存款准备金比例以改变货币乘数,控制商业银行的信用创造能力,间接地控制货币供应量的活动。这一工具冲击力巨大,一般只在少数场合下使用。

②再贴现政策是指中央银行直接调整或制定对合格票据的贴现利率来干预和影响市场利率以及货币市场的供给和需求,从而对市场货币供应量进行调节的一种货币政策。贴现率的变动可以改变商业银行的融资政策,从而实现自己的政策目标;贴现率的调整有一定

的告示效应，向公众宣示中央银行的政策意图。局限性：中央银行处于被动地位，往往不能达到预期效果；再贴现政策缺乏弹性，经常对再贴现率进行调整会引起市场利率的经常性波动；该政策具有顺应经济周期的特征。

③公开市场操作是指中央银行在公开市场上公开买卖政府证券或中央银行票据，以控制货币供应量及影响利率水平的行为。优点：通过公开市场操作，可以控制整个商业银行体系的基础货币量，使它符合政策目标的需要；中央银行具有主动权；当政策出错时，可进行反方向操作；具有可逆转性和灵活性。公开市场操作若要达到预期的效果，需要有一个高度发达的金融市场。

（2）选择性货币政策工具是指中央银行针对某些特殊的经济领域或特殊用途的信贷而采用的货币政策工具。选择性货币政策工具可以在不影响货币供应总量的条件下，通过影响商业银行体系的投资资金投向和不同利率来发挥作用，主要有消费者信用控制、证券市场信用控制、不动产信用控制、优惠利率和预缴进口保证金。

（3）其他货币政策工具包括直接信用控制（利率上限、信用配额管理、流动性比率管理、直接干预、特种存款）和间接信用控制（道义劝说、窗口指导）。

4.【解析】一般认为最大的基本面应该是公司的业绩，业绩虽是硬道理，但公司的市值、管理层、创新、资本扩张、文化等各个层面都是互相牵制的。基本面分析框架应该把这些因素都考虑进去，主要分为以下几点：

（1）公司的商业模式（定性分析）。

理解公司是如何盈利的以及公司的上下游环境及竞争环境。

（2）公司竞争优势（定性分析）。

五力模型：上游供应商议价能力、下游客户议价能力、新进入者威胁、潜在替代品威胁、现有竞争者竞争程度。

经济护城河模型：独特的无形资产、低成本优势、高转换成本、规模与网络优势。

SWOT 模型：内部分为优势和劣势；外部分为机会和威胁。

（3）公司管理层（定性分析）。

诚信与品行、学习能力与视野、专注与执行力、意志力和耐力。

（4）公司财务稳健性（定量分析）。

较低的有息负债率；较低的运营费用支出；较少的大额资本性支出；较稳定的经营性现金流入。

（5）公司盈利能力（定量分析）。

①ROE、ROIC＞WACC（加权平均资本成本）。

②ROE＞行业平均；ROIC＞行业平均；净利润稳定增长。

③毛利率＞行业平均；净利率＞行业平均。

④盈利的可持续性。

（6）公司成长能力（定量分析）。

销售增长率＞行业平均；净利润增长率＞行业平均。

（7）估值分析（定量分析）。

三低原则：P/E（或者 P/B）低于市场均值、低于行业均值、处于中低位置。

而在巴菲特的投资世界里，价值投资是其核心投资思想，而价值投资最基本的策略是利用股票价格与企业价值的背离，以低于股票内在价值相当大的折扣价格买入股票，等待股价大幅上涨后再以相当于或者高于价值的价格卖出，从而获取超额利润。估值是价值投资的前提、基础和核心。价值投资者在找到具有连续竞争优势的企业后，为保证获得超额利润，需要对其所要投资的企业进行估值，也就是准确评估企业股票的内在价值，然后再和该企业股票的市场价格进行比较。

投资者常常认为账面价值表明了公司的价值，或者至少是公司价值的一个参考。但事实上，这两种价值所表达出来的概念其实是完全不同的。账面价值衡量的是投入企业的资本加留存下来的利润。而投资者真正关心的是将来能从企业里得到多少价值，这才是决定公司价值的真正要素，即它是一家企业在其余下的生命中可以产生的现金流量的贴现值，这才是公司的内在价值。确定企业的内在价值是解密巴菲特投资理念的关键。对巴菲特来说，一项投资的内在价值就是投资将产生的预期年复利收益率。巴菲特使用预期年复利收益率来决定投资是否具有商业价值。巴菲特所要做的是预期企业的未来价值，比如10年以后的价值，然后他会比较支付价格与企业预期未来价值，以及实现预期价值所需要的时间，用预期年复利收益率来比较不同的投资，以确定它们是否具有商业价值。

5.【解析】国际收支平衡表是一国根据国际经济交易的内容和范围设置科目和账户，并按照复式记账原则对一定时期内的国际经济交易进行系统的记录，对各笔交易进行分类、汇总而编制的分析性统计报表。记录一国（私人部门和政府）和外国之间的资金转移有直接关系的所有收支活动的簿记系统，包括三大部分：经常项目、资本与金融项目和错误与遗漏项目。

（1）经常项目。本国与外国进行经济交易而经常发生的项目，是指实际资源的流动，包括：①货物；②服务；③收益，指生产要素（包括劳动力和资本在国家间流动所引起的报酬收支，即职工报酬和投资收益）；④经济转移（包括政府无偿转移和私人部门无偿转移）。

（2）资本与金融项目。资本项目：①资本转移，收买或出售非生产、非金融资产交易；②金融资产与负债。金融项目包括直接投资、证券投资、其他投资等。

（3）错误与遗漏项目。国际收支平衡表分析方法（差额分析法）：

①贸易收支差额（货物进出口差额），货物项目借方＜贷方，进口＜出口，贸易收支顺差；货物项目借方＞贷方，进口＞出口，贸易收支逆差。

②经常项目收支差额反映一国实际资源的净流出或净流入状况，综合展现了一国进出口的状况（包括无形进出口如劳务保险运输等），可以反映一国国际竞争能力，也可以作为制定国际收支政策和产业政策的重要依据。

③资本与金融项目差额反映一国为经常项目融资的能力，经常项目出现赤字，对应着资本和金融项目有相同规模盈余，意味着一国利用金融资产的净流入为经常项目赤字融资；反映一国资本市场的开放程度和金融市场的发达程度，资本市场越开放、金融市场越发达的国家，其资本和金融项目的流量总额就越大，特别是易出现资本和金融项目的顺差。

④综合项目差额＝经常项目差额＋资本与金融项目差额。在不考虑误差与遗漏项目的前提下，综合项目差额就是将国际收支项目中的储备资产项目剔除后的余额。综合项目差额必然导致储备资产反方向变动，因此可以用它来衡量国际收支对一国储备造成的压力，如果综合项目差额在借方，为逆差，则该国同时期储备资产余额必然在借方，意味着储备资产增加。

三、论述题（1必做，2、3选做一个）

1. 【解析】利率市场化是指利率的决定权交给市场，由市场主体自主决定利率的过程。在利率市场化条件下，如果市场竞争充分，则任何单一的经济主体都不可能成为利率的单方面制定者，而只能是利率的接受者。

市场化后的利率可以反映宏观经济运行状况的准确价格信号。随着金融体制改革的深化发展以及与国际市场的逐步接轨，原有的利率体制已成为我国改革进程中的"瓶颈"，利率市场化问题显得日益突出和重要，迫切需要改革现行的利率管理体制，完善利率体系，为利率杠杆更好地发挥作用提供保证。

我国利率市场化进程：我国在逐步放开存贷款利率管制的同时，多年来一直同步推进市场化利率体系和完善中央银行的利率调控体系。自1996年取消同业拆借利率上限管制开始，直到2013年7月放开贷款利率浮动下限，市场化利率体系培育在以下三个方面得到有序推进：一是培育和完善市场化利率形成机制，现已初步建立了以SHIBOR利率为代表的短期市场基准利率和以国债收益率曲线为代表的中长期市场基准利率；二是在利率双轨制背景下，通过创新存贷款替代产品，大力发展金融市场，逐步夯实市场化利率的形成基础；三是完善中央银行利率调控机制，推动中央银行逐步向利率间接调控方式转变，增强公开市场操作引导市场利率的能力。

利率市场化的必要条件：(1)统一的竞争性的货币市场。(2)竞争性的银行市场。(3)降低财政赤字规模。(4)建立对金融机构的审慎监管体系。(5)降低银行准备金。(6)银行合理的公司治理结构和银行充足的资本金。(7)银行的信贷风险评估技术和银行良好的信息资本。(8)企业合理的公司治理结构和合理的资产负债率。

我国目前货币市场还存在一些问题：货币市场规模小，市场参与主体少，货币市场的各个组成市场在区域间分割严重；我国银行业方面不良贷款数额巨大，银行的公司治理结构落后，内部激励机制不健全；目前我国的监管体系存在不足，缺乏市场约束机制；我国企业资产负债率高，偿债能力差等均不利于我国利率市场化的进程。因此，我国目前还不具备完全利率市场化的条件，但利率市场化是一个循序渐进的过程，我国的利率市场化正在逐步进行，未来会有良好的成效。

2. 【解析】国际货币制度亦称"国际货币体系"，是指国际货币流通的组织形式。世界各国为了解决国际贸易和国际结算中对于国际支付手段和国际储备资产的需要，对涉及国际货币流通的各个方面，包括各国货币的兑换性、汇率制度、国际收支的调节机制、国际结算制度、国际储备体系、国际货币关系及其他国际金融事务，在国际范围内自发地或通过政府间协商安排而确立的一整套系统的原则、办法、规章制度和机构。

在伦敦举行的20国集团领导人第二次金融峰会上，我国提出"建立国际货币体系多元化"的主张。"建立国际货币体系多元化"主张的提出有其深刻的背景，即中国在现行国际货币体系下蒙受了重大损失。中国面临着两个突出问题：一是出口增长速度下降导致的经济增长速度下降和失业增加；二是外汇储备的安全受到威胁。中国高度依赖外资、外贸、外汇的发展模式面临挑战。对外依赖超过一定程度的经济体，很容易受到美国的成本转嫁。我国对此的反应是直接提出改革主张，并且推进人民币区域化，希望改善不利局面。

关于我国采取的态度和措施，自2008年以来，周小川就改革现行国际货币体系连续撰文，认为扩大特别提款权（SDR）的作用，设立超主权货币有助于世界经济的稳定；中国政府更是正式提出了创设"超主权国际储备货币"的主张。这是第二次世界大战后我国政府首次正式提出改革现行国际货币体系的主张。

3.【解析】互联网金融是指传统金融机构与互联网企业利用互联网技术和信息通信技术实现资金融通、支付、投资和信息中介服务的新型金融业务模式。互联网金融不是互联网和金融业的简单结合，而是在实现安全、移动等网络技术水平上，被用户熟悉接受后自然而然为适应新的需求而产生的新模式及新业务，是传统金融行业与互联网技术相结合的新兴领域。

网络金融又称电子金融，不同于互联网金融，它是指基于金融电子化建设成果在国际互联网上实现的金融活动，包括网络金融机构、网络金融交易、网络金融市场和网络金融监管等方面。它不同于传统的以物理形态存在的金融活动，是存在于电子空间中的金融活动，其存在形态是虚拟化的、运行方式是网络化的。它是信息技术特别是互联网技术飞速发展的产物，是适应电子商务发展需要而产生的网络时代的金融运行模式。

当今互联网金融主要有以下几种形式：

(1)众筹。众筹是指用团购预购的形式向网友募集项目资金的模式。

(2)P2P网贷，即点对点信贷。P2P网贷是指通过第三方互联网平台进行资金借、贷双方的匹配，需要借贷的人群可以通过网站平台找到有出借能力并且愿意基于一定条件出借的人群。

(3)第三方支付。广义上讲，第三方支付是指非金融机构作为收、付款人的支付中介所提供的网络支付、预付卡、银行卡收单以及中国人民银行确定的其他支付服务。

(4)数字货币。以比特币等数字货币为代表的互联网数字货币可用于缴税和其他合法用途，德国成为全球首个认可比特币的国家，比特币开始逐渐走入大众的视线。

(5)大数据金融。大数据金融集合海量非结构化数据，通过对其进行实时分析，可以为互联网金融机构提供客户全方位信息，通过分析和挖掘客户的交易和消费信息掌握客户的消费习惯，并准确预测客户行为。

(6)信息化金融机构。所谓信息化金融机构，是指通过采用信息技术，对传统运营流程进行改造或重构，实现经营、管理全面电子化的银行、证券和保险等金融机构。

(7)互联网金融门户。互联网金融门户是指利用互联网进行金融产品的销售以及为金融产品销售提供第三方服务的平台。

当今无论是数字金融还是互联网金融，在提升金融服务效率和服务水平、降低成本、促进普惠金融等方面，确实发挥了不可泯灭的作用。但互联网金融发展确实出现了很多乱象，那么在新的时代下互联网金融如何扬长避短、趋利避害，在新时代有新气象、新作为，确实值得我们共同思考。

回顾互联网金融在中国的发展历史，我们可以看到经历了快速发展之后，目前在逐渐趋于理性和冷静，互联网金融行业进入了规范发展的新阶段，我们总结了互联网金融目前的几个特点、风险以及监管措施与应对方案：第一，监管政策正在逐步落地，行业规范发展态势明显。第二，不同业态发展出现差异，情况比较复杂。第三，部分业态行业集中度进一步上升。第四，互联网金融的整体规模占金融总量比重仍然较低，但行业涉众性比较强。第五，数字技术驱动特征进一步明显。第六，传统金融机构在数字金融领域发力，但仍存在一定的约束。

总体来看，在经济金融环境复杂多变、行业加快清理整顿的背景下，我国互联网金融发展主要还面临着经营风险、合规转型风险、风险处置次生风险等三大风险。在行业基础设施建设、监管体制完善、法律制度体系完善建立、消费权益保护等方面还存在一定的挑战。所以，互联网金融要真正实现新时代有新作为，需要监管、市场还有自律组织共同的智慧和力量。

(1) 从监管方面讲，当前监管强调所有的金融业务都要纳入监管，抓住了互联网金融的本质。实施穿透式监管，按照实质重于形式的原则，综合全链条信息，执行相应的监管规则，实施协同式监管，加强一行三会的监管协调，完善中央和地方的监管分工，促进监管和自律的协调配合，实现行为监管和审慎监管的协同发力，最终形成对互联网金融领域全覆盖的长效监管机制。

(2) 从市场角度来看，从业机构要遵循金融规律，建立合规文化。按照监管规则和专项整治的要求以及行业的规则和标准，要进一步完善信息披露、资金存管、反洗钱等内控制度；要构建适用管用的风控体系和安全保障体系；要积极开展合规审慎经营，树立正确的发展理念和价值导向。

互联网金融机构在监管部门的领导下，正在逐步走向规范和成熟，但还有很多基础性的工作需要做，也还有很多的难题需要攻克。但宏观管理部门和监管部门也正在推动规范发展互联网金融，数字金融方面的顶层设计正在不断完善。各个部门应当共同努力推动新时代数字金融的健康有序发展，为增强我国经济创新力和竞争力积极贡献力量。

附 录

2019年清华大学431金融硕士初试真题

一、单项选择题

1. 对于一个大国，下列措施有利于提高福利的是（   ）。
   A. 关税
   B. 进口配额
   C. 出口补贴
   D. 任何妨碍贸易的措施都不利

2. 一国出口额占GDP的比值（   ）。
   A. 一定大于1
   B. 一定小于1
   C. 等于进口额与GDP的比值
   D. 不能确定

3. 马歇尔一勒纳条件是指进口弹性和出口弹性之和（   ）。
   A. 小于1
   B. 等于1
   C. 大于1
   D. 无关系

4. 名义利率最接近实际利率（   ）。
   A. 加预期通货膨胀率
   B. 加预期通货膨胀率对应的风险补偿
   C. 加预期通货膨胀率及其对应的风险补偿
   D. 加预期通货膨胀率加实际利率波动的风险补偿值

5. 如果法定存款准备金为5%，增加1 000元存款，能创造多少货币？（   ）
   A. 5 000元
   B. 10 000元
   C. 20 000元
   D. 25 000元

6. 从表中所给数据来看，一年后表现最为强势的货币为（   ）。

	即期汇率	预期一年后即期汇率
美元/欧元	1.362 4	1.359 3
瑞士法郎/美元	0.995 8	0.982 4
美元/英镑	1.261 4	1.260 8

   A. 美元
   B. 欧元
   C. 瑞士法郎
   D. 英镑

7. 下面哪项不会影响营运现金流的增加？（   ）
   A. 加入"应收账款"的增加
   B. 加入"折旧"的增加
   C. 加入"应付账款"的增加
   D. 加入"存货"的减少

8. 公司股票数量120万股，股价30元，债务850万元，$P/B=3.76$，净利润150万元，现金250万元，则企业价值为（   ）。
   A. 950万元
   B. 3 000万元
   C. 4 200万元
   D. 4 400万元

9. 以下哪个行为不影响公司的每股收益?( )
   A. 发行新股　　　　　　　　　　　B. 回购股票并注销
   C. 发放股票股利　　　　　　　　　D. 发行可交换债券
10. 证券市场线的斜率是( )。
   A. 无风险收益率　B. 市场超额收益率　C. 贝塔系数　　D. 1
11. 资本市场线的横坐标代表( )。
   A. 标准差　　　　B. 1.0　　　　　　C. 贝塔值　　　D. 以上均不对
12. 市场收益率为15%,无风险利率为8%,市场上给予股票A的预期收益率为18%,β为1.25,则( )。
   A. 股票被高估　　B. 公平定价　　　　C. α为0.25%　D. α为1.25%
13. 根据下图所示,下列说法正确的是( )。
   A. A证券价值被高估　　　　　　　B. C证券价值被低估
   C. B证券正常估值　　　　　　　　D. 均不正确

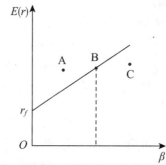

14. 某公司每年每股股利为3元,公司股票当前价格为37.5元。若公司明年开始把股利降低为2元,减少的部分全部用来投资新项目。减少股利之前,公司每年股利增长率为2%。股利减少之后增长率变为5%,那么股利减少之后公司股票价格为( )。
   A. 33.5元　　　　B. 35.5元　　　　　C. 37.5元　　　D. 40元
15. 收入周期性强,经营杠杆高的企业( )。
   A. β较小　　　B. β较大　　　　C. β为0　　　D. β为负
16. 以下关于公司债券的说法中,正确的是( )。
   A. 垃圾债券是垃圾处理厂发行的债券
   B. 回购是分次在财务报表里面摊销
   C. 可转换债券的价值一般比普通债券的价值高
   D. 以上均不正确
17. 下列哪种是不属于MM定理的完美资本市场的假设?( )
   A. 所有的投资者都持有有效市场组合
   B. 没有税收和交易成本
   C. 公司财务政策不影响未来的现金流
   D. 证券的价格是由未来现金流贴现的公平定价
18. 一公司资产为62 000元,明年到期的零息债券为50 000元。对于股东来说,相当于持有一个( )期权,执行价格是( )。
   A. 看涨　50 000元　B. 看跌　50 000元　C. 看涨　62 000元　D. 看跌　62 000元

19. 杠杆收购（LBO）是指（　　）
    A. 管理层通过权益融资收购公司　　　　　B. 投资者通过债务融资收购公司
    C. 管理层通过内源融资收购公司　　　　　D. 公司股东通过权益融资收购公司

20. A公司流通股2 100股，股价26元，B公司流通股3 000股，A、B公司均无杠杆经营，B公司用58 000元现金收购A公司，则每股并购溢价为（　　）。
    A. 0元　　　　　B. 1.13元　　　　　C. 1.62元　　　　　D. 1.83元

21. 公司负债4 700万元，企业资产价值1.02亿元，有500万股份，公司想要发行股票进行回购全部债务，需要发行多少股票？（取最接近值）（　　）
    A. 430万股　　　　　B. 470万股　　　　　C. 500万股　　　　　D. 200万股

22. 以下哪个不是公司回购股票的目的？（　　）
    A. 降低杠杆水平　　　　　B. 维持控制权
    C. 提高股价　　　　　D. 对员工进行股权激励

23. 以下说法不正确的是（　　）。
    A. 资本预算要考虑到财务费用
    B. 无杠杆公司的净利润为EBIT×（1−t）
    C. 不考虑沉没成本，因为沉没成本不影响资本预算
    D. 如果一个资本预算不影响某一项目的现金流，那么该现金流也不影响这一资本预算

24. 内幕信息交易限制了以下哪些人群？（　　）
    A. 高层管理人员　　　　　B. 高层管理人员家属
    C. 主要股东　　　　　D. 以上均是

25. 描述期权价格与基础资产价格变化关系的变量是（　　）
    A. Vega　　　　　B. Theta　　　　　C. Delta　　　　　D. Gamma

26. 下面哪种不属于衍生品？（　　）
    A. 期权　　　　　B. 期货　　　　　C. 欧洲美元　　　　　D. 互换

27. 假设你在第1年年初以每股80美元的价格购买了100股A公司的股票，A公司不发放股利。A公司股票价格在第1年年末是100美元，在第2年年末是120美元，在第3年年末是150美元。在第4年年末股价下降为100美元，你卖出了100股股票。这4年的几何平均收益率是（　　）。
    A. 0%　　　　　B. 1%　　　　　C. 5.7%　　　　　D. 9.2%

28. 在以下条件下，投机性货币需求会发生怎样的变化？（　　）
    A. 其他资产收益率下降时，投机性货币需求上升
    B. 其他资产风险升高时，投机性货币需求下降
    C. 国债收益率增加时，投机性货币需求上升
    D. 以上都不对

29. 马科维茨模型中方差矩阵中一共有N^2个方差和协方差项，其中协方差有（　　）项。
    A. N^2　　　　　B. N　　　　　C. N^2-N　　　　　D. $3N-2$

30. β为1的资产组合，收益率是（　　）。①
    A. 市场收益率　　　B. 无风险利率

---

① C、D选项暂缺。

二、计算题

1. 原题存在歧义,以下为三种可能的考查方法。

(1) 可能性 1。

某投资者打算购买 300 万元债券,并且准备用这些债券通过回购再进行融资。haircut 为 3%,隔夜回购利率为 7%,30 天利率为 7.3%,一年计息天数为 360 天,求隔夜和 30 天利息。

(2) 可能性 2。

某投资者打算购买 300 万元债券,并通过回购为此融资。haircut 为 3%,隔夜回购利率为 7%,30 天利率为 7.3%,一年计息天数为 360 天,求隔夜和 30 天利息。

(3) 可能性 3。

如果投资者既不是买了债券用于正回购融资,也不是提供了足额的质押品来获得 300 万元借款,而是不需要在提供任何质押品的前提下就可以从交易商处获得融资,只不过交易商要求 3% 的 haircut(这违反质押式回购定义和实际运作,也就是说这里的 haircut 实际上是补偿性余额)。求隔夜和 30 天利息。

2. S 公司决定购买一种设备,A 设备购置成本是 400 000 元,可以使用 2 年,每年维护成本是 50 000 元,B 设备购置成本是 700 000 元,可以使用三年,每年的维护成本是 20 000 元,请问,从成本的角度来看,S 公司应该选择哪一个设备? 折现率为 10%。

3. 证明两基金分离定理。

四、热点题

2018 年,全球经济延续复苏,但政策不确定性加剧、金融市场波动显著、贸易摩擦升级、地缘政治冲突增加,危机回潮的风险与潜在增长率下滑正在重塑新的全球经济生态。根据 IMF 的最新预测,2018—2019 年的全球增长率预计为 3.7%,比 4 月的预测低 0.2 个百分点。

我们认为,2019 年全球经济增速将低于 2018 年,非金融风险逆向传导、贸易摩擦重心转移、宏观政策被动断档令复苏动能明显减弱,长期增长中枢或较十年前系统性下移。

具体来看:第一,金融市场和部分经济体已出现危机回潮,新兴市场货币风险仍未消失,意大利"预算之争"和英国"硬脱欧"威胁或令欧洲成为风险逆序传导的下一站,而美国经济扩张尾声与政治周期节点重叠,政策隐患不可小觑;第二,贸易摩擦的重心和时序具有明显的状态依存性,美国贸易政策是全球经济不确定性的主要来源,中美摩擦主要打击新兴市场,而发达经济体更多受汽车等行业贸易冲突波及;第三,全球经济周期的错配与宏观政策空间的鸿沟相互强化,新兴市场整体面临货币和财政政策边际收缩的压力,尽管发达经济体短期仍有财政刺激助力,但其影响将渐次消退,美联储缩表进度加快也将加大经济下行风险。总体而言,迈过危机十年,增长的担忧将取代对于通货膨胀的关注,大宗商品和金融市场可能出现更大波动。

根据材料,结合所学经济金融学相关理论,判断分析未来一年中国股市和汇率的走向。

2019年清华大学431金融硕士初试真题解析

一、单项选择题

1.【答案】D

【解析】考查知识点"国际贸易对于福利的影响"。一般认为自由贸易可以增加双方福利，任何摩擦（不完全竞争、配额、补贴、关税等）都会造成福利的损失。对于大国，A、B、C项中的措施对于提高福利会有一定的条件，不满足条件的情况下不能提高其福利。

2.【答案】D

【解析】考查知识点"开放条件下的宏观经济恒等式"。$Y=C+I+G+NX$，一般认为$NX<Y$，但是出口额与GDP的关系不一定。如果一个国家的经济以出口贸易为主，进口大量中间产品和原材料进行加工并出口，很可能出口额>GDP。

3.【答案】C

【解析】进出口需求弹性之和必须大于1，本币贬值才会改善贸易逆差。

4.【答案】A

【解析】A项，名义利率（定义）＝实际利率＋预期通货膨胀率。D项，对于债券来说，名义利率（考虑利率期限结构和风险结构）＝预期通货膨胀率＋实际利率波动的风险补偿值。所以选A。

5.【答案】C

【解析】根据多倍存款扩张原理，$\Delta D = \Delta R \times \dfrac{1}{r_d}$，式中$\Delta R$是银行初始准备金增加，在本题中对应1 000元存款，r_d是法定存款准备金率，所以，整个银行系统支票增加额$\Delta D = 20\ 000$。本题中未提到超额准备金、现金漏损、非交易存款等因素，所以选C。

6.【答案】B

【解析】将上述汇率都写为美元标价法：

	即期汇率	预期一年后即期汇率
美元/欧元	1.362 4	1.359 3
美元/瑞士法郎	1.004 2	1.017 9
美元/英镑	1.261 4	1.260 8

计算一年后欧元、瑞士法郎、英镑相对美元的升值和贬值幅度：

欧元升值率：$(1.362\ 4 - 1.359\ 3)/1.362\ 4 = 0.23\%$。

瑞士法郎升值率：$(1.004\ 2 - 1.017\ 9)/1.004\ 2 = -1.36\%$。

英镑升值率：$(1.261\ 4 - 1.260\ 8)/1.261\ 4 = 0.05\%$。所以，一年后表现最为强势的货币为欧元。

注意，美元是无法比较的，所以选 B。

7. 【答案】A

【解析】考查知识点"现金流量表的编制"。A 项会减少营运现金流，B、C、D 项都会增加。

从净利润调整到经营活动产生的现金流量的方法：

①将净利润调整为经营活动的净利润。公式：净利润＋计提的资产减值准备＋固定资产折旧＋无形资产摊销＋长期待摊费用摊销＋财务费用（仅仅是筹资、投资的利息支出部分）＋固定资产、无形资产、其他长期资产损失－收益＋投资损失－收益＝经营活动产生的净利润。

②将经营活动的净利润调整为经营活动产生的现金流量。公式：经营活动产生的净利润＋待摊费用的减少（减增加）＋存货的减少（减增加）＋经营性应收的减少（减增加）＋预提费用的增加（减减少）＋经营性应付的增加（减减少）＋递延税款的贷项（减增加）。

8. 【答案】C

【解析】考查企业价值计算。$EV=B+S-C$，$B=850$，$S=120 \times 30=3\,600$，$C=250$，所以 $EV=4\,200$。

9. 【答案】D

【解析】A 项，发行新股使分母增大，EPS 减小。B 项，回购股票并注销使分母减小，EPS 增大。C 项，发行股票股利使分母增大，EPS 减小。D 项，不影响流通量股数，行权时也不涉及新股，是存量股票的交换（与之对应，可转换债券行权是发新股，会摊薄每股收益）。

10. 【答案】B

【解析】SML 的表达式为 $E(r_p)=r_f+\beta[E(r_m)-r_f]$，斜率为 $E(r_m)-r_f$，即市场超额收益率。

11. 【答案】A

【解析】资本市场线 CML 横坐标为标准差。如图 1 所示。

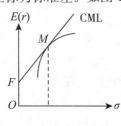

图 1　资本市场线

12. 【答案】D

【解析】$\alpha=E(r_p)-[r_f+\beta(E(r_m)-r_f)]=18\%-[8\%+1.25\times(15\%-8\%)]=1.25\%$。

13. 【答案】C

【解析】考查 CAPM。证券市场线上方的点收益率较高，价格较低，故被低估了。相反，证券市场线下方的点收益较低，价格较高，故被高估了。

14. 【答案】D

【解析】根据固定增长的 DDM 模型（戈登公式），在股利不变的情况下，$P=D_1/(r-g)$，计算出 $r=10\%$。

股利减少后，$g=5\%$，$P=D_1/(r-g)$，所以新的 $P=2/(10\%-5\%)=40$（元）。

15. 【答案】B

【解析】考查知识点"β 的影响因素"。公司 β 的影响因素：①经营风险，包括收入的周期性，经营杠杆；②财务风险。收入周期性强，经营杠杆高，β 大。

16. 【答案】C

【解析】可转债价值＝普通债券价值＋期权价值，期权价值＞0。

17. 【答案】A

【解析】A 是 CAPM 的推论。考查知识点"MM 定理"。无税的 MM 定理，$V_L=V_U$，$r_s=r_0+(r_0-r_d)\frac{D}{E}$，$WACC=r_s$。有税的 MM 定理，$V_L=V_U+tB$，$r_s^l=r_0+(r_0-r_d)(1-t)\frac{D}{E}$。

18. 【答案】A

【解析】对于股东来说，相当于持有一个看涨期权，执行价格是 50 000 元，标的资产价值为 62 000 元，到期时股东收益为 S_T-K。

19. 【答案】B

【解析】A、C 项是 MBO 管理层收购，现实中管理层收购往往通过 LBO 的形式，但不完全一样。LBO 指的是公司或个人利用目标公司的资产作为借债抵押，以此收购目标公司的策略。杠杆收购就是用最少的现有资金获取标的公司或取得其控制权的方法，目的在于以较低价格买下公司，通过运营和财务杠杆获得投资收益。杠杆收购过程中的大部分资金来自银行抵押贷款、结构借款和发行的垃圾债券，由目标公司的资产作为担保，未来现金流和收益则用来还本付息。

20. 【答案】C

【解析】A 公司价值为 2 100×26＝54 600(元)，并购溢价 58 000－54 600＝3 400(元)，每股并购溢价＝3 400/2 100＝1.62。

21. 【答案】A

【解析】首先计算公司股价，(10 200－4 700)/500＝11（元），要想回购全部债务，需要发行 4 700/11＝427.27（万股）。

22. 【答案】A

【解析】A 项，回购股票一般使杠杆上升。

23. 【答案】A

【解析】资本预算时不单独考虑财务费用，如果是含负债的项目，负债成为分母折现率考虑用 APV 法。FCFF＝OCF－Capex－ΔNWC。

24. 【答案】D

【解析】A、B、C 项都是内幕信息交易限制人群。内幕人员是指由于持有发行人的证券，或者在发行人、与发行人有密切联系的公司中担任董事、监事、高级管理人员，或者由于其会员地位、管理地位、监管地位和职业地位，或者作为发行人雇员、专业顾问履行职务，能够接触或者获得内幕信息的人员。

25. 【答案】C

【解析】Delta：$\Delta=\frac{\partial c}{\partial s}$，描述期权价格与基础资产价格变化关系。

26.【答案】C

【解析】欧洲美元是一种存款，指美国境外的美元。

27.【答案】C

【解析】考查收益率计算。

第一年收益率：$100/80-1=25\%$。

第二年收益率：$120/100-1=20\%$。

第三年收益率：$150/120=25\%$。

第四年收益率：$100/150-1=-33\%$。

算术平均收益率：$(25\%+20\%+25\%-33\%)/4=9.25\%$。

几何平均收益率：$(100/80)^{\frac{1}{4}}-1=5.74\%$。

28.【答案】A

【解析】投机性货币需求与利率有关，其他资产收益率下降时，投机性货币需求上升。其他资产风险升高时，投机性货币需求上升。

29.【答案】C

【解析】根据马科维茨模型，方差矩阵中一共有 N^2 个方差和协方差项，方差项在斜对角线上，共 N 个，协方差项共 N^2-N 个。

30.【答案】A

【解析】$E(r_p)=r_f+\beta[E(r_m)-r_f]$，当 $\beta=1$ 时，$E(r_p)=E(r_m)$。

二、计算题

1.【解析】(1) 可能性1。

如果投资者用 300 万元债券通过回购进行融资，那么 300 万元债券作为质押品融入的资金只能是 291 万元。那么隔夜利息就是 291 万元$\times 7\%/360=565.83$ 元。30 天利息为 291 万元$\times 7.3\%\times 30/360=17\,702.5$ 元。

(2) 可能性2。

如果投资者想通过回购获得 300 万元资金去购买债券，又因为 haircut$=3\%$，故投资者必须向交易商提供价值为 $300/0.97=309.278\,4$（万元）的质押品，这样就可以通过正回购获得 300 万元，那么此时隔夜利息就是 300 万元$\times 7\%/360=583.33$ 元。30 天利息为 300 万元$\times 7.3\%\times 30/360=18\,250$ 元。

(3) 可能性3。

如果投资者既不是买了债券用于正回购融资，也不是提供了足额的质押品来获得 300 万借款，而是不需要在提供任何质押品的前提下就可以从交易商处获得融资，只不过交易商要求 3% 的 haircut（这违反质押式回购定义和实际运作，也就是说这里的haircut实际上是补偿性余额），那么投资者就必须从交易商那里借入 $300/0.97=309.278\,4$（万元），然后交易商实际给予投资者的是 300 万元，投资者刚好可以去购买债券。那么此时隔夜利息是 $309.278\,4$ 万元$\times 7\%/360=601.37$ 元。30 天利息为 $309.278\,4$ 万元$\times 7.3\%\times 30/360=18\,814.436$元。

2.【解析】A 设备成本现值$=400\,000+50\,000/1.1+50\,000/(1.1)^2=486\,776.86$（元）。

设 A 设备约当年均成本为 x，$486\,776.86=x/1.1+x/(1.1)^2$，得 $x=280\,476.19$

（元），即 A 设备约当年均成本为 280 476.19 元。

B 设备成本现值 = 700 000 + 20 000/1.1 + 20 000/ (1.1)² + 20 000/ (1.1)³ = 749 737.04（元）。

设 B 设备约当年均成本为 y，749 737.04 = y/1.1 + y/ (1.1)² + y/ (1.1)³，得 y = 301 480.36（元），即 B 设备约当年均成本为 301 480.36 元。

因为 B 设备的约当年均成本大于 A 设备的约当年均成本，因此 S 公司应选择 A 设备。

3.【解析】(1) 两基金分离定理的定义：风险资产组合的有效组合边界上任意两个不同的点代表了两个不同的有效组合，而其他任意的点所代表的有效组合均可由这两个不同的点所代表的有效组合的线性组合表示。

两基金分离定理的金融学含义：如果有两家共同基金，它们都投资于风险资产，并且它们经营良好（经营良好意味着风险资产组合在有效边界上），那么任何别的投资于风险资产的共同基金，如果它也经营良好的话，它的投资组合一定与原来那两个共同基金的某一线性组合等同。如果这两家基金代表的有效组合不是这个投资者期望效用函数与有效边界的切点，投资者并不需要再重新构建自己的有效组合，而是仅仅把自己的资金按一定的比例投资于这两家基金，就可以实现自身效用最大化。

(2) 证明：教材中的证明需要用到矩阵代数的知识。先定义一些符号：$\boldsymbol{U} = \{\sigma_{ij}\}$，$i,j = 1, \cdots, n$，是协方差阵（当 $i = j$ 时，σ_{ij} 就表示方差）。因为 $\sigma^2 > 0$，所以矩阵 $\boldsymbol{U}$ 严格正定。$\vec{w} = \{w_1, \cdots, w_n\}^{\mathrm{T}}$ 表示各项有风险资产在组合中的权重向量，$\vec{r} = \{E(r_1), \cdots, E(r_n)\}^{\mathrm{T}}$ 代表组合中各项资产的预期收益率的向量。$\vec{e} = \{1, \cdots, 1\}^{\mathrm{T}}$ 是单向量，$\vec{0} = \{0, \cdots, 0\}^{\mathrm{T}}$ 是零向量。对于任一组定的 $E(r)$，求解以下二次规划

$$\min_{\vec{w}} \frac{1}{2} \vec{w}^{\mathrm{T}} \boldsymbol{U} \vec{w}$$
$$\text{s. t. } \vec{w}^{\mathrm{T}} \vec{r} = E(r)$$
$$\vec{w}^{\mathrm{T}} \vec{e} = 1$$

式中目标函数前面加上 $\frac{1}{2}$ 纯粹是为了运算的方便。

定义拉格朗日函数为

$$\min_{(\vec{w}, \lambda, \mu)} L = \frac{1}{2} \vec{w}^{\mathrm{T}} \boldsymbol{U} \vec{w} + \lambda [E(r) - \vec{w}^{\mathrm{T}} \vec{r}] + \mu (\vec{e} - \vec{w}^{\mathrm{T}} \vec{e})$$

求解这一优化问题，假定 $\vec{w}$ 是对应于 $E(r)$ 的优化解，即 $\vec{w}$ 构成的组合是最小方差曲线上的一个点，则必定满足下面的方程组：

$$\frac{\partial L}{\partial \vec{w}} = \boldsymbol{U}\vec{w} - \lambda \vec{r} - \mu \vec{e} = 0$$
$$\frac{\partial L}{\partial \lambda} = E(r) - \vec{w}^{\mathrm{T}} \vec{r} = 0$$
$$\frac{\partial L}{\partial \mu} = \vec{e} - \vec{w}^{\mathrm{T}} \vec{e} = 0$$

因为是二次规划，所以一阶优化条件既是必要条件，又是充分条件。

从第一个方程解出

$$\vec{w} = \lambda (\boldsymbol{U}^{-1} \vec{r}) + \mu (\boldsymbol{U}^{-1} \vec{e})$$

两边分别乘以 $\vec{r}^{\mathrm{T}}$ 和 $\vec{e}^{\mathrm{T}}$，得到以下方程组

$$E(r) = \lambda(\vec{r}^{\mathbf{T}}\mathbf{U}^{-1}\vec{r}) + \mu(\vec{r}^{\mathbf{T}}\mathbf{U}^{-1}\vec{e})$$

$$\vec{e} = \lambda(\vec{e}^{\mathbf{T}}\mathbf{U}^{-1}\vec{r}) + \mu(\vec{e}^{\mathbf{T}}\mathbf{U}^{-1}\vec{e})$$

$$\lambda = \frac{CE(r) - A}{D}$$

$$\mu = \frac{B - AE(r)}{D}$$

此处

$$A = \vec{e}^{\mathbf{T}}\mathbf{U}^{-1}\vec{r} = \vec{r}^{\mathbf{T}}\mathbf{U}^{-1}\vec{e}$$

$$B = \vec{r}^{\mathbf{T}}\mathbf{U}^{-1}\vec{r}$$

$$C = \vec{e}^{\mathbf{T}}\mathbf{U}^{-1}\vec{e}$$

$$D = BC - A^2$$

因为 $\mathbf{U}$ 的逆阵 $\mathbf{U}^{-1}$ 仍然是正定阵，所以有 $B>0$ 和 $C>0$。另外，因为

$$(A\vec{r} - B\vec{e})^{\mathbf{T}}\mathbf{U}^{-1}(A\vec{r} - B\vec{e}) = B(BC - A^2) = BD > 0$$

所以有 $D>0$。令

$$\vec{m} = \frac{1}{D}[B(\mathbf{U}^{-1}\vec{e}) - A(\mathbf{U}^{-1}\vec{r})]$$

$$\vec{n} = \frac{1}{D}[C(\mathbf{U}^{-1}\vec{r}) - A(\mathbf{U}^{-1}\vec{e})]$$

对应于预期收益率 $E(r)$，最小方差曲线上的点所代表的组合 $\vec{w}$ 就可唯一地表示为

$$\vec{w} = \vec{m} + E(r)\vec{n}$$

有效组合边界是最小方差曲线的上半支，有效组合边界上任意两个分离的点，分别对应预期收益率为 $E(r_1)$ 和 $E(r_2)$ 的两个组合 $\vec{w_1}$ 和 $\vec{w_2}$，因为两个点是分离的，所以必定有 $E(r_1) \neq E(r_2)$。对于有效组合边界上任意另外的点所代表的组合 $\vec{w_r}$，对应的预期收益率为 $E(r_p)$，则必定存在一个实数 α，使

$$E(r_p) = \alpha E(r_1) + (1-\alpha)E(r_2)$$

按 $\{\alpha, (1-\alpha)\}$ 的比例把 $\vec{w_1}$ 和 $\vec{w_2}$ 组合起来，就有

$$\alpha\vec{w_1} + (1-\alpha)\vec{w_2} = \alpha[\vec{m} + E(r_1)\vec{n}] + (1-\alpha)[\vec{m} + E(r_2)\vec{n}]$$
$$= \vec{m} + [\alpha E(r_1) + (1-\alpha)E(r_2)]\vec{n}$$
$$= \vec{m} + E(r_p)\vec{n} = \vec{w_p}$$

所以，有效组合边界上所有的点所代表的组合，都可以由任意两个分离的点所代表的两个组合生成，两基金分离定理成立。

另外，如果有效边界上某个点的期望收益率为 $E(r_p)$，必定存在一个实数 α，使得 $E(r_p) = \alpha E(r_1) + (1-\alpha)E(r_2)$ 成立。

因为

$$\alpha = \frac{E(r_p) - E(r_2)}{E(r_1) - E(r_2)}, E(r_1) \neq E(r_2)$$

然后，按 $\{\alpha, (1-\alpha)\}$ 的比例把 $\vec{w_1}$ 和 $\vec{w_2}$ 组合起来，就有

$$\alpha\vec{w_1} + (1-\alpha)\vec{w_2} = \alpha[\vec{m} + E(r_1)\vec{n}] + (1-\alpha)[\vec{m} + E(r_2)\vec{n}]$$
$$= \vec{m} + [\alpha E(r_1) + (1-\alpha)E(r_2)]\vec{n}$$

$$= \vec{m} + E(r_p)\vec{n} = \vec{w_p}$$

所以，有效组合边界上所有的点所代表的组合，都可以由任意两个分离的点所代表的两个组合生成，两基金分离定理成立。

简洁版证明如下。由于投资者具有均方偏好，所以其面临的问题是：

$$\min \frac{1}{2}\text{var}\left(\sum \theta_n \tilde{r}_n\right) = \frac{1}{2}\sum_{n=1}^{N}\sum_{m=1}^{N}\theta_m\theta_n\sigma_{mn}$$

$$\text{s.t. } \vec{r_p} = \sum \theta_n \vec{r_n}$$

$$\sum \theta_n = 1$$

最大化一阶条件为

$$\sum_{m=1}^{N}\theta_m\sigma_{mn} - \lambda_1 \vec{r_n} - \lambda_2 = 0$$

$$\vec{r_p} = \sum \theta_n \vec{r_n}$$

$$\sum \theta_n = 1$$

证明思路：假设 p'' 的收益可以由 α 个 p' 和 $1-\alpha$ 个 p 组成，则三个组合需要分别满足前面的最大化一阶条件，所以只要证明 p'' 的最大化一阶条件可以由 α 个 p' 和 $1-\alpha$ 个 p 组成即可，由于前述条件是线性的，故得证。

四、热点题

【解析】1. 股市走势：

（1）悲观看空。

①贸易战短期难以结束，有进一步激烈化的可能，且不排除未来美国采取更多措施制裁中国。

②受贸易战影响，中国经济增速可能进一步下滑，投资者预期上市公司盈利增速也会下滑。

③积极的财政政策和稳健中性的货币政策不一定能完全对冲贸易战的影响。

④美联储依然在加息周期，全球资本流出新兴市场的趋势并没有改变，新兴市场出现国内经济动荡和货币贬值的情况，全球经济金融的不确定性上升，投资者风险偏好下降，倾向于多配置债券和黄金，会显著降低股票这类风险资产的投资比重。

（2）乐观看多。

①贸易战对中国经济的悲观影响被夸大了，中国已经是内需主导型的大型经济体，外贸依存度已经大大下降。中美两国合则两利，分则两伤，相信中、美两国最高领导人会妥善地解决彼此的分歧。

②2019年中国经济增速可能确实出现下滑，上市公司盈利增速也会下滑，但考虑到2018年A股已经出现了大幅下跌，这已经释放了大部分风险，即使盈利增速再下滑，进一步下跌的空间也有限。

③中国是社会主义市场经济国家，在宏观调控方面具有其他国家所没有的优越性。从历史上看，每当经济出现明显下行时，国家均会出台积极的财政政策和稳健中性的货币政策，实施明显的逆周期调节。积极的财政政策包括扩大基建投资、减增值税和企业所得税等。稳健中性的货币政策会根据经济形势灵活调整，积极支持实体经济发展，解决小微企

业融资难、融资贵的问题,例如中央银行2018年已经执行了四次降准,未来有较大概率会进一步降准和降息。

④中国不同于其他新兴市场国家,资本金融账户并没有完全开放,资本流出对汇率的冲击较小,出现货币风险的概率很小;中国经济增速虽然下滑,但绝对值依然较高,经济仍然具备较好的韧性;国内宏观杠杆率趋稳,宽信用政策逐步出台,有利于恢复投资者对上市公司的信心;2018年A股大幅下跌后,很多经营良好的公司的估值水平已逐渐具备吸引力,有利于吸引国内长期资金配置;中国股票市场正通过沪港通、沪伦通扩大对外开放,且未来在MSCI指数中的权重有望进一步增加,有利于吸引外资配置和持有等。

2. 人民币汇率走势:

人民币汇率有一定的贬值压力:

①中国经济增速虽然下行,但经济基本面依然健康,国内不存在较大规模的失业或通货膨胀,经过2018年人民币汇率的调整,目前接近均衡水平。

②贸易战可能会使中国对美国的贸易顺差收窄,但目前来看影响不大,且贸易战导致中国国际收支大幅恶化的可能性目前来看很小。

③中国目前的资本和金融账户仍然没有完全开放,不存在像其他新兴市场国家那样由于资本大量集中流出导致的对本国货币汇率的冲击。

④中央银行工具箱里的政策工具很多,中央银行有能力维持人民币汇率基本稳定。

3. 对于股票和汇率定价问题也可以用如下思路进行分析:

(1) 股票定价。

公司的估值实际上是为公司的未来经营情况提前下注买单。

基于这样的核心逻辑,有两套给公司股票定价的方法,即绝对法和相对法。

也可以从股票定价三要素,即市场估值水平、投资者风险偏好程度和企业盈利能力三方面分别展开论述。

(2) 汇率变动。

汇率的形成机制包括国际借贷说、购买力平价说、利率平价理论、国际收支说和资产市场说。资产市场说又分为货币分析法(弹性、黏性)与资产组合分析法。购买力平价说和利率平价理论都可以再进行具体分析。

2019 年北京大学经济学院 431 金融硕士初试真题

1. （1）共同基金与市场组合表现相似，甚至在有些年份表现不如市场组合，那么可以认为共同基金是糟糕的投资组合吗？谈谈你的看法。

（2）什么是幸存者偏差？这是否能够解释股权溢价之谜？

2. 市场上只有 3 种股票，假设单因素模型成立，则市场是否处于均衡状态？如不均衡，各股票的价格或收益率将如何变化？

股票种类	$\overline{r_i}$	β_i
股票 1	12%	0.5
股票 2	21%	3.0
股票 3	15%	1.5

3. 标的资产当前（t 期）的价格为 S_t，且有一份在时间 T 到期的远期合约。假设存在卖空限制，使卖空有 x 比例的成本，即卖空资产只能获得 $(1-x)S_t$，投资者借入利率为 r_b，贷出利率为 r_l（r_b、r_l 不一定相等），求远期合约均衡（无套利）的价格区间。

4. 资产 A 的期望收益率为 20%，标准差为 30%；资产 B 的期望收益率为 12%，标准差为 20%。A、B 的相关系数为 0.5，无风险利率为 8%。

（1）由资产 A、B 构建的最小方差组合中，A、B 的比例各是多少？

（2）由资产 A、B 构建的最优投资组合中，A、B 的比例各是多少？求组合的夏普比率。

5. 某公司为全权益公司，权益收益率为 20%，一共 1 000 股，公司每年息税前利润完全确定，以 0.1、0.4、0.5 的概率分别为 1 000 元、2 000 元、4 200 元。债券到期收益率为 10%，且无税。

（1）公司价值是多少？

（2）公司计划以 7 500 元债务回购 500 股的股票，发行债券回购股票后，求公司价值、权益收益率以及加权平均资本成本。

（3）在发行债券回购股票后，若引入公司税，税率为 40%，则公司价值为多少？如何理解这一变化？

6. 设股价服从 AR(1) 过程 $x_t = \rho x_{t-1} + \varepsilon_t$，$\varepsilon_t$ 是方差为 δ_ε^2 的白噪声。

（1）在 $x_t, x_{t-1}, \cdots, x_1$ 已知的前提下，求条件期望和条件方差。

（2）求 x_t 的无条件期望和方差。

7. 判断下列各过程是否为协方差平稳，并给出判断依据，ε_t 是方差为 δ_ε^2 的白噪声。

（1）$x_t = 1 + t + \varepsilon_t$。

（2）$x_t = \varepsilon_t \varepsilon_{t-1}$。

（3）$x_t = 1.1 x_{t-1} - 0.18 x_{t-2} + \varepsilon_t$。

8. 股票对数收益率服从以下 MA(1) 模型：$r_t = \mu + \varepsilon_t + \theta \varepsilon_{t-1}$。

(1) 求 r_t 的均值、方差。

(2) 当 r_t 具有"脉冲反应函数",即 $\varepsilon_t=1$,其他 $\varepsilon=0$ 时,写出 r_t、r_{t+1} 和 r_{t+j}。当股票价格(累积收益率)也有这一特征时,求其表达式。

(3) 长期投资(K 年)的累积收益率为 $r_{t+1}+r_{t+2}+\cdots+r_{t+K}$,求其期望和方差。当累积收益率存在均值自反特征(即总体上存在负相关关系)时,长期投资和短期投资哪个更好?当存在动量特征(即存在总体上的正相关关系)时,你会改变你的结论吗?(从风险角度和收益率角度分析)

9. 随机变量 y 的概率分布为 $\dfrac{1}{\beta'x}\mathrm{e}^{-y/\beta'x}$,且 $y>0$,则有 $E(y|x)=\beta'x$,$\mathrm{var}(y|x)=(\beta'x)^2$,证明 β 的 GLS 估计量与最大似然估计相同。

10. 线性变量模型 $y_i=x_i\beta+u_i$ 的 y_i 只能取 0 或 1,$E(u_iu_j|x_ix_j)=0$。

(1) 求 $P(y_i=1\mid x_i)$,推导出 $u_i\mid x_i$ 的分布,并求 $E(u_i\mid x_i)$ 和 $\mathrm{var}(u_i\mid x_i)$。

(2) 证明 β 的 OLS 估计量是无偏的,写出 β 方差的表达式。

(3) β 的估计量符合 BLUE (Best Linear Unbiased Estimation) 条件吗?如果不符合,给出 β 的 BLUE 估计量。

(4) 该线性模型存在哪些问题?应该用什么备择模型改进?

2019年北京大学经济学院431金融硕士初试真题解析

1.【解析】(1) 说法不全面。第一句话"共同基金与市场组合表现相似",共同基金由于投资标的物可以广泛分散,所以会和市场整体的走势趋同。第二句话"甚至在有些年份表现不如市场组合",从概率上来说,有一部分共同基金确实会不如市场组合,当然,优秀的共同基金整体是会跑赢市场的。基于概率角度,只因为存在不如市场的部分,就武断地说共同基金是糟糕的,这种说法不全面。判断共同基金的好坏是比较共同基金的相对收益,即共同基金收益率超过市场组合收益率的大小。

(2) 可以解释。幸存者偏差是指当信息来源仅来自幸存者时(因为死人不会说话),这个信息可能会存在与实际情况不同的偏差。由于经济衰退和金融危机等因素导致业绩差的股票在市场上被淘汰,而生存下来的股票收益较高,从未造成股权溢价的现象。

2.【解析】构建一个60%股票1和40%股票2的组合X,则在组合X中,$\beta = 0.4 \times 3 + 0.6 \times 0.5 = 1.5$,与股票3的$\beta$相同。

$E(R) = 0.4 \times 21\% + 0.6 \times 12\% = 15.6\% > 15\%$。此时市场不均衡。所以应该买入股票1和股票2,卖出股票3。股票1和股票2的收益率下降,价格上升,股票3的收益率上升,价格下降。

3.【解析】投资者借入S_t买入资产,同时以价格S_T卖出资产的远期合约,投资者将盈利$S_T - S_t(1+r_b)$。投资者卖空资产,获得S_t并将资金贷出,同时以价格S_T买入资产的远期合约,投资者将盈利$(1-x)S_t(1+r_l) - S_T$。若无套利,则价格区间为$(1-x)S_t(1+r_l) < S_T < S_t(1+r_b)$。

4.【解析】(1)
$$\min \sigma^2 = w_A^2 \sigma_A^2 + w_B^2 \sigma_B^2 - 2w_A w_B \sigma_{AB}$$
$$\text{s.t. } w_A + w_B = 1$$

解得$w_A = 1/7, w_B = 6/7$。

(2) 利用公式
$$w_1 = \frac{[E(r_1) - r_f]\sigma_2^2 - [E(r_2) - r_f]\text{cov}(r_1, r_2)}{[E(r_1) - r_f]\sigma_2^2 + [E(r_2) - r_f]\sigma_1^2 - [E(r_1) - r_f + E(r_2) - r_f]\text{cov}(r_1, r_2)}$$

解得$w_A = 1, w_B = 0$。组合的夏普比率为$(20\% - 8\%)/30\% = 0.4$。

5.【解析】(1) 公司价值$V = (0.1 \times 1\,000 + 0.4 \times 2\,000 + 0.5 \times 4\,200)/20\% = 15\,000$(元)。

(2) 根据无税MM模型,公司价值和加权平均资本成本不变。
权益收益率$R_s = R_0 + (R_0 - R_d)D/S = 20\% + (20\% - 10\%) \times 1 = 30\%$。

(3) 根据有税MM模型,公司市值$V_1 = V + TD = 15\,000 + 40\% \times 7\,500 = 18\,000$(元),变化中增加的价值为税盾价值。

6.【解析】(1) 条件期望$E(x_t | \Omega_{t-1}) = E(\rho x_{t-1} + \varepsilon_t | \Omega_{t-1}) = \rho x_{t-1}$。

$E(x_t^2 | \Omega_{t-1}) = E(\rho^2 x_{t-1}^2 + 2\rho x_{t-1} \varepsilon_t + \varepsilon_t^2 | \Omega_{t-1}) = \rho^2 x_{t-1}^2 + \delta_\varepsilon^2$。

所以条件方差$\text{var}(x_t | \Omega_{t-1}) = E(x_t^2 | \Omega_{t-1}) - E^2(x_t | \Omega_{t-1}) = \rho^2 x_{t-1}^2 + \delta_\varepsilon^2 - \rho^2 x_{t-1}^2 = \delta_\varepsilon^2$。

(2) 无条件期望 $E(x_t) = E(\rho x_{t-1} + \varepsilon_t) = \rho E(x_{t-1})$，所以 $E(x_t) = 0$。

$E(x_t^2) = E(\rho^2 x_{t-1}^2 + 2\rho x_{t-1}\varepsilon_t + \varepsilon_t^2) = \rho^2 E(x_{t-1}^2) + \delta_\varepsilon^2$，所以无条件方差 $\text{var}(x_t) = \rho^2 \text{var}(x_{t-1}) + \delta_\varepsilon^2$。

所以 $\text{var}(x_t) = \delta_\varepsilon^2/(1-\rho^2)$。

7.【解析】(1) $E(x_t) = E(1+t+\varepsilon_t) = 1+t$，所以不是协方差平稳。

(2) $E(x_t) = E(\varepsilon_t \varepsilon_{t-1}) = 0$。

$\text{var}(x_t) = E(x_t^2) = E(\varepsilon_t^2 \varepsilon_{t-1}^2) = E(\varepsilon_t^2)E(\varepsilon_{t-1}^2) = \delta_\varepsilon^2 \delta_\varepsilon^2 = \delta_\varepsilon^4$。

$\text{cov}(x_t, x_{t-1}) = E(x_t x_{t-1}) - E(x_t)E(x_{t-1}) = 0$。

$\text{cov}(x_t, x_{t-k}) = E(x_t x_{t-k}) - E(x_t)E(x_{t-k}) = 0$。

所以是协方差平稳。

(3) AR(2)过程，若 y_t 平稳，参数需要满足 $\varphi_1 + \varphi_2 < 1$，$\varphi_2 - \varphi_1 < 1$，$|\varphi_2| < 1$。式中 $\varphi_1 = 1.1$，$\varphi_2 = -0.18$，满足上述条件，所以是协方差平稳过程。

8.【解析】(1) $E(r_t) = E(\mu + \varepsilon_t + \theta \varepsilon_{t-1}) = \mu$

$E(r_t^2) = E(\mu^2 + \varepsilon_t^2 + \theta^2 \varepsilon_{t-1}^2 + 2\mu\varepsilon_t + 2\mu\theta\varepsilon_{t-1} + 2\varepsilon_t\theta\varepsilon_{t-1}) = \mu^2 + \delta_\varepsilon^2 + \theta^2 \delta_\varepsilon^2$

所以
$$\text{var}(r_t) = E(r_t^2) - E^2(r_t) = \delta_\varepsilon^2 + \theta^2 \delta_\varepsilon^2$$

(2) 根据 $r_t = \mu + \varepsilon_t + \theta \varepsilon_{t-1}$，当 $\varepsilon_t = 1$，其他 $\varepsilon = 0$ 时，有
$$r_t = \mu + 1, r_{t+1} = \mu + \theta, r_{t+j} = \mu$$

若股票价格也有这一特征时
$$P_t = P_{t-1} + \varepsilon_t + \theta \varepsilon_{t-1}$$
$$P_t = P_{t-1} + 1, P_{t+1} = P_t + \theta = P_{t-1} + 1 + \theta, P_{t+j} = P_{t+1} = P_{t-1} + 1 + \theta$$

(3) $r_{t+1} + r_{t+2} + \cdots + r_{t+k} = \mu + \varepsilon_{t+1} + \theta\varepsilon_t + \mu + \varepsilon_{t+2} + \theta\varepsilon_{t+1} + \cdots + \mu + \varepsilon_{t+k} + \theta\varepsilon_{t+k-1}$

$= k\mu + \theta\varepsilon_t + (1+\theta)\varepsilon_{t+1} + (1+\theta)\varepsilon_{t+2} + \cdots + (1+\theta)\varepsilon_{t+k-1} + \varepsilon_{t+k}$

所以
$$E(r_{t+1} + r_{t+2} + \cdots + r_{t+k}) = k\mu$$
$$\text{var}(r_{t+1} + r_{t+2} + \cdots + r_{t+k}) = [\theta^2 + (k-1)(1+\theta)^2 + 1]\sigma_\varepsilon^2$$

累积收益率 $E(r_{t+k}) = (k+1)\mu$，$\text{var}(r_{t+k}) = [k(1+\theta)^2 + \theta^2 + 1]\delta_\varepsilon^2$。

当累积收益率存在均值自反特征（即总体上存在负相关关系）时，选择累积收益率偏低的股票进行长期投资更好，在这种情况下，累积收益率在长期会回复到均值状态，因此，选择累积收益率偏低的股票进行长期投资可以有一个较好的收益，而且出现上述状态是大概率事件，风险较低。当存在动量特征（即存在总体上的正相关关系）时，选择累积收益率偏高的股票进行短期投资更好，在这种情况下，累积收益率在短期会持续上升，因此，选择累积收益率偏高的股票进行短期投资可以有一个较好的收益，而且出现上述状态是大概率事件，风险较低。

9.【解析】 $\Omega = \{(\beta' x_1)^2, (\beta' x_2)^2, \cdots, (\beta' x_n)^2\}$

GLS：
$$b_{\text{GLS}} = (x'\Omega^{-1}x)^{-1}x'\Omega^{-1}y$$
$$x' = x_1 x_2 \cdots x_n$$

所以

$$x'\Omega^{-1} = \left[\frac{x_1}{(\beta'x_1)^2}, \frac{x_2}{(\beta'x_2)^2}, \cdots, \frac{x_n}{(\beta'x_n)^2}\right]$$

$$x'\Omega^{-1}x = \sum_{i=1}^{n}\frac{x_ix_i'}{(\beta'x_i)^2}, \quad x'\Omega^{-1}y = \sum_{i=1}^{n}\frac{x_iy_i}{(\beta'x_i)^2}$$

所以

$$b_{\text{GLS}} = \left[\sum_{i=1}^{n}\frac{x_ix_i'}{(\beta'x_i)^2}\right]^{-1}\sum_{i=1}^{n}\frac{x_iy_i}{(\beta'x_i)^2}$$

MLE：

$$\ln L = -\sum_{i=1}^{n}\ln\beta'x_i - \sum_{i=1}^{n}\frac{y_i}{\beta'x_i}$$

$$\frac{\partial \ln L}{\partial \beta'} = -\sum_{i=1}^{n}\frac{x_i}{\beta'x_i} + \sum_{i=1}^{n}\frac{y_ix_i}{(\beta'x_i)^2} = 0$$

所以

$$\sum_{i=1}^{n}\frac{x_ix_i'}{\beta'x_ix_i'} = \sum_{i=1}^{n}\frac{y_ix_i}{(\beta'x_i)^2}$$

$$\hat{\beta} = \left[\sum_{i=1}^{n}\frac{x_ix_i'}{\beta'x_ix_i'\beta}\right]^{-1}\sum_{i=1}^{n}\frac{y_ix_i}{(\beta'x_i)^2}$$

$$b_{\text{GLS}} = \left[\sum_{i=1}^{n}\frac{x_ix_i'}{(\beta'x_i)^2}\right]^{-1}\sum_{i=1}^{n}\frac{x_iy_i}{(\beta'x_i)^2}$$

得证。

10.【解析】(1) $E(y_i|x_i)=1\times P(y_i=1|x_i)+0\times P(y_i=0|x_i)=P(y_i=1|x_i)$，所以 $P(y_i=1|x_i)=E(y_i|x_i)=E(x_i\beta+u_i|x_i)=x_i\beta$。

易知 $y_i \mid x_i$ 服从 $0-1$ 分布，以 $x_i\beta$ 取 1，以 $1-x_i\beta$ 取 0，又 $u_i=y_i-x_i\beta$，所以 $u_i \mid x_i$ 服从两点分布，以 $x_i\beta$ 取 $1-x_i\beta$，以 $1-x_i\beta$ 取 $-x_i\beta$，所以 $E(u_i \mid x_i)=0$，$\text{var}(u_i \mid x_i)=x_i\beta\times(1-x_i\beta)$。

(2) $E(\hat{\beta})=E\left(\dfrac{\sum X_iY_i}{\sum X_i^2}\right)=E\left(\dfrac{\sum X_i(\beta_{X_i}+\mu_i)}{\sum (X_i)^2}\right)=\beta+E\left(\dfrac{\sum X_i\mu_i}{\sum(X_i)^2}\right)=\beta$。

$\text{var}(\hat{\beta})=\dfrac{\sigma^2}{\sum X_i^2}$，$\sigma^2$ 代表随机干扰项的方差。

(3) BLUE 要求随机干扰项零均值，同方差，无序列相关，与自变量不相关。

由题目条件可知 β 的估计量符合上述要求。

(4) 该线性模型属于线性概率模型，其最大的问题在于进行回归后，y 的估计值可能超过 1 或小于 0，而 y 的实际意义是代表概率，因此不会出现概率大于 1 或小于 0 的情况，可以采用逻辑回归模型解决上述问题。

2019年复旦大学431金融硕士初试真题

一、单项选择题

1. 下列不纳入中国货币供应量M1统计口径的是(　　)。
   A. 某大学活期存款　　　　　　　　B. 某工商企业活期存款
   C. 某个人持有现金　　　　　　　　D. 某银行库存现金

2. 向下倾斜的收益率曲线意味着(　　)。
   A. 预期市场收益率会上升
   B. 短期债券收益率比长期债券收益率低
   C. 预期经济将进入上升期
   D. 预期货币政策未来将进入宽松期

3. 下列不属于银行信用风险管理措施的是(　　)。
   A. 建立长期客户关系　　　　　　　B. 抵押品
   C. 补偿余额　　　　　　　　　　　D. 购买利率衍生品

4. 内部均衡和外部均衡的矛盾及政策搭配,是由哪位经济学家首先提出来的?(　　)
   A. Jame Meade　　　　　　　　　　B. Robert Mundell
   C. H. Johnson　　　　　　　　　　D. T. Swan

5. 如果资金可以自由借贷,银行间市场利率的下限是(　　)。
   A. 存款准备金率　　　　　　　　　B. 中央银行再贴现利率
   C. 存款基准利率　　　　　　　　　D. 存款准备金利率

6. 关于国际收支平衡表,下列说法正确的是(　　)。
   A. 官方储备差额为正值,表示该国为债权国
   B. 官方储备差额为负值,表示该国为债权国
   C. 资本与金融账户差额为负值,则官方储备增加
   D. 假定错误与遗漏项为0,若经常项目顺差,则资本与金融账户(含官方储备)差额一定为负值

7. 下列关于投资组合分散化的说法,正确的是(　　)。
   A. 适当的分散化可以减少或消除系统性风险
   B. 分散化减少投资组合的期望收益,因为它减少了投资组合的总体风险
   C. 当把越来越多的证券加入投资组合时,总体风险一般会以递减的速率下降
   D. 除非投资组合包含了至少30只的个股,否则分散化降低风险的效果不会充分体现

8. 下列关于远期价格和远期价值的说法中,错误的是(　　)。
   A. 远期价格是使远期合约价值为零的交割价格
   B. 远期价格等于远期合约在实际交易中形成的交割价格
   C. 远期价值是由远期实际价格和远期理论价格共同决定的
   D. 远期价格与标的物现货价格紧密相连,而远期价值是指合约本身的价值

9. 公司在决策时，若不考虑沉没成本，那么它体现的财务原则是（　　）。
   A. 净增效益原则　　　　　　　　B. 期权原则
   C. 风险收益均衡原则　　　　　　D. 资本市场效率原则

10. 某公司没有现金，目前有3 000万元到期债务。公司资产的市场价值为9 000万元，没有其他债务。假设市场是完美的，公司有1 000万股流通股。公司发行（　　）万股新股来筹集偿还债务所需的资金。偿还债务之后，公司的股价将是（　　）元/股。
    A. 333　　9　　　B. 500　　6　　　C. 100　　9　　　D. 300　　3

二、简答题

1. 简述格雷欣法则及其在日常生活中的运用。
2. 资产证券化过度被认为是2008年美国金融危机爆发的重要原因之一，请简述金融机构积极进行资产证券化的微观动机。
3. 简述第一类代理问题的主要表现。

三、计算题

1. 假设无风险资产收益率为5%，投资人最优的风险资产组合预期收益率为15%，标准差为25%，问：
   （1）为使投资人接受一单位风险需增加的预期收益是多少？
   （2）假设投资人需构建标准差为10%的资产组合，应持有最优风险资产组合的权重是多少？构建的资产组合预期收益率是多少？
   （3）假设投资人需构建预期收益率是19%的资产组合，应如何分配无风险资产和最优风险资产组合的比例？

2. 根据下列数据计算资产组合P与市场组合M的绩效测度，假设无风险利率为6%，求：
   （1）夏普比率（Sharp Ratio）；
   （2）詹森指数；
   （3）特雷诺比率（Treynor Radio）；
   （4）信息比率（Information Ratio）。

指标	资产组合 P	市场组合 M
平均回报率	35%	28%
β	1.2	1.0
标准差	42%	30%
跟踪误差	18%	0

3. 某公司当前股价为6元每股，有2 000万股流通股，该公司宣布计划借款3 000万元用于回购股票，并可减轻公司所得税负担。
   （1）在完美资本市场中，该项计划宣布之后，该公司的股价将会是多少？
   （2）假设该公司的所得税税率为30%，股东预计债务变动将是永久的，如果只有公司税这一市场摩擦，该计划宣布之后，公司的股价将会是多少？
   （3）假设市场摩擦只有公司所得税和财务困境成本，如果该项计划宣布之后股价跌至

5.2元每股，则该公司由于借入新债务而引发的财务困境成本的现值是多少？

四、分析与讨论题

从2015年来，人民币兑美元的即期汇率基本上由升值通道转入贬值通道，试论述人民币汇率贬值的影响因素以及汇率贬值对资本市场的影响机制。

2019年复旦大学431金融硕士初试真题解析

一、单项选择题

1.【答案】D

【解析】依据我国的货币分层，M0＝流通于银行体系之外的现金，M1＝M0＋单位活期存款，M2＝M1＋准货币（个人定活存款＋单位定期存款＋货币市场基金）。A项，某大学活期存款属于单位存款，为M1口径；B项同理；C项，某个人持有现金属于M0，在M1统计范围之内；D项，银行库存现金不属于M0，不在统计范围之内。

2.【答案】D

【解析】利率期限结构有三种经典理论：理性预期理论、市场分割理论、流动性偏好理论。

A项，预期市场收益率上升，则收益率曲线会向上倾斜；B项，短期债券收益率比长期债券收益率低，自然导致收益率曲线向上倾斜；C项，倒挂的收益率曲线意味着投资者对经济的不看好，若经济形势不好，则短期债券出现违约的可能性加大，投资者会转而投资长期债券以获得稳定收益，此时由于资产配置的转换，长期债券的购买者增多，价格上升，收益率下降，导致收益率曲线倒挂，即收益率曲线向下倾斜，因此C项错误；D项，依据预期理论，向下倾斜的收益率曲线意味着预期市场利率下降，即预测货币政策未来将进入宽松期，D项正确。

3.【答案】D

【解析】A项，建立长期客户关系是为了深度了解客户情况，避免道德风险的一种措施，可以预防信用风险；B项，当信用风险暴露时，抵押品的存在可以通过变现来弥补损失，属于信用风险管理；C项，补偿性余额是贷款发放银行要求借款企业以低息或者无息的形式，按贷款总额或实际借用额一定百分比（一般为10%~20%）的贷款额存入贷款发放银行当中。因此保留一定贷款额也可以防范信用风险。D项，购买利率衍生品是为了预防利率波动对资产负债价值波动产生的影响，属于对冲利率风险。

4.【答案】A

【解析】A项，米德提出的米德冲突是指固定汇率制下，开放经济运行到一定区间时，可能出现内外均衡不能同时满足的情况；B项，蒙代尔提出与题干相关的有效市场分类原则，即财政政策与货币政策的搭配原则；C项，哈利·约翰逊提出国际收支货币论，与本题无关；D项，斯旺提出支出增减型与支出转换型政策搭配原则。

5.【答案】D

【解析】此题考点为利率走廊，利率走廊的上限是再贷款再贴现利率，我国将SLF利率构建为利率走廊的上限，即商业银行从中央银行获得资金的成本为利率走廊的上限；利率走廊的下限是存款准备金率，是商业银行将资金存在中央银行的收益。中间调节的目标利率是短期利率，例如7天期回购利率、短期SHIBOR等。

6.【答案】D

【解析】首先须明确何为差额,差额是贷方-借方,差额为正即为贷方余额,经常账户与资本账户为顺差。A、B项中官方储备的差额只能说明综合账户(OB)的差额,若官方储备差额为正,则OB差额为负,即为逆差。但是OB顺差和逆差并不能说明该国是债权国还是债务国,具体应取决于资本账户,资本账户项目中直接投资等账户能说明投资国外的情况,这里属于私人部门的对外投资,官方储备是官方的对外投资,两者综合考虑才能说明是否是债务国或债权国。C项没有考虑经常账户项目。D项由于国际收支平衡表借贷平衡,因此两者一定平衡。

7.【答案】C

【解析】A项,分散化只能分散非系统性风险,无法分散系统性风险;B项,分散化可以在不减少投资组合期望收益的情况下减少投资组合的非系统性风险,从而减少投资组合的总体风险;C项,如下图,总体风险以递减的速度下降;D项,一般认为30只个股以上可以充分分散非系统性风险,不是到了30只才开始分散风险。

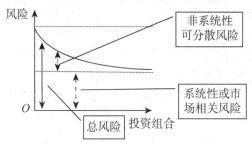

8.【答案】B

【解析】远期价格是用交易时的即期价格加上持有成本,是远期市场为当前交易的一个远期合约而提供的交割价格,它使远期合约的当前价值为零。远期价值为合约本身的价值。A、D项正确,符合概念;C项正确,远期价值取决于实际价格和理论价格的价差,由于实际市场价值有波动,不一定等于理论上用无风险利率贴现计算得到的理论价格,因此远期价值取决于两者的差距;B项,远期价格是理论价格,不是实际交易中形成的价格。

9.【答案】A

【解析】A项,净增效益原则是指财务决策建立在净增效益的基础上,一项决策的价值取决于它和替代方案相比所增加的净收益,如NPV;B项,期权原则是指不附带义务的权利,它是有经济价值的。在财务上,一个明确的期权合约经常是指按照预先约定的价格买卖一项资产的权利。许多资产都存在隐含的期权,如实物期权;C项,风险收益均衡原则是指进行投资决策总的原则,应该是投资收益率越高越好,风险程度越低越好,如投资组合绩效评估;D项,资本市场效率原则是指在资本市场上频繁交易的金融资产的市场价格反映了所有的可获得的信息,而且面对新信息完全能迅速地做出调整。它要求在理财时重视市场对企业的估价,如公司经营应重视股价变化。

10.【答案】B

【解析】公司股权价值为9 000-3 000=6 000(万元)。股价为6 000/1 000=6(元)。需要新发行股票数量为3 000/6=500(万股)。偿还债务后股价为9 000/(1 000+500)=6(元)。

二、简答题

1.【解析】（1）格雷欣法则的含义。

格雷欣法则也称"劣币驱逐良币"，是指在实行金银双本位制条件下，金银有一定的兑换比率，当金银的市场比价与法定比价不一致时，市场比价比法定比价高的金属货币（良币）将逐渐减少，而市场比价比法定比价低的金属货币（劣币）将逐渐增加，形成良币退出流通、劣币充斥市场的现象。

（2）格雷欣法则在日常生活中的运用。

格雷欣法则的核心在于同质但是双轨，即同时存在官定比价（法定）和市场比价（私人）。如果我们根据这个逻辑去寻找生活中的现象，我们可以有以下发现：

①花旧钱，存新钱。

虽然现在社会上不少地方已经很少使用现金了，新钱和旧钱仍是一个很好的例子。比如钱包里有两张100元现金，一张十分破旧，另一张却是新钱，人们倾向于使用旧钱，而把新钱藏在钱包里。在这个例子中，新钱和旧钱的法定价值是一样的，均为100元，但是在人们的心目中，较新的钱会带来额外的效用，因此从私人角度而言，新的100元价值更高，称为良币。因此市场上流通的旧钱会更多，而新钱会被储藏。

②不依靠绩效，统一的薪酬管理下的格雷欣法则。

若公司对所有的新人都支付一样的薪酬（法定），但是不依赖其所取得的绩效（市场），则会导致有能力、能产生绩效的人不满意这样的工资，而游手好闲不劳而获的人却愿意呆在这样的工作岗位上，最后这类岗位将会出现劣币驱逐良币的现象，有能力的人会退出这类工作岗位。

2.【解析】（1）资产证券化的含义。

资产证券化是指以基础资产未来所产生的现金流为偿付支持，通过结构化设计进行信用增级，在此基础上发行资产支持证券的过程。

概括地讲，一次完整的证券化融资的基本流程是：发起人将证券化资产出售给一家特殊目的机构（SPV），或者由SPV主动购买可证券化的资产，然后将这些资产汇集成资产池，再以该资产池所产生的现金流为支撑在金融市场上发行有价证券融资，最后用资产池产生的现金流来清偿所发行的有价证券。

（2）金融机构资产证券化的微观动机。

①增加流动性，提供新的融资渠道。

增强流动性是资产证券化的一个自然结果，因为证券化本身就是一个把流动性差的资产转化为流动性高的证券和现金的过程。资产证券化可以从时间和空间两个方面来实现"变现"的目的，即把将来的现金转变成现在的现金或者把现在的不流动资产转化成可流通的资产。

资产证券化的使用可以为发起人提供一条传统融资方式之外的融资渠道。传统融资（股权和一般债务）对整体资产、收益表现和信用条件的要求很多，融资的门槛很高。由于风险隔离和信用增级的使用，资产证券化在融资上可以摆脱企业甚至资产本身的信用条件的限制，从而降低企业融资的门槛。

②风险资产出表，优化资产负债表结构。

资产证券化融资在符合"真实销售"和一定的条件下，可以实现"出表"，即不在企业的财务报表上体现交易的资产和发行的证券。这种处理使得企业的资产负债表更加紧凑，杠杆比率更低，资产回报率更高。这些指标虽然只是在数字上提升了企业的实力和表现，但这种提升可以给企业带来很多间接的经济利益，比如良好的声誉或较为容易的融资。

另外，银行面临严厉的监管，若其存在一定的不良贷款，可能会导致一定的监管问题，通过贷款的资产证券化，银行可以将风险较大的资产移除，成为表外业务，一定程度上可以规避监管。

③解决资产和负债的错配。

我国商业银行长期以来都存在"短债长投"的期限错配问题，商业银行的负债多为短期存款，而资产多为中长期贷款。由于受通货膨胀的影响，我国存款活期化的趋势较为明显；同时，实体经济对长期贷款的需求越来越高，这些趋势要求银行进一步延伸"短债长投"。

商业银行以短期储蓄存款（负债）来支撑中长期放贷（资产）的模式中潜藏着各种风险，包括流动性风险、利率风险和价值不对称风险。首先，短债的高流动性和长期资产的低流动性会给银行带来很大的流动性风险，在金融危机中美国数十家银行由于挤兑和流动性不足而被迫破产就是很好的例子。

此外，由于商业银行的资产方利率和负债方利率在变动方面的不一致，商业银行在资产和负债的价值变化上也会出现错配，从而增加利率风险和收益的不稳定性。信贷资产证券化可以盘活银行的中长期信贷资产，调节资产和负债的期限结构，帮助银行解决资产和负债错配带来的一系列问题。

3.【解析】（1）第一类代理问题的含义及发生的原因。

第一类代理问题指管理层与股东之间的代理问题，即管理层的目标并不是股东价值最大化，导致股东出现损失的现象。

其出现的原因根源于公司制的特点：所有权与经营权分离。管理者可以造成代理问题发生的主要原因是管理者由于其经营的专业性，为了避免事事与股东讨论决策，股东会不可避免地赋予管理者剩余控制权，即管理者拥有的权利超出了其应有的限度，以此获得更方便管理公司日常事务的权利。

公司管理者一旦拥有了剩余控制权，他们就可以根据自己的判断来分配和处置股东的资本。在处置股东资本的过程中，不排除管理者给自己订立高额额外津贴的可能性，或成立一家属于管理者的公司，采用不正当划拨价格将其任职公司的现金和其他财富转移至其私有公司中。公司拥有的自由现金流越多，代理问题就越发突出。

（2）第一类代理问题的主要表现。

①消极懈怠。

管理层的消极懈怠表现在多个方面。比如，缺乏监督下属的热情，在选择低成本供应商或重新安排员工等事项上不作为，在本职工作上投入的精力太少或专注于一些与公司管理无关或无关紧要的活动。

除了消极怠工之外，管理者寻求新项目这样的创造性活动的激情也会下降，这对公司股东来说是致命的。管理者可能尽量避免寻求新项目，因为这些投资活动会给管理者带来很大的麻烦，他们需要付出努力去学习管理或学习新的技术。管理者很可能不会找寻和从事这些费时费力的项目，以避免个人成本和产生焦虑情绪。

②自我交易。

当管理者获得了剩余控制权后,他们会通过各种各样的自我交易行为来为自己谋取私人利益,也就可以给自己很高的额外津贴或额外收益。例如,享受私人飞机等。管理者甚至可以成立一家属于自己的公司,运用权利以不合理的划拨价格将其任职公司的财富转入管理者的私人公司,或者以高于市场价格的划拨价格向管理者任职的公司出售商品和劳务。相比于其他代理问题,自我交易行为更容易被发现和证实。

③过度投资和营造王国。

大公司的管理者享有很高的社会地位和声誉,因此,公司管理者往往会有通过扩大其所在公司的规模来提升其社会地位和声誉的动机和冲动,以满足其成就感。在这种情况下,公司管理者可能沉迷于并购和多元化经营,而不在乎这些投资项目的净现值是否为负值,于是滥用公司的自由现金流,花费高额的代价实施并购,损害股东的利益。

④逃避风险。

在没有额外红利、股票期权的情况下,仅凭固定薪酬,公司所有者很难激励管理者寻求和从事高风险、高收益的项目。公司管理者通常不愿从事超过其风险承受力的项目。如果风险项目投资成功,他们无权分享风险项目的巨额利润,然而,一旦项目失败,他们将承担巨大的责任,甚至面临被解雇的危险。因此,为了避免在经理人市场上声名扫地,管理者愿意从事安全的或者跟他所获得的报酬相称的项目,而排斥风险大但收益也巨大的项目。

⑤滥用反收购策略。

并购市场(控制权市场)可以督促和激励管理者努力工作,稍有懈怠,其所在公司就有可能成为猎物公司。一旦公司被收购,损失最大的是管理者,管理者极有可能被收购公司解雇,而股东可能因为新进入者拥有良好销售渠道、超强无形资产、优良技术等而受益。公司经理人为了保全其在公司中的长期地位,非常反感其所服务的公司被对手公司收购。因此,管理层可能滥用反收购策略阻止对股东来说颇有吸引力的收购提议,使得绩效差、前景黯淡的公司仍可以立于不败之地,保全了管理者的位置,却损害了股东的利益。

⑥垂涎自由现金流。

公司管理者愿意保持充沛的自由现金流,因为这样他们可以怀着轻松的心态使用自由现金流,避免因举债或发行新股而受到资本市场的审查和监督,还可以避免还本付息压力或支付红利的压力。另外,通过保留自由现金流而不是增发现金股利也能够增加公司的资产规模,当公司规模扩大后,管理者可能获得更多的管理绩效奖励,但这些都无助于最大化股东财富。

三、计算题

1. 【解析】(1) $S_p = \dfrac{15\% - 5\%}{25\%} = 0.4$,即若标准差增大 1%,预期收益应增加 0.4%。

(2) 设投资风险资产的权重为 ω,投资无风险资产的权重为 $1-\omega$,则
$$(10\%)^2 = \omega^2 \times (25\%)^2 + (1-\omega)^2 \times 0^2$$
得 $\omega = 0.4$。预期收益率为 $E(r) = 0.4 \times 15\% + 0.6 \times 5\% = 9\%$。

(3) 同理 $19\% = \omega \times 15\% + (1-\omega) \times 5\%$,得 $\omega = 1.4$,即借入 0.4 权重的无风险资产,投资 1.4 权重的最优风险资产组合。

2. 【解析】(1) $S_p(P) = \dfrac{35\% - 6\%}{42\%} = 0.69$;$S_p(M) = \dfrac{28\% - 6\%}{30\%} = 0.73$。

(2) 市场组合有效,因此市场组合不存在 α 或 α 为 0,资产组合 P 的詹森指数为
$$\alpha(P) = r_p - [r_f + \beta(r_M - r_f)] = 35\% - (6\% + 1.2 \times 22\%) = 2.6\%$$

(3) 资产组合 P 的特雷诺比率为 $\dfrac{35\% - 6\%}{1.2} = 24.17\%$;

市场组合的特雷诺比率为 $\dfrac{28\% - 6\%}{1} = 22\%$。

(4) 资产组合 P 的信息比率为 $\dfrac{\alpha}{\varepsilon_p} = \dfrac{2.6\%}{18\%} = 14.44\%$;市场组合不存在信息比率。

3. 【解析】(1) 这里注意,时点为计划宣布之后,并没有执行,因此总股数不变。

根据无税的 MM 定理 I,资本结构的改变不会改变公司价值,则股东没有享受到税盾效应带来的权益价值增加,则股价仍然为 $\dfrac{V_{权益}}{N} = \dfrac{6 \times 2\,000}{2\,000} = 6$(元)。

(2) 根据有税的 MM 定理 I,举债会增加公司价值,增加量为税盾效应的现值,由于市场只有公司税这一摩擦,因此未来税盾的增加会被市场预期到,并体现在股价中,即
$$\dfrac{V_{权益} + TD}{N} = \dfrac{6 \times 2\,000 + 30\% \times 3\,000}{2\,000} = 6.45(元)$$

(3) 股价与理论价值的差距是由财务困境成本导致的,因此可得财务困境成本为
$$(6.45 - 5.2) \times 2\,000 = 2\,500(万元)$$

四、分析与讨论题

【解析】(1) 2015 年来人民币兑美元汇率进入贬值通道的原因。

①双顺差的终结。

双顺差即国际收支经常项目、资本和金融项目都呈现顺差。其中,国际收支经常项目是指货物进出口收支、服务收支、收益项目收支、经常转移收支等项目。资本和金融项目指各种形式的投资项目,如直接投资、证券投资等。双顺差指经常项目和资本项目顺差。

我国自 20 世纪 90 年代起出现了双顺差,积累了大量的国际储备。根据国际金融相关知识,顺差会引起货币的升值趋势,至 2014 年年末,我国双顺差结束,由双顺差带来的升值压力消失,为人民币对美元汇率贬值埋下了伏笔。

②美联储加息。

美联储自 2015 年 11 月以来进入加息通道。根据利率平价理论,美联储加息会导致人民币汇率面临即期贬值的压力。

③经济增速下滑。

中国经济增速进入下行区间,外部对中国经济增长的预期走弱,这会导致资本持续流出中国,使汇率面临贬值压力。

④近期贸易战以及美国经济的强劲复苏。

一方面,中美贸易战中国内外对中国经济的不看好导致资本外流,带来人民币汇率的贬值压力;另一方面,美国经济强劲复苏,失业率较低,通货膨胀率也较低,展现了强劲的复苏动力,因此人民币再一次进入贬值通道。

(2) 人民币贬值对经济的影响。

①国际收支。

对经常账户（CA）的影响：贬值降低了本国出口产品的价格，提高了进口产品的价格，利于出口，可能导致 CA 的顺差增大。

对不包括储备资产的资本与金融账户（KA）的影响：与预期相关，若市场参与者认为人民币有进一步贬值的压力，则贬值会导致 KA 逆差加大；若市场参与者认为人民币已贬值到位，之后可能稳定或有升值趋势，则贬值会改善 KA 的逆差。

②实际产出。

需求侧：外需方面，贬值促进净出口；内需方面，贬值可能会使引入外资的企业面临更大的外债压力，甚至倒闭，从而抑制消费与投资，总体影响不明。

供给侧：根据劳动生产率机制，贬值促进出口部门的生产，可能造成出口部门的劳动生产率远大于其他部门，不利于改善总体福利；根据产业结构机制，贬值导致进口先进设备的成本加大，不利于产业结构升级。

③价格水平。

生产成本机制：贬值使进购原材料的价格变得昂贵，可能导致进口成本推动型通货膨胀。

货币工资机制：出口使得出口部门工资上升，可能导致工资的普遍上升，也可能导致通货膨胀。

(3) 汇率贬值对资本市场的影响机制。

①通过利率影响的传导机制。

$$汇率波动 \rightarrow 资本流动 \rightarrow 国内利率 \rightarrow 股票价格变动$$

以中国为例，贬值导致资本流出，货币供应量下降，从而利率上升，股价下降。

②贸易机制。

$$汇率波动 \rightarrow 贸易条件改变 \rightarrow 进出口数量变化 \rightarrow 上市公司利润变化 \rightarrow 股票价格变动$$

贬值很可能改善贸易条件，刺激出口，出口公司利润上升，从而使股价上升。

③资本流动机制。

$$汇率波动 \rightarrow 资本流动 \rightarrow 国内资本市场资金供给 \rightarrow 股票价格变动$$

贬值导致资本流出，资本市场上资金撤出，股价下降。

$$汇率波动 \rightarrow 上市公司成本和对外投资 \rightarrow 上市公司资产价值 \rightarrow 股票价格变动$$

贬值导致上市公司成本增加，对外投资收益可能改变，资产价值发生相应变化，需要具体情况具体分析。

④投资者预期机制。

$$汇率波动 \rightarrow 投资者心理预期 \rightarrow 股票价格波动$$

贬值容易导致投资者产生恐慌情绪，股票价格很可能下跌。

以上分析多是建立在开放经济、资本自由流动、汇率和利率由市场形成的假设条件之上。而我国的经济开放程度、金融市场的市场化程度、金融管制程度仍不太符合假设，所以，人民币贬值对资本市场的影响需要综合考虑我国政策目标和政策搭配以及市场层面的信息预期与市场稳定性等因素。

2019年上海财经大学431金融硕士初试真题

一、选择题

1. 我国外汇管理局所定义的外汇概念不包括(   )。
   A. 外币有价证券   B. 外币现钞   C. 外币动态概念   D. 特别提款权

2. 著名经济学家Kenneth. S. Rogoff在《崩溃的诅咒》一书中提出要废除大面额纸币，哪个理由不能作为他的论据？(   )
   A. 有助于打击逃税和犯罪
   B. 有助于中央银行放开手脚实施负利率政策
   C. 有助于控制通货膨胀
   D. 有助于降低社会成本

3. 关于商业银行表内资产表外化的说法，不正确的是(   )。
   A. 提高收益   B. 降低监管成本
   C. 满足资本充足率   D. 降低风险

4. 当一国国际收支持续大量逆差时，为保证资本与金融账户平衡而引入大量外资，此时金融管理当局就可能(   )利率。
   A. 提高   B. 降低   C. 不变   D. 都不对

5. 2017年获诺贝尔经济学奖的行为金融学家是哪位？(   )
   A. 尤金·法玛   B. 理查德·塞勒
   C. 罗伯特·希勒   D. 史蒂芬·罗斯

6. 你刚签了一个期限为30年的商业地产租赁协议，月租金1 000元，第一个月的租金于今天付，第二年开始，月租金每年上涨5%，每年有效利率为10%，问该协议的现值是(   )元。
   A. 190 163.49   B. 190 173.49   C. 190 183.49   D. 190 193.49

7. 有两个基金经理，一个运用积极型投资策略，一个运用消极型投资策略，现将两个基金经理的月度收益率对市场收益率进行线性回归。以下哪一个数据可以用来区分两个基金的业绩？(   )
   A. 截距   B. R^2 C. 斜率   D. 平均收益率

8. 如果A、B两个公司都有相同的β及相同的股利政策和增长率，EPS不同。以下正确的是(   )。
   A. A的市盈率高   B. B的市盈率高
   C. A和B市盈率相同   D. 无法判断

9. 两只股票A、B的信息如下表，它们完全负相关，投资组合P由A、B构成，预期收益为16%，问P的方差是多少？(   )
   A. 0.022 5   B. 0.032 4   C. 0.035 7   D. 0.043 1

股票	A	B
预期收益	12%	20%
标准差	15%	45%

10. 以下关于 IRR 的表述，错误的是（　　）。

A. 当互斥项目有不同的现金流模式时，用 IRR 法进行投资可能出现问题

B. 项目的 IRR 受投资规模影响

C. 仅仅由于一个项目具有较高的 IRR 而选择这个项目可能会导致错误

D. 多重 IRR 可能存在

11. 以下哪一个说法最能解释企业选择有限股份制或合伙制企业的原因？（　　）

A. 股份有限公司面临更少的监管

B. 股份有限公司所有权的转让非常困难

C. 股份有限公司通常面临更少的税收

D. 股份有限公司更容易筹集资本

12. 根据《国际收支手册》第六版，在一国的国际收支平衡表中，以下哪一项不属于金融账户？（　　）

A. 专利和版权的转让交易　　　　B. 证券投资

C. 储备资产　　　　　　　　　　D. 直接投资

13. 为了轧平国际收支借贷差额，国际收支平衡表中设置了错误与遗漏账户，但这一账户并不是通过真正的统计得到的，以下说法正确的是（　　）。

A. 当借方差额大于贷方差额时，其差额计入错误与遗漏项目的是借方

B. 当借方差额大于贷方差额时，其差额计入错误与遗漏项目的是贷方

C. 当本国出现资本外逃时，错误与遗漏项目表现为正值

D. 外国热钱涌入本国时，错误与遗漏项目表现为负值

14. 假设我们把美国股市从 1926 年到 2009 年的情况作为考察对象，选择 84 个年收益率，其中最低的 5 个收益率分别为 -25.03%、-25.69%、-33.49%、-41.03% 和 -45.64%，那么置信度为 95% 的 VaR 是（　　）。

A. -25.16%　　　B. -25.56%　　　C. -25.69%　　　D. -27.25%

15. 你正在考虑购买一件价值为 50 000 美元的艺术品，你要在未来的 20 年内以 4% 的年利率每隔两年还多少美元？（　　）

A. 7 451.47 美元　　B. 7 505.34 美元　　C. 7 358.18 美元　　D. 以上都不对

16. 关于外汇掉期和货币互换，下列说法正确的是（　　）。

A. 两个基本上是一回事

B. 两个不同步骤用的汇率一样

C. 前者只能用于外汇市场，后者可以用于其他市场

D. 两个都可以用来投机、避险或保值

17. 下列表示费雪方程式的是（　　）。

A. $MV=PY$　　　　　　　　　　B. $M=kPY$

C. $M=\sqrt{\dfrac{2bT}{i}}$　　　　　　　　　　D. $M=L_1(r)+L_2(Y)$

18. 商业银行把出售的有价证券买回来，其实就是（　　）。
   A. 逆回购业务　　　　　　　　　B. 回购业务
   C. 卖出回购证券　　　　　　　　D. 再贴现业务

19. 下列通货紧缩中，对经济的影响比较良性的是（　　）。
   A. 债务积累引起的通货紧缩
   B. 技术进步引起的通货紧缩
   C. 资产价格下降引起的通货紧缩
   D. 货币供应减少引起的通货紧缩

20. 一家中国出口企业如果在未来的一年中将有多笔连续的出口英镑收入，那么，为了规避外汇汇率贬值风险，最佳策略是（　　）。
   A. 多次买入英镑看跌期权
   B. 多次卖出英镑看涨期权
   C. 卖出一年期择期远期英镑，锁定将来的人民币收入
   D. 多次卖出远期英镑，锁定将来的人民币收入

21. 下列哪个表述最为正确？（　　）
   A. 如果PPP成立，那么只要各国用以计算物价水平的商品篮子相同，一价定律对于任何商品都成立
   B. 如果一价定律对于任何商品都成立，那么PPP将自动成立
   C. 如果一价定律对于任何商品都成立，那么只要各国用以计算物价水平的商品篮子相同，PPP将自动成立
   D. 如果一价定律不能对于任何商品都成立，那么只要各国用以计算物价水平的商品篮子相同，PPP将不成立

22. 投资组合A全部投资于股票，投资组合B含50%的A和50%的市场指数ETF，以下说法正确的是（　　）。
   A. A的beta高于B　　　　　　　　B. A的beta低于B
   C. A的beta等于B　　　　　　　　D. 无法判断

23. 股票当前价格为100元，一年之后有可能上升20%或者下降10%，行权价为110元，假如无风险利率为10%，则看涨期权的价值约为（　　）元。
   A. 6.06　　　　B. 6.17　　　　C. 6.28　　　　D. 6.39

24. 固定汇率制下，以下说法正确的是（　　）。
   A. 货币政策只影响产出
   B. 货币政策只影响就业
   C. 货币政策只影响国际储备
   D. 货币政策不影响国际储备

25. 关于公司的风险，以下表述错误的是（　　）。
   A. 公司同时受系统性风险和非系统性风险的影响
   B. 股票的风险溢价是由非系统性风险决定的
   C. 当公司同时受两种风险时，只有非系统性风险可以被分散（把许多股票组成投资组合）
   D. 公司特有的新闻是影响非系统性风险的好消息或者坏消息

26. 以下关于收益率的说法，正确的是（　　）。
   A. 向下倾斜的收益率曲线代表收益率未来要升高
   B. 当债券的到期收益率低于息票率时，这个债券是折价债券
   C. 具有较高息票率的附息债券对利率变动的敏感程度要比（其他方面相同）息票率低的债券高
   D. 到期期限短的零息债券对利率变动的敏感程度要比（其他方面相同）到期期限长的零息债券低

27. Taggart 公司目前没有任何负债，公司的股权资本成本为 16%。假设 Taggart 公司决定提高公司的杠杆水平，使公司的债务价值与总资产价值的比值维持在 1/3。假设 Taggart 公司的债务资本成本为 9%，公司所得税税率为 35%。如果 Taggart 公司税前的加权平均资本成本保持不变，那么杠杆水平提高以后，公司的税后加权平均资本成本与下面哪个数字最为接近？（　　）
   A. 12.9%　　　　B. 13.0%　　　　C. 16.0%　　　　D. 15.0%

28. 根据货币政策的资产负债传导渠道，货币政策通过（　　）的变动影响消费支出。
   A. 利率效应　　B. 信用供给　　C. 贷款需求　　D. 股票价格

29. 如果你作为公司的债权人，下面哪项会使你感到最焦虑？（　　）
   A. 削减股东股利　　　　　　　　B. 投资有额外风险的新项目
   C. 积累公司现金　　　　　　　　D. 增发新股

30. 纽约金融服务部（NYDFS）在 2018 年 9 月 10 日同时批准了两种基于以太坊发行的稳定币，分别是 Gemini 公司发行的稳定币 Gemini Dollar 与 Paxos 公司发行的稳定币 Paxos Standard，每个代币有 1 美元支撑，旨在提供法币的稳定性，以下表述不正确的是（　　）。
   A. 数字美元由私营企业发行，具有较高的信用风险
   B. 与美元挂钩，避免数字货币币值剧烈波动
   C. 通过监管美元流动性，对数字货币间接监控
   D. 即使与主权货币挂钩也不能行使主权货币的功能

二、计算题

1. 一国的法定存款准备金率为 10%，现金 4 000 亿元，活期存款 8 000 亿元，超额准备金 200 亿元，如果中央银行增加基础货币 100 亿元，问狭义货币量 M1 如何变化？

2. 已知国债和公司债收益率曲线的即期利率：国债一年即期利率为 5%，两年即期利率为 7%；BBB 级公司债券一年即期利率为 8%，两年即期利率为 11%。求：两年期的公司债券的累计违约概率。（假设公司债券违约时债权人损失全部本息）

3. 证明永续年金久期公式。

提示：$\sum_{n=1}^{\infty} nx^n - x\sum_{n=1}^{\infty} nx^n = \frac{x}{1-x}$。

4. 无违约息票债券收益率曲线信息如下：　　　　　　　　　　　　　　　　%

到期期限	1	2	3
息票利率（按年付）	0	10	6
YTM 到期收益率	2	3.908	5.84

(1) 试用一价定律计算 2 年期零息票债券 YTM。

(2) 3 年期年息票利率为 10%（按年付），面值为 1 000 元，计算无违约债券价值。

5. 市场上有 A、B 两种股票，无风险收益率 2%，股票 A、B 的收益率情况如下表：

%

情况	R_A	R_B	概率
好	8	1	30
一般	6	2	40
差	−2	3	30

求切线资产中 A、B 的权重。

6. 已知：6 年期零息债券，面值 1 000 元，现价 657.08 元；4 年期的零息债券，面值 1 000 元，现价 777.32 元；2 年期的零息债券，面值 1 000 元，现价 892.52 元；3 年期的附息债券，面值 1 000 元，息票率 8%，现价 1 050 元，一年后的远期利率为 6.25%。假设出于某种原因，你能以 934.25 元的价格买卖 4 年期，票面利率为 6% 的债券。如果你只能利用上述所列的债券另加 1 000 元面值的一年期零息债券，如何操作才能进行无风险套利？

三、论述题

1. 美国 2015—2018 年加息若干次，我国中央银行变动了四次准备金率；与此同时，美国对中国实施贸易战。为了适度缓解人民币对美元不断贬值的趋势，中国人民银行在人民币兑美元汇率中间价报价模型中引入逆周期因子。

(1) 为什么我国中央银行降准不调息？美联储为何不调整准备金率？

(2) 中美贸易战如果继续下去，对中国会产生什么影响？对中央银行货币政策会产生什么影响？

2. 结合公司上市的利弊，谈谈华为应不应该上市。

3. 2018 年 7 月 9 日，小米正式在香港挂牌上市，成为香港首家同股不同权的上市公司。请问：什么是同股不同权？有哪些公司是同股不同权？你觉得同股不同权的优势和劣势是什么？

2019年上海财经大学431金融硕士初试真题解析

一、选择题

1.【答案】C

【解析】我国2008年8月6日发布的《中华人民共和国外汇管理条例》第三条对外汇的范围做了这样的规定:"本条例所称外汇,是指下列以外币表示的可以用作国际清偿的支付手段和资产:(一)外币现钞,包括纸币、铸币;(二)外币支付凭证或者支付工具,包括票据、银行存款凭证、银行卡等;(三)外币有价证券,包括债券、股票等;(四)特别提款权;(五)其他外汇资产。"

外币动态概念是指把一国货币兑换成另一国货币的国际汇兑行为和过程,强调外汇交易的主体,即外汇交易的参与者及其行为。

2.【答案】C

【解析】Kenneth. S. Rogoff 在《崩溃的诅咒》中表示,"大面额纸币会让人们变得更加贫困以及更加危险。废除100美元和50美元的大面额纸币有两大好处:一是有可能会减少犯罪,二是有助于中央银行实行货币政策。"

在经历了2008年的经济危机之后,美联储将利率下调至接近零的水平,希望以低利率刺激经济。日本中央银行和欧洲中央银行更进一步将利率下调至负区间。例如,德国10年期国债的收益率已经跌至负区间。但是中央银行冒险采取负利率政策的能力是有限的,因为人们有能力将银行存款取出。如果中央银行决定将利率下调至-5%,投资者肯定会将存款如数取出,而不是放在银行里。这与中央银行以负利率政策对抗经济衰退和通货紧缩压力的意愿是相悖的。

Rogoff表示,"当市面上仅剩下10美元的指标在流动,对于中央银行来说实行负利率政策会变得更加容易。这不是说中央银行会将利率保持在例如-6%的水平长达10年,而是负利率政策将在一个相对短的时间里持续。因为负利率将帮助经济摆脱衰退。

"通货膨胀的当前表现很好,通货膨胀率被反复使用。人们应该相信中央银行正在试图稳定经济产出,稳定通货膨胀率。中央银行可以对货币施加负利率,但是如果市场不希望中央银行这么做,现金将会被清空。"

3.【答案】B

【解析】商业银行将表内资产转移到表外,不受存贷比限制,增加中间业务收入,收益提高,A项正确;对于监管者来说,由于表外业务没有在资产负债表中充分披露,信息不透明,监管困难,提高了监管成本,B项错误;资本充足率是指银行总资本与风险加权资产的比例,将表内风险资产转移到表外,分母减小,资本充足率变大,C项正确;资产表外化的过程会使银行账面风险下降,D项正确。

4.【答案】A

【解析】根据利率平价理论,利率上升会引起资本内流,资本账户顺差,从而改善国际收支。

5. 【答案】B

【解析】2017 年，行为金融学家理查德·塞勒（Richard. Thaler）获得诺贝尔经济学奖。理查德·塞勒将心理学上的现实假设纳入经济决策的分析之中，通过探索有限理性、社会偏好和缺乏自我控制的后果，他展示了这些人格特质如何系统地影响个人决策以及市场成果。"他在个人决策的经济和心理分析之间建立了桥梁。他的实证研究和理论观点，有助于创造出快速发展的新兴经济学领域，对经济和政策领域的研究产生了深远的影响。"

6. 【答案】D

【解析】先付年金的现值计算。设计息期利率（月）为 r，则
$$\text{EAR} = (1+r)^{12} - 1$$
$$r = (1+\text{EAR})^{\frac{1}{12}} - 1 = (1+10\%)^{\frac{1}{12}} - 1 \approx 0.007\,974 = 0.797\,4\%$$

第一年租金现值为
$$p_1 = \sum_{t=0}^{11} \frac{1\,000}{(1+r)^t} = 1\,000 \times \frac{1+r}{r} \times \left[1 - \frac{1}{(1+r)^{12}}\right]$$

第二年租金现值为
$$p_2 = \sum_{t=0}^{11} \frac{1\,000 \times 1.05}{(1+r)^{t+12}} = 1\,000 \times \frac{1.05}{(1+r)^{12}} \times \frac{1+r}{r} \times \left[1 - \frac{1}{(1+r)^{12}}\right]$$

第 n 年租金现值为
$$p_n = \sum_{t=0}^{11} \frac{1\,000 \times 1.05^{n-1}}{(1+r)^{t+12(n-1)}} = 1\,000 \times \frac{1.05^{(n-1)}}{(1+r)^{12(n-1)}} \times \frac{1+r}{r} \times \left[1 - \frac{1}{(1+r)^{12}}\right]$$

该协议的现值为
$$p = p_1 + p_2 + \cdots p_{30}$$
$$= 1\,000 \times \frac{1+r}{r} \times \left(1 - \frac{1}{1+\text{EAR}}\right) \times \left[1 + \frac{1.05}{1+\text{EAR}} + \cdots + \frac{1.05^{29}}{(1+\text{EAR})^{29}}\right]$$
$$= 1\,000 \times \frac{1+0.797\,4\%}{0.797\,4\%} \times \left(1 - \frac{1}{1.1}\right) \times \frac{20 \times (1.1^{30} - 1.05^{30})}{1.1^{29}} = 190\,196.81(元)$$

考虑到近似值的误差，选 D 项。

7. 【答案】A

【解析】詹森 α（又称詹森指数）表示某一证券或投资组合超过理论预期收益的超额收益，用于衡量基金经理的业绩，即
$$\text{Jensen } \alpha = E(r_p) - \{R_f + \beta_p [E(R_p) - R_f]\}$$
可见，詹森 α 也就是实际收益率对市场收益率进行线性回归后的截距，即
$$R_p - R_f = \alpha + \beta_p [E(R_p) - R_f]$$

8. 【答案】C

【解析】戈登股利贴现模型为 $P = \dfrac{D_1}{k-g} = \dfrac{E_1 \times d}{k-g}$，式中 d 为股利支付率。则历史市盈率 $\dfrac{P}{E_0} = \dfrac{(1+g) \times d}{k-g}$，预期市盈率 $\dfrac{P}{E_1} = \dfrac{d}{k-g}$。根据 CAPM，股票必要收益率 $K = R_f + \beta [E(R_p) - R_f]$。可见，市盈率的影响因素有股利支付率 d、股息增长率 g 和权益 β，而与 EPS 无关，因此 A、B 的市盈率相同。

9. 【答案】A

【解析】设投资组合 P 中 A 占 w，B 占 $(1-w)$，$E(R_P) = wE(R_A) + (1-w)E(R_B)$，即 $16\% = w \times 12\% + (1-w) \times 20\%$，解得 $w = \frac{1}{2}$。因此组合 P 为买入 $\frac{1}{2}$A，买入 $\frac{1}{2}$B。方差为 $\sigma_P^2 = \left(\frac{1}{2}\right)^2 \times 0.15^2 + \left(\frac{1}{2}\right)^2 \times 0.45^2 + 2 \times \left(\frac{1}{2}\right) \times \left(\frac{1}{2}\right) \times (-1) \times 0.15 \times 0.45 = 0.0225$。

10. 【答案】B

【解析】项目的 IRR 与投资规模无关。因此，一个项目可能具有较高的 IRR 但 NPV 较低，即相对收益较高而绝对收益较低，此时运用 IRR 比较项目时可能导致错误，应换用 NPV 法则——选择 NPV 最大的项目，保证绝对收益最大。如果项目的现金方向出现多次反转，将会出现多个 IRR，此时 IRR 方法无效。

11. 【答案】D

【解析】相比其他的公司组织形式，股份有限公司的特点在于：公司无限存续、所有权转让方便、有限责任、容易筹集资本，但同时也面临更多的监管与税收（企业所得税+个人所得税）。

12. 【答案】A

【解析】根据《国际收支手册》第六版，一国的国际收支平衡表分为经常账户和资本与金融账户。其中，经常账户包括货物和服务、初次收入与二次收入；资本账户是指居民与非居民之间的资本转移，或居民与非居民之间非生产非金融资产的取得与处置；金融账户是指发生在居民与非居民之间、涉及金融资产与负债的各类交易，包括直接投资、证券投资、金融衍生产品（储备除外）和雇员认股权，其他投资和储备资产，A 项属于资本账户。

13. 【答案】B

【解析】国际收支平衡表按照复式记账法编制：有借必有贷，借贷必相等。当借方差额大于贷方差额时，其差额计入错误与遗漏项目的贷方（为正）。反之，计入错误与遗漏项目的借方（为负）。

14. 【答案】B

【解析】总共 84 个样本，则 5% 对应第 4.2（=84×5%）个，将收益率从小到大排序，第 4 个为 -25.69%，第 5 个为 -25.03%，使用插值法计算，第 4.2 个应该为 VaR=-25.69%+0.2×(25.69%-25.03%)=-25.56%。

15. 【答案】B

【解析】将两年看作一个计息单位，两年的有效利率为 $(1+4\%)$ 的平方减 1。然后按照现值为 50 000 美元、10 年的等额年金计算即可。

设每隔两年还款 x 美元，则

$$50\,000 = p = \sum_{t=1}^{10} \frac{x}{(1+4\%)^{2t}} = \frac{x}{0.0816} \times \left(1 - \frac{1}{1.0816^{10}}\right)$$

解得 $x = 7\,505.34$（美元）。

16. 【答案】D

【解析】外汇掉期（也叫作外汇换汇）交易是指将货币相同、金额相同而方向相反、交割期限不同的两笔或两笔以上的外汇交易结合起来进行，交易双方约定以货币 A 交换一定数量的货币 B，并以约定价格在未来的约定日期用货币 A 反向交换同样数量的货币 B。货币互换是指协议双方同意在一系列未来日期根据不同币种的本金向对方支付利息，两种利息的币种不同，计息方式也可以不同，期末双方交换两种不同货币的本金。

互换市场上的互换交易是管理资产和负债及筹措外资时运用的金融工具，外汇市场上的掉期交易一般用于管理资金头寸。二者都可以用来投机、避险或保值，D 正确。

17．【答案】A

【解析】货币需求理论中，A 项是费雪方程式，B 项是剑桥方程式，C 项是鲍莫尔模型中的平方根公式，D 项代表凯恩斯流动性偏好理论。

18．【答案】A

【解析】回购是指卖出一种证券，并约定未来一定时间以约定价格购回该证券的交易。回购交易是中央银行对全社会的流动性进行短期调节的手段。回购交易可能发生在金融机构和金融机构之间、金融机构和非金融机构之间以及非金融机构之间。这时的回购交易是各经济单位之间融通短期资金的手段之一。回购交易的标的物通常是国家债券，尤以短期国库券为主。在回购期末买回有价证券是回购的逆行为，则被称为逆回购。

19．【答案】B

【解析】考查通货紧缩的成因。一是纯货币论：货币供应持续减少导致通货紧缩，即 D 项。二是金融结构论：债务累积导致金融体系越发脆弱，容易发生系统性金融风险，资产价格大幅下跌，导致通货紧缩，即 A、C 项。三是经济周期论：投资过度和消费不足是通货紧缩的根源。四是技术进步论：新技术的采用提高了生产效率，降低了产品成本，对一般物价水平带来向下的压力，导致通货紧缩，即 B 项。前三种原因对经济都有紧缩影响，可能导致经济衰退。而技术进步型通货紧缩对经济的影响是比较良性的。

20．【答案】A

【解析】中国出口企业未来将有多笔连续的出口英镑收入，在将英镑兑换为人民币时面临英镑贬值风险。多次买入英镑看跌期权，若到期日市场汇率低于期权约定的执行汇率，则出口商可按照执行汇率兑换人民币；若到期日市场汇率高于执行汇率，则出口商按照市场汇率换回，保证了出口商的最低人民币收入。C、D 项虽然也能规避外汇汇率贬值风险，但出口商的人民币收入是锁定的，在外汇汇率升值时，也失去了获得更多人民币的机会。因此，A 项是最佳策略。

21．【答案】C

【解析】PPP（购买力平价）成立的条件：一是一价定律对于任何商品都成立；二是各国用以计算物价水平的商品篮子相同。

22．【答案】D

【解析】$\beta_A - \beta_B = \beta_A - \left(\frac{1}{2}\beta_A + \frac{1}{2}\beta_M\right) = \frac{1}{2}(\beta_A - \beta_M)$，$\beta_A$ 与 β_M 的大小关系未知，因此无法判断 β_A 与 β_M 的相对大小。

23．【答案】B

【解析】本题考查单步二叉树模型的计算。设股票价格上升的概率为 p，则

$$p = \frac{e^{r\Delta t} - t}{u - d} = \frac{e^{0.1 \times 1} - 0.9}{1.2 - 0.9} \approx 0.683\,9$$

则看涨期权的价值为

$$c = e^{-r\Delta t}[pc_u + (1-q)c_d] = e^{-0.1 \times 1} \times (0.6839 \times 10 + 0) \approx 6.19$$

24．【答案】C

【解析】本题考查开放经济下一国 IS—LM 模型，以一次扩张性货币政策为例。固定汇率制下，LM 曲线右移，利率降低，本币面临贬值压力，中央银行在外汇市场上买入本币，卖出外币，LM 曲线左移，直至利率回到国际水平。LM 曲线没有发生移动，货币政策无效，不影响产出、就业或货币储备（M），仅中央银行的外汇储备（属于国际储备）降低。

25．【答案】B

【解析】股票的风险溢价是由其承担的系统性风险和非系统性风险共同决定的。

26．【答案】D

【解析】根据利率期限结构的预期理论，长期利率等于到期前各期短期利率的均值。收益率曲线向下倾斜，即长期利率低于短期利率，代表预期收益率未来要降低，A 项错误。当债券的息票率高于到期收益率时，债券溢价发行，即价格高于面值，B 项错误。债券的久期衡量债券价格对利率变动的敏感程度，与债券期限、息票率和到期收益率有关。其他条件相同时，债券期限越长（或息票率越低，或到期收益率越低），债券的久期越长，其价格对利率变动的敏感程度越高。因此 C 项错误，D 项正确。

27．【答案】D

【解析】设杠杆水平提高以后公司的股权资本成本为 R_S，则

$$16\% = R_S \times \frac{2}{3} + 9\% \times \frac{1}{3}$$

解得 $R_S = 19.5\%$，则税后加权平均资本成本为

$$\text{WACC} = 19.5\% \times \frac{2}{3} + 9\% \times (1-35\%) \times \frac{1}{3} = 14.95\%$$

28．【答案】D

【解析】货币政策的资产负债表传导渠道是指货币政策将影响股票等金融资产的价格，导致企业净值、现金流量以及个人金融财富的变化。在存在逆向选择和道德风险的情况下，银行贷款、投资规模及收入水平都会受到相应影响。货币政策通过股票价格的变动而影响消费支出，大致表现在以下三个方面：一是利率效应，二是财富效应，三是流动性效应。

29．【答案】B

【解析】股东比债权人更愿意将公司的资金投资于风险较大的项目，因为股东可以利用财务杠杆的作用来增加自己的财富，而把风险留给债权人。如果项目成功，则债权人只能获得按合同规定的利息和本金，剩余的高额收益由股东占有；如果项目失败，由于股东只承担有限责任，损失由股东和债权人共同承担，有时债权人的损失要远远大于股东（如公司破产）。因此，即使风险投资使公司价值下降，股东仍可以从这种赌博中获得好处。随着债务比例的上升，股东的风险激励会增加，而这对债权人不利。

30．【答案】A

【解析】NYDFS 属于官方政府机构，更加合法正规，提高了公信力，消除了用户的顾虑，A 项不正确；通过稳定币与美元 1∶1 挂钩，避免数字货币币值剧烈波动，政府也可

以通过监管美元流动性来监管 GUSD 和 PAX，进而监管数字货币市场，B、C 项正确；在当前这个阶段，数字货币接受度仍然无法和主权货币相媲美，无法充分行使主权货币职能，D 项正确。

二、计算题

1.【解析】根据货币乘数的含义，得

$$m = \frac{D+C}{R+C} = \frac{D+C}{r_d \cdot D + r_t \cdot T + E + C} = 2.4$$

$$M1 = m \times B = 2.4 \times 100 = 240（亿元）$$

即狭义货币量 M1 增加 240 亿元。

2.【解析】假设 p 代表一年期 BBB 级债券不会违约的概率，q 代表两年期 BBB 级债券不会违约的概率，从而对一年期债券，有

$$p(1+8\%) = 1+5\%$$

对两年期债券，有

$$q(1+11\%) = 1+7\%$$

得 p 等于 0.922，q 等于 0.972，两年内不会违约的概率是 $pq = 0.8962$，所以累积违约概率等于 $1 - 0.8962 = 0.1038$。

3.【解析】假设某永续年金每期期末支付 C，折现率为 r，则该永续年金价格等于

$$p = \sum_{k=1}^{+\infty} \frac{C}{(1+r)^k} = \frac{C}{r}$$

方法一：永续年金的久期为

$$D_{\text{Mac}} = \sum_{k=1}^{+\infty} \frac{\frac{kc}{(1+r)^k}}{C/r} = \sum_{k=1}^{+\infty} \frac{kr}{(1+r)^k} = \frac{1+r}{r}$$

方法二：先对价格求偏导，得

$$\frac{\partial p}{\partial r} = -\frac{C}{r^2}$$

代入 Macaulay 久期的公式，得

$$D_{\text{Mac}} = -(1+r)\frac{1}{p} \cdot \frac{\partial p}{\partial r} = \frac{1+r}{r}$$

4.【解析】(1) 假设两年期零息债券到期收益率为 y，则

$$\frac{10\%}{1+2\%} + \frac{1+10\%}{(1+y)^2} = \frac{10\%}{1+3.908\%} + \frac{1+10\%}{(1+3.908\%)^2}$$

所以 $y = 4\%$。

(2) 先计算三年期零息债券到期收益率，同样假设为 y，则

$$\frac{6\%}{1+2\%} + \frac{6\%}{(1+4\%)^2} + \frac{1.06}{(1+y)^3} = \frac{6\%}{1+5.84\%} + \frac{6\%}{(1+5.84\%)^2} + \frac{1.06}{(1+5.84\%)^3}$$

计算得 $y = 6\%$。

利用零息债到期收益率计算三年期无违约的债券价值，得

$$\left[\frac{10\%}{1+2\%} + \frac{10\%}{(1+4\%)^2} + \frac{1.1}{(1+6\%)^3}\right] \times 1000 = 1114.076(元)$$

5.【解析】设 A、B 两只股票的权重分别为 w_A 和 w_B，则由无风险资产和最优风险组

合组成的资本市场线的斜率是最大的，即 $S_p = \dfrac{E(r_p) - r_f}{\sigma_p}$ 取得最大值。

约束条件为

$$E(r_p) = w_A E(r_A) + w_B E(r_B)$$

$$\sigma_p = \sqrt{w_A^2 \sigma_A^2 + 2w_A w_B \text{cov}(r_A, r_B) + w_B^2 \sigma_B^2}$$

$$w_A + w_B = 1, \text{cov}(r_A, r_B) = \rho_{AB} \sigma_A \sigma_B$$

利用目标函数导数等于 0 或者拉格朗日函数法，可求得

$$w_A = \frac{[E(r_A) - r_f]\sigma_B^2 - [E(r_B) - r_f]\text{cov}(r_A, r_B)}{[E(r_A) - r_f]\sigma_B^2 + [E(r_B) - r_f]\sigma_A^2 - [E(r_A) - r_f + E(r_B) - r_f]\text{cov}(r_A, r_B)}$$

$$w_B = 1 - w_A$$

先计算 A 和 B 的预期收益率、波动率与相关性系数。

A 的预期收益率	30%×8%+40%×6%+30%×（-2%）=4.2%
B 的预期收益率	30%×1%+40%×2%+30%×3%=2%
A 的方差	30%×(8%-4.2%)²+40%×(6%-4.2%)²+30%×(-2%-4.2%)²=0.1716%
B 的方差	30%×(1%-2%)²+40%×(2%-2%)²+30%×(3%-2%)²=0.006%
相关性系数	[(8%-4.2%)×(1%-2%)×30%+(6%-4.2%)×(2%-2%)×40%+(-2%-4.2%)×(3%-2%)×30%] / (0.1716%×0.006%)^{0.5}=-0.9349

代入公式得切线资产中 A 的权重为 0.31，B 的权重为 0.69。

6.【解析】先判断是否可以通过息票剥离套利。

两年期与四年期零息债券的到期收益率满足

$$\frac{1\,000}{(1+y_4)^4} = 777.32, \quad \frac{1\,000}{(1+y_2)^2} = 892.52$$

再根据远期利率的公式

$$f_{1,2} + 1 = \frac{(y_2+1)^2}{y_1+1}$$

得 $y_1 = 5.45\%$，根据三年期附息债的息票剥离法计算三年期零息债的到期收益率，即

$$\frac{80}{1+y_1} + \frac{80}{(1+y_2)^2} + \frac{1\,080}{(1+y_3)^3} = 1\,050$$

所以 $(y_3+1)^3 = 1.196$。

根据四年期附息债券的息票剥离法计算出的价值为

$$\frac{60}{1+y_1} + \frac{60}{(1+y_2)^2} + \frac{60}{(1+y_3)^3} + \frac{1\,060}{(1+y_4)^4} = 984.56 > 934.25$$

所以附息债券价格被低估，应该买入附息债券，然后卖出 1、2、3、4 年期债券，按照该操作每次可获得 984.56-934.25=50.31（元）。

三、论述题

1.【解析】(1) 我国中央银行降准不调息的主要原因：

①内部企业债务较高，无法承受加息的负担。在国企中，铁路总的负债率约为 65%，营收上万亿，问题并不是最严重的，许多僵尸国企和地方城投公司负债率超 90%，营收无法覆盖支出，利润为负，不还本只还利息都无法维系，如果国家加息，这些企业的处境会

变得更加困难，进而引爆债务危机。

②我国降准的目的是应对全球资金（美元）收紧造成国内经济环境资金紧张的状况。中国经济占全球经济的比例不断增加，中国资本出海的需求在不断增加，而美国加息之后会引发资金外流，所以，为避免出现债务危机，中国不跟随加息，而是通过降准向市场释放流动性，也是无奈之举。

③国外加息是为了吸纳资金搞实业建设，国内降准是为了刺激消费维护企业的健康发展。加息增加了国家财政负担，美国的不断加息补仓，由于金融结构因素，终将成为压倒金融的一根稻草，实业救国也成为刺破债务泡沫的毒针。相对来说国内降准建立在系统化实体企业的基础上，有利于国际贸易的市场培养，有利于海外资产的建立和人民币国际化的推进，对物价的稳定不会产生不利影响。

④中美在经济周期中所处阶段存在差异。2015年之后美国的国内经济因为前期的大量铺垫进入强周期，而我国由于前些年的快速发展与经济转型开始回落，如果跟随加息在经济下行的大背景下对于企业发展是不利的。而减息就会让人民币承压，使得人民币贬值，造成资产外流，人民币贬值使得进口型企业面临很大的压力。

⑤中国准备金率下降的空间相对较大。目前中国的银行准备金率为14%～16%，对比美国准备金率最高不过11%，我国银行的准备金率也逐年降低。这样看来，中国还有一定的降准空间。但是用降准来应对资金外流，缓解市场流动性问题，也只是短期应对措施，治标不治本。

⑥房地产形势不支持盲目加息。目前国内的房地产泡沫是比较严重的，如果盲目收紧银根，很容易引起系统性金融风险，为了稳房价，适当降准也是很有必要的。

美联储不调整准备金率的主要原因：

①高度发达的金融市场更适合用价格型工具。美国利率市场化，金融市场发达，所以更倾向于用价格工具（利率）来调节货币，而不使用准备金率，用法定准备金率来调控经济会有很大的不确定性。

②准备金率工具效果较猛，发达国家已较少使用。准备金率工具相对于其他两大货币政策工具（贴现率和公开市场业务）来说是一剂猛药，任何调整准备金率的措施对经济的杀伤力都过大。

③美国金融创新发达，准备金率的传导机制受到较大影响。美国由于金融创新很活跃，仅仅通过调整存款准备金率，并不能有效地控制基础货币投放。

④国外直接融资占比较大，准备金率的影响范围有限，零准备金率成为趋势。国外企业主要通过证券市场进行直接融资，银行贷款这种间接融资方式所占比重较小。降低或取消法定准备金率，即零准备金率正成为一种趋势。

（2）中美贸易战如果继续下去对中国的影响。

①短期内的主要影响是不确定性造成的恐慌。当前贸易战加大了国内金融市场对我国未来发展的焦虑，股票市场也"跌跌不休"。这在一定程度上是因为我国应对贸易冲突的战略计划尚未完全明确，市场出于对未知的恐惧产生了过度悲观情绪。但随着高层集中喊话，恐慌有所缓解。

②中期国内宏观总体可控，但对产业部门和企业影响是直接的。贸易战对我国前十大行业造成的影响远大于整体宏观经济的影响，部分行业出口甚至会降低到40%。我国在低端大宗商品如矿产和农产品、高端科技和教育领域对国际依赖较高，如果贸易战再度升

级，可能面临美国断供风险。

③可能加速中国出口优势的退化。第一，近六年全球出口增速持续下行，外贸扩张接近阶段性瓶颈。第二，一国出口在全球出口中占比一般将经历触顶回落的过程。即使没有中美贸易战因素，中国也将面临全球贸易扩张乏力的困境。

④可能加剧中国经常账户的失衡。中美贸易冲突升级极有可能导致中国商品贸易顺差进一步收窄。如果美方不打算采取诸如限制旅游、求学等措施，那么旅游等其他高端消费需求增加将推动中国服务逆差继续扩大。

⑤可能延缓中国产业升级的步伐。从近三年的经验来看，我国高技术制造业投资增速远高于制造业整体投资，中美贸易摩擦或将再向制造业升级施压。但也有一些在贸易摩擦促进产业结构升级的有益经验：第一，产业结构主导出口结构，而非相反；第二，贸易摩擦对产业升级的负面影响，可以通过适当措施避免或缓和。

⑥长期可能对人民币汇率产生风险。长期应关注对汇率的影响，贸易战可以通过多渠道影响汇率：一是贸易渠道；二是投资渠道。贸易战背景下，原来在中国市场生产、加工再出口到美国的产业链，有部分可能会转移到其他国家，长期会对人民币汇率形成下行压力；三是金融渠道，美国未来可能将贸易战转为汇率战，宣布中国为汇率操纵者等。

对中央银行货币政策的影响：

①整体上，我国货币政策不会有大的波动。由于中美货币政策框架不同，美国倾向于加息，我国倾向于调高通货膨胀容忍度，因此中美贸易冲突对我国利率影响不大。

②中央银行可能运用货币政策帮助中小企业减轻贸易战冲击。中央银行未来可能从货币政策上更有效地去帮助这些企业渡过难关，比如在外汇方面给予更多的支持。

③多目标决定了货币政策会随着国内、国际经济的主要矛盾而变化。我国货币政策多目标现状决定了在分析我国货币政策时需要判断不同货币政策在不同时期的重要性，这和发达经济体单一目标货币政策框架产生了较大差异。判断中央银行当前最关注的问题，从而判断其货币政策取向。

④货币政策和财政政策协同发力。强调政策协调的重要性，要求协调好各项政策的出台时机，特别是财政金融政策要协同发力，更好服务实体经济，更好服务宏观大局。

⑤货币政策未来会更加重视精准调控、定向调控。中国在货币政策上一直强调不会搞大水漫灌似的强刺激。稳健的货币政策既要管好货币供给总闸门，坚定做好去杠杆工作，也要把握好节奏和力度，保持流动性合理充裕。目前市场货币流动性合理充裕，下一步需要引导资金更加精准地支持实体经济发展。

2.【解析】我认为华为不应该上市，因为华为不上市就可以通过内部管理得到上市企业的优势，同时还能避免上市后的风险。华为自身的业务收入足够支撑未来业务发展的需要，不缺钱发展就不必上市，毕竟上市后需要接受股东和媒体的监督，在某些方面对华为来说是不利的。

(1) 上市对公司的有利之处。

①拓宽了公司的融资渠道。公司上市不仅可以借款筹资，还可以通过公开发行股票进行融资。与借款筹资不同，公司所有者向社会公众抛售一部分股权，既可以筹集到所需的资金，又能与股东共担风险。

②引入外部监督，规范治理结构。监管部门规定上市公司必须定期披露相关信息，对特定时间的经营成果、一定期间的现金流量和财务状况进行披露，也会不断规范其治理

结构。

③上市可以激励雇员。通过企业上市,可以使持有企业股权、期权的雇员享受资本市场的红利,一夜财富升值。对于初创企业来说,股权和期权激励是一种非常不错的激励方式。

④提高公司股份流动性,吸引风险投资者。上市后公司股票有一个流通的市场,也为风险资本的退出建立了顺畅的渠道,从而更容易吸引风险投资者进入。

⑤为公司和股东创造财富。公司价值通过市场来确定。上市后,投资大众对公司的估值通常为利润的5～30倍。而私人公司一般由税务部门或投资人估值,通常是利润的1～2倍。

⑥增加金融机构对公司的信任,降低融资成本。上市公司的信用度较高,容易获取信贷,并降低融资成本。上市公司可以较容易地获得配发新股融资,筹集更多发展资金。

⑦增强公司知名度。上市可以使公司形象大为改善,知名度大为提升,信誉与竞争力增强,扩大公司的影响力。

⑧可以用股份收购其他公司。有利于公司用股票而非现金进行收购与兼并,增加公司与市场合作的机会,使资本运营拥有了有力工具。

(2) 上市对公司的不利之处。

①失去隐秘性。凡是有可能影响投资者决定的信息都必须公开。这些信息在初步上市时就必须公开披露,并且此后也必须不断将公司的最新情况进行通报。

②管理人员的灵活性受到限制。公司一旦公开上市,那就意味着管理人员放弃了他们原先所享有的一部分行动自由。股东通过公司效益、股票价格等指标来衡量管理人员的成绩。这一压力会在某种程度上迫使管理人员过于注重短期效益,而不是长远利益。

③受到更严格的监管。上市公司要接受更为严格的监管,既要接受中国证监会、证券交易所等证券监管部门的监管,又要受到保荐机构等中介机构的持续督导。因此,上市公司需要遵守的法律、法规、规章和规则会增加。

④经营压力会增加。在成熟的资本市场,权益资本成本要高于债务资本成本,投资者购买公司的股票要求获得合理的投资回报,如果公司经营不善,业绩不佳,将会遭到投资者的抛弃。

⑤大股东受到的约束将增加。大股东必须规范运作,不得侵占上市公司资产,不得损害上市公司权益。再次,公开发行上市后,大股东持股比例会有所降低,其对公司的控制力有可能随之降低。

⑥盲目上市去讨好资本市场可能不利于企业发展。企业原本的文化和价值会被资本市场吞噬,这在一定程度上会阻碍企业的健康发展。

(3) 华为是否应上市的因素分析。

①现金储备方面。有媒体评论华为是一个"不差钱"的公司,这种"不差钱"就体现在华为充足的现金流中。充裕的资金储备为华为规避流动性风险提供了保障,华为的"不差钱"可谓名副其实。

②偿债能力方面。华为公司的现金持有量相当充足,为企业的短期支付能力提供着强有力的保障,大大增加了企业的流动性,降低了企业的风险,因此并不需要上市来增强抗风险能力。

③盈利能力方面。华为公司的财务风险较低,短期内并没有上市融资的客观需求。

④融资方面。融资模式独特,融资能力强劲。

(4) 结论。

基于财务分析和上市后风险的推测可以得出,借款为华为缓解了资金压力,良好的现金流及盈利能力为华为的借款提供了保障,而现金流孕育着华为的发展壮大。对华为而言,与其耗费人力、物力上市去讨好资本市场,承担上市的风险,倒不如稳扎稳打,利用自身独特的筹资模式以及筹资速度快、筹资成本低的特点,加上良好的现金流和盈利能力来保持稳健的发展。

综上所述,华为的现金储备充足,偿债能力和盈利能力良好,融资能力强,融资成本低,既不需要借助上市来筹资,也没有必要承担上市的风险。

3.【解析】(1) 同股不同权的含义。

同股不同权又称双层股权结构,是指资本结构中包含两类或多类不同投票权的普通股架构。同股不同权为"AB股结构"。B类股一般由管理层持有,而管理层普遍为创始股东及其团队;A类股一般为外围股东持有,此类股东看好公司前景,因此甘愿牺牲一定的表决权作为入股筹码。

这种结构有利于成长性企业直接利用股权融资,同时又能避免股权过度稀释,造成创始团队丧失公司话语权,以此来保障此类成长性企业稳定发展。

(2) 同股不同权的公司。

在同股不同权的股权架构中,股东的财产权与股东的决策权分离,实际上是股东的所有权与管理层的经营权的分离。大股东对公司的控制减弱,管理层对公司的控制增强。适用这种模式的公司具有以下特征:①公司发展需要快速融资;②投资者对公司的发展充满信心;③管理层想要掌握对公司的控制权;④公司创始团队没有足够的自有资金支撑公司发展;⑤投资者接受同股不同权的制度安排。

(3) 同股不同权的优势。尽管同股不同权导致控制权和现金流权分离,使得创始人"以小控大",从而存在管理层为了追求个人利益,可能对公司重大决策不负责等企业管理隐患,但是从长期发展来看,尤其是对高投入、高增长的创新企业来说,同股不同权利大于弊。

①同股不同权保障经营股东对公司的控制权。相比于后期投资者,创新企业的创始团队拥有更加专业的眼光和更强的执行能力,也更加专注于公司长期价值的提升,对公司长远发展和战略布局具有深远影响。

②可为创始团队提供更强的激励机制。对于创新企业而言,创始团队是公司的灵魂。如果创始团队因为股权稀释失去对公司的控制,核心团队的积极性会受到打击,公司将失去持续的创新动力。此外,创始团队发生的人员变动会引起投资市场对公司的信心下降,从而对于公司股价也会产生巨大影响。

③该结构可阻挡恶意收购。恶意收购指在未经目标公司董事会允许,不管对方是否同意的情况下对公司进行收购,然后重组公司高层管理人员,改变公司经营方针,并解雇大量企业职工。这是一种"短期获利"行为,不利于公司长期发展,同股不同权所特有的AB股权结构使得创始团队与核心管理层拥有更多投票权,这就有效减少了恶意收购者通过大量购买A类股份以控制公司的可能性,避免公司成为恶意收购的对象。

(4) 同股不同权的劣势。

①股份价值折让。同股不同权一个最直接的后果就是导致拥有较多投票权的股份的价值高于普通股份。

②控股股东的私欲。同股不同权导致的另外一个后果就是控制权与所有权的分离。在持股数量相同的情况下，拥有较多投票权的股东以较小的股本投资便能拥有对公司的控制权，同股不同权导致控股股东牺牲少数股东利益谋取私利的风险较同股同权更大。

③特权的保护。由于同股不同权不能让非控股股东罢免高管，因此高管的特权就变相得到保护，尤其在公司因管理不善而表现欠佳的情况下，对高管的特权保护明显会损害其他股东的利益。

④连带影响。此类公司的资金使用效率较低，行政总裁薪酬较高，收购交易较难成功，以及资本回报率低。

2019年中国人民大学431金融硕士初试真题

【金融学】

一、选择题

1. 下列有关中央银行票据，说法错误的是（　　）。
   A. 本质是中央银行债券　　　　　B. 体现流动性的特征
   C. 可以用回购操作　　　　　　　D. 目的是筹集资金

2. 公司支付税收是货币的什么功能？（　　）
   A. 流通手段　　B. 价值尺度　　C. 支付手段　　D. 贮藏手段

3. 第一家票据交换所是1773年在哪里成立的？（　　）
   A. 法国巴黎　　B. 英国伦敦　　C. 美国纽约　　D. 德国柏林

4. 美国联邦基金利率的实质是（　　）。
   A. 再贴现利率　　B. 基准利率　　C. 同业拆借利率　　D. 准备金利率

5. 运用期货和期权等金融衍生工具与金融工具结合后，以营利为目的的金融基金是（　　）。
   A. 风险投资基金　　B. 对冲基金　　C. 货币市场基金　　D. 共同基金

6. （　　）是我国的主权基金，是从事境外金融组合业务的投资机构。
   A. 中投　　B. 中金　　C. 亚投行　　D. 国投集团

7. 世界上最大的开发性金融机构是（　　）。
   A. 世界银行　　　　　　　　　　B. 国际清算银行
   C. 国际货币基金组织　　　　　　D. 国家开发银行

8. 从清末到法币改革这一段时期内，以下哪个选项是不正确的？（　　）
   A. 公众将货币材料送到铸币厂铸造货币
   B. 人们可以拿着符合××标准的金属私自铸造
   C. 可以发挥蓄水池功能
   D. 货币价值与实际价值大致相同

9. 债券名义年利率为10%，半年付息一次，实际年利率是（　　）。
   A. 10%　　B. 10.25%　　C. 20%　　D. 20.5%

10. 如果预期股市会大跌，如何做可以坐拥期权费？（　　）
    A. 买看涨期权　　B. 卖看涨期权　　C. 买看跌期权　　D. 卖看跌期权

11. （　　）市场是流动性最高的市场，且金融机构普遍参与，也是中央银行进行公开市场操作的市场。
    A. 国库券市场　　　　　　　　　B. 银行同业拆借市场
    C. 回购市场　　　　　　　　　　D. 票据市场

12. 从金属货币到现代信用货币，从支票到电子货币，货币的发展过程显示，从古至今货币发展关注的核心是( )。

A. 节约生产成本　　B. 节约发行费用　　C. 节约交易成本　　D. 节约储藏成本

13. 中国版《巴塞尔协议Ⅲ》设置强化贷款损失准备监管的是( )。

A. 贷款拨备率
B. 杠杆率
C. 流动性覆盖比率
D. 流动性比率

14. 考点：信贷制度。

15. ( )出现后，货币活动和信用活动结合在一起，标志着金融范畴的形成。

A. 高利贷
B. 出现银行券
C. 金属货币退出流通
D. 借贷

16. 关于现代货币供给机制，说法错误的是( )。

A. 双层次货币创造机制
B. 可以同时满足宏观、微观调节需求
C. 最节约的货币制度
D. 不可克服地产生通货膨胀

17. 信用卡活期存款不会支付利息，在透支后会收取一定手续费，以下原因不正确的是( )。

A. 活期存款非银行的稳定资金来源
B. 银行办理活期业务需要成本
C. 客户自愿放弃收取利息
D. 银行办理业务会收取费用

18. 下列哪个不属于存款货币银行？( )

A. 农村互助协会
B. 农业发展银行
C. 中国农业银行
D. 农村商业银行

19. 关于消费信用，说法错误的是( )。

A. 和企业信用、国家信用等一起组成消费信用
B. 消费需求过多会造成虚假繁荣
C. 主要满足住房等耐用品需求
D. 一定程度上会促进经济增长

20. 商业银行营运目标是( )。

A. 盈利性　流动性　安全性
B. 盈利性　期限性　安全性
C. 流动性　期限性　安全性
D. 盈利性　安全性　期限性　流动性

21. 筹资人不可以公开发行( )，其特点是发行费用低、风险大。

A. 股票　　　B. 公募基金　　C. 私募基金　　D. 场外市场

22. 流动性最差的资产是( )。

A. 股票　　　B. 房地产　　C. 国债　　D. 现金

23. 宣布××消息后，股价连续两天涨停，股价11天内持续上涨，说明市场( )。

A. 未达到弱式有效
B. 未达到半强式有效
C. 达到弱式有效
D. 以上都不对

24. 英美是市场主导型，德国是银行主导型，其原因不包含（　　）。
   A. 人为政策干预较强
   B. 既有偶然因素也有必然因素
   C. 反感集权的统治也是部分原因
   D. 是在优劣比较的理论指导下做出的制度选择
25. 我国国债利率长期高于银行存款利率，是因为有（　　）。
   A. 流动性风险　　B. 市场风险　　C. 信用风险　　D. 操作风险
26. 会导致货币乘数变大的是（　　）。
   A. 提高超额准备金率　　　　　B. 降低超额准备金率
   C. 提高再贴现率　　　　　　　D. 降低再贴现率
27. 凯恩斯的货币政策传导机制与弗里德曼的货币政策传导机制分别强调（　　）和（　　）。
   A. 利率　货币供应量　　　　　B. 货币供应量　利率
   C. 利率　持久性收入　　　　　D. 利率　消费
28. 考点：重置成本的概念。
29. 下列选项不能质疑有效市场假说的是（　　）。
   A. 有人抱怨自己买的股票涨得慢跌得快
   B. 只要市场有效，没人能跑赢大盘
   C. 在20次扔硬币中，硬币抛10次都是正面，大部分人认为下一次是反面的概率大于50%
   D. 华尔街日报报道公司丑闻，不仅对自己有利还对投资者有利
30. 中间业务不需要动用银行的自有资金，有的只需要备案，有的需要经过审批，下列适用于审批制的业务是（　　）。
   A. 汇兑　　　　B. 代收代付　　　　C. 代理保险　　　　D. 财务顾问

二、名词解释

1. 无限法偿
2. 特里芬悖论
3. 金融基础设施
4. 存款保险制度
5. 做市商
6. 互联网支付
7. 持久性收入
8. 普惠金融

三、简答题

1. 股市和商业银行都有变小额短期资金为大额长期资本的功能，分别阐述股市和商业银行这两种方式如何实现上述功能，分析一下这两种机制的差异（博迪的金融功能观）。
2. 两种情景：（1）商业银行以抵押的方式从中央银行借款1 000万元；（2）一个客户将1 000万元的支票存入中央银行。

问题：

(1) 这两种情况下，商业银行的资产负债表分别怎么变化？

(2) 这两种情况对基础货币的影响是否相同？原因是什么？

四、论述题

1. 为什么说通货膨胀目标制包含"相机抉择"的规则？说出你的理解。

2. 用货币政策治理通货膨胀时效果很好，但是用货币政策治理通货紧缩时效果却不显著，请结合国内外货币政策的实践来说明产生这种情况的原因。

【公司理财】

一、选择题[①]

1. 采取股份有限公司制度的好处不包括(　　)。

　A. 员工激励方式多样化　　　　　　B. 降低融资成本

　C. 融资渠道多样化　　　　　　　　D. 获得永久性资本

2. 关于到期收益率，下列说法错误的是(　　)。

　A. 计算债券价格时，假设投资人持有至到期

　B. 投资人的期望收益率等于到期收益率

　C. 是未来利息和本金的现值的折现率

　D. 假设利息的再投资率等于到期收益率

3. 有关可持续增长率的计算，销售利润率为10%，销售额与总资产的比率是0.5，资本乘数是1.5，要保持20%的增长率，留存比率是(　　)。

　A. 100%　　　　B. 55.56%　　　　C. 90%　　　　D. 以上都不正确

4. 折现率降低的话，下列哪一个升高？(　　)

　A. 内部收益率　　B. 盈利指数　　C. 年平均收益率　　D. 以上都不正确

5. 年初净营运资本为200，货币余额为100，无其他资本，计划今年长期资产投资300，折旧150，净营运资本为250，净利润为200，股利支付40%，则EFN为(　　)。

[2017年选择题第2题]

　A. 0　　　　　　B. 30　　　　　　C. 80　　　　　　D. 200

6. 美国国债利率接近0，在用CAPM时，正确的是(　　)。

　A. 无风险利率用0，调整风险溢价

　B. 适当调整无风险利率

　C. 可以直接使用，无影响

　D. 以上都正确

7. 银行市净率小于1，不合逻辑的是(　　)。

　A. 未来投资机会少　　　　　　　　B. 投资产品风险大

　C. 会计方法保守　　　　　　　　　D. 以上都正确

[①] 历年考查点基本相似，以前的判断题今年以选择题形式考查。

8. 上市公司除权后股价通常会大涨，以下原因可能是（　　）。
   A. 股利的派发　　　　　　　　B. 除权后流动性增加
   C. 总股本的增加　　　　　　　D. 以上都是
9. 考点：对静态权衡概念的理解。

二、判断题

1. 近年，美团外卖为吸引客户大量发放补贴造成亏损，是对股东价值的损害。
2. 只要证券组合中有两只证券的相关系数小于1，该资产组合的多元化效应就存在。
3. 股票在CML线上方，所以它被高估了。
4. 港股允许股票代表投票权不一样，这有利于监督管理层。
5. 当人们偏好高股利时，发行现金股利有利于提升股价。
6. 债权人数目的减少对公司有利。
7. 当公司现金股利减少时，可能是因为公司投资机会变多。
8. 用NPV法判断项目时，再调整其他现金流会比较合适。

三、分析与计算题

1. 背景材料略。
   （1）我国A股行情低迷，为什么仍然有很多企业追逐上市？
   （2）上市对企业来说，有哪些潜在的不利因素？
2. A公司打算发行债券回购股票，该公司目前股票60亿股，每股价格为5元，该公司权益资本β_S为1.5，有负债，债券面值为100元，数量为1亿，票面利率为3.6%，无风险利率为2.5%，市场风险溢价为8%，税率为25%。
   （1）计算A公司的R_{WACC}。
   （2）计算A公司的β_u。
   （3）A公司发行50亿元负债回购股票。回购后销毁，考虑到回购时股价波动，假设回购均价为每股4元，则回购后A公司股价是多少？
3. A公司进行一个5年期的如下投资：
   ①专利投资，花费50亿元，专利还可使用5年。
   ②4年前用20亿元买了一块地，现在卖出获得税前收益30亿元，估计5年后也能卖30亿元（税前收益），土地按40年折旧。
   ③生产线投资30亿元，分10年折旧，5年后卖出，获得税前收益10亿元。
   ④NWC投资2亿元，无残值，直线折旧法折旧，期末收回。
   资本成本为20%，税率为25%。那么：
   （1）计算该项目0期的增量现金流。
   （2）计算该项目结束时固定资产和无形资产的税后残值。
   （3）预计该项目每年生产1亿单位的药品，每单位药品售价100元，预计每年固定成本为30亿元，每单位药品可变生产成本为40元，计算该项目每年的税后经营性现金流量。
   （4）企业借入40亿元5年期负债，票面利率为4%，平价销售，不存在发行和破产成本，无风险利率为2.5%，求项目的APV。

2019年中国人民大学431金融硕士初试真题解析

【金融学】

一、选择题

1.【答案】D

【解析】中央银行票据（Central Bank Bill）简称央票，是中央银行向商业银行发行的短期债务凭证，其目的是调节商业银行的超额准备金。央票其实是一种中央银行债券，之所以称作中央银行票据，是为了突出其短期特征（体现流动性）。中央银行票据是中央银行调节基础货币的一项货币政策工具，目的是减少商业银行的可贷资金规模。商业银行在认购中央银行票据的同时，其可贷资金规模将会相应减少。所以A、B项正确，D项错误。中央银行票据主要采用回购交易方式，回购交易分为正回购和逆回购两种。所以C项正确。

2.【答案】C

【解析】马克思从历史与逻辑相统一的角度把货币的职能分为价值尺度、流通手段、贮藏手段、支付手段和世界货币。归纳国内外对货币职能的论证，货币的主要职能有：①赋予交易对象以价格形态；②购买和支付手段；③积累和保存价值的手段。货币发挥支付手段职能时的主要特征是没有商品在同时同地与之相向运动。支付手段发挥作用的主要场所是大宗交易、国家财政、银行信用、税收、工资和各种劳动报酬的支付中。所以C项正确，A、B、D项错误。

3.【答案】B

【解析】票据交换所（Clearing House）是最早形成的支付清算组织。世界上第一家票据交换所于1773年在伦敦成立。此后纽约于1853年、巴黎于1872年、大阪于1878年、柏林于1887年先后成立了本国的第一家票据交换所。所以B项正确，A、C、D项错误。

4.【答案】B

【解析】基准利率（Benchmark Interest Rate）是指在多种利率并存的条件下起决定作用的利率，即当这种利率发生变动时，其他利率也会相应发生变动。基准利率的概念在实际生活中有另一种用法。比如，我国中国人民银行对商业银行等金融机构的存贷利率称为基准利率。在西方国家，传统上以中央银行的再贴现利率标志利率水平的高低。现已有变化，各国各不相同。美国主要是联邦储备系统确定"联邦基金利率"为基准利率，该系统也发布贴现率，不过象征意义大于实际意义。所以B项正确，A、C、D项错误。

5.【答案】B

【解析】对冲基金（Hedge Fund）是私募基金的一种，是专门为追求高投资收益的投资人设计的基金，风险极高。其最大特点是广泛运用期权、期货等金融衍生工具，在股票市场、债券市场和外汇市场上进行投机活动。风险投资基金（Venture Capital Fund）也可归入私募基金类，但与对冲基金以及证券类私募基金不同的是，风险投资基金以直接权益投资（Equity Investment）的方式对尚未上市但有很好成长前景的公司进行投资，以获取企业创业成功后的高资本增值。货币市场基金（Money Market Fund）是投资于货币市场金融产品的基金，专门从事商业票据、银行承兑汇票、可转让大额定期存单及其他短期类票据的买卖。货币市场基金具有投资风险低、流动性强的特点。所以 B 项正确。

6. 【答案】A

【解析】中国投资有限责任公司（China Investment Corporation）简称中投公司，成立于 2007 年 9 月，为国有独资公司，注册资本金为 2 000 亿美元。中投公司专事外汇投资运作业务，实行政企分开、自主经营、商业化运作，在可接受的风险范围内实现长期投资收益最大化。对外，作为国家主权基金，其投资业务以境外金融组合产品为主。所以 A 项正确，B、C、D 项错误。

7. 【答案】D

【解析】我国于 1994 年组建了国家开发银行、中国进出口银行、中国农业发展银行三大政策性银行，直属国务院领导。据英国《金融时报》网站 2016 年 5 月 17 日相关报道，截至 2015 年年底，国家开发银行海外未偿贷款 3 750 亿美元，超过世界银行，成为全球最大的开发性金融机构和"开发性金融领域的全球领导者"。

8. 【答案】B

【解析】在中国，从清末到法币改革这一段时期内，我国实行的是"自由铸造制度"，主要体现在银元的铸造上。自由铸造是指公民有权把经法令确定的货币金属送到国家的造币厂铸成铸币；造币厂代公民铸造，或不收取费用，或收取很低的熔炼打造的成本；公民有权把铸币熔化，但严禁私自铸造。所以 A 项表述正确，B 项表述错误。自由铸造制度的意义在于，可以使铸币价值与其包含的金融价值保持一致。因为铸币的市场价值偏高，人们会把贵金属运到造币厂并要求铸成铸币，从而造成流通中的铸币数量增加，反之亦然。这实际上是利用货币贮藏作为调节流通货币量的蓄水池作用。所以 C、D 项都正确。

9. 【答案】B

【解析】涉及复利计息期的换算问题可以使用公式：实际年利率 $i = \left(1 + \frac{r}{n}\right)^{nt} - 1$，式中，$r$ 为名义年利率，n 为一年中计息的次数，t 为总年数，i 为实际年利率。代入数字，得 $i = \left(1 + \frac{10\%}{2}\right)^2 - 1 = 10.25\%$。

10. 【答案】B

【解析】期权（options）合约是一种金融衍生工具，是指期权的买方有权在约定的时间或约定的时期内，按照约定的价格买进或者卖出一定数量的相关资产，也可以根据需要放弃行使这一权利。为了取得这样一种权利，期权合约的买方必须向卖方支付一定数额的费用，即期权费（Option Premium）。期权分为看涨期权（Call Option）和看跌期权（Put Option）两个基本类型。看涨期权的买方有权在某一确定的时间以确定的价格购买相关资产；看跌期权的买方有权在某一确定的时间以确定的价格出售相关资产。对于看涨期权的买方来说，当市场价格高于执行价格时，他会行使买的权利，取得收益；当市场价格低于执行价格时，他会放弃行使权利，亏损是期权费。所以 B 项正确，A、C、D 项错误。

11.【答案】A

【解析】国库券是指由政府发行的短期国库券（Treasury Bill），有3个月、6个月、9个月和12个月。国库券有政府信誉做支持，且期限较短，因而可以当作无风险的投资工具。国库券市场的流动性在货币市场中是最高的，几乎所有的金融机构都参与这个市场的交易。在众多参与者中，中央银行公开参与市场交易，以实现货币政策的调控目标。许多国家的中央银行之所以愿意选择国库券市场开展公开市场业务，主要是因为这个市场有相对大的规模和很好的流动性。所以，A项正确。

12.【答案】C

【解析】经济行为的演化与交易成本密切相关。节约是经济生活中最基本的规律，经济制度、经济结构、经济活动方式之所以是这样演化而不是那样演化，最终都可以从成本的节约找到答案。这也是货币交易最终取代物物交易的原因。所以C项正确。

13.【答案】A

【解析】2012年6月7日，中国银行业监督管理委员会正式发布《商业银行资本管理办法（试行）》，并于2013年1月1日起实施，标志着中国版《巴塞尔协议Ⅲ》正式落地。该办法在以下三个方面进行了改进：①强化资本充足率监管；②改进流动性风险监管；③强化贷款损失准备监管。A项是强化贷款损失准备监管的内容，B项是强化资本充足率监管的内容，C项是改进流动性风险监管的内容。所以A项正确。

14.【解析】略。

15.【答案】C

【解析】本题考查金融范畴的形成。第一次世界大战后，在发达的资本主义国家中，贵金属铸币全部退出流通。到20世纪30年代，先后实施了彻底不兑现的银行券流通制度。此时，货币的流通与信用的活动变成了同一的过程。那么，在货币范畴和信用范畴存在的同时，又增加了一个由这两个范畴长期相互渗透所形成的新范畴，即金融范畴。所以C项正确，A、B、D项错误。

16.【答案】D

【解析】现代信用货币制度是最节约的货币制度（节约货币材料、货币流通费用，货币流通速度加快，减少货币需要量）、双层次的货币创造结构（存款货币银行层次创造信用货币，中央银行层次调控和监管）、联结微观金融与宏观金融的关节点。现代货币供给机制下，货币需求与供给容易产生失衡，既会产生通货膨胀，也会产生通货紧缩。所以D项是本题的答案，A、B、C项不符合题意。

17.【答案】C

【解析】活期存款账户传统上又称为存款货币账户，该账户的优点是可以随时支取现金、保持流动性，缺点是银行对于该账户一般不支付利息。信用卡活期存款账户在性质上仍然有以上特点，原因在于客户随时支取现金会给银行带来业务成本和费用，银行要保证客户随时支取现金的要求，所以不能将活期存款作为稳定的资金来源。追求利息或回报是每一笔资金应有且共有的追求。所以C项说法错误，符合题意。

18.【答案】A

【解析】在金融中介体系中，IMF曾将能够创造存款货币的金融中介机构称为存款货币银行，如今在IMF和中国人民银行的统计中称为"存款性公司"。我国的存款货币银行包括国有商业银行、政策性银行中的中国农业发展银行、其他商业银行、信用合作社及财务公司。B、C、D 项属于该定义包含的内容，不选，本题选 A 项。

19. 【答案】A

【解析】消费信用（Consumer Credit）是指对消费者个人提供的、用以满足其消费方面所需货币的信用。现代消费信用则与商品特别是住房和耐用消费品紧密联系。现代消费信用方式多样：商人直接以赊销的方式，特别是分期付款的方式给顾客提供信用（企业信用）；银行和其他金融机构直接贷款给个人或者对个人提供信用卡（银行信用）。国家信用的主要工具是国库券。所以 A 项错误，C 项正确。消费信用在一定条件下可以促进消费商品的生产与销售，从而促进经济的增长，但若需求过高，生产扩张能力有限，消费信用就会加剧市场供求紧张状态，带动物价上升，造成虚假的繁荣等，所以 B、D 项表述正确，本题选 A 项。

20. 【答案】A

【解析】商业银行的经营有三条原则：盈利性、流动性和安全性。所以选 A 项。

21. 【答案】C

【解析】按照基金的资金募集方式和资金来源划分，可将基金分为公募基金和私募基金。公募基金是以公开发行证券筹集资金方式设立的基金。私募基金是以非公开发行证券方式筹集资金所设立的基金。私募基金的特点是每笔投资门槛高，发行费用较低，风险较大。场外市场（Over the Counter）是指不在确定场所内进行交易的交易市场。所以答案为 C 项。

22. 【答案】B

【解析】流动性（Liquidity）即迅速"变现"而不导致遭受损失的能力。变现期限短、交易成本低的金融工具意味着流动性强；反之，意味着流动性差。发行者资信程度越高，则发行工具流动性越大，比如国家发行的债券。资产是指有交换价值的所有物，分为实物资产和金融资产。实物资产的价值取决于特定资产自身，如房屋、土地等；金融资产的价值取决于能够给所有者带来的未来收益。金融资产的流动性一般大于实物资产。所以 B 项符合题意，为正确选项。

23. 【答案】B

【解析】有效市场假说将资本市场的有效性分为弱式有效市场、半强式有效市场和强式有效市场三种。在弱式有效市场中，证券的价格反映了过去的价格和交易信息；在中度半强式有效市场中，证券的价格反映了包括历史的价格和交易信息在内的所有公开发表的信息；在强式有效市场中，证券的价格反映了所有公开和内部不公开的信息。题目中宣布××消息后，属于公开信息，如果市场是半强式有效的，则股价会在消息公布当天根据该消息一步调整到位，连续涨停是市场反应迟缓的表现，说明市场没有达到半强式有效。答案选 B 项。

24. 【答案】D

【解析】一个国家金融体系格局的形成受多种因素的影响。其中，最重要的就是受到人为政策管制的影响。管制政策大多取决于对某次经济危机、金融危机的反应，而体制一旦形成，就会出现路径依赖——体制变革的成本通常大于维持原有体制的成本。所以，不同的金融体制在形成之初，并没有抽象的理论研究或者优劣比较，甚至可以说具有一定的历史偶然性。A、B 项说法正确，D 项说法错误。美国作为一个移民国家，民众意识中对于权力集中存在根深蒂固的恐惧和反感，所以美国的大银行始终不占支配地位，避免金融机构权力过大成为社会的主流意见。所以C项的说法也是正确的。

25. 【答案】A

【解析】利率的高低由债券发行人的违约可能、债券的流动性以及税收政策等因素共同决定。国债通常具有很强的流动性，但是与银行存款相比流动性差一点，所以，长期国债利率高于银行存款利率。A项正确。

26. 【答案】B

【解析】把货币供给量与基础货币相比，其比值称为货币乘数。用 M_s 代表货币供给，B 为基础货币，m 为货币乘数，则有 $M_s = m \cdot B$。基础货币中的通货，即处于流通中的现金 C，它本身的量由中央银行决定，中央银行发行多少就是多少，不可能有倍数的增加；引起倍数增加的只是存款准备金 R，因此，相应的代数表达式为 $m = \dfrac{C+D}{C+R}$。货币乘数与准备金成反比，所以B项符合题意。

27. 【答案】A

【解析】凯恩斯学派的货币政策传导机制理论，其最初思路可以归结为通过货币供给 M 的增减影响利率 r，利率的变化则通过资本边际效益的影响使投资 I 以乘数方式递减，进而影响总支出 E 和总收入 Y，表达式为 $M \to r \to I \to E \to Y$。在这个过程中，主要环节是利率。货币供应量的调整首先影响利率的升降，然后使投资乃至总支出发生变化。凯恩斯学派传导机制理论的特点是对利率这一环节特别重视。而货币主义学派认为，在传导机制中起重要作用的不是利率，具有直接效果的是货币供给，其公式为 $M \to E \to I \to Y$。当作为外生变量的货币供给改变，比如增大时，由于货币需求并不会因外生变量的增大而增大，超过愿意持有的货币必然使支出增加，或投资于金融资产，或投资于非金融资产，直至人力资本的投资。支出导致资产结构调整，并最终引起 Y 的变动。所以答案为A项。

28. 【解析】略。

29. 【答案】B

【解析】市场有效性的基础是投资者是理性的，具有独立的理性偏差和套利行为。其假设所有投资者都是理性的，当市场发布新消息时，所有投资者都会以理性的方式调整自己对股价的预期；独立的理性偏差是指市场有效性不要求每个人都是理性的，只要相互抵消各种非理性就好；套利是指市场参与者（套利者）消除未被利用的盈利机会（某证券的回报率高于根据其特征得到的合理回报率水平）的过程。A、C、D项是对上述基础的质疑，所以B项正确。

30. 【答案】C

【解析】中国人民银行发布的《商业银行中间业务暂行规定》确定了商业银行中间业务品种分为备案制和审批制两种。A、B、D项属于备案制的内容，所以答案为C项。

二、名词解释

1. 【解析】无限法偿即法律规定的无限偿付能力，其含义是：法律保护取得这种能力的货币，不论每次支付数额多大，不论属于何种性质的支付，即不论是购买商品、支付服务、结清债务、缴纳税款等，支付的双方均不得拒绝接受。取得这种资格的货币，在金属铸币流通时是本位铸币，后来是不兑现的中央银行的银行券。

2. 【解析】美国耶鲁大学教授特里芬认为，由于美元与黄金挂钩，而其他国家货币又与美元挂钩，随着世界经济增长和国际贸易的发展，各国对于美元作为外汇储备的需求也必然增长，这样就会导致流出美国的货币在海外不断沉淀，对美国来说就会发生长期贸易逆差；但维持布雷顿森林体系需要美元币值坚挺，即美国长期处于国际贸易顺差地位。这一悖论被称为"特里芬悖论"。

3.【解析】金融基础设施是金融体系的构成部分，也是宏观监管的重要工具。目前，人们对金融基础设施的界定存在不同的理解。一般来说，狭义的金融基础设施主要是指以中央银行为主体的支付清算体系；在广义上，金融基础设施还包括确保金融市场有效运行的法律程序、会计和审计体系、信用评级、监管框架以及相应的金融标准与交易规则等。目前国际上认为，金融基础设施框架应该包括系统重要性支付系统、中央证券托管、中央证券清算系统、中央交易对手和交易信息库等。

4.【解析】存款保险制度（Deposit Insurance System）是一种对存款人利益提供保护、稳定金融体系的制度安排。在这一制度安排下，吸收存款的金融机构根据其吸收存款的数额，按规定的保费率向存款保险机构投保，当存款机构破产且无法满足存款人的提款要求时，由存款保险机构承担支付法定保险金的责任。

5.【解析】做市商是指在证券市场上，由具备一定实力和信誉的独立证券经营法人作为特许交易商，不断向公众投资者报出某些特定证券的买卖价格（即双向报价），并在该价位上接受公众投资者的买卖要求，以其自有资金和证券与投资者进行证券交易。买卖双方无须等待交易对手出现，只要有做市商出面承担交易对手方即可达成交易。

6.【解析】互联网支付是指通过计算机、手机等设备，依托互联网发出支付指令、转移货币资金的服务，包括通过银行业金融机构的支付（如银行卡支付）与第三方支付。银行卡支付广义上包括使用借记卡、信用卡、支票卡、记账卡、智能卡进行支付的方式。第三方支付指非金融机构作为收、付款人的支付中介所提供的网络支付、预付卡、银行卡收单以及监管当局确定的其他支付服务。

7.【解析】持久性收入是弗里德曼分析货币需求时提出的概念，可以理解为预期未来收入的折现值或预期的长期平均收入。货币需求与它正相关。持久性收入的波动幅度比现期收入的波动幅度小，因而货币需求函数相对稳定。

8.【解析】根据世界银行的定义，普惠金融（Financial Inclusion）是指使用金融服务的个人和企业占到全部个人和企业的较高份额。相应地，普惠金融制度是指能够利用金融服务的个人和企业占比很高的制度。其实质是将金融服务以更经济的方式惠及所有群体，特别是弱势群体。

三、简答题

1.【解析】股市和商业银行分别是金融市场和金融中介的代表，考察股市和商业银行的功能实际上也是考察金融市场和金融中介的功能。金融功能是由金融中介和金融市场的运作来实现的。

（1）股市：

①该功能的实现主要是由股市的特征决定的，体现在以下两个方面：a. 股票是上市公司发行的代表所有权的凭证，投资者通过购买股票取得公司的所有权，享受公司发展的剩余价值。对于所有权的投资，要求投资者不得要求返还投资，必要时只能转让。以上性质决定使用股票获得的融资主要作为企业的长期资金，投资者购买所有权也主要是想获得企业长期发展后的剩余价值。b. 上市公司公开发行股票，投资者可以是个人、机构或组织，股票面值不同，但总的面额不大，这种机制可以使众多投资者将小额分散的资金投入股

市，同时股市将这些融资提供给发股企业进行长期的发展。

②实现该功能的过程：上市公司发行股票——众多投资者以小额资金购买——上市公司将股票发行筹集的资金用作长期资金来发展公司。

（2）商业银行：

①该功能的实现主要是由商业银行的中介性质决定的，商业银行既是资金需求者和资金供给者的交易中介，也是他们的信用中介。由于商业银行的存在，资金供给者不需要直接与资金需求者交易，商业银行既是资金供给者的债务人，又是资金需求者的债权人。这使商业银行有能力将众多存款者的小额、分散、短期的资金汇集起来贷放给需要大额、长期资金的资金需求方，虽然这是有风险的。

②实现该功能的过程：资金供给者小额短期存款——商业银行——资金需求者大额长期贷款。

（3）这两种机制的差异体现在以下几个方面：

①股市提供的是直接融资市场，资金供求双方直接发生投资关系，投资者风险很大；商业银行提供的是间接融资市场，资金供求双方分别与银行交易，彼此并不直接交易，商业银行承担较大的风险。

②商业银行不仅发挥着调配资金余缺的功能，也具有创造信用货币的功能。股市则更多发挥着在资金余缺方面的调配功能和促进市场流动性的作用上。

③股市中投资交易产生的是所有权，商业银行机制下产生的主要是债务债权关系。

2.【解析】本题考查现代货币创造机制的内容。

（1）商业银行资产负债表的变化情况。

情形 1 下的变化过程：

资产		负债	
在中央银行的准备存款	1 000 万元	向中央银行借款	1 000 万元

情形 2 下的变化过程：

资产		负债	
在中央银行的准备存款	1 000 万元	客户存款	1 000 万元

（2）对基础货币的影响不同。原因是商业银行对于客户存款要提取一定的法定准备金，使客户可以贷款的数额减少。如果法定准备金率为 20%，两种情况下影响过程如下：

情形 1：以 1 000 万借款为基础，银行可向外发放的贷款数额为
$$1\,000+800+640+512+\cdots=5\,000（万元）$$

情形 2：以 1 000 万存款为基础，银行可向外发放的贷款数额为
$$800+640+512+409.6+\cdots=4\,000（万元）$$

四、论述题

1.【解析】本题考查货币政策的内容。

（1）通货膨胀目标制（Inflation Targeting）是指一套用于货币政策决策的框架，其基本含义是：一国当局将通货膨胀作为货币政策的首要目标或唯一目标，迫使中央银行通过对未来价格的变动把握通货膨胀的变动趋势，提前采取紧缩或扩张的政策，使通货膨胀率

维持在事先宣布的水平上或范围内。在通货膨胀控制得好或比较好的国家，这是当局认定的不可避免的通货膨胀率；对高通货膨胀率的国家则是当局认定的可能实现的反通货膨胀的目标，借以实现长期的价格稳定。通货膨胀目标制是一种高度前瞻的货币政策框架，同时也是一种长期货币政策目标。正确预测通货膨胀率的难度较大，以通货膨胀为目标的国家并不排除在特殊情况下，以充分就业、经济增长和汇率稳定等短期货币政策目标为重心，允许短期内偏离长期通货膨胀目标。对此，中央银行必须做出解释。

（2）如何处理货币政策与经济周期的关系，最早的原则是"逆风向原则"：经济趋热，相应紧缩；经济趋冷，相应扩张。这种模式的政策称为"反周期货币政策"。"相机抉择"主要是指这样的模式。这样的策略在凯恩斯主义盛行的时代曾经受到拥戴。

（3）通货膨胀目标制的实现需要中央政府适度的调节和干预措施，"相机抉择"同样需要政府或中央银行根据对经济的预测或者经济现状对经济的运行采取适度的干预和调节措施，"相机抉择"的规则包含在通货膨胀目标制中。

（4）现在，"相机抉择"与"规则"的概念均已演进：对"相机抉择"，现在货币当局有必要针对不同的经济形势相机调节自己的政策措施，但要求这样的"相机抉择"应有"规则"；这里的"规则"也非单一的固定货币增长率规则，而是要求在方方面面的决策中均应遵循规则——包括"相机抉择"的"规则"。

（5）通货膨胀目标制的理论依据是综合的：它承认有一个由当前条件所决定的基本通货膨胀率，对应于这个"率"，可按规则控制货币供给；同时，它又承认有诸多外在的引发通货膨胀的因素，因而需要采取"相机抉择"的对策。

综上，通货膨胀目标制包含"相机抉择"的规则。

2.【解析】考查货币政策的内容。

（1）通货膨胀是指商品和服务的货币价格总水平持续上涨的现象。通货膨胀的成因多种多样，如需求拉动造成的通货膨胀（经济体系存在对产品和服务的过度需求）、成本推动（工会力量对于提高工资的要求；垄断行业中企业为追求利润指定的垄断价格）造成的通货膨胀、供求混合推动的通货膨胀、制度原因引起的通货膨胀、国际交流造成的输入型通货膨胀等。通货膨胀对社会的收入分配、资产结构等都会造成影响，恶性的通货膨胀更会造成经济社会危机，所以保持币值稳定、经济处于合理的通货膨胀范围内一直都是重要的目标。

（2）通货膨胀的应对措施主要是宏观紧缩政策。紧缩性财政政策的基本内容是削减政府支出和增加税收。紧缩性货币政策的内容主要有通过公开市场业务出售政府债券，调高再贴现率，提高商业银行的法定准备金率。

（3）利用货币政策治理通货膨胀成效显著，原因在于：虽然导致通货膨胀的初始原因可能不尽相同，但通货膨胀最终都表现为货币供给过多。所以，只要中央银行采取适当的紧缩政策控制货币增长，通货膨胀就会不同程度地得到抑制。而中央银行在抑制货币供给增长方面的作用是强有力的。中央银行有很多可以运用的工具，对于创造存款货币的商业银行能够起强有力的制约作用，可以制约投资支出和消费支出。严峻的紧缩性货币政策也能实现压缩现有货币供给量的要求。比如我国针对1985年左右出现的通货膨胀现象，在1989年采取严峻紧缩措施，全面紧缩财政固定资产投资的同时大力紧缩信贷，使得经济增长的走势大幅下滑，并逐渐呈现出通货紧缩的现象。

（4）在治理通货紧缩方面，货币政策效果不显著的主要原因可以从以下两个方面分析：一是从经济基本面分析，导致需求不足、物价下跌的原因本身比较复杂，货币政策不大可能直接作用于这些基础层面，如收入差距拉大、消费者未来收支预期的改变可能导致消费增长缓慢，技术进步带来的产品价格降低等；二是中央银行扩张货币供给的能力取决于商业银行、厂商和消费者的配合。为了扭转经济的过冷，货币当局力求扩张，而在过冷的经济形势下，商业银行缺乏扩大信贷业务的积极性，厂商缺乏投资的积极性，消费者也缺乏扩大消费支出的积极性。他们不仅不必与货币当局保持一致的行为，而且也不听命于货币当局。比如20世纪70年代，西方发达国家出现的"滞胀"，即用降低通货膨胀率的方法并不能降低失业率；我国在1989年强紧缩后，经济急速滑坡，当年决定扩大货币供给，但经济不见起色；1990年再次扩大货币供给，依然看不到明显效应，经济"启而不动"。

【公司理财】

一、选择题

1. 【答案】C

【解析】合伙制企业产权转让困难，投入合伙制企业的资金通常伴随着企业的解散或终止才可以参与清算。合伙制企业的所有者也是经营者，很少存在代理问题，有些合伙人同时也是公司员工，员工激励方式更加多样。合伙制企业的费用一般较低。合伙制企业要筹集大量的资金十分困难，权益资本的规模通常受到合伙人自身能力的限制。所以C项是该题的正确选项。

2. 【答案】B

【解析】违约风险的存在造成债券的期望收益率与承诺的到期收益率之间存在差距。承诺的到期收益率在违约风险存在的情况下高于期望收益率，因为承诺的到期收益率忽略了违约风险。所以B项错误。

3. 【答案】A

【解析】根据可持续增长率公式 $SGR = \dfrac{ROE \times b}{1 - ROE \times b}$，ROE＝销售利润率×总资产周转率×资本乘数，所以A项正确。

4. 【答案】B

【解析】内部收益率（IRR）是使项目的净现值等于0的贴现率。内部收益率本身不受资本市场利息率的影响，而是取决于项目的现金流量，是每个项目的完全内生变量。盈利指数等于初始投资以后所有预期未来现金流量的现值和初始投资的比值。盈利指数可以表示为 $PI = \dfrac{初始投资所带来的后续CF的现值}{初始投资}$，折现率的降低会使该公式的分子变大，所以答案选B。

5. 【答案】C

【解析】货币余额包含在流动资产内，净营运资本增加50，长期资产净投资为150，留存收益增加120，所以EFN为80，答案选C。

6. 【答案】B

【解析】没有哪个债券是完全没有违约风险的，美国国库券和国债基本上是最接近这个理想的。所以，国债通常被认为是无风险的。我们经常使用一年期国债收益率作为无风险利率，考查多期时可以使用预期一年期国债的平均收益率。所以当国债利率接近0时，最好使用一段时期的平均数进行调整。答案选B。

7.【答案】C

【解析】市净率指的是每股股价与每股净资产的比率。如果PB<1，原因一般有两种：一是价值被市场低估了；二是不被投资者看好，未来发展前景不好。所以A、B项的说法都是合乎逻辑的。会计方法保守会导致每股净资产减少，PB变大，所以PB小的原因可能是会计方法比较激进。因此，C项为该题的正确选项。

8.【答案】B

【解析】上市公司除权，实际上是以股票的形式发放股利，股票股利并无现金流出，不是真正意义上的股利，而只是增加流通在外的股票数量，同时降低股票的每股价值。除权日与除息日是同一概念，两者的差别在于前者涉及非现金形式的权益，后者则涉及现金股息（包括可选择收取新股代替现金的股息）。一般情况下，除权日当天股价会下降，但除权后，由于流动性进一步加强，上升的空间也相对增加，股价也会出现上升。

9.【解析】略。

二、判断题

1. ×【解析】公司理财的目标是最大化现有所有者权益的市场价值，并不是仅仅关注利润，要从长远进行布局。美团外卖的拓客行为短期来看是亏损的，但是如果此行为产生的副效应为正，给公司带来了更多的客户可增长机会，则长远来看，对股东是有益的。

2. ×【解析】多元化的本质是减少或者分散掉组合中的非系统性风险，要求证券之间的相关系数小于0，当两只证券的收益率完全负相关时，多元化效应最明显。

3. ×【解析】收益率在资本市场线（CML）上方的股票，收益率高于CML曲线上的点，说明股票定价过低，股票被低估。反之，在股票下方的点，股票被高估。

4. √【解析】有些公司发行两类以上的普通股。不同类别的普通股具有不同的表决权，这样做的原因与公司的控制权有关，通过发行无表决权或者限制表决权的股票，公司的管理层可以在保持公司控制权不变的情况下新增权益资本，因此，有利于监督管理层。

5. ×【解析】只要高股利的公司足以满足喜爱高股利的投资者的要求，公司就不能通过发放高股利来提高其股价。只有当客户的需求不能被满足时，公司才有可能提高其股价。

6. √【解析】破产成本高的一个原因在于不同债权人（和他们的律师）相互竞争。这个问题可以通过债权人和股东间的适当安排得以缓解，如可能一个或至多几个债权人承担企业的全部借款，即债务合并，万一财务困境发生，在这种安排下谈判成本最小，是有利于公司的。

7. √【解析】拥有充足现金支付股利的公司，可以将现金用于加大净现值大于0的项目的投资，可以将现金用于收购其他公司，也可以购买金融资产，或者将现金用来回购股票。所以为了公司的长远发展，寻找更多的投资机会进行投资，从而减少现金股利的发放是可能和可取的。

8. √【解析】使用NPV法判断项目时，折现率和未来现金流量的预测至关重要，根据项目的风险和项目所处的行业及时调整项目的折现率和现金流预测，另外，NPV法通常忽略项目所含的实物期权,所以调整是非常必要的。

三、分析与计算题

1. 【解析】(1) 追逐企业上市的原因:
①上市可以募集大量资本金,为企业的长期发展提供支持。
②上市可以降低企业的财务杠杆,减轻企业的现金流压力。
③上市可以提高企业知名度和声誉。
④上市可以优化企业的内部治理和经营。
(2) 上市对企业潜在的不利因素:
①监管更加严格,为了满足当期盈利能力方面的监管要求,可能使公司做出不利于公司发展的决策。
②信息披露义务加强,不利于商业秘密和隐私方面的保护。
③税收负担更重,增强了公司的资金压力。
④加大声誉风险。

2. 【解析】(1) 由于该题是回忆版,缺少债券的市场价格和债券的到期时间,无法计算。仅提供解题思路:
①根据 CAPM 模型 $R_S = R_f + \beta(R_M - R_f)$,计算公司的权益收益率 R_S。
②根据债券估值公式 $P = C \times \dfrac{1 - \dfrac{1}{(1+r)^T}}{r} + \dfrac{F}{(1+r)^T}$,计算公司债券的资本成本 R_B。
③根据有税的 WACC 公式 $R_{\text{WACC}} = \dfrac{B}{B+S} \times R_B \times (1-t_C) + \dfrac{S}{B+S} \times R_S$,计算公司的 R_{WACC}。

(2) 计算步骤如下:
①承接上一问,根据 MM 定理Ⅱ(有税)$R_S = R_0 + \dfrac{B}{S} \times (R_0 - R_B) \times (1 - t_C)$,算出 R_0。
②根据 CAPM 模型算出 β_u。
(3) 条件不全,无法计算,略。

3. 【解析】(1) $50 + 30 + 2 + 30 - 0.5 = 111.5$(亿元)。
(2) 生产线税后残值 $= 10 - 0.25 \times (10 - 15) = 11.25$(亿元)。
土地税后残值 $= 30 - 0.25 \times (30 - 15.5) = 26.375$(亿元)。
专利税后无残值。
(3) 使用税盾法计算,税后经营性现金流为
  $\text{OCF} = 0.75 \times (60 - 30) + (10 + 0.5 + 3 + 0.4) \times 0.25 = 25.975$(亿元)
(4) 项目的 $\text{NPV} = -111.5 + 25.975 \times \text{PVIFA}(0.2, 5) + 11.25 + 26.375 + 2 \times 0.75 = 50.06$(亿元),年利息抵税 $40 \times 2.5\% \times 25\% = 0.25$(亿元)。
$\text{NPVF} = 0.25 \times \text{PVIFA}(4\%, 5) = 1.11$(亿元)。
$\text{APV} = \text{NPV} + \text{NPVF} = 51.17$(亿元)。

2019年首都经济贸易大学431金融硕士初试真题

一、名词解释

1. 金本位制
2. 直接融资和间接融资
3. 风险中性
4. 市盈率
5. 资本市场线
6. 加权平均资本成本（WACC）

二、简答题

1. 简述中央银行的形成背景。
2. 简述CML与SML的区别。
3. 简述承销与包销。
4. 简述流动性偏好理论。
5. 从投资者来说，可转换债券的价值和认股权证的价值有何不同？
6. 简述长期汇率决定因素。

三、计算题

股票每股收益为2元，按照50%发放股利，市场价格为10元，留存收益将投资于收益率为20%的项目当中。

（1）若此时股票价格等于内在价格，求必要收益率。
（2）若全部收益都发放股利，求此时股票内在价格与之前的差。
（3）若股利支付率分别为25%和75%，股价如何变化？

四、论述题

1. 用相关理论分析股票市场以及我国股票市场的现状、风险。
2. 分析我国系统性风险。

2019 年首都经济贸易大学 431 金融硕士初试真题解析

一、名词解释

1. 【解析】金本位制就是以黄金为本位币的货币制度。在金本位制下，每单位的货币价值等同于若干重量的黄金（即货币含金量）。在历史上，曾有过三种形式的金本位制：金币本位制、金块本位制、金汇兑本位制。其中，金币本位制是最典型的形式，狭义来说，金本位制正是指金币本位制。主要特点：第一，金币可以自由铸造、自由熔化，这样可以自发调节流通中的货币量，从而保证商品流通的顺利进行和经济的平稳运行；第二，流通中的辅币和价值符号可以自由兑换金币，这样不仅保证了辅币与价值符号的稳定，不会导致通货膨胀，同时也节约了黄金；第三，黄金可以自由输入输出，在实行金本位制的国家之间，汇率是根据两国货币的含金量计算出来的。这种制度下汇率比较稳定，有利于国际贸易的顺利开展。

2. 【解析】直接融资是指资金盈余单位通过商业信用或直接购入赤字单位发行的股票、债券等金融工具，使资金直接从盈余单位流向赤字单位的资金融通方式。直接融资的优点：①资金供求双方构成直接的债权债务关系；②剔除了间接融资活动中金融中介的价差收益；③资金供求双方可以在筹资规模和风险承担方面进行灵活组合，以满足不同投资者的风险偏好与收益要求。缺点：①受到金融市场发达程度的制约；②筹资者信用等级不高时需承担较大风险；③要求的公开信息披露通常会与筹资方保守商业秘密的要求发生冲突。

间接融资是指资金盈余单位将多余的资金存入银行等金融机构，然后由银行向赤字单位发放贷款，使资金间接地从盈余单位流向赤字单位的资金融通方式。其特点是借贷双方不直接发生借贷关系，而是通过金融机构进行资金的有偿融通。优点：①间接融资的风险由金融机构承担，因此可通过多样化投资组合来分散风险；②金融机构提供的资金在数量和期限方面具有很大的灵活性；③有利于保护筹资方的商业秘密。缺点：①更多依赖于金融中介的素质；②利差的存在使得筹资者成本增加，投资者收益降低；③对间接融资中介的监管通常比较严格。

3. 【解析】风险中性理论又称风险中性定价方法，表达了资本市场中的一个结论：在市场不存在任何套利可能性的条件下，如果衍生证券的价格依然依赖于可交易的基础证券，那么这个衍生证券的价格是与投资者的风险态度无关的。这个结论在数学上表现为衍生证券定价的微分方程中并不包含受投资者风险态度影响的变量，尤其是期望收益率。

风险中性是相对于风险偏好和风险厌恶的概念，风险中性的投资者对自己承担的风险并不要求风险补偿。风险中性者并不介意一项投机是否具有比较确定或者不那么确定的结果。他们只是根据预期的货币价值来选择投机，特别地，他们要使期望货币价值最大化。

4. 【解析】一只股票的市盈率是这只股票的价格与其每股盈利（EPS）之比，市盈率 = PE 乘数 = 每股价格/每股盈利 = $[EPS/R + NPVGO]/EPS = 1/R + NPVGO/EPS$。

由公式可知，市盈率与股票风险 R 负相关；相对保守的公司市盈率更高；拥有相对强劲增长机会的公司拥有高市盈率。

5.【解析】资本市场线简称 CML，是指表明有效组合的期望收益率和标准差之间的一种简单线性关系的一条射线。它是沿着投资组合的有效边界，由风险资产和无风险资产构成的投资组合。在资本资产定价模型假设下，当市场达到均衡时，市场组合成为一个有效组合，而所有有效组合都可被视为无风险资产与市场组合的再组合；这些有效组合在期望收益率和标准差的坐标系中刚好构成连接无风险资产 F 与市场组合 M 的射线，这条射线被称为资本市场线。

6.【解析】加权平均资本成本是指企业以各种资本在企业全部资本中所占的比重为权数，对各种长期资金的资本成本加权平均计算出来的资本总成本。加权平均资本成本可用来确定具有平均风险投资项目所要求的收益率。计算个别资金占全部资金的比重时，可分别选用账面价值、市场价值、目标价值权数来计算。市场价值权数是指债券、股票以市场价格来确定权数。这样计算的加权平均资本成本能反映企业目前的实际情况。同时，为弥补证券市场价格变动频繁带来的不便，也可以用平均价格。目标价值权数是指债券、股票以未来预计的目标市场价值确定权数。这种权数能体现期望的资本结构，而不是像账面价值权数和市场价值权数那样只反映过去和现在的资本成本结构，所以按目标价值权数计算的加权平均资本成本更适用于企业筹措新资金。

二、简答题

1.【解析】中央银行的形成背景源于中央银行的重要性、功能与不可替代性。具体表现为三个方面的职能，即发行的银行、政府的银行、银行的银行。

（1）发行的银行。所谓发行的银行，是指：a. 中央银行垄断货币发行权，统一国内的通货形式，避免由于多头发行货币造成的货币流通的混乱。b. 能够根据经济形势的客观需要，灵活调控货币流通量，有效地控制和执行货币政策。

（2）政府的银行。政府的银行是指中央银行与政府关系密切，根据国家法律授权制定和实施货币金融政策，通过办理业务为政府服务，在法律许可范围内向政府提供信用，代理政府债券，满足政府的需求。主要表现为：a. 代理国库，管理政府资金。b. 代理政府债券的发行与兑付。c. 向政府提供信用。d. 为国家持有和经营管理国际储备。e. 代表国家参加国际金融活动。f. 制定和实施货币政策。g. 对其他金融机构进行监管。h. 充当政府的金融顾问。

（3）银行的银行。银行的银行是指中央银行向商业银行和其他金融机构提供金融服务，具体包括：a. 吸收与保管存款准备金，以确保存款机构的清偿能力，中央银行可通过存款准备金率的变动来调节一国的货币供应量。b. 充当最后贷款人，为商业银行提供信贷，即当商业银行和其他金融机构发生资金短缺或周转不灵的状况时，可以向中央银行要求资金融通，一般通过票据的再贴现来实现。c. 作为全国的票据清算中心，为商业银行和其他金融机构间货币的收付转账提供快捷便利的服务，解决单个银行清算难的问题。

中央银行所具备的一系列不可取代的作用孕育了它的诞生，再加上当时具体的经济背景，如商品经济的迅速发展，资本主义经济危机的频繁出现，银行信用的普遍化和集中化，这些背景因素都促使了中央银行的产生，但本质最重要的是中央银行无可替代的职能。

2.【解析】CML 曲线是风险投资组合有效集的切线，代表最优投资组合线，表示由无风险资产和风险资产组合共同构成的各种组合；SML 曲线可以反映投资组合报酬率与系统风险程度 β 系数之间的关系。

二者不同之处在于：

（1）描述对象不同。CML 描述的是有效证券组合的预期收益率与证券组合的总风险之间的关系；SML 描述的是单个证券或证券组合的预期收益率与系统性风险之间的关系。

（2）描述风险的指标不同。CML 曲线中风险是指总风险，而 SML 中风险是指系统性风险。

（3）证券市场线 SML 揭示的是"证券本身的风险和报酬"之间的对应关系；资本市场线 CML 揭示的是"持有不同比例的无风险资产和市场组合情况下"风险和报酬的权衡关系。

（4）证券市场线的作用在于根据必要报酬率，利用股票估值模型，计算股票内在价值；资本市场线的作用在于确定投资组合的比例。

3.【解析】证券承销是指发行人委托证券经营机构向社会公开销售证券的行为。发行人向不特定对象公开发行证券，依法应当由证券公司承销。证券承销业务采取代销或者包销方式。证券承销是证券经营机构代理证券发行人发行证券的行为。它是证券经营机构最基础的业务活动之一。根据证券经营机构在承销过程中承担的责任和风险的不同，承销又可分为包销、投标承购、代销、赞助推销四种方式。

证券包销是指一家投资银行（或一个投资银行集团）对某公司发行的证券按证券的总售价开出一张支票付给公司，把该公司发行的证券全部买下再发行的过程。这时原发行公司就无须承担不能按既定价格向投资者出售所发行的全部新证券的风险了。如果这批证券因为股票市场价格下跌或定价过高而在出售时遭到亏损，则全部亏损将都落在包销者头上。一般情况下，同发行公司直接洽谈经营证券销售事宜的投资银行，并不单独进行包销。为了取得较好的销售成果和分摊风险，它将会邀请其他投资银行参加包销。发起包销的投资银行通常是主持者，它参加包销的份额最大。其他投资银行则主要按照各自销售证券能力参加到有关银团中去。

承销方式有包销和代销两种。证券代销是指证券公司代发行人发售证券，在承销期结束时，将未售出的证券全部退还给发行人的承销方式。证券包销是指证券公司将发行人的证券按照协议全部购入或者在承销期结束时，将售后剩余证券全部自行购入的承销方式。包销又分为余额包销和全额包销。余额包销是指在承销期结束时将售后剩余证券全部自行购入。全额包销是指证券公司将发行人的证券按照协议全部购入，然后再卖给投资者的承销方式。代销与包销的最大不同在于发行人与证券公司之间的法律关系不同。代销为一般的委托代理关系，包销实际上是股票购销关系。

4.【解析】流动性偏好理论是凯恩斯提出的，他主张利率属于货币经济范畴，而不属于实物经济范畴，利率是在货币市场中由货币的需求和供给决定的。该理论假设：人们偏好流动性，即资产的流动性，流动性给人们产生正的效用。由于交易动机、预防动机和投机动机的原因（交易动机和预防动机是收入的增函数，投机动机是利率的减函数），人们偏好于持有流动性较强的金融资产。另外，货币供给是由中央银行决定的，是一个外生变量。

在凯恩斯的流动性偏好理论中，导致货币需求曲线发生移动的因素有两个：收入和价格水平。

收入效应:在凯恩斯看来,收入影响货币需求的原因有两个,一是随着经济的扩张,收入和财富增加,人们希望持有更多的货币作为价值储藏;二是随着经济的扩张,收入增加,人们希望使用货币完成更多的交易,因此人们也希望持有更多的货币。结论:收入水平提高,货币需求增加,需求曲线右移。

价格效应:人们只关心他所持有的实际货币量,即能够购买商品和劳务的数量。当物价水平上升时,同样实际货币量下降,所能购买的商品和劳务少于涨价以前。为使所持实际货币量恢复到涨价前的水平,人们将持有更多的名义货币量,故价格水平上升,货币需求增加,需求曲线右移。

5.【解析】可转换债券是指发行人按照法定程序发行,赋予其持有人在一定时间内依据约定条件将其转换成一定数量股票权利的公司债券。其持有人可以在规定的期限内,将债券按既定的转换价格和转换比率转换为相应公司的普通股;但在持有人不执行转换权利之前,公司必须按时支付利息,如果可转换债券到期持有人仍然不愿转换,则公司必须全额偿还本金。

可转债具有债券和股票的双重特性,是一种混合型金融工具,可以大致认为是固定收益的债券和以发行者股票为标的的认股权证的组合。可转换债券的债性体现在,它与其他企业债券一样,规定有票面利率、发行期限、付息方式等条款。可转换债券的股性体现在,它赋予持有者按照约定的价格将其转换为标的股票的权利。可转换债券的价值主要来源于纯债券价值和期权价值,对于投资价值的分析也就相应从这两个部分展开。

认股权证是由股份有限公司发行的可认购其股票的一种买入期权。它赋予持有者在一定期限内以事先约定的价格购买发行公司一定股份的权利。认股权证本身含有期权条款,其持有者在认购股份之前,对发行公司既不拥有债权也不拥有股权,而只是拥有股票认购权。

认股权证的筹资特点:

(1) 认股权证是一种融资促进工具,它能促使公司在规定的期限内完成股票发行计划,顺利实现融资。(2) 有助于改善上市公司的治理结构。采用认股权证进行融资,融资的实现是缓期分批实现的。因此,认股权证将有效约束上市公司的败德行为,并激励他们更加努力地提升上市公司的市场价值。(3) 作为激励机制的认股权证有利于推进上市公司的股权激励机制。认股权证是常用的员工激励工具,建立一个管理者与员工通过提升企业价值再实现自身财富增值的利益驱动机制。

6.【解析】根据外汇资产需求理论,影响长期汇率的因素有四个:相对物价水平、贸易壁垒、对国内和国外商品的需求、生产能力。影响短期汇率的因素有三个:国内利率、国外利率和预期未来汇率。外汇资产需求理论的基本分析思路:如果某个因素造成本国商品相对于外国商品的需求提高,本国货币将会升值;如果某个因素使本国商品的相对需求下降,本国货币将会贬值。

(1) 相对价格水平。根据购买力平价理论,从长期来看,一国价格水平(相对于外国的价格水平)的上升将会导致该国货币贬值;一国相对价格水平的下降则会导致该国货币升值。

(2) 贸易壁垒。增加贸易壁垒会使一国货币长期升值,因为增加贸易壁垒会限制对外国商品的进口,从而增加对本国商品的需求,根据外汇资产需求理论,本币升值。

(3) 对本国商品与外国商品的偏好。在长期中，对一国出口产品的需求增加，会使该国货币升值；相反，对一国进口商品的需求增加会导致本国货币贬值。

(4) 生产能力。长期中，一国相对其他国家生产力提高，该国货币升值，因为一国生产力提高，贸易部门的生产会增加，国内贸易品价格相对下降，对国外贸易品需求下降，本币升值。

三、计算题

【解析】(1) $g = 50\% \times 20\% = 10\%$，$10 = 2 \times 50\% \times (1+g)/(r-g)$，得 $r = 21\%$。

(2) $P = 2/21\% = 9.523\,8$(元)，则少了 $0.476\,2$ 元。

(3) 股利支付率为 25%：

$g = 75\% \times 20\% = 15\%$，$P = 2 \times 25\% \times (1+g)/(21\% - g) = 9.583\,3$。

股利支付率为 75%：

$g = 25\% \times 20\% = 5\%$，$P = 2 \times 75\% \times (1+g)/(21\% - g) = 9.843\,8$。

四、论述题

1.【解析】(1) 股票市场概念——股票市场的定义、特点、意义。

股票市场是股票发行和流通的场所，也可以说是指对已发行的股票进行买卖和转让的场所。股票的交易都是通过股票市场来实现的。一般地，股票市场可以分为一、二级市场，一级市场也称为股票发行市场，二级市场也称为股票交易市场。

(2) 股票市场的现状和风险（结合我国股票市场）。

中国股票市场是一个投资者结构以散户为主的新兴市场，且以短线买卖为主，市场交易相当活跃。中国的股票市场是在从计划经济向市场经济转轨的过程中恢复的，在其建立和初期发展过程中政府的干预程度深，使得股票市场明显有别于其他国家。中国股票市场虽然发展迅速，但还存在许多问题待解决：

①股权分割问题。同一上市公司的股票被人为分割成国有股、法人股、个人股、外资股四种，相互分开并不相容，未形成统一的交易市场。

②股票交易方式单一。在经济发达的国家，股票的交易方式灵活多样，除传统的现货交易外，还有期货交易、期权交易等高级形式的交易方式，这些交易方式适应不同的需要，从多个方面推动着股市的发展。

③法规建设尚待进一步完善，证券监管相对滞后，信息披露不严肃，信息不充分、不对称，各种违规事件时有发生，股市投机性较强。

④投资者主体不够成熟，机构投资者所占比例较小，广大股民风险意识和承受能力比较差，易受谣言左右，盲目跟风，导致股市波动，风险进一步加大。

中国的股票市场是在由计划经济向市场经济转轨的过程中出现的，因此不可避免地面临上述挑战。面对历史遗留问题，通过加强法律法规建设、实行金融创新、培育成熟的投资者是当前乃至今后的重要课题。

(3) 我国股票市场的发展方向。

我国应逐步提高直接融资比重、健全多种融资方式，稳步推进注册制的实施，逐步完善退市制度，稳步推进注册制的实施。发挥沪港通、深港通的作用。发挥 QDII、QFII 的作用，发挥沪伦通的作用，逐步扩大我国资本市场对外开放水平。深化金融机构改革，提高机构投资者比重，提高理性投资者比例，促进市场向价值投资的方向发展，培育更加理性的市场。

2.【解析】(1) 系统性风险的定义。

系统性风险又称市场风险，也称不可分散风险，是指由于多种因素的影响和变化导致投资者风险增大，从而给投资者带来损失的可能性。CAPM 模型中，β 表示系统性风险，即某个证券的收益和市场收益率的相关性。系统性风险不可以通过多样化来分散，是由利率、汇率、物价等影响整个市场的因素波动带来的风险，可以带来风险溢价；相比之下，非系统性风险是指单个证券的风险，往往和公司、行业相关，可以通过多样化来分散，不能带来风险溢价。

(2) 我国系统性风险控制通道——宏观审慎监管与微观审慎监管。

宏观审慎监管是与微观审慎监管相对应的一个概念，是对微观审慎监管的升华。微观审慎监管更关注个体金融机构的安全与稳定，宏观审慎监管则更关注整个金融系统的稳定。宏观审慎监管的核心是从宏观的、逆周期的视角采取措施，防范由金融体系顺周期波动和跨部门传染导致的系统性风险，维护货币和金融体系的稳定。作为危机后国际金融管理改革的核心内容，国际社会强化宏观审慎政策的努力已取得积极进展，初步形成了可操作的政策框架。

微观审慎与宏观审慎监管的具体区别如下：

①监管目标不同。宏观审慎为了降低系统性风险，关注金融系统整体的稳健。而微观审慎目的在于降低单个银行倒闭的风险，以保护存款者和投资者的利益。

②对风险的性质认识不同。宏观审慎监管假定风险是外生变量，只考虑自身风险的规避。

③宏观审慎监管是自上而下的，先设置整个金融机构的极端损失额，再确定单个金融机构对系统性风险的边际贡献。微观审慎监管是自下而上的，认为单个金融系统的稳定即能保证整个金融系统的稳定。

宏观审慎政策的重要性关键在于可以弥补原有金融管理体制上的重大缺陷。

①从宏观角度上看，传统货币政策主要是盯住物价稳定，但即使 CPI 基本稳定，金融市场及资本市场的价格波动也很大，价格稳定并不等于金融稳定。

②从微观角度上看，传统的金融监管的核心是保持个体机构的稳健，但个体稳健不等于整体稳健。金融规则的顺周期性、个体风险的传染性可能会加剧整体的不稳定，从而产生系统性风险，即所谓的合成谬误。

由此可见，在宏观货币政策与微观审慎监管之间，有一块防范系统性风险的空白，急需从宏观和整体的角度来观察和评估，防范系统性风险，弥补金融管理制度的不足，维护金融体系的整体稳定。

(3) 我国当前系统性风险调控原则。

我国当前的金融风险隐患是实体经济结构性失衡和逆周期调控能力，金融企业治理，金融业对外开放程度不足以及监管体制缺陷的镜像反映。在防控金融风险的措施上，要立足于标本兼治，主动攻防和积极应对兼备。应把握以下四个基本原则：

①回归本源。应服务于经济社会的发展，避免金融脱实向虚和自我循环滋生，进而扩

大风险。

②优化结构。完善金融机构、金融市场和金融产品体系,夯实防控风险的微观基础。

③强化监管。提高防范化解金融风险的能力。

④市场导向。发挥市场在金融配置中的决定性作用,减少各种干预对市场机制的扭曲。